序

　　研究晉國伯業的源頭，可以從入台大時算起。因為講授大一國文的老師，正是素以治學嚴謹，教學認真聞名的聲韻學權威杜其容老師。上學期講《史記》，下學期講《左傳》，皆擇若干篇章，包括〈重耳流亡〉、〈趙盾弒其君〉等等。從此，我對《左傳》產生了極大的興趣，遂在升大二的暑假中，圈點了竹添光鴻的《左氏會箋》，前後三次。到了大三時，應班刊編輯劉惠珍同學的要求，憑著淺薄的印象和大一時杜老師的教導，寫了一篇論趙盾不忠的小文章，算是對晉國伯業的問題起了初步的研究。碩士班從《左傳》權威張以仁師，在設定論文題目時想到大三時興起的念頭，覺得這個部分值得再加鑽研，徵得以仁師的同意，遂以《春秋時代封建制度的解體》為題。當時的想法是，若要研究春秋時代，必先考慮其中最大的影響因素。掌握了這個因素，一切的變化都可得到最明確的解釋。不過限於能力，僅能從春秋時代顯著的現象上著手，未能如理想般完成對晉國伯業的研究。時職中山大學中文系，教學工作佔用了大部分的時間，未能有所發明。在頭幾年中，趁著講授大一國文時完成了一篇〈評顧棟高燭之武論〉，算是聊表心意。討論這個問題的原因是，顧棟高認為鄭人燭之武破壞了晉、秦關係，其影響

則是晉國伯業不振云云。本人則在文中則指出，晉、秦關係遭到破壞與燭之武無關，真正的罪魁禍首，先有晉國中軍帥先軫，後有另一中軍帥趙盾。此二人者，實敗晉、秦。這篇文章雖然不算是實質討論晉國伯業的內容，畢竟是第一篇相關的文章，因此總算有了起步。其實以目前看來，當中的問題非常複雜，例如先後兩任中軍帥何以行徑一致，就是值得進一步探討的部分。不過當時所見不及此，因而未能深入。

　　雖然成就不多，然終不能忘情於研究晉國伯業。只是限於當日的資訊稍乏，兼復疏懶，以致一無所成。直到民國七十八年間開始教授專書，便以向來喜好的《左傳》為課程。教學之餘也思撰寫文章，自我充實。其後在課堂中，講授到秦、晉韓之戰，晉惠公被俘一段，當中有作爰田、作州兵一事。何謂爰田？何謂州兵？當時也曾盡量參考各家的說解，然皆莫衷一是。自己又限於學養，亦未能有所發明。蓋爰田與州兵向來是困惑學者的麻煩問題，歷來的說解不少，但是人言人殊，難以斷定何說正確。當時國內研究這個問題的學者，如同學李隆獻教授的碩士論文中，雖也以此二事為討論重點之一，但是在引用前人注解之餘，所得的結論不能出前人範圍。又如前輩學者杜正勝院士所著《編戶齊民》中也曾有所發明，但是所得的結論依然有限，不足以解釋晉國後續發展的原因。

　　爰田與州兵這個問題不解決它，難以說明晉國的變化；想說明它，前人所說已多，又不知孰是孰非。在認識不足的情況下，縱下結論，亦難逃前人窠臼。然而在重複閱讀，反覆思索後，突然發現：答案不遠，在前後文中。原來作爰田的關鍵鑰匙，就在瑕呂飴甥與陰飴甥的稱謂變化。從瑕呂到陰，封地的變化與氏的變化一致，於

晉國伯業研究

劉文強著

臺灣 學生書局 印行

序

　　研究晉國伯業的源頭，可以從入台大時算起。因爲講授大一國文的老師，正是素以治學嚴謹，教學認眞聞名的聲韻學權威杜其容老師。上學期講《史記》，下學期講《左傳》，皆擇若干篇章，包括〈重耳流亡〉、〈趙盾弒其君〉等等。從此，我對《左傳》產生了極大的興趣，遂在升大二的暑假中，圈點了竹添光鴻的《左氏會箋》，前後三次。到了大三時，應班刊編輯劉惠珍同學的要求，憑著淺薄的印象和大一時杜老師的教導，寫了一篇論趙盾不忠的小文章，算是對晉國伯業的問題起了初步的研究。碩士班從《左傳》權威張以仁師，在設定論文題目時想到大三時興起的念頭，覺得這個部分值得再加鑽研，徵得以仁師的同意，遂以《春秋時代封建制度的解體》爲題。當時的想法是，若要研究春秋時代，必先考慮其中最大的影響因素。掌握了這個因素，一切的變化都可得到最明確的解釋。不過限於能力，僅能從春秋時代顯著的現象上著手，未能如理想般完成對晉國伯業的研究。時職中山大學中文系，教學工作佔用了大部分的時間，未能有所發明。在頭幾年中，趁著講授大一國文時完成了一篇〈評顧棟高燭之武論〉，算是聊表心意。討論這個問題的原因是，顧棟高認爲鄭人燭之武破壞了晉、秦關係，其影響

則是晉國伯業不振云云。本人則在文中則指出，晉、秦關係遭到破壞與燭之武無關，真正的罪魁禍首，先有晉國中軍帥先軫，後有另一中軍帥趙盾。此二人者，實敗晉、秦。這篇文章雖然不算是實質討論晉國伯業的內容，畢竟是第一篇相關的文章，因此總算有了起步。其實以目前看來，當中的問題非常複雜，例如先後兩任中軍帥何以行徑一致，就是值得進一步探討的部分。不過當時所見不及此，因而未能深入。

　　雖然成就不多，然終不能忘情於研究晉國伯業。只是限於當日的資訊稍乏，兼復疏懶，以致一無所成。直到民國七十八年間開始教授專書，便以向來喜好的《左傳》為課程。教學之餘也思撰寫文章，自我充實。其後在課堂中，講授到秦、晉韓之戰，晉惠公被俘一段，當中有作爰田、作州兵一事。何謂爰田？何謂州兵？當時也曾盡量參考各家的說解，然皆莫衷一是。自己又限於學養，亦未能有所發明。蓋爰田與州兵向來是困惑學者的麻煩問題，歷來的說解不少，但是人言人殊，難以斷定何說正確。當時國內研究這個問題的學者，如同學李隆獻教授的碩士論文中，雖也以此二事為討論重點之一，但是在引用前人注解之餘，所得的結論不能出前人範圍。又如前輩學者杜正勝院士所著《編戶齊民》中也曾有所發明，但是所得的結論依然有限，不足以解釋晉國後續發展的原因。

　　爰田與州兵這個問題不解決它，難以說明晉國的變化；想說明它，前人所說已多，又不知孰是孰非。在認識不足的情況下，縱下結論，亦難逃前人窠臼。然而在重複閱讀，反覆思索後，突然發現：答案不遠，在前後文中。原來作爰田的關鍵鑰匙，就在瑕呂飴甥與陰飴甥的稱謂變化。從瑕呂到陰，封地的變化與氏的變化一致，於

是本人首先提出第一個重點：「在此之後，《左傳》中晉國大夫出現大量『氏隨邑改』的現象。」雖然杜老師在講授大一國文時，便已提到清代學者洪亮吉已曾指出，但洪氏並未說明原因。本人則據《左傳》等材料，認為這就是作爰田的結果。我們知道，古代貴族一旦更改封地，氏號也會隨之而改，早在西周金文中便有例證，如宜侯夨簋。晚至戰國時，韓滅鄭，遷都新鄭，國號亦改為鄭；魏惠王自安邑遷都大梁，則孟子有〈梁惠王篇〉。可見這個習慣歷時久遠，不是突發的事件。重點之二則是：「正因爲有了作爰田這個制度，晉國貴族必須輪流更換封地。」輪流更換封地，因而才會出現頻繁的「氏隨邑改」的現象。如是，作爰田必與封邑變更有著密切的關係。因此，重點之三：「作爰田也必與貴族大夫有關。」這是行政制度的改變，而不是如一般學者所言，是國人土地分配或是耕作技術的變化。因爲春秋時代是宗族土地所有制，土地屬於宗族而非個人，所以不會有個人田地增加的問題。至於三年輪耕，所從來久遠，不必等到作爰田時晉國人才突然學會。至於作爰田這個新制度的產生，是爲了配合晉惠公當時的需求。影響所及，重點之四：「晉惠公雖以賞田爲名，實則別有居心，關鍵在要求貴族輪流更換封地。」試想，封地既須定時更換，那麼封地的主權屬誰？相對地，若照往例，不須更換封地，封地主權屬誰？何況以爰田賞，以州兵回收，惠公實際上的損失不算太大，因此惠公之政治手段不得不令人佩服。但是貴族的態度有無轉變，值得注意。蓋日後晉文公被迫作三軍，謀元帥，恐怕都與此事有直接或間接的關聯。因爲貴族終究會發現，他們的權利與義務之間，竟至如此不對等。晉文公的伯業或許就建立在貴族的自覺，強將原屬國君的權力掠奪，造成了政

權與治權的分立，反而開啓了晉國日後長久的伯業，說見本文〈論被廬之蒐〉篇。至於作州兵，則從杜院士之說，以爲「餘子」當兵。以上是本人略述〈爰田與州兵〉一文寫作的歷程，以及重要的結論。這對於本人以後研究晉國伯業，不啻一線曙光，突破了第一道重要關卡。

後負笈港大，從經學名家單師周堯。於設定論文方向時，以爲既已討論晉惠公，接著應該討論晉文公的伯業問題。文公與惠公是兄弟，二者即位的順序，弟先兄後。二者在位時都曾出現重大變革，惠公作爰田、作州兵，文公則有被廬之蒐。爰田與州兵雖已初步得到結論，但是對於各家說法仍未能詳論是非之間，尤其是作州兵的部分，更有必要再作補強。因此作爰田與作州兵，仍然適合成爲論文的一部分。至於被廬之蒐則屬全新問題，乍看之下，竟不知問題癥結何在。它和作爰田一樣，歷來討論雖有若干，但無令人滿意的結論。它和作爰田不同者，則是討論作爰田的學者和文章，車載斗量；討論被廬之蒐者，寥如晨星。或曰文公嘗用卜偃所行法，所謂郭偃之法，此可備一說，但詳情爲何，依然無解。面對這麼一個棘手的問題，當時也曾令本人無所適從。

被廬之蒐的本末，據《左傳》這段的記載是：「蒐於被廬，作三軍，謀元帥。」大蒐在《左傳》中並非特例，晉國尤其多見。但是他國大蒐，罕見人事異動；晉國大蒐，卻常伴隨人事更迭。晉獻公時「晉侯作二軍，公將上軍，太子申生將下軍。」此事雖無蒐名，應是首例。在被廬這次的大蒐，更是重要。它後面跟著有「作三軍，謀元帥」這兩句話，顯示內容並不尋常。從當時的國際環境來看，被廬大蒐時作三軍以加強軍力，爲的是因應當時楚國勢力的北上所

採取的必要措施，這點比較容易理解。至於謀元帥一事又為的是什麼呢？「師之耳目，在吾旗鼓」，擊鼓鳴金者，就是軍隊的最高指揮者。春秋時代，指揮軍隊的權力，不是向來都在國君手中嗎？魯莊公十年與齊人戰於乾時，曹劌曾引導魯莊公擊鼓進軍的時機，是一著例。既然指揮軍隊的權力在國君手中，晉文公何必另設一位中軍帥，來取代自己的指揮權呢？那不就把自己架空了嗎？晉文公是一代伯主，並非庸懦之輩，他會這麼做嗎？他有必要如此做嗎？可是事情發展的結果竟是如此，那麼，原因又是什麼呢？

攤開各本書中的資料，實在很難找到詳情如何。只有在《國語·晉語四》中提到了晉文公回國之後，曾有如下的一番作為：「公食貢，大夫食邑，士食田，庶人食力，工商食官，皁隸食職，官宰食加。」本來晉國除了分封給其卿大夫的邑土之外，其它土地都屬於國君所有，由甸人掌管。如此，國君何必食「較數歲之中以為常」又「最不善」的「貢」？反過來說，如果國君必須食貴族大夫所提供的「貢」，那麼，國君對土地的所有權跑到那兒去了？於是根據《左傳》和《國語》等相關的記載，我們看到，「謀元帥」，把軍事指揮權拱手讓人；附帶的，人事任命權也隨之而去；再加上「公食貢，大夫食邑」，土地所有權和財政權也一併消失。在這次被廬大蒐之後，晉文公還剩下什麼？大概就只有「祭則寡人」吧！行政權與所有權分立，這是舉世的一大進步。戰國以下的君權、相權分立，應該就是奠基於此。這在中國的政治學史上，是破天荒的創舉，豈可單以晉文公權力的縮減視之？當然，這麼一來，突然之間所有的行政、軍事權力都被貴族搶走，晉文公豈不成了虛君？這和原來歷史伯主的形象豈可以道里計？問題是，晉文公真的淪落到這般地

步嗎？

在寫作的過程中，以上的問題確曾困擾本人許久。長期以來，晉文公伯主的形象牢不可破。想在一夕間，證明晉文公只剩個虛名，是個空架子伯主，並非易事。尤其這個結論想得到其他學者的認可，更是難上加難。曾有學者以為「晉文公何必自廢武功」？實情則是：晉文公被廢武功。唯完美的伯主形象深植人心，不易動搖，這也是人之常情。可是只要檢視當時晉國的情況，不能不問：晉文公的三千綱紀之僕為何是秦國人，而不是晉國人？誰知道晉文公受到多少來自內部的壓力？如果不與貴族妥協，誰能保證火焚公宮只會出現一次？把所有的相關因素都考慮進去，那麼，晉文公被廢武功的結果就是作三軍、謀元帥，反而變得更加理所當然。

當然，權力易放難收，這個道理大家都懂。一旦權力掌握在中軍帥手裡，國君的日子不會好過，這個道理誰都懂。所以在這次權力爭奪的過程中，晉文公雖然遭到重擊，但也不是完全失敗，這可從中軍帥是由「謀」而來尋得若干端倪。因為在「謀」的過程中，晉文公多少還能發揮一定的影響力。所以第一任的中軍帥，由晉文公心腹中的心腹趙衰提名「敦《詩》、《書》」而「說禮、樂」的郤縠出任，充分展現了妥協的痕跡。由這樣一位爭議性少，妥協性高的人物，出任位置如此重要的職務，必然是在雙方雖不滿意，但可接受的情況下才會出現。尤其是郤縠在位期間不過數月便卒，可見郤縠的年紀必不太少。這種人物的特色，講的好聽是年高德劭，講的不好聽則是碌碌庸材。但唯有此種庸材，才不會招致過多的疑慮，才能為雙方接受。因此，說晉文公雖受重擊，但也不是完全束手就範，唯輸多贏少而已。

　　郤縠這種庸材型的人物且能出任中軍帥，必是政治性妥協下的產物，也就意味著他能安內卻不足以攘外，無能對抗南方強大的楚國。不過郤縠很快的就死了，這就使得晉文公得再度面對中軍帥由誰出任的問題。我們看到接替人選是由下軍佐，排序第六，卻一躍而超升爲中軍帥的先軫，其出任的原因則是「尙德」。郤縠「樂禮、樂而敦《詩》、《書》」，這樣算不算「尙德」？《國語》說「取五鹿，先軫之謀也」，這是解釋《左傳》所謂「尙德」的內情。但是先軫也「樂禮、樂而敦《詩》、《書》」嗎？先軫出線，必須有個足夠好的理由，就如同郤縠一般。只是二者的理由相去十萬八千里，那麼剛開始謀中軍帥，爲什麼不就由先軫擔任算了？何必繞個大圈，還要超升？可見其內容之複雜，不費心檢繹，的確很難找到正確的原因。本人的博士論文第三部分，就是討論晉文公被廬之蒐的問題。

　　博士論文雖然完成了，也自認有若干創見，但是就研究晉國伯業而言，仍然只能算是個起步階段。細繹春秋的發展，大家都知道，城濮之戰是晉國伯業的開始，它與中軍帥制度的建立有密不可分的關係。如果說晉國的伯業奠基於中軍帥制度的建立，其實並不爲過。因爲在這場奠定晉國伯業的戰爭中，指揮戰事並獲得大勝的人物不是晉文公，更不是自吹自擂鑄鐘銘得意的狐偃，而是有謀的中軍帥先軫。

　　當然，春秋時代的伯主不乏其人，其伯業也各領風騷，例如齊桓公的伯業，至今爲人稱道，春秋之初的鄭莊公也被後人稱爲小伯，至於南方的楚國就更不用說了。不過齊桓、鄭莊這些伯主的伯業率皆及身而亡，不能代代相傳。楚國的伯業雖也被提出和晉國並論，

但是二者的本質是不同的。楚國雖有令尹，其賢愚固然與伯業有關，但是主要的決定者仍在楚王，如文、武、成、莊、靈。晉國的伯業特色在於，自從它稱伯開始就是以中軍帥為重心；換句話說，中軍帥決定了晉國伯業的興衰。能力強、忠誠度高的中軍帥，通常造就一波波的伯業；反之，能力差、或私心重的中軍帥執政，晉國的伯業就沒落；其始其終，皆與中軍帥密不可分。因此本人決定在既有的基礎上，繼續研究中軍帥與晉國伯業的相關問題。特別要感謝的是來自國科會的支持，連續兩年核准本人進行有關晉國中軍帥的研究計畫（《春秋大事表》研究——軍事篇（I）計畫編號：NSC91－2411－H－110－015－。執行期間：九十一年八月一日至九十二年七月三十一日。《春秋大事表》研究——軍事篇（II）計畫編號：NSC92－2420－H－110－005－。執行期間：九十二年八月一日至九十三年七月三十一日）。在此計畫配合之下進行相關問題的研究，並成為本書內容的一部分。

由於希望自源頭開始討論，以明其流變，故本書篇章論自晉之始封，暫至春秋中葉，也就是以晉景公的時代為斷限。第一篇〈晉本大國——略論顧棟高〉，討論晉之始封的若干問題，例如晉是否初受封即為大國，晉的爵位性質等等。《左傳·莊公十六年·孔疏》以為「晉土地雖大，以初并晉國，故以小國之禮命之」，顧棟高從之，云「晉本大國」。然師服既云：「今晉，甸侯也，而建國。本既弱矣，其能久乎」，顯然不以晉為大國。且《尚書·康誥》、《尚書·酒誥》侯、甸、男的順序，甸在侯下。國語·晉語一》：「郭偃曰：『今晉國之方，偏侯也，其土又小，大國在側。雖欲縱惑，未獲專也。』」韋昭云：「方，大也。偏，偏方也。乃甸內偏方小侯也。《左傳》師服曰：『今晉，甸侯也。』」則晉本非大國可知，

孔《疏》及顧棟高所云非是。

　　第二篇論〈封與封人〉，這是承上篇〈晉本大國〉而來，其中
討論有關甸與封之間的關係、封係何事、封人係何職、封與疆之歧
異、以及相關的疆界字義。第三篇及第四篇〈以一軍爲晉侯（上）〉、
〈以一軍爲晉侯（下）〉，實承續前二篇而來。唯此數篇因分別爲
題，在資料的引用上或有複重，尙祈讀者諒解。在〈以一軍爲晉侯
（上）〉篇中，針對軍賦的問題提出新的解釋，以爲《左傳》中軍
字含義有別，或爲臨陣作戰單位，或爲軍賦徵收單位，字同義異。
在〈以一軍爲晉侯（下）〉篇中，討論貢賦徵收者由周天子變成霸
主，而徵賦方式也變成新式的以軍爲徵賦單位。隨著時代的改變，
以軍爲單位越來越不能滿足霸主的需求，最後終於改用乘爲單位。
於是三軍大國變成了千乘大國，然後千乘又不再是大國的標準時，
萬乘之國便出現了。就被霸主徵賦的諸侯而言，執政者最頭痛的問
題便是如何在原有的稅賦之外，另外加征新的稅賦，以滿足霸主無
止盡的勒索。幸而人口增長，新的土地日益開發，使得執政者得以
上下其手。於是我們發現，鄭和魯這兩個國家，分別出現了初稅畝、
作丘賦、作丘甲的事件。二者似乎兩種典型，分別用不同的方法來
解決財政不足的問題。鄭國採用的方法較直接，就是凡地籍上非屬
私人所擁有的田地，國家一律沒收。子駟在前，子產在後，都採用
這個方法。子駟被殺，子產只受到詛咒，二者際遇有差。因爲子駟
在沒收這些田地時並未予以補償，以致引起絕對的反感。子產則沒
收這些田地的所有權，但是允許私墾者使用權；雖然受到詛咒，比
起子駟被殺到底好些。至於魯國，畢竟是儒家的發源地，一切講求
和諧。這些私墾者田地未被沒收，所有權也未遭剝奪，只要多交些

稅就順利地取得了土地的所有權。在《左傳》中，對鄭國的記載是子駟「正封洫」，四族皆喪田。子產先「正封洫」，然後作丘賦，皆招致國人的詛罵。但是記魯國時，只見「初稅畝」，不見當時有任何不滿的反抗聲浪，更別說發動政變殺死執政了；就算後來用田賦時，也不過有孔子反對而已。可見兩國的處理方法，的確有所不同，因而結果也就不同。歷來解釋稅畝者雖多，但是無人注意及此。因為這是特權當道的新制，而不是先王舊制。在魯國，一向不敢對特權動手，這與後世六朝門閥橫行的情況相同，此所以孔《疏》會說是「占田過制」之故。晉國霸業的一大重點就是能向諸侯徵貢賦，在霸業的過程中，貢賦制度也隨時而異，這是值得學者注意之處。

第五篇〈論「君子好逑」〉，討論晉穆侯命子名是否得當，是否關係晉國後世有關。眾所周知，晉穆侯以條之役生太子，命之曰仇；以千畝之戰生次子，命之曰成師。《左傳》載師服之語，以為文侯之名「怨耦曰仇」。雖說是「古之命也」，其實此義究竟是否真為古之所命，這是頗難證明的一件事。試看《左傳》中，巫、史、師這類身分的人頗好裝神弄鬼，許多本來人事可知的必然結果，經由他們的口中說出，便成為上天命定無可逃避的天意。以神道設教，常常是這些人增加自己可信度的一種作法。若有人認為《左傳》「其失也巫」，至少從這個案例看來，倒是頗有其理。反過來說，這也可以證明巫、史、師這些人神道設教的作法，的確非常成功。不過一旦從天意回歸人事，再來觀察晉之所以分裂，小宗之所以取代大宗，這是當時有識之士人盡皆知的結局，何必託之命名不當？孔《疏》云：「非謂人之立名必將有驗」，為的是「師服知桓叔將盛，故推出此理，因解其名以為諷諫，欲使之強幹弱枝耳。」晉曲沃系成功

地以小宗奪大宗，在春秋初期是一件非常不尋常的事。因為其它諸侯國家雖也發生過類似的情況，如鄭之叔段、衛之州吁等等，但是都以失敗為收場。唯獨晉國不然，可見小宗一系頗具才幹。這對於日後晉國的發展，起了重要的作用。至於這個結局是否與晉穆侯命名有關，那只有說信者恆信，智者不然了。

第六篇〈論晉武公受命及其相關問題〉，討論晉武公所以受命及王室外交政策。晉武公之所以能從不被周王室承認，然後受到周天子正式認可，「以一軍為晉侯」，其關鍵當然在於「我周之東遷，晉、鄭焉依」，晉國一向是少數支持周平王系統王室的諸侯，晉文侯最後還滅了攜王，無論如何，都要拉攏晉國。更何況齊桓公的伯業對周王室威權造成極大的威脅，王室亟思有以敗之。當鄭國還未加入齊桓公陣容時，晉國的重要性還未顯現。一旦於魯莊公十六年，「冬，同盟于幽，鄭成也」，《左傳》接著就記載：「冬，王使虢公命曲沃伯以一軍為晉侯」，說明一向為周王室倚重的鄭，已經正式投向齊桓公的陣營，不再支持王室。因此，「鄭成」後，周釐王有必要拉攏晉國，就算此時的晉君是殺嫡奪宗的晉武公也在所不惜，以免王室的地位更形不振。就算是這個晉已不是原來的大宗，就算是這個晉武公破壞了宗法制度，為了王室的利益和前途，釐王也都在所不惜。因此鄭厲公一旦向齊桓公靠攏，周釐王便立刻策命晉武公為晉侯，聊以抵制齊桓伯業，振奮王室人心。因此晉武公受王命得以立為晉侯，對他本身固然有利無害，對周釐王而言，為了王室，實行這樣的外交政策，實在也是迫不得已。

第七篇〈論晉獻公〉。獻公實為雄武英略之君，然後世多以為惑於驪姬，此真所謂讀書不求甚解。然據史書所載，實有驪姬欲立

其子，故誣陷太子申生事，此當何解？案：此事固有可疑者，然絕非驪姬一人進諂，獻公惑於狐媚，故釀成悲劇。要之，當自獻公行事探尋。從獻公欲去桓、莊之族始，語士蒍「爾試其事」一句，即可看出其陰鷙之一面。結果群公子或被殺，或被逐，然絲毫不見獻公在表面上的用力，可見一般。逮驪姬之事，太子申生自縊，亦只見驪姬等人奔波，不見獻公動手。太子申生雖被諡為恭世子，但是獻公終不願申生繼承，此甚可怪者。最有可能的原因之一，或許是申生與群公子之間頗有關係，大為獻公所忌耳。否則以史料所載，申生既勇武，為人又謙和，實在找不出廢黜的理由，而獻公不欲立之。是其中必有史書所未載，然而宜深察者。

《左傳》云：「武、獻以下，滅國多矣。」其實武公所滅者，晉之大宗。此外有夷，並以夷詭諸之名命獻公為詭諸。至獻公時，滅耿、滅霍、滅魏、滅虢、滅虞（驪戎、東山皋落氏？），擴地甚廣；又欲參與齊桓公盟會，知其志不在小。天假其年，或可取代齊桓公成為新一代的伯主。惜其死於會於葵丘之年，故本人以獻公為未竟其志的伯主。非但伯業未竟，連安排奚齊繼位的計畫也人亡政息，為里克所賣，功虧一簣。然「驪姬之亂，詛無畜群公子，自是晉無公族」。這個結果，對日後晉國影響之大，恐怕超乎獻公的預期了。

第八篇〈論晉惠公〉。或以為惠公為人多負面事項，唯若自不同觀點審視，惠公行事之足稱道處豈少哉？晉獻公死，公子重耳御下無方，財物盡失，無法滿足內外需索。反之，公子夷吾御下嚴整，在諸臣策劃之下，廣賂內外，順利取得權臣里克、丕鄭的支持，強鄰秦穆公的援助，以及齊桓公的首肯，登基繼位。和其父獻公一樣，晉惠公之精明幹練著實令人佩服。他能在回國之前大開支票，也能

在登基之後立即翻臉不認帳。非但如是，他派丕鄭聘秦釋緩賂，支開里克最重要的心腹，使里克在晉國無所呼應。在如此精心安排之下，使里克措手不及，被迫自殺，順利地解決心腹之禍。同時，假設秦穆公光火，殺丕鄭以洩忿，正好幫晉惠公一個大忙，省得惠公再費手腳。雖然秦穆公並未中計，但是於惠公無損。等丕鄭回國，已無興風作浪的本錢，聊爲勾結秦穆公以出惠公之計，結果亦爲惠公三臣呂甥、郤稱、冀芮識破，并其餘黨七輿大夫全數誅除殆盡。在驚濤駭浪之中，終能化險爲夷。其手段細膩，其膽識過人，洵非簡單人物。惠公其它作爲亦多有足以令人稱道者，然流風所向，論者多從負面角度視之，眾口鑠金，斯亦惠公之不幸也。

其實晉惠公甚有能耐，但信者不多爾。以史料所載，惠公君位並不安穩，原因是外有秦穆公之不得志，內有群臣之貳心，暗通公子重耳，首鼠兩端。晉惠公未能化解內外矛盾，確屬事實。但是否即爲罪大惡極之事，則有待商榷。韓原之戰，惠公被俘兵敗，《左傳》、《國語》等相關事證對惠公皆極不利，然此中豈無可說者？且可公開之理由豈可盡信？眞實之理由焉能公開陳述？獲勝的一方，有其獲勝的原因；失敗的一方，有其失敗的理由。唯既已失敗，欲加之罪豈少哉？雖然，惠公能在失利之餘，力挽狂瀾，終能回國復位，豈易爲之者哉？其成功之道，依然是廣賂內外；對外，實踐對秦穆公的先前承諾，讓河東之地於秦；對內，「朝國人而以君命賞」，即所謂作爰田與作州兵。何謂作爰田？何謂作州兵？各種說法可靠否？此本人第九篇〈爰田與州兵〉及第十篇〈再論作爰田〉之所以作也。

〈爰田與州兵〉前已說明，〈再論作爰田〉便以檢視大陸學者

論述為主,其中引用及前賢者附之,列舉如下。(1)或以為擴大耕地面積,如金景芳,杜正勝從之,以為擴大田界。但是如何擴大田界,杜氏並未說明。于琨奇則舉日後范、中行百六十步為畝,以為作爰田為百步至百六十步之間。此說之不能成立,原因有三:第一,金氏有說無證。杜氏惑於戰國時商鞅之制轅田,以為與惠公之爰田相同。于琨奇之證同樣是日後情事,不足以證明「作爰田」就是「擴大畝積」。第二,這牽涉到土地所有權的問題。第三,這與生態平衡的問題有關。(2)或以為「固定授田」,如冉昭德、韓連琪、于琨奇、林甘泉、郭人民、徐喜辰、周蘇平、王貴民等等。固定授田說不能成立,反對者以王毓銓為代表,王恩田附之。王毓銓認為爰田與固定授田無關,並且說李貽德和錢穆:「顯然都接受了孟康的意見,這樣就把商鞅的制轅田與晉作爰田混淆起來。」王毓銓還認為:「商鞅『制轅田』可以和『開阡陌』並行不悖。」本人以為,張晏和孟康都明確地指出「爰田」有新舊兩種制度,所以孫詒讓強調「張、孟說爰田之制,周、秦不同。」周制是「以易居為爰」,而秦制則是「以易田為爰」,把自己的田分三等份輪耕。所以秦制才是固定授田,而周制即晉惠公所作的「爰田」既是輪流更換封地,也要輪流耕種,哪裡是固定授田?(3)「大賞國人,爭取國人支持惠公徵召野人服兵役。」幾乎所有大陸學者皆持此說,陳恩林所說尤為詳盡,同學李隆獻教授亦同此論。以為「以韓之敗,兵士犧牲殆盡,而作州兵。」李說未舉出實證,無從討論。陳恩林則忘了他曾堅持授田權利與當兵義務的相對性,並未證明野人在「作爰田」時也獲賞田。此外,他也忘記他曾說在春秋時只有「國人」才有資格當兵,野人則否。在其書第一章裡,他特別強調「先秦奴隸軍事制度的基本特

點」就是「兵農合一」與「國人當兵，野人不當兵」。他還引用了
《左傳》中好些例子來證明他的觀點，這些例子從春秋初期開始一
直到春秋中葉，他認爲他所舉的例子都是：「國人參加軍事活動，
執干戈以衞社稷的明證。」若照這些學者們的說法，晉惠公「作爰
田」爲的是徵召野人當兵，同時「國人」也並未停止服兵役，照此
推算，晉國從此便有加倍的軍隊才是。可是自「作爰田」起到晉文
公二年，以左、右二師勤王，整整十年之間晉國都維持二軍的兵力。
如果「作州兵」就能使晉國軍數倍增，何以晉惠公的軍隊數目未曾
增加，乃至晉文初立也未增加，一直到了晉文公四年才「作三軍」
呢？這距離「作爰田」已經十二年了，可見「作爰田」和徵召野人
毫無關係。本人認爲，大陸學者所以一致持野人當兵說，主要是爲
了解釋，到了春秋晚期各國軍隊數量大增的現象。試想，既然在春
秋早期就已出現野人當兵的事實，春秋晚期軍隊大增的問題不就迎
刃而解了嗎？但不論是「賞國人以爭取支持徵召野人當兵」，或是
「兼賞野人，使野人有負擔軍賦的能力，可以當兵」的說法，都沒
有足夠的證據，甚至和所有的記載都相衝突，以至其說終不能成立。
(4)「將公田賞入私田、取消公田私田之別」，于琨奇主之，唯其誤
解了杜預的意思。杜預的意思只是說，將公田上的收入賞給一般的
「國人」，應該是僅此一次，而不是每年都要將公田上的收入分給
這些「國人」。若如于琨奇說，公田都分了出去成爲私田，那麼惠
公的行政支出將從何而來？以後的國家收入又如何解決？更何況到
了晉景公時，晉國仍然有公田收入的記載，《左傳·成公十年》云：
「六月丙午，晉侯欲麥，使甸人獻麥。」杜預《注》云：「甸人，
主爲公田者。」可見于琨奇主張公田賞入私田爲無據。(5)「垣田易

居」，即輪流耕種，王恩田主之。輪流耕種是當時人所熟知的技術，所以晉惠公「作爰田」當然不會以此爲重點。因此王恩田這個說法雖不能算錯，但也無甚新意可言。不過，王恩田的說法不僅於此，他還提出了另一個驚人的意見，那就是：「執行獻公以來晉無公族的政策。」王恩田以「作爰田」爲執行獻公「驪姬之詛」，言過其實。他以「作爰田」爲並非偶發的歷史事件，也與事實相反。「作爰田」是惠公爲回國復位的權宜之計，並非執行「獻無異親」的政策。說法雖然聳人聽聞，但不能成立。雖然，就晉國霸業而言，晉惠公並非唯一的建立者，但卻是重要的奠基者之一。而晉惠公的一生中，作爰田與作州兵是極爲重要的兩件大事，略去不提，對於明瞭晉國霸業未免將惘然若有所失。因此〈再論作爰田〉雖然是本人博士論文之中的一節，但是考慮到討論晉國霸業的連續性，仍然將本篇收錄。不過爲了學術創新的理由，自不能以正文視之，故在本書中僅以附錄的方式收入。又，〈論被廬之蒐〉一文，論證晉國伯業所繫，實本人重要創見。唯既已寫入博士論文中，不得不列入附錄，情況與此相同，特此說明。第十二篇〈論魯國作三軍、舍中軍〉，討論魯國也曾仿晉作三軍，其後又舍中軍等相關問題。三家三分公室，剝奪魯君的權力，造成魯國公室的進一步削弱，所謂卑公室也，故次之於後，以爲比較。

第十三篇爲〈論城濮之戰〉，這場勝利，使得晉文公繼齊桓公之後，成爲中原諸侯認可的第二位伯主。勝利令人喜悅，但此役中誰才是最喜悅者，那就很難說了。在這篇文章中，本人檢討相關的資料，發現晉、楚雙方的國君都不希望用戰爭解決爭端；反之，晉、楚雙方的貴族卻都希望戰爭。這麼一來，這場戰爭就變得有些怪異

了。如果我們掀開膚淺的表象，透視深層的內幕，就可一目了然。這個道理其實不難了解，只要做些對比的工作即可得到答案。先說楚成王，他其實是按照齊桓公的模式稱伯。齊桓公欺負小國或許很勇敢，可是一旦面對楚這樣的大國，就只能用嚇唬的方式，不敢決一死戰定勝負。原因是不需賭這麼大，以免賭輸了裡子面子盡失。只要楚國意思意思，收了包茅，對諸侯有所交待，就打道回府，**繼續坐穩伯主的位子**。這是最保險的做法，齊桓公會，楚成王焉得不會？楚國可以打得宋襄公落花流水，因為宋是小國，楚的把握十足。但是晉國不同，除了國家較強大以外，晉文公至少在表面上能調和內部矛盾，使晉的實力加強。雖然本人認為晉文公是被迫的，畢竟他做到了內部的團結，足以凝聚晉國上下，何況還有齊、秦、宋三國支持？齊桓公不以戰爭為手段就稱伯許久，正是楚成王的榜樣。既然如此，何必打一場勝負未知的戰爭呢？就晉文公而言，經過被廬之蒐，他被貴族架空，軍事指揮權等一切權力皆遭剝奪，此時何必多事？能不打最好；就算要打，輸了也比贏了要好。打輸了，責在貴族，他還可以多些操弄的空間；打贏了，功勞全在貴族，他就更難應付了。與兩位國君相反，雙方的貴族卻躍躍欲試，打輸了，再說；打贏了，國君就更難動搖他們的地位。所以我們看到晉文公與楚成王都極力避戰，我們也看到晉狐偃等與楚子玉都極力求戰。楚成王權力較晉文公穩當，有能力操控戰爭的勝負，因此他是否刻意地不讓子玉獲勝，就很令人玩味。至於晉文公，他失去了權力，無從干預貴族，便只能盡力止戰；能否如願，已不是他所能控制的事。戰爭的結果，晉國獲勝，子犯也鑄了編鐘自吹自擂。不過究其內情，遠超過文字表面所載。

第十四篇爲〈評顧棟高〈燭之武論〉〉，爲文緣由已見前述。
既然顧棟高認爲燭之武退秦師之舉殊爲不當，挑撥離間，使晉國伯
業失去了秦的助力。本人爲燭之武翻案，以爲秦、晉失和自有晉國
內部因素，與燭之武無涉，不必以爲代罪羔羊。本人以爲，自被廬
之蒐以來，晉國貴族既架空晉文公，仍意猶未足。凡與國君關係密
切者，不論內外，悉爲防堵對象。秦既三置晉君，爲晉君最有力之
靠山，能夠切斷國君最重要的外援，對於晉國執政貴族自有莫大益
處。燭之武爲鄭國利益著想，實爲愛國情切，若說他能絕秦、晉之
好，未免太過抬舉燭之武了。

第十五篇〈論晉國早期中軍帥〉。晉國中軍帥既掌執政，遂成
爲最重要的職務，在作三軍，謀元帥時，必有一番過程。雙方皆有
人選，僵持之下，雙方各退一步，第一任中軍帥終於產生。我們看
到，晉文公心腹中的心腹趙衰提名，由「敦《詩》、《書》而樂禮
樂」的郤縠出任，意味著此人最不具威脅性，且年事已高，隨時可
以換人。因而爲雙方接受者出任，才打破僵局。作三軍、謀元帥一
事，顯示文公已滿盤皆輸，大權盡失。或有不信者，答曰：掌軍權，
國君故事。政由君出時，一言便決，何用眾議謀帥？既由眾議，國
君威權何在？且日後晉君能再執軍權否？晉之六卿何以坐大？晉君
何以一再被弒？豈非失其軍權所致？故曰：文公滿盤盡輸。郤縠出
線，勉強算是扳回一些顏面，聊勝於無而已。郤縠在位不過數月即
卒，接任人選由先軫超升，「尚德」也，原因是「取五鹿，先軫之
謀也。」兩相對照，益發證明郤縠之過渡性，以及貴族之強勢，雖
文公亦無如之何。待先軫死，其子先且居繼任，此時連尚德的理由
都不必了，可見晉襄公之無奈。然先且居不若其父先軫強勢，因此

與晉襄公尙能維持表面的和諧。可以說，先且居在位時稱得上風平浪靜，一旦先且居死，晉國政情大變。

第十六篇題爲〈論陽處父〉。陽處父不過是晉國眾大夫之一，位卑爵低，何以特爲專篇？蓋有深義焉。本篇先簡介陽處父之事蹟，次論其身分與權力，以爲按晉國制度，太傅不過上大夫，非卿爵。杜《注》、孔《疏》皆惑於漢儒、《禮記》等說法，實不可信。唯以一大夫爵位之太傅，又無重大功勞，何以能夠改易中軍？以其襄公之傅，一心爲主之故。唯太過躁進，先造成晉襄公被弒，本身也未倖免。然而後世對陽處父的評價卻是「已剛」、「其智不足稱」，對一位忠心耿耿、事君有死無它的忠臣竟然如此汙蔑，本人不能接受。是以特爲文論述陽子之忠貞，足爲後世事君者表率。至於晉國這一階段中軍帥的問題，則有〈續論晉國中軍帥〉，副題爲「補〈論陽處父〉」，以再度表達本人對此忠臣的敬意。

第十七篇〈續論晉國中軍帥〉，並補論陽處父，以討論更多更複雜的問題。自晉國有中軍帥始，到了晉襄公時已歷三任，可謂行之有年矣。在剛開始時，國君雖然不滿意，但是只要不太過明顯地干涉其中，至少生命安全的問題倒還不必顧慮；甚至只要能忍能讓，貴族們畢竟還是以國家利益爲主要考量，順便也替晉文公爭到了伯主的頭銜。晉文公所能做的，也就是把餅做大，不危及貴族的利益。基於這樣的原則，文公於清原之蒐時擴張了軍數爲五軍，塞進自己的人馬：趙衰、箕鄭、先都等人。由於這是增加軍帥的作法，並未影響到其他貴族的既得利益，所以也沒有受到任何阻礙。如是十個軍帥之中，加上狐偃，晉文公還能大約掌握半數。這對晉文公而言，算是成功的作法。

　　但是晉襄公的作法與其父不同，他採取的是裁減軍數，恢復三軍舊制；尤有甚者，在三軍六帥中，他還要強行塞入屬於自己的四個人馬。如此強悍作為，卻未顧及風險。於是自作三軍以來，貴族與國君之間的權力形勢，面臨重新調整的壓力。對貴族而言，好不容易才爭到的權力，一夕之間化為泡沫，是可忍，孰不可忍？為晉襄公出策以及檯面上的執行者，就是忠心耿耿的陽處父。冤有頭，債有主，晉襄公雖躲在幕後，但是他畢竟是國君，在任命軍帥時仍有形式上的權力，因此必須先行解決。本人在撰寫碩士論文時，便已懷疑晉襄公過世之內情絕不單純，只是當時未曾自軍帥的問題著手。如今探討晉國中軍帥等相關問題，赫然發現晉襄公想要得到實質的影響力，因而插手軍帥人事。可是一方面晉襄或許是涉世未深，不知人間險惡；另一方面，他的謀臣陽處父雖然聰明且忠心，但是太過躁進。他能廣結外援，但是對晉國內部複雜的政情卻束手無策；得罪的巨室如此之多，又急躁地欲畢其功於一役。他以為可以讓晉襄公的人馬既取得中軍帥一職，又可以在六個軍帥名額中佔得四席。他的算盤未必不精，但是對方豈會坐以待斃？先克一句「狐、趙之勳，不可廢也」，就迫使晉襄公縮手，改易中軍帥，造成更多的怨恨。始料未及者尤其是，晉襄公和陽處父心目中最可靠的趙盾，竟是出賣他們的元凶。總而言之，在整個三易中軍帥的過程中，除了趙盾及其黨羽之外，每一個都是輸家。最大的輸家當然是晉襄公，最令人惋惜的是陽處父。最愚蠢的是狐射姑，其次是先克。自此以來，晉國國君只要敢縮編軍數，或想插手軍帥人事，沒有一個有好下場，晉襄公如此，晉厲公如此，晉悼公也是如此。識時務者如晉文公，居然獨享盛名，算是另一種形式的補償吧。等到日後晉平公

想安插自己人馬時，連一個宰人都敢說話，嚇得平公趕緊收手才保住一條老命。於是晉平公只能酒色自娛，以掩人耳目。日後劉阿斗有異曲同工之妙，豈前賢典型，永在夙昔？

有了趙盾這樣的執政者，晉國就再也不需要敵人了。趙盾勇於內鬥，怯於公戰。所以在趙盾執政期間，晉國國勢大衰，伯業也就乏善可陳，因此本人沒有針對這一時段多做討論。當然，研究晉國伯業，即使是中衰時段也應有所探究。不過限於時間，只好等待他日再做補足。因此本篇結尾便以第十八篇〈略論邲之戰〉為題，檢討晉景公在位期間晉國中軍帥以及伯業的相關問題。景公在位時，晉、楚大戰於邲，楚勝晉敗。楚莊王興起，晉伯仍然中衰。但是對晉景公而言，邲之戰是一個重要的轉折。此役雖敗，但是晉景公與忠心的中軍帥荀林父巧妙地安排了一場大戲，使得跋扈的貴族暫時低聲下氣，國君聲勢上升。這與景公的智謀有關，更與荀林父的忠心有關。等到荀林父卒，老奸巨滑的士會接任，情勢又自不同。

以上十八篇，自晉之始封起至邲之戰為止，所論自晉以小國逐漸發展，使得晉景公亦成為春秋時代的伯主。限於本人的學力及時間，面對這麼長的一段歷史，只以上述篇章討論，難免不能詳盡，其後的歷史也還有更多相關的問題值得討論，也還有待本人繼續努力。不過既已為文，總希望能得到方家的指教，所以先行付梓，以求賜正。更希望在未來的幾年之中，陸續討論相關的問題，至晉國伯業結束的時間為止。最後，在寫作過程中，承蒙諸位師長及學界先進多所訓勉，針對相關的問題惠賜卓見，促使本人更謹慎地思考，以及訂正錯誤之處，在此鄭重表示謝意。另外，寫作期間也兩度蒙國科會補助研究，使得本書能順利進行，在此重申謝忱。最後，本

書之校定及書目、圖片等工作，由本系博二學生黃聖松擔任，辛勞之處，一併致謝。

序 一

　　高雄中山大學劉文強教授，1991年來港，從余治春秋史。越三年，以「論《左傳》之『作爰田』、『作州兵』與『被廬之蒐』」爲題，竟其博士之業。

　　文強治春秋史有年矣，於晉國之伯業，尤所究心，近歲於此仍鍥而不舍，遂有本書之作，包括論文共十八篇，凡三十餘萬言。

　　考春秋時代之晉國，南抗荊楚，北滅戎狄，西阻強秦，文、襄、厲、悼伯業相承，華夏諸侯翕然從之，其影響也至鉅。文強於晉國伯業，濬源通流，探賾索隱，每多己見，駸駸乎欲奪前人之席矣。

　　夫學問之道，貴乎有恒。文強研治晉史，既專且久，反覆紬繹，詳稽博辨，由是以進，必能觝排誣妄，使積蔽群疑，渙然冰釋矣。余於文強，有厚望焉。

2004年4月文農 單周堯 序於香港大學

序 二

研究經書不易。

除了時代過遠、文化隔閡，歷經附益、鈔刻，導致文本校正、篇章甄辨、句讀斟酌、語詞訓詁、名物考訂等工夫甚巨，也因前賢治經的成果汗牛充棟，單是有清兩部《經解》，消化起來就相當費時費力，然而不立足於前賢既有可取成果，如何更上層樓？不過，稍事簡別，就會發現許多所謂的經學著述其實都只能歸諸文獻學，與經書要傳達的信息本身有間。經書是要明道的，明道目的在行道，辨明了「敬授人時」的「人」乃避唐諱、「寧王」的「寧」乃「文」形近而訛，與明道、行道的「道」何干？文獻學雖是治經過程中不可或缺者，但非經學本身。

《國語》因重在語，不在事，從傳統以政治史爲治史主流的角度來說，僅堪爲輔。近年出土題爲《春秋事語》、《儒家者言》者，內容大多見諸傳述之作，並未能提供多少助益。至於東周銅器上的銘文，受限於說明鑄器源由的習套，有裨訂補者也止於枝葉。因此，今日治春秋史，材料主要仍得仰仗《左傳》。將經書部分內容當作史料運用並非始於近世，太史公撰寫〈五帝本紀〉、世家春秋時期的狀況，根據的主要就是《尚書》、《左傳》。不過，至少按照太

史公自己的看法，《史記》僅是史書其表，子書其裏，他的目的在「成一家之言」。申言之，太史公最崇拜的是孔子，在〈自序〉中清楚表明：他之撰寫《史記》乃是追慕孔子撰寫《春秋》，乃新《春秋》，《左傳》中的記述被採用，是爲了彰義，所謂「我欲載之空言，不如見之於行事之深切著明也」。無怪乎曾國藩〈聖哲畫像記〉況《史記》於《莊子》，認爲「寓言亦居十之六七」。《文史通義・易教》說：「六經皆史」，本意是說：「古人未嘗離事而言理」，與上文所說以事彰義不同：前者重在事；後者重在義，然章氏所重之「事」乃在經世，並非玩古。

雖然將包括《左傳》在內的經傳當成探討歷史的素材與將之當成彰義的素材迥別，但作者寫作的用意並不能範圍讀者的研究路數，尤其按照現代閱讀理論，最要緊的不是作者怎麼寫，而是讀者怎麼讀，別出手眼，往往洞開另番天地。不過，如果能與作者同步同趣，或許較能深入堂奧，何況入乎其中無礙復出乎其外。戰國以來儒生長期困擾：「《春秋》何以始乎隱」，導致《左傳》雖未明發此問，治《左》巨擘杜預於《集解・序》中也不得不回應。今人早已不復認爲這是問題，然對參杜預〈後序〉、《竹書紀年》殘文，晉乘以殤叔上繼周宣王紀年，在以諸侯國紀年取代王室紀年這點上，與《春秋》基本一致。晉乘於宗周未覆滅前記事即不繫幽王，原委姑置不論，其不繫平王，而魯尚蹉跎，除了與平王得立魯嘗助焉、殤叔逐太子仇自立事類攜王伯盤可能相關，二書的正統觀是否有別？即使從考史的角度來說，「周之東遷，晉、鄭焉依」、「王命虢仲立晉哀侯之弟緡于晉」、「王使虢公命曲沃伯以一軍爲晉侯」，周、晉當時的關係恐非微妙複雜可名狀，則今人對於古人所提問題

的解說儘可不饜，但問題本身未必失去意義。

　　按照《史記・十二諸侯年表・序》、《漢書・藝文志・六藝略・春秋類・敘論》之見，《左傳》並非爲了記錄歷史而作。如果彼等不誤，則《左傳》許多語焉不詳之處即可了然，因爲那些略去的部分與作者意圖彰示的義無關。事有其類。若按照一般觀念中史書的要求來看，《聖經》中的《列王紀》甚是簡陋，可是從它經常明言：「某某其餘的事蹟……以及他的英勇事蹟不是都寫在以色列（或猶大）王的年錄上麼」，即可知：史之所重每每爲經之所輕，經之書此或不書彼，尺度在神學，政治、宗教人物、事件的選擇性記述乃是爲作者或編者意圖陳述的神學作註解，此所以某些從政治角度來看功業彪炳的君王，如北國暗利、耶羅波安二世，不過以幾小節帶過；統治時期漫長者，如南國的瑪拿西，只佔一章不到的篇幅。《左傳》於春秋時期晉國伯業的記載算是不少了，然而作者用意究竟影響匪淺，以致取捨後，從歷史研究著眼，留有太多空白。成就伯業鮮能不假戎事，雖然前人常稱許《左傳》敘戰爭周詳得法，卻未慮及：如此稱許，將令《左傳》被隗禧「直相斫書耳」之譏而不得辭。

　　今人多已悟：所謂有一分證據說一分話乃未嘗從根柢處反省的謬論，既有記載僅是材料，非證據，在這種認定前提下，面對材料間的空白，會得出兩種推論：孤島似的材料之間必須加上想像，才能連貫在一起，架構成全圖，然而想像也非漫無限制，端視退回歷史文化脈絡時，對當時文化掌握的深、廣、複雜度至何許，以致對既知部分的解釋力高下立判。此其一。任何解釋都不免受到解釋者自身既有認知結構、經驗的影響，沒有一種解釋絕對正確圓足，而任何認知結構都難免有些無從驗證的前提認定，是以論述中無從驗

證的前提認定愈寡，可接受度愈高。此其二。以《左傳》爲例，范寧批評它「其失也巫」，但鬼神有無本身是無從驗證的，是以若以《左傳》中凡預言應驗均爲事後追書，以定其成書年代，純就理論理，殊可商榷。又如晉獻公惑於驪姬而殺嗣逐子，誠屬難以想像，然此乃以平常人家虎毒不食子爲據，然於帝王家此斷非可異之舉，而任何舉措率非單一動機，獻公此舉，除了君父個人權力慾兼安全感、基於維繫國統長治久安而以『義』斷恩，人性中難以想像的幽暗力仍可能爲其間原委之一，君不見：西漢成帝多年無子，居然應趙昭儀之請，手斃己出？執一非特賊道，亦廢史也。

　　文強兄治《左傳》多歷年所，功力精深。功力精深，識見自卓。本書以晉國伯業爲主題，可覘一斑。按：《左傳》於隱公六年即書其父魯惠公年間的晉事；哀公十四年經文已告終，《左傳》續有詞，至哀公二十七年，以三家覆知伯的晉事息筆，《左傳》於晉國歷史的重視於焉可見。是今之《春秋》雖乃魯史記，以魯國爲本位，捨晉國興衰，恐難以窺素王大義。本書所收各篇論文得間鉤賾，多所創獲，人或有異詞，然竊以爲：章炳麟、劉師培等人著述可貴處不在一無罅隙，而在啓發性，此書蓋其比也。有幸與文強兄先後負笈臺大、港大，值其鴻裁付梓，故妄贅數語，以誌慶。

甲申孟夏於清華園　　朱曉海

晉國伯業研究

目 次

晉本大國──略論顧棟高❶

論文提要

顧棟高〈晉中軍帥表敘〉一文，以為「考其次第，亦治亂得失之鑒也」。此誠具史家慧眼。唯其謂「晉為大國」一語，雖出自莊十六年孔《疏》，實不能成立。本文自晉之始封、甸之屬性著手，論晉本小國。並略論甸、男等相關問題，以明制度流變。

一、顧棟高

顧棟高〈春秋晉中軍表敘〉云：

> 周制：「大國三軍，次國二軍，小國一軍」。晉本大國，自曲沃武公以支子奪宗，莊公十六年僖王命曲沃伯以一軍為晉侯，從小國之制。至閔公元年，晉獻公始作二軍，公將上軍，

❶ 本篇發表於第七屆清代學術討論會，收錄於《第七屆清代學術研討會會前論文集》，高雄：國立中山大學，2002.3。

太子申生將下軍，以滅耿、滅霍、滅魏，時尚未有中軍也。僖公二十七年，文公蒐于被廬，作三軍，謀元帥，使郤縠將中軍，郤溱佐之，中軍于是始。二十八年復作三行以禦狄，荀林父將中行，屠擊將右行，先蔑將左行。避天子六軍之名，故名三行。三行無佐。三十一年秋，蒐于清原，更作五軍以禦狄，罷去三行，更爲上下新軍。文公六年春，晉襄公蒐于夷，舍二軍，罷五軍，復三軍之制，以趙盾爲中軍將。成公三年十二月，晉景公賞鞍之功，作六軍，韓厥、趙括、鞏朔、韓穿、荀騅、趙旃皆爲卿，擬于天子矣。六年，晉遷新田，韓厥將新中軍，且爲僕大夫。是時欒書爲中軍將，曰「新中軍」，創出也。十三年，晉屬公伐秦，韓厥將下軍，趙旃代韓厥將新軍，是新中軍在下軍佐之下矣。十六年鄢陵之戰，郤犫代趙旃將新軍，新上、下軍復罷，是爲四軍。襄公三年，晉悼公使魏絳佐新軍，新軍皆有將、佐二卿。鄭子展謂「晉四軍無缺，八卿和睦」；知罃謂「三分四軍，與諸侯之銳，以逆來者」是也。至十三年蒐于綿上，使荀偃將中軍，士匄佐之；趙武將上軍，韓起佐之；欒黶將下軍，魏絳佐之。將佐皆遷，于是新軍無帥，悼公難其人，使其什吏率其卒乘官屬以從于下軍。十四年歸自伐秦，遂舍新軍，復還三軍之舊。自是終春秋之世，晉軍制不復變更。中軍本司徒之職，晉以僖侯諱廢司徒，爲中軍。自翼侯以前未入春秋，故其時中軍不著。文公圖伯以後，世有賢佐，國以日強，諸侯咸服。雖經靈、屬無道，而小國不敢叛。自韓起雖賢而弱，末年漸不能制其同列。范鞅更爲黷貨，趙氏繼之，與范、中行相仇怨。

晉以失伯，而三分之勢遂成。嗚呼！考其次第，亦治亂得失之鑒也❷。

這篇文章從中軍帥的起伏升降著眼，充分表現了顧氏的史識。蓋鎖定晉中軍帥變動的來龍去脈，就等於掌握了研究晉國伯業的興衰，以及春秋時代變化的關鍵。身爲《左傳》學名家，顧氏的確有其學術上的地位。不過其中仍有若干觀點，或囿於自身，或受限於時代，頗值得商榷，本文依次討論。

首先，顧氏以爲「晉本大國」，此非顧氏發明，實有來源。《左傳·莊十六年·孔疏》云：

> 《周禮》：「小國一軍。」晉土地雖大，以初并晉國，故以小國之禮命之❸。

這個說法是否可靠？我們不妨先從顧氏自己的論述著手。其〈晉疆域論〉云：

> 晉當春秋之初，翼侯中衰，曲沃內亂，不與東諸侯之會盟，疑于荒遠之地，然其地實近王畿。是時周新東遷，列侯未甚兼并。沈、姒、蓐、黃，處在太原；虞、虢、焦、滑、霍、楊、韓、魏，列于四境。晉于其中，特彈丸黑子之地，勢微甚。而桓、莊之時，猶能命諸侯以討有罪。曲沃之叛也，王

---

❷ 〔清〕顧棟高：《春秋大事表》（臺北：廣學社印書館1975.9初版），卷二十二，頁2221。

❸ 《春秋左傳正義》（臺北：藝文印書館，1973年5月景印清嘉慶20年1815《重刊十三經注疏附校勘記》），頁158。

命虢公伐曲沃。至翼侯滅矣，而虢仲、芮伯、荀侯、賈伯同日興師，庶幾方伯、連帥之義安在，〈江漢〉、〈常武〉不可再睹哉？而釐王貪其寶賂，列爲諸侯，肆其狂猘，吞滅小國。自武、獻之世，兼國多矣❹。

晉國分裂爲二，事見《左傳》等史料，本人嘗爲文，略論《左傳》中師服謂「晉穆侯命子不當，後必有亂」之眞相❺。循顧氏之意，似謂晉本大國，唯「翼侯中衰，曲沃內亂」，故「晉于其時，特彈丸黑子之地，勢微甚」。然此論證實大有可疑。蓋若謂晉昭侯封桓叔曲沃，故晉國土地因而變小，似猶有一偏可說。然若謂晉昭侯不封桓叔曲沃，則晉向爲大國，則此說不能無疑。且引顧氏前文所云：

> 是時周新東遷，列侯未甚兼併。沈、姒、蓐、黃，處在太原；虞、虢、焦、滑、霍、楊、韓、魏，列于四境。

實在看不出晉之初封至於春秋初年爲大國的模樣，且其〈晉疆域表〉第一條爲「叔虞始封太原」，第二條爲「春秋前晉文侯滅韓」❻，

---

❹ 《春秋大事表》，頁703-704。

❺ 劉文強：〈論「君子好逑」〉（第二屆中國經學學術研討會，臺中：逢甲大學2001.12。）

❻ 據《詩經·大雅·韓奕》，韓在西周末年雖曾喧赫一時，但是其國土大小，仍是個問題。估計韓、晉之間，伯仲耳。晉文侯併韓，未必因此即爲大國。倒是昭侯封桓叔於曲沃，已經分掉晉國不少土地；再加上與晉相當的韓，最後也落入桓叔手裡。往來之間，曲沃勢盛，對昭侯以下的晉，必然形成極大的威脅。《史記·晉世家》以爲曲沃大於晉，其實未必；倒是加上韓之後，便有可能。

其自注云：

> 今爲陝西同州府之韓城縣。後爲桓叔子韓萬食邑，《左傳》
> 所謂韓原是也❼。

縱然加上韓，也不會太大，且距初封甚遠，不足爲證。今據《左傳·
桓公二年》，雖未明言晉國之大小，唯晉實非大國無疑，其文云：

> 惠之二十四年晉始亂，故封桓叔于曲沃，靖侯之孫欒賓傅
> 之。師服曰：「吾聞：『國家之立也，本大而末小，是以能
> 固。』故天子建國，諸侯立家，卿置側室，大夫有貳宗，士
> 有隸子弟，庶人工商，各有分親，皆有等衰。是以民服事其
> 上，而下無覬覦。今晉，甸侯也，而建國；本既弱矣，其能
> 久乎❽？」

按照師服所說的原則，只有天子才能建國。那是因爲天子家大業大，
雖建列國，無傷其本。但即使如此，也不會漫無節制地分封，以免
尾大不掉。至於諸侯，最多只能立家，杜預云：「卿大夫❾」，是
也。如果諸侯也建國，那麼師服就認爲違反了本大末小的原則❿。

---

❼　《春秋大事表》，頁697。
❽　《春秋左傳正義》，頁97。
❾　同上。
❿　《左傳·文公十四年》：「宋高哀爲蕭封人，以爲卿。」（《春秋左傳正
　　義》，頁336）杜《注》：「蕭，宋附庸。仕附庸，還升爲卿。」（同上）
　　孔《疏》：「蕭本宋邑，〈莊十二年〉宋萬弒閔公，蕭叔大心者，宋蕭邑
　　之大夫也，平宋亂，立桓公。宋人賞其勞，以蕭邑封叔爲附庸。〈莊二十
　　三年〉，蕭叔朝公，是爲附庸，故稱朝；附庸宋國，故云：『宋附庸也。』」

試觀始封之晉，雖然也命以〈唐誥〉，「啓以夏政，疆以戎索⓫」，但是細察所分之物與排場，焉得比魯、衛？所以晉的地位終究排名在魯、衛之後。非但排名在後，而且還有桐葉封唐叔的傳說，莫非唐叔受封並非刻意，乃出於無奈？《史記·晉世家》云：

> 周公誅滅唐，成王與叔虞戲，削桐葉爲珪以與叔虞，曰：「以此封若。」史佚因請擇日立叔虞。成王曰：「吾與之戲耳。」史佚曰：「天子無戲言。言則史書之，禮成之，樂歌之。」於是遂封叔虞於唐。唐在河、汾之東，方百里，故曰：「唐叔虞⓬。」

從這段文字看來，成王似乎並無強烈分封唐叔的意願，只是在史佚的堅持下，勉強分封唐叔。但是也只是分了河、汾之東，方百里的一個小諸侯。《史記》這段的記載雖然多少有些後世的影子，不過就西周早期形勢看來，晉不是最重要的諸侯，是無可置疑的。顧棟高〈春秋列國疆域表後敘〉已論述周初封建形勢爲：

> 據形勝以臨制天下⓭。

　　（同上）附庸雖小，畢竟也算是一個國家。宋人封蕭叔以蕭邑，不但沒有造成困擾，反倒大有功於宋朝。如是諸侯建國，豈必造成分裂的危機呢？
⓫　《春秋左傳正義》，頁949。
⓬　《史記會注考證》（臺北：洪氏出版社1977.5五版），頁620-621。在〈十二諸侯年表敘〉中，司馬遷又說：「齊、晉、秦、楚，其在成周微甚，封或百里，或五十里。」（同上，頁235）扣掉齊國，倒也符合實情。
⓭　《春秋大事表》，頁745。

杜正勝也引經據典,認為:

> 太史公論周初封建曰:「封伯禽、康叔於魯、衛,地各四百里,親親之義也,褒有德也。太公於齊,兼五侯之地,尊勤勞也。」其餘「封國數百,而同姓五十五,地上不過百里,下三十里」。封建諸侯齊、魯、衛獨大,兩個是東進要角,一個是策應的中心❶。

因此唐叔無法如魯伯禽、衛康叔、齊太公——其實還要加上燕召公——等重量級人物,受封為重要且強大的諸侯,而只是屬於甸的位階。它的國土,當然無法與魯、衛、齊、燕等大國相提並論。所以說晉之始封,只是個方百里的小國,應屬史實。何況即使至晉獻公即位之初,其國土大小又如何呢?《國語·晉語一》:

> 郭偃曰:「……今晉國之方,偏侯也,其土又小,大國在側。雖欲縱惑,未獲專也❶。」

韋昭云:

> 方,大也。偏,偏方也。乃甸內偏方小侯也。《傳》曰:「今晉,甸侯❶。」

---

❶ 〈周代封建的建立〉,《中國上古史待定稿·第三本之一章》,中央研究院歷史語言研究所1985,頁499。
❶ 《國語》(臺北:宏業書局,1980年9月《四部備要》排印清士禮居翻刻明道本),頁257。
❶ 《國語》,頁258。

《國語‧楚語上》：

> （白公子張）對曰：「……齊桓、晉文，皆非嗣也。還軫諸
> 侯，不敢淫逸。心類德音，以德有國。近臣諫，遠臣謗，輿
> 人誦，以自誥也。是以其入也，四封不備一同，而至於是有
> 畿田，以屬諸侯，至于今為令君❶。」

韋昭《注》：

> 地方百里曰同、方千里曰畿❶。

白公的話或許有些誇張，但也可反證即使晉至文公即位時，國土仍
非甚大。晉獻公努力地拓疆闢土，結果還是只得到郭偃「偏方土小」
的評論。《國語‧晉語二》宰孔謂晉獻公，說其時晉國國土：

> 景霍以為城，而汾、河、涑、澮以為渠，戎、狄之民實環之。
> 汪是土也，苟違其違，誰能懼之❶？

此時獻公至少已經滅了耿、霍、魏、虢、虞等，國土大增，不過依
然還是個說大不大，說小不小的國家。主要領土，仍在今山西西南
境內而已。獻公時猶如此，可見晉在初封為一甸侯之時，絕不會是
個大國❷。本來，如果我們只據上述所引的據證，便可以否決顧棟

---

❶ 《國語》，頁556。

❶ 《國語》，頁556。

❶ 《國語》，頁301。

❷ 《國語‧鄭語》：公曰：「若周衰，諸姬其孰興？」對曰：「臣聞之：『武
　實昭文之功。』文之祚盡，武其嗣乎？武王之子，應、韓不在，其在晉乎？
　距險而鄰於小。」韋昭注：「距，距守之地險也。小，小國，謂虞、虢、

高「晉本大國」的說法。但是有關什麼是甸、甸侯，乃至衍生出的相關問題，並未因此而解決。

二、甸

到底甸是怎麼回事？古書中有一些地方提到甸字，但看不出與爵位有何關係，如《詩經・小雅・信南山》：

> 信彼南山，維禹甸之。畇畇原隰，曾孫田之。我疆我理，南東其畝㉑。

毛《傳》：

> 甸，治也㉒。

《箋》云：

> 信乎彼南山之野，禹治而丘甸之。今原隰墾辟，則又成王之所佃。言成王乃遠脩禹之功，今王反不脩其業乎？六十四井為甸，甸方八里，居一成之中。成方十里，出兵車一乘以為賦法㉓。

霍、楊、韓、魏、芮之屬。」（《國語》，頁523。）如果晉的週遭都是小國，唯有晉是大國，在情理上也說不過去。

㉑ 《毛詩正義》（臺北：藝文印書館，1973年5月景印清嘉慶20年1815《重刊十三經注疏附校勘記》），頁460。

㉒ 《毛詩正義》，頁460。

㉓ 《毛詩正義》，頁460。

又如《詩經·大雅·韓奕》：

> 奕奕梁山，維禹甸之❷。

毛《傳》：

> 奕奕，大也。甸，治也。

《箋》云：

> 梁山之野，堯時俱遭洪水。「禹甸之」者，決除其災，使成
> 平田，定貢賦於天子❷。

雖然甸字在《詩經》中僅此二見，且《傳》、《箋》之釋又有治田
或定貢賦之異，不過都未說甸有職位之義。至於其他古書中與甸有
關，而且還牽涉職位的記載，加起來還不算少，在《左傳》中便有
幾條❷，如《左傳·成公十年》：

> 六月丙午，晉侯欲麥，使甸人獻麥❷。

杜預云：

---

❷ 《毛詩正義》，頁679。

❷ 《毛詩正義》，頁679。

❷ 《左傳·襄公十五年》載「君子謂楚於是乎能官人」，並云：「王及公、
　侯、伯、子、男、甸、采、衛、大夫各居其列，所謂周行也。」（《春秋
　左傳正義》，頁565-566）按：此君子謂「公、侯、伯、子、男、甸、采、
　衛、大夫」之排列順序，實有可疑，見下文。

❷ 《春秋左傳正義》，頁450。

甸人，主爲公田者㉘。

楊伯峻云：

> 甸人，天子諸侯俱有此官。據《禮記·祭義》，諸侯有藉田
> 百畝，甸人主管藉田，並供給野物，亦即《周禮·天官》之
> 甸師。但《周禮·春官·大祝》及《儀禮·燕禮》、〈大射
> 儀〉、〈公食大夫禮〉、〈士喪禮〉以及《禮記·文王世子》、
> 〈喪大記〉以及〈周語中〉皆作甸人，可見本名甸人，《周
> 禮》作者一時改爲甸師㉙。

㉘　《春秋左傳正義》，頁450。

㉙　楊伯峻：《春秋左傳注》（臺北：源流出版社1982.4，再版），頁850。《左
傳·襄公三十一年》：甸設庭燎。楊氏亦以爲甸師。（《春秋左傳注》，
頁1187）強按：《周禮·天官·甸師》：「掌帥其屬而耕耨王藉，以時入
之，以共齍盛。祭祀共蕭茅，共野果蓏之薦。喪事代王受眚災。王之同姓
有罪，則死刑焉。帥其徒以薪蒸，役外內饔之事。」（《周禮注疏》，臺
北：藝文印書館，1973年5月景印清嘉慶20年1815《重刊十三經注疏附校
勘記》，頁63-64）《周禮·春官·小宗伯》：「若大甸，則帥有司而饁獸
于郊，遂頒禽。」鄭《注》：「甸讀曰田。有司，大司馬之屬。」賈公彥
《疏》云：「言大甸者，天子四時田獵也。」又云：「甸者，以郊外曰甸。
獵在甸地，故云甸。今讀曰田者，義將兩兼，非直獵在甸地，亦將取田義，
以其似治田，去不秀實，故以田言之。」（《周禮注疏》，頁293）《周
禮·春官·肆師》：「凡師甸用牲于社宗則爲位。」賈《疏》：「甸謂四
時田獵。」（《周禮注疏》，頁297）以上所引雖是《周禮》，但是甸人
掌農事又掌田獵，這個傳統十分久遠。張政烺云：「野火中可以獵兕虎，
其他小獸自然更不用提了。野火使農田開闢，得到增產。」（〈卜辭裒田
及其相關諸問題〉，《中國社會史參考文獻》，臺北：華世出版社1984.10
初版，頁80）「古代，燒種是一事，焚田（打獵）又是一事，看來極有關
係。」（同上）「打獵和種植有共同的地點。更可注意的是，從第三期（卜

又如《左傳‧昭公十三年》則有甸服的記錄：

> 子產爭承，曰：「昔天子班貢，輕重以列。（杜《注》：列，
> 位也。）列尊貢重，周之制也。（杜《注》：公侯地廣，故
> 所貢者多。）卑而貢重者，甸服也。（杜《注》：甸服，謂
> 天子畿內共職貢者。）鄭，伯、男也，而使從公侯之貢，（杜
> 《注》：言鄭國在甸服外，爵列伯子男，不應出公侯之貢。）
> 懼弗給也，敢以爲請。諸侯靖兵，好以爲事。行理之命，無
> 月不至，貢之無藝。小國有闕，所以得罪也。諸侯脩盟，存
> 小國也。貢獻無極，亡可待也。存亡之制，將在今矣❸。」

照子產的話看來，列尊而貢重的應是公侯等級之國，位卑而貢重者
是甸侯。可見甸的地位不如公侯，不過因爲某些特殊因素，甸侯要

辭）以後，把打獵幾乎完全改稱田，這個田字已經變成田獵的動詞了。」
（同上，頁81）「推測殷代某些農田就是獵場，獵場隨時可以改成農田。」
（同上，頁80）「殷代耕田和打獵本來是兩回事，在焚山燒澤這一點上統
一了，許多獵區終於不免變成農田。」（同上，頁82。）

❸ 《春秋左傳正義》，頁812-813。按：《國語‧周語中》云：「夫狄無列於
王室，鄭，伯、南也，王而卑之，是不尊貴也。」（《國語》，頁50）韋
昭云：「貫侍中云：『南者，在南服之侯伯也。』或云：『南，南面君也。』
鄭司農云：『南謂子、男。鄭，今新鄭。新鄭之於王城在畿內，畿內之諸
侯雖爵有侯伯，周之舊法皆食子、男之地。』昭案：『《內傳》：「子產
爭貢，曰：『爵卑而貢重者，甸服也。鄭，伯、男也，而使從公侯之貢，
懼弗給也。』』以此言之，鄭在男服明矣。周公雖制土中，設九服，至康
王而西都鎬京。其後衰微，土地減損，車服改易，故鄭在男服。』」（《國
語》，頁50）關於此處《左傳》和《國語》「鄭伯男也」、「鄭伯南也」
的差異，下文將有討論，此不贅。

出的貢或許會如公侯一般地重。至於這些特殊因素會是什麼呢？下文還會討論，茲不贅。其他的古書中，也不乏與甸有關的記載，而其時代比《左傳》、《國語》等書，還更早一些，甚且還會說明甸的相對地位和關係，如《尚書・康誥》：

> 惟三月哉生魄，周公初基作新大邑于東國洛，四方民大和會，侯、甸、男、邦、采、衛、百工播民和，見士于周。周公咸勤，乃洪大誥治❸❶。

又如《尚書・酒誥》：

> 王若曰：「明大命于妹邦，乃穆考文王肇國在西土，厥誥毖庶邦庶士，越少正御事，朝夕曰：『祀茲酒。❸❷』」
> 王曰：「封！我西土棐徂邦君、御事、小子尚克用文王教，

---

❸❶ 《尚書正義》（臺北：藝文印書館，1973年5月景印清嘉慶20年1815《重刊十三經注疏附校勘記》），頁200。孔《傳》：此五服諸侯五百里，侯服去王城千里，甸服千五百里，男服去王城二千里，采服二千五百里，衛服三千里，與〈禹貢〉異制。五服之百官播率其民和悅，並見即事於周。孔《疏》云：男下獨有邦，以五服男居其中，故舉中則五服皆有邦可知。言邦，見其國君焉。以大司馬職大行人，故知五服服五百里。〈禹貢〉五服通王畿，此在畿外，去王城五百里，故每畿計之，至衛服三千里。言與禹貢異制也，通王畿與不通爲異。以此計畿之均，故須土中。若然，黃帝與帝嚳居偃師，餘非土中者，自出當時之宜，實在土中，因得而美善之也。不見要服者，鄭云：「以遠於役事而恆闕焉。」由於二孔都以服制來解釋，於古制頗有不合，故移至下節討論。
❸❷ 《尚書正義》，頁206。

不腆于酒㉝。」

王曰：「……越在外服，侯、甸、男、衛、邦伯；越在內服，百僚庶尹、惟亞、惟服宗工，越百姓里居㉞。」

王曰：「……予惟曰：『汝劼毖殷獻臣，侯、甸、男、衛，矧太史友、內史友，越獻臣百宗工，矧惟爾事服休服采，矧惟若疇圻父薄違農父㉟。』」

這條記載，不但和〈康誥〉一樣，說明了甸在侯之下，並且明確地說明，甸是屬於外服系統的一員，排序在侯之後㊱。又如《尚書·

㉝ 《尚書正義》，頁208。

㉞ 《尚書正義》，頁209。

㉟ 《尚書正義》，頁210。

㊱ 內服主要在王庭服事，處置得宜否，直接影響周人政權的穩定。如《尚書·梓材》：「王曰：封！以厥庶民暨厥臣達大家，以厥臣達王惟邦君。汝若恆越曰：我有師師司徒司馬司空尹旅。」（《尚書正義》，頁211）《尚書·多士》：「我聞曰：『上帝引逸，……乃命爾先祖成湯革夏，俊民甸四方。……惟天不畀不明厥德，凡四方小大邦喪，罔非有辭于罰。』」（《尚書正義》，頁237）又云：「王曰：……『惟爾知，惟殷先人有冊有典，殷革夏命。』今爾又曰：『夏迪簡在王庭，有服在百僚。』」孔《傳》：「今汝又曰：『夏之眾士蹈道者，大在殷王庭，有服職在百官。言見任用。』」（《尚書正義》，頁238）又云：「王曰：『告爾殷多士，今予惟不爾殺，予惟時命有申。今朕作大邑于茲洛，予惟四方罔攸賓，亦惟爾多士攸服，奔走臣我，多遜。』」孔《傳》：「非但待四方，亦惟汝眾士所當服行，奔走臣我，多爲順事。」（《尚書正義》，頁239）又如《尚書·多方》：「王曰：『嗚呼！猷！告爾有方多士，暨殷多士，今爾奔走臣我監五祀，越惟有胥伯小大多正，爾罔不克臬。』」（《尚書正義》，頁258-259）又云：「天惟畀矜爾我有周，惟其大介賚爾，迪簡在王庭，尚爾事，有服在大僚。」孔《傳》：「非但受憐賜，又乃蹈大道在王庭，庶幾修汝事有所服在大官。」（《尚書正義》，頁259）至於周的內服會有那些官職，可以參看。至於偽古文《尚書·周官》所云，就太不像周初的制度了。

召誥》：

> 越七日甲子，周公乃朝用書，命庶殷：侯、甸、男、邦伯。
> 厥既命殷庶，庶殷丕作，大保乃以庶邦冢君出取幣，乃復
> 入❸。

又如《尚書·君奭》：

> 天惟純佑命，則商實百姓，王人罔不秉德，明恤小臣屏侯
> 甸❸。

孔《傳》：

> 自湯至武丁，其王人無不持德立業，明憂其小臣，使得其人
> 以為蕃屏侯甸之服。小臣且憂得人，大臣可知❸。

又如《尚書·康王之誥》：

> 王若曰：「庶邦：侯、甸、男、衛，惟予一人釗報誥❹。」

出現過這麼多次甸的記錄，可見甸不是個虛構的事物。它的順序排
在侯的後面，可見它的位階較侯為低。男又排在甸之後，顯然又下
一級。

---

❸ 《尚書正義》，頁219。
❸ 《尚書正義》，頁246。
❸ 《尚書正義》，頁97-98。
❹ 《尚書正義》，頁289。

三、甸服

至於甸與甸服有何關係呢？杜預解釋甸侯云：「諸侯而在甸服者」❹。孔穎達云：

> 周公斥大九州，廣土萬里，制爲九服，邦畿方千里，其外每五百里，謂之一服，侯、甸、男、采、衛、要六服爲中國，夷、鎮、蕃三服爲夷狄。〈大司馬〉謂之九畿，言其有期限也。〈大行人〉謂之九服，言其服事王也。如其數計，甸服內畔尚去京師千里。晉距王城，不容此數，而得在甸服者，《周禮》設法耳。土地之形，不可方平如圖，未必每服皆如其數也。〈地理志〉云：「初，雒邑與宗周通，封畿東西長，南北短，短長相覆爲千里」，是王畿不正方也。〈志〉又云：「東都方六百里」，半之爲三百里。外有侯服五百里，爲八百里。計晉都在太原，去洛邑近八百里也。畿既不方，服必差改，故晉在甸服也❹。

孔穎達根據《周禮》和《漢書·地理志》，得到「晉在甸服」的結論。因爲晉在甸服，所以它是甸侯，也就理所當然了。上節引《左傳》子產爭承時，未引孔《疏》，因爲牽涉到服制的問題，所以於此列出。在「列尊貢重周之制也」下，孔《疏》云：

---

❹　《春秋左傳正義》，頁97。
❹　《春秋左傳正義》，頁97-98。

《周禮‧大司徒》云：「公地方五百里，其食者半，侯地方四百里，伯地方三百里，其食者參之一。子地方二百里，男地方百里，其食者四之一。」鄭康成注云：「食者必足其國禮俗喪紀祭祀之用，乃貢其餘。上公之地以一易，侯伯之地以再易，子男之地以三易。」是上公優饒其半以爲荒萊之地，侯伯優饒其三分之二，子男優饒其四分之三。是大國優饒少而出貢多，小國優饒多而出貢少。假令大國小國，其地美惡一種，則地多者貢多，地少者貢少。故杜云：「公侯地廣，所貢者多」，是也❸。

在「卑而貢重者甸服也」下，孔《疏》云：

〈禹貢〉云：「五百里甸服。」孔安國云：「規方千里之內謂之甸服，爲天子服治田，去王城而五百里。」〈王制〉云：「千里之內曰甸。」鄭玄云：「服治田，出穀稅。」是甸服謂天子畿內也。畿內於京師路近，令其共王職貢，故貢重也。言「卑而貢重」者，畿內有公卿大夫之采邑，公八命，卿六命，大夫四命，其列位卑於畿外公、侯、伯、子、男也。《周禮‧小司徒》鄭《注》云：「井田之法，備於一同，今止於都者，采地食者皆四之一，其制三等。百里之國凡四都，一都之田稅入於王。五十里之國凡四縣，一縣之田稅入於王。二十五里之國凡四甸，一甸之田稅入於王。」食采者卑與尊

---

❸ 《春秋左傳正義》，頁812。

同，故云「卑而貢重」也。畿外之國，則卑者貢輕，尊者貢
重❹。

在「鄭伯男也」下， 孔《疏》云：

> 鄭眾、服虔云：「鄭伯爵，在男服也。」《周禮》男服在三，
> 距王城千五百里。鄭去京師，不容此數。賈逵云：「男當作
> 南，謂南面之君也。」子產爭國小貢重，輒言鄭伯爲南面之
> 君，復何所益？南面君者，豈貢得輕乎？《鄭志》云：「男
> 謂子、男也。周之舊俗，雖爲侯、伯，皆食子、男之地。」
> 《鄭》之此言，不知所出。鄭食子、男之地，不知復在何時。
> 武公既遷東鄭，并十邑爲國，不得食子、男之地。若西鄭之
> 時，食子、男之地，則今爲大國，自當貢重，子產不得遠言
> 上世國小以距今之貢重。晉之朝士焉肯受屈，而自日中以爭
> 至于昏乎？原此諸說，悉皆不通。〈周語〉云：「鄭，伯、
> 男也，王而卑之，是不尊貴也。」王肅注此與彼皆云：「鄭
> 伯爵，而連男言之，猶言曰公侯，足句辭也。」杜用王說，
> 言鄭國在甸服之外，其爵列於伯、子、男，言已爵卑國小，
> 不應出公、侯之貢也。今使從公、侯之貢，懼弗給也。諸侯
> 地有五等，命有三等，伯居五等之中，與侯同受七命。據地
> 小大，分爲三等，則侯同於公，伯同子、男。〈僖九年〉「在
> 喪之例」云：「公、侯曰子」，言不及伯，是不得同於侯也。
> 〈僖二十九年〉「大夫會國君之例」云：「在禮，卿不會公、

---

❹ 《春秋左傳正義》，頁812-813。

侯，會伯、子、男可也。」是伯國下同子、男也。子產自言
其君爵卑下，引子、男爲例，故云「鄭，伯、男也**❹❺**。」

孔《疏》所引，率皆《周禮》文。於是在《左傳》中不是很明確的
列位服制，到了孔《疏》及其所引的書裡，卻變得井然有序，如《周
禮·大司馬》云：

> 乃以九畿之籍施邦國之政，職方千里曰國畿，其外方五百里
> 曰侯畿，又其外方五百里曰甸畿，又其外方五百里曰男畿，
> 又其外方五百里曰采畿，又其外方五百里曰衛畿。又其外方
> 五百里曰蠻畿，又其外方五百里曰夷畿，又其外方五百里曰
> 鎮畿，又其外方五百里曰蕃畿**❹❻**。

如是，〈大司馬〉的前六畿爲國、侯、甸、男、采、衛，但是並未
出現孔《疏》所說的要服。又據《周禮·秋官·大行人》云：

> 邦畿方千里，其外方五百里謂之侯服，歲壹見，其貢祀物。
> 又其外方五百里謂之甸服，二歲壹見，其貢嬪物。又其外方
> 五百里謂之男服，三歲壹見，其貢器物。又其外方五百里謂
> 之采服，四歲壹見，其貢服物。又其外方五百里謂之衛服，
> 五歲壹見，其貢材物。又其外方五百里謂之要服，六歲壹見，
> 其貢貨物。九州之外，謂之蕃國，世壹見，各以其所貴寶爲

---

❹❺ 《春秋左傳正義》，頁813。
❹❻ 《周禮正義》，頁441。

摯❹。

在這裡,終於有了要服,但是與〈大司馬〉的排列順序似有衝突。此外,〈大行人〉以九州之外爲蕃國,與〈大司馬〉分爲蠻、夷、畿三服,也有不同。其實,除了以上所引的資料外,孔疏未點名出自《周禮》何處,實則見於〈職方氏〉者,其文云:

> 乃辨九服之邦國,方千里曰王畿,其外方五百里曰侯服,又其外方五百里曰甸服,又其外方五百里曰男服,又其外方五百里曰采服,又其外方五百里曰衛服,又其外方五百里曰蠻服,又其外方五百里曰夷服,又其外方五百里曰鎮服,又其外方五百里曰藩服。凡邦國千里,封公以方五百里則四公,方四百里則六侯,方三百里則七伯,方二百里則二十五子,方百里則百男,以周知天下❹。

這下子連同王畿,就有十個單位了。據〈大司馬〉,則少了鎮服;據〈大行人〉,則少了蠻、夷、鎮三服。一本《周禮》,就有好幾個互不相同的答案。試問,到底哪一個才是正確的呢❹?

---

❹ 《周禮正義》,頁564-565。 按:〈大宰〉以九貢致邦國之用,一曰祀貢,二曰嬪貢,三曰器貢,四曰幣貢,五曰材貢,六曰貨貢,七曰服貢,八曰斿貢,九曰物貢。其中四曰幣貢,〈大行人〉作以服出物。又,後三者亦不同。

❹ 《周禮正義》,頁501。

❹ 按:〈大宰〉職云:「以九賦斂財賄,一曰邦中之賦,二曰四郊之賦,三曰邦甸之賦,四曰家削之賦,五曰邦縣之賦,六曰邦都之賦,七曰關市之賦,八曰山澤之賦,九曰弊餘之賦。」(《周禮正義》,頁30-31)其用途見〈大府〉。邦中、四郊、邦甸三者有賦,那麼男、采、衛三者又如何呢?

除了《周禮》以外❺⓪，言及此類制度的，還可見於《國語·周語上》祭公謀父諫周穆王的一段，其文云：

> 夫先王之制，邦內甸服，邦外侯服，侯衛賓服，夷蠻要服，戎狄荒服。甸服者祭，侯服者祀，賓服者享，要服者貢，荒服者王。日祭，月祀，時享，歲貢，終王，先王之訓也❺①。

韋昭云：

> 邦內，謂天子畿內千里之地。〈商頌〉曰：「邦畿千里，維民所止。」〈王制〉曰：「千里之內曰甸。」京邑在其中央，故〈夏書〉曰：「五百里甸服」，則古今同矣。甸，王田也；服，服其職業也。自商以前，并畿內爲五服。武王克殷，周公致太平，因禹所弼，除甸內，更制天下爲九服。千里之內謂之王畿，王畿之外曰侯服，侯服之外曰甸服。今謀父諫穆王，稱先王之制，猶以王畿爲甸服者，甸，古名，世俗所習也。故周襄王謂晉文公曰：「昔我先王之有天下也，規方千里，以爲甸服」，是也。《周禮》亦以蠻服爲要服，足以相

---

❺⓪ 《禮記·王制》雖有類似的記載，如天子之田方千里，公侯田方百里，伯七十里，子男五十里等等，但是未如《周禮》明言相距多少里爲某服的服制。這與《周禮·地官·大司徒》：「凡建邦國，以土圭土其地而制其域。諸公之地封疆方五百里，其食者半。諸侯之地封疆方四百里，其食者參之一。諸伯之地封疆方三百里，其食者參之一。諸子之地封疆方二百里，其食者四之一。諸男之地封疆方百里，其食者四之一。」（《周禮正義》，頁155）倒頗類似。

❺① 《國語》，頁4。

況也❺❷。

這麼明顯安排的服制，與《周禮》的系統頗爲類似，說明二者必有相當的內在關聯。不過正因爲他們安排的如此有條不紊，反倒透露經過斧鑿的痕跡。至於韋昭所謂周襄王謂晉文公曰：「昔我先王之有天下也，規方千里，以爲甸服」，見《國語·周語中》，其原文云：

> 晉文公既定襄王于郟，王勞之以地。辭，請隧焉，王不許，曰：「昔我先王之有天下也，規方千里，以爲甸服，以供上帝山川百神之祀，以備百姓兆民之用，以待不庭不虞之患。其餘以均分公侯伯子男，使各有寧宇❺❸。」

如果天子規方千里，以爲甸服，其餘的土地都分給了諸侯，周天子勢必無由支配王畿以外的土地。那麼從地圖上看，陽樊之地不在方正的王畿中，應該就不屬於王畿範圍。相對的，如果周天子還有能力賜晉文公陽樊之地，那麼豈不反證陽樊就是周天子甸服之地的一部分？否則周天子怎能將不屬於自己的土地分給晉文公呢？如是，王畿又怎能是方方正正的一大塊呢？

四、甸與男（任）

前面曾據傳統文獻資料，推論晉之始封，厥爲小國。但是並未

---

❺❷　《國語》，頁4。

❺❸　《國語》，頁54。事又見《國語·晉語四》「襄王賜晉文公南陽八邑」條。

解決甸（服）男（服）等問題。在西周初年如此明確的諸侯排序，到了後來，反倒引發爭議，此史實不彰之過。當然，想要解決這類問題的學者，也大有其人，如葉國良師曾撰〈關於國語鄭伯南也與左傳鄭伯男也之解釋問題〉，以為：

> 若上文所述得其實，則讀「鄭伯男也」，「鄭」當一逗，「伯」、「男」之間又當一頓，讀為「鄭，伯、男也」。「伯」言爵輕於公侯，「男」言任務異於「甸服」，與國語「鄭伯，南也」句法文義皆不相同。前儒昧於此，牽合為說，此其不得其解之故歟❺❹？

又其註五云：

> 章太炎、傅孟真兩先生俱有男為附庸之說，《禮記·王制》云：「附於諸侯曰附庸。」若然，男於王室當無直接之職貢義務。但據金文、尚書之資料，侯甸男等與王室實有往來，則或有職貢，疑不能明也。要之，若男有職貢於王室，與甸自當有別❺❺。

其讀「鄭，伯、男也」，甚是；其云：「若男有職貢於王室，與甸自當有別」，則並未說明甸與男於何處有別。

關於甸、男等相關制度問題，大陸學者王貴民有專書專章論及，旁徵博引，遍及文獻金石，論證甚詳。為節省篇幅，僅節取其相關

---

❺❹ 《孔孟月刊》第十九卷第三期1980.11，頁15-20，頁36。
❺❺ 《孔孟月刊》第十九卷第三期1980.11，頁15-20，頁36。

論述部分,以饗讀者㊻。

> 甸服是管理王田的農業經營,我們在探討商周王室田莊的問
> 題中,可以明顯看出甸服形成的過程。甸,最初爲奠,後爲
> 田字。奠的初義是奠定,定居於一地,其地亦稱爲奠,王者
> 所都之地爲奠,其田區亦可稱奠。(頁135)
>
> 這些田官所負責墾闢出來的農業區,當然屬於王室所有,這
> 就是甸地,也就可以統稱他們爲甸服。(頁136)
>
> 甲骨文中期以後則稱作田,多田。(頁136)
>
> 他們駐守之地備有武裝以防備異族侵襲,也容易發展他們的
> 權力。(頁136)
>
> 如果說早期的多奠即是中晚期的多田,那麼,其間肯定有一
> 個發展過程。
>
> 隨著農業發展,管理層次增加,這些奠也就提高著身分地
> 位。因此,西周既有奠司徒,還有奠伯,還有奠人(師晨鼎)。
> 而成爲奠服的諸侯,則已脫離原來的本職,只作爲一種等級
> 的稱號了。(頁136)
>
> 西周的奠,後來也稱甸。(頁137)
>
> 文獻中一律作甸,遂使奠字湮沒了。(頁137)
>
> 鄭由奠發展而來。(頁137)
>
> 出現奠的地方,多半有關於農田畜牧等事宜,更可以證明奠
> 的性質。鄭國就應是由得封奠地而來的,先有奠地而後有鄭

㊻ 王貴民:《商周制度考信》(臺北:明文書局1989.12初版,〈第二章商周
   政權結構·第二節商周政權系統·第三小節政治服制〉),頁135-138。

國。或可説，鄭國就是甸地諸侯。（頁137）

如果以商代有南北西等奠例之，就很好理解西周畿内的南鄭或西鄭。幾個周王都可以居某個鄭地，即如銘文有幾起王在奠一般。桓公居徒之地都可能是奠。當然，後來的鄭父之丘和新鄭那是帶去的名稱。金文裡還有一井叔和奠井叔之名，據研究，井叔在共王以前，奠井叔在其後，是先爲井叔而後食邑於奠，故簡稱奠井或僅稱奠。由此可以推知桓公也好，井叔也好，都因居於奠地而得奠或鄭名。更可能他們本是某一奠地的君長，所到之處都離不開一個奠字。即使後來的鄭國仍然呈現它前身的遺跡。《左傳・昭公十三年》，子產還説：「鄭，伯男也」，就是男服之長。男服，據《逸周書・職方解》孔晁注「任也，任王事」。服虔注《周禮・職方氏》：「男，任也，任土作貢」。《説文》：「言男用力於田也」。是男服和甸服也有内在的聯繫。（頁137-138）

甸服來源於王室農田區，在王畿郊甸之内，它是王室貴族剝削生活及一切費用之源。（頁138）

甸服的本質，那就是甸服本爲王室經營農業。（頁138）

西周甸服諸侯，還可以考證者，除上面説的鄭國，還有兩個，一是晉國，一是曹國。（頁138）

南陽一帶，也是周室甸服之區。（頁139）

其〈男服〉條云[57]：

---

[57] 《商周制度考信》，頁139-141。

古男、任二字相通。（頁139-140）

任的地位不高，如被執捕，被提取，推測任低於侯伯，也許本是侯伯所委派而爲王朝服務的，而且勞役繁重。（頁140）

把任同多田連稱，還是出現了任向諸侯發展的趨向。周人稱侯甸男爲諸侯，是有來由的。不過即使到西周，男的地位也是處於諸侯的末等。（頁141）

其〈采服〉條云❺❽：

（《國語·周語中》，略。）這段文字，從甸服說起，甸服的重要性質即王田農業，爲王室經濟源，都是對的。但說規方千里，就理想化；五服爵完備而獨成系統，時代也比西周靠後。（頁150-151）

甸服至侯服從內而外，次序是合理的；《禹貢》詳記甸服貢納穀物，突出其負擔繁重，與周語中所說，基本一致。但不容諱言已經開始編制的功夫，服稱安排參差互異。（頁151）

由引上所引，可知甸與男的差別何在。首先，甸的地位高於男。這與此二者的身分有密不可分的關係。由此續論，男的主要工作在將荒地開成農地，甸則負責管理使用這些由男開成的農地。開荒的工作辛苦，管理收成則輕鬆得多。我們看到晉之始封者唐叔，雖然他未必受到周成王太多的重視，因而不得如魯、衛般爲一等大侯。但是至少他還有個甸的身分。王貴民說類似的國家，共有鄭、晉、曹三國。和晉國一樣，曹的始封者爲叔鐸，鄭的始封者是宣王之子友，

---

❺❽　《商周制度考信》，頁147-153。

都是王子。曹叔未見重用,原因蓋如晉。鄭稍有不同,則由於西周晚期國力下滑,想要封爲如申、韓等風光之侯,或許不易;但是由王畿分一塊,讓桓公友當個甸,也不算多困難的事,因此初封之鄭不會是個多大的國家。上引王貴民云:

> 《左傳·昭公十三年》,子產還說:「鄭,伯男也」,就是男服之長[59]。

此理不通。試想,一個天王之子,總不能像男一樣任人折磨吧!故王子可以封於甸,爲甸侯,享受多少不一的特權。而男則可能「被執捕」、「被提取」,只有在運氣好的情況下,受命爲諸侯之末的小國。由侯甸男邦采衛的順序觀之,甸的重要性及位階固大於男。蓋王貴民自己說鄭即是甸,甸與男雖工作性質類似,但是位階有差。桓公友爲王子,身分既高,列在甸侯,如何會成了男服之長?上引杜《注》以爲:

> 言鄭國在甸服外,爵列伯子男,不應出公侯之貢。

這句話倒是反應了鄭國國勢的消長,由甸服獨立出來,成爲第三等以下的國家。這當然與西周末年時,周王室已經沒有能力封鄭爲一等侯國。所以當它變成侯國時,土地的大小受到了限制,只淪爲伯男稍長,不比公侯之國。此外,它還有一些稍爲特殊的情形,即所謂寄地。《國語·鄭語》:

> 公曰:「若周衰,諸姬其孰興?」對曰:「臣聞之:『武實

---

[59] 《商周制度考信》,頁137。

昭文之功。』文之祚盡，武其嗣乎？武王之子，應、韓不在，
其在晉乎？距險而鄰於小。若加之以德，可以大啓。」公曰：
「姜、嬴其孰興？」對曰：「夫國大而有德者近興。秦仲、
齊侯，姜、嬴之俊也。且大，其將興乎！」公說，乃東寄帑
與賄，虢、鄶受之，十邑皆有寄地⑥。

何以鄭有寄地？這與其初封時幾無處可去的背景有關。至於何謂寄
地？韋昭云：

> 賈侍中云：「寄地，寄止⑥。」

說了等於沒說。想要明瞭什麼是寄地，必須參考張政烺的意見⑥，
他說：

> 殷王國到其它方國去開荒種田，這種事有些奇怪，但也不難
> 理解。古代的許多方國，經濟生活不一樣，社會發展不平衡。
> 農業的先進國人口增多了，有了開墾的要求，四出找荒地，
> 把鄰近的獵區和牧區變成農田，這在古代有個詞叫寄田。
> （頁82）
> 所謂寄田，就是到旁國種田。這樣開墾的田地，耕種久了，
> 自然不肯放棄，殷人所裛田必然要變成殷王疆土之一部分。
> 《孟子·滕文公下》根據《尚書》敘述商代開國的歷史：湯
> 居亳，與葛為鄰。葛伯放而不祀。……（引文略）葛是夏代

---

⑥　《國語》，頁523。
⑥　《國語》，頁524。
⑥　〈卜辭裛田及其相關諸問題〉，頁59-98。

的諸侯，是東夷嬴姓之國。大約是漁獵生活，缺少牛羊黍稻。
漁獵民族和農耕民族經濟生活不同，風俗習慣不同，宗教信
仰也會不同，商湯便責問他爲什麼不祭祀。湯使亳眾往爲之
耕，如果套用卜辭的文體，可以說眾人，呼從某裒田於葛伯，
或今日裒田於葛伯。其結果是湯滅了葛，很清楚爲其殺是童
子只不過是一個借口。（頁83）

殷王占卜命令裒田在夏至冬至，裒田勞動的進行主要在六月
十二月。（頁68）

殷人裒田，修造疆畎需要投入很大的人力物力，否則是辦不
成的。（頁76）

作畎就是裒田工作的一部分，而且是極爲要緊的一部分。
（頁77）

作疆畎的田成爲正式的田，即新田，……永不拋荒。（頁77）

不作疆畎的田叫緙田，停留在畬的階段，只能漫天撒種，也
有收成，地力盡了得不到收成就拋荒（一般是每歲一易）。古
代耕具簡陋，技術差，肥料不足，新田和緙田的產量差別不
會很大。（頁77）

畬本來是過渡期，很快要轉成新田。但由於人工物力缺乏或
自然條件較差，不能及時作成畎畝，停止在緙田狀態，刀耕
火種，隨時拋荒換地，年復一年，成爲一種獨特的耕作方式，
便叫作畬田。（頁78）

（永、犬征等各族）族尹爲世代殷王所親信，他們已經擔任
更多的職務，成了顯赫的世襲貴族。在最冷最熱的氣溫下，
他們執行殷王的命令率領農夫裒田，作煩重的勞動，與裒田

者處於敵對的地位。（頁98）

衾田是開荒，大約分三個階段，須要三年完成，即周人所謂
菑畬新田。菑刀耕，畬火種，最後作疆畎，聚坿畝，成為新
田。（頁98）

殷人衾田不盡能及時作畎。（頁98）

眾人衾田，擴大食糧生產。殷王下令衾田卻是為了擴張土地
所有權，掠奪勞動果實。（頁98）

張政烺說明了殷商時代有衾田之事，並且還可能借他國之地衾己國
之田，所謂寄田是也。殷之寄田與鄭之寄地太過相似，必有淵源。
鄭封在奠地，本與農業有關。其國土小，故需寄田他國，以利往後
發展。其後鄭滅虢、鄶，與湯滅葛如出一轍，在在都說明了寄田的
結果。鄭是甸侯，屬於自己的田土不足；晉也是甸侯，情形當然也
好不到哪去；曹向來不以大國稱，那就更不用說了。所以從甸侯的
性質來看，曹、鄭都是小國，晉無由獨大。因此顧棟高說晉本大國，
是不能成立的。

至於男與任，上引張政烺說衾田者為眾，率領眾人者為各族族
尹。至於這些族尹的位階又是如何呢？他們不是如西伯等方伯，不
是重要的侯，不是商王之子，他們的位階不高，必須承擔粗重的衾
田工作，他們會是哪些人呢？我們可以從男、任的字義來觀察，看
看是否與此有關，《說文》云：

男，丈夫也。從田力，言男子力於田也[63]。

---

[63] 段玉裁《說文解字注》（高雄：復文書局1998.9），頁698。

段《注》：

> 《白虎通》曰：「男，任也，任功業也。」古男與任同音，
> 故公侯伯子男，王莽男作任。
>
> 會意。農力於田，自王公以下無非力於田者❻。

《說文》又云：

> 任，保也❻。
> 保，養也。從人，呆省聲❻。
> 捄，引堅也❻。

段《注》：

> 堅，各本作取，今正。《詩》《釋文》作堅，今本訛爲取土
> 二字，非也。堅義同聚。引堅者，引使聚也。《玉篇》正作
> 「引聚也。」〈大雅〉「捄之陾陾」，《傳》曰：「捄，虆
> 也；陾陾，眾也」。《箋》云：「捄，捊也。度，投也。築
> 牆者捊聚壤土，盛之以虆而投諸版中。」此引聚之正義。《箋》
> 與《傳》互相足。〈賓筵〉之「仇」，鄭讀爲斛，此捄鄭釋
> 爲捊，皆於其音之相近得其義也。〈常棣〉「原隰裒矣」，

---

❻ 《說文解字注》，頁698。

❻ 《說文解字注》，頁375。

❻ 《說文解字注》，頁365。段《注》：博袍切，古音在三部，孚聲亦在三
部也。

❻ 《說文解字注》，頁600。

《傳》云：「裒，聚也。」此重聚不重引，故不言引，但言
聚也。裒者，捊之俗。《易》「君子以裒多益寡」，鄭、荀、
董、蜀才作捊，云「取也」。此重引，故但言取也❻❽。

《說文》：

捊或從包❻❾。

段《注》：

古音孚聲、包聲同在三部，後人用抱爲懷袌字，蓋古今字之
不同如此❼⓪。

《說文通訓定聲》云：

任：【轉注】《廣雅・釋詁一》：「任，使也。」《周禮・
大司馬》：「以任邦國。」《注》：「猶事也。」「以九職
任萬民。」《注》：「猶傳也。」【假借】爲壬。《詩・生
民》：「是任是負。」《傳》：「猶抱也❼❶。」
保，養也，從人，從呆省，會意。古文孚字。按：孚亦聲。
古文從子從八，按即呆省，與孚同字，實孚義之轉注❼❷。
捊，……毛本以裒爲之，裒即襃字，《禮記・禮運・注》：

---

❻❽　《説文解字注》，頁600。

❻❾　《説文解字注》，頁600。

❼⓪　《説文解字注》，頁600。

❼❶　朱駿聲：《説文通訓定聲》（臺北：藝文印書館1974.2，再版），頁142。

❼❷　《説文通訓定聲》，頁318。

「田人所捋治也。」《疏》謂「以手捋聚❼。」

排列這些字，我們看到這樣的線索，男爲力田。又作任。任者，保也。保，捊也。捊，裒，裒田。聚土治田或用力於田之義。甲文中有裒田，由諸尹率眾爲之。唯「裒田是開荒，有時不盡能及時作畎疆，聚堮畝」。男豈繼其未竟之事者？於春秋時，爲此事者，其《左傳》中所謂封人歟？唯以上男、任、封人等相關問題，已與本文主旨稍遠，擬另爲文討論，茲不具。

五、結論

西周初期，大國乃魯、衛、齊、燕侯級之輩。晉既屬甸級，本是小國。顧棟高說「晉本大國」，蓋未察春秋伯主與西周侯甸男爵位之異，因而有此誤解。本文從西周初年文獻證明，侯高於甸，甸高於男，唯侯甸皆王室姻親子弟之輩。至於男職爲王治田，地位較低。而所謂五服，蓋出於後人，非當日實情。最後，本人懷疑：爲王室服務的男，在諸侯中，蓋由封人擔任。唯此等相關問題，非本文主旨，容後另爲文討論。

---

❼　《說文通訓定聲》，頁318。

封與封人❶

論文提要

本文討論各種文獻資料中，與封字有關的字詞。認爲：與封字相關的字詞，多有疆界之義。但仔細檢討，仍可看出其中若干差異。另外，並討論封人一職所掌，證春秋時代封人從得寵至失職，與制度變化的關係，略論世變云云。

一、前　言

本人曾爲文略論及封與封人的關係，云：「男爲力田。又作任。任者，保也。保，抔也。抔，裒也。裒田。聚土治田或用力於田之義。甲文中有裒田，由諸尹率眾爲之。唯『裒田是開荒，有時不盡能及時作畎疆，聚坿畝』。男豈繼其未竟之事者？於春秋時，爲此

---

❶ 本文發表於《慶祝龍宇純先生七十秩晉五壽慶論文集》（臺北：臺灣學生書局）2002.11，頁121-150。

事者，其《左傳》中所謂封人歟❷？」唯覺該文所論未竟，不能自
愜。封與封人二者之間的關係到底如何，其演變如何？又，封及其
相關字詞，如（封）畛、（封）略、（封）疆、（封）田等等，其
中有何異同？本人以爲仍有待檢討，故試爲文再論。適逢龍師宇純
七十五大壽，謹以本文爲獻。至於其中疏漏錯誤之處必多，尚祈龍
師宇純及系上師長賜正。

二、早期文獻

在被認爲早期的文獻中，封字甚爲少見。即使出現，或爲人名，
或是注者將之解釋爲大的意思。無封字者如《易經》，其中只有與
之相關的字，如建字，〈比卦〉象辭：先王以建萬國親諸侯。〈豫
卦〉卦辭：利建侯行師。另外，疆字一見，〈臨卦〉象辭：澤上有
地，臨。君子以教思無窮，容保民無疆。至如《尙書·康誥》所載，
衛康叔名封，僅此一見。疆字如〈大誥篇〉嗣無疆大歷服。在《詩
經》中出現疆字的次數反而較多，如〈小雅·信南山〉：我疆我理，
南東其畝。——中田有廬，疆場有瓜。〈大雅·綿〉：迺疆迺理，
迺宣迺畝。〈大雅·皇矣〉：依其在京，侵自阮疆。〈大雅·崧高〉：
王命召伯，徹申伯土疆。〈大雅·江漢〉：于疆于理，至于南海。
〈周頌·思文〉：貽我來牟，帝命率育，無此疆爾界，陳常于時夏。
〈商頌·長發〉：禹敷土下方，外大國是疆。有封字者僅二，如〈周

---

❷ 劉文強：〈晉本大國——略論顧棟高〉，《第七屆清代學術研討會會前論
文集》，高雄：國立中山大學，2002.3。

頌·烈文〉：無封靡于爾邦，王其崇之。念茲戎功，繼序其皇之。
毛《傳》：封，大也。靡，累。鄭《箋》：無大累於女國，謂諸侯
治國無罪惡也。是毛、鄭皆以封爲大。另外見於〈商頌·殷武〉：
命于下國，封建厥福。毛《傳》：封，大也。鄭《箋》：大立其福。
此處毛、鄭仍釋封爲大。由於上引古籍中，封字甚爲少見，見者或
皆作形容之大字。因此，我們很難自上述有限的材料中，探討封字
及其相關意義。

在出土銅器中，到是有些可以參考之處，例如〈散氏盤〉的銘
文中，便有許多個封字。其中若干處標明自某地至某地，如「自憲
涉以南，一封；至于大沽，一封；以陟，二封」。盤中銘文云至某
地一封、二封者尚多，封字在散氏盤中，可謂重點。按《說文》封
字云：

> 爵諸侯之土也。

段《注》云：

> 引申爲凡畛域之稱。《大司徒·注》曰：「封，起土界也。」
> 《封人·注》曰：「聚土曰封❸。」

許慎釋封字爲「爵諸侯之土」，此說顯示出東漢經學家關心的重點，
但就字形而言，絕不會是封字本義的重點。段玉裁以爲「引申爲凡
畛域之稱」，顯然察覺到其中的問題，故不得不偏離許慎原意，轉
向封字的本義爲說。其引鄭玄「起土界」、「聚土」等，應是封字

---

❸ 〔清〕段玉裁：《說文解字注》，高雄：復文書局1998.9，頁687-688。

作動詞的意義。但是除此之外，封字是否還有其它可說者？就散氏盤銘文來看，其中封字明顯地指的是疆界，即段玉裁所引「起土界」、「聚土」之意。當然，作量詞，如一封、二封之類，出現的次數也不算少❹。

在散氏盤的銘文中，既有不帶數字的封，也有帶數字的封。不帶數字的封，有以樹木為名者，還有以天然的河流，或人為的道路為界限，如邊柳、楮木、憲、大沽、原道、周道、棖木道、同道等等。地形高低起伏，故銘文記載履勘土田時或升或降❺。帶數字的封則有「至于大沽，一封」、「以陟，二封」。在邢邑田「道以東，一封」、「還以西一封」、「陟剛三封」、「陟州剛登岸降棫，二

---

❹ 關於散氏盤的釋字釋義，學者多有說法，或以為征伐賠償，如于省吾（于省吾：《雙劍誃吉金文選》，江蘇：廣陵古籍刻印社1994重印本，上三，頁23）。或以為竊盜事，故須償以田地，周鳳五先生說。郭沫若以為：「庆人營業于散邑，故用田以報散氏，與高從須田邑對換事相彷彿，事乃和平交易，非戰爭賠償也。」郭氏以為周代銅器中，頗有田契之類的銘文，如舀鼎、高攸從鼎、散氏盤等。（郭沫若：《中國古代社會研究》，北京：人民出版社1982.9，〈周代彝銘中的社會史觀〉）白川靜取之，說略同于省吾。（白川靜：《金文通釋》，神戶：白鶴美術館，卷三上，頁191-228）。楊樹達未釋原因，蓋慎之也。（楊樹達：《積微居金文說》〈散氏盤跋〉、〈再跋〉、〈三跋〉，臺北：大通書局，1974.3，再版，卷一，頁33-35）。

❺ 這不禁讓我們想到〈小雅·正月〉：「瞻彼阪田，有菀其特。」鄭《箋》：「阪田，崎嶇墝埆之處。」（《毛詩正義》，臺北：藝文印書館，1973年5月景印清嘉慶20年1815《重刊十三經注疏附校刊記》，頁399。）從銘文和詩句的對比，可見在人眾田少的關中，連崎嶇墝埆之地也不放棄耕種。〈周頌·載芟〉：「徂隰徂畛。」孔《疏》：「此其本其開地之初，故載為始。原隰者，地形高下之別名。隰指地形而言，則是未嘗墾發，故知謂新發田也。」（《毛詩正義》，頁747）所指的應該也是同一回事。

封」。以上這些數目加起來，正好十封。這裡不禁使人懷疑，銘文中封于某地之封，與帶數字的封，是否指的是同一回事？事實上，從銘文上看來，封於某道之封，似乎大於帶數字的一封、二封、三封之封。二者之間，到底有什麼樣的比例關係，實在難以定論。感覺上，銘文中云封于某地時，似乎至少有一封，或許更大些，有二封、三封的面積，也不一定❻。另外，不論是封于周道、原道之封，或是一封、二封之封，這些土地，是否有特定的管理者？這些管理者的職稱又是什麼？仄與散兩方面各派人手眉田，有些人已有職務，如豆人虞考、原人虞甲、淮司工虎；有些人似乎職務不明，如仄人有司、散人小子。（盤銘依于省吾氏，其有不識者，略以意定之，請鑒察。）那麼這些沒有職務的眉田者是否即管理者？可以被稱爲封人嗎？按：《周禮·封人》云：

> 掌詔王之社壝，爲畿封而樹之。凡封國，設其社稷之壝，封其四疆。造都邑之封域者亦如之。令社稷之職。凡祭祀飾其牛牲，設其楅衡，置其絼，共其水稾。歌舞牲及毛炮之豚。凡喪紀賓客軍旅大盟則飾其牛牲❼。

---

❻ 此外，還有一件值得注意的，就是以上所計，總共十封。仄人有司眉（履）田凡十有五夫正眉（履）。仄舍散田，散人小子眉（履）田，有六人，加上司土、司馬、司工、京君宰德父，共十人。爲何仄方面有十五人，而散方面則只有十人。而且十封和十夫之間，在數字上也非常巧合，其中是否有一比一的關係？仍待研究。

❼ 《周禮注疏》（臺北：藝文印書館，1973年5月景印清嘉慶20年1815《重刊十三經注疏附校刊記》），頁187-188。〈大司徒〉所主的項目：「制其畿疆而溝封之。設其社稷之壝，而樹之田主。」（《周禮注疏》，頁149）「凡造都鄙，制其地域而封溝之」，或許可以做爲參考。（《周禮注疏》，頁156）。

在〈散氏盤〉的銘文中雖然有封字，無法判斷那些有司是否即爲遂行《周禮·封人》所說職務的封人。於此文獻不足，故難以遽論西周是否已有封人一職，或封人所掌職務是否一如《周禮》所載。

三、内外傳

在《左傳》中，多有關於封字及與封字相關的字、詞的記載，茲臚列於下，以便檢討：

> 隱公元年：公子呂，字子封。
>
> 隱公元年：潁考叔爲潁谷封人。
>
> 桓公二年：故封桓叔于曲沃。
>
> 桓公十七年：夏，及齊師戰于奚，疆事也。於是齊人侵魯疆。公曰：疆吏來告，公疆場之事，愼守其一，而備其不虞。姑盡所備焉，事至而戰，又何謁焉。
>
> 僖公十五年：且吾聞唐叔之封也，箕子曰：其後必大。
>
> 僖公二十四年：昔周公弔二叔之不咸，故封建親戚，以蕃屏周。
>
> 僖公二十八：齊桓公爲會而封異姓。杜注：封邢衛。
>
> 僖公三十年：既東封鄭，又欲肆其西封。（杜注：封，疆也。肆，申也。）
>
> 文公三年：封殽尸而還。
>
> 文公八年：八年春，晉侯使解揚歸匡、戚之田于衛，且復致公壻池之封，自申至虎牢之竟。（杜注：匡本衛邑，中屬鄭。孔達伐不能克。今晉令鄭還衛，及取戚田，皆見元年。）（杜注：公壻

池，晉君女婿，又取衛地以封之，今并還衛也。申，鄭地。）（孔疏：
杜以上言歸匡、戚之田于衛，又言且復致，則晉亦致于衛地，故言又
取衛以封之，今并還衛也。）

文公十四年：宋高哀爲蕭封人，以爲卿。（杜注：蕭，宋附庸。
仕附庸，還升爲卿。）

成公二年：使齊之封內盡東其畝。（杜注：使壟畝東西行。）……
先王疆理天下，物土之宜而布其利。（杜注：疆，界也。理，
正也）。故詩曰：我疆我理，南東其畝。（杜注：詩小雅。或南
或東，從其土宜。）（孔疏：此詩小雅信南山之篇。）……今吾子
疆理諸侯，而曰：盡東其畝而已，唯吾子戎車是利，無顧土
宜，其無乃非先王之命乎？……今吾子求合諸侯，以逞無疆
之欲。（杜注：疆，竟也。）（孔疏：以快其無疆畔之欲。）

成公三年：而帥偏師以脩封疆。

成公八年：申公巫臣曰：夫狄焉思啓封疆以利社稷者，何國
蔑有？唯然，故多大國矣。唯或思或縱也。（杜注：世有思開
封疆者，有縱其暴掠者，莒人當唯此爲命。）

成公十一年：劉子、單子曰：昔周克商，使諸侯撫封。（杜
注：各撫有其封內之地。）蘇忿生以溫爲司寇，與檀伯達封于
河。（杜注：蘇忿生，周武王司寇蘇公也，與檀伯達俱封於河內。）

成公十三年：帥我蝥賊，以來蕩搖我邊疆。

成公十四年：許人平以叔申之封。（杜注：四年，鄭公孫申疆許
田，許人敗之，不得定其封疆。今許以是所封田求和於鄭。）

襄公八年：莒人伐我東鄙，以疆鄶田。（杜注：莒既滅鄶，魯
侵其西界，故伐魯東鄙，以正其封疆。）

襄公十年：晉荀偃、士匄請伐偪陽，而封向戌焉。

襄公十四年：昔伯舅大公右我先王，肱股周室，師保萬民世胙大師，以表東海。（杜注：表，顯也。謂顯封東海，以報大師之功。）

襄公二十一年：季孫曰：我有四封，而詰其盜，何故不可？

襄公二十七年：使烏餘具車徒以受封。……使諸侯偽效烏餘之封者。

襄公二十九年：以杞封魯猶可。

襄公三十年：將善是封殖。

襄公三十年：子產使都鄙有章（杜注：國都及邊鄙車服尊卑各有分部。），上下有服（杜注：公卿大夫，服不相踰。），田有封洫，廬井有伍。……從政一年，輿人誦之，曰：取我衣冠而褚之，取我田疇而伍之。孰殺子產，吾其與之。（杜注：封，疆也。洫，溝也。廬，舍也。九夫為井，使五家相保。並畔為疇。）

春秋經昭公元年：叔弓帥師疆鄆田。（杜注：春取鄆，今正其封疆。）

昭公元年：季武子伐莒取鄆。……趙孟曰：封疆之削，何國蔑有？……莒之疆事，楚勿與知。……叔弓帥師疆鄆田。（杜注：此春取鄆，今正其疆界。）

昭公二年：宿敢不封殖此樹。

昭公七年：天子經略，（杜注：經營天下，略有四海，故曰經略。）諸侯正封，（杜注：封疆有定分。）古之制也。封略之內，何非君土？（孔疏：莊二十一年注云：略，界也。則此略亦為界也。經營天下，以四海為界。界內皆為己有，故言略有四海，謂有四海之內也。天子界內，天子自經營之，故言經略也。諸侯封內，受之天子，

非己自營,故言正封。謂不侵人,不與人,正之使有定分。)……吾先君文王作僕區之法,曰:盜所隱器,與盜同罪,所以封汝也。(杜注:行善法,故能啓疆,北至汝水。)(孔疏:僕區之法所以封汝,言去盜賊,所以大啓封疆也。)

昭公九年:王使詹桓伯辭於晉曰:我自夏以后稷,魏、駘、芮、岐、畢,吾西土也。及武王克商,蒲姑、商奄,吾東土也。巴、濮、楚、鄧,吾南土也。肅慎、燕亳,吾北土也。吾何邇封之有。(孔疏:言我之封疆何近之有。)……后稷封殖天下。

昭公十三年:今不封蔡,蔡不封矣。……楚之滅蔡也,靈王遷許、胡、沈、道、房、申於荊焉。平王即位,既封陳、蔡,而皆復之,禮也。

昭公十五年:籍談曰:諸侯之封也,皆受明器於王室,以鎮撫其社稷,故能薦彝器於王。

昭公十九年:楚子之在蔡也,郹陽封人之女奔之。

昭公二十一年:干犨禦呂封人豹。(杜注:呂封人華豹,華氏黨。)(孔疏:呂邑,封人官,名豹。)

昭公三十年:吳子使徐人執掩餘,使鍾吾人執燭庸,二公子奔楚。楚子大封,而定其徙。(杜注:大封與土田,定其所徙之居。)使監馬尹大心逆吳公子,使居養。(杜注:二子奔楚,楚使逆之於竟也。養即所封之邑。)莠尹然、左司馬沈尹戌城之。取於城父與胡田以與之,將以害吳也。子西諫曰:吳光新得國而親其民,視民如子,辛苦同之,將用之也。若好吳邊疆,使柔服焉,猶懼其至。吾又疆其讎以重怒之,無乃不可乎?

定公四年：封於少皋之墟。……封畛土略，自武父以南，及圃田之北竟。（杜注：略，界也。）……封於殷墟。……封於夏墟。

哀公十一年：季孫謂其宰冉求曰：齊師在清，必魯故也。若之何？求曰：一子守，二子從公禦諸竟。季孫曰：不能。求曰：居封疆之閒。（杜注：封疆，竟內近郊地。）……季孫告二子，二子不可。求曰：若不可，則君無出，一子帥師背城而戰，不屬者，非魯人也。

哀公十七年：彭仲爽，申俘也，文王以爲令尹，實縣申、息，朝陳、蔡，封畛於汝。（杜注：開封畛比至汝水。）

哀公十八年：封子國于析。

在《國語》，封字及其相關詞出現次數雖不若《左傳》之多，亦有下列若干條：

周語下：封崇九山。（韋注：封，大；崇，高也。）

魯語下：汪芒氏之君也，守封嵎之山者也。

齊語：既反侵地，正其封疆，地南至于陶陰，西至于濟，北至于河，東至于紀酅。

齊語：狄人攻邢，桓公築夷儀以封之。……狄人攻衛，衛人出廬于曹，桓公城楚丘以封之。

晉語一：今君起百姓以自封也。

晉語一：夫曲沃，君之宗也；蒲與二屈，君之疆也，不可以無主。

晉語一：且夫勝狄，諸侯驚懼，吾邊鄙不儆，倉廩盈，四鄰

服，封疆信。

晉語三：既敗而誅，又失有罪，不可以封國。（韋注：不可以守封國。）

晉語四：使主晉民，成封國。

晉語四：辰以成善，后稷是相，唐叔以封。

晉語四：啓土安疆，於此乎在矣。

晉語八：引黨以封己，利己而忘君，別也。（韋注：封，厚也。）

楚語上：（桓、文）是以其入也，四封不備一同。

吳語：今天王既封植越國。

越語上：越四封之內，親吾君也。

越語下：四封之內，……四封之外。（兩見）

四、封　疆

根據以上材料所引，可以看出，封字有作名詞爲人名字者，如鄭公子呂字子封；有作爲官職者，如各國之封人；有作動詞者，如封桓叔于曲沃、封建親戚、封異姓、既東封鄭、既封陳蔡、封於殷墟、封於夏墟、楚子大封、封畛於汝、封子國于析。當然，還有爲數眾多，作名詞，而指疆界者，如又欲肆其西封、公壻池之封、齊之封內、使諸侯撫封、帥偏師以脩封疆、狡焉思啓封疆、許人平以叔申之封、我有四封、封疆之削、諸侯正封、吾何邇封之有、諸侯之封也、居封疆之間、封崇九山、正封疆、桓公築夷儀以封之、封疆信、成封國等等。此外，在上引資料中，有若干條，封、疆二字字義的差別似乎不大，都泛指疆界。甚至包括杜預的注解，也將封

疆視爲一體，並無明顯的分別。如《左傳・僖公三十年》：

> 既東封鄭，又欲肆其西封。

杜預云：

> 封，疆也。肆，申也❽。

《左傳・成公三年》：

> 而帥偏師以脩封疆❾。

《左傳・成公八年》：

> （申公巫臣）對曰：「夫狄焉思啓封疆以利社稷者，何國蔑有？唯然，故多大國矣。唯或思或縱也。」

杜預云：

> 世有思開封疆者，有縱其暴掠者，莒人當唯此爲命❿。

《左傳・襄公十年》：

> 初，子駟爲田洫，司氏、堵氏、侯氏、子師氏皆喪田焉。

杜預云：

---

❽ 《春秋左傳正義》（臺北：藝文印書館，1973年5月景印清嘉慶20年1815《重刊十三經注疏附校刊記》），頁285。

❾ 《春秋左傳正義》，頁437。

❿ 《春秋左傳正義》，頁446。

洫，田畔溝也。子駟爲田洫以正封疆，而侵四族田。

孔《疏》：

> 爲田造洫，故稱田洫。此四族皆是富家，占田過制。子駟爲
> 此田洫，正其封疆。於分有剩，則減給他人，故正封疆而侵
> 四族田也⓫。

《左傳·昭公元年》：

> 趙孟曰：「……封疆之削，何國蔑有⓬？」

但是封、疆二字的意義，畢竟有所差異。最值得我們注意的，就是
「居封疆之間」條。在這條中，完整地說明了封疆有其不同的層次，
原文爲《左傳·哀公十一年》：

> 季孫謂其宰冉求曰：「齊師在清，必魯故也。若之何？」求
> 曰：「一子守，二子從公禦諸竟。」季孫曰：「不能。」求
> 曰：「居封疆之間。」季孫告二子，二子不可。求曰：「若
> 不可，則君無出，一子帥師背城而戰。不屬者，非魯人也⓭！」

杜預云：

⓫　《春秋左傳正義》，頁541。

⓬　《春秋左傳正義》，頁700。

⓭　《春秋左傳正義》，頁1015-1016。

封疆，竟內近郊地❹。

齊人伐魯，冉求爲魯人謀備禦之道，提出了幾個作法，第一是三家之一守國，其他二者從魯君禦諸境，也就是在邊界上進行防守。季孫回答：做不到。冉有退而求其次，要求魯師「居封疆之間」，抵禦齊人入侵。杜預對封疆的注解是：「竟內近郊地」。也就是在國境與封之間作戰。季孫將冉有的意見告訴孟、叔二家，二家仍然不願意。最後冉求提出「一子帥師」，其實就是要求季孫親自帥師，「背城而戰」。並且對國人放出刺激性的言語，以激勵士氣，說：若不跟從季孫作戰者，就沒有愛國心，不必將之看作魯國人了。我們從冉求的話中看到，第一道界線是竟，邊境之意。邊境必有界以爲與他國分隔標識。出此境則易主，此所以有疆場一詞。再對照接下來的「封疆之間」。那麼境應該就是疆，而近郊之地與城之間還有一道界線，那就是封。最後是「背城而戰❺」，照冉求「居封疆

---

❹　《春秋左傳正義》，頁1015。

❺　封城之間爲封內，或封田，說見下。《國語・周語中》：「國有郊牧，疆有寓望。」（《國語》，臺北：宏業書局，1980年9月《四部備要》排印清士禮居翻刻明道本，頁70。）郊牧被視爲國，應該也算是封內。大概是與野相對的地區，其實沒有什麼防禦的作用，所以最後的倚靠就是城了。《左傳・昭公二十三年》：「楚囊瓦爲令尹，城郢。沈尹戍曰：『子常必亡郢。苟不能衛，城無益也。……民無內憂，而又無外懼，國焉用城？』」（《春秋左傳正義》，頁879）《左傳・隱公五年》：「宋人取邾田，邾人告於鄭，曰：『請君釋憾於宋，敝邑爲道。』鄭人以王師會之，伐宋，入其郛，以報東門之役。宋人使來告命，公聞其入郛也，將救之。問於使者，曰：『師何及？』對曰：『未及國。』公怒，乃止，辭使者，曰：『「君命寡人同恤社稷之難。」今問諸使者，曰：「師未及國。」非寡人之所敢知也。』」杜預云：「郛，郭也。」又云：「怨公知而故問，責窮辭。」

之間」的原則，此處應可以稱之爲「居封城之間」。從冉求的話看來，封與疆的的區隔是很明顯的了。疆是邊境界線，封則是在城與疆之間的界線⓰。冉求云：「居封疆之間」，杜預謂「竟內近郊地」，那麼封豈所謂的國野的區隔界線⓱？由是而言，封爲較接近都城的

（《春秋左傳正義》，頁62）邾、鄭聯軍打入了宋的郭，即是攻破外城，照上引〈周語中〉的說法，應該是已經「入國」甚深了。沈尹戍說「國爲用城」，國必有城，以爲保障。但是宋使回答魯隱公卻說「未及國」。故杜預以爲宋使忿隱公明知故問，根本不想出兵救宋，因而賭氣地如此回答。結果隱公立即有了不救宋的理由，那就是既然「師未及國」，沒有那麼緊急，魯國也就不必淌渾水了。

⓰ 〈大雅・崧高〉：「王命召伯，徹申伯土田。」毛《傳》：「徹，治也。」鄭《箋》：「治者，正其井牧，定其賦稅。」（《毛詩正義》，頁671）〈大雅・崧高〉又云：「王命召伯，徹申伯土疆。」鄭《箋》：「王使召公治申伯土界之所至。」（《毛詩正義》，頁672）鄭玄對釋「徹申伯土田」爲「正其井牧，定其賦稅。」釋「徹申伯土疆」爲「治申伯土界之所至。」看起來土田指的是封，而土疆指的則是疆了。二者性質不同，所以召伯去徹的時候，也有不同的作法。土田是正井牧，定賦稅，顯然針對的是封內之田。至於土界所至，就顯得比較泛泛地去定疆界了。

⓱ 博士生黃聖松云：「《左傳・定公四年》：『封於少皞之虛。……封於殷虛。……封於夏虛。』這三個虛剛好就是魯、衛、晉的國都，卻都言封，因此封有時候的意義與國相同。對照《周禮・地官・封人》之責『掌詔王之社壝，爲畿封而樹之。凡封國，設其社稷之壝，封其四疆。造都邑之封域者亦如之。』封人既封國都，於其他城邑亦封其四疆。此封人所封者，既有封內，可稱封國。雖在邊邑，亦封人前往封之。」黃生說是。按：《國語》裡有好幾處提到封國一詞，如〈晉語三〉：「既敗而誅，又失有罪，不可以封國。」（《國語》，頁333）韋《注》：「不可以守封國。」（《國語》，頁334）〈晉語四〉：「重耳若獲集德而歸載，使主晉民，成封國。」（《國語》，頁360）〈楚語下〉：「其用不從，其生不殖，不可以封。」（《國語》，頁567）韋《注》：「不可以封國。」（《國語》，頁568）在這些例子中，封與國是一體的，可以封國連用；就如封與疆可以封疆連用一般。但是疆與國卻不會連用爲國疆或疆國，〈周語中〉：「國有郊牧，

界限，疆爲邊境的界限。疆在邊境，還可再舉一例，《左傳·昭公
三十年》云：

> 吳子使徐人執掩餘，使鍾吾人執燭庸，二公子奔楚。楚子大
> 封，而定其徙。使監馬尹大心逆吳公子，使居養。莠尹然、
> 左司馬沈尹戌城之。取於城父與胡田以與之，將以害吳也。
> 子西諫曰：「吳光新得國而親其民，視民如子，辛苦同之，
> 將用之也。若好吳邊疆，使柔服焉，猶懼其至。吾又疆其讎
> 以重怒之，無乃不可乎❶❽？」

楚昭王爲了防禦吳國的攻擊，將二位投奔楚國的吳公子封於邊境，
以爲監視、騷擾吳國之具。子西以爲不可，認爲即使努力修好吳、
楚邊疆，盡量不要發生衝突，都已經很難避免吳人侵犯。更何況「吾
又疆其讎以重怒之」，那只會增加吳國的憤怒，益加緊張邊界的氣
氛。在這些地方，《左傳》上都不見封字，只見疆字，可見二字確
有區別。疆是邊界，封則在竟內近郊地。二者的區分，在當時仍然
很明確。

疆字在《左傳》中出現的次數不可謂少，其作名詞者，如「蒲
與二屈，君之疆也」，指的是邊疆。由於封與都城較近，在照顧上，

疆有寓望。」（《國語》，頁70）國與疆的分別是很明顯的，但是二者與
封的分別卻常常消失。豈封居疆與國之間，以界限則言封疆，以國家則言
封國？

❶❽ 《春秋左傳正義》，頁928。《左傳·哀公十六年》：「（楚令尹子西云）：
『吾聞勝也，信而勇，不爲不利。舍諸邊竟，使衛藩焉。』」……召之，使
處吳竟，爲白公。」（《春秋左傳正義》，頁1042）看來「舍諸邊竟，使
衛藩焉」是楚國慣用的政策。

當然比較方便。疆在邊竟，照顧起來，便較吃力。尤其是新得土地，必然都屬邊竟，因而常常必須使用武力遂行。因而疆字常作動詞用，除了上引「疆其雠」以外，它如《左傳·文公元年》：

> 晉侯疆戚田，故公孫敖會之。

杜預云：

> 晉取衛田，正其疆界❶。

晉之始起南陽，恐怕也是如此。《左傳·僖公二十五年》：

> （襄王）與之陽樊、溫、原、欑茅之田，晉於是始起南陽。陽樊不服，圍之。倉葛呼之，曰：「德以柔中國，刑以威四夷。宜吾不敢服也。此誰非王之親姻？其俘之也！」乃出其民❷。

晉文公以陽樊不服，圍之。照倉葛的話來看，再不聽話，就要「俘之」，也就是打入奴隸階層去了。這次《左傳》雖未明言疆南陽之田，實際上晉文公此舉，正如其子襄公「疆戚田」一般，都是以武力為後盾。有時晉國倒不是為自己，而是為從屬於自己的諸侯大夫出氣，因而也有疆田之舉，如《左傳·襄公二十六年》：

> 六月，公會晉趙武、宋向戌、鄭良霄、曹人于澶淵以討衛，

---

❶　《春秋左傳正義》，頁299。
❷　《春秋左傳正義》，頁263。

　　　疆戚田。取衛西鄙懿氏六十以與孫氏❷。

雖是盟主大國，在確定疆界時，仍然必須倚靠武力❷。

　　其實不論伯主或其它諸侯，春秋時代所有的國家在疆某田時，都要以武力為後盾，才能遂行疆田的任務。因為伯主晉國尚且如此，他國又焉能免俗？就以魯國而言，便不乏疆田之例，如《左傳‧昭公元年》：

　　　叔弓帥師疆鄆田，因莒亂也。

杜預云：

　　　此春取鄆，今正其疆界❷。

又如《左傳‧成公二年》：

　　　使齊人歸我汶陽之田❷。

《左傳‧成公三年》：

---

❷　《春秋左傳正義》，頁632。
❷　即使周宣王在位時，定諸侯疆界也不乏靠武力執行的記錄，〈大雅‧崧高〉：「王命召伯，徹申伯土疆。」鄭《箋》：「王使召公治申伯土界之所至。」（《毛詩正義》，頁672）〈大雅‧江漢〉：「于疆于理，至于南海。」鄭《箋》：「于，往也。召公於有叛戾之國，則往正其境界，脩其分理。周行四方，至於南海。」（《毛詩正義》，頁686）周人針對南方的經略，前往「正其境界，脩其分理」者，怕不只召公一人，應該是西周王朝向來如此。銅器中多有記載，如鄂侯馭方鼎、安州六器等等。
❷　《春秋左傳正義》，頁705。
❷　《春秋左傳正義》，頁426。

> 夏，公如晉，拜汶陽之田。……秋，叔孫僑如圍棘，取汶陽
> 之田。棘不服，故圍之㉕。

不服則圍之，叔孫僑如之舉，與晉文公無異，都可算是疆田。因爲
這種情況，在其它處的《傳》文中，便明指疆田了，如《左傳·襄
公十九年》：

> 春，諸侯還自沂上，盟于督揚，曰：大毋侵小。執邾悼公，
> 以其伐我故。遂次于泗上，疆我田。取邾田，自漷水歸之
> 于我㉖。

這次魯國取得邾人土田，倚仗的是諸侯的軍威以「疆我田」，邾人
不敢抗拒。當然，不止魯國會疆他人之田，他國也會疆魯國之田，
《左傳·襄公八年》：

> 莒人伐我東鄙，以疆鄫田。

杜預云：

> 莒既滅鄫，魯侵其西界，故伐魯東鄙，以正其封疆㉗。

除了魯、莒之外，其他國家也有同樣的作爲，如《左傳·成公四年》：

> 鄭公孫申帥師疆許田，許人敗諸展陂。鄭伯伐許，取鉏任、

㉕　《春秋左傳正義》，頁436-437。

㉖　杜預云：「正邾、魯之界也。」又云：「邾田在漷水北，今更以漷爲界，
　　故曰『取邾田。』」《春秋左傳正義》，頁584。

㉗　《春秋左傳正義》，頁520。

泠敦之田㉘。

當然，在某些特殊的情況下，雖然獲得其他國家的土地，卻不必大費周章，勞師動眾，因而不必書疆某田者，也有其例，如《左傳·僖公三十一年》：

> 春，取濟西田，分曹地也。

杜預云：

> 二十八年晉文討曹分其地，竟界未定。至是乃以賜諸侯㉙。

曹田本非魯有，晉文公為戰略需求，強取曹田，以賂諸侯，終獲勝於城濮。魯國則由於重館人之諫，分田較諸侯為多。杜預云「二十八年晉文討曹分其地，竟界未定」，然則此後竟界方定。這與晉襄公「疆戚田」同例，何以不言「疆曹田」？豈晉為伯主，魯人不敢明目張膽疆田之故？或是仰伯主權威，不須大費周章，故不云「疆曹田」？又如《春秋經·哀公二年》：

> 季孫斯、叔孫州仇、仲孫何忌帥師伐邾，取漷東田及沂西田。

《左傳·哀公二年》云：

> 春，伐邾，將伐絞。邾人愛其土，故略以漷、沂之田而受盟。

故杜預釋之云：

㉘ 《春秋左傳正義》，頁439。
㉙ 《春秋左傳正義》，頁286。

> 邾人以賂，取之易也❸。

以上魯國兩次取田，皆可謂得之甚易。曹田係晉國所分，曹弱，不敢抗命。取讙、沂之田，因爲係交換而來，故取之易，不需用武力，所以兩次取田都不書「疆曹田」、「疆讙田」。可見疆田必以武力，各國皆然。推測其原因，蓋其田所在，皆在邊界。若不以武力重新確定產權歸屬，難免造成該國不服，因而不得移交的場面。就以晉國接管南陽之地爲例，若非晉文公兵力強大，使陽樊人心生畏懼，何時才能順利完成移交？何況在此之前，周天子本身就曾有過不良的記錄，《左傳·隱公十一年》：

> 王取鄔、劉、蒍、邘之田于鄭，而與鄭人蘇忿生之田：溫、原、絺、樊、隰郕、欑茅、向、盟、州、陘、隤、懷。君子是以知桓王之失鄭也。恕而行之，德之則也，禮之經也。己弗能有，而以與人。人之不至，不亦宜乎❸？

不知什麼原因，鄭人毫不反抗，便拱手讓出土地。總之，桓王能自鄭取得鄔、劉、蒍、邘之田，而不必「疆」，看來取得甚爲容易，豈以其爲天子之故？當然，桓王是以蘇忿生之田與之交換，但問題在於：蘇忿生之田並非桓王所能掌控。就這麼空口一句話，換得了鄭國四邑之田。假若此項交易真的對等，照各國獲土田的慣例，鄭莊公要取得蘇氏十二邑，還是得用武力去「疆」。未知是鄭莊公實力不足，或是有其它考慮，此事不了了之。不過到了晉文公時，襄

---

❸ 《春秋左傳正義》，頁993。
❸ 《春秋左傳正義》，頁81-82。

王故技重施，又以上述南陽之田，即陽樊等地賜給晉文公，蓋以爲晉文公會照鄭莊前例，草草了事。不料晉文公玩眞的，竟以武力解決了陽樊的抗拒。因此說晉文公「疆」了南陽之田，並不爲過。這種以武力疆田的情況，與散氏盤中和平轉移的方式，顯然大有不同。豈時移世變，周天子威權日去，不足以鎭儡諸侯？或另有他故？這種土地轉移方式的差異，尚有待更多的解釋。

　　總結以上的論證，可知封與疆顯然有內外之別，封字較接近都城，通常各國都有足夠的保護，所以不見封某田的記錄。至於是周天子，邊境難以實指，只能略言之，故以封略稱之㉜。在封地較大

㉜ 疆爲邊界，但是邊界有時甚不明確。因此在指稱天子的疆界時，往往用略，因爲普天之下的王土，至于四海，不是那麼明確之故，只能概略言之，故曰王略。故《左傳·昭公九年》：「王使詹桓伯辭於晉曰：『我自夏以后稷，魏、駘、芮、岐、畢，吾西土也。及武王克商，蒲姑、商奄，吾東土也。巴、濮、楚、鄧，吾南土也。肅愼、燕亳，吾北土也。吾何邇封之有。』」（《春秋左傳正義》，頁778）東南西北都是周的領地，所以自稱「吾何邇封之有」。但是到底何處是疆界，周景王也說不出所以然，因此王朝領土稱王略。諸侯如虢雖稱虢略，亦是泛指之領土，非謂其僭于天子。可見「略」是不十分確定的，或是概念性的邊界。《說文》：「略，經略土地也。」段《注》：「昭七年《左傳》芋尹無宇曰：『天子經略，諸侯正封，古之制也。』杜《注》：『經營天下，略有四海，故曰「經略」。正封，封疆有定分也。』〈禹貢〉曰：『嵎夷既略。』凡經界曰略。《左傳》曰：『吾將略地』；又曰：『略基阯。』引申之，規取其地亦曰略地。凡舉其要而用功少皆曰略。略者對詳而言。」（《說文解字注》，頁697）段玉裁所引，在《左傳·隱公五年》：「公曰：『吾將略地焉。』遂往，陳魚而觀之。僖伯稱疾不從。書曰：『公矢魚于棠。』非禮也，且言遠地也。」杜預云：「略，總攬巡行之名。《傳》曰：『東略之不知，西則否矣。』」杜預又云：「棠，魯地竟，故曰『遠地。』」孔《疏》：「〈僖九年傳〉曰：『東略之不知，西則否矣。』又〈十六年傳〉曰：『謀鄫，且東略也。』略者，巡行之名也。公曰：『吾將略地焉』，言欲案行邊竟，是孫辭也。若國竟之內，不應譏公遠遊。且言遠地，明是他竟也。……《釋

例・土地名》：棠在魯部內，云：『本宋地。』蓋宋、魯之界上也。」（《春秋左傳正義》，頁60）　按：《左傳・昭公二十四年》：「楚子為舟師以略吳疆。」杜預云：「略，行也。行吳界，將侵之。」（《春秋左傳正義》，頁886）由此可見略的意義，正說明它的不明確，乃大致言之的疆界。諸侯之間的疆界則有明確者，大國之間以疆為之，小國如散氏盤中數國，則以封為之，甚且可能以田間界限為之。《說文》：「畛，田間百也。」（《說文解字注》，頁696-697），畛也可當做疆界的標識，過此疆界，則易主人，故《詩經・周頌・載芟》：「徂隰徂畛。」毛《傳》：「畛，場也。」鄭《箋》：「畛，謂舊田有徑路者。」（《毛詩正義》，頁746）孔《疏》：「〈地官・遂人〉云：『十夫有溝，溝上有畛』，則畛謂地畔之徑路也。至此而易之主，故畛為疆場。〈信南山〉云『疆場翼翼』，是也。」（《毛詩正義》，頁747）。有時邊界相鄰，不一定都是山川等天然障礙，有時也可能田畝接壤，故《左傳・桓公十七年》云：「夏，及齊師戰于奚，疆事也。於是齊人侵魯疆，疆吏來告。公曰：『疆場之事，慎守其一，而備其不虞，姑盡所備焉。事至而戰，又何謁焉？』」孔《疏》：「疆場，謂界畔也。至此易主，故名曰『場』。典守疆者，不得已往侵人，無使人來侵己。謹慎守其一家之所有，以備不意之事。」（《春秋左傳正義》，頁129）〈散氏盤〉中所記散、仄、邢等，蓋皆小國。領土犬牙交錯，其實無疆可言，其封、疆蓋同於一矣，故銘文中封字屢見。西周初年封衛，有「封畛土略」一詞，蓋當時殷人尚未完全賓服，而衛為大國，所以康叔的領地只概略地劃分。而其中必有可耕的土田，故需「封畛」。西周末之楚，亦有「封畛」的記錄，《左傳・哀公十七年》：「彭仲爽，申俘也，文王以為令尹，實縣申、息，朝陳、蔡，封畛於汝。」杜預云：「開封畛比至汝水。」（《春秋左傳正義》，頁1045。）衛以康叔之尊寵，甚至被稱為「封畛土略」，氣勢不下新造之周。因為新侵得土田，有了實質的利益，必須樹立標識，確定主權，所以需要以「封」為之。但是因為他們的勢力強大，其他國家不敢覬覦，所以就不必「疆」了。晉文公取南陽未言「疆陽樊田」，蓋同此論。其子襄公「疆戚田」，則或意在樹威。雖是伯主，仍進行武力威嚇，故用疆字。總而言之，東方諸侯率皆大於畿內諸侯及所謂向侯者，以其多直接面對敵人，國勢必須較強，領土當然就較大，其防線縱深因而較長，故有封有疆。畿內諸侯、向侯等雖小，是否相同？蓋亦有之，未敢斷言。另外，其他與封字相關的詞，如封殖、封樹，則與疆界無直接關聯，姑略而不論。

的諸侯國如齊、魯、衛等，封與疆之間，其實可以視爲緩衝區，可以有效地阻絕較輕的壓力。縱有疆場之事，各國可以不必太過注意。但是如散氏盤中的散、仄、邢等國，由於面積甚小，比鄰接壤，雞犬之聲相聞，恐怕最多以封與各國爲界就將至極限，作爲緩衝的疆大概就不會太大㉝。甚至「小國寡民，雞犬之聲相聞」，封疆一體，此時連疆可能都沒有了。過了田畔界限，則易主人，故有封畛、疆場之稱。疆界向外伸展時，往往需以武力執行，故多見疆某田的記載㉞。

最後，還有一個與封字有關的詞爲封田，僅此一見，較爲特殊，《左傳·哀公十一年》：

> 夏，陳轅頗出奔鄭。初，轅頗爲司徒，賦封田以嫁公女。有餘，以爲己大器。國人逐之，故出。道渴，其族轅咺進稻醴、梁糗、腶脯焉，喜曰：「何其給也？」對曰：「器成而具。」曰：「何不吾諫？」對曰：「懼先行。」

杜預云：

㉝ 〈小雅·信南山〉：「中田有廬，疆場有瓜，是剝是菹。」鄭《箋》：「中田，田中也。農人作廬焉，以便其田事。於畔上種瓜，瓜成又入其稅天子，剝削淹漬以爲菹。」（《毛詩正義》，頁461）這裡的疆場，鄭玄以田畔釋之，不同於邊界之疆場。

㉞ 在《詩經·大雅·崧高》中或云徹土疆，見註❶。何樹環教授云：「疆固然有以武力執行事例，唯封亦然。周初封國是也。」此說誠是。唯疆田事例中，顯示所疆之田率皆有限。即使徹申伯土疆，範圍恐怕也僅限於申國的某一部分。至於封國，小如曹、晉，大如魯、衛，其面積範圍恐非疆田所能比。

> 封內之田悉賦稅之❸。

封田只此一例，未敢斷言詳情。不過《左傳·成公二年》記載晉師大敗齊人于鞌之後，提出了嚴苛的要求，其文云：

> 而使齊之封內盡東其畝。

杜預云：

> 使壟畝東西行❸。

晉人要求齊「使壟畝東西行」，爲的是方便晉兵車行軍作戰。何以特別要求「封內盡東其畝」？按照本文的分析，封內處國都與封之間。如果此處的田畝是南北走向，對自西向東的晉國兵車行進，將形成一道障礙，會造成晉軍極大的不便。如果是東西向，晉軍進攻就暢行無阻了。此計或非新創，據《呂氏春秋·簡選篇》說，此有前例，因爲晉文公曾「東衛之畝❸」。果然，則文公後人郤克等蓋食髓知味，也要齊國比照衛國「封內盡東其畝」，既然要「盡東其畝」，指的當然是田地。那麼此處所說的封內，與陳轅頗所賦的封田，應當是同一回事了。陳國轅頗爲司徒❸，爲了嫁公女，而「封內之田悉賦稅之」。辦了嫁粧仍有剩餘，卻遭轅頗乾沒，以爲其大

---

❸　《春秋左傳正義》，頁1017。

❸　《春秋左傳正義》，頁425。

❸　許維遹：《呂氏春秋集釋》（臺北：世界書局1975.3，四版），頁338。

❸　〈散氏盤〉中散人眉田者十人，以司徒爲首。于省吾云：散方區畫田界者有十人，司徒、司馬、司空、宰，四人均係散之要職。（《雙劍誃吉金文選》，頁24）。司徒典土地，故散方眉田交接時，以司徒爲首。

器。此舉惹得陳國人非常不高興，於是將他驅逐出境。這裡所謂的封田，對照前述封疆的意義，當即杜預所謂封內之田，乃都城至封之間的田。封內之田屬於國人，故國人需承擔賦稅責任。前引〈大雅·崧高〉：

> 王命召伯，徹申伯土田。

毛《傳》：

> 徹，治也。

鄭《箋》：

> 治者，正其井牧，定其賦稅。

〈大雅·崧高〉又云：

> 王命召伯，徹申伯土疆。

鄭《箋》：

> 王使召公治申伯土界之所至。

對照鄭玄對「土田」與「土疆」不同的解釋，可以發現《詩經》中的「申伯土田」，應該就是《左傳》中此處的封田。因為這是屬於國人的部分，所以鄭玄會提「正井牧，定賦稅」等國人的義務。轅頗為陳司徒，掌握了陳國所有的土田資料，所以徵賦由其主持。照周人慣例，賦役本由國人負擔。若此次徵賦乃照慣例徵賦，理應沒有什麼問題才是。但是為何國人如此生氣？蓋賦是用於車馬的軍

費，比起弓矢等小件武器來說，這是最重大的軍事支出，不得挪用。結果轅頗於已徵之外，又額外加賦，是其一；嫁公女違背了賦的用途，是其二；非但如此，又手腳不淨，是其三。

關於封內封田，其中細節尚不能完全明瞭。例如封內有田，或可稱封田。至於封內是否皆是田地？有沒有牧地？或是其它用途之地？那就得另爲文討論，在此不敢斷言了。

五、封　人

但是本文原來要解決的問題，當然還是封人。既然和裛一樣，封字也有聚土爲土功之義，故其工作性質非常接近。上引《周禮·封人》云：

> 掌詔王之社壝，爲畿封而樹之。凡封國，設其社稷之壝，封其四疆。造都邑之封域者亦如之。令社稷之職。凡祭祀飾其牛牲，設其楅衡，置其絼，共其水槁。歌舞牲及毛炮之豚。凡喪紀賓客軍旅大盟則飾其牛牲。

所掌項目的重點當然還是封樹疆界，與土功關係密切。唯春秋時代各國封人所從事的工作，又未必盡遵《周禮》所述，如飾牲之類。蓋煩簡不一，各視情況而定，如楚國，《左傳·宣公十一年》：

> 令尹蒍艾獵城沂，使封人慮事，以授司徒。量功命日，分財用，平板榦，稱畚築，程土物，議遠邇，略基趾，具餱糧，

度有司，事三旬而成，不愆于素㉟。

杜預對此段甚爲重視，所以註解的部分也很多，茲列於下：

封人，其時主築城者。慮事，無慮計功。

司徒掌役。

命作日數。

財用，築作具。

榦，楨也。

量輕重。畚，盛土器。

爲作程限。

均勞逸。

趾，城足。略，行也。

餱，乾食也。

謀監主。

㉟ 《春秋左傳正義》，頁383。按，春秋時代築城，蓋有其標準定制。除了
楚國以外，《左傳・昭三十二年》載營成周事云：「士彌牟營成周，計丈
數，揣高卑，度厚薄，仞溝洫，物土方，議遠邇，量事期，計徒庸，慮財
用，書餱糧，以令役於諸侯，屬役賦丈。書以授帥，而效諸劉子。韓簡子
臨之，以爲成命。」（《春秋左傳正義》，頁933。）其明年，《左傳・
定公元年》云：「庚寅栽，……城三旬而畢，乃歸諸侯之戍。」（《春秋
左傳正義》，頁941）闇於事理者，則不知城之高厚者，如《左傳・定公
五年》：「（楚昭）王使由于城麇，復命，子西問高厚焉，弗知。」（《春
秋左傳正義》，頁959）當然，這只是少數。蓋當時爲土功，皆精劃精密，
如《左傳・哀公元年》：「楚子圍蔡，報柏舉也。里而栽，廣丈高倍，夫
屯晝夜九日，如子西之素。」杜預云：「子西本計，爲壘當用九日而成。」
（《春秋左傳正義》，頁990）

十日爲旬。

不過素所慮之期也。《傳》言叔敖之能使民。

孔《疏》云：

《周禮·封人》：凡封國，封其四疆。造都邑之封域者亦如
之。〈大司馬〉：大役與慮事，受其要以待考而賞誅。鄭玄
云：「慮事者，封人也。於有役，司馬與之屬賦丈尺，與其
用人數也。」是封人主造城邑，計度人數。此云：「使封人」，
故云：「其時主築城者。」慮事者，謀慮城築之事，無則慮
之，訖則計功也。史書多有無慮之語，皆謂揆度前事也。
〈釋詁〉云：楨榦，榦也。舍人曰：楨，正也。築牆所立兩
木也。榦所以當牆兩邊鄣土者也。彼楨爲榦，故謂榦爲楨，
謂牆之兩頭立木也。板在兩旁臥鄣土者，即彼文榦也。平板
榦者，等其高下，使城齊也。
畚者，盛土之器。築者，築土之杵。司馬法輂車所載二築是
也。稱畚築者，量其輕重，均負土與築者之力也。程土物，
謂鍬钁畚輂之屬，爲作程限備豫也。

杜預認爲，這次楚國令尹孫叔敖主持的城沂工作中，封人「其時主
築城者」。但是《傳》文明言「使封人慮事，以授司徒」。故本人
以爲，此時楚國封人的職務僅是慮事，也就是擔任參謀策畫的部分，
而不是聚土典封疆，直接到現場施工者。這次楚國實際築城者，是
司徒之職。此時楚國的封人僅計功慮事，在其他的國家，是否有不
同的職守呢？

在《左傳》中還有其他國家出現封人的記載，例如鄭國，其工作內容則與楚國封人爲策劃築城者，有所不同，《左傳·隱公元年》：

> 潁考叔爲潁谷封人。

杜預云：

> 封人，典封疆者。

孔《疏》：

> 《周禮·封人》：「掌爲畿封而樹之。」鄭玄云：「畿上有封，若今時界也。」天子封人職典封疆，知諸侯封人亦然也。《傳》言「祭仲足爲祭封人」，「宋高哀爲蕭封人」。《論語》有儀封人。此言「潁谷封人」，皆以地名封人。蓋封人職典封疆，居在邊邑。潁谷、儀、祭，皆是國之邊邑也❹。

孔《疏》所舉之宋封人，見《左傳·文公十四年》：

> 宋高哀爲蕭封人以爲卿。

杜預云：

> 蕭，宋附庸。仕附庸，還升爲卿。

孔《疏》：

> 蕭本宋邑，〈莊十二年〉宋萬弑閔公，蕭叔大心者，宋蕭邑

---

❹ 《春秋左傳正義》，頁37。

之大夫也，平宋亂，立桓公。宋人賞其勞，以蕭邑封叔爲附庸。〈莊二十三年〉蕭叔朝公，是爲附庸，故稱朝；附庸宋國，故云：「宋附庸也。」〈宣十二年〉楚子滅蕭，此時蕭國仍在。高哀仕於蕭國，遂被拔擢，升爲宋卿❹。

和鄭一樣，蕭是個附庸小國，原有土田必然不多，何況又處邊境？然封人之職爲何？《國語‧周語中》：

> 《周制》有之，曰：「列樹以表道，立鄙食以守路。國有郊牧，疆有寓望。藪有圃草，囿有林池，所以禦災也❹」。

在以上各項工作中，「列樹以表道」這一點，與散氏盤銘文中「封於東道」、「封於原道」、「封於周道」等等的記載，若合符節。顯示出列樹表道與封人之職，有密切的關係。因此，封人欲闢未開發之邊境，必築道以通之，此其職責之一；開荒成田，此其職責之二；土田既哀，必樹標識以明歸屬，此其職責之三，凡此，皆與土功有關❹。故《周禮‧封人》云：「掌爲畿封而樹之」，當有所本。當然，高哀以蕭封人而爲宋卿，倒未必是蕭的封人對宋有多重要，只是因爲高哀有寵而已。這點與鄭莊公以祭封人仲足爲卿，一方面祭仲有寵於莊公，另外也是因爲封人對鄭有其重要性，二者或許不

---

❹ 《春秋左傳正義》，頁336。

❹ 《國語》，頁70。

❹ 也許在西周時期，封人的職掌主要只在列樹以表道，所以散氏盤中會有那麼多封于某道的記錄。進入東周後，因爲田少人多，土田需求大增，他們的任務才變得吃重，需要爲國君哀田。土田既哀，仍須列樹表道，以明歸屬。是封人之責，頗似今之工兵，甚至是生產建設兵團。

盡相同❹。除蕭封人以外，宋還有呂封人，見《左傳·昭公二十一年》❹。其他國家如蔡國，也有封人，見《左傳·昭公十九年》之郰陽封人。衛國也有封人，孔《疏》所引《論語》儀封人，見〈八佾篇〉。以上這些有封人的諸侯，雖說「宋、衛實難」，但是比起晉、楚、齊、秦來，畢竟「不得爲次國」。他們都有封人，而鄭國尤爲重視，顯見封人以能爲土田，在這些國家有其重要性。

孔《疏》以「潁谷、儀、祭，皆是國之邊邑也」，甚是。但是上面已說明封在疆與城之間，故有封內、封田之稱。何以封人所封者皆在邊邑？既是封內，何以與封人無關？這豈不與以上所說者衝突？關於這點，我們可以從上引《周禮·封人》著手，其文云「掌爲畿封而樹之」。鄭玄云：「畿上有封，若今時界也」。鄭玄以畿上之封爲漢時田界，大致說來，是照顧到了田界的意義，但是對於畿字的部分，顯然就帶過去，略而不提了。按〈邶風·谷風〉：

　　不遠伊邇，薄送我畿。

────────────

❹　鄭莊公時封人兩見，似乎都頗受寵。《左傳·隱公元年》：「五月甲辰，授兵於大宮，公孫閼與潁考叔爭車。潁考叔挾輈以走，子都拔棘以逐之。及大逵，弗及，子都怒。秋七月，公會齊侯、鄭伯伐許。庚辰，傅于許，潁考叔取鄭伯之旗蝥弧以先登，子都自下射之，顚。」（《春秋左傳正義》，頁80）潁考叔被子都射死，鄭莊公卻不敢公開治罪，只是「使卒出豭，行出犬雞，以詛射潁考叔者。」（《春秋左傳正義》，頁81）於是「君子謂鄭莊公失政刑矣。政以治民，刑以正邪。既無德政，又無威刑，是以及邪。邪而詛之，將何益矣？」（《春秋左傳正義》，頁81）子都的來頭應該不小，鄭莊公得罪不起，所以不敢公開治罪。既然如此，潁考叔卻敢與子都爭車，是否因爲他受寵而驕呢？

❹　《春秋左傳正義》，頁870。

毛《傳》：

> 畿，門內也❹。

這個門內的解釋，似乎仍不足以說明什麼。但是想到王畿，想到畿內諸侯。豈不正有門內直屬周天子之義？這些所謂的畿內諸侯，與其它諸侯有何不同呢？我們知道，齊、燕、魯、衛之類的畿外諸侯，主要表現在封地廣，國力強。原因是他們負防禦與監視之重責，所以必須有足夠的實力承擔任務。至於畿內諸侯，多為甸侯之類，如晉、鄭、曹等等，封地小，責任輕，主要提供王室經濟需求，它們比男的身分較親，地位稍高。但是所負的責任並無差別。不過值得注意的是，他們雖然都屬於畿內諸侯，但封地卻不一定都在關中的王畿之內。最遠者如曹，已在山東。陽樊、溫、原、欑茅等在所謂南陽之地，即太行山南、黃河以北，今河南、山西之間。另外較晚封的鄭，先在關中，後來遷至洛陽附近。他們都在廣義的關東，但是他們都是畿內諸侯。由此類推，封人所封者，雖然都在邊邑，但因為都直屬國君，所以仍可視為封內。一如畿內諸侯，不一定都在關中，但都直屬周天子。周天子在處理這些畿內諸侯的土地時，可以有較大的彈性。桓王取鄭四邑而予鄭蘇忿生之田，即是一例。對其他勢力較大的諸侯，如齊、魯、衛等，就不可能這麼輕鬆自在了。封人關地的情況，蓋一如殷商時裒田情形。土地既關，有了經濟價值，必須封樹，以明歸屬。或如鄭之先有寄地，而後遂滅其國，為己邊邑，故亦須往封之。若僅為樹疆界，則春秋時代連關塞尚且不

---

❹ 《毛詩正義》，頁90。

受重視，封疆豈能險於關塞？此顧棟高氏已有說明❹，學者可以參看。前往封樹，必爲已造田地，才有價值。蓋春秋時代地廣人稀，土地的多寡不成問題，可利用的土地多寡才是重點。孔《疏》已經指出《左傳》中鄭封人再見，宋一見，《論語》有儀封人。鄭特重封人，豈以其新近東遷，墾田甚少，寄邑虢、鄶，猶嫌不足，故仍需時時新裒田地，以供生產之用。土地既裒，經濟價值提高，故必須封識，並派人管理。以其新闢，產權所屬，必爲國君。國君所派遣管理者，必與其關係親近。鄭國封人數見，豈其地位相對重要之故？穎考叔爲穎谷封人，面諫莊公，甚受信用。至於祭仲爲祭封人，有寵，莊公竟使爲卿。雖曰祭仲多智，然其身爲封人一職，應該也是一項重要因素。宋高哀甚且還是宋附庸蕭的封人，卻也有寵，以爲卿，與祭仲如出一轍。謂之巧合也可，謂之封人甚受重視，或許更爲實際。

　　鄭、宋二國特重封人，封人甚至可以爲卿，顯見其地位重要。其他諸侯也有封人，特待遇不如二國耳。在楚國，卻似乎不然。原因何在呢？本人以爲，這與這些諸侯皆是小國有關。尤其是鄭國，新遷東方，立國之初，尚需寄邑虢、鄶。其土田不足，顯然急需開疆闢土，以增加耕地面積。基於這樣的需求，封人既然是擔任此艱鉅工作者，故其職就顯得相對的重要。至於楚國，自武王時代便大肆擴張。到了莊王時，領土面積早已非昔日彈丸之地可比。既然楚

---

❹　見〈春秋列國地形險要表敍〉（〔清〕顧棟高：《春秋大事表》，臺北：廣學社印書館1975.9初版，卷22，頁1367-1369）及〈春秋列國不守關塞論〉（《春秋大事表》，頁1392-1395）。

國的耕地靠侵略併吞，便已足夠，當然不用再如以往般，辛苦地靠
封人重新聚土造田。但是封人職責之一正在聚土，策劃經營土功，
如造耕田或造城邑之類，向來是他們的老本行。此時楚國雖然不必
再袞田，唯袞田與築城的工作性質，基本上是相同的。因此他們雖
然不需上第一線參與施工，但是參謀策畫營造城郭，對於如何量功
命日、分財用、平板榦、稱畚築、程土物、議遠邇、略基趾、具餱
糧、度有司等等事項，仍然是他們的專長。

六、餘　論

　　鄭之東遷，其立國情勢，與張政烺所說袞田寄地，頗為吻合，
故鄭國多有封人。其他國家蓋亦有之，文獻不足，難以定論耳。在
〈略論顧棟高〉文中，本人嘗以為不見西周袞田記錄，蓋未審之故。
其實就《詩經》中資料來看，西周應該也有袞田情事才是❹。至於
規模大小，則較難定論耳。載其事例者，如〈小雅·常棣〉：

　　　　原隰袞矣，兄弟求矣。

毛《傳》：

　　　　袞，聚也。求矣，言求兄弟也。

鄭《箋》：

---

❹　非但西周，舉凡春秋時代，或許除了曾有大規模併吞小國之強大諸侯，如
　　晉、楚、齊、秦者，可以不必袞田，專靠侵略，就有足夠的田。此外，理
　　論上應該無國不袞。甚至連上述強國，也可能袞田。唯文獻無徵耳。

原也，隰也，以相與聚居之故，故能定高下之名，猶兄弟相
求，故能立榮顯之名❹。

〈小雅·信南山〉：

信彼南山，維禹甸之。畇畇原隰，曾孫田之。我疆我理，南
東其畝。

鄭《箋》：

信乎彼南山之野，禹治而丘甸之。今原隰墾辟，則又成王之
所佃。
疆，畫經界也。理，分地理也❺。

〈周頌·載芟〉：

徂隰徂畛。

毛《傳》：

畛，場也。

鄭《箋》：

畛，謂舊田有徑路者❺。

---

❹ 《毛詩正義》，頁321。
❺ 《毛詩正義》，頁460。
❺ 《毛詩正義》，頁746。

孔《疏》：

> 〈地官·遂人〉云「十夫有溝，溝土有畛。」則畛謂地畔之
> 徑路也。至此而易之主，故以畛爲場。〈信南山〉云「疆場
> 翼翼」，是也。
> 此本其開地之初，故載爲始。原隰者，地形高下之別名。隰
> 指地形而言，則是未嘗墾發，故知謂新發田也。畛是地畔道
> 路之名，故知謂舊田有徑路者❷。

孔《疏》所謂「此其本其開地之初，故載爲始。原隰者，地形高下
之別名。隰指地形而言，則是未嘗墾發，故知謂新發田也」。由是
可知，西周實有裒田事例。降至春秋時代，諸侯土田不足時，大致
仍由兩方面獲得，一是侵略，一是自行裒田。有能力侵略者，多爲
大國，如晉、楚、齊、秦之類。其他國家如魯、鄭，雖偶而爲之，
實難比擬。上述大國既能侵略，理論上可無需費力新造土田，蓋自
侵略他國所得，便已足夠。至於小國，或可侵略更小的國家、附庸
之類，唯所獲不如大國耳。其額外所需土田，當自裒耳，故唯費力
開荒，新造土田使用。小國如鄭，其初封時，土田不足尤甚，此所
以鄭封人特多，且特受重視之原因？唯至春秋中晚期時，鄭封人之
職似亦廢弛，《左傳·襄公十年》：

> 初，子駟與尉止爭，將禦諸侯之師而黜其車。尉止獲，又與
> 之爭，子駟抑尉止，曰：「爾車非禮也。」遂弗使獻。初，
> 子駟爲田洫，司氏、堵氏、侯氏、子師氏皆喪田焉。故五族

❷ 《毛詩正義》，頁747。

聚群不逞之人，因公子之徒以作亂。

杜預云：

洫，田畔溝也。子駟爲田洫以正封疆，而侵四族田❺❸。

這些鄭國貴族爲了兩件事，與執政者翻臉，其一是面子問題，蓋子駟不免仗勢欺人，既黜尉止，又與之爭獲。但更重要的一點，就是子駟爲田洫以正封疆，結果造成四族皆喪田❺❹？如果那些田本來就屬那些貴族所有，子駟再蠻橫，諒也不致沒入四族土田。顯然四族所喪之田不在原有的籍冊中，而是由他們自行開墾出來的。先前的執政者睜一眼，閉一眼，因而大家相安無事。其後子駟執政，不知是出於公益還是私仇，突然清查地籍帳冊。四族私墾出的良田，卻變成侵占國土，

---

❺❸ 《春秋左傳正義》，頁541。

❺❹ 在魯國也應該有這類私下開墾的情事，蓋即《左傳·宣公十五年》所載之「初稅畝」。不過魯國執政者的作法較鄭國和緩，有關初稅畝的爭議甚多，此處無法列舉，當另爲文討論。不過本人以爲，魯國採稅畝方式，即承認貴族私下墾殖出的土田，其產權屬於貴族，但是國家以抽稅方式作爲因應。這種作法比起鄭國子駟直接沒收，顯得溫和得多。上云陳轅頗賦封田，此爲向國人額外徵賦，因而惹惱陳國國人。魯國稅畝，則爲徵收原來不曾納稅的土田。二者情況不同，但是多徵稅收的結果則是一致的。至於鄭國的執政者，強行沒入貴族私墾的土田。這種情況，在南北朝時代，可謂屢見不鮮。對國家而言，當然是有好處的。但是對貴族大戶而言，當然損害了他們的利益，要引發大戶們的抗議了。子產算是能力強，而且運氣好的，只是被罵而已。子駟則一如歷來忠於國家者的下場，慘傷大戶們殺害。毋怪乎自古至今，忠於國家者甚少。試問：一心爲國，結果淪落到這種下場，還要被罵成酷吏，憑什麼要人盡忠報國呢？

因而必須被沒收了。於此我們看到貴族賣力爲己墾田，卻不再見到
封人爲國君開荒。這是否意味著封人一職隨著國君君權不振，同時
也失去了他們的作用和光彩？至於鄭國是否只有上述貴族私下墾田
呢？看來不是，此時鄭國爲此事者，皆乎成了全民運動，人人有分，
反倒是爲國君墾田的封人不見蹤影，《左傳·襄公三十年》：

> 子產使都鄙有章，上下有服，田有封洫，廬井有伍。……從
> 政一年，輿人誦之，曰：取我衣冠而褚之，取我田疇而伍之。
> 孰殺子產，吾其與之。

杜預云：

> 封，疆也。洫，溝也。廬，舍也。九夫爲井，使五家相保。
> 並畔爲疇[55]。

二十年之間，私墾的人似乎不止幾家貴族而已，更多是輿人，也就
是鄭國眾人。因此子產繼承子駟「田有封洫」的政策，再度侵犯更
多既得利益者時，竟然惹得大家要說「孰殺子產，吾其與之」了。
「輿人」一詞，顯示出除了以往僅限於少數貴族有私墾行爲之外，
現在還要加上爲數眾多的國人。如是，鄭國私墾土田，成爲全民一
致的行爲。更有甚者，隨著人口增加，鄭國境內土田不足時，其人
民還會往外發展[56]，《左傳·哀公十二年》：

> 宋、鄭之間有隙地焉，曰：「彌作、頃丘、玉暢、嵒、戈、

---

[55]　《春秋左傳正義》，頁684。
[56]　不止鄭國如此，在春秋時代，這應該是普遍的現象，說見下。

> 錫」。子產與宋人爲成，曰：「勿有是。」及宋平、元之族
> 自蕭奔鄭，鄭人爲之城嵒、戈、錫。九月，宋向巢伐鄭，取
> 錫，殺元公之孫，遂圍嵒。十二月，鄭罕達救嵒。丙申，圍
> 宋師❺❼。

到了明年，鄭人或許是爲了減少麻煩，又將這「六邑爲虛」。這六
邑原是荒地，開墾成邑的功勞，看來不屬鄭、宋兩國的封人❺❽，否
則這兩國就有充分的理由，將之納入領土之內。這六邑顯然是逃亡
的流民開墾出來的聚落，在法理上，不屬於任何一國，所以子產與
宋人達成協議，都不將之列爲國土的一部分，因而二國向來相安無
事。但是開墾六邑者可能是以鄭國流民爲主，所以後來鄭人便爲其
中三邑加築城牆，正式將之納入領土之中。曠土開墾成田疇，便產
生誘人的經濟利益。鄭人再爲了政治因素而築城，給宋人吃了悶虧，
又造成威脅，使得宋人不甘示弱，因而引發兩國爭執。這反應出時
代的變化，從中我們看到，在春秋早期，封人直屬國君，封人於邊
疆修道裒田，並且掌管此新墾土田，其職位甚爲重要。到了春秋中
葉，國君的權力衰微，裒田的工作似乎由貴族階層承擔，但是這些

---

❺❼ 《春秋左傳正義》，頁1027。

❺❽ 其他國家蓋亦同鄭國，《左傳‧哀公八年》云：「初，武城人或有因於吳
竟田焉，拘鄫人之漚菅者曰：『何故使吾水滋？』」杜預以魯武城人「僑
田吳界」，又云：「鄫人亦僑田吳。」（《春秋左傳正義》，頁1012）魯
人、鄫人都僑田吳境，與商湯裒葛、鄭桓寄邑完全一致。可見此一習俗，
流傳久遠，至春秋未絕。唯魯、鄫人所僑之田，其所有權似亦不屬魯、鄫
二國，反與鄭、宋六邑相同。可見到了春秋晚年，私人裒田大盛，公家裒
田，如鄭封人者，已經式微。

貴族所關的土田，有可能遭到國家執政者以正封洫的名義強行徵收，因而白忙一場。不過這是否也反映出，封人一職因國君無力掌控政權，也隨著失去其重要性；或是如楚國因侵略所得，已不需要封人裒田？到了春秋晚期，封人的職責已經完全失落，開墾荒地不止貴族，連一般人都可以僑田他國，簡直就是商王寄田的翻版。最後，裒田甚至成為不堪過重賦役人民逃亡時的新出路。而這些流民所開墾出的土田，有可能完全不屬於任何一個國家。意即，此種土田，其主權誰屬，頗堪探究。從春秋到戰國，土地問題的變化，似乎也反應在封人一職的變化上，這個現象值得學者注意。

論「以一軍爲晉侯」（上）❶

論文提要

　　《左傳》云：「王使虢公命曲沃伯以一軍爲晉侯」。本文先討論「一軍」之「軍」字意義，其次討論「一軍」的爵位問題，接著討論「軍」與定賦的關係，及其影響云。

一、前　言

　　本人曾著有關晉武公受周僖王策命，發表了與之有關的論文❷，不過該篇文章重點，主要在針對周王室的外交政策。至於晉武公「以一軍爲晉侯」受命的條件，當時並未多論。其後本人又有一文，也曾

---

❶　本文發表於《文與哲》第三期2003.12，頁89-108。

❷　劉文強〈從晉武公受命論春秋初期王室外交政策〉，《中山人文學報》第
　　5期，頁1-18。（高雄：國立中山大學，1997.1）

略為提及晉武公之始封❸，然而重點則在討論清人顧棟高的觀念。二
文對於晉武公「以一軍爲晉侯」的細節，皆未予討論。近日思及《左
傳》中軍與師二者的異同時，初步認定，師字起源應甚早，甲、金文
中多見；軍字則晚，唯《左傳》等書中大量出現。其故安在？此中必
有說者。因而又思曾針對周僖王命曲沃伯「以一軍爲晉侯」，進行過
若干討論，但是何以晉「以一軍爲晉侯」？其實際詳情，應猶有可說
者，故本文將以此爲中心，檢討相關問題云。

二、一　軍

有關標題的這個事件，見於《左傳·莊公十六年》，云：

> 王使虢公命曲沃伯以一軍爲晉侯❹。

這句話中可以討論的部分，包括何謂一軍？爲什麼周天子命曲沃伯
以一軍爲晉侯？爲什麼不是以二軍或三軍或其它軍數爲晉侯等等。
要解決這些問題，首先就必須了解「軍」字在此處的意義。我們知
道，在《左傳》中，軍字時常出現。或作動詞，或作名詞。茲各舉
數條，以爲例證。作動詞者如《左傳·隱公五年》：

> 四月，鄭人侵衛牧，以報東門之役。衛人以燕師伐鄭。鄭祭

---

❸　〈晉本大國——略論顧棟高〉，《第七屆清代學術研討會會前論文集》，
　　高雄：國立中山大學，2002.3。

❹　《春秋左傳正義》(臺北：藝文印書館，1973年5月景印清嘉慶20年1815《重
　　刊十三經注疏附校刊記》)，頁157。

足、原繁、洩駕以三軍軍其前，使曼伯與子元潛軍軍其後❺。

《左傳·桓公六年》：

> 楚武王侵隨，使薳章求成焉，軍於瑕以待之❻。

《左傳·桓公十二年》：

> 楚伐絞，軍其南門❼。

作名詞時，時常指的是作戰單位，如《左傳·隱公五年》：

> 燕人畏鄭三軍，而不虞制人❽。

或是加上左右中的方位，不過仍然是三個單位，如《左傳·桓公五年》：

> 秋，王以諸侯伐鄭，鄭伯禦之。王爲中軍，虢公林父將右軍，蔡人、衛人屬焉：周公黑肩將左軍，陳人屬焉。鄭子元請爲左拒，以當蔡人、衛人；爲右拒，以當陳人❾。

《左傳·桓公六年》：

---

❺ 《春秋左傳正義》，頁61。
❻ 《春秋左傳正義》，頁109。
❼ 《春秋左傳正義》，頁124。
❽ 《春秋左傳正義》，頁61。
❾ 《春秋左傳正義》，頁106。

　　　我張吾三軍而被吾甲兵❿。

不論是作動詞或名詞，《左傳》中例證甚多，不待贅舉。唯上引三條作名詞用之軍字，皆係臨陣作戰，將軍隊分成三部，以符合戰鬥需求，古今中外，率皆如此。所以不論軍隊數量多寡，一旦開戰，都會三分其軍。在這種情況下，三軍的意思，指的是左右中三個作戰單位。然而，在這個意義下的軍字，與「王命曲沃伯以一軍為晉侯」的軍字，實有本質上的不同。因為若以作戰而言，一軍絕不是布陳的最佳方式，它太容易遭受敵人左右夾擊。此所以戰場上必排列三個戰鬥單位，即所謂的「軍」，以為應敵之道。既然臨陳必分為三，不會只布陳為一，那麼「以一軍為晉侯」的軍字，究竟是什麼意思呢❶？

　　除了作戰單位的意義之外，在《左傳》中，還出現過不少次與布陳作戰無關，但卻與賦貢有關的「軍」字，這才是本文討論的重點。此處可注意者有三點：一、在這種情形之下，軍字之前必帶有從一至六之一的數字，但與布陳作戰的單位無關。二、只見於晉國和魯國❷。三、皆對政局產生重大影響，尤其是縮減軍數時。例如

---

❿　《春秋左傳正義》，頁109。

❶　《左傳》中軍字，有作名詞者，有作動詞者，甚為複雜，可另為文討論。本文專就軍賦之義而言。

❷　〈齊語〉：「五家為軌，故五人為伍，軌長帥之。十軌為里，故五十人為小戎，里有司帥之。四里為連，故二百人為卒，連長帥之。十連為鄉，故二千人為旅，鄉良人帥之。五鄉一帥，故萬人為一軍，五鄉之帥帥之。三軍，故有中軍之鼓，有國子之鼓，有高子之鼓。」（左丘明：《國語》，臺北：宏業書局，1980.9，頁232。）萬人為一軍，共為三軍，但是革車則

《左傳·莊公十六年》，王命晉武公以一軍爲晉侯，是第一次。《左傳·閔公二年》，晉獻公作二軍，是第二次。《左傳·僖公二十七年》，晉文公蒐于被廬，作三軍，是第三次。《左傳·僖公三十一年》，晉文公蒐于清原，作五軍，是第四次。《左傳·文公元年》，晉襄公蒐于夷，舍二軍，是第五次❸。《左傳·成公三年》，晉景公作六軍，是第六次。《左傳·襄公十三年》，晉悼公併新軍於下軍，是第七次。《左傳·襄公十四年》，晉悼公遂舍新軍，爲第八次。此後晉維持三軍六卿的規模，直至春秋末六卿大戰前皆然。除了晉國增減軍數以外，魯國也曾仿晉國制度爲之。《左傳·襄公十一年》，魯季武子作三軍，是第八次。《左傳·昭公五年》，魯又舍中軍，是第九次。魯國如此，其它國家未知是否亦然？總之，軍數的增加，大致可認爲這是反映其國力的增加。否則照原有軍數即可，不必大費周章。因此眞正可注意者，反倒是在縮減軍數時，或撤換軍帥時，政情會發生什麼變化。兩相比較之下，軍數增加時，

有八百乘（《國語》，頁241）。八百乘無法爲三除盡，將如何分配？豈中軍四百乘，上、下軍各二百乘？此或可備一說，但也無法證實。倒是三軍，軍各萬人，有其寄內政於軍令的編制根據，值得注意。雖然，也不敢說這個數字就是可靠的，因爲《左傳·定公四年》云：「君行師從，卿行旅從。」杜預注「旅」云：五百人。（《春秋左傳正義》，頁946）又，《左傳·哀公元年》伍子胥說夏朝的少康「有田一成，有眾一旅。」杜預亦云：五百人爲旅。（《春秋左傳正義》，頁991）在〈齊語〉，旅有二千人，與杜預所認知的五百人，差異是很大的。

❸ 同年陽處父改蒐于董，易中軍。由於不牽涉軍數的增減，故不計。但造成的影響極大，請參看本人〈論陽處父〉（《中山人文學報》第10期2000.2，頁27-50。）及〈續論晉國中軍帥〉（《文與哲》第1期2002.11）

固然可能產生若干問題，如作三軍後，晉文公權力遭架空；魯國同樣也有此這種問題。但是比不上軍數減少時那麼慘烈，例如在晉國，國君通常都隨之而死，無可倖免，晉襄公、晉厲公、晉悼公是爲著例。魯國的情況好些，但是國君的權力越來越小，這是不爭的事實。因此增加軍數總是好些，至少晉文公還能夠安然度過在位時間，晉景公也比較能收回若干國君的威權。總之，在晉國，只要減少軍數，牽涉不小，值得學者注意。在魯國，雖然沒有晉國那麼敏感，但是一如晉國，或許比晉國還慘，國君的權力，在季孫氏玩弄軍數增減的手段之中消散，所謂祿去公室是也。不過國君不至於身死，是其幸運之處。

關於魯國增減軍數的問題，本人曾爲文討論❶，以爲魯國國君的權力遭到三家侵蝕，請讀者參看。而在本文中還要以此爲例討論的部分，主要在於此事所牽涉到的其它相關實質內容。今先引《左傳・襄公十一年》文以爲說明：

> 春，季武子將作三軍，告叔孫穆子，曰：「請爲三軍，各征其軍。」穆子曰：「政將及子，子必不能。」武子固請之。穆子曰：「然則盟諸！」乃盟諸僖閎，詛諸五父之衢。正月，作三軍。三分公室，而各有其一。三子各毀其乘❶。

杜預《注》云：

---

❶　〈論魯國作三軍、舍中軍〉，第一屆《左傳》國際學術討論會1994.7。（香港：香港大學）

❶　《春秋左傳正義》，頁543-544。

政者，霸國之政令。《禮》：大國三軍。魯次國而爲大國之制，貢賦必重，故憂不能堪[16]。

《正義》云：

> 於時天子衰微，政在霸主，霸主量國大小，責其貢賦。若爲二軍，則是次國；若作三軍，則爲大國。大國之制，貢賦必重，故云「霸主重貢之政將及於子，子必不能堪之」，憂其不能堪之，言三軍不可爲也。魯爲三軍、二軍，國之大小同耳，但作三軍，則自同大國。自同大國，則霸主必依大國，責其貢重也[17]。

由上面所引，可知「子必不能」的重點在於，魯國原爲霸主所量的標準是屬於二軍規格，所以上繳霸主晉國的賦貢，也只以二軍爲標準。如今魯擴充爲三軍，就要繳三軍的賦貢，等於多繳百分之五十，到時能否繳納，是個重大的問題。就算能夠繳納，負擔必然沉重。至於魯國二軍之賦貢始自何時？每一軍得承擔多少，這個問題甚爲複雜，不是這篇短文可以負擔得了，必須另外爲文討論。

三、爵　位

總結上述，我們認爲，「以一軍爲晉侯」的軍字，與作戰的布

---

[16] 《春秋左傳正義》，頁544。
[17] 《春秋左傳正義》，頁544。

陳方式無關,但是與賦貢有關❶。就實質面而言,它可能是一種新的權利與務義的關係,或許就是由齊桓公開始制定的制度。此後一個諸侯是否被認定有無軍數,連帶地就確立了其爵位的高下。本來,從商、周以來,爵名及地位的高下,並非如後儒所謂的公、侯、伯、子、男五等爵,而是另有版本,至少從西周初年以來,就看不出後世謂的五等爵的排列順序。例如據《尚書·康誥》:

> 惟三月哉生魄,周公初基作新大邑于東國洛,四方民大和會,侯、甸、男、邦、采、衛、百工播民和,見士于周。周公咸勤,乃洪大誥治❶。

侯最先,甸次之,男又次之。沒有公、伯、子三項。此外又如《尚書·酒誥》:

> 王曰:……越在外服,侯、甸、男、衛、邦伯;越在內服,百僚庶尹、惟亞、惟服宗工,越百姓里居❷。

---

❶ 或以為晉獻公作二軍,公將上軍,太子申生將下軍,以滅耿、滅霍、滅魏。其後晉文公勤王,左師圍溫,右師勤王。是則二軍似乎又是作戰單位,而非賦的單位。晉國的情形的確特殊,不過仍然可以解釋。因為若以魯國為對照,則魯也是二軍。長勺之戰,面對齊桓公的三軍,又將如何布陳?少了左或右翼的護衛,如何擋得住對方的包圍?周桓王、楚子玉的失敗,莫不由於兩翼潰敗所致。所以儘管是所謂的二軍,在臨陳時,仍然必須三分其眾,成為左右中的陳勢。在《左傳》中,軍字的含意不止一二,值得我們注意。

❶ 《尚書正義》(臺北:藝文印書館,1973年5月景印清嘉慶20年1815《重刊十三經注疏附校勘記》),頁200。

❷ 《尚書正義》,頁209。

仍然是侯、甸、男的排序。邦伯是否即為伯，實在不能確定。據傳
王季和文王皆曾為殷西伯。西伯之地位又在侯之上矣，與五等爵排
序大有不同。從以上兩條出自《尚書》的證據來看，爵位的排列順
序，都是侯在先，甸在後，男又次之。西周之初，與殷制蓋無不同。
有關這個問題，讀者可以參看王貴民《商周制度考信》一書，其中
有詳盡的論證和說法。本文就侯、甸的爵位順序，認為侯與甸對王
室的權利與義務，其中必有實際的差別。《左傳・昭公十三年》：

> 及盟，子產爭承，曰：「昔天子班貢，輕重以列。列尊貢重，
> 周之制也。卑而貢重者，甸服也。鄭，伯男也，而使從公侯
> 之貢，懼弗給也❷。」

「列尊貢重」，言貢而不言賦，可見魯、衛、齊、燕等國不需負擔
王室的賦，即軍費支出，所出者唯貢而已。周初，齊、燕、魯、衛
之始封者，太公、召公、伯禽、康叔，個個大有來頭。此四國皆充
任西周王朝的軍事重鎮，與殷商之侯背景相同。故其國雖大，然率
皆強敵環伺，如魯之淮夷、徐戎，齊之萊人，燕之殷後等等。此四
國者，自顧不暇，豈有餘力支應王室龐大軍費？至於「卑而貢重」
的甸，蓋除了四國及其同性質之類的諸侯之外，皆為甸屬。甸級諸
侯，其性質本為代管王室土地者，無須負擔軍事任務。軍事要求既
低，所得大部提供王室，以備王室之軍事支出。故雖位卑，仍然必
須負擔重貢。其所以有此差別，以侯、甸二者之任務性質不同故也。
因此命曲沃伯以一軍為晉侯，意味著晉爵位提升，成為正式向王室

---

❷ 《春秋左傳正義》，頁812-813。

提供一軍軍賦的諸侯，不再是地位較卑的甸侯。僖王所以如此之原因，可參看本人所著〈從晉武公受命論春秋初期王室外交政策〉一文，此不贅。

四、定　賦

以若干軍爲某侯，這是諸侯與王室之間的權利與義務的關係。接著的問題是，這二者之間的權利與義務是什麼？附帶的問題是，這種權利與義務的關係，除了晉武公以外，其他國家是從何時開始的？黃生聖松以爲此種情形出現於西、東周之際，我們在註❶中，曾引〈齊語〉，其中云齊桓公有三軍，且與軍令編制一體。唯是否齊桓公即以軍爲標準單位，向諸侯徵收賦貢，史無明文。不過據上引《左傳·襄十一年·正義》曾云：

> 政在霸主，霸主量國大小，責其貢賦。

霸主向諸侯徵收軍賦，應是理所當然。不過若將時間點擺在晉悼公時，就未免也太晚了些❷。因爲晉國稱霸的國君不少，向諸侯徵收

---

❷　王貴民認爲：「大國又以爲天子征討不庭，有軍事支出爲名，把軍賦納入貢中，向中小國家徵『朝』，統稱爲職貢，形成殘暴的勒索。」（王貴民：〈試論貢賦稅的早期歷史〉，《中國經濟史研究》1988.1，頁13-29。本文引自《先秦秦漢史》1988.5，頁9）本文認爲，王氏所言大致正確。不過春秋中晚期，霸主向諸侯徵發的方式，與早期有所不同。合理的發展應該如下：先是制定軍數，名之爲賦。其後甚至拋棄了賦制，直接改以實際的車乘數目爲基準。至於貢制，則始終如一。王貴民亦云：「戰國時期，周王朝已名存實亡，無所謂貢。不過，地方向朝廷貢納這一基本制度，一

軍賦的歷史也不應太短。若從頭算起，晉文公是晉國第一任伯主。晉文公不收，等到晉悼公時才收，實在說不過去。再說，晉文公的祖父晉武公被任命的標準是一軍，其父晉獻公作二軍，這些或許都反映了晉國曾經以軍爲單位，承擔過賦貢的責任。其後晉文公作三軍，但當時已無中原的霸主，所以不知是否也出過賦貢。當然，相對的，晉文公在勝於城濮，因而稱霸以前，恐怕也難以向諸侯徵賦貢。晉國既然自晉武公以來，就以軍數承擔賦貢。那麼晉文公就不會是第一位以軍爲單位，徵收賦貢的伯主。至於春秋最早號稱霸主的，當數鄭莊公。唯縱使鄭莊公在春秋初年頗爲搶眼，但是其國力卻不被人看好，時人反倒認爲「宋、衛實難，鄭何能爲㉓？」《左傳・隱公四年》：

> 宋殤公之即位也，公子馮出奔鄭，鄭人欲納之。及衛州吁立，將脩先君之怨於鄭，而求寵於諸侯，以和其民，使告於宋，曰：「君若伐鄭以除君害，君爲主，敝邑以賦，與陳、蔡從，則衛國之願也㉔。」

顯然不足以強迫諸侯負擔賦貢，最多是挾天子以令諸侯，《左傳・

直延續到封建社會。至漢朝，規定諸侯王十月朝獻，地方按人口出錢給『獻費。』遠方有獻千里馬的，郡國獻異味、名酒、黃金、大珠之類。如此貫徹到封建社會晚期。」（《先秦秦漢史》，頁10）本文同意王氏的看法，認爲貢品的內容或許稍有差異，但是進貢是臣服的象徵，不論是霸主，還是天子，都不會輕易改變向臣服者徵收貢物的習慣。

㉓　《左傳・隱公六年》，《春秋左傳正義》，頁70。

㉔　《春秋左傳正義》，頁56。

隱公九年》：

> 宋公不王。鄭伯爲王左卿士，以王命討之。

杜預注：

> 不共王職㉕。

似乎此時諸侯之賦無須假借，全屬自用，有時連周天子都可以不必理睬㉖。既然連周天子都不必理會，鄭莊公雖然強悍，也不見得能從諸侯身上撈到什麼好處㉗。如此，算來算去，始作俑者，以軍爲單位向諸侯徵賦貢者，似乎只能往齊桓公身上去想。因爲以齊桓公爲第一人，就時機而言，非常吻合；在現實環境上，也符合當時實際需求。不像鄭國雖強而小，卻無力強迫諸侯出賦；齊爲強而大之國，其實力便足以威嚇諸侯出賦。唯齊國雖大，畢竟無法支應南征北討的支出。更實際地說，軍費加上各項雜支，當然不會由霸主付帳，一定是由跟隨的嘍囉們負擔。如果什麼都得由齊桓公自己支應，那還當什麼霸主呢？《左傳·僖公四年》：

㉕ 《春秋左傳正義》，頁76。

㉖ 中原諸侯不共王職，南方的蠻夷楚國也不貢包茅，見《左傳·僖公四年》。

㉗ 鄭莊公以王命伐宋，打敗了宋人。不過次年宋又聯合衛和蔡伐鄭，可見宋人不服，並有能力抵抗。因此鄭莊公能否達到其宣示的目的，要求宋公「王」，即入職貢，大有可疑。但是周天子自平王始，就想要把鄭莊公撤換。桓王尤其對鄭莊公不滿，其原因何在？顯然鄭莊公在執行卿士的過程中，做了些令周天子很不高興的事。究竟哪些事會令王室如此不高興呢？算來算去，還是糾纏在利益的衝突中。那麼，最容易糾纏的利益有哪些呢？貢賦會是其中的重點嗎？

陳轅濤塗謂鄭申侯曰：「師出於陳、鄭之間，國必甚病。若出於東方，觀兵於東夷，循海而歸，其可也㉘。」

除了原本就要出的軍賦以外，齊桓公所率領的大軍所經過的國家，還得負擔額外的支出。陳國的轅濤塗爲了陳、鄭兩國著想，能省則省，所以希望諸侯聯軍不要從陳、鄭之間通過，改由東方北上，那麼就可以少掉許多支出，是其例證。沒想到遭人暗算，同年傳云：

申侯曰：「善。」濤塗以告齊侯，許之。申侯見，曰：「師老矣！若出於東方而遇敵，懼不可用也。若出於陳、鄭之間，共其資糧屝屨，其可也。」齊侯說，與之虎牢。執轅濤塗㉙。

諸侯一旦處於大軍行軍的路線，除了原有的賦貢外，還得提供額外的「資糧屝屨」。面對總數沒有十萬也有五萬的大軍，陳、鄭兩國哪裡受得了？轅濤塗爲了陳國考慮，本以爲可以逃過一劫。他沒想到申侯如此陰險，竟爲申侯所賣。不過，從這件事也可以看出，諸侯的負擔不止被霸主制定的賦貢而已，其他林林總總的「資糧屝屨」，尤爲沈重。至於霸主，既然都是霸主了，怎麼會需要他來出呢？當然，這些附從諸侯，大小不一，也不可能平均分擔。合理的辦法，就得視其國家之三六九等，各自出錢。至於由誰認定？《正義》以爲是霸主，這也十分合理。因爲「於時天子衰微，政在霸主。」由霸主制定，符合當時情勢。齊桓公既是公認的春秋第一任霸主，由齊桓公開始制定以軍爲賦貢單位，就目前而言，應是比較可信的

㉘　《春秋左傳正義》，頁203。
㉙　《春秋左傳正義》，頁203。

說法。在此之前，必無以軍爲單位的賦貢標準❸。甲骨文中多見師
字，是殷商有師，不成問題。周人似與殷商有異，因爲我們知道，
據銅器銘文，西周早期出征作戰，多是某人某族爲主力，其他氏族
輔之，既無軍，也無師的單位。雖有師氏，與軍事單位的師，大大
不同。雖然西周初期，如滅商東征時，多以某族爲作戰主力，但是
自成王以後至宣王時，陸續出現了師的單位，如西六師，一般認爲
即《詩經》中所謂「張皇六師」的六師。另外還有殷八師，或名成
周八師。有的學者以爲殷八師、成周八師是兩支不同番號的部隊，
但其實應該是同一支❸。殷八師，或成周八師，即駐紮成周地區由

❸ 有些國家直到春秋中葉，仍不知車戰爲何事，例如吳國，《左傳·成公七
年》：「巫臣請使於吳，晉侯許之。吳子壽夢說之，乃通吳于晉。以兩之
一卒適吳，舍偏兩之一焉，與其射御。敎吳乘車，敎之戰陳，敎之叛楚。
寘其子狐庸焉，使爲行人於吳。吳始伐楚，伐巢、伐徐。」（《春秋左傳
正義》，頁444）如果不是申公巫臣，吳國根本不知車戰爲何事，更別提
以車乘爲定軍賦的標準了。

❸ 以爲二不同部隊者，如郭沫若（《金文叢考》，頁64。人民出版社，1954.6）、
徐中舒（〈禹鼎的年代及其相關問〉，《考古學報》1959.3）、楊寬（〈再
論西周金中六師和八師及其屯田制〉，《考古》1965.10）、王人聰（〈西
周金文中的殷八師與成周八師〉，《考古與文物》1993.3）。幾位學者主
要的論點皆在於，周人不可能以殷人爲其軍隊主力。于省吾則以殷八師爲
殷遺民所組成者，（〈略論西周金文中的六師、八師及其屯田制〉，《考
古》1964.3）于說是。因爲只要想想魯、衛兩國的國人是周人爲主？還是
殷人爲主？至此，可以思之過半矣。至於王人聰以爲殷八師爲諸侯國所組
成的聯軍，其證據是殷八師的統帥常以諸侯爲之，如康伯髦、彔伯終等。
但是考慮到殷八師主要針對東南，西六師主要針對西北。那麼以東方的康
伯髦爲主帥，也就理所當然了。以爲名爲二實爲一者有于省吾（〈略論西
周金文中的六師、八師及其屯田制〉，《考古》1964.3）、李學勤（〈論
西周金文的六師、八師〉，《華夏考古》1987.2）、楊善群（〈西周銘文

殷人所組成的部隊。西六師類似清代滿人八旗，殷八師猶如漢人八旗。這兩支武力都以師名，卻不見六軍、八軍的記載，因此很難說《詩經》之六師即六軍❷。何況這兩支部隊加起來的數字爲十四，也不是六的整數。因此天子六軍，雖然出自《周禮》，可信度卻大有疑問。

關於西周時期王室、諸侯間的權利與義務，至今仍然不敢說是很清楚。不過我們可以確定，西周時期家大業大，甸地布滿天下，他們應該就是王室軍賦的主要提供者❸。有了「卑而貢重」的甸地收入，王室十四師的軍費，以及其他支出，基本上自足，甚且有餘，不需靠魯、衛之侯提供。若要靠這些侯提供，只怕他們也無能爲力。他們雖也需負擔若干義務，但應屬貢，如魯國之壺。故子產云「列尊貢重」，而不云「列尊賦重」，必有根據。退一步說，齊、燕、魯、衛等侯國，雖有其一定編制標準，或許也是以軍爲單位。但是他們光是負擔鎭撫徐戎、淮夷之類的任務，就已經使得他們自顧不暇，絕不會成爲西周王室財政上的主要支撐者。及至春秋早期，王室因內亂而東遷，實力削弱，確屬事實。但並非如春秋晚期那麼狼

中的師與師氏〉，《考古與文物》1990.2）、李道明（〈六師、八師新探〉，《四川師範大學學報》1992.5）。唯李學勤亦以殷八師爲周人組成，則誤同上述學者。

❷ 李學勤以爲「六師即六軍」（〈論西周金文的六師、八師〉，《華夏考古》1987.2，頁207-210）。採類似說法的學者亦有，然皆不足以說明西周六師、八師與六軍的關係。

❸ 王貴民認爲：商代的貢，記載見多，事實上也有發展。……周代的貢，繼商代而發展，逐漸形成制度。……春秋時代，貢納繼續進行，並有所擴展。（《先秦秦漢史》，頁9）

狽不堪，只是不能與西周盛世相提並論。顧棟高云：

> 案東遷後，王畿疆域尚有今河南、懷慶二府之地，兼得汝州，
> 跨河南北。有虢國、桃林之隘，以呼吸西京。有申、呂、南
> 陽之地，以控扼南服。又名山大澤不以封，虎牢、崤、函俱
> 在王略，襟山帶河，晉、鄭夾輔，光武創業之規模，不是過
> 也。平、桓、莊、惠，相繼百年，號令不行，諸侯攘竊。王
> 不能張皇六師，更復披析其地，以爲賞功。酒泉賜虢，虎牢
> 賜鄭，至允姓之戎入居伊川，異類逼處，莫可誰何❸❹。

可知東周初年，王室仍然擁有相當廣大的領土，所謂「光武創業規
模，不是過也」，誠非虛語。因此王室此時的實力，不是春秋晚期
的景況可比擬的。顧棟高又說：

> 周自平王東遷，尚有太華、外方之間方六百里之地。其時西
> 有虢，據桃林之險，通西京之道。南有申、呂，扼天下之膂，
> 屏東南之固。而南陽肩背，澤、潞富甲天下。轘轅、伊闕，
> 披山帶河。地方雖小，亦足王也。故桓王之世，猶能興師，
> 以號召諸侯。虎牢屬鄭，仍復收之，至惠王始與鄭。以武公
> 之略，張弛自如，皇綱未盡絕于天下也❸❺。

有了這些廣大甸地「卑而貢重」的收入下，理應可以重振威風。可
是在時日的過程中，甸地因不斷班賜諸侯，或爲諸侯強佔，因而大

---

❸❹　顧棟高：《春秋大事表·周疆域論》（臺北：鼎文書局1974.10），頁147-148。
❸❺　《春秋大事表·周疆域論》，頁148。

量流失。剩下未流失的，又將豐厚的班貢轉交給霸主。這麼一來，周天子怎麼過活？周天子與霸主所爭者，除了名分，重點尤其在賦貢，二者似二實一。不論是正而不譎的齊桓公，還是譎而不正的晉文公，更別提南方蠻夷的楚成、莊，或是其它等等的霸主們。所有的霸主都把持著諸侯的賦貢，不交給周天子。害得周天子捉襟見肘地過日子，毫無往日的威風可言。於是整個東周，但見王室日衰。甸地不是逐漸喪失，就是無法嚴格控管，這時王室的財政難免捉襟見肘，寅吃卯糧。表現的最明顯之處，就是往日威風一時的西六師、殷八師兩支部隊，在西周幽王末期，便已不見蹤跡。到春秋時，更是往日雲煙，不堪回首。如果東周王室的財政還足以支應這麼龐大的兩支軍隊，自然可以威嚇諸侯，要諸侯安分守己。如是，則周天子應該可以沿續以往的威風，不會受到影響。反之，正因爲家道中落，鳥獸散盡，周天子無力供養那十四師。非但如此，自幽王以來，王室本身永無休止的內亂，使得王室凡事都少不得靠諸侯幫忙，所謂「我周之東遷，晉、鄭焉依。」能幫忙周天子的甸侯，如晉、鄭之類，已屬可貴。其它的若干甸侯不但加入內亂，甚且製造內亂。如《左傳·莊公十九年》：

> 蒍國、邊伯、石速、詹父、子禽、祝跪作亂，因蘇氏。秋，五大夫奉子頹以伐王，不克，出奔溫。蘇子奉子頹以奔衛，衛師、燕師伐周。冬，立子頹。

杜預《注》：

蘇氏，周大夫。桓王奪其十二邑以與鄭，自此以來遂不和❸❻。

杜預所謂桓王奪蘇氏邑，事見《左傳·隱公十一年》：

> 王取鄔、劉、蒍、邗之田于鄭，而與鄭人蘇忿生之田：溫、
> 原、絺、樊、隰郕、欑茅、向、盟、州、陘、隤、懷。君子
> 是以知桓王之失鄭也。恕而行之，德之則也，禮之經也。己
> 弗能有，而以與人。人之不至，不亦宜乎❸❼？

王室內亂之深，顯示出王室毫無振作的精神與機會。當然，除了上述情況的甸侯之外，王室此時另外還有爲數不少的甸侯，但是這些甸侯或是不理睬周天子，例如蘇氏就因王奪其十二邑，憤而即狄❸❽。另外，樊皮亦不知爲何叛王❸❾。或是自相攻擊，例如虢、晉之間。乃至互相吞滅以自肥，例如晉國人女叔侯云：

> 虞、虢、焦、滑、霍、揚、韓、魏，皆姬姓也，晉是以大。
> 若非侵小，將何所取？武、獻以下，兼國多矣❹⓿。

尤其是晉文公滅南陽，所得陽樊之類，更是從周天子口中直接挖肉。履霜，堅冰至。積漸既久，王室僅能勉強維持小小的局面。至於那十四師的大軍，就只能回首前塵往事了。在形勢日衰的情況下，東

---

❸❻　《春秋左傳正義》，頁160。

❸❼　《春秋左傳正義》，頁81-82。

❸❽　《左傳·僖公十年》：「蘇子叛王即狄。」《春秋左傳正義》，頁221。

❸❾　《左傳·莊公二十九年》。《春秋左傳正義》，頁179。

❹⓿　《春秋左傳正義》，頁667。

方諸侯，如魯國，多少還會進貢些禮物；另外，正而不譎的霸主還
會進貢若干❹。至於那些譎而不正的霸主們，根本視王室蔑如，《左
傳·昭公九年》：

> 叔向謂宣子曰：「文之伯也，豈能改物？翼戴天子，而加之
> 以共。自文以來，世有衰德，而暴滅宗周，以宣示其侈❷。」

在「世有衰德」的慣例下，霸主們連貢物都懶得送了。距叔向勸諫
韓宣子不要再「暴滅宗周」之後，不過九年，周天子再也忍不住地
抱怨，《左傳·昭公十五年》：

> 十二月，晉荀躒如周，葬穆后，籍談爲介。既葬，除喪，以
> 文伯宴，樽以魯壺。王曰：「伯氏！諸侯皆有以鎮撫王室，
> 晉獨無有，何也❸？」

這雖然已是春秋晚期，還反映諸侯多少貢些壺樽之類。霸主則連貢
物都省了，何況軍賦？前面提到，春秋時代霸主制定的標準，應該
就是以軍爲單位。但是西周以來，又是怎麼計算的呢？上引《左傳·
昭公十三年》：

> 及盟，子產爭承，曰：「昔天子班貢，輕重以列。列尊貢重，
> 周之制也。卑而貢重者，甸服也。鄭，伯男也，而使從公侯

---

❹ 《左傳·僖公七年》：「齊侯脩禮於諸侯，諸侯官受方物。」楊伯峻說本
　朱彬《經傳考證》云：「謂於諸侯之中，齊使官司受其所貢之土產且以獻
　於天子。」（《春秋左傳注》，臺北：源流出版社1982.4再版，頁317）
❷ 《春秋左傳正義》，頁779。
❸ 《春秋左傳正義》，頁823。

之貢，懼弗給也。」

子產說「列尊貢重」，蓋謂舊時制度，由王決定班貢的多少。判定諸
侯貢的多少，則以爵位高低爲準。僖王命曲沃武公以一軍爲晉侯，此
舉雖另有外交上考量目的，不過曲沃叛王之後，是否還肯入職貢❹？
既然曲沃不入職貢，乾脆提升其地位爲侯。一方面可以要求晉出賦，
一方面彌補失去鄭國的損失。因此命曲沃伯以一軍爲晉侯，就是一個
說明侯甸地位最佳例證。晉從位卑貢重的甸，提升爲以一軍爲納賦標
準的侯。春秋時代自齊桓、晉文等霸主興起，諸侯受其保護，同時也
必須出賦給霸主。不論是魯、衛等侯，或是鄭、曹等甸，都必須向霸
主交賦。這些原來對周王室提供重貢的甸侯，在霸主迫其出賦時，應
是將原來貢給王室的部分，轉交給霸主。否則他們也無法負擔雙重的
賦貢。這樣一來，周天子的實質利益受損，必然引發周天子與霸主之
間的衝突，只不過周天子無力阻擋而已。是以宰孔阻止晉獻公參加齊
桓公的葵丘之會❺，表面上暫時止住了天子樁腳的流失，實質上也是
因爲，一旦晉獻公參加了葵丘之會，晉的賦就要交給齊桓公。此時獻
公已作二軍，對王室提供兩分的賦。假如真的倒向齊桓公，將使王室
面子裡子俱失，豈能不阻止？其後的晉文公也好，所有其他的霸主也

---

❹　其後晉獻公滅虞，「歸其職貢於王。」（《左傳·僖公五年》，《春秋左
　　傳正義》，頁209）可見甸地以貢，至春秋早期猶然。不止甸侯有職貢，
　　其他諸侯如魯、衛，亦當有貢。雖說「列尊貢重」，但是甸侯更是「卑而
　　貢重」。可見列侯所貢，未必重於甸侯。蓋西周時期，諸侯皆貢而無賦，
　　以周天子只靠甸侯，便足以支持，列侯所貢，象徵意義大於實際，對其國
　　力不會有太大的影響。
❺　《左傳·僖公九年》及《國語·晉語三》俱載其事。

好，其所做所爲，皆無二致，都嚴重影響到周天子的利益及威權，此周天子與霸主之根本的重大矛盾，斯周天子之所以惡霸主也。

五、結　論

《左傳》中的軍字，包括的含義甚多。如果逐一探究，恐非本篇短文所能負擔。所以本篇只針對其中若干的含義，進行探討。我們看到，軍字在《左傳》中或作動詞，或作名詞。作動詞者姑不論，作名詞者，常常前面帶有數字。除了指臨陳作戰的左右中三軍之外，更可注意的是，它是一種徵賦的單位。由於西周時期王室實力強大，所需軍費只需由「位卑貢重」的甸侯供應，不勞魯、衛等諸侯。所以西周時期，有其徵收財源的方式。到了東周，王室既衰，霸主興起，需要諸侯提供各項支出，因而制定了一種新的徵賦方式，其單位則以軍爲標準。本來是由隨著霸主的諸侯負擔，後來很可能所有的諸侯，包括原來直屬周天子的甸侯，都被霸主制定標準，並且強迫向霸主交賦。如此一來，大大地影響周天子的地位和權力。於是在內亂不斷，外患頻仍的困境中，又加上霸主強行拉伕索賦，造成人財兩失的情況下，周王室日漸衰微，其來有自。相對地，霸主人財兩得，及其對周天子造成的壓力，更是周天子傾力阻止霸業的根本原因。不論中原的齊桓、晉文，或是南蠻的楚成、楚莊，對周天子而言，都沒有差別。禮崩樂壞，非由軍字；但是軍字的出現，反映了禮崩樂壞的事實。是以軍字的問題，所關不止賦貢，其更深層的意義，猶可探索。

論「以一軍爲晉侯」（下）❶

論文提要

本文上篇已討論「一軍」之「軍」字意義，「一軍」的爵位問題，「軍」與定賦的關係，及其影響。下篇討論甸侯的問題，以及賦貢的問題。

一、甸　侯

有關甸侯的問題，本人也曾討論過❷。本節則補充該文中所未論者，即晉之初封，其爵位性質和等級爲何？這是較少爲人注意的

---

❶　本篇發表於第三屆中國經學國際學術研討會，臺北：國立臺灣師範大學2003.11。

❷　〈晉本大國──略論顧棟高〉，《第七屆清代學術研討會會前論文集》，高雄：國立中山大學，2002.3。

問題。大陸學者王貴民曾著書，以專節討論❸。本人爲文時，也曾引用其說❹，並且認爲，據《左傳·桓公二年》，縱未明言晉國之大小，唯晉實非大國無疑，其文云：

> 惠之二十四年晉始亂，故封桓叔于曲沃，靖侯之孫欒賓傅之。師服曰：「吾聞：『國家之立也，本大而末小，是以能固。』故天子建國，諸侯立家，卿置側室，大夫有貳宗，士有隸子弟，庶人工商，皆有等衰。是以民服事其上，而下無覬覦。今晉，甸侯也，而建國。本既弱矣，其能久乎❺？」

---

❸ 王貴民：《商周制度考信》（臺北：明文書局1989.12初版，〈第二章商周政權結構·第二節商周政權系統·第三小節政治服制〉），頁135-138。

❹ 〈晉本大國──略論顧棟高〉。

❺ 《春秋左傳正義》（臺北：藝文印書館，1973年5月景印清嘉慶20年1815《重刊十三經注疏附校刊記》），頁97。《左傳·莊公十七年·孔疏》云：「《周禮》：『小國一軍。』晉土地雖大，以初并晉國，故以小國之禮命之。」（《春秋左傳正義》，頁158）《史記·晉世家》：「遂封叔虞於唐。唐在河汾之東，方百里，故曰唐叔虞。」（日·瀧川龜太郎：《史記會注考證》，臺北：洪氏出版社1977.5五版，頁621）方百里就是一個標準的小國分封面積，其相對意義就是《周禮·夏官·司馬》所謂的小國一軍。如此，晉之初封，豈不就是以一軍爲晉侯了？何以到了西、東周之際，晉人師服卻仍然說「晉，甸侯也」？可見縱使《史記》記載晉之初封爲百里，等於一軍的諸侯，但是此說並非確證。實際上，晉之初封只是個甸侯，無所謂一軍。孔《疏》以晉爲大國，顧棟高從之（清·顧棟高：《春秋大事表·春秋晉中軍表敍》，臺北：廣學社印書館1975·9初版，卷22，頁2221。）二者皆不考慮晉武公初并晉國，仍然是原來方百里的小晉國，不是日後廣拓疆土的大晉國。晉爲大國，至少要等到獻公以下，尤其是文公始啓南陽之後。孔《疏》與顧氏之語，頗有過當之嫌。

除了晉以外，還有一些諸侯也屬甸侯的性質，王貴民云：

> 西周甸服諸侯，還可以考證者，除上面說的鄭國，還有兩個，一是晉國，一是曹國❻。

但是，據王貴民書中所及者，實不止這幾個國家而已。所以他又說：

> 如果以商代有南北西等奠例之，就很好理解西周畿內的南鄭或西鄭。幾個周王都可以居某個鄭地，即如銘文有幾起王在奠一般。桓公居徙之地都可能是奠。當然，後來的鄭父之丘和新鄭那是帶去的名稱。金文裡還有一井叔和奠井叔之名，據研究，井叔在共王以前，奠井叔在其後，是先爲井叔而後食邑於奠，故簡稱奠井或僅稱奠。由此可以推知桓公也好，井叔也好，都因居於奠地而得奠或鄭名。更可能他們本是某一奠地的君長，所到之處都離不開一個奠字❼。

因此，周天子的甸侯分布，除了關中以外，至少還有山西地區的晉，和山東地區的曹。但是，除此之外，其它地方是否也有周天子的甸

---

❻　《商周制度考信》，頁138。

❼　《商周制度考信》，頁137。如果井叔和奠井叔乃「居于奠地而得奠名」，那麼是否還有其他的類似情形？比如說周、召二公雖然功業盛大，但就理論而言，是否仍屬於甸侯？周公長子伯禽封魯爲魯侯，召公之後封爲燕侯。然而周又有周公、召公，其後世有所謂周、召共和者是也。周、召封於周者，率皆次子以下嗣之。其嗣之者，是否屬於甸侯？設使周人如此，殷是否亦然？比如說微子封宋，而金文有微史家族，長期爲官於周。微史家族與周、召之後是否同例，皆爲甸侯之一？金文中所記諸侯甚多，是否絕大部分皆屬於甸侯性質？

地，以及相關的諸侯呢？王貴民認為：

南陽一帶，也是周室甸服之區❽。

這當然是根據《左傳》而來的認定。《左傳·隱公十一年》：

王取鄔、劉、蔿、邘之田于鄭，而與鄭人蘇忿生之田：溫、
原、絺、樊、隰郕、攢茅、向、盟、州、陘、隤、懷。君子
是以知桓王之失鄭也。恕而行之，德之則也，禮之經也。己
弗能有，而以與人。人之不至，不亦宜乎❾？

看來南陽之田本屬蘇氏。不過蘇子二三其德，忽而與王，忽而與狄。
後來又與狄人鬧翻，終於為狄所滅，事見《左傳·僖公十年》：

十年春，狄滅溫。蘇子無信也。蘇子叛王即狄，又不能於狄。
狄人伐之，王不救，故滅。蘇子奔衛❿。

何以桓王能夠由鄭取田，又割蘇氏之田與鄭？豈不正因此為甸地，
本屬王室，在法理上周天子得任意處置？本人在另外一篇文章中，
曾有如是的說法：

---

❽　《商周制度考信》，頁139。
❾　《春秋左傳正義》，頁81-82。
❿　《春秋左傳正義》，頁221。據《左傳·莊公十九年》所載，王室發生五
　　大夫之亂，蘇子與之。杜預云：「蘇氏，周大夫。桓王奪其十二邑以與鄭，
　　自此以來遂不和。」（《春秋左傳正義》，頁160）按照《左傳·僖公十
　　年》載溫子、蘇子互見，而云狄滅溫。可見溫仍為蘇氏所有，並未割給鄭
　　國。杜預所云不確。應該如是說：桓王有此意，雖未施行，而蘇子已不說。

不知什麼原因，鄭人毫不反抗，便拱手讓出土地。總之，桓
王能自鄭取得鄔、劉、蔿、邘之田，而不必「疆」，看來取
得甚爲容易，豈以其爲天子之故？當然，桓王是以蘇忿生之
田與之交換，但問題在於：蘇忿生之田並非桓王所能掌控。
就這麼空口一句話，換得了鄭國四邑之田。假若此項交易眞
的對等，照各國獲土田的慣例，鄭莊公要取得蘇氏十二邑，
還是得用武力去「疆」。未知是鄭莊公實力不足，或是有其
它考慮，此事不了了之。不過到了晉文公時，襄王故技重施，
又以上述南陽之田，即陽樊等地賜給晉文公，蓋以爲晉文公
會照鄭莊前例，草草了事。不料晉文公玩眞的，竟以武力解
決了陽樊的抗拒❶。

現在看來，鄭之所以毫不抗拒，就任憑周天子取自己四邑之田；然
後周天子口頭答應給鄭的蘇忿生之十二邑之田，卻沒了下文。其原
因在於，甸地本屬周天子。甸侯的性質，則是代周天子管理甸地的
諸侯。他們對這些土地，擁有使用權、管理權，但是並無所有權。
因此理論上，周天子可以按照自己的需求，逕行取捨。當然，這還
得取決於周天子的實力，或是諸侯對周天子的態度。比如說，西周
的周天子，擁有西六師、殷八師兩支強大的武力，那麼就不會發生
諸侯不從之事。或是東周的天子，雖然家道中落，但是某些諸侯仍
然忠於王室，堅決遵守王命。那麼周天子也比較自在，能按自己的
需求行事，例如平王之初的晉、鄭二國。反之，如果某個諸侯羽翼

❶　〈封與封人〉，《慶祝龍宇純先生七十秩晉五壽慶論文集》（臺北：臺灣
　　學生書局2002.11），頁121-150。

已豐，對周天子根本不買帳，那麼周天子可能就會碰一鼻子灰，例如後來的晉、鄭二國。因此同樣是南陽這塊地，周天子面對鄭國，就比較好處理。因為不論如何，至少鄭莊公沒有為此而與桓王決裂。但是到了襄王時，由於王室內亂，最後靠晉文公幫忙平定。晉文公野心很大，起初要求「隧」，為襄王堅拒。但是如何擺平這個跋扈的諸侯呢？不得已之下，故技重施，將南陽之地割給晉文公，以為晉文公會如鄭莊公般謙讓。沒想到晉文公仗其盛大軍威，竟以武力強取南陽，實大出襄王意外。王既割地，南陽諸邑遂陸續為晉所佔領，其中只遭到小小的抗拒。其過程，據《左傳·僖公二十五年》云：

> （襄王）與之陽樊、溫、原、欑茅之田，晉於是始起南陽。
> 陽樊不服，圍之。倉葛呼曰：「德以柔中國，刑以威四夷。
> 宜吾不敢服也。此誰非王之親姻？其俘之也！」乃出其民❷。

---

❷ 《春秋左傳正義》，頁263。周、鄭繻葛之戰雙方撕破臉後，鄭國終於要到了其中若干邑。不過這是在強大的武力之才做到，與晉文公所為，毫無二致。《左傳·桓公七年》：「夏，盟、向求成于鄭，既而北之。秋，鄭人、齊人、衛人伐盟、向，王遷盟、向之民于郟。」（《春秋左傳正義》，頁118）楊伯峻云：「據〈隱十一年傳〉，周桓王嘗以盟、向等十二邑易鄭田，君子謂『桓王不能自有，以予鄭』，是鄭雖于名義上受盟、向諸邑，而實未必能有之。鄭與盟、向之主必有用兵之事，此盟、向所以求成于鄭——盟、向叛鄭，則必親周。鄭以四國之軍伐盟、向，桓王不能抗而救之，則唯有遷其民，而以其地與鄭耳。」（楊伯峻：《春秋左傳注》，臺北：源流出版社1982.4再版，頁119）楊氏所謂「盟、向之主」，實從孔《疏》而來。其實盟、向之主就是守盟、向之大夫，不知孔《疏》何以不逕自說明。

其中陽樊，居此地者，「誰非王之親姻」，此陽樊之特色，或亦甸地特色之一。陽樊之諸侯原爲樊仲皮，不知何故樊皮叛王，《左傳・莊公三十年》云：

> 王命虢公討樊皮。夏四月丙辰，虢公入樊，執樊仲皮，歸于京師❸。

樊皮其後下場如何，不得而知，但樊地應續有繼承者才是。陽樊之後，接著是溫。溫本蘇氏所轄之地，原稱蘇。蘇子後居于溫，又稱溫子，此氏隨邑改之一例。至此時，溫已爲狄滅，其君奔衛❹。然溫雖爲狄滅，似狄人未取，仍爲屬周天子，但未有國君耳，故此時一併賜晉。豈以其無君，導致溫無抵抗？不得而知。接著是原，此時其君爲原伯貫，晉文公滅原，遷之於冀。《左傳・僖公二十五年》：

> 冬，晉侯圍原，命三日之糧。原不降，命去之。諜出，曰：「原將降矣。」軍吏曰：「請待之。」公曰：「信，國之寶也，民之所庇也。得原失信，何以庇之？所亡滋多。」退一舍，而原降。遷原伯貫于冀。趙衰爲原大夫，狐溱爲溫大夫❺。

於是原屬周天子甸地的諸侯，皆爲晉文公以武力強取。「晉於是始起南陽」，表示從此之後，南陽之地不再屬於周天子。周天子的甸地，從今後又少了一塊。其實晉所兼并者，何止南陽十二邑？《左

---

❸ 《春秋左傳正義》，頁179。
❹ 見《左傳・僖公十年》，《春秋左傳正義》，頁221。
❺ 《春秋左傳正義》，頁263。

傳·襄公二十九年》晉人女叔侯云：

> 虞、虢、焦、滑、霍、揚、韓、魏，皆姬姓也，晉是以大。
> 若非侵小，將何所取？武、獻以下，兼國多矣❶。

晉獻公滅虢、虞，見《左傳·僖公五年》。滑見《左傳·僖公三十三年》，爲秦孟明所滅，後來蓋爲晉所取，故女叔侯將之列入晉的兼國名單中。霍爲霍叔之後，與魏并爲晉獻公所滅，並將魏賜畢萬，見《左傳·閔公元年》。同時被滅的還有耿，獻公以賜趙夙。杜預以耿亦爲姬姓，不知女叔侯何以忘了提起。焦，另外還有瑕，不知時爲晉所滅，見《左傳·僖公三十年》燭之武說秦穆公。韓，《左傳·桓公三年》韓萬爲曲沃武公御戎，顧棟高以爲晉文侯所滅❶。揚，顧棟高以爲姬姓，晉賜舌羊肸爲揚氏邑❶。另外，沈、姒、蓐、黃不知何時爲晉有，見《左傳·昭公元年》子產之語。另外戎狄之國，如潞氏、甲氏、留吁、鐸辰、肥、鼓，乃至驪戎之類，不知凡幾。總之，晉自武、獻以來，所滅諸侯甚多，造成了日後強大的晉。其所滅者，率以甸侯爲主，皆可歸之爲小國❶。反之，如魯、衛、齊、燕之類，非但春秋時代存活；即使到了戰國，也拖了許久，齊、

---

❶ 《春秋左傳正義》，頁667。

❶ 《春秋左傳正義》，頁697。

❶ 顧棟高：《春秋大事表·列國爵姓及存滅表》（臺北：廣學社印書館1975.9初版，卷5），頁791。

❶ 戎狄或有強大者，如滅衛、滅邢之赤狄，聲威曾盛極一時，連齊桓公也要避其兵鋒。然種落分散，故易爲晉各個擊破，逐一併吞，如晉獻公曾敗驪戎，太子申生又即滅東山皋落氏。且戎狄性質，與甸侯頗類似，以其對華夏率皆出貢，說見下。

燕一直撐到了最後，爲秦始皇所滅。魯雖小於齊，也是到戰國末，才爲楚所滅。衛甚至到了秦二世時，仍然存在。可見這類的諸侯，與一般的甸侯，的確存在著相當大的差異❷。

另外還必須考慮的部分，即所謂的戎狄，其身分地位如何，其權力義務又是如何？我們已知戎狄必須向周天子進貢，據《國語・周語上》說：

> 夫先王之制，邦內甸服，邦外侯服，侯衛賓服，夷蠻要服，戎狄荒服。甸服者祭，侯服者祀，賓服者享，要服者貢，荒服者王。日祭，月祀，時享，歲貢，終王❷。

這麼整齊的排列，應該是一種理想，不會是事實。雖然其中可能存在著若干事實，因爲入貢畢竟是臣服的一種象徵。但太過整齊，難免啓人疑竇耳。不過，戎狄要向殷、周的天子進貢，具見於甲、金文，的確可謂是史不絕書。在《左傳・僖公四年》管仲還對楚人提

---

❷ 衛之朝歌、河內、邯鄲、百泉，後皆爲晉有。丟掉這麼一大片土地，然於春秋晚期，衛國面對霸主晉國時，仍有相當強的抗拒能力，敢於叛晉。故《左傳・哀公八年》載衛人曰：「（晉）五伐我，猶可以能戰。」（王孫）賈曰：「然則如叛之。病而後質焉，何遲之有？」乃叛晉。（《春秋左傳正義》，頁965）可見衛之封地不小，在失去了上述封邑之後，仍然能夠具有相當的實力。《左傳・閔公二年》衛遭狄禍，衛文公初立，「革車三十乘，季年，乃三百乘。」（《春秋左傳正義》，頁194）衛文公季年，約略爲晉文公之世，即春秋早期。《左傳・哀公七年》載「魯賦八百乘。」魯、衛之政，兄弟也。魯既有八百乘，衛應與魯相去不遠。豈以其賦與魯相當，故晉五伐之，猶可以能戰？

❷ 周・左丘明：《國語》（臺北：宏業書局1980.9），頁4。

起當年楚人的職責，曰：

> 「爾貢苞茅不入，王祭不共，無以縮酒，寡人是徵。」……
> 對曰：「貢之不入，寡君之罪也，敢不共給㉒？」

㉒　《春秋左傳正義》，頁202。楚國坐大之後，雖然會忘掉向周天子進貢。
但是對於徵收週邊小國的職貢，卻毫不含糊。例如《左傳·僖公五年》：
「楚鬭穀於菟滅弦，弦子奔黃。於是江、黃、道、柏方睦於齊，皆弦姻也。
弦子恃之，而不事楚，又不設備，故亡。」（《春秋左傳正義》，頁207）
何謂不事楚？蓋不入職貢耳。何以不入職貢於楚？因爲已經入職貢於齊
了。沒有必要交兩份職貢，是吧？弦子昏庸，竟不知楚近齊遠。遠水如何
救近火？不過昏庸的不止弦子，《左傳·僖公十一年》：「黃人不歸楚貢。
冬，楚人伐黃。」（《春秋左傳正義》，頁222）《左傳·僖公十二年》：
「黃人恃諸侯之睦於齊也，不共楚職，曰：『自郢及我九百里，焉能害我？』
夏，楚滅黃。」（《春秋左傳正義》，頁223）這些小國原來和楚國平起
平坐，怎會想到入職貢討好楚國呢？誰知今非昔比，楚人強大，這些諸侯
難以即時反應吧。不過有了弦、黃這些先例，楚的週邊諸侯大概都知道厲
害，所以乖乖地都入職貢。據《左傳·文公四年》，江因爲涉入太子商臣
的廢立事件，商臣弒成王，自立爲穆王，遂滅江。此時江已娶楚女，所謂
江羋。可見江頗識時務，早已倒向楚人懷抱。近楚的小國既入職貢，接下
來楚國當然更要再向外發展。《左傳·僖公十五年》：「楚人伐徐。徐即
諸夏故也。」（《春秋左傳正義》，頁229）等到齊桓公死，中原無霸主，
楚成王便左右逢源，先打敗宋襄公，宋服，而鄭文公立刻倒向楚。然後楚
伐陳，陳服。到了城濮之戰的前夕，楚國勢力之大，不但鄭、宋、魯、衛
等諸侯皆服，就連齊國也被魯國冠以不王的罪名，引導楚國前來征伐。至
如杜預云：「言其不臣事周室，可以此罪責而伐之。」（《左傳·僖公二
十六年》，《春秋左傳正義》，頁265）眞是不知所云。楚人如此，不但
不必再貢苞茅，更可以在當上霸主的同時，要求諸侯入職貢。此舉可以說
是比照齊桓公，甚且就是比照西周天子的作法了。楚人如此，宋亦不遑多
讓。宋襄公欲稱霸，第一件事就是要屬東夷。（《左傳·僖公十九年》，

是楚人至少應入貢苞茅，以示臣服。只因東遷後王室衰微，王靈不及，楚國連這麼輕微的東西都敢賴掉，當然也就別提臣服了。現在齊桓公代王室來討，楚人只好在口頭上答應，以避鋒頭。只要實力夠，不但強大的周天子可以享受收貢服人的樂趣，就連春秋時代的霸主，也同樣享受者這般的樂趣，例如《左傳·襄公四年》：

> 無終子嘉父使孟樂如晉，因魏莊子納虎豹之皮，以請和諸戎㉓。

貢品的項目繁多，各因其地不同，例如肅慎的楛矢，〈禹貢〉中提及的各項貢品，《詩經·魯頌》中指名的「元龜象齒，大賂南金」等等之類，都是戎狄蠻夷必須進貢的例證。既然四夷皆以貢為名，與甸侯相同，那麼二者的地位應該非常類似。太遠管不到的戎狄，象徵性地進貢，意思到了即可。搞不好，王室還得倒貼，為的是宣示或誇耀。不過一旦王靈所及的範圍之內，那就與甸侯一樣，都屬於「位卑貢重」，也就是受到周王室嚴重剝削的一群。這些戎狄並不少，包括西周時期的南淮夷，或是東周時期的驪戎、姜戎，又有白狄、赤狄，以及許許多多分散各處的戎狄。他們一旦屬於王靈所

《春秋左傳正義》，頁239）甚至連邾這種小國，在面對更小的國家時，也是如此。《左傳·僖公二十一年》：「任宿、須句、顓臾、風姓也。實司大皞與有濟之祀，以服事諸夏。邾人滅須句，須句子來奔。」（《春秋左傳正義》，頁242）顓臾又見《論語·季氏篇》，至哀公時，為季康子所滅。大欺小，強欺弱，不足為奇。表現的行為，便是要求弱者入職貢。大自周天子、齊桓公、楚成王，小至宋、邾、魯，無國不然。

㉓ 《春秋左傳正義》，頁506。

及,其權利義務,又是如何?《左傳·襄公十四年》:

> 將執戎子駒支,范宣子親數諸朝,曰:「來,姜戎氏!昔秦
> 人迫逐乃祖吾離于瓜州。乃祖吾離被苫蓋,蒙荊棘,以來歸
> 我先君。我先君惠公有不腆之田,與女剖分而食之。今諸侯
> 之事我寡君不如昔者,蓋言語漏洩,則職女之由。詰朝之事,
> 爾無預焉。與,將執女。」對曰:「昔秦人負恃其眾,貪于
> 土地,逐我諸戎。惠公蠲其大德,謂我諸戎:『是四嶽之裔
> 胄也!毋是剪棄。』賜我南鄙之田,狐狸所居,豺狼所嗥。
> 我諸戎除翦其荊棘,驅其狐狸豺狼,以為先君不侵不叛之
> 臣,至于今不貳。昔文公與秦伐鄭,秦人竊與鄭盟,而舍戍
> 焉。於是乎有殽之師。晉禦其上,戎亢其下。秦師不復,我
> 諸戎實然。譬如捕鹿,晉人角之,諸戎掎之,與晉踣之,戎
> 何以不免?自是以來,晉之百役,與我諸戎相繼于時,以從
> 執政,猶殽志也。豈敢離逷?今官之師旅,無乃實有所闕,
> 以攜諸侯,而罪我諸戎。我諸戎飲食衣服不與華同,贄幣不
> 通,言語不達,何惡之能為?不與於會,亦無瞢焉。」賦〈青
> 蠅〉而退❷。

從戎子駒支的這段話看來,諸戎的負擔不輕。主要的部分在力役,
即征戰方面。至於其所貢獻,是否僅以虎豹之皮,和白狄無終相同,

---

❷ 《春秋左傳正義》,頁557-558。銅器銘文的記載也不少,如〈禹鼎〉中記
載,南淮夷以不遵王命,周王命撲伐之,且曰:「勿遺壽幼」,可見周王
室的殘暴。

不得而知。但是入貢既然是臣服的象徵，多多少少，應該是免不了
的。至於甸侯，似乎和姜戎呈相對應的狀況。他們的貢重，但是征
戰似乎不以他們爲主㉕。豈以戎狄的戰鬥力較強，而生產能力較弱，
所以與甸侯正好可以互補？故二者的性質也十分類似，一個負責力
役之貢，一個則是負責生產之貢。相輔相成，成爲王室或霸主的主
要壓榨對象㉖。

㉕ 他們會參與戰爭，但是屬於配角，主力是周王的六師、八師。例如晉獻侯
曾參加過討伐東方夙夷的戰爭，衝鋒陷陣，功勞甚大，著於銘文。（〈晉
侯蘇鐘筆談〉，《文物》1993第3期。馬承源〈晉侯蘇編鐘〉，《上海博
物館集刊》7，1996）其子穆侯曾有條和千畝之役，應該也是被徵召助陣
的性質。（《左傳·桓公二年》）其它如虢季子盤、禹鼎等銅器，皆載有
某人率若干車乘從六師、八師征戰的記錄。

㉖ 《左傳·成公十年》晉景公使甸人獻麥。杜預注：「甸人，主爲公田者。」
（《春秋左傳正義》，頁450）楊伯峻云：「甸人，天子諸侯俱有此官。
據《禮記·祭義》，諸侯有藉田百畝，甸人主管藉田，並供給野物，亦即
《周禮·天官》之甸師。但《周禮·春官·大祝》及《儀禮·燕禮》、〈大
射儀〉、〈公食大夫禮〉、〈士喪禮〉以及《禮記·文王世子》、〈喪大
記〉以及〈周語中〉皆作甸人，可見本名甸人，《周禮》作者一時改爲甸
師。」（《春秋左傳注》，臺北：源流出版社1982.4再版，頁850）按：《禮
記·祭義》云：「天子藉田千畝，諸侯百畝。」（《禮記正義》，臺北：
藝文印書館，1973年5月景印清嘉慶20年1815《重刊十三經注疏附校刊
記》，頁819）此儒生之說，不足爲信史。鄭玄注《周禮·春官·大祝》：
「言甸人讀禱付練祥掌國事」引〈甸師〉職時，用的卻是「甸人：喪事代
王受眚災。」（《周禮注疏》，臺北：藝文印書館，1973年5月景印清嘉
慶20年1815《重刊十三經注疏附校刊記》，頁388）則在鄭玄心目中，甸
人、甸師無所區別。《儀禮·燕禮》：「甸人執大燭於庭。」鄭《注》：
「甸人掌共薪蒸者。」按：鄭注〈大射儀〉「甸人」與此同。（《儀禮注
疏》，臺北：藝文印書館，1973年5月景印清嘉慶20年1815《重刊十三經

二、貢　賦

　　在上篇中，我們曾據孔《疏》，以爲春秋時代定賦者爲霸主，而第一個定賦的霸主應是齊桓公。其後繼起的霸主，應該也就根據齊桓公所制定的標準收取。不過其中的差別是，齊桓公時，苛捐雜

注疏附校刊記》，頁221）賈《疏》：「甸人掌共薪蒸者，〈天官·甸師氏〉職文。」（《儀禮注疏》，頁178）是賈《疏》亦不以甸人、甸師有何差別。〈士喪禮〉：「甸人掘坎于階間少西。」鄭《注》：「甸人，有司主田野者。」（《儀禮注疏》，頁412）按：士的地位如此低下，怎可能還有甸人爲他服務？賈《疏》彌縫曰：「案《周禮·甸師》，其徒三百人，掌帥其屬而耕耨王藉，是掌田野。士雖無此官，亦有掌田野之人，謂之甸人。」（《儀禮注疏》，頁412）士本身能有多少土地，需要掌田野之人？若是甸師的徒三百人，爲王藉田都不見得夠用，還能爲士掘坎？這也太不合理了。視之爲儒家的學說可也，視之爲實情，則大可不必。《禮記·文王世子》：「公族其有死罪，則磬于甸人。」鄭《注》：「甸人，掌郊野之官。」（《禮記正義》，頁401）〈喪大記〉甸人無注。〈周語中〉之甸人，韋云：「甸人掌共薪蒸者」，同鄭注。（《國語》，頁73）總之，甸人、甸師，無所差別。但這不是重點。重點是諸侯原來有沒有甸人，以及晉國的甸人的性質。西周時期有甸侯，因爲他們在甸地上爲王負責田事。甸是一個特殊的名詞，爲王所專用，故王有甸侯。至於甸侯，乃在甸地之侯。此等侯地位較卑，並無甸地可言，豈有所謂甸人。但是晉國不同。到了晉景公時，晉國稱霸已久，所侵略的土地也多。如何管理這些土地？豈晉仿天子之制，設立甸人一職爲之？但是晉自作三軍之後，土地的管轄權都在貴族手中，國君只能「食貢」，還有什麼甸地可言？沒有甸地，又怎麼會有甸人？《左傳》、《國語》也罷，《周禮》、《儀禮》也罷，其中多戰國時代儒者之書，《禮記》就更不用說了。這些書中出現甸人，焉知不是學者憑空之言？

稅較少；後來的霸主，則未免窮凶極惡的榨取諸侯了。雖然齊桓公是第一個定賦者，但是當初並非所有的諸侯都倒向齊。支持周天子的諸侯，主要都是甸侯，仍所在多有㉗。至於其他的諸侯，雖然投入齊桓公的陣營，但是對周天子的禮數，多少都還提供㉘。其後世風日下，人心不古，霸主對王室的尊重，也就一代不如一代，《左傳・昭公十五年》：

> 十二月，晉荀躒如周，葬穆后，籍談爲介。既葬，除喪，以文伯宴，樽以魯壺。王曰：「伯氏！諸侯皆有以鎮撫王室，晉獨無有，何也？」文伯揖籍談，對曰：「諸侯之封也，皆受明器於王室，以鎮撫其社稷，故能薦彝器於王。晉居深山，戎狄之與鄰，而遠於王室。王靈不及，拜戎不暇，其何以獻器？」

杜預云：

> 感魯壺而言也。鎮撫王室，謂貢獻之物㉙。

諸侯對王室有提供貢賦的義務，學者已多有討論，本人碩士論文中亦有專節，讀者可以參看。本文上篇已討論更多的細節，比如其中

㉗ 如虞國入職貢，見《左傳・僖公五年》。虞國如此，其它甸侯理應相同。又如秦、晉伐戎以救周，晉惠公平戎于王，見《左傳・僖公十一年》。

㉘ 齊桓公曾主動地要求諸侯對周天子盡義務，所謂「齊侯修禮於諸侯，諸侯官受方物。」見《左傳・僖公七年》。齊又曾徵諸侯戍周，見《左傳・僖公十三年》及《左傳・僖公十六年》。

㉙ 《春秋左傳正義》，頁823。

有無制度？由誰制定？下篇則欲探討演變的情況如何？上引《傳》文，魯曾貢壺，其它諸侯或多或少，蓋亦有之，獨晉人無。此何以故？豈竟如籍談所云拜戎不暇？或是晉為霸主，趾高氣昂，視周天子若無物？此外，晉主齊盟，是否不必提供賦貢於王，還是不願？另外，諸侯原先對周天子的賦貢，是否額外還得交一份給霸主？或是只交其一？霸主也好，天子也好，誰有實力，就交給誰？西周時期，何以不聞霸主？蓋西六師、殷八師一動，誰敢不服？其後平王東遷，晉、鄭焉依。斯有鄭莊興起，號為小霸，挾天子以令諸侯，大為周天子所惡，蓋有以致之矣。齊桓繼興，高舉尊王攘夷。比起鄭莊公，齊桓、管仲對周天子禮敬有加，對王室至為尊重，卻仍然未能使周天子改變態度，此何以故？無它，皆與貢賦流向有關。我們可以判斷，霸主興起，取代了周天子的地位，也搶走了原先諸侯應繳納給周天子的貢賦。諸侯的貢賦不再交給王室，使得周天子每況愈下，對霸主應是如何忿怒？至於周天子有無一套貢賦制度呢？《左傳·僖公五年》：

> 冬十二月丙子朔，晉滅虢，虢公醜奔京師。師還，館于虞，遂襲虞，滅之。執虞公及其大夫井伯以媵秦穆姬。而脩虞祀，且歸其職貢於王[30]。

晉獻公一舉滅了虢和虞兩國，這兩國原來應該都有職貢於王才是。其他類似的諸侯，應該也都有。可是晉獻公好人做了一半，只將虞的職貢給王。虢的部分呢？沒說。應該是不給了。這次虞的職貢，

晉獻公還是照舊給王，免得王生氣。但是今年給了，明年呢？以後呢？照日後的發展看來，晉人似乎也就不了了之，語焉不詳。後來晉君連連當上了霸主，從景王抱怨的口氣，顯示晉對周天子根本懶得理睬，甚且還屢屢欺凌王室❸❶。當然，晉國是霸主，可以如此囂張。其他諸侯不會這麼惡劣，對周天子的禮數還算可以，所以周景王會說「諸侯皆有以鎮撫王室」。至於鎮撫的額度呢？《左傳・昭公十三年》：

> 及盟，子產爭承，曰：「昔天子班貢，輕重以列。列尊貢重，周之制也。卑而貢重者，甸服也。鄭，伯男也，而使從公侯之貢，懼弗給也。敢以為請。諸侯靖兵，好以為事。行理之命，無月不至，貢之無藝。小國有闕，所以得罪也。諸侯脩盟，存小國也。貢獻無極，亡可待也。存亡之制，將在今矣❸❷。」

杜預注：

> 言鄭國在甸服外，爵列伯子男，不應出公侯之貢❸❸。

---

❸❶ 晉文公先是請隧，弗得，則取王室南陽之田。勝於城濮之後，又以臣召君。自此以來，晉人對王室根本不放在眼裡，故《左傳・昭公九年》載叔向謂宣子曰：「文之伯也，豈能改物？翼戴天子，而加之以共。自文以來，世有衰德，而暴滅宗周，以宣示其侈。諸侯之貳，不亦宜乎！」（《春秋左傳正義》，頁779）

❸❷ 《春秋左傳正義》，頁812-813。

❸❸ 《春秋左傳正義》，頁813。

鄭本是甸侯，杜預說鄭在甸服外，此儒生之說，與事實正好相反。
從子產的話看來，周天子對一般諸侯的班貢原則是「輕重以列，列
尊貢重。」此外，還有一補充原則，就是針對甸侯時，與一般諸侯
不同，所謂「卑而貢重者，甸服也。」魯國的貢至少包括酒壺一只，
虞也有過一定的職貢，後來一度由晉獻公負擔。此外管仲曾要求楚
國要貢苞茅，好像楚國的貢非常輕微，一如肅慎貢楛矢而已。

入貢是臣服的象徵，不論是周王朝的各級諸侯，或是週邊的蠻
夷戎狄，都得向周天子盡這份職責。但是出賦的權利與義務又是如
何呢？王貴民認為：

> 所謂軍賦，是指形成一種軍需的征收制度，當是在西周後期
> 出現。因為，在歷史早期，凡有權利、義務當兵者，是氏族
> ──宗族成員。他們平時務農，戰時參戰，兵器餱糧自備。
> 當時戰役時間短促，軍需消耗無多。出現了車戰，則戰車、
> 馬匹、甲冑、銅兵由邑族首領設作坊備置，有苑圍養馬，臨
> 戰頒授，戰畢收回。無所謂軍賦❸。

王貴民引了早期文獻，以為夏商時：

> 他們臨戰集合兵員，多以族為單位，陳師鞠旅，車馬射手兵
> 徒首領具備❸。

王貴民又引〈公劉〉和〈費誓〉，以為：

---

❸　王貴民：〈論貢賦稅的早期歷程〉，《經濟史研究》1988.1，頁13-29。本
　　文引自《先秦秦漢史》1988.5，頁4-20。
❸　《先秦秦漢史》，頁10。

　　凡甲冑、弓矢、戈矛以及乾糧，由士兵自備、磨礪；戰爭需
　　用的工事木材和芻茭，則中三郊三遂地區人民供給。似乎除
　　此之外，再沒有什麼專門的軍賦征斂❸。

我們以爲，王貴民所謂的「再沒有什麼專門的軍賦征斂」，事實上，
這些即是軍賦的內容。其中有兩個重點，一是以族爲單位，至西周
早期時，仍然如此。即使到了西周晚期，仍然出現以族爲征戰的事
件。只不過自西六師、殷八師出現之後，族在出征的重要性降低。
周天子建立了這兩支大軍，其人員裝備若仍是由古老的部落氏的方
式供應，必無法應付龐大的支出。因此甸侯的貢，適時地補充了這
方面的不足。至於賦這古老的方式，仍然存在於魯、衞等諸侯。畢
竟他們沒有甸侯這樣的壓榨來源，以滿足其軍費的開支。

　　在上面，我們已經討論過，周天子的甸服中，甸侯的數量是非
常可觀的。晉、曹、鄭之外，其它已知未知的甸侯，眞是族繁不及
備載。如果照子產的說法，這些諸侯都屬於「卑而貢重」的範圍。
如此，打開地圖，把這些甸侯去掉，還會剩下那些諸侯呢？大概就
只有列尊貢重的魯、衞、齊、燕等重要的侯國了。侯國對周天子的
義務，同樣比照甸侯出貢，所貢依照爵位高低而定。唯甸侯以其無
慮夷狄之負擔，故位卑而貢重❸。到了春秋時代，情勢有所轉變，
霸主開始向諸侯徵賦，單位則是軍。前面已經指出，晉國曾經經過

---

❸　《先秦秦漢史》，頁10。

❸　這些甸侯雖也出征，但不是以自己的軍隊爲主力，而是配屬於天子之軍
　　隊，如晉侯蘇鐘載其與八師同征淮夷。按：《左傳》中晉穆侯曾多次出征
　　作戰，既有條之役，又有千畝之戰，頗疑晉侯蘇即晉穆侯。

由貢至賦的過程。至於其它國家，以鄭爲例，或許也曾歷經由旬至侯的過程。這可從上引子產所爭的話看出，其中重點有二，一是應照爵位定貢，二是鄭國所貢太重。想必晉要求鄭「使從公侯之貢」，而子產認爲「鄭，伯男也」，不應比照公侯。此處如果不是《左傳》有誤，或是《左傳》作者按照自己的時代言語，用了伯男二字。否則依照商周以來的爵位順序，應該是「鄭，伯旬也」，就如同曹也是伯旬一樣。但是否正因爲鄭本來就屬於位卑貢重的旬，所以霸主們援引舊制，訂定了鄭國重賦的額度，是原來鄭爲旬時的規格。而後來的鄭國，一如晉武公，同被升格成爲以軍數承擔賦的諸侯？史無明文，不敢斷言。唯晉武公初受命冊封，也不過是「以一軍爲晉侯」，設使鄭也由旬升爲侯，精明的鄭國執政者，怎會無故設定自己有過多的軍數呢？很有可能它比照晉武公之一軍，最多也就是二軍，不會再多了。魯國也不過二軍，鄭不比魯，無由超越。但爵位雖改，負擔未變。然而站在子產的立場，鄭已改出軍賦，軍數又不是公侯等級。長期以來要求鄭承擔重於公侯之賦貢，子產當然不服。何況鄭國爲了同時應付晉、楚兩個霸主的勒索，早就弄得焦頭爛額。一如稍前時鄭執政者所言，《左傳·襄公八年》云：

> 子駟曰：「《周詩》有之，曰：『俟河之清，人壽幾何？兆云詢多，職競作羅。』謀之多族，民之多違，事滋無成。民急矣！姑從楚，以紓吾民。晉師至，吾又從之。敬共幣帛，以待來者，小國之道也。犧牲玉帛，待於二竟，以待彊者，而庇民焉。寇不爲害，民不罷病，不亦可乎㊳？」

㊳　《春秋左傳正義》，頁520-521。

爲了擺平兩大霸主，鄭國只能「敬共幣帛，以待來者，小國之道也。
犧牲玉帛，待於二竟，以待彊者，而庇民焉。寇不爲害，民不罷病。」
但是如此一來，便必須盡可能地搜括。羅掘俱窮之後，對象不免延
及各個貴族，終至鬧出政變，《左傳·襄公十年》：

> 初，子駟爲田洫，司氏、堵氏、侯氏、子師氏皆喪田焉。故
> 五族聚群不逞之人，因公子之徒以作亂❸。

這件事前面還有個積怨，同年《傳》云：

> 初，子駟與尉止有爭，將禦諸侯之師而黜其車。尉止獲，又
> 與之爭，子駟抑尉止，曰：「爾車非禮也。」遂弗使獻❹。

什麼是「黜其車」？杜預云：

> 黜，減損。

什麼是「爾車非禮也」？杜預云：

> 言女車猶多過制❹。

尉止怎麼會有過多的車乘呢？顯然是他有了更多的土田，因而有更
多的實力作車乘，所以會有過多的車乘。這些土田，本爲尉止等人
私墾占有，從法理上而言，等於是侵佔國土。子駟爲田洫，正封疆，
正好將這群不逞之人的土田收歸公有。新仇加上舊恨，終於暴發了

---

❸　《春秋左傳正義》，頁541。
❹　《春秋左傳正義》，頁541。
❹　《春秋左傳正義》，頁541。

衝突。不過新仇有著現實上的利益，比重顯然高於舊恨，杜預云：

> 洫，田畔溝也。子駟為田洫以正封疆，而侵四族田❷。

子駟為什麼要正封疆？因為正了封疆就可以多徵得些收入。多徵的目的是因為鄭國必須「敬共幣帛，以待來者，小國之道也。犧牲玉帛，待於二竟，以待彊者」。面對這麼沈重的負擔，必須廣籌財源，以滿足南北兩霸主的無盡需索。「請從楚，騑也受其咎」。子駟既然一肩挑起了重擔，能夠找到的財源，當然不會放過。接下來的問題是，為什麼正封疆就會侵四族田呢？顯然四族之田禁不起一個「正」字，也就是說四族被侵的田不在原有的地籍上，本不屬於四族，而是屬於國家所有。因此子駟在正封疆時，便理所當然的將此多出的部分沒入公家了。故《正義》云：

> 此四族皆是富家，占田過制。子駟為此田洫，正其封疆。於分有剩，則減給他人，故正封疆而侵四族田也❸。

占田過制，這是魏晉六朝甚至唐朝時期的標準用語，但不是這一時期的專利。強宗豪門多占土地，自古有之，六朝至唐尤為甚爾。《左傳》上的這段記載，說明了唐人口中所謂「占田過制」的情形，在春秋時代已經出現。當然，二者雖類似，但未必相等爾。六朝至唐的豪門占田常是侵佔現成的田，春秋時代的占田，主要是私下自行開荒的土地，但不登記在國家的帳上，所以也不用交任何賦貢。但

---

❷ 《春秋左傳正義》，頁541。

❸ 《春秋左傳正義》，頁541。

是國家帳上既然未登記爲私家所有，在法理上當然不被認可爲是私屬的田土，而仍然是屬於國家的財物。子駟爲田洫正封疆，凡是不屬私人所有的土田，皆認定爲國家產物，於是便將之收歸公家。這些四族新開出的田地，一旦被收歸回國家，對於鄭國的財政，一定大有助益。這是子駟等鄭國守法的執政者都會做的事，也是造成被侵田者必然反抗的原因。唯子駟被殺後，這些喪田者的土田是否歸還，不得而知。但是「占田過制」的情形，卻並不因此而絕跡。因爲過了二十年，「國小而偪，族大寵多」的鄭國再度爆發類似的事件，《左傳·襄公三十年》：

> 子產使都鄙有章，上下有服，田有封洫，廬井有伍。……從政一年，輿人誦之，曰：「取我衣冠而褚之，取我田疇而伍之。孰殺子產，吾其與之❹。」

子產記取子駟失敗的教訓，首先取得鄭國最大強宗子皮「虎帥以聽，誰敢犯爾」的保證，然後才敢沿續實施子駟正封疆的政策。其次，比較起子駟強硬地沒收私墾者土田的方式，子產也有所讓步。他採取主權爲國家所有，但是開墾者有使用權。失去了土地的所有權，只留下使用權，這使得開墾者幾乎是白忙一場，所以子產也不免要被詛咒「孰殺子產，吾其與之。」只不過在子皮的撐腰下，子產可以堅持。其後此項政策終究對大家都有利，鄭國人發現「我有子弟，

---

❹ 「都鄙有章」，杜注：「國都及邊鄙車服尊卑各有分部。」「上下有服」，杜注：「公卿大夫，服不相踰。」「田有封洫，廬井有伍。……取我田疇而伍之。」杜注：「封，疆也。洫，溝也。廬，舍也。九夫爲井，使五家相保。……並畔爲疇。」《春秋左傳正義》，頁684。

子產誨之，我有田疇，子產殖之。子產而死，誰其嗣之」的情況下，此一政策才獲得肯定，發揮應有的成效。既然鄭國上下都因此而得到了好處，子產在要求他們做相對的付出時，也就比較少些阻力，《左傳·昭公四年》：

> 鄭子產作丘賦。國人謗之，曰：「其父死於路，己爲蠆尾，以令於國。國將若之何？」子寬以告。子產曰：「何害？苟利社稷，死生以之。且吾聞爲善者，不改其度，故能有濟也。民不可逞，度不可改。《詩》曰：『禮義不愆，何恤於人言？』吾不遷矣。」渾罕曰：「國氏其先亡乎！君子作法於涼，其敝猶貪。作法於貪敝，將若之何？姬在列者，蔡及曹、滕，其先亡乎！偪而無禮。鄭先衛亡，偪而無法。政不率法，而制於心。民各有心，何上之有❹❺？」

杜注：

> 子產權時救急，渾罕譏之正道❹❻。

權時救急，就是國家財政窘迫，必須多徵於民，以救國家之急，其名目則被稱爲「用丘賦」。何謂丘賦？杜預云：

> 丘十六井，當出馬一匹，牛三頭。今子產別賦其田，如魯之田賦❹❼。

---

❹❺ 《春秋左傳正義》，頁732-733。
❹❻ 《春秋左傳正義》，頁733。
❹❼ 《春秋左傳正義》，頁732。

《正義》云：

> 「丘之十六井，當出馬一匹，牛三頭」，《司馬法》之文也。
> 服虔以爲子產作丘賦者，賦此一丘之田，使之出一馬三牛，
> 復古法耳。丘賦之法不行久矣。今子產復脩古法，民以爲貪，
> 故謗之。案春秋之世，兵革數興。鄭在晉、楚之間，尤當其
> 劇。正當重於古，不應廢古法也。若往前不脩此法，豈得全
> 無賦乎？故杜以爲今子產於牛馬之外，別賦其田，如魯之田
> 賦。田賦在〈哀十一年〉，彼《注》云：「丘賦之法，因其
> 田財，通出馬一匹，牛三頭。今欲別其田及家財，各爲一賦，
> 故言田賦。」然則此與彼同，賦斂家資，使出牛馬；又別賦
> 其田，使之出粟。若今輸租，更出馬一疋，牛三頭。是一丘
> 出兩丘之稅。案《周禮》有「夫征」、「家征」。夫征謂出
> 稅，家征謂出車徒，給徭役。此牛馬之屬，則《周禮》之家
> 征也。其夫征十一而稅，是與家征別也[48]。

如今我們想要了解丘賦的內容，主要就得依靠《正義》所引的《司馬法》了。其中有一點可以確定，它與軍事支出有關。簡言之，就是軍費，或至少是軍費的主要部分。至於丘賦到底是古法，還是所謂的今法？從歷來的注解中，實在很難判斷。但是我們知道，子產在政事上的作爲，屢遭鄭人不滿，顯然不是個遵守古法的人。比如說又過了兩年，子產爲了作刑書，還被叔向罵了一頓，說他不遵先

---

[48]　《春秋左傳正義》，頁732。

王之道❹。怎麼在作丘賦這件事情上，子產會心血來潮，想要復古法了？因此跳脫古法、今法的爭議，客觀地看，有一個原則是不會變的，那就是享受權利時，大家搶著歡迎；負擔義務時，就逃之如寇讎了。鄭國不論是正封洫，或是作丘賦，都受到極大的抵制，顯然這兩件事情都與盡義務有關。不論是要求被守法，交出過制的占田；還是在享受到「我有田疇，子產殖之」的好處後，被要求多出些負擔。從這個觀點來看，既然這與義務負擔有關，那麼它一定是新增的項目，所以不是古制的可能性就大多了。以子產之精明，爲何要新增丘賦以無端造謗？當然與國步艱難有關。國步何以艱難？無非是晉、楚兩國需索無度，鄭國壓力極大。既然先前時大家在子產的政策下，都得到了好處，子產才敢要求大家共赴國難，多出些賦貢，以補國用。不料這些人有好處時大家阿諛諂媚，該盡義務時卻各個叫嚷。幸賴子產堅持，終於征收到了「丘賦」，滿足了晉、楚兩霸的勒索。問題是，何以這兩個霸主都毫無止境地勒索諸侯呢？這必與諸侯國內占田過制的情形應有所關聯。我們認爲，霸主們所以如此惡形惡狀地勒索，是因爲他們了解，這些諸侯們負擔得起。何以諸侯們負擔得起？因爲他們國內的貴族到處「占田過制」。既然諸侯們有大量新闢的土田，自然也就會增加收入。如是霸主們勒索時，諸侯們也一定能夠負擔。但是如果按照舊制，以軍爲單位。一軍不過百乘，諸侯至多二軍，大國如齊者才有三軍。用軍數徵收，就會太便宜這些諸侯們。因爲軍數是固定的，但是車乘是隨著國力增加而增加的。與其按照舊的軍制數目徵到較少的賦，何不按照新

---

❹　《左傳·昭公六年》。

的車乘數目爲準，有多少乘徵多少賦，豈不更妙？就以晉國晚期而言，三軍是其編制上的數字，但是單以勢力較小，哭貧喊窮的韓氏而言❺⓪，就不可小覷。《左傳·昭公五年》楚靈王想要「以韓起爲閽，以羊舌肸爲司宮」，以羞辱晉國。楚大夫蔿啓疆力陳其不可，云：

> 韓賦七邑，皆成縣也。羊舌四族，皆彊家也。晉人若喪韓起、楊肸，五卿八大夫，輔韓須、楊石，因其十家九縣，長轂九百。其餘四十縣，遺守四千❺⓵。

杜預云：「成縣，賦百乘也。」成縣的意思是具有縣的實力，也就是有百乘之賦，能出車百乘的意思❺⓶。弱小的韓氏尚且七百乘，已

---

❺⓪ 《國語·晉語八》，頁480。

❺⓵ 《春秋左傳正義》，頁747。

❺⓶ 《左傳·哀公二年》（趙）簡子巡列，曰：「畢萬，匹夫也。七戰皆獲，有馬百乘，死於牖下。」杜《注》：「畢萬，晉獻公卿也。」孔《疏》：「〈襄二十七年傳〉曰：『唯卿備百邑。』《注》云：『一乘之邑也。』〈坊記〉云：『家富不過百乘。』百乘，卿之極制也。」（《春秋左傳正義》，頁996）〈襄二十七年〉孔《疏》：「《司馬法》：『成方十里出革車一乘』，此一乘之邑，每邑方十里也。《論語》云：『百乘之家。』大夫稱家，邑有百乘，是百乘爲采邑之極。此云：『唯卿備百邑』，知所言邑者，皆是一乘之邑。」（《春秋左傳正義》，頁644）按：一乘之邑方十里，這個方十里不知指的是總面積，還是可耕田的面積。又，《左傳·閔公元年》云：「賜畢萬魏，以爲大夫。」（《春秋左傳正義》，頁188）杜此處不云畢萬爲卿。我們知道，晉獻公時爲卿的有太子申生、士蔿、里克、荀息，除了士蔿以外，其它三人先後皆曾將軍。按晉國慣例，將軍者方得以爲卿，說見本人〈論陽處父〉（《中山人文學報》第10期2000.2，頁27-50）。畢萬受魏以爲大夫，其後未聞將軍，焉得爲卿？若真爲卿，杜

經是城濮之賦了❺❸。其它大家范、中行之類，該有多少？至於何謂
彊家，杜預未云。但是對比之下，韓氏七邑有七百乘。十家九縣有
九百長轂，扣掉韓氏七百，剩下二百乘。那麼羊舌四家，剛好一家
五十乘。有五十乘的實力，當然可以算是彊家❺❹。但是四千乘之中，
韓氏、羊舌氏的車乘是否算在其中呢？《左傳·昭公十三年》平丘
之會時，叔向說：

> 諸侯有間矣，不可以不示眾。……寡君有甲車四千乘❺❺。

這個四千乘，即上引《左傳·昭公五年》所謂「四十縣，遺守四千」

預何以在彼處不言，反而在此處謂畢萬爲晉獻公卿？豈其見畢萬後來有馬
百乘，百乘又被認爲是采邑之極，想當然爾地認定畢萬的爵位爲卿？畢萬
有馬百乘，是因爲魏本來就有此本錢。就像耿、霍皆有百乘。但不是說有
此百乘，便足爲卿。否則趙夙受耿，以爲大夫，是否也同樣爲卿呢？這個
百乘，應該就是一軍的標準。但這是貢賦的標準，而不是說一軍之侯僅有
百乘。後來晉國標準化的結果，一縣的車乘數目就是一百乘。晉公開的帳
目是四十縣，車四千乘。事實上，號稱弱小的韓氏尚有私乘七百。其它實
力強大的私家車乘有多少，根本無法估計。

❺❸ 《左傳·成公二年》郤克語。

❺❹ 晉公子重耳有馬二十乘，便樂不思蜀了，事見《左傳·僖公二十三年》（《春
秋左傳正義》，頁251）。鄭子產在鄭亦不算小，然出車不過十七乘，見
《左傳·襄公十年》（《春秋左傳正義》，頁541）。難怪身爲大國的晉
人瞧不起小國，小國之人也有自知之明。《左傳·襄公二十四年》：「晉
侯使張骼輔躒致楚師，求御于鄭，鄭人卜宛射犬，吉。子大叔戒之，曰：
『大國之人，不可與也。』對曰：『無有衆寡，其上一也。』大叔曰：『不
然！部婁無松柏。』二子在幄，坐射犬于外。既食而後食之。使御廣車而
行，己皆乘乘車。」（《春秋左傳正義》，頁610-611）晉國二人如此輕視
鄭宛射犬，便是著例。

❺❺ 《春秋左傳正義》，頁810-812。

之四千乘。當時叔向就是想「示眾」以嚇唬諸侯。可是八年前晉國便已有「其餘四十縣，遺守四千」。若再加韓、羊舌之九百，都可以號稱五千乘了。那麼叔向此時何必還要謙稱四千？稱五千乘都不爲過。假如再加上知、范、中行、趙、魏等等大家，晉軍不超過萬乘才怪。用萬乘來嚇人，豈不比四千乘更加有效？可見晉人並未將韓氏、羊舌氏的九百乘包括在內。因爲這是私屬，即韓、羊舌二家的私人軍隊，不屬於國家車乘的一部分。從以上的證據可知，發展至此，晉軍車乘數目，豈是原來的三軍所能盡數？於是以軍爲徵賦單位，變得越來越不實際，還是以車爲單位，才能徵到更多。晉國有了自身的經驗，推己及人，諸侯又何嘗不然？賦貢當然越徵越多。再以鄭國爲例，自春秋初時，莊公已命子封率車二百乘伐京城大叔。鄭莊公有車二百乘，大叔想必也有個百來乘吧！一路走來，鄭國到子產執政時沒有初期的三倍，至少也有兩倍❺❻。若晉國以一軍之數徵之，可能只有一百乘；就算是二軍，至多也不過二百乘。反之，若以實際車乘數目徵之，可能便有六百乘，甚且更多。差別是如此之大，此霸主勤於勒索的原因之一。蓋諸侯雖然叫嚷，但是終究力

❺❻　子產作丘賦在《左傳・昭公四年》（B.C.538），此時鄭國有多少車乘，未敢斷定。不過《左傳・哀公二年》（B.C.493）鐵之戰前，「齊人輸范氏粟，鄭子姚、子般送之，士吉射逆之，趙鞅禦之。遇於戚，陽虎曰：吾車少。」（《春秋左傳正義》，頁994）趙爲晉之彊家，面對鄭國的車乘，竟然還是車少的一方，可見鄭的車乘是很多的。其後衛太子蒯瞶「望見鄭師眾，大子懼，自投于車下。」（《春秋左傳正義》，頁996）從這兩件事情合起來看，雖然未記載鄭師到底有多少乘，不過能讓太子蒯瞶嚇得自投于車下，可見數量真的不少。這兩件事間隔四十五年，推論子產作丘賦時，車乘已經不少，後來更多罷了。

有所逮也。子產的過人之處,在於他敢向霸主要求減輕負擔。其它諸侯的執政者,例如魯國的季武子,便都不免是個吃裡扒外的傢伙而已。

　　說到魯國,它與鄭國的情況有無不同呢?其相同之處,在於二者皆須面臨伯主們的勒索,負擔沈重的貢賦;其不同之處,在於鄭國執政者率以國家安危爲出發點,極力尋求守法與公正。魯國執政者則全無視國家的沈重負擔,極盡諂事勾結晉國彊家豪門,然後趁機吃掉原屬魯君的一切,來壯大自己。其實魯國的發展與鄭國頗爲類似,《左傳·宣公十五年》:

> 初稅畝。非禮也。穀出不過藉,以豐財也[57]。

杜注:「周法,民耕百畝,公田十畝,借民力而治之,稅不過此。」關於什麼是稅畝,歷來說法紛紜,茲暫不論。唯《左傳》既曰「初」,可見是全新創舉。過了五年,魯國又有舉動,《左傳·成公元年》:

> 爲齊難故,作丘甲[58]。

丘甲的內容爲何,也是向來爭論的問題,目前未敢說有定論。不過我們一旦將魯國的這兩件事和鄭國子產的作爲一同比較,就可以發現二者是多麼地類似。據《左傳》,作丘甲的目的是爲了有齊難。作了丘甲可以禦齊難,是因爲甲兵益多。多作甲兵需要更多的財源,此更多財源何來?再回到五年前稅畝一事,豈不正好說明稅畝適足

---

[57]　《春秋左傳正義》,頁410。
[58]　《春秋左傳正義》,頁420。

以「豐財」，財豐了才有能力作丘甲。更可注意者，魯國私家並未如鄭國五族般激烈抗議子駟。難道魯國人比較善良可欺嗎？未必。那麼爲何不見魯人激烈之舉呢？我們認爲，這是因爲魯人在這件事情上，所受的損失較鄭人爲少。也就是說魯國的作法較緩和，不見沒收土田之舉，只是要多出些賦。在這樣的做法下，至少某些人的過制之田是保住了。相對地，鄭國某些人的過制之田全遭沒入公庫，因而發生政變。未知子產是否記取魯國的經驗，修正子駟過激的作法。子產採就地合法過制之田，但是主權歸國家，原來開墾者只有使用權。這種辦法，可謂在魯與子駟之間。雖有抗議，但不算強烈。子產因而又督促鄭國人提高產量，獲得成效，才使得鄭人又稱誦子產。產量提高，多徵賦的條件便形成。因此與魯相同的地方是，又過了五年，子產便作丘賦，強迫大家繳交更多的賦。但是魯國的過制之田歸私家，多交些賦也就比較願意。鄭國的過制之田先是歸公，私家的好處完全被剝奪。後來子產稍作讓步，便不再有政變。只不過鄭人更加精明，雖然產量增加，但是所有權既無，而所繳的又都是自己辛苦所得。無端多出賦，總是不甘願。所以子產受到的反抗也就較魯國激烈，甚且被鄭國人詛咒。由此反證，魯人抗議輕微，是因爲意味著其過制之田仍在，唯需額外出賦。其數額則以過制之田爲度，有多少，收多少，是謂稅畝，或所謂履畝而稅。也就是說，鄭人子駟採取了依法論理的強勢作爲，沒收了過制之田，因此反彈甚劇。故子產稍作修正，才不致生事。魯國執政者採取和稀泥的方法，承認過制之田的所有權歸屬私家，因而反彈甚小。正因如此，魯國居然變得財政較豐，更有能力應付霸主的勒索。因此當季武子存心使詐，奪魯君大權時，便顯得胸有成竹，《左傳・襄公十一年》：

春，季武子將作三軍，告叔孫穆子，曰：「請爲三軍，各征其軍。」穆子曰：「政將及子，子必不能。」武子固請之，穆子曰：「然則盟諸？」乃盟諸僖閟，詛諸五父之衢。正月，作三軍，三分公室，而各有其一。三子各毀其乘。季氏使其乘之人，以其役邑入者無征，不入者倍征；孟氏使半爲臣，若子若弟；叔孫氏使盡爲臣，不然不舍❺❾。

杜預《注》云：

政者，霸國之政令。禮，大國三軍，魯次國而爲大國之制，貢賦必重，故憂不能堪❻⓿。

《正義》云：

於時天子衰微，政在霸主，霸主量國大小，責其貢賦。若爲二軍，則是次國；若作三軍，則爲大國。大國之制，貢賦必重，故云「霸主重貢之政將及於子，子必不能堪之」，憂其不能堪之，言三軍不可爲也。魯爲三軍、二軍，國之大小同耳，但作三軍，則自同大國。自同大國，則霸主必依大國，責其貢重也❻❶。

由上面所引，可知「子必不能」的重點在於，魯國原被制定爲二軍，所以上繳霸主晉國的貢賦，也只以二軍爲標準。如今魯擴充爲三軍，

---

❺❾　《春秋左傳正義》，頁543-545。

❻⓿　《春秋左傳正義》，頁544。

❻❶　《春秋左傳正義》，頁544。

就要繳三軍的貢賦，等於多繳百分之五十。到時能否繳納，是個重大的問題。就算能夠繳納，負擔必然沉重。何況晉、楚這些霸主們，除了常規的定期剝削諸侯以外，額外的需索更是無度，所謂「貢之無藝」。上引子產在爭承時所謂的「懼弗給也」，不是門面話，而是實際的痛苦。當然，遭到重重剝削的國家不止鄭國，應該是所有的弱小諸侯，包括魯國在內，《左傳·襄公十四年》：

> 於是子叔齊子爲季武子介以會，自是晉人輕魯幣，而益敬其使㉒。

上引鄭子駟之語，已知諸侯對伯主的負擔，非常沈重。除了非常少數的例外，如今魯國子叔齊子在外交上表現特佳，得到晉人欣賞，因而減輕了魯國的幣。其它諸侯，恐怕就沒有那麼幸運了。但即使魯國這一次曾受晉國減輕部分負擔，也不意味著就此長期減免，或是能夠減輕多少。過了十五年，《左傳·襄公二十九年》云：

> 叔侯曰：「……魯之於晉也，職貢不乏，玩好時至。公卿大夫，相繼於朝，史不絕書。府無虛月，如是可矣㉓。」

從女叔侯的話「玩好時至」、「府無虛月」來看，魯國的負擔比鄭國輕不了多少，連晉國自己人都看不過去了，因此魯國到底減輕多久，也就不禁令人存疑㉔。面對這麼龐大的支出，就靠自己一國，

㉒ 《春秋左傳正義》，頁558。

㉓ 《春秋左傳正義》，頁667。

㉔ 儘管如此，季武子還要打腫臉充胖子，將二軍升爲三軍。這對晉國而言，沒有壞處。對季氏而言，更沒有壞處。因爲眞正受到重創的，是魯國的國

實在不易應付，所以有些國家偶而就會想辦法弄點外快，以爲補貼。如《左傳‧襄公四年》：

> 冬，公如晉聽政。晉侯享公，公請屬鄫。晉侯不許。孟獻子曰：「以寡君之密邇於仇讎，而願固事君，無失官命。鄫無賦於司馬，爲執事朝夕之命敝邑，敝邑褊小，闕而爲罪，寡君是以願借助焉。」晉侯許之㊿。

「鄫無賦於司馬」，意思是說，鄫尙未向晉國交賦，而晉國對諸侯的徵賦，則是由司馬負責。魯國當然早已交賦，不論是以二軍，還是以三軍爲基準，負擔都非常沈重。因此，如果晉國同意，將鄫「屬」於魯國，成爲魯國之私，那麼魯國就可以向鄫徵賦，以減輕自己的負擔。晉悼公總算是答應，因此《春秋經‧襄公五年》：

> 叔孫豹、鄫世子巫如晉㊻。

《左傳‧襄公五年》：

> 穆叔覿鄫大子于晉，以成屬鄫。書曰：「叔孫豹、鄫大子巫

君。這在後來舍中軍時，說明了內情。《左傳‧昭公五年》云：「春王正月，舍中軍，卑公室也。毀中軍于施氏，成諸臧氏。初，作中軍，三分公室，而各有其一。季氏盡征之，叔孫氏臣其子弟，孟氏取其半焉。及其舍之也，四分公室，季氏擇二，二子各一，皆盡征之，而貢于公。」（《春秋左傳正義》，頁742）於是魯襄公在身不由己的情況下，成了晉文公第二。二者都食貢，就是最明顯的證據。

㊿ 《春秋左傳正義》，頁506。
㊻ 《春秋左傳正義》，頁514。

如晉」，言比諸魯大夫也❻❼。

看來一旦屬於某國，自主性就喪失了。所以鄫原來可以用獨立的國家身分與盟，但是如今被魯要求私屬於魯國，它就失去了獨立國家的權利，只能掛在魯國名下，形同附屬於魯了。在這個情形下，魯原本要提供給晉國的賦貢，就可以由鄫國支應若干，可謂不無小補。但是相對的，魯國也得負擔保護鄫的安全。若是做不到，鄫國遭到攻擊，魯國可就難過了。因此《左傳·襄公五年》云：

> 穆叔以屬鄫爲不利，使鄫大夫聽命于會❻❽。

杜預注：

> 鄫近魯竟，故欲以爲屬國。既而與莒有忿，魯不能救，恐致譴責，故復乞還之❻❾。

叔孫穆子發覺如果屬鄫，對魯國當然會有若干好處。但是魯國如果未能善盡保護的責任，鄫遭到它國的侵略，那麼鄫的保護費豈不白交了？穆叔要求不再「屬」鄫，應是魯國力不能及，爲了省去麻煩，所以杜預說「故復乞還之」。可是鄫原來「無賦於司馬」，又能還給誰呢？雖說如此，晉看來也就照收不誤，所以應是還給晉國的司馬，請晉國直接向鄫徵賦。如是鄫一旦有難，保護的責任就落到晉人身上。但是理論上如此，實則另有插曲。過了一年，《左傳·襄

---

❻❼ 《春秋左傳正義》，頁514。
❻❽ 《春秋左傳正義》，頁515。
❻❾ 《春秋左傳正義》，頁515。

公六年》云：

> 莒人滅鄫，鄫恃賂也。……晉人以鄫故來討，曰：「何故亡鄫？」季武子如晉見，且聽命❼。

杜預注：

> 鄫有貢賦之賂在魯，恃之而慢莒，故滅之。

又云：

> 鄫屬魯，恃賂而慢莒。魯不致力輔助，無何以還晉，尋便見滅，故晉責魯❼。

雖然罪未必在魯，但此事可以說明，各國對伯主都要交名為賦的保護費。交的多寡與該國的國力成正比。有時候，交保護費的諸侯還可以再向更弱小的諸侯勒索，以減輕自己的負擔。有些甚且不計國格，自請私於大國，成為其屬國，《左傳·襄公二十七年》：

> 季武子使謂叔孫以公命曰：「視邾、滕。」既而齊人請邾，宋人請滕，皆不與盟。叔孫曰：「邾、滕，人之私也。我，列國也，何故視之？宋、衛，吾匹也。」乃盟❼。

因為楚靈王要求晉楚從者交相見，魯國也是被要求交相見的國家之一，如此魯國的負擔就必須向晉、楚各貢一份。如果比照邾、滕等

---

❼ 《春秋左傳正義》，頁516。
❼ 《春秋左傳正義》，頁516。
❼ 《春秋左傳正義》，頁646。

爲人所屬，不必交相見者，魯便只須向所屬之國交一份軍賦，那麼就可以少掉一半支出。但是邾、滕是經由齊、宋所請，魯國卻是主動要求，此差別所在。邾與魯的實力相差不遠，何以邾願意成爲私屬？這當然是財政上的考慮，季武子同作此想。但是這麼一來，國家的主權也就不存在，形同所屬國的附庸，必須聽命於所屬的諸侯，因此也就不能以獨立的國家參與會盟。穆叔不願屈辱國格，堅持列盟。國格是堅持了，但是魯國的負擔增加，也在所難免。

至於魯國的負擔是否一直以二軍乃至於三軍爲定數呢？就資料而言，上引魯國之二軍、三軍，的確是以軍爲徵賦單位。但是以軍爲單位，逐漸地晉國就發現，其實魯國還有負擔更多軍賦的能力。因爲軍數有定，難以驟增。車乘則不然，只要財力能夠負擔，便可以與時俱增。晉國如果只按照魯國原定軍數徵賦，所得一定較少，就算做了三軍，還是未免太便宜魯國。何況魯國二軍、三軍作來舍去，也會增加霸主的困擾。因此後來以晉國自身的經驗，統一以車乘爲單位向諸侯徵賦，那可就眞是滴水不漏了，上引鄭國如此，魯國亦然，《左傳・哀公七年》：

> （邾茅鴻夷）曰：「且魯賦八百乘，君之貳也。邾賦六百乘，君之私也❼❸。」

杜預解釋魯、邾二國有不同情況，言魯國，云：

> 貳，敵也。魯以八百乘之賦貢於吳，言其國大❼❹。

---

❼❸　《春秋左傳正義》，頁1010。
❼❹　《春秋左傳正義》，頁1010。

雖曰國大，魯國其實曾經希望成爲被屬之一，以省貢賦。其言邾云：

爲私屬[75]。

蓋言邾國較小，不妨列爲吳王私屬。反正邾爲人之私屬，也不是第一次了。好處是省下不少經費，缺點是不能列在會盟名單。其作法是所入賦貢不屬霸主的司馬所掌管，而爲吳王私人所用。此時魯與邾進賦的標準分別是八百與六百乘，這不會是臨時決定的數字，一定是沿用晉國所定之慣例。不過這時魯國已從三軍又改爲二軍，那麼一軍會是四百乘嗎？如果是這個比例，那麼邾又當是多少？魯國作三軍時，增加了百分之五十的支出。舍中軍時，能夠省回來嗎？晉國到了春秋晚年至少有四千乘，但軍數也不過就是三軍。四千乘與三軍，怎麼分都不能均等。因此合理的解釋是，以軍數爲標準的舊制終因不切實際而遭放棄，新的計算方式就是以各國實際的車乘數目爲計算單位。魯國爲八百乘，這是要交給吳國司馬，應該是屬吳國政府所有，所謂「君之貳也」。至於邾的六百乘，就落入吳王私人的口袋，所謂「君之私也」了。從以侯甸爵位爲標準，演變爲以軍數爲標準，最後以車乘數目爲標準。貢賦的變化，蓋與時俱進。

三、結　語

討論兵制，不能少掉田制，因爲這是兵制的根本，是一國內部權利義務的問題。討論兵制，也不能少掉貢賦制度，因爲這是小國

---

[75]　《春秋左傳正義》，頁1010。

與大國權利義務的問題。由於時代的變化，大國也會隨時而異，徵
收貢賦的方式也有所不同。西周時周天子是大國，以爵位方式徵收。
東周時，伯主是大國。開始時沿用爵位舊制，其後改以軍數，中間
可能有過度期，兩者並存。軍數之後，以車乘數目徵收，其中仍有
過度期。總而言之，小國對大國的義務是進貢賦，大國享受徵收貢
賦的權利；大國對小國的義務是保護其安全，仲裁其糾紛。小國則
享受保護，安全地生存。小國的義務是進貢賦，其標準亦隨時而異，
從爵位到軍數，從軍數到車乘數目。在變化的過程中，古制以不合
時宜，終於消失。從大國三百里，到千乘之國，到萬乘之國，複雜
多變。研究制度，拘泥於所謂古制，而未察所謂新制，豈可得哉。

論「君子好『逑』」❶

論文提要

　　《詩經·周南·關雎》篇「君子好逑」之「逑」字，鄭玄以「怨耦曰仇」爲釋，此釋甚有可論者。蓋「怨耦曰仇」一句出自《左傳》，雖曰「古之命也」，然以「怨耦」釋君子之好逑，甚爲突兀。本文從訓詁的角度，討論逑、仇二字爲同音假借，晉穆侯命子。並論鄭玄此注所可能引發的經學問題，尤其值得學者關注。

一、毛　傳

　　《詩經·周南·關雎》云：「關關雎鳩，在河之洲。窈窕淑女，君子好逑」。《毛傳》云：

　　　　窈窕，幽閒也。淑，善。逑，匹也。言后妃有關雎之德，是

---

❶　本文發表於第二屆中國經學學術研討會，臺中：逢甲大學2001·12。

幽閒貞專之善女，宜爲君子之好匹❷。

從上引《毛傳》「淑，善。逑，匹也」的解釋看來，則「窈窕淑女，君子好逑」此句之義乃善女爲君子好匹。如此解釋，似乎無有不當。不過可注意的是，逑字其本義並無匹耦之義，據《說文》「逑」字云：

斂聚也，從辵，求聲。《虞書》曰：「旁逑屛功❸。」

除了逑字以外，還有其它音義略同的字，如在「斂聚也」下段玉裁云：

〈包部〉曰：「勼，聚也。」音義略同❹。

又如在「旁逑屛功」下，段玉裁云：

今〈堯典〉之「方鳩屛功」也。〈人部〉僝下作「旁救僝功。」⋯⋯今〈堯典〉逑作鳩，說者亦云：「鳩，聚也❺。」

以上數例，都是義爲聚斂，音爲從求或九的相關字，從語源的角度來看，應該是系出同門，故皆有聚斂之義❻。既然逑的字義是斂聚，

---

❷ 《毛詩正義》（臺北：藝文印書館，1973年5月景印清嘉慶20年1815《重刊十三經注疏附校刊記》），頁20。

❸ 段玉裁：《說文解字注》（高雄：復文圖書出版社1998.9），頁73。

❹ 段玉裁：《說文解字注》，頁73。

❺ 段玉裁：《說文解字注》，頁73。按：說者謂《孔傳》。

❻ 《說文》裘字云：「皮衣也。從衣象形。」「求，古文裘。」段玉裁云：「各本作『從衣，求聲』，一曰『象形』，淺人妄增之也。」「此本古文

其它音聲略同的字也是如此，那麼匹耦之義，當然就不會與之有關了。既然斂聚與匹耦的意義差別甚大，所以逑字應該是假借自另一有匹耦之義的字。因此《說文》「逑」字又有另外一義，云：

又曰：「怨匹曰逑❼。」

這句顯然來自《左傳·桓公二年》師服「嘉耦曰妃，怨耦曰仇」之語❽，唯匹作耦、逑作仇，字稍有異耳。如是，據《說文》此條，逑字假借自仇，義爲怨匹。此義雖然尚有若干爭議，不過還是可以理解此逑字爲仇字之假借，唯許慎以其義爲怨匹，顯然也是受到《左傳》的影響。若據《毛傳》，則義唯匹耦。至於其所以爲好匹耦，是因爲加了好字作形容詞，否則逑字於《毛傳》就只是中性的匹耦之義。

裘字，後加衣爲裘，而求專爲干請之用。亦猶加草爲蓑，而衰爲等差之用也。求之加衣，蓋不待小篆矣。」（段玉裁：《說文解字注》，頁398）但是朱駿聲另有看法，云：「《說文》以求爲裘之古文省衣象形。按《詩·大東》『熊羆是裘』，《箋》：『裘當作求，聲相近故也。』是鄭君不以裘、求爲一字，今從之，別分求桌爲正篆。按：從又從尾省，會意，與求同意，以手索取物也。字從求省會意。孔子弟子冉求字子有，有者，以手取月，名字相應。」（朱駿聲：《說文通訓定聲》，臺北：藝文印書館1994.1，初版5刷，頁285）裘、求是否爲一字，段玉裁所說或更有理。但是求有取、索義，也是事實；具見朱氏所引例證，故得有聚合義。與此聲同義近者如糾，爲繩三合，亦有聚合義。至於鳩字有鳩合義，皆音同義近，乃至相同之例。

❼ 段玉裁：《說文解字注》，頁73。
❽ 《春秋左傳正義》（臺北：藝文印書館，1973年5月景印清嘉慶20年1815《重刊十三經注疏附校刊記》），頁97。

當然，除了假借之外，還有其它的方法來證明逑、仇二字之間的關係，例如《釋文》針對這個問題，就有如下的說法，其文云：

逑音求，毛云：「匹也。」本亦作仇，音同❾。

《釋文》引「或本」云：「亦作仇」❿。則是除了文字、音聲之外，另有版本爲證，雖然這個「或本」的時代尚有待考證。可是仍可認定仇、逑二字非但音同，義也相同。而且此例這並非孤證，原因在於《釋文》至少還另有一例，即所謂「〈兔罝〉詩放此」。按：《詩經·周南·兔罝》云：「赳赳武夫，公侯好仇」。《孔疏》云：

《毛》以爲赳赳然有威武之夫，有文有武，能匹耦於公侯之志，爲公侯之好匹。此雖無《傳》，以《毛》仇皆爲匹，鄭唯好仇爲其⓫。

此仇字《毛傳》未有解釋，蓋於前〈關雎〉時已釋之爲匹偶之義，此處可省。故《釋文》亦以爲二字同音同義，而云：「〈兔罝〉詩放此」。

另外，《釋文》又云「好，《毛》如字；《鄭》呼報反」。關

---

❾ 《毛詩正義》，頁20。
❿ 馬瑞辰云：「今本《釋文》、《正義》本，《經》、《傳》皆作逑，乃後人私改，臧氏玉林（原文作玉林，強按：疑作琳）《經義雜記》言之詳矣。」（《毛詩傳箋通釋》，臺北：鼎文書局1973.9，頁14）按：若如馬説，則《釋文》「本或作仇」句，將如何解釋？顯然《釋文》本作逑，《或本》作仇。《釋文》爲何不以《或本》爲優先，這是馬瑞辰未考慮之處。
⓫ 《毛詩正義》，頁40。

於好字鄭玄的讀音等問題，下文有說，暫不論。至於《毛傳》乃以好爲形容詞，讀上聲，義爲好的。仇者，匹也，詞性中立，以好字來形容其義。如是「君子好仇」，即善女爲君子之好匹；作逑者，音同假借。這樣解釋，應無疑義，故後世學者多從之，如以善治文字學聞名的段玉裁就於《說文》「逑」字下云：

> 逑、仇古多通用。〈關雎〉「君子好逑」，亦作仇。〈兔罝〉云「好仇」，《毛傳》「仇，匹也。」《釋詁》「仇，匹也。」孫炎曰「相求之匹」，則孫本〈釋詁〉亦作逑可知。逑爲怨匹，而《詩》多以爲美詞者，取匹不取怨也。渾言則不別，《爾雅》「仇、妃，匹也」是也。析言則別，《左氏》「嘉耦、怨耦」，異名是也。許所據《左氏》、《爾雅》作逑❷。

段玉裁又於《說文》「仇」字下云：

> 仇，讎也，讎猶應也。《左傳》曰「嘉耦曰妃，怨耦曰仇。」按：仇與逑古通用，〈辵部〉「怨匹曰逑」，即「怨耦曰仇」也。仇爲怨匹，亦爲嘉偶，如亂之爲治，苦之爲快也。〈周南〉「君子好逑」與「公侯好仇」義同❸。

段玉裁從解釋文字的方法著手，發掘種種證據，足以讓我們明瞭逑、仇音義相同，爲假借。另一文字學名家朱駿聲云：

> 仇，讎也，從人，九聲。按：謂雔也，二人相當相對之誼。

---

❷　段玉裁：《說文解字注》，頁73-74。
❸　段玉裁：《說文解字注》，頁382。

《爾雅·釋詁》「仇，匹也。仇，合也。」《詩·無衣》「與子同仇」，〈皇矣〉「詢爾仇方」，《傳》皆訓匹。〈兔罝〉「公侯好仇」，《傳》無訓，以已見〈關雎〉也。《箋》失之。《禮記·緇衣》「君子好仇」，《注》「匹也。」《書·文侯之命》「父義和」，《注》「儀、仇皆訓匹，故文侯名仇字儀❹。」按：《左桓二·傳》「以條之役生太子，命之曰仇」，又曰「嘉耦曰妃，怨耦曰仇。」此師服以咎聲訓仇而爲是言。其實相當相對謂之仇，兩同爲仇，兩異亦爲仇。後儒因之專訓讎怨，非是。

〔轉注〕《史記·晉世家》「仇者，讎也。」《廣雅·釋詁三》「仇，惡也。」《孟子》「葛伯仇餉」，《注》「怨也。」《詩·關雎》「好逑」、〈兔罝〉「好仇」、〈無衣〉「同仇」、〈皇矣〉「仇方」、《易·鼎》「我仇有疾」，鄭君皆以「怨耦爲仇」釋之。《漢書·蓋寬饒傳》「多仇少與」，《注》「怨讎也」。或曰：皆借爲惥，存參❺。

這裡，朱氏替《釋文》又多找了仇字訓匹的兩個例子，並以爲「後儒因之專訓讎怨，非是」，可見其立場。

---

❹ 按：此節錄自孔《疏》，故稍有省略。其原文作「鄭玄讀義爲儀，儀、仇皆訓匹也，故名仇字儀。古人名字不可皆令相配，不必然也。」（《尚書正義》（臺北：藝文印書館，1973年5月景印清嘉慶20年1815《重刊十三經注疏附校刊記》），頁309）。有關古人名字是否相配，可參考王引之《經義述聞·春秋名字解詁》（臺北：中華書局1987）。

❺ 朱駿聲：《說文通訓定聲》，頁291。

二、鄭　箋

以上所引各家的說法，基本立場是一致。逑爲仇的借字，其意義爲匹耦。加上好字做爲形容詞，意思是好的匹耦。就這樣的解釋看來，既簡單又明瞭，不必拐彎抹角，就能讓讀者一清二楚。不過還有另外的解釋，卻不這麼直接了當。上引朱駿聲文，其下還有一段，云：

> 逑……又爲仇，爲雔。《詩·關雎》「君子好逑」，《傳》「匹也。」《甘泉賦》「迺搜逑索偶」，《注》「匹也」，此仇字之本義。《說文》又曰「怨匹曰逑」，即《左桓二·傳》「嘉耦曰妃，怨耦曰仇也。」《詩·兔罝》「公侯好仇」，《箋》「敵國有來侵伐者，可使和好之」，亦以怨耦訓仇，此仇字之轉注⑯。

朱氏云「以怨耦訓仇，此仇字之轉注」，其說是否合理，可以另外討論。不過他的說法當然不是出自己見，而是遠有所本。上引《說文》「又曰：怨匹曰逑」，許愼所本，段玉裁以爲來自《左傳》、《爾雅》。鄭玄所引之文字既相同，引用的來源應該也不例外。不過鄭玄除了「怨耦曰仇」一句以外，還有更多的解說，其文云：

> 怨耦曰仇。言后妃之德和諧，則幽閒處深宮貞專之善女，能爲君子和好眾妾之怨者。言皆化后妃之德不嫉妒，謂三夫人

---

⑯　朱駿聲：《說文通訓定聲》，頁288。

以下❶。

據上引《釋文》，鄭玄讀好爲呼報反，做動詞用，義爲和好。如是一來，本來是單純的好匹耦，成爲能夠和好眾妾之怨者，地位爲三夫人以上的后妃。這些身分高貴的后妃能夠如此，當然可以稱得上是很好的匹耦。但是好的匹耦是否一定得和好眾妾之怨者？實在很難確定。此外，能和好眾妾之怨者，與怨匹、怨耦是否同義，也是值得商榷的事。至於〈兔罝〉詩中的好仇，鄭玄以爲「敵國有來侵伐者，可使和好之❶」，這種情形縱然存在，不過這個職責恐怕屬於行人，而不會是赳赳武夫。上引《孔疏》云：「《毛》以爲赳赳然有威武之夫，有文有武，能匹耦於公侯之志，爲公侯之好匹」。《孔疏》轉了一大大彎，硬是將原本勇猛的武夫，加上了細密的心思。說他們有文有武，而且還能貼心地匹耦公侯之志，爲公侯好匹。此說不可謂不巧，但是離詩的原意也未免太遠。其實古人向來重視勇力威武，不論公侯、貴族，或是一般國人皆以赳赳武夫爲榮；至於細密的心思，似乎排不到最優先順位。晉文公甚至因爲身材魁梧，還遭人偷窺❶；鄭女子擇游楚爲夫，寧願放棄大筆聘金，也要以此爲優先條件❷。但是即使上述二者皆威武勇健，《左傳》中有名有

---

❶　《毛詩正義》，頁20。

❶　《毛詩正義》，頁40。

❶　《春秋左傳正義》，頁251。

❷　《左傳·昭公元年》載：鄭徐吾犯之妹美，公孫黑與公孫楚爭聘，子產使女擇焉，「子皙盛飾入，布幣而出。子南戎服入，左右射，超乘而出。女自房觀之，曰：『子皙信美矣！抑子南，夫也。夫夫，婦婦，所謂順也。』適子南氏。」（《春秋左傳正義》，頁702-703）子南左右射，表現出武藝

姓的力士，還輪不到這兩人呢㉑。何況有勇力者率少有文采，至少
《左傳》中力士皆不以文采聞。因此《孔疏》將赳赳武夫說成能文
能武，這顯然是受到《鄭箋》影響的調和之說，其實《毛傳》並無
此義。蓋糾糾武夫，有力如虎，為國干城，的確是最佳人選。但是
他們的責職是縱橫沙場，為國盡力，為公侯之干城，為公侯之好仇，
為公侯之腹心，以安社稷，以定國家。假如要這些赳赳武夫去和敵
國的侵伐，一如夫人們去和眾妾之怨者，難道不怕放錯位置用錯人？
何不善用文質彬彬的外交人員呢？以《左傳》中人物為例，善於辦
外交的貴族率有文采，一如子產、叔向、晏嬰、季札乃至趙衰之類，
皆是著名的例子。有了這些不以武夫形象出身，而以文采著名的貴
族，才能順利地和敵國、安國家、定社稷。不此之圖，反要雄赳赳
的武夫們去擔負這個任務，也虧兩漢經學家們想得出如此的點子。

三、達　詁

　　雖然「和好眾妾之怨者」未必是最佳的解釋，但是如此解釋「君
子好逑」，非自許慎、鄭玄二人而已。此說的來源其實甚早，蓋自
戰國時代說《詩》者以來，便已存在。如《詩經・魯說》就是這樣
的意見。王先謙《詩三家義集疏》「君子好逑」下注云：

　　絕技；但是接著又超乘，則是身體勇健才做得到的動作。如此赳赳武夫，
　　符合夫婦之道，所以女方才願下嫁。子皙家裡有錢，「布幣而出」，展示
　　了一大堆聘禮。但是婚姻的幸福，豈是有錢就能買得到的呢？
㉑　這些人包括了宋南宮長萬（莊公十二年），圉人犖（莊公三十二年），晉
　　督戎（襄公二十三年），齊慶舍（襄二十八年）等等。

《魯》、《齊》作仇。《魯說》曰：「言賢女能爲君子和好
眾妾也。」《齊說》曰：「〈關雎〉有原，冀得賢妃正八嬪。」
《韓說》曰：「淑女奉順坤德，成其紀綱㉒。」

《魯》、《齊》甚至《韓說》所以如此解釋好述，因爲有其一貫立
場，那就是對〈關雎〉一詩，乃至對整部《詩經》中有關后妃職責
的基本態度，有其一貫立場。茲不煩辭費，錄王先謙《詩三家義集
疏》中引《魯說》以爲例，其文云：

> 周道缺，詩人本之衽席，作「〈關雎〉」。又曰：「后妃之
> 制，天壽治亂存亡之端也。是以佩玉晏鳴，〈關雎〉歎之。
> 知好色之伐性短年，離制度之生無厭，天下將蒙化，陵夷而
> 成俗也。故詠淑女幾以配上。忠孝之篤，仁厚之作也。」又
> 曰：「周之康王夫人晏出朝，〈關雎〉豫見，思得淑女以配
> 君子。」又曰：「周衰而詩作，蓋康王時也。康王德缺於房，
> 大臣刺晏，故詩作。」又曰：「昔周康王承文王之盛。一朝
> 晏起，夫人不鳴璜，宮門不擊柝。〈關雎〉之人，見幾而作。」
> 又曰：「周漸將衰，康王晏起。畢公喟然，深思古道。感彼
> 關雎性不雙侶。願得周公，配以窈窕，防微消漸，諷諭君父。
> 孔氏大之，列冠篇首。」

㉒ 王先謙：《詩三家義集疏》（臺北：鼎文書局1974.5初版），頁12。其〈序
例〉云：「《史記》稱：『韓生推詩人之意，爲內外傳數萬言，頗與齊魯
間殊，然其歸一也』。所謂『其歸一』者，謂三家詩言大恉不相悖耳。」
（王先謙：《詩三家義集疏》，頁2）

這種「后妃之制，夭壽治亂存亡之端也」；或是「知好色之伐性短年，離制度之生無厭，天下將蒙化，陵夷而成俗也。故詠淑女幾以配上。忠孝之篤，仁厚之作也」；或是「防微消漸，諷諭君父」，這些偉大的情操，實在值得大書特書，所以「孔氏大之，列冠篇首」。戰國晚期以來的這些《詩經》學家一片苦心，當是眼見當時后妃之無制，執政之好色離制度，天下蒙化，陵夷成俗，所以才有感而發。不過這跟字義為好配耦的好逑或好仇，又有什麼必然的內在關聯？也就是說，如果原文是逑字，那麼三家的說法恐怕將會白費了。因為就字面而言，逑這個字實在無法看出有什麼怨仇的意思。反之，如果是仇字，那就好辦多了❷。至少目前普遍地看到仇字，便不免想到負面的仇恨、仇人的意義。而這個仇恨、仇人之義，才能較為符合三家詩系統下的好仇。只不過，是要某些人去和好這含怨的仇敵而已。

　　但是仇字在更早的時代，恐怕只是匹配之義，並無怨恨之義，

---

❷　除此之外，鄭玄注《詩經》照字面直言，還有其它的例子，例如〈小雅·桑扈〉「彼交匪敖，萬福來求」一句，其文云：「彼，彼賢者也。賢者居處恭執事敬，與人交必以禮，則萬福之祿，就而求之。謂登用爵命，加以慶賜。」（《毛詩正義》，頁481）其實彼即匪，交即驕（按：《齊詩》彼交作匪傲，見王先謙書所引），求即逑，俱見《經義述聞》，義為匪驕匪傲，則萬福來聚。如此解釋，文通字順。鄭玄照字直說，未必就一定錯誤，只是顯得迂曲。當然，這不會是鄭玄孤明先發，故王先謙云：「《齊》義本如此。」（《詩三家義集疏》，頁269）因此我們懷疑，照字直說，是否為三家詩及鄭玄的一種習慣。如果是這樣，那麼好逑變成好仇，也許就多了另一種可能的原因。反之，《毛詩》作好逑而不作好仇，也就有可能是因為有同樣的顧慮，所以將仇字改成逑字。

逑字更只是仇的假借字。仇字演變的情形,就一如臭字。原來說的只是氣味或味道,並非今日所知,純爲負面臭味之義。故《詩·大雅·生民》云:

> 卬盛于豆,于豆于登,其香始升,上帝居歆,胡臭亶時㉔。

既云「其香始升」,又云「胡臭亶時」,可見這個臭字絕不會是不好的味道。我們都知道,國之大事,在祀與戎。祭祀上帝,旨在討好上帝,得其歡心,以滿足或關照人類的要求等等。若以令人反感的味道祭祀,惹毛了上帝,誰知上帝會做出什麼樣的反應?又如《左傳·襄公二十二年》子產云:

> 謂我敝邑,邇在晉國。譬諸草木,吾臭味也,而何敢差池㉕。

子產說鄭與晉二國,其味道猶如向來熟悉的草木,所謂臭味相投,以證二國關係之緊密。以上二例,臭字性質中立,皆氣味之義,非有香惡之別。今則與香字相對,而爲負面之臭味矣。仇字亦然,原來爲匹耦之義,非善惡之別。故上引朱駿聲云:

> 此師服以咎聲訓仇而爲是言。其實相當相對謂之仇,兩同爲仇,兩異亦爲仇。後儒因之專訓讎怨,非是。

如今師服用之,強以仇爲怨耦之義,此所謂詞性之變化,然此詞性之變化有無蹤跡可尋?我們認爲,頗有蛛絲馬跡。今不嫌辭費,重

㉔ 《毛詩正義》,頁596。
㉕ 《春秋左傳正義》,頁598。

引前面已經用過的朱駿聲的一段文字，期能解答這個問題，其文云：

> 〔轉注〕《史記·晉世家》「仇者，讎也。」《廣雅·釋詁
> 三》「仇，惡也。」《孟子》「葛伯仇餉」，《注》「怨也。」
> 《詩·關雎》「好逑」、〈兔罝〉「好仇」、〈無衣〉「同
> 仇」、〈皇矣〉「仇方」、《易·鼎》「我仇有疾」，鄭君
> 皆以「怨耦爲仇」釋之。《漢書·蓋寬饒傳》「多仇少與」，
> 《注》「怨讎也」。或曰：皆借爲惢，存參。

朱氏用存參二字，表示他雖不能完全證實或曰者的意見，但是這個
意見的確值得注意。我們認爲，這條資料，多少能啓發我們考慮的
方向。按《說文》：

> 惢，怨惢也。

段玉裁云：

> 各本作「怨仇也」，今正。《廣韻》亦作怨惢，謂怨惡之也。
> 惢與咎音同義別，古書多假咎字爲之，咎行而惢廢矣❷⁶。

朱駿聲又云：

> 惢，怨仇也，從心咎聲。疑經、傳皆以仇、讎爲之❷⁷。

段玉裁考證了文字，朱駿聲卻指出了方向。我們認爲，朱氏的懷疑

---

❷⁶　段玉裁：《說文解字注》，頁513。
❷⁷　朱駿聲：《說文通訓定聲》，頁293。

是有道理的。只是仇字字義的演變過程不是那麼清楚，我們無法精確掌握。但是如果只是單純的匹配之義，卻沒有個怨字做背景，如何產生出怨耦來？愁字適時地填補了這個空檔。它有怨愁之義，也有與仇幾乎相同的聲音。因此有了怨愁，而後再有怨仇，便可順理成章地將仇字歸到怨耦的範圍。畢竟仇字在字義演變的過程中，的確產生了怨仇的意義。所以若僅就《毛詩》而言，無論作述，或是作仇，都沒有差別，反正字義都只是匹耦。但是就三家詩而言，作述而不作仇的差異就太大了，甚至足以影響到他們對整部《詩經》的觀念和說解。

當然，有人說「《詩》無達詁❷」，或是「賦《詩》斷章」，「善以逆志」云云，所以解釋《詩》義的可能性便得以盡量擴充。這樣的好處是，說《詩》者可以「推詩人之意」，盡情發揮，精義時時可見；缺點則是容易漫無邊際，曲意從已。所以我們不能斷然地說：上引《魯說》的道理有什麼不對之處；但是同樣的，上引《魯說》是否真的合於《詩》的原義，卻也難令人完全信服。面對這種盍各言爾志的情況，採用互相尊重對方的說法，或許不失為上策。但是這樣得來的上策，其實很難通過考驗。因為這麼做，必然陷入和稀泥的困境。何況，在家法或師法的堅持下，對許多本師本門的經學基本原則，漢朝經學家很少不弄個是非分明的，因為那會牽涉到太多的利祿之途。試看，今古文的爭議是怎麼出現的？但是鄭玄

---

❷　王先謙引陳喬樅云：「說者見班〈志〉有『取《春秋》、采雜說，咸非其本義』之語，遂營其不合《詩》意。不知董仲舒有言『《詩》無達詁』，劉向亦言『《詩》無通故。』讀《詩》之法，亦貴善以意逆志耳。」（《詩三家義集疏》，頁5）

等人逕以仇字來釋怨耦，卻對《毛傳》本作逑字視若無睹。原因在於，三家詩向來有其一貫的說法，鄭玄智《韓詩》出身，故從之不改。有著師承的因素，在注《詩經》時，鄭玄也就根本不管《毛詩》本作逑，便照其師法直說。既然三家詩的理念是一貫要求后妃之德，要夫人們去和好眾妾之怨者。於是鄭玄見獵心喜，看到其它經書如《左傳》中，恰有「怨耦曰仇」可用之句，正符合三家詩解釋仇字爲有怨仇之義，便撿個現成？如此以經證經，或許將使可信度更爲增加，所以引用《左傳》以爲證據，取信於世？無論如何，這樣的解釋方法，難免因爲經學傳承的因素，引發迂曲不通的問題。更何況師服所謂「古之命也」的「怨偶曰仇」一句，其可靠的成分究竟有多少，還得深入檢討？

四、命 名

眾所週知，「怨耦曰仇」出自《左傳》所載師服之語。雖說是「古之命也」，其實此義究竟是否眞爲古之所命，這是頗難證明的一件事。試看《左傳》中，巫、史、師這類身分的人，頗好裝神弄鬼。許多本來人事可知的必然結果，經由他們的口中說出，便成爲上天命定，無可逃避的天意。以神道設教，常常是這些人增加自己可信度的一種作法。若有人認爲《左傳》「其失也巫」，至少從這個案例看來，倒是頗有其理。反過來說，這也可以證明巫、史、師這些人神道設教的作法，的確非常成功。不過一旦從天意回歸人事，再來觀察晉之所以分裂，小宗之所以取代大宗，這是當時有識之士人盡皆知的結局，何必託之命名不當？因爲《左傳》記載當時命名，

頗有原則，如《左傳・桓公六年》魯桓公問命名原則，申繻回答曰：

> 名有五：有信、有義、有象、有假、有類。以名生爲信，以德命爲義，以類命爲象，取於物爲假，取於父爲類。不以國，不以官，不以山川，不以隱疾，不以畜牲，不以器幣❷❾。

此外，也有待事而名的例子，例如《左傳・莊公十六年》：

> 初，晉武公伐夷，執夷詭諸❸⓿。

晉武公之子獻公的名字正好就是詭諸，可見絕非偶然。又如《左傳・襄公三十年》云：

> 是歲也，狄伐魯，叔孫莊叔於是乎敗敵于鹹，獲長狄僑如，及虺也、豹也，而皆以名其子❸❶。

杜《注》云：「以旌其功」，是也。所以叔孫氏有叔孫僑如，更有著名的叔孫豹，即叔孫穆子。又如《左傳・定公八年》云：

> 苫越生子，將待事而名之。陽州之役獲焉，名之曰陽州❸❷。

這些都是待事而名的例子，而且它們的特色都是有戰功，因以名子，因以自旌。若曰：晉穆侯亦待事名子。然證諸上述因戰功而名子諸例，穆侯何以因落敗而名子？他例皆以戰功自旌，晉穆侯何以落敗

---

❷❾　《春秋左傳正義》，頁112-113。
❸⓿　《春秋左傳正義》，頁158。
❸❶　《春秋左傳正義》，頁680。按：是歲指魯文公十一年。
❸❷　《春秋左傳正義》，頁964。

而自貶？其行事與慣例不符，很難令人相信穆侯果然也是因事而名子。《尚書・文侯之命》云：「父義和」，《孔傳》云：「文侯同姓，故曰父。義和，字也❸。」晉穆侯命子晉文侯名仇字義和。並無違背申繻所述之處，云何謂其命名不當，以失晉國？孔穎達云：

> 大子與桓叔雖並因戰爲名，而所附意異。仇，取於戰相仇怨；成師，取能成師眾。緣名求義，則大子多怨仇，而成師有徒眾。穆侯本立此名，未必先生此意。但寵愛少子，於時已著。師服知桓叔將盛，故推出此理，因解其名以爲諷諫，欲使之強幹弱枝耳。人臣規諫，若無端緒，馮何致言以申己志？非謂人之立名必將有驗❹。

「非謂人之立名必將有驗」一句，可謂一針見血。因此杜預云：

> 穆侯愛少子桓叔，俱取於戰以爲名，所附意異，故師服知桓叔之黨必盛於晉，以傾宗國，故因名以諷諫❺。

眞可謂倒果爲因了❻。師服所謂「古之命也」，蓋託古自高而已。

---

❸ 《尚書正義》，頁309。

❹ 《春秋左傳正義》，頁97。

❺ 《春秋左傳正義》，頁97。

❻ 杜預在註解《左傳・莊公二十二年》「成子得政」時，曾說「卜筮者，聖人所以定猶豫，決疑似，因生義教者也。《尚書・洪範》通龜筮以同卿士之數。」孔穎達解釋道：「杜引〈洪範〉者，欲明龜筮未必神靈，故云『以同卿士之數』，言龜筮所見，纔與卿士同耳。」（《春秋左傳正義》，頁165）可見杜預很清楚龜筮是否神靈的眞正關鍵。至於師服預言是否準確，理應視同龜筮。但是杜預卻倒果爲因，豈智者百慮，猶有一失？

更何況師服究竟是事後諸葛亮，還是眞有先見之明，也很難說。因爲《左傳》繫此事於入春秋後，晉穆侯生子事在春秋前。師服此說發於何時，無從證明。然證諸鄭伯克段于鄢，《左傳》敍其母寵段，段恃寵而驕，所經時間何止一年？《左傳》特於克段之時，一併敍述而已。是以焉知師服之語不發於文侯仇在位期間？君不見趙匡胤、趙匡義兄弟之事？燭影搖紅，何故？陳王何在？再退一步，或者是發於魯惠公二十四年，晉始亂，故封桓叔于曲沃之時？故鄭玄等引《左傳》師服怨耦之語，以證《詩經》好逑之句，其內在關聯不足，也是必然的事。詁

五、鄭　注

以上所論，所引發的問題，已經夠複雜的了。但除此之外，鄭玄注經的方法及原則之類的問題，恐怕更值得我們注意。下引《禮記・緇衣》中的一段，就是一個非常明顯的例證，因爲這裡面不但引了《詩經》「君子好仇」一句，而且還有鄭玄的解釋。特別的是，鄭玄在此的解釋與在《詩經》中的解釋不同，其文云：

> 子曰：「唯君子能好其正，小人毒其正。」故君子之朋友有鄉，其惡有方。是故邇者不惑，而遠者不疑也。《詩》云：「君子好仇[37]。」

---

[37]　《禮記正義》（臺北：藝文印書館，1973年5月景印清嘉慶20年1815《重刊十三經注疏附校刊記》），頁934。

鄭玄於「正」字云：

> 正當爲匹，字之誤也。匹謂知識朋友。

「某當爲某，字之誤也」、「聲之誤也」這類的更正之處，所在多有，正顯示鄭玄博學，所更正率多精當。其於「仇」字云：

> 仇，匹也。

《禮記》總算是今文經的一本，這下不會有今古文經的問題了吧[38]？而且裡面明明有「君子好仇」這麼一句，鄭玄也解釋此仇字爲匹，而且說是知識朋友。既是知識朋友，那總不會是怨耦了吧？莫非還要替人去和好眾朋友之怨者嗎？爲何同樣一句，會有這麼截然不同的說法呢？更正誤字多精當，爲何注解時卻未必盡然呢？

在鄭玄所承傳的學術系統裡，《詩經》裡的好仇，同仇、仇方，是一致的，所以鄭玄全都以怨耦釋之，看起來好像是非常整齊劃一。然而一旦將這樣的解釋放到整篇詩中，便會顯得非常扞格，除了上引諸篇外，又如〈皇矣篇〉云：

---

[38] 蓋注家之間互相採用說法，所在多有，本不足奇。眾所週知，《毛傳》常取《韓說》，如「窈窕淑女」句下，王先謙注云：《韓說》曰：「窈窕，貞專貌。」而《毛傳》云：「幽閒貞專之善女」，是《毛傳》用《韓說》之一例。此所謂古文經用今文說者，卻常爲某些經學家大肆撻伐。然「怨耦曰仇」出自《左傳》，此古文經。三家詩以爲「和好眾妾之怨者」，顯然取《左傳》怨耦爲說，則今文說亦用古文經矣。如是互用，古用今則不可，今用古則可。如此不一，是非標準何在？

詢爾仇方，同爾兄弟，以爾鉤援，與爾臨衝，以伐崇墉❸。

據《毛傳》云，是要周文王聯合異姓之友邦，及同姓之兄弟諸國，然後上帝會給文王攻城戰具，去討伐崇國。可是鄭《箋》怎麼說呢？其文云：

> 詢，謀也。怨耦曰仇。仇方謂旁國諸侯爲暴亂大惡者，女當謀征討之，以和協女兄弟之國，率與之往。親親則多，志齊心壹也。當此之時，崇侯虎倡紂爲無道，罪尤大也❹。

這下可好，在鄭玄一脈相傳的系統所解釋的《詩經》中，這些「仇」們要不就得去和好眾妾之怨者，還得是三夫人以上；或者忽然間變成了赳赳的武夫，得替公侯和好來犯的敵人。必須做得這麼辛苦，才算是好仇。更有甚者，原來的同盟異姓，硬是被鄭玄等劃歸「旁國諸侯爲暴亂大惡者」。雖然鄭玄只是點名崇侯虎，不過崇侯是罪之尤大者，其他異姓諸侯莫非就是罪之小者呢？這些諸侯難道不害怕被戴帽子嗎？在《毛傳》系統的解說中，他們快樂地加入了周文王的陣容。但是在鄭玄這個系統的解釋中，他們卻得先被痛打一頓，並且還被排除在周文王正義聯線陣容之外。這麼擅自替周文王作主，不會太過分了嗎？試問，連週遭的國家都擺不平，這要讓周文王如何三分天下有其二呢？可是到了《禮記》裡面，鄭玄解釋好仇就變成了知識朋友，不但不必和好后妃或敵國，甚至連朋友都不必

---

❸ 《毛詩正義》，頁573。按：《校勘記》云：「方當作多，一當作壹。」見頁576。

❹ 《毛詩正義》，頁573。

和好，任務可說是單純多了。但是細看《禮記·緇衣》所引的，不正是《詩經·關雎》「君子好仇」之句？同一句好仇，在不同的經書裡，鄭玄將他們變成不同的角色，可以有不同的解釋。在《詩經》裡一個樣子，在《禮記》裡另一個樣子。這種注解的方式，能夠不讓人懷疑嗎？猶有甚者，鄭玄的這種作法不止一次，在別的地方，我們也能找到相同的例證，比如前引《尚書·文侯之命》云：

> 王若曰：父義和。

《孔傳》云：

> 文侯同姓，故曰父。義和，字也。

《孔傳》以義和為字，鄭玄又是怎麼說的呢？孔穎達云：

> 鄭玄讀義為儀，儀、仇皆訓匹也，故名仇字儀**④**。

可見鄭玄明知道晉文侯名仇的原因不在於他是怨耦，而是因為名字相配之故。幸而這是在《尚書》中，鄭玄還可以注解晉文侯仇為父義和。若是到了《詩經》裡，晉文侯仇便不能被稱為父義和，反倒是得改稱父怨匹。這樣注解經書的結果，將令人何適何從？

其次疏不破注，注不破經，這是眾所皆知的事。於此，《毛傳》作好逑，鄭玄硬是改成好仇，然後用《左傳》裡的「怨耦曰仇」來解釋《詩經》的君子好逑。這種作法是否得宜，也令人懷疑。或曰：逑字《釋文》云「本或作仇」。縱然如此，鄭玄在注解其它經書時，

---

④ 《尚書正義》，頁309。

也不乏說明引用或本乃至某作某等等之例❷，何以此處不云本或作述？當然，《左傳》中固然有用作仇敵義的仇字，如《左傳·文公六年》「損怨益仇❸」，據《杜注》，仇謂趙盾也。又如《左傳·昭公五年》：「晉，吾仇敵也❹。」但是這些例子出現的時代，全都晚於師服，更別提〈周南〉了。至於《詩經》的年代，恐怕少有晚於春秋者。《詩經》中仇、逑屢見，然實則皆無怨仇之義。三家詩怨仇之說，不能盡信。因此若云《左傳》中有此例，因欲以此證明時代更早的《詩經》，謂《詩經》中此字與《左傳》中此字同義。如此論證，頗難服人。故「怨耦曰仇」與其說是「古之命也」，不如說是師服其巫、史、師等人特定之語，假神明以自重。後人不察，竟以爲眞古之所命，遂取怨仇之義以爲釋，豈不謬哉？

六、結　語

本來「窈窕淑女，君子好逑」並不是多麼困難的句子。照《毛傳》的說法，淑女爲君子之好匹，易解易懂。但是另外一個系統的經學家，有不同的傳統立場和觀念；或者換句話說，就是有特定的意識型態。於是淑女變成了爲國君和好眾妾之怨者，而且這些淑女必須是三夫人以上才行。這才符合后妃之德。儘管如此解釋會拐彎抹角，讓人渾身不自在。但是這個系統裡的經學家們，卻如履平夷，

---

❷　見劉文強〈續論「肝人之肉」〉，第四屆兩岸中山大學中文系學術研討會2000.11。

❸　《春秋左傳正義》，頁316。

❹　《春秋左傳正義》，頁745。

毫無困難。甚至在《禮記》中與《詩經》相同的一句「君子好仇」，因為不屬於《詩經》的範疇，所以鄭玄可以遵照《毛傳》的說法。同樣的例子，在《尚書》中也可以遵從《毛傳》的理路。我們面對這樣不合情理的現象，除了會立刻本能地指出，認為這就是鄭玄的錯誤，一如竹添光鴻所云：

> 鄭氏泥《左氏》「怨耦曰仇」，云：「和好眾妾」者，不通文理[45]。

除了指責鄭玄不通文理外，是否以還可更深一層地思考：一位向來被譽為東漢偉大──甚至是最偉大經學家的鄭玄，何以其注解經書時，會出現這麼不可思議的情形[46]？如果是從這個角度來思考，也許得對兩漢經學有更多的研究，才能更加深入地了解其中的原因。這點有待相關研究的學者，提出更好的解答。因此，也就不是本文如此簡短的內容所能擔負的了。

---

[45] 竹添光鴻：《毛詩會箋》（臺北：大通書局1975.9，再版），頁44。
[46] 有關鄭玄注經的問題，本人曾為文略述一二，學者可以參考。見〈《禮記》〈月令〉、〈王制〉鄭注「周制」、「殷制」觀念探析──兼論鄭玄經學立場問題〉（《中山人文學報》第7期1998.9，頁1-16。）

論晉武公受命及其相關問題❶

論文提要

　　周釐王命曲沃武公以一軍爲晉侯，或以爲釐王貪晉寶賂，以致不顧宗法之制，實則此中有更深層的原因。蓋春秋時代王室雖積弱已久，然未必不思振作。唯伯主既興，先是鄭莊，繼有齊桓，皆令王室難以忍受。王室表面合作，實不能容。王室所能爲者，則是拉攏其它諸侯，以資對抗任何伯主，這是周王室在不得已的情況下，長期以來奉行的外交政策。晉武公受命，便是在王室此種外交政策下的產物。

一、晉武公受命的原因

　　《左傳・莊公十六年》記載了一件看來不太起眼，實際卻蘊涵

---

❶　本文發表於《中山人文學報》第5期1997・1，頁1-18。

著相當重要意義的事情，就是周釐王遣使策命曲沃武公爲晉侯❷，

---

❷　關於周天子策命諸侯即位或繼位的事例及儀式過程，出土西周銅器的記載
　　例證甚多。其內容不外是某諸侯死，其子繼之，親至王庭，由其上級長官
　　伴隨，受周天子任命。或新天子登基，爲新天子重新任命，命以「虔乃祖
　　考」云云的記錄。關於這點，現存文獻記錄也有若干。如《左傳·定公四
　　年》衞國史官子魚所謂「命以〈伯禽〉」，「命以〈康誥〉」、「命以〈唐
　　誥〉」，又如《尚書》〈蔡仲之命〉、〈文侯之命〉等，皆其例證。對於
　　策命受封這個問題，歷來學者也早已多有研究，如瞿同祖：《中國封建社
　　會》（臺北：里仁書局1984.6），見其書第二章〈封建社會的完成〉。劉
　　文強：《春秋時代封建制度的解體》（臺北：天工書局1984.6），見其書
　　第一章〈緒論〉。這些策命的事例在金文中多有記載，《詩》、《書》等
　　古籍中也隨處可見。今人陳漢平《西周冊命制度研究》一書（上海：學林
　　出版社1986.12），蒐羅尤爲詳盡，舉凡時間、地點、策命儀式、誥命內容、
　　輿服制度、受命儀式、作器銘識等等，皆有論述，可謂巨細靡遺，學者可
　　以參看。當然，諸侯並不是平白無故就能受天子策命，他們必須對王室提
　　出相當程度的貢獻，主要是定期各依身分財力提供一定額度的貢賦。另外
　　仍然要提供力役、兵役，甚至還要額外提供貴重物品，如銅器、象牙、大
　　龜、犀牛皮，以及奴隸等等。周天子從諸侯提供的貢賦中，可以獲得驚人
　　的經濟利益。除了經濟利益以外，諸侯定期或不定期的朝覲，天子的巡狩
　　等等，也使得周天子再享有政治上的重大利益。關於這些，在以上諸位學
　　者的著作中，也都有詳細的論述，茲不贅言。由西周時期銅器銘文中那種
　　愼重其事的內容，正反應出周天子的冊命效力在當時受到的重視。周王之
　　策命如此受重視，正反應王室權威甚大，王室實力甚強，所以諸侯喜受天
　　王策命，銘之銅器。不過，東周初期，王室雖然仍有其影響力，但是諸侯
　　親至王庭受王策命，繼承爵位的例子，卻不多見。事實上，東周時期的諸
　　侯的繼承過程中，好像不需王命，甚至不需王遣使任命，即可自動進行，
　　其後再由王室追認。推論當時最有可能受王策命繼位的，就是鄭莊公。蓋
　　莊公身爲平王卿士，與王室關係密切，又密邇王都。而記載所及，西周時
　　期，如卿士之職的重要諸侯，皆是周王親自授命。關於這點，銅器上的記
　　載甚多，不待詳舉。就是在現存文獻中，也有記載，如《詩·大雅·江漢》
　　云：「王親命之，纘戎祖考，無廢朕命，夙夜匪解，虔共爾位，賜不庭方，
　　以佐戎辟。」這是周宣王親命召公爲卿士的記錄。鄭莊公既「纘戎祖考」

《左傳·莊公十六年》云：

> 王使虢公命曲沃伯以一軍為晉侯❸。

這時的晉武公好不容易才統一了整個晉國，而晉此時與其他諸侯相
比，實力也不突出❹。為什麼周釐王要費這麼大的事，不遠千里，

為卿士，比照〈江漢〉中的召公虎，當然也要身在王庭，「王親命之」才
是。至於其他諸侯，或許有其它尚未可知的因素，可以由王親自策命。例
如身分為甸侯的諸侯，是否一如晉武公，皆由王遣使策命。而魯、齊、陳、
衛這些諸侯，是否因為身分不是甸侯，又距王都較遠，所以不克前往，周
王甚至也不必遣使策命，只要他們完成繼承手續後，向王室報備即可，因
此也就無所謂受命而立的問題了。由於尚缺乏學者在這方面的研究，目
前無法判斷。總之，就聞見所及，東周初年，受王命策立為諸侯的事例，
的確並不多見。雖然《左傳》並未明言周惠王親自策命晉獻公為晉侯，不
過，鄭莊公繼其父武公為卿士的事例，應該就一如西周銅器的記載，是身
在王庭，由周平王親自策命而繼位。晉獻公既然也是前往王庭，比照西周
以來及鄭莊公的往例，當然也是由惠王親自策命為晉侯。最低限度，也是
王遣使策命，如其父武公之例。所以除了鄭莊公因為是卿士的關係以外，
一旦有些諸侯受王策命而立，就格外引人注意了。至於是親至王庭，受王
策命，而立為諸侯者，更是絕無僅有。而這兩種情形，都發生在春秋初期
晉國的武公和獻公兩代，可見其中內情並不單純。不過鄭莊公繼父業為王
卿士，由王策命而立，可謂理所當然。至於以甸侯的身分，晉武公和晉獻
公這兩人卻也都受王命而立，使得晉國這兩代受策命而立的過程，在春秋
早期，顯得十分突兀。

❸ 《春秋左傳正義》（臺北：藝文印書館，1973年5月景印清嘉慶20年1815
《重刊十三經注疏附校刊記》），頁157。

❹ 此時的晉國，國力甚微，顧棟高說：「晉當春秋之初，翼侯中衰，曲沃內
亂，不與東諸侯之會盟，疑于荒遠之地，然其地實近王畿。是時周新東遷，
列侯未甚兼併，沈、姒、蓐、黃處在太原，虞、虢、焦、滑、霍、楊、韓、
魏列于四境，晉于其中，特彈丸黑子之地，勢微甚。而桓、莊之時，猶能
命諸侯以討有罪。曲沃之叛也，王命虢公伐曲沃。至翼侯滅矣，而虢仲、

遣虢公前往策命只擁有「彈丸黑子之地」的曲沃武公為晉侯呢❺？根據某些書中記載，認為這純粹是周釐王貪得寶物，所以見利忘義，遣使策命武公，例如《史記》，就有兩處提到這件事情，先是在〈十二諸年表〉，其文云：

> 曲沃武公滅晉侯緡，以寶獻周，周命武公為晉君，併其地❻。

其後，在〈晉世家〉中也有如下的文字：

> 晉侯三十八年，曲沃武公伐晉侯緡，滅之，盡以其寶器略獻於周釐王，釐王命曲沃武公為晉君，列為諸侯，於是盡併晉地而有之❼。

而顧棟高根據《史記》的記載，也持這種看法，他說：

> 釐王貪其寶略，列為諸侯，肆其狂猘❽。

以上的記載和說法，皆認為晉武公致力滅晉侯緡。其後武公將所擄

芮伯、荀侯、賈伯同日興師，庶幾方伯、連帥之義安在，〈江漢〉、〈常武〉不可再睹哉！」（《春秋大事表·晉疆域論》（臺北：鼎文書局1974.10），頁152）

❺ 春秋初期，王室至少兩度使虢公策命晉國國君，一是哀侯，在《左傳·隱公五年》；一是晉侯緡，在《左傳·桓公八年》。不過他們都是大宗一系，是正統的繼承人，所以王遣虢公策命，應是遵照慣例。至於晉武公的情況，雖然也算是照例行事，不過其中顯有內情。

❻ 《史記會注考證》（臺北：洪氏出版社1977.5五版），頁249。

❼ 《史記會注考證》，頁622。

❽ 《春秋大事表·晉疆域論》，頁152。

獲的寶器，盡以賂周釐王，得到周釐王的任命，正式立爲晉侯，完
成了曲沃宗奪位的心願。在這個問題上，我們很容易了解，周天子
的策命，當然對晉武公有絕對的好處。但是站在周釐王的立場，爲
什麼干冒天下之大不韙，又涉嫌自毀周人宗法之制，只爲了貪圖一
些寶物，就要策命這只有彈丸黑子之地，又殺嫡奪位的晉武公呢？
我們認爲事情絕對不像顧棟高所說的那麼簡單，周釐王並不是眞的
只爲了貪圖晉武公貢獻的寶物，就輕易地將名器假予晉武公。關於
這個問題，我們可以自兩方面來討論，一是王室對宗法制度的態度。
另外更重要的一點，則與東周初期王室外交政策有關。

首先，我們討論晉武公受命與王室對宗法制度的態度。我們知
道，曲沃武公一系滅其大宗翼城，歷經三代。自其祖桓叔始，經其
父曲沃莊伯，至武公三十八年才算完成，前後將近七十年的時間
（B.C.745-B.C.678）。在這大約八十年的爭戰中，屬於小宗的曲沃一
系，先後殺害了屬於大宗一系的昭侯、孝侯、小子侯以及侯緡，而
後才得釐王策命爲侯。因此，就宗法制度的立場而言，曲沃這一系
是嚴重的破壞者。

本來這種破壞宗法制度的行爲，應該受到周王室的嚴厲制裁才
是，其實不然。在曲沃一系與翼城一系的征戰過程中，周王室有時
甚至還出兵幫助曲沃宗❾。最後雖然曲沃宗獲得勝利，但是周王室
在這場兄弟鬩牆的過程中，立場搖擺不定，確屬事實。原因之一是，

---

❾　《左傳・隱公五年》云：「曲沃莊伯以鄭人、邢人伐翼，王使尹氏、武氏
　　助之。翼侯奔隨。」（《春秋左傳正義》，頁60-61）。其後曲沃叛王，桓
　　王才命虢公伐曲沃，立晉哀侯於翼。

當時的許多諸侯，也都發生類似的事情。更糟糕的是，周王室本身
也有同樣的困擾。遠至西周末幽王以來，爲了嫡庶爭立，鬧得鎬京
淪陷。到了周桓王，又爲了寵王子克，欲立之，差點再度發生奪嫡
事件，幸而辛伯舉發，莊王才倖免於難❿。在這種時空背景下，使
得一向爲天下大宗的周天子，在面對宗法制度的立場，也不能說是
很堅定；再加上當時諸侯無不受到同樣的困擾，釐王可說是見怪不
怪。因此兩害相權取其輕的情況下，一方面接受了晉武公贈送的寶
物，表示武公對王室的尊重，以保留一絲王室的尊嚴。另一方面，
破壞宗法制度者，滔滔天下皆是也，晉國未必是最大的禍首。於是
遣虢公賜命，策立曲沃武公爲晉侯，也就不足爲奇了。

　　不過如果僅止於此，以爲周釐王收受寶物以保留尊嚴，而又有
意忽視宗法制度，所以策命晉武公，那就未於免皮相之談。其實除
了王室對宗法制度無力維護以外，還有更深一層的原因，但是歷來
學者卻無人深究。那就是，立曲沃武公爲晉侯，是釐王爲了挽救王
室僅存的聲名和利益，不得不採用的外交政策。

二、東周王室的外交政策──平王時期

　　討論這個問題，必須自東周王室的整個形勢談起。蓋西周時期，
王室獨大，諸侯莫不俯首聽命，王室與諸侯之間，自無所謂外交政策
的問題。然東遷之後，王室稍弱，不再具有西周時期的絕對權威⓫。

---

❿　事見《左傳·桓公十八年》。

⓫　春秋早期，王室因內亂而東遷，實力稍弱，但並非如春秋晚期那麼狼狽不

堪，只是不能與西周盛世相提並論。顧棟高云：「案東遷後，王畿疆域尚有今河南、懷慶二府之地，兼得汝州，跨河南北。有虢國、桃林之隘，以呼吸西京。有申、呂、南陽之地，以控扼南服。又名山大澤不以封，虎牢、崤、函俱在王略，襟山帶河，晉、鄭夾輔，光武創業之規模，不過是也。平、桓、莊、惠，相繼百年，號令不行，諸侯攘竊。王不能張皇六師，更復披析其地，以爲賞功。酒泉賜虢，虎牢賜鄭，至允姓之戎入居伊川，異類逼處，莫可誰何。」（《春秋大事表·周疆域論》，頁147-148）從以上的分析中可知，東周初年，王室仍然擁有相當廣大的領土，所謂「光武創業規模，不過是也」，誠非虛語。因此王室此時的實力，不是春秋晚期的景況可比擬的。顧棟高又説：「周自平王東遷，尚有太華、外方之間方六百里之地。其時西有虢，據桃林之險，通西京之道。南有申、呂，扼天下之臂，屏東南之固。而南陽肩背，澤、潞富甲天下。轘轅、伊闕，披山帶河。地方雖小，亦足王也。故桓王之世，猶能興師，以號召諸侯。虎牢屬鄭，仍復收之，至惠王始與鄭。以武公之略，張弛自如，皇綱未盡絕于天下也。」（《春秋大事表·周疆域論》，頁148）由於此時王畿尚不算小，國力自然也不算弱。但與西周時比較，當時諸侯並不十分重視王命。當然，周天子並非毫不作爲，只是遭逢播遷之難後，一時之間力有未逮耳。爲了重振王室聲威，因此有必要調整其外交政策，以廣結善緣。即以魯國爲例，王室仍竭盡拉攏能事，如《春秋經·隱公元年》云：「秋七月，天王使宰咺來歸惠公、仲子之賵。」（《春秋左傳正義》，頁38）雖然《左傳》論之曰：「贈死不及屍，弔生不及哀，豫凶事，非禮也。」（《春秋左傳正義》，頁39）然既書之於《春秋經》，可見王室對魯國仍然重視。又如衛國，《左傳·隱公四年》載衛州吁欲請王命以自重之事云：「州吁未能和其民，厚問定君於石子。石子曰：『王覲爲可。』曰：『何以得覲？』曰：『陳桓公方有寵於王，陳、衛方睦。若朝陳使請，必可得也。』」（《春秋左傳正義》，頁57）衛人不服州吁，州吁君位不定，使其方寸大亂，急求解決之道，特遣親信石厚問於其父石碏，石碏則教以請王命以服之。其事若成，對王室自然有所助益。再由「陳桓公方有寵於王」這句話看來，也可以推知周王室對某些諸侯也確實下過一番功夫。而從這些事例看來，王命在當時仍然受到相當程度的重視。州吁之所以會接受石碏的建議，必

東方諸侯原本就因爲王室舉止失措，早已對王室深有不滿⑫。至東遷後，形勢逆轉，王室不再如以往獨大。再加上平王初立時，發生攜王爭立的波折，全賴晉文侯奮戰，才扭轉此一不利局面。在這緊要關頭，以往曾受王室欺凌的諸侯，竟至不聞不問，態度曖昧，對周平王的又子寶位，構成極大的威脅。這些諸侯對王室保持相當疏遠的距離，使王室既無法維持西周時代的聲威，更造成安全上的困擾。這使得王室有必要加強與諸侯之間的外交關係，以免事變重演。如何降低姿態，運用外交手腕，以維護王室聲威，便成爲王室的重要考量。故平王時，主要的政策便是先維繫晉與鄭的關係，而後徐圖曾與之有芥蒂，卻又地位重要的諸侯。例如對魯國的籠絡，周平王就曾費了一番心力，如《春秋經·隱公元年》云：

> 秋七月，天王使宰咺來歸惠公、仲子之賵⑬。

《左傳》云：

然是相信王命的效用。由此可見王命必普遍地深受當時衛人的重視，石碏才得以行其計謀。陳桓公以得周天子之寵爲榮。那麼陳國看重王命，也屬理之必然。其他諸侯如此事例甚多，不煩詳舉。且以其中鄭國爲例。鄭莊公爲平王卿士，動以天子爲名，或命令或征伐諸侯，諸侯往往敢怒不敢言。鄭國固然是因爲鄭武公、莊公兩代經營有成，國力強大。但是其挾王命以令諸侯，更是它在春秋初年，成爲小霸的一個重要原因。由於東周初年，比起諸侯的實力，王室尚稱強大，王命尚能受到諸侯重視。因此受王策命而立，當然也非小事。

⑫ 例如，據〈齊世家〉記載，夷王受紀侯之讒，烹齊哀公。又如〈魯世家〉及〈周語上〉都記載周宣王干涉魯國內政，竟至破壞長子繼承的宗法制度以上等等事蹟，都造成諸侯離心離德。

⑬ 《春秋左傳正義》，頁32。

> 秋七月，天王使宰咺來歸惠公、仲子之賵，緩，且子氏未薨，
> 故名。天子七月而葬，同軌畢至。諸侯五月，同盟至。大夫
> 三月，同位至。士踰月，外姻至。贈死不及尸，弔生不及哀，
> 豫凶事，非禮也❶。

平王行事雖不盡合禮，以致爲人譏諷。不過千里迢迢地送禮，也稱
得上是一片心意。就整體而言，如《左傳·隱公六年》載周桓公曰：
「我周之東遷，晉、鄭焉依」的警語❶，或者又如《左傳·宣公十
二年》載隨武子的話，云：「昔平王命我先君文侯曰：『與鄭夾輔
周室，毋廢王命。』」❶這些記載，充分展現了平王時外交政策的
精神，同時也是東周初期王室一貫的立場。

　　不料鄭莊公趁機縱橫捭闔，展現出靈活的外交手腕。其挾天子
以令諸侯，不但操縱了整個形勢，更玩弄諸侯及王室於股掌之間。
雖說有輔佐之功，但聲勢凌駕王室，周王室根本無法駕馭。這使得
周平王大爲不安，亟思何以制之，挽回劣勢。是以平王晚年已欲起
用虢公，疏遠鄭莊公，以貶抑鄭國勢力。但終儳於形勢，其事遂寢。

三、東周王室的外交政策──桓、莊時期

　　公元前720年，即魯隱公三年，周平王崩，桓王即位，第一件事
就是繼承平王的遺志，排擠鄭莊公。然終儳於鄭莊公的聲威，仍不

---

❶　《春秋左傳正義》，頁38-39。
❶　《春秋左傳正義》，頁71。
❶　《春秋左傳正義》，頁394。

敢貿然行事，《左傳·隱公三年》云：

> 鄭武公、莊公爲平王卿士，王貳于虢，鄭伯怨王，王曰：「無
> 之。」故周、鄭交質，王子狐爲質於鄭，鄭公子忽爲質於周。
> 王崩，周人將畀虢公政。四月，鄭祭足帥師取溫之麥。秋，
> 又取成周之禾。周、鄭交惡❼。

鄭莊公敢如此公然與王室決裂，並且派兵強取王室的農作物，可見
當時鄭國勢力之強大，氣焰之囂張。爲了抵制鄭莊公，王室也必須
有所作爲。既然暫時不能起用虢公以取代莊公的地位，王室就必須
極盡能事重點地拉攏其他諸侯，再以此諸侯爲中心，爲王室營造有
利的環境。在這樣的考慮下，陳國就成爲王室的選擇。《左傳·隱
公四年》衛石碏云：「陳桓公方有寵於王」❽，又云：「陳、衛方
睦」❾。《左傳·桓公五年》載「王以諸侯伐鄭」❿，其中諸侯爲
陳、蔡、衛三國。陳國儼然成了王室外交的重鎮，並以陳爲中心，
連絡其他諸侯，使諸侯能夠心向王室。王室此種外交政策，不可不
謂用心。但是鄭莊公又何嘗不知道王室的意圖？他破解王室政策的
方法，就是使陳國加入自己的陣容，不再幫助王室。鄭莊公先以軟
性訴求，向陳示好。陳國不接受，他就用武力，迫使陳向鄭屈服。
莊公的方法奏效，抵銷了王室的苦心，使王室的政策備受打擊，《左
傳·隱公六年》云：

---

❼ 《春秋左傳正義》，頁51。
❽ 《春秋左傳正義》，頁57。
❾ 《春秋左傳正義》，頁57。
❿ 《春秋左傳正義》，頁106。

> 五月庚申，鄭伯侵陳，大獲。往歲，鄭伯請成于陳，陳侯不
> 許。五父諫曰：「親仁、善鄰，國之寶也。君其許鄭！」陳
> 侯曰：「宋、衛實難，鄭何能爲？」遂不許㉑。

何焯認爲：

> 周、鄭交惡，「陳桓公方有寵于王」，故不許鄭成㉒。

我們認爲何焯的說法很有道理。以「宋、衛實難」的原因，拒絕鄭
國求好，應是表面。眞正的原因是，陳桓公爲配合王室的外交政策，
堅決支持王室。正因如此，鄭莊公伐陳就有一舉數得的作用，既警
告諸侯之不從命者，削弱周桓王的支持；又暗示周天子，鄭的實力
不可輕忽。這當然引起桓王的不悅，並且更加導致周、鄭之間的關
係緊張，《左傳·隱公六年》云：

> 鄭伯如周，始朝桓王也。王不禮焉。周桓公言於王曰：「我
> 周之東遷，晉、鄭焉依。善鄭以勸來者，猶懼不蔇，況不禮
> 焉？鄭不來矣㉓！」

可見鄭伐陳這件事，對王室外交政策的打擊有多麼嚴重。導致王室
對鄭極度反感，竟至以不禮來表達決裂的態度。但是小不忍則亂大
謀，東遷之初，周天子眞正可依靠的諸侯，已經只有晉、鄭兩國。

㉑ 《春秋左傳正義》，頁70。
㉒ 《義門讀書記》。收在《四庫全書》（臺北：臺灣商務印書館1986.3，第
860冊），頁127。
㉓ 《春秋左傳正義》，頁71。

東方諸侯對周王室的態度曖昧不明，使周王室的外交政策已有使不
上力的感覺。一旦晉國內亂，鄭國反目，王室不免陣腳大亂了。鄭
莊公反制王室，除了伐陳，迫使陳國聽命以外，最成功的一點，便
是拉攏齊國，爭取齊人支持❷。在桓王時期，鄭莊公固已如此，《左
傳·桓公六年》云：

> 夏，會于成，紀來諮謀齊難也。……冬，紀侯來朝，請王命
> 以求成于齊，公告不能❷。

可見鄭、齊的聯合，的確發生了功效。紀侯後來雖然與王室聯姻，
仍不能挽回被滅的命運。《左傳·桓公八年》云：

---

❷ 齊、鄭二國狼狽爲奸，各有大欲。鄭欲滅許，齊欲滅紀，故東西呼應。結
　果在鄭莊公的策劃下，鄭先如願以償。王室對鄭滅許的反制，只能以蘇忿
　生之田換取鄭之鄔、劉、蔿、邘之田，聊表抗議，事見《左傳·隱公十一
　年》（《春秋左傳正義》，頁81-82）。至於紀的問題，《左傳·桓公五年》
　載齊、鄭欲襲紀，王則奪鄭伯政以報之（《春秋左傳正義》，頁106）；
　又以諸侯伐鄭，結果王師爲鄭所大敗，桓王甚至肩部中箭（《春秋左傳正
　義》，頁106-107）。《左傳·桓公六年》云：「冬，紀侯來朝，請王命以
　求成于齊。公告不能。」（《春秋左傳正義》，頁114）可見在齊的威脅
　下，魯國不敢強出面，只好暗中幫忙。紀侯在此情況下，只能自求多福，
　與王室通婚，《春秋經·桓公八年》云：「祭公來，遂逆王后于紀。」（《春
　秋左傳正義》，頁118）《左傳》同，並云：「禮也。」（《春秋左傳正
　義》，頁119）雖然，到最後，魯和王室也只有眼睜睜地看著紀爲齊所滅。
　其詳細過程，見《左傳·桓公五年》至《左傳·莊公四年》。
❷ 《春秋左傳正義》，頁111、114。

祭公來，遂逆王后于紀，禮也[26]。

《左傳・桓公九年》云：

九年春，紀季姜歸于京師[27]。

紀的作爲，只不過延緩被滅的時間罷了。到了莊王時期，鄭莊公之子厲公、子儀爭立，仍繼承聯齊政策。紀國就是在這種情況下，成爲鄭、齊結盟下的犧牲品。周莊王四年，即魯莊公元年，《春秋經》云：

齊師遷紀郱、鄑、郚[28]。

莊王六年，魯莊公三年，《左傳》云：

秋，紀季以酅入于齊，紀於是乎始。冬，公次于滑，將會鄭伯，謀紀故也。鄭伯辭以難[29]。

周莊王七年，即魯莊公四年，《左傳》云：

紀侯不能下齊，以與紀季。夏，紀侯大去其國，違齊難也[30]。

齊終於滅了紀，完成了心願。總之，鄭莊公圖謀伯業，必須得到齊

---

[26]　《春秋左傳正義》，頁119。

[27]　《春秋左傳正義》，頁119。

[28]　《春秋左傳正義》，頁136-137。

[29]　《春秋左傳正義》，頁139。

[30]　《春秋左傳正義》，頁140。

的支持。此舉不但使王室少了一個強大的諸侯爲依靠，更糟的是，連帶得使魯、宋、衛等國，都不得不與王室保持距離，以免遭受齊國的武力威脅❸。反之，與王室關係太過密切的國家，就不免遭到國破家亡的下場❷。鄭莊公此舉奏效，使王室與鄭對抗的過程中，在外交上一直處於下風❸。鄭莊公此舉的影響還不僅於此，他遠交近攻，挾齊自重的結果，更造成日後齊桓公起而效之，盡收東方諸侯，隱然有與王室互相抗衡的形勢。就在此時，王室另一支柱晉國自文侯卒後，曲沃宗連年發動內亂，翼城宗自顧不暇，更無力照應王室。在鄭莊公桀鷔不馴的同時，周王室則禍不單行，屋漏逢雨，還面臨失去另一支柱晉國。其他願意爲王室效忠的諸侯，也在鄭莊公用盡各種方法的脅迫之下，無從支持王室。因此，在鄭莊公與王室決裂，及晉國無力支援的情況下，使周平王、桓、莊三代的外交政策完全失敗。

---

❸ 如《左傳·隱公十一年》載鄭欲伐許，齊人助之，這並不令人驚訝。但魯國也出兵相助，則不免有齊的因素。

❷ 如紀、陳二國。陳屢受鄭的侵伐，紀則爲齊所滅，下場尤慘。

❸ 關於隱公六年以後鄭莊公的外交攻勢，據《左傳》的記載，有如下事例，七年宋及鄭平，陳及鄭平。八年鄭歸魯枋，鄭公子忽娶陳媯。齊人平宋、衛、鄭，鄭伯、齊人朝王。九年鄭伯爲王左卿士，鄭伯以王命討宋。十年齊、鄭、魯伐宋。齊、鄭入郕。十一年魯、鄭會于時來。齊、鄭、魯入許。桓王與鄭易田，失鄭。鄭、虢伐宋。蓋鄭國密通王畿，國雖小而實力甚強，其動向對周王室的影響甚大，所以周王室必須拉住鄭國，以維聲勢，以策安全，但未能如願。鄭莊公既與王室交惡，王室已不可能尋求鄭的支持。於是王室在外交戰場上，可謂一敗塗地。於是桓王下定決心，使虢公忌父作卿士于周，以爲報復，見《左傳·隱公八年》。

三、東周王室的外交政策——釐王時期

　　及至周釐王初即位時，齊桓公的伯業正在逐步進行中，對王室的威權與利益的威脅，隱然有加重的趨勢。至周釐王三年，齊桓公初建伯業。這件事立即給王室帶來莫大的危機，必須有所反制。原來，鄭莊公雖然跋扈，但是畢竟還是處處挾王命以自重。因此不論在各方面，對周王室多少還給予適度的尊重和禮遇❸。但是齊桓公自創伯業，情況就完全不一樣了。齊的伯業簡直就是要取代王室的地位，無論在經濟，還是政治方面皆然。或以為齊桓公既高倡尊王攘夷，周天子必當感激涕零，此俗儒之淺見，未能探得真相。其實周王室和具有實力的諸侯如鄭莊公、齊桓公，皆有深刻的內在矛盾。主要的癥結，在爭奪經濟和政治的利益❺。試想，原來諸侯有義務向周天子進貢，而今都入伯主府庫，教周天子如何生存？又如何維持天子的排場？不僅如此，諸侯本也有義務朝拜周天子，如今也都向伯主屈服，這讓周天子的顏面是何等難堪？教周天子如何能夠忍受？如果鄭國願意加入王室陣容，周天子還可以靠鄭國和其他小國

---

❸　如《左傳‧桓公五年》記載繻葛之戰，王師大敗，祝聃射王中肩，請追擊王師，莊公止之，云：「君子不欲多上人，況敢陵天子乎？苟自救也，社稷無隕，多矣。」（《春秋左傳正義》，頁106）於是特地在當晚派「祭足勞王，且問左右。」（《春秋左傳正義》，頁106）由此可見鄭莊公的心態。

❺　請參看註一所列瞿同祖及劉文強二人論文，其中對諸侯與王室之間的權利與義務，皆有詳盡的介紹。

諸侯維持場面。但是到了這個時候，東方諸侯如魯、衛、陳等國，已先後加入齊桓陣容，這對王室而言，已是莫大的危機。誰知其後鄭國也在次年棄周而去，這對周釐王而言，是可忍，孰不可忍？因此，當鄭國正式投入齊桓公的陣容，釐王必須有所表現，以維持王室的聲威。在同一年的冬天，諸侯同盟于幽，鄭國倒向齊桓公陣營之後，釐王立刻策命殺嫡奪位的晉武公，正式立為晉侯，作為周王室對抗齊桓公的一種手段。所以周釐王策命立晉武公這步外交政策，不是為了貪圖寶物，也不僅是對宗法制度視若無睹。實在是因為齊桓公稱伯，對周天子的各方面的影響太大，不得不走的一步險棋❸❻。從當時一連串的事情看來，可以發現周釐王策命曲沃武公為

❸❻ 為了證明我們看法，必須先明瞭當時的國際情勢，尤其是齊桓公如何營造其伯業。齊桓在管仲輔佐之下，只花了八年時間的經營，就建立了桓公的伯業。據《左傳》記載，齊桓公於魯莊公十三年冬與魯平，其後服宋（《春秋左傳正義》，頁154），《春秋經·莊公十四年》云：「冬，單伯會齊侯、宋公、衛侯、鄭伯于鄄。」（《春秋左傳正義》，頁155）《左傳》云：「冬，會于鄄，宋服故也。」（《春秋左傳正義》，頁156）宋人服後，再服陳、衛，於是齊桓伯業確定。《春秋經·莊公十五年》云：「十有五年春，齊侯、宋公、陳侯、衛侯、鄭伯會于鄄。」（《春秋左傳正義》，頁156）《左傳》云：「十五年春，復會焉，齊始霸也。」（《春秋左傳正義》，頁156）這一次會盟，齊桓公收服了一向支持王室的鄭，伯業形勢更加鞏固。《春秋經·莊公十六年》：「冬，十又二月，會齊侯、宋公、陳侯、衛侯、鄭伯、許男、滑伯、滕子同盟于幽。」（《春秋左傳正義》，頁156）《左傳》云：「冬，同盟于幽，鄭成也。」（《春秋左傳正義》，頁157）在齊桓公前八年努力創建伯業的過程中，其中有一點特別值得注意的，就是除了在即位第二年，為魯莊公敗於長勺以外，齊桓公幾乎從未對重要的諸侯如魯、衛、鄭、宋用兵，但是諸侯卻願意加入齊的陣容。〈晉語二〉載宰周公之語，說齊桓公：「夫齊侯示好，務施與力而不務德，故

晉侯，這樣的外交政策，有其實際政治上的目的。一方面是想努力
提升王室威信，另一方面就是抵制由伯主齊桓公所率領的東方諸侯
集團的聲勢。而就在釐王命曲沃武公爲晉侯之前，《左傳》記載「冬，
同盟于幽，鄭成也」 **❸**；在其下，《左傳》接著就記載：「冬，王
使虢公命曲沃伯以一軍爲晉侯」 **❸**。說明爲周王室倚重的鄭，已經
正式投向齊桓公的陣營，無力再支持王室。因此，「鄭人成」後，
周釐王有必要拉攏一向支持王室，但是卻殺嫡奪宗，內亂初定的晉
武公，以免王室的地位更形不振。就算是這個晉已不是原來的大宗，
就算是這個晉武公破壞了宗法制度。爲了王室的利益和前途，釐王
也都在所不惜。因此鄭厲公一旦向齊桓公靠攏，周釐王便立刻策命
晉武公爲晉侯，聊以抵制齊桓伯業，振奮王室人心。因此晉武公受
王命，得以立爲晉侯，對他本身固然有利無害。對周釐王而言，爲
了王室，實行這樣的外交政策，實在也是迫不得已。

四、東周王室的外交政策──惠王時期

如果說釐王遣虢公策命晉武公，使立爲晉侯，是一件值得我們

輕致諸侯而重遣之，使至者勸而叛者慕。懷之以典言，薄其要結而厚德之，
以示之信。三屬諸侯，存亡國三，以示之施。」（《國語》，臺北：宏業
書局，1980年9月《四部備要》排印清士禮居翻刻明道本，頁300）可見齊
桓公主要是採用外交手段，與諸侯結盟，獲得諸侯信服，就達到爲諸侯伯
主的地位。桓公此舉，可謂以德服人，不以兵車矣。
❸ 《春秋左傳正義》，頁157。
❸ 《春秋左傳正義》，頁157。

注意的事情。那麼兩年後，釐王死，子惠王立，又在王庭親自接待晉獻公爲這件事，就更應受人注意了❸，《左傳·莊公十八年》云：

> 虢公、晉侯朝王，王饗醴，命之宥。皆賜玉五瑴，馬三匹❹。

杜預《注》云：

> 王之覲群后，始則行饗禮，先置醴酒，示不忘古。飲宴則命以幣物。宥，助也。所以助歡敬之意，言備設❹。

---

❸ 據《左傳》記載，凡王策命晉侯，皆派遣虢公爲使，這是第一點。如〈隱公五年〉云：「王命虢公伐曲沃，而立哀侯于翼。」（《春秋左傳正義》，頁61）〈桓公八年〉云：「王命虢仲立晉哀侯之弟緡于晉。」（《春秋左傳正義》，頁119）即使曲沃武公滅晉侯緡，《左傳·莊公十六年》云：「（釐）王使虢公命曲沃武公以一軍爲晉侯。」（《春秋左傳正義》，頁157）《左傳·莊公十八年》云：「虢公、晉侯朝王。」（《春秋左傳正義》，頁158）第二點，我們認爲，晉獻公受策命的經過應該是遵古禮。即獻公到了王都，在王庭某處，由虢公右，接受周惠王的命令。按照慣例，晉獻公先爲虢公所「右」，在王都某處，受周惠王策命繼位。策命時詳細的過程，請參看註1所引各家的論述。策命典禮完畢後，再與虢公一起朝王，接受周惠王款待與賜贈。我們都知道，在西周時期，諸侯親至王庭，受王策命，銅器多有記載，不足爲奇。但是到了東周時期，就所見資料，晉獻公卻是唯一親至王庭，受王策命的諸侯。這樣的特例，必然有許多令人玩味之處。再考慮到惠王對晉獻公的厚禮和賜贈，以及接下來《左傳》就記載「虢公、晉侯、鄭伯使原莊公逆王后于陳。陳媯歸于京師，實惠后」。可見王室的聲勢，因爲晉獻公的加入，鄭的歸隊，及與陳的通婚，又恢復了不少。

❹ 《春秋左傳正義》，頁158-159。

❹ 《春秋左傳正義》，頁158。雖然楊伯峻不同意杜預對命之宥的看法，以

孔《疏》云：

> 《詩序》曰：「〈鹿鳴〉，燕群臣嘉賓也。既飲食之，又實
> 幣帛筐篚，以將其厚意。」……《傳》稱「饗醴」、「命宥」，
> 言其備設盛禮也❷。

何以周惠王寧願失禮，也要隆重地接待晉獻公？因為惠王初立，面
臨的形勢卻比其父釐王時更為惡劣。為了維護王室的聲威，有必要
拉攏諸侯，以壯聲勢。但是此時齊桓公伯業方盛，諸侯莫不從，惠
王除了虢公以外，王令幾乎已不能行。於是周惠王這時的外交政策，
就是希望能再找到一些有實力的諸侯，以對抗齊桓公的東方集團，
重建王室的聲威。此時若有其他稍為強大的諸侯肯受王命，對王室
的聲威當然有所助益。而晉自武、獻以來，國力日漸強大，若能納
入王室勢力，再輔以鄭，就足以回復東周初年晉、鄭夾輔的局面，
以對抗齊桓公的東方集團勢力。

因此惠王初即位時期的外交政策，便是沿用自平王以來「晉、
鄭焉依」的外交政策，同時加強與晉、鄭的關係；其重點之一，便
是按照向來的慣例，在惠王即位的同一年，重新策命晉獻公繼晉武
公之位為晉侯。這種作法，既合乎西周以來傳統禮節，又能拉緊晉
國，以維繫王室聲望。至於晉獻公借由王命以定名分，不但對他的

為是：蓋此享為天子款待諸侯，必王命之，然後虢公、晉侯始敢於主人敬
酒之後奉命回敬酒於主人（《春秋左傳注》，臺北：源流出版社1982.3，
頁207）。二說不論孰是孰非，但以周惠王饗虢公與晉侯，又賜馬、賜玉，
仍然顯示惠王對此二人的禮數甚周。

❷ 《春秋左傳正義》，頁159。

身價大有助益，更能提高了晉國的國際地位，當然樂於聽命。在這種情況下，雙方一拍即合，乃至王室也顧不得策命時之禮儀適當與否，重賞晉獻公。這樣的外交政策，顯示了王室爲了己身的前途，並未放棄任何機會。另外，再度恢復與鄭的友好，以取得二國的支持。惠王的政策，立刻就得到這兩個國家的回報❹。

其後周惠王有廢嫡立庶之意，齊桓公卻堅持「無易樹子，無以妾爲妻」的原則。齊桓公的作法，簡直就是在向周惠王庶子匹嫡的作法挑戰❹。周王室和齊桓公本已在經濟和政治上有嚴重的利益衝突，至此，又再加上雙方對宗法制度的歧異又甚深，因此雙方的關係陷入緊張的狀態❹。因此惠王欲廢嫡立庶，只不過是點燃火藥庫

---

❹ 晉的回報已見註40。鄭則雖小而實力甚強，又密邇王畿，與周的關係一直密切。鄭厲公頗有乃父莊公的材幹，又願爲王室出力。故王子頹之亂，鄭伯先和王室。不克，則執燕父，先除子頹羽翼。又與虢公胥命，殺王子頹以定王室。事見《左傳》莊公二十年及二十一年。一時之間，王室頗有聲勢。不料厲公死於同年季冬，王室的願望頓時又趨幻滅。

❹ 《孟子·告子下》載齊桓公葵丘之會的誓辭云：「初命曰誅不孝，無易樹子，無以妾爲妻。」（《四書集注·孟子》，臺北：世界出版社1980.10，二十五版，頁181）此時惠王已死，襄王新即位。桓公的宣言，當然具有象徵的意義。

❹ 至於周王室庶子匹嫡的記錄，可謂史不絕書，除了周幽王因此而身死國亡之外，到了東周，據《史記·周本記》云：「桓王崩，子莊王佗立。莊王四年，周公黑肩欲殺莊王而立王子克。辛伯告王，王殺周公，王子克奔燕。十五年，莊王崩，子釐王胡齊立。釐王三年，齊桓公始霸。五年，釐王崩，子惠王閬立。惠王二年，初，莊王嬖姬姚生子頹，頹有寵。及惠王即位，奪其大臣園以爲囿，故大夫邊伯等五人作亂，謀召燕、衛師伐惠王，惠王奔溫，已居鄭之櫟。立釐王弟頹爲王，樂及偏舞，鄭、虢君怒。四年，鄭與虢君伐殺王頹，復入惠王。惠王十年，賜齊桓公爲伯。二十五年，惠王

的導火線。於是加深了雙方的敵意，使雙方在外交戰場上的角力，更加白熱化。《左傳·僖公五年》云：

> 會於首止，會王大子鄭，謀寧周也。……秋，諸侯盟。王使周公召鄭伯，曰：「吾撫女以從楚，輔之以晉，可以少安。」鄭伯喜於王命，而懼其不朝於齊也，故逃歸不盟**❹**。

楊伯峻云：

> 惠后寵少子帶，惠王有廢太子之意，故齊桓公作首止之會，尊王太子鄭以安定之。此會固非惠王之意，故惠王間鄭，使之逃盟**❹**。

楊說甚是。齊桓公有意地召開首止之會，周、齊雙方原來潛在的衝突，終於在此刻爆發。這時包括耿、霍、魏、東山皋落氏等環繞在晉周邊的許多大小不等的國家，都已為晉獻公所滅，晉的形象已不

崩，子襄王鄭立。襄王母蚤死，後母曰惠后。惠后生叔帶，有寵於惠王，襄王畏之。」（《史記會注考證》，頁81）周王室自周幽王以來，就一再地發生因「庶子匹嫡」而引起的內亂，顯示王室在處理繼承上出了問題。這種事情，幾乎代代相傳，則不能不令人訝異。齊桓公既創伯業，思有以號召諸侯，其重點便是維護嫡長繼承。這是宗法制度的核心，絕不容庶子奪位。凡是對這種足以影響其伯業號召的事情，齊桓公自然深惡痛絕。葵丘之會中，孟子所云齊桓公標榜的五項政策，就是最鮮明的例證。本來齊與周的關係就不和睦，現在齊桓公公開宣揚保障嫡長的政策，更與周惠王勢同水火。
❹ 《春秋左傳正義》，頁207。
❹ 《春秋左傳正義》，頁306。

再是以往的小國，而是頗具實力的強國。惠王鑑於虢滅在即❹，鄭不足以抗齊，無計可施。只能拉攏原來不受齊桓公影響的晉，另外勾引蠻夷之邦的楚，以對抗齊桓公❹。《春秋經·僖公六年》云：

> 夏，公會齊侯、宋公、陳侯、衛侯、曹伯伐鄭，圍新城。秋，楚人圍許。諸侯遂救許❺。

《左傳》云：

> 夏，諸侯伐鄭，以其逃首止之盟故也。圍新密，鄭所以不時城也。秋，楚子圍許以救鄭。諸侯救許，乃還。冬，蔡穆侯將許僖公以見楚子於武城。許男面縛、銜璧，大夫衰絰，士輿櫬。楚子問諸逢伯，對曰：「昔武王克殷，微子啓如是。武王親釋其縛，受其璧而祓之。焚其櫬，禮而命之，使復其所。」楚子從之❺。

周惠王向鄭文公的保證，果然兌現。當諸侯伐鄭，楚成王即以圍許以解鄭危。周惠王寧願鄭文公投向蠻夷的楚國，寧願蔡和許倒向楚

---

❹ 晉滅虢與首止之會的時間幾無落差，見《左傳·僖公五年》。

❹ 《左傳·桓公二年》云：「蔡侯、鄭伯會于鄧，始懼楚也。」（《春秋左傳正義》，頁95）這是公元前710年。可見自春秋初年以來，楚的實力就已發展地十分迅速，足以讓鄰近的中原諸侯畏懼。到了僖公五年，即公元前655年，又經過了半個多世紀，楚國的國力更有驚人的發展，從惠王要撫鄭以從楚這句話看來，楚已成爲唯一可以單獨對抗齊桓公的國家。可見周惠王早已和楚有默契，所以齊桓公才不辭勞苦，親率諸侯至召陵，向楚國展現實力，爲的就是要警告楚國不要輕舉妄動。

❺ 《春秋左傳正義》，頁214。

❺ 《春秋左傳正義》，頁214。

的懷抱，也不願他們加入齊桓公的陣容。只不過周惠王雖能逞一時之快，但終敵不過現實的情勢，《左傳・僖公七年》云：

> 七年春，齊人伐鄭，孔叔言於鄭伯曰：「諺有之，曰：『心則不競，何憚於病？』既不能彊，又不能弱，所以斃也。國危矣，請下齊以救國。」公曰：「吾知其所由來矣，姑少待我。」對曰：「朝不及夕，何以待君。」夏，鄭殺申侯以說于齊。……秋，盟于甯母，謀鄭故也。管仲言於齊侯曰：「臣聞之，招攜以禮，懷遠以德。德、禮不易，無人不懷。」齊侯脩禮於諸侯，諸侯官受方物。鄭伯使大子華聽命於會，言於齊侯，曰：「洩氏、孔氏、子人氏三族，實違君命。君若去之以爲成，我以鄭爲內臣，君亦無所不利焉。」齊侯將許之。管仲曰：「君以禮與信屬諸侯，而以姦終之，無乃不可乎？子父不奸之謂禮，守命共時之謂信。違此二者，姦莫大焉。」公曰：「諸侯有討於鄭，未捷。今苟有釁，從之，不亦可乎？」對曰：「君若綏之以德，加之以訓。辭，而帥諸侯以討鄭。鄭將覆亡之不暇，豈敢不懼？若摠其罪人以臨之，鄭有辭矣，何懼？且夫合諸侯，以崇德也。會而列姦，何以示後嗣？夫諸侯之會，其德、刑、禮、義，無國不記。記姦之位，君盟替矣。作而不記，非盛德也，君其勿許。鄭必受盟。夫子華既爲大子，而求介於大國以弱其國，亦必不免。鄭有叔詹、堵叔、師叔，三良爲政，未可間也。」齊侯辭焉。子華由是得罪於鄭。冬，鄭伯使請盟于齊❺❷。

---

❺❷ 《春秋左傳正義》，頁214-216。

鄭國後來考慮到本身的問題，齊也用管仲之謀以安撫鄭，故鄭再度與齊桓公言歸於好。雖然鄭的轉向如此出惠王意料之外，但由此亦可見王室的心態，是如何仇視齊桓公。周王室的這種外交政策，雖然勉強牽制了齊桓公，使齊桓伯業大爲失色。另外也間接造成楚國勢力不受羈絆，得肆無忌憚，大舉北上中原，與中原諸侯爭衡❸。因此這個階段，造成中原華夏被髮左衽危機的，不是別人，正是周王室自身。歷史造化作弄人，莫此爲甚，可堪浩嘆。還可注意的是，王室的外交政策，也有明顯的轉向。從原來的聯合晉、鄭以制衡齊，變成聯晉、鄭從楚以對抗齊。自此春秋局勢正式由東西對抗，變爲

---

❸ 楚國勢力此時已經十分強大，足以和齊桓公分庭抗禮。但是由於齊桓公足以號召諸侯團結，凝聚成強大的聯盟，在召陵一地，展現實力，因而暫時阻擋了楚國的勢力，使楚國在北上的推進並不順利。雖然，如果有周王室的引進，正是它求之不得的機會。這樣子，它才有可能取代齊桓公，號令中原諸侯，成爲新的伯主。故桓公不得不於召陵之會時，向楚人炫耀軍威。此舉雖然暫時壓抑了楚國對中原諸侯的野心，但是距齊較遠的小國，齊桓公也鞭長莫及，只得眼睜睜地看著他們被楚國兼併。在首止之盟後，《左傳·僖公五年》云：「楚鬭穀於菟滅弦，弦子奔黃。於是江、黃、道、柏方睦於齊，皆弦姻也，弦子恃之而不事楚，又不設備，故亡。」（《春秋左傳正義》，頁207）這顯示齊桓公的有心無力，也說明了王室的作法，的確對齊桓公的伯業造成相當大牽制。不過春秋早期時，因爲楚的羽翼尚未豐滿，中原諸侯還可以有所緩衝。等到楚的勢力日漸北上，直接影響到這些位處中原的諸侯時，他們當然深感憂慮。所以他們願意團結在一個可以信任，實力又強大到足以保護其安全的諸侯之下，這正是齊桓公能成就伯業的基本原因。至於楚國，從春秋初期至首止之會這段時間，它的發展幾乎不受任何限制，原因是它的周圍並沒有像齊這樣的大國。這使得楚在兼併小國的過程中，即使遭受到若干阻礙，也都只是暫時性的，對楚國的擴張不能發揮阻止的作用。

南北爭衡。惠王這樣的外交政策，對春秋時代當日的局勢，有莫大的影響。至於齊桓公所標榜的尊王攘夷政策，更因爲周惠王引進蠻夷之楚的勢力，成爲荒謬的矛盾。

五、東周王室的外交政策——襄王時期

　　即至周惠王死，周襄王懼太叔帶奪位，竟至不敢發喪。最後在齊桓公號召諸侯的大力支持下，終於有驚無險地登上天子寶座，《左傳·僖公七年》云：

> 閏月，惠王崩。襄王惡大叔帶之難，懼不立，不發喪，而告難于齊❺❹。

《春秋經·僖公八年》云：

> 八年春王正月，公會王人、齊侯、宋公、衛侯、許男、曹伯、陳世子款盟于洮。鄭伯乞盟❺❺。

《左傳·僖公八年》云：

> 八年春，盟于洮，謀王室也。鄭伯乞盟，請服也。襄王定位而後發喪❺❻。

可見襄王能登上王位，全靠齊桓公的支持。因此到了葵丘之會，照

---

❺❹　《春秋左傳正義》，頁216。

❺❺　《春秋左傳正義》，頁216。

❺❻　《春秋左傳正義》，頁216。

理說，周襄王對齊桓公功同再造的恩德，應該感恩圖報才是。可是結果卻大出人意料之外。《左傳·僖公九年》云：

> 夏，會于葵丘，尋盟，且脩好，禮也。王使宰孔賜齊侯胙，曰：「天子有事于文武，使孔賜伯舅胙。」齊侯將下拜，孔曰：「且有後命。天子使孔曰：『以伯舅耋老，加勞，賜一級，無下拜。』」對曰：「天威不違顏咫尺，小白余敢貪天子之命無下拜？恐隕越于下，以遺天子羞，敢不下拜？」下，拜。登，受。秋，齊侯盟諸侯于葵丘，曰：「凡我同盟之人，既盟之後，言歸于好。」宰孔先歸，遇晉侯，曰：「可無會也！齊侯不務德而勤遠略，故北伐山戎，南伐楚，西爲此會也。東略之不知，西則否矣，其在亂乎！君務靖亂，無勤於行❺❼。」

周襄王雖然在表面上給足了齊桓公面子，既賜胙，又加勞，使無下拜，眞可謂禮遇有加了。可是暗地裡，卻大挖齊桓公的牆腳，唆使晉獻公不要加入齊桓公的陣容。因爲這時的晉國已於四年前滅了虞和虢，實力更是大爲精進。而王室早在虢面臨危急時，就已決定放棄。現在，打擊齊桓伯業的基本政策仍維持不變，可是想達到這個目的，拉攏實力驟增的晉國，就成了王室的唯一希望。因爲其他諸侯，不是實力不足，就是不願成爲王室的倚靠。只有晉，既有實力，又還未加入齊桓公的陣容。上引宰孔對晉獻公的一段話，就充滿了晉獻公可以獨當一面的暗示，與周王室迫不及待的心情。〈晉語二〉

---

❺❼ 《春秋左傳正義》，頁218-219。

同樣也記載了這件事情，並且有更詳細的內容，其文云：

> 葵丘之會，獻公將如會，遇宰周公，曰：「君可無會也。夫
> 齊侯好示，務施與力而不務德，故輕致諸侯而重遣之，使至
> 者勸而叛者慕。懷之以典言，薄其要結而厚德之，以示之信。
> 三屬諸侯，存亡國三，以示之施。是以北伐山戎，南伐楚，
> 西爲此會也。譬之如室，既鎭其甍矣，又何加焉？吾聞之，
> 『惠難遍也，施難報也。不遍不報，卒於怨讎。』夫齊侯將
> 施惠出責，是之不果奉。而暇晉是皇？雖後之會，將在東矣。
> 君無懼矣，其有勤也。」公乃還❺❽。

宰孔的一段話，顯然是周王室的基本外交政策，一面捧晉，一面抑
齊。爲的就是扯齊桓公後腿，不讓齊桓公的伯業影響王室更多，並
期待拉住晉獻，爲王室壯聲色。乍看周襄王對齊桓公的態度，可謂
恩將仇報，令人難以置信。但是考慮到鄭文公已加入齊桓公的陣容，
若晉獻公再離襄王而去，王室將全無倚靠，只能任人宰割。事實上，
日後的發展，正是如此❺❾。因此考慮到東周王室的立場後，也許可

---

❺❽　《國語》，頁300。

❺❾　晉獻公卒，諸子爭立，齊桓公亦不願置身事外。《左傳・僖公九年》云：
「齊侯以諸侯之師伐晉，及高梁而還，討晉亂也。……齊隰朋帥師會秦師
納晉惠公。」（《春秋左傳正義》，頁220）《左傳・僖公十年》云：「夏
四月，周公忌父、王子黨會齊隰朋立晉侯。」（《春秋左傳正義》，頁221）
可見王室對晉的影響力也不再獨尊，有被齊桓公取代的趨勢。有鑒於此，
王室必須有所動作，《左傳・僖公十一年》云：「天王使召武公、内史過
賜晉侯命。」（《春秋左傳正義》，頁222）或許是感恩圖報，晉惠公仍
然效忠王室，並未棄王室不顧，故同年《左傳》云：「夏，揚、拒、泉、

以讓我們對周襄王的苦處，產生一絲同情吧。

六、結　論

　　關於周釐王策命晉武公，有其特殊目的。顧棟高說是因為釐王貪武公寶賂，此乃皮相之談。至於宗法制度雖然重要，但仍敵不過現實的考慮，何況王室本身在這點上，也未免於州官放火之譏。其次，周王室東遷之後，雖然國力大減，但是對於王室的權威和利益，仍然竭心盡慮地維護。由於國力大不如前，不再可能以威權的方式，命令諸侯。於是它的外交政策，便是如何攏絡諸侯，以維護王室最後的尊嚴。策命晉武公和晉獻公，便是在這種外交政策下的產物。雖然這種外交政策並未發揮預期的效用，終不可說王室毫不振作，但事與願違耳。畢竟外交得靠實力作後盾，王室縱然努力地施展各種外交政策，以期突破困境，卻不能脩明內政，使其所有外交政策皆成徒然。尤其王室欲挾蠻夷之楚以制中原之齊，無異引狼入室，自貽伊戚。齊桓公固然受此牽制，使北方聯盟產生裂痕。楚國也因此得趁機北上，擴充勢力。惠王此種近乎洩憤之舉，頓使春秋局勢

　　皋、伊、雒之戎同伐京師，入王城，焚東門，王子帶召之也。秦、晉伐戎以救周。秋，晉侯平戎于王。」可見晉惠公對王室仍有貢獻。至於晉惠公的兄長，五伯之一的晉文公，對待王室就沒那麼客氣了。晉文公竟然使天王狩于河陽，周襄王亦不敢不去。這件事連孔子都無法為晉文公曲辯，只能發出「以臣召君，不可以訓」的空話而已。淪落到這個地步，王室的地位和聲望，也就可想而知了。

爲之改觀⑩。此種不顧一切，玉石俱焚的後果，蓋出乎其意料遠矣。
至於周襄王雖然是在齊桓公大力支持之下，才得以反國即天子之
位。照理說，齊桓公對他既然有這麼大的恩惠，襄王總該投桃報李
才對。可是結果卻如此令人意外，可見襄王必有苦衷。其中牽涉到
的，主要是整個王室的外交政策，不會是襄王個人的因素。政治上
的現實，一至於此，豈能不令人慨嘆？

---

⑩ 《左傳‧僖公十八年》云：「十八年春，宋襄公以諸侯伐齊。三月，齊人
殺無虧。鄭伯始朝于楚。」（《春秋左傳正義》，頁238）可見齊桓公一
死，北方諸侯便群龍無首。宋襄公雖欲起而代之，但其實力不足以擔此重
任。於是鄭文公見風轉舵，向楚靠攏，楚北上的氣焰頓時大增，春秋的新
局面從此開展。會演變成這樣的結果，周惠王撫晉、鄭以朝楚的政策，實
難辭其咎。

未竟其志的伯者——論晉獻公

論文提要

本文討論晉獻公的一生事蹟，重點在除公族，滅虢，立驪姬，廢太子申生四項重大事件。歷來對晉獻公多有微詞，本文則從不同的角度觀察，認爲這四點實爲一事之不同面相。總結來說，重點在廢太子申生一事。唯何以廢太子？本文以爲，申生與獻公的立場歧異，厥爲主因。尤可注意者，後世英主所慮所爲，太子每異之，故此類太子非疏即廢。雄材大略，如秦皇、漢武之流者，咸有此累，非獻公一人而已。

一、前　言

在春秋時代稱伯的國家中，晉國無疑是其中最重要的一個。晉國正式稱伯始於晉文公城濮之勝，而文公的基業頗受益於其弟惠公，這一點，鮮見學者提及。非但如此，惠公的基業實來自其父獻

公，這點也很少受到重視。晉獻公對晉國的重要性又不僅開疆辟土而已，他的一些重要措施不但影響晉國，甚且影響春秋、戰國，乃至戰國以下。獻公有如此重大作爲，後人卻不甚在意，對獻公而言，並非十分公平。本人今試爲此文，目的在說明晉獻公在位其間有其重要措施，影響後世極大，今人應予其適當評價，並重新檢討晉獻公在歷上的地位。

眾所周知，春秋時代的晉國，是由原爲晉國小宗的曲沃宗，不斷地攻擊原爲大宗的翼城宗，終於取而代之之後，經由周天子重新任命的新興國家。其過程歷經六十七年，由西周末至春秋初；其結局造成了一個新興的國家，充滿了擴張的欲望。因爲它是以小宗的身份奪取了大宗的地位，是以宗法制度對它而言，可謂一大束縛，必欲去之而後快；因爲它是一個新興的國家，與周圍暮氣沈沈的諸侯相比之下，顯然是朝氣蓬勃。又因爲它有強烈的擴張野心，是以國勢發展極爲迅速，不過百年的時間，竟取代了周天子共主的地位，成爲萬方矚目的伯主，連周天子也得忍受其淫威。於是自從春秋中葉起，晉國便主宰了春秋時代的動向，且一直及於戰國時代，其影響可謂深遠矣。

獻公之先祖晉穆侯生二子，長子文侯，命之曰仇；次子桓叔，命之曰成師。晉人師服預言穆侯命子不當，晉將有亂。針對此點，本人曾爲文論述命名之舉，以爲師服之言不可輕信❶。《左傳》、《史記》均載此事，然內亂非晉國所獨有，蓋歷西周至春秋時代多有此事，不勝枚舉。然尤可注意者，乃亂事之起，非盡由諸侯內部

---

❶　〈論君子好逑〉，第二屆中國經學學術研討會（臺中：逢甲大學，2001.12）。

權力分配不均；外力干擾常有甚於內亂者，且往往一發不可收拾。
以魯國為例，《史記·魯周公世家》云：

> 武公九年春，武公與長子括、少子戲西朝周宣王，宣王愛戲，
> 欲立戲以為魯太子。周之樊仲山父諫宣王曰：「廢長立少，
> 不順；不順，必犯王命；犯王命，必誅之。故出令不可不順
> 也。令之不行，政之不立，行而不順，民將棄上。夫下事上，
> 少事長，所以為順。今天子建諸侯立其少，是教民逆也。若
> 魯從之，諸侯效之，王命將有所壅。若弗從而誅之，是自誅
> 王命也。誅之亦失，不誅亦失，王其圖之。」宣王弗聽，卒
> 立戲為魯太子。夏，武公歸而卒，戲立，是為懿公。懿公九
> 年，懿公兄括之子伯御與魯人攻弒懿公，而立伯御為君。伯
> 御即位十一年，周宣王伐魯，殺其君伯御，而問魯公子能道
> 順諸侯者，以為魯後。樊穆仲曰：「魯懿公弟稱；肅恭明神，
> 敬事耆老。賦事行刑，必問於遺訓，而諮於固實，不干所問，
> 不犯所知。」宣王曰：「然。能訓治其民矣。」乃立稱於夷
> 宮，是為孝公。自是後諸侯多畔王命❷。

上引〈魯世家〉文，其來源應是出自《國語·周語上》，只是文字
小有不同。這段文字反應出，即使在西周末年宣王時代，周天子仍
有絕對的權力，諸侯唯天子之命是從。但因宣王廢長立幼的不當措
施，引起諸侯的反感，於是「自是後諸侯多畔王命」，只是表面上
仍不敢不從王命。一旦周王室崩潰，諸侯連表面的敬意都不復存。

---

❷ 《史記會注考證》（臺北：洪氏出版社1977.5五版），頁570-571。

所以宣王的干預魯人立君，可謂不智之舉。諸侯既因此多畔王命，故太史公在〈十二諸侯年表序〉云「亂自京師始。」這些事件說明了一個重要的關鍵，即身爲周室宗主的周天子，竟然成爲破壞宗法制度的罪魁禍首，因而遭到以魯、衛爲首的東方諸侯抵制。因此在王室東遷之後，當諸侯也開始破壞宗法制度時，周天子一方面無力制止，而另一方面環顧左右竟無支持者，心虛已甚，不得不拉攏諸侯，以維持王室的顏面。歸賵、求車，史不絕書因此，只要有人來請王命賜封時，周天子便欣然同意。衛州吁欲以王覲周旋於諸侯，其事未成耳；而晉武公則一帆風順地受封爲晉侯。凡此種種，或許便與自周宣王以來周王室的心態有關了。因此周人的封建、宗法制度其實是由周天子本身開始破壞，而其過程則由晉國加速並完成。

晉武公之得受命封侯，在春秋時代可謂異數之事。當時諸侯中，也有不少類似事件，但皆爲大宗一系如鄭莊公所平定。晉武公卻以小宗反噬大宗獲得成功，並且還得到周天子正式認可，受命封侯。在此事件中，破壞宗法制度的主角固爲晉國，而周天子本人也成了幫兇，可不令人訝異。但晉武公雖得受命封侯，卻在兩年後死去，未能再有作爲。及其子獻公即位，對其父之所以得受命封侯的過程，顯然有了極強烈的印象。因此即位之後，對公族便展開了殘酷的殺戮。其原意應爲保持君位的穩固，而後來的發展卻遠出其意料之外矣。晉國在此過程中，固然扮演了主要的國家。而本人認爲，晉獻公在此這個演變過程之中，更有其吃重的演出。

二、群公子與虢

(1)除群公子

獻公除群公子一事十分明確,而其原因:「桓、莊之族偪」,也就令人深信不疑,遂成定論。但本人總覺得這個原因太過明確,因而願從不疑處有疑。比如說,偪的內容究竟是什麼?這是單一事件?還是複雜案情的一部分?其中有無特定人士牽連?凡此種種,少見學者討論,不免令人有些遺憾。是以本文嘗試著從這樣的角度觀察,希望能對除公族、立驪姬、廢太子這整個事件的來龍去脈有所發明。主要的討論見廢太子節,此處先論除群公子部分,《左傳·莊公二十三年》:

> 晉桓、莊之族偪,獻公患之。士蔿曰:「去富子,則群公子可謀也已。」公曰:「爾試其事。」士蔿與群公子謀,譖富子而去之❸。

為何要去群公子?因為「桓、莊之族偪」,對獻公造成了壓力,所以必須剷除。這是一個很好的理由,大家都會相信。至於原因為何?春秋時代,親族參與國政,稀鬆平常,晉國焉能例外?魯國的貴族對魯隱公偪得更甚,也不見隱公有任何舉動,何以獻公堅持為之?此中固大有可疑。豈桓、莊之族對獻公有強加之事,為獻公所大不

---

❸ 《春秋左傳正義》(臺北:藝文印書館,1973年5月景印清嘉慶20年1815《重刊十三經注疏附校刊記》),頁171。

願者？唯獻公實爲精明，絕不出面，避免與桓、莊之族公開決裂，以免打草驚蛇。公族宗室既已成爲敵方，獻公不能找其中任何一人進行此密事，因爲那簡直是與虎謀皮。他必須找一個可靠的人來執行這祕密的計劃，此人必須與群公子非親非故，沒有瓜葛，忠於獻公，不會洩密。萬一事情不利，獻公也不至成爲攻擊的目標。此人又必須很有能力，否則不足以成事。他只能效忠獻公，否則就得再度流浪。符合這些條件的人選，便是士蔿。士蔿用分化的計倆，獲得初步的成果，將群公子中爲首的人物富子去除。接下來故計重施，再去除群公子中次要的人物，《左傳·莊公二十四年》：

> 晉士蔿又與群公子謀，使殺游氏之二子。士蔿告晉侯曰：「可矣！不過二年，君必無患❹。」

再接下來仍然是故計重施，仍然如預期地順利，《左傳·莊公二十五年》：

> 晉士蔿使群公子盡殺游氏之族，乃城聚而處之。冬，晉侯圍聚，盡殺群公子❺。

---

❹ 《春秋左傳正義》，頁173。

❺ 《春秋左傳正義》，頁174。按：《史記·晉世家》的記載與《左傳》略有出入而大致相同，其文云：「八年，士蔿說公曰：『故晉之群公子多，不誅，亂且起。』乃使盡殺諸公子，而城聚都之。命曰絳，始都絳。」（《史記會注考證》，頁623）在這裡，首倡誅群公子的人變成了士蔿。新城的聚名曰絳，獻公遷都於絳。這兩點與《左傳》不同，尤其所城之聚是否爲絳，以及獻公是否因而遷絳，都成問題。《左傳·莊公二十六年》云：「晉士蔿爲大司空。夏，士蔿城絳，以深其宮。」杜注：「絳，晉所都也。」

在群公子被解決之後，論功行賞，士蒍被晉獻公不次拔擢，《左傳·莊公二十五年》：

> 晉士蒍爲大司空❻。

此刻獻公的成功，由於士蒍發揮了重大的功能。士蒍這種羈旅之臣的特色是賣力不賣命，除群公子這件事雖有風險，但是還能承受。成功之後，報酬可觀。唯日後面臨廢太子這件事，則風險太大。一個不小心，身家性命全都賠上，並不合算。士蒍急流勇退，不再支持獻公，使獻公無人可用。獻公的心願無法順利完成，多少與士蒍的退出有關。所謂成也蕭何，敗也蕭何，士蒍與焉。

⑵滅　虢

　　剷除群公子的事件，似乎到此已告一段落，一切也都滿圓解決了。但是事情背後的眞相如何呢？我們認爲，事情並不那麼簡單。

（《春秋左傳正義》，頁175）未言遷都於絳。至於首倡誅公子者會是士蒍嗎？以士蒍羈旅之臣的身分，執行獻公的政策，倒是其應盡的本分。至於主動地欲爲此事，除非獻公先有此意，否則士蒍焉敢率先倡議？只不過獻公精明幹練，行大事不敢爲天下先，士蒍先意承旨倒是有可能。若說獻公本無此意，士蒍率爾倡之，倒是令人難以想像。

❻ 《春秋左傳正義》，頁175。杜《注》：「大司空，卿官。」《正義》曰：「《傳》於比年以來，說士蒍爲獻公設計，晉國以安。今又言大司空，明任以卿也。直言『司空』者是大夫，即『司空、亞旅皆受一命之服』是也。晉自文公以後，世爲盟主。征伐諸國，卿以軍將爲名，司空非復卿官。故〈文二年〉『司空士縠，非卿也。』雖則非卿，職掌不異。」（《春秋左傳正義》，頁175）

因為《史記·晉世家》裡還有下文：

> 九年，晉群公子既亡奔虢，虢以其故再伐晉，弗克。十年，
> 晉欲伐虢，士蔿曰：「且待其亂❼。」

《左傳》在先，《史記》承之，二者不都說獻公已「盡殺群公子」
嗎？怎麼又跑出一堆殺不完的群公子呢？顯然《左傳》和《史記》
的行文之中，不是誇大，就是未能盡明。我們大概可以如是分析：
在獻公為群公子所城的聚之中的群公子，應無一人逃脫。但並不保
證沒有那些見事機不對，先行離開，跑到虢去尋求避難或支持的群
公子們。或是因其它因素，早已離開晉國，也跑到虢國的群公子們。
他們尋求虢的援助，必已得到虢公的允許。因為接踵而來的，正是
虢人侵晉的征戰。《左傳·莊公二十六年》：

> 秋，虢人侵晉。冬，虢人又侵晉。

莫明其妙地，虢人就連續侵晉。據杜預的說法是：

> 此年《經》、《傳》各自言其事者，或《經》是直文，或策
> 書雖存，而簡牘散落，不究其本末，故《傳》不復申解，但
> 言《傳》事而已。

《正義》為之補充曰：

> 此年《傳》不解《經》，《經》、《傳》各自言事。「伐戎」、
> 「日食」，體例已舉。或可《經》是直文，不須《傳》說。

---

❼　《史記會注考證》，頁623。

「曹殺大夫」、「宋、齊伐徐」，或須說其所以。此去丘明
已遠，或是簡牘散落，不復能知故耳❽。

說「簡牘散落」，所以「不復能知」，杜《注》和《正義》真是不
知所云。杜預被後人指責不公，偏袒司馬氏，不算新聞。他在許多
政治敏感度高的地方，往往曲意注解，倒是可以被體諒的❾。畢竟
「魏、晉之際，名士少有全者。」注解《傳》文，一個不小心，成
了罪狀，那可吃不完兜著走。《正義》疏不破注，杜怎麼注，孔怎
麼疏，此處一片含糊，想要不了了之，也就罷了。但是如果可以把
這件事情歸咎於簡牘散落，那麼《左傳》中哪一件不能解的事情不
能歸之於簡牘散落？所以《史記·晉世家》的說法應該是可信的。
虢人之所以侵晉，是因為有一批群公子們在其中攪和。至於晉為何
不回報呢？《史記·晉世家》云：

> 十年，晉欲伐虢。士蒍曰：「且待其亂❿。」

《左傳·莊公二十七年》的記載則較詳細，其文云：

> 晉侯將伐虢，士蒍曰：「不可！虢公驕。若驟勝於我，必棄
> 其民。無眾而後伐之，欲禦我，誰與？夫禮樂慈愛，戰所畜
> 也。夫民讓事樂和，愛親哀喪，而後可用也。虢弗畜也，亟

---

❽　《春秋左傳正義》，頁175。
❾　焦循云：「荀息之不能救里克，猶毋邱儉不能救司馬師也。習鑿齒引『死
　　者反生，生者不愧』兩語以美毋邱儉。蓋儉之受顧命，亦息之受君命也。
　　習氏引荀息以美儉，則預譏荀息以例儉可知。」（《春秋左傳補注》，收
　　在《皇清經解》，臺北：藝文印書館1986.6，頁1373）
❿　《史記會注考證》，頁623。

> 戰，將饑❶。」

失去民眾的支持，將如何應付戰爭的需求？這真是至深至明的一席話，可不令人敬佩？不過我們知道，凡是如此冠冕堂皇的理由，適足以證明其為表面的理由，真正的理由都是不能公開說出的。那麼士蔿勸阻獻公伐虢真正的原因在哪呢？正是孔夫子所謂季孫之憂：「不在顓臾，在蕭牆之內」也。內憂外患並臻的情況下，能夠不先安內嗎？內未安而欲攘外，成功者有幾？然而不伐虢，又不菅示弱，將何以服眾？幸而有個士蔿，先將漂亮話說盡。待獻公安內成功後，再找虢人算帳不遲。否則獻公接下來的動作，便是滅耿、滅霍、滅魏。能夠滅此三國，難道就沒有能力伐虢嗎？可見士蔿所說，適為飾辭耳。虢人收容晉之群公子，又為群公子伐晉，以示威嚇。這是因為虢公恃其為王卿士，自以為有周天子當靠山，所以敢於干涉晉國內政。晉獻公此時不能與周天子翻臉，所以不能伐虢，以免橫生枝節。尤其晉國內部仍有不少支持群公子的勢力，只不過暗中潛藏。獻公若不謹慎處理，萬一戰場上兩股勢力合流，來個陣前倒戈，那就前功盡棄了。既然剩下的群公子只能窩藏在虢，不致造成立即的威脅；群公子們國內的支持者也不敢明目張膽地作對，只要獻公穩定地處理，形勢對獻公是有利的。等到獻公處理太子申生事件告一段落，繼承人選確定，國君的位子也不受威脅後，終於放手一搏，滅掉了虢。

　　滅虢的相關記載，如三《傳》、〈晉語〉、《史記》皆有，《公羊》且頗有詼諧的結語。總之，一般的記憶中，獻公何以滅虢一事

---

❶ 《春秋左傳正義》，頁176。

似乎不甚緊要。最令人熟知的部分，反倒在虞君之貪，宮之奇之諫。用這樣的觀點來看獻公滅虢，實在有負獻公的苦心。眾所皆知，剷除公族是晉獻公在位期間最重要的一大作為，然而這並不是如一般人所想像的單一事件，而是獻公為政的關鍵步驟。獻公為政的重點包括：剷除公族、立驪姬為夫人，以及廢太子申生。這三件事情緊緊地互相纏繞，互為因果。一般人已經知道立夫人和廢太子這兩事密不可分，但是將除公族這個重點一齊納入，卻很少見。至於討論剷除公族與滅虢的深層關係，就更乏人問津了。獻公必須滅虢的道理很簡單，因為公族不是單獨地在晉國國內與晉獻公對抗，他們還會另找外援撐腰。這種情形於春秋時代所在多有，可謂見怪不怪❷。明瞭了這個原因，剷除公族與滅虢之間的關聯，便顯得非常明確。因為此乃看似二事，實則為一的事情。諸侯的公族多半具有相當的實力，足以對抗國君，晉國也不例外。春秋時代的國君能否乾綱獨斷，除了自己的材略以外，有時多少靠些運氣。遇到比較好說話的公族，國君便能放手為之，如楚成王與令尹子文。遇到凶悍的公族若子越椒輩，即使如楚莊王，也都險遭不測。這種公族欺壓國君的事件，在春秋時代，可謂族繁不及備載。晉獻公即位時，被寵慣的桓、莊之族的叔伯們，擁有相當大的影響力。若獻公能夠隱忍，雙方尚能維持表面的和諧。一旦碰到重大的政治利益的衝突，那就會撕破臉。不過公族們雖有一定的實力，但是獻公身為國君，掌握著較多的優勢。公族們自覺不足，必然會尋求外來的幫手，以為支援。而這個外來的幫手，從各項的記載所見，正是虢這個諸侯。欲安內

---

❷　即使後來的晉惠公、晉文公，也都是經由秦的協助，才得以回國繼位。

必除公族，欲斬草除根必去除其外援。因此獻公滅虢，與剷除公族有互爲表裡的密切關係，只是歷來的學者鮮少注意這點。

因爲虢成爲公族外在的靠山，所以欲除公族，必須滅虢。滅虢然後公族盡除，才能讓獻公不再受到威脅。然而何以獻公必須剷除公族？這有其歷史背景。眾所皆知，晉獻公父、祖輩，以小宗橫起，歷經六十七年而後滅大宗得國。非但晉國如此，當日的諸侯、乃至王室，也都未免於小宗奪嫡的痛苦經驗，或廢嫡立庶，或庶子篡嫡。凡此外在環境的教訓，再加上己身血腥的經驗，對獻公都有相當大的刺激。本來周人宗法最重公室貴族，故經籍之中處處可見「本枝百世」、「宗子維城」這種思想。然公族雖枝輔國君，同時也牽制，甚且掠奪國君的權力。輕者或使不得放手而爲；重者廢君、弑君亦在所不惜。獻公一方面有鑒於其祖之以小覆大，多得力於同宗公族之助，若不妥當處理，恐己身即難免舊事重演，何況子孫？此外，獻公本人雄材大略，亟意經營四方，不欲多受羈絆，對公族自無好感。蓋宗族公室，身居特權蔭庇之中，養尊處優。只有內鬥爭奪的興趣，少見向外發展的意願。在內鬥勝於經營四方的心態下，公族對於國家，便有若蠹蟲，成事不足，敗事有餘；想要向外經營四方，此輩只會扯獻公的後腿。《國語·晉語一》裡有一段頗堪玩味：

史蘇朝，告大夫曰：「……昔者之伐也，興百姓以爲百姓也，是以民能欣之，故莫不盡忠極勞以致死也。今居起百姓以自封也，民外不得其利，而內惡其貪，則上下既有判矣❸。」

---

❸ 左丘明：《國語》（臺北：宏業書局，1980年9月《四部備要》排印清士禮居翻刻明道本），頁262。

史蘇向諸大夫宣稱，從前國君征伐是「興百姓以爲百姓」，好像大夥都因征伐而有好處。現在則是「起百姓以自封」，勞師動眾，只有晉獻公一個人有好處。可是晉獻公即位五年以來，不過伐了驪戎，此外不見其它征伐。那麼昔者會是哪時候呢？算來算去，指的就是當日桓、莊、武三代父子火拼晉國大宗時，也就是晉國自家人內鬥時。在內鬥時，爲了刻意討好這些自家兄弟，即所謂的桓、莊之族，免得他們倒向大宗，因而桓、莊之族都得到了不當的好處。所謂「興百姓以爲百姓」，只是遮掩之辭。事實上，好處全歸上面的那些宗族族長們，與當日眞正的平民百姓何干？今日獻公向外發展，不再刻意拉攏這些桓、莊之族。這些人沒有了往日的不當好處，就開始發牢騷，說獻公「起百姓以自封」，開始扯獻公的後腿。事實上，獻公眞正征伐四方不在此時，而在日後。滅耿、滅霍、滅魏、滅東山皋落氏，乃至滅虢、滅虞，哪一件不在史蘇所說之後發生？可見史蘇此處的指控，完全是莫須有的罪名。何以會出此控訴？這當然不是史蘇個人意見，而是代表某一群人抒發心聲。至於他所代表的又會是哪一群呢？這些人無法正面對抗獻公，便用挖牆腳的方式下手，使獻公生後顧之憂。故獻公全力剪除甚偪之桓、莊之族，有其多項考慮因素，不是私心作祟。獻公用心深沈，堅忍無情，終能大展鴻圖，適證其乃雄材英主，原本應該受到讚許。然於其同時代相對者的眼中，則是絕情寡義，滅宗毀族，罪不可縮矣。

虢在當時聲勢甚盛，欲滅之非一蹴可及，故獻公分爲兩個階段進行。第一階段先滅其下陽，可以算是熱身。但是征伐他人總得有個道理，因此據《史記・晉世家》記載，晉獻公滅虢時，所宣布虢

的罪狀是：

> 十九年，獻公曰：「始吾先君莊伯、武公之誅晉亂，而虢常
> 助晉伐我。又匿晉亡公子，果爲亂。弗誅，後遺子孫憂。」
> 乃使荀息以屈產之乘假道於虞。虞假道，遂伐虢。取其下陽
> 以歸❹。

晉獻公眞可謂既修先君之怨了。當年王命虢公伐莊伯助晉，是因爲
曲沃叛王❺。伐晉也不是虢的本意，而是王命難違。如今伐虢，想
起一堆前塵往事。可謂欲加之罪，何患無辭？因爲這個理由太牽強，
因此我們可以知道，獻公伐虢，決不是爲了修先君之怨，而是另一
個眞正的理由「又匿晉亡公子，果爲亂」。這種前包後的理由，在
歷史上出現過的次數，眞可謂族繁不及備載。我們千萬不可被迷惑，
誤以爲前面所說的就是眞正的理由。否則爲獻公之類的人物所暗
笑，自己則被文字表面矇騙，至死不悟，豈不惜哉！《左傳·僖公
二年》則較詳細，其文云：

> 晉荀息請以屈產之乘與垂棘之璧假道於虞以伐虢，公曰：「是
> 吾寶也。」對曰：「若得道於虞，猶外府也。」公曰：「宮
> 之奇存焉。」對曰：「宮之奇之爲人也，懦而不能強諫。且
> 少長於君，君暱之。雖諫，將不聽。」乃使荀息假道於虞，
> 曰：「冀爲不道，入自顚軨，伐鄍三門。冀之既病，則亦唯
> 君故。今虢爲不道，保於逆旅，以侵敝邑之南鄙，敢請假道

---

❹　《史記會注考證》，頁624。
❺　見《左傳·隱公五年》。

以請罪于虢。」虞公許之,且請先伐虢。宮之奇諫,不聽,
遂起師。夏,晉里克、荀息帥師會虞師伐虢,滅下陽。……
虢公敗戎于桑田,晉卜偃曰:「虢必亡矣!亡下陽不懼,而
又有功,是天奪之鑒,而益其疾也。必易晉而不撫民矣!不
可以五稔⓰。」

這次晉伐虢,滅了下陽,只能算是給虢公一個較大的教訓;同時也
給國內的反對者了解,獻公堅持強硬的立場,不受外國勢力左右。
唯虢的實力不差,獻公這一次的軍事勝利,並不足以滅虢。滅虢還
有待下回討伐⓱。當然,據各項記載,虢之失敗已成定數,不止預
測未來從未失誤的卜偃知道原因,當時頭腦清醒的人也都知道。因
為先前《左傳·莊公三十二年》曾經記載:

秋七月,有神降于莘。惠王問諸內史過曰:「是何故也?」
對曰:「國之將興,明神降之,監其德也。將亡,神又降之,
觀其惡也。故有得神以興,亦有以亡。虞夏、商、周皆有之。」
王曰:「若之何?」對曰:「以其物享焉。其至之日,亦其
物也。」王從之。內史過往,聞虢請命。反曰:「虢必亡矣!
虐而聽於神。」神居莘六月,虢公使祝應、宗區、史嚚享焉,

⓰ 《春秋左傳正義》,頁199-200。

⓱ 戰國以來學者熟知此事,故《史記·晉世家》、《韓非·十過篇》、〈內
儲說下〉、《呂氏春秋·權勳篇》、《淮南子·人間訓》、《新序·善謀
篇》、《戰國策·秦策》、《新語》、《新序》等皆有記載,見《韓非·
十過篇·顧小利章》(陳奇猷:《韓非子集釋》,臺北:平平出版社1974.9,
頁168)。《公羊》、《穀梁》皆以獻公滅虢、虞為〈僖公二年〉事,二
說俗、短,蓋承戰國以來學者而說,不足為信。

> 神賜之土田。史嚚曰：「虢其亡乎！吾聞之：『國將興，聽
> 於民；將亡，聽於神。』神，聰明正直而壹者也，依人而行。
> 虢多涼德，其何土之能得⑱？」

從史官的口中說出「神聰明正直而壹者也，依人而行」之句，或許
是感慨，更可能是卓識。《左傳》及《國語》之中，卜、史頗有明
理達事者，未必皆裝神弄鬼之流若卜偃也。神降於莘一事亦見《國
語·周語上》，不過多了些遠古傳說：

> （惠王）十五年，有神降於莘，王問於內史過，曰：「是何
> 故？固有之乎？」對曰：「有之。國之將興，其君齊明、衷
> 正、精潔、惠和，其德足以昭其馨香，其惠足以同其民人。
> 神饗而民聽，民神無怨，故明神降之，觀其政德而均布福焉。
> 國之將亡，其君貪冒、辟邪、淫佚、荒怠、麤穢、暴虐，其
> 政腥臊，馨香不登。其刑矯誣，百姓攜貳。明神不蠲，而民
> 有遠志。民神怨痛，無所依懷。故神亦往焉，觀其苛慝而降
> 之禍。是以或見神以興，亦或以亡。昔夏之興也，融降于崇
> 山；其亡也，回祿信於聆隧。商之興也，檮杌次於丕山；其
> 亡也，夷羊在牧。周之興也，鸑鷟鳴於岐山；其衰也，杜伯
> 射王於鄗。是皆神明之志者也⑲。」

〈周語上〉裡這種重人道輕鬼神的觀點，較《左傳》中所述，毫不
遜色。若說《左傳》與《國語》的作者是同一人，或許還有人不能

---

⑱　《春秋左傳正義》，頁181。
⑲　《國語》，頁30。

認同。但是說二者乃同一理念的學者所爲，應不過甚。因爲只有理念相同的人，才會有「禍福在人不在神，神降並不代表神福」如此相同的觀點。而這次神降於莘，莘的地點看起來在虢的境內，所以禍福被認定在虢，〈周語上〉續云：

> 王曰：「今是何神也？」對曰：「昔昭王娶於房，曰房后，實有爽德，協於丹朱，丹朱憑身以儀之，生穆王焉，是實臨照周之子孫而禍福之。夫神壹不遠徙遷。若由是觀之，其丹朱之神乎！」王曰：「其誰受之？」對曰：「在虢土。」王曰：「然則何爲？」對曰：「臣聞之：『道而得神，是謂逢福；淫而得神，是謂貪禍。』今虢少荒，其亡乎？」王曰：「吾其若之何？」對曰：「使太宰以祝史帥狸姓，奉犧牲、粢盛、玉帛往獻焉，無有祈也。」王曰：「虢其幾何？」對曰：「昔堯臨民以五，今其胄見。神之見也，不過其物。若由是觀之，不過五年。」王使太宰忌父帥傅氏及祝史奉犧牲、玉鬯往獻焉。內史過從至虢，虢公亦使祝史請土焉。內史過歸，以告王曰：「虢必亡矣。不禋於神而求福焉，神必禍之；不親於民而求用焉，人必違之。精意以享，禋也；慈保庶民，親也。今虢公動匱百姓以逞其違，離民怒神而求利焉，不亦難乎！」十九年，晉取虢[20]。

除了神降示禍以外，虢公還夢到另外一位神人，預告以晉人將襲虢，結果又被認爲是不祥的徵兆，《國語·晉語二》云：

---

[20] 《國語》，頁29-33。

·209·

　　虢公夢在廟，有神人面白毛虎爪，執鉞立於西阿。公懼而走，
神曰：「無走！帝命曰：『使晉襲於爾門。』」公拜稽首。
覺，召史嚚占之，對曰：「如君之言，則蓐收也。天之刑神
也。天事官成。」公使囚之，且使國人賀夢。舟之僑告諸其
族，曰：「眾謂虢不久，吾乃今知之。君不度而賀大國之襲，
於己也何瘳？吾聞之曰：『大國道，小國襲焉曰服。小國傲，
大國襲焉曰誅。』民疾君之侈也，是以遂於逆命。今嘉其夢，
侈必展。是天奪之鑒，而益其疾也。民疾其態，天又誑之。
大國來誅，出令而逆。宗國既卑，諸侯遠己。內外無親，其
誰云救之？吾不忍俟也，將行。」以其族適晉。六年，虢乃
亡❷。

蓐收，西方司秋司刑之神❷。這件事的記載與《左傳》和〈周語上〉
不同，但仍然牽涉虢滅亡的原因，豈一事之演變？虢之滅亡，內政
不修是一項重點。這是頭腦清醒的人都知道的原因，不止是周晉卜、
史之流的專利。晉國的荀息、虢的舟之僑都知道虢之將亡，也都知
道將亡的原因在於虢公不修內政，失去了人民的支持。沒有人民的
支持，國家必然滅亡，這是非常明顯可說的原因。但是除此之外，
還有別的不能說的原因嗎？我們看到，過了三年，太子申生之事解
決，晉獻公便將全部心力放在滅虢的征戰上，不再如上回點到為止，
《左傳・僖公五年》：

---

❷　《國語》，頁295-296。
❷　見劉信芳：〈中國最早的物候曆月名〉，《中華文史論叢・第五十三輯》
　　（上海：上海古籍出版社1994.6），頁96-97。

晉侯復假道於虞以伐虢，宮之奇諫曰：「虢，虞之表也。虢亡，虞必從之。晉不可啓，寇不可翫。一之謂甚，其可再乎？《諺》所謂：『輔車相依，脣亡齒寒』者，其虞、虢之謂也。」公曰：「晉，吾宗也，豈害我哉？」對曰：「大伯、虞仲，大王之昭也。大伯不從，是以不嗣。虢仲、虢叔，王季之穆也，爲文王卿士。勳在王室，藏於盟府。將虢是滅，何愛於虞？且虞能親於桓、莊乎？其愛之也。桓、莊之族何罪？而以爲戮，不唯偪乎？親以寵偪，猶尚害之，況以國乎？」公曰：「吾享祀豐絜，神必據我。」對曰：「臣聞之：『鬼神非人實親，惟德是依。』故《周書》曰：『皇天無親，惟德是輔。』又曰：『黍稷非馨，明德惟馨。』又曰：『民不易物，惟德繄物。』如是則非德民不和，神不享矣。神所馮依，將在德矣。若晉取虞，而明德以薦馨香，神其吐之乎？」弗聽，許晉使。宮之奇以其族行，曰：「虞不臘矣！在此行也，晉不更舉矣。」八月甲午，晉侯圍上陽，問於卜偃曰：「吾其濟乎？」對曰：「克之。」公曰：「何時？」對曰：「《童謠》云：『丙之晨，龍尾伏辰，均服振振，取虢之旂。鶉之賁賁，天策焞焞，火中成軍，虢公其奔。』其九月、十月之交乎！丙子旦，日在尾，月在策，鶉火中，必是時也。」冬十二月丙子朔，晉滅虢，虢公醜奔京師。師還，館于虞，遂襲虞，滅之。執虞公及其大夫井伯，以媵秦穆姬。而脩虞祀，且歸其職貢於王❷❸。

---

❷❸　《春秋左傳正義》，頁207-209。

虢終於在內外交棄的情況下，被晉獻公消滅。虞則是貪利近視，害人害己，連老本都賠了進去。其實虢並非毫無實力，它曾經與鄭厲公聯合討伐王子頹，復周惠王天子之位㉔，並且比起鄭厲公來，它得到周惠王更多的恩賜㉕。它曾兩度侵晉㉖，又曾受惠王命伐樊，執樊仲皮于京師㉗。它能夠在被晉取下陽之際而不懼，仍然敗戎於桑田，可見其有相當的實力。再加上虢公是周惠王的卿士㉘，此時聲勢正稱顯赫，在王室有重要的影響力。晉雖然被舟之僑稱爲大國，實力焉比齊桓這種眞正的大國？最多比周遭國家稍大一些而已。只不過晉獻公能夠鞏固內部，致力對外發展。虢公則連內部都擺不平，無法凝聚向心力，自然不敵晉獻公。唯其中更有可疑者，即周惠王在這次滅虢過程，究竟是何種心態？因爲在這個階段中，除了鄭以外，虢可以說是周王室最重要的支持者。虢公又是王的卿士，對王室的重要性何等重要。但是在這段過程中，我們除了看到王室冷言冷語，對虢採取的竟是近鬼神而遠之的態度。雖然明理人都同意禍福在人不在神，但是不論是外交方面的斡旋，還是實質的軍事援助，虢始終未能得到王室任何一方面的支持，其中玄機是什麼？這些問題，使我們不能不懷疑，晉獻公在這個過程中，到底對王室做了些

㉔　見《左傳・莊公二十年》、〈二十一年〉。

㉕　見《左傳・莊公二十年》。

㉖　見《左傳・莊公二十六年》。

㉗　見《左傳・莊公二十九年》、〈三十年〉。

㉘　〈莊二十年〉有虢叔，楊伯峻云：「賈逵、韋昭《周語注》均以虢叔爲虢公林父之字。然〈桓十年傳〉云：『虢仲譖其大夫詹父』，則林父字仲不字叔也。疑此虢叔爲〈僖五年傳〉之虢公醜。」（楊伯峻：《春秋左傳注》，臺北：源流出版社1982.4，再版，頁215）

什麼工作，使周惠王寧願讓這麼重要的虢被晉滅掉，卻仍然袖手旁觀，一副事不關己的模樣㉙。這次一舉滅掉了落難群公子的最大外來支持者，使得獻公在此後數年中，不再有任何羈絆，可以放手去做。其後獻公欲會齊桓公，以提高晉的國際聲望。王室亦欲聯晉撫鄭以抗齊，晉國的地位再也不可小視。可見晉獻公整頓內部的努力，的確有重大的收穫。

獻公全力剷除公族並滅虢一事，不論對其自身，或是對晉國的影響，皆至為重要，而且必需。何則？今且設身處地為獻公著想，桓、莊之族吃裡扒外地偪迫獻公，若不做處置，將重蹈先代覆轍，身死國亂。惡性循環，永無寧日。剷除公族，並斷絕外在的亂源，雙管齊下，才是釜底抽薪的良策。唯既剷除公族，又欲全力擴張，則人材如何取得？既不欲重用同宗公族，勢必援用遠親與異族。除公族則廢親親，用異族則尚賢能。所以士蒍因除群公子有功，而獻公舉以為大司空；日後趙、魏也因戰功而受封起家。但獻公兄弟則不見重用，公室近親則絕不見蹤影。這種「遠間親，新間舊，小加大㉚」的作法，與周人當日傳統觀念完全背道而馳，無怪乎會引起時人的不滿與疑慮。然而獻公為之不疑，其子孫尤奉為圭臬。獻公

㉙ 本人曾為文論述晉武公受命，乃周釐王為了王室的利益，不惜拉攏原屬叛亂分子的曲沃武公，（〈從晉武公受命論春秋初期王室外交政策〉，《中山人文學報》第5期，高雄：國立中山大學，1997.1，頁1-18。）這時周惠王是否故技重施，希望晉獻公能取代虢的角色以維護王室的利益？否則虢一旦失去，其所負擔的責任由誰承擔？晉獻公如此堂而皇之地滅虢，周王室不僅不支援虢，反而冷眼旁觀，好似希望虢早點被滅。這種不合常理的舉動，如果沒有幕後的交易，王室有什麼理由失去這麼重要的支持者？

㉚ 《左傳·隱公三年》衛石碏語。

不畜群公子之制既立，對日後的晉國影響極大。先是其子晉惠公因「不納群公子❸」而被秦穆姬抱怨，或以爲惠公有其私心。然而就算是晉文公，也不曾與惠公的作法有異，仍然維持著不畜群公子的原則。可見不畜群公子這個原則，這不是獻公的私心，而是就國君而言，這種作法有其實際的必要。自獻公立此棄親尚賢的原則，其後晉國行之。不因任何人、事而有所改變。這種棄親尚賢的觀念與作法，可以說自獻公起，一直延續到戰國，乃至以下的中國。所以本人認爲：春秋時代的晉國，一方面是破壞周人封建制度的主角，其中最重要的便是宗法制度以及連帶而生的親親之義；另一方面則是用人唯材、尚賢制度的建立者。公室子弟不廢，專寵固權，不思圖外，只會內鬥。外來賢材無由發揮，國君亦束手縛腳，國勢必削。此種現象，即使到了清末，亦從未間斷。甚且到了今日，猶存遺跡，可見其爲禍之烈，爲禍之久。家國之所以衰弱，尚親的作法要負相當大的責任。一旦尚親，便無由尚賢；相對的，尚賢亦無由尚親。親親與尚賢，固有其基本的矛盾。獻公能夠毅然摒除親親之陋習，大膽改用尚賢之新政，適見其有過人之處，學者宜深入觀察焉。

三、立驪姬

　　立驪姬爲夫人，是晉獻公一生中的大事之一。後世多以此爲獻公之不智之舉，造成晉國極大的動亂。以獻公爲不智這種觀點，可謂見皮不見骨，稱之爲膚淺，亦不爲過。獻公立驪姬爲夫人，造成

---

❸　見《左傳·僖公十五年》。

晉國政治上重大的動盪，確屬實情。但是晉獻公何以必冒天下之大
不諱，必立驪姬爲夫人？其中深意，卻少見深入中肯的解釋，因此
本人覺得有必要詳加說明。立驪姬爲夫人事見《左傳・莊公二十八
年》：

> 晉獻公娶于賈，無子。烝於齊姜，生秦穆夫人及大子申生。
> 又娶二女於戎，大戎狐姬生重耳，小戎子生夷吾。晉伐驪戎，
> 驪戎男女以驪姬。歸，生奚齊，其娣生卓子。驪姬嬖❷。

據傳統的說法，驪姬得寵的原因不外幾點，第一，她有美色；第二，
她生了兒子；有後加上美色，當然足以促使獻公如此作爲。唯獻公
於何時立驪姬爲夫人，史無明文。豈先以美色受寵，隨即又生奚齊，
故晉獻公立驪姬爲夫人？然則其立爲夫人的時間亦甚早矣，非後來
之事也。《左傳・僖公五年》：

> 初，晉獻公欲以驪姬爲夫人。……立之，生奚齊，其娣生卓
> 子❸。

蓋追述前事，云先前獻公欲立驪姬爲夫人時事，非謂至此時方立爲
夫人。《史記・晉世家》云：

> （獻公）五年，伐驪戎，得驪姬、驪姬弟，俱愛幸之❹。

只云愛幸，亦未明言何時立驪姬爲夫人。《國語・晉語一》云：

---

❷ 《春秋左傳正義》，頁177。
❸ 《春秋左傳正義》，頁203-204。
❹ 《史記會注考證》，頁623。

　　獻公卜伐驪戎，史蘇占之。……有寵，立以爲夫人❸。

又云：

　　獻公伐驪戎，滅驪子，獲驪姬以歸，立以爲夫人❸。

除了滅驪子一事不同外，其它無異。唯何時立姬爲夫人，亦未明言。
據《史記·晉世家》，伐驪戎在獻公五年，即魯莊公二十二年，《左
傳·莊公二十二年》不載此事。故何時立姬爲夫人，難以據《左傳》
確定。唯據《史記》所載，獻公「五年伐驪戎，得驪姬、驪姬弟，
俱愛幸之」，當可認定此事即在獻公五年、六年之間。因爲獻公六
年時，獻公一生中另外一件大事——去公族——同時展開。這兩件
事情的先後順序可謂非常緊密，很難不令人懷疑其中有無關聯，上
引《左傳·莊公二十三年》云：

　　晉桓、莊之族偪，獻公患之。士蒍曰：「去富子，則群公子
　　可謀也已。」公曰：「爾試其事。」士蒍與群公子謀，譖富
　　子而去之。

晉獻公剷除群公子從此開始，這是眾所周知的事，前面也已經說明
其經過，原本沒有什麼特殊之處。不過我們如果將這件事與驪姬立
爲夫人互相對比，卻可看出驪姬之所以立爲夫人，甚且士蒍自此開
始受到獻公重用，跟去公族這件事有著若即若離的關係。上引《史
記·晉世家》云：「驪姬與女娣二人俱愛幸」，如果僅以美色爲由，

---

❸　《國語》，頁252。
❸　《國語》，頁261。

未免太過小看晉獻公的意圖與手腕。因為真正值得重視的關鍵在
於，不論是申生主動，還是被動，桓、莊之族因「偪」而被殺之事，
是否與太子申生有所牽連。我們認為，這個問題才更值得細究。因
為就太子申生的年歲而言，此時彼當已成人，至少也已具備繼承的
條件，足以接替獻公的君位。太子申生的年歲問題，將在下節討論，
茲不贅。早不偪，晚不偪，何以此時晉群公子突然偪起獻公？獻公
即位，至此已經五年。群公子若偪獻公，其即位之初才是最佳時機，
不必遲至此時才動手。何以獻公選擇在此時，一方面釋出群公子偪
迫的訊息，一方面又突然立驪姬為夫人？這樣的舉動，在這樣的時
機，充滿了巧合，豈不耐人尋味？何況立驪姬為夫人的過程並不順
利，更顯示出其中大有問題，《左傳·僖公五年》：

> 初，晉獻公欲以驪姬為夫人，卜之，不吉；筮之，吉。公
> 曰：「從筮。」卜人曰：「筮短龜長，不如從長。且其《繇》
> 曰：『專之渝，攘公之羭。一薰一蕕，十年尚猶有臭。』
> 必不可❸。」

雖然卜人以為不可，不過獻公並未屈從神的旨意，堅持貫徹自己的
意志。由於《左傳》文字精簡，因此不論是獻公的要求，還是卜人
反對的意見，就只剩這幾句精簡的對話。換成了《國語》，那可就
是長篇大論了。《國語·晉語一》云：

> 獻公卜伐驪戎，史蘇占之，曰：「勝而不吉。」公曰：「何
> 謂也？」對曰：「遇兆：『挾以銜骨，齒牙為猾，戎夏交捽。』

---

❸ 《春秋左傳正義》，頁203-204。

交捽，是交勝也，臣故云。且懼有口攜民，國移心焉。」公曰：「何口之有？口在寡人。寡人弗受，誰敢興之？」對曰：「苟可以攜，其入也必甘。受逞而不知，胡可壅也？」公弗聽，遂伐驪戎，克之，獲驪姬以歸；有寵，立以為夫人。公飲大夫酒，令司正實爵與史蘇，曰：「飲而無肴。夫驪戎之役，女曰：『勝而不吉。』故賞女以爵，罰女以無肴。克國得妃，其有吉孰大焉？」史蘇卒爵，再拜稽首，曰：「兆有之，臣不敢蔽。蔽兆之紀，失臣之官，有罪二焉，何以事君？大罰將及，不唯無肴。抑君亦樂其吉而備其凶。凶之無有，備之何害？若其有凶，備之為瘳。臣之不信，國之福也！何敢憚罰？」飲酒出，史蘇告大夫曰：「有男戎必有女戎。若晉以男戎勝戎，而戎亦必以女戎勝晉，其若之何？」里克曰：「何如？」史蘇曰：「昔夏桀伐有施，有施人以妹喜女焉。妹喜有寵，於是乎與伊尹比而亡夏。殷辛伐有蘇，有蘇氏以妲己女焉。妲己有寵，於是乎與膠鬲比而亡殷。周幽王伐有褒，褒人以褒姒女焉。褒姒有寵，生伯服，於是乎與虢石甫比，逐太子宜臼而立伯服。太子出奔申，申人、鄫人召西戎以伐周，周於是乎亡。今晉寡德而安俘女，又增其寵，雖當三季之王，亦不可乎？且其兆曰：『挾以銜骨，齒牙為猾。』我卜伐驪，龜往離散以應我。夫若是，賊之兆也，非吾宅也！離則有之。不跨其國，可謂挾乎？不得其君，能銜骨乎？若跨其國而得其君，雖逢齒牙，以猾其中，誰云不從？諸夏從戎，非敗而何？從政者不可不戒，亡無日矣。」郭偃曰：「夫三季王之亡也宜。民之主也，縱惑不疚，肆侈不違，

流志而行，無所不疚，是以及亡而不獲追鑒。今晉國之方，偏侯也；其土又小，大國在側。雖欲縱惑，未獲專也，大家鄰國將師保之。多而驟立，不其集亡。雖驟立，不過五矣。且夫口，三五之門也。是以讒口之亂，不過三五。且夫挾，小鯁也，可以小戕，而不能喪國。當之者戕焉，於晉何害？雖謂之挾，而獧以齒牙，口弗堪也，其與幾何？晉國懼則甚矣，亡猶未也。商之衰也，其銘有之曰：『嗛嗛之德，不足就也；不可以矜，而祗取憂也。嗛嗛之食，不足狃也；不能爲膏，而祗罹咎也。』雖驪之亂，其罹咎而已，其何能服？吾聞：『以亂得聚者，非謀不卒時，非人不免難，非禮不終年，非義不盡齒，非德不及世，非天不離數。』今不據其安，不可謂能謀；行之以齒牙，不可謂得人；廢國而向己，不可謂禮；不度而迂求，不可謂義；以寵賈怨，不可謂德；少族而多敵，不可謂天。德義不行，禮義不則，棄人失謀，天亦不贊。吾觀君夫人也若爲亂，其猶隸農也。雖獲沃田而勤易之，將不克饗，爲人而已❸。」

卜人爲誰，《左傳》未云。若以《國語・晉語一》證之，則是史蘇。因爲在上述引文中，占者是史蘇，而晉獻公以「克國得妃」來指責史蘇占得不準。相對的，卜偃，此稱郭偃❸，在此處於只做了針對

---

❸　《國語》，頁252-258。

❸　《韓非子・南面篇》：「管仲毋易齊，郭偃毋更晉，桓文不霸矣。」又云：「郭偃之始治也，文公有官卒。」（《韓非子集釋》，頁298）陳奇猷注云：「王先慎曰：『郭偃，《墨子・所染篇》作高偃，高與郭一聲之轉。

性的說明，未有卜筮的記錄，應該不是。從上述的引文中，可以看出他們的理由，女人是禍水，是用以懲戒國君的災異。史蘇說得有點不痛不癢，或許功力不夠；卜偃見多識廣，才預測得準確。他說晉國此後會小有災難，經過五位國君，便萬事大吉。卜偃向來都能做出這麼準確的預測，毋怪他在這往後一大段的晉國史事中，佔有一席重要的地位。誰教中國古代敬神畏鬼，而能和鬼神溝通的人，不正是卜、史之流嗎？由史官、卜人口中所說出的預言，說明驪姬之必亂晉國。史蘇以歷史為鑒，蓋三代之亡皆以女禍，獻公寡德又一如三代之季王，故晉國亦必將因女禍而亡。卜偃則較樂觀，以為晉國雖將有亂，然不至亡國。卜偃雖為卜人，所言也頗有後見之明的嫌疑，但比起史蘇稍為好些的地方在於，他還會明白地指出驪姬必敗的重點，那就是驪姬「少族而多敵」。如是驪姬若為亂，不過是為他人掃除障礙，本身必無好下場。卜偃的判斷是正確的，在春秋時代宗族重於一切的社會裡，少族多怨就是驪姬失敗的主因。獻公所擔心的問題在此，獻公的一切努力為此，而驪姬最後的原因果然也在此。無怪乎卜偃要發為此論了，雖然他說的很可能都是後見

《左傳》作卜偃。章、杜注：「晉掌卜大夫。」』奇猷案：杜注見《左閔元年傳》。《史記·晉世家·集解》引賈逵及《國語·晉語》章注皆曰：『卜偃，晉掌卜大夫郭偃也。』《呂氏春秋·當染篇》作郤偃。《商君書·更法篇》：『郭偃之法曰：「論至德者，不和於俗；成大功者，不謀於眾。」』《國策·趙策》亦稱：『郭偃之法。』則郭偃必曾變法於晉，而史籍闕文耳。」（《韓非子集釋》，頁304。）有關郭偃變法的問題，可以參看郭勛初〈郭偃之法〉，《韓非子札記》（南京：江蘇人民出版社，1980）。本人以為，文公變法即被廬之蒐。卜偃有無參與，或參與多少，則難以評估。

之明。然而他們畢竟「口含天憲」，傳達鬼神天帝的旨意，誰敢不從呢？所以范寧說：「左氏艷而富，其失也巫❹。」史蘇、卜偃正是范寧所謂的其失也巫的代表性人物，至於《左傳》中所有秉持理性的言論，以及其中精確的含義，卻不見范寧提及。范說誤導後人，以爲《左傳》一書乃「失之也巫」的著作。其不明事理至此，殊堪浩歎。

　　明瞭范說之誤，再看看另外一派不信邪的人物，足以做爲對比。他們的言論理性實在，不會裝神弄鬼地嚇人，完全就事論事。《左傳》裡這類理性的思維者甚多，讀者可以參看。成敗之間，人的作爲最重要。卜也好，筮也好，最多只是個參考，有時不過是加強心理建設的興奮劑，不能當眞。事在人爲，不在不可知的天意，更不在神棍的口中。因此立驪姬爲夫人時，史蘇、卜偃，雖然有那麼一大篇的記載，但是怎能將他們的話當眞？不過他們的話雖不能當眞，但是他們說話時，的確有著特定的背景，可以歸屬於某些集團的發言。他們贊成什麼，或是反對什麼，當然都不是老天的旨意，而是某一群人的想法。從這樣的角度來看史蘇和卜偃，才能讓人明瞭他們的立場，才不至於被鬼神的煙霧給迷惑了。至於史蘇和卜偃代表的是哪一群人？爲何他們反對晉獻公立驪姬爲夫人？這當然與他們的利益有關。因爲一旦驪姬爲夫人，接著就會發生其子奚齊是否可以立爲太子的問題？既然此時的太子是申生，而驪姬的奚齊也會因爲驪姬爲夫人而有可能當上太子，那麼申生該怎麼辦？如果順

---

❹　《春秋穀梁注疏》（臺北：藝文印書館，1973年5月景印清嘉慶20年1815《重刊十三經注疏附校刊記》），頁7。

著獻公的意思做，太子申生必然被廢。太子申生被廢，除了申生自己以外，哪些人受到的影響最大？哪些人最不願太子申生被廢？最不願驪姬為夫人？申生如果順利繼承，對哪些人最有利？哪些人最願意申生繼承？把這些相關的問題串連起來思考，晉獻公立驪姬為夫人的原因，將可一目了然。

四、廢太子

⑴太子年歲

　　立驪姬為夫人和廢太子申生是一體兩面的事，這點通常都被接受。但是廢太子和剷除公族這兩件事也是一體的兩面，此點便不見學者說明。至於滅虢又是除公族事件的延伸，也不見學者論述。因為若非如此，獻公種種的舉動便太不合情合理。尤其太子申生既無過失，為人仁，又有戰功，有什麼理由非廢不可？除非他牽涉到太過重大的事件，尤其是獻公特別忌諱的事，例如他是否與群公子有所往來？有無與群公子討論到繼承的問題？公族是否寄望於他？公族偪獻公，獻公只要小心應付，公族通常無從得逞。但是如果公族將戰線拉長，譬如等到獻公過世再說，那就會使獻公前功盡棄了。因此，公族面對獻公固無如之何，但只要獻公死了，申生即位，還是有希望的。何況不論如何個死法，獻公總會死吧！因此一旦公族將希望寄託在太子申生，又被獻公察覺，申生的繼承人資格便會出問題。在此處頗有無從證實，只能推論的部分，便是申生是否真的不知情，還是深陷其中？除了申生，還有沒有其他的公子們涉入其

中？從獻公的反應來看，太子申生涉案的可能性非常大，甚至還有某些動作，見下文，否則獻公不必做出如此不合情理的舉動。至於其他公子，驪姬說二公子「皆知之」，或許二公子皆出於被動，非主動爭取，但多少也被沾上了邊，所以此語也不完全是空穴來風之誣辭。若以年紀來看，重耳、夷吾絕非驪姬首要排除的對象，但多少是個脅威。總之，獻公廢太子申生之舉，順便趕走了其他的公子，此事看似突兀，但並非毫無理由，只是其中有許多難言之隱吧。

申生是否與公族有所往來，史無明文。假設申生年紀甚幼，公族就算想扶持，也不容易。相對的，如果太子申生的年歲已長，足以具備繼承的資格，那麼就很容易成為群公子寄望的對象。因此太子申生的年歲究竟如何，可能是一大關鍵，卻少見學者討論。由於各項的記載都未說明申生的年紀，只好從相關的資料來類推。我們先將相關人物的年歲列出，看看能否找到些線索。據《史記・晉世家》：

> 武公代晉二歲卒，與曲沃通年，即位凡三十九年而卒，子獻公詭諸立❹。

其祖桓叔與晉文侯於幽王元年（B.C.781）聯手攻殺殤叔，死於平王四十年（B.C.731）。其父莊伯即位於平王四十年（B.C.731），卒於桓王四年（B.C.716）。武公即位於桓王五年，魯隱公八年（B.C.715），卒於周僖王五年，魯莊公十七年（（B.C.677），在位共計三十九年。照這些數字來看，桓叔既能與其兄文侯聯手攻殺

---

❹ 《史記會注考證》，頁623。

殤叔，年紀不會太小。以二十歲來計，大約是合理的數字，其後還活了五十年。假設莊叔出生在殺殤叔之後五年，桓叔二十五歲。桓叔七十而死，莊叔即位時也已四十五歲。如果武公出生於莊叔二十五歲，至莊叔即位時二十歲。莊叔又在位十六年，死，武公即位，時三十六歲。武公在位三十九年，死時七十五歲。如果獻公出生在武公三十歲，那麼即位時有四十五歲。如果太子申生出生在獻公二十五歲，那麼獻公即位時，申生應該有二十歲。

　　以上這些數字都是推論，所以不敢說必然正確。但是如果這些數字還合情合理，那麼接下來的問題便比較麻煩了。據《史記·晉世家》等記載，公子重耳生年十七而出奔❷，時值晉獻公之二十二年。由此倒推，其出生時正在晉獻公之六年。則重耳及夷吾之母大小狐姬來到晉國的時間，正與驪姬相若，更有可能是在同一年先後到來。按：獻公五年（B.C.672）伐驪戎，驪戎男女以驪姬姐妹，生奚齊、卓子，唯未言何時。比照重耳及夷吾的情況，奚齊、卓子與重耳、夷吾的年紀應該相當。太子申生的年歲，書中未言。不過比起群弟，應該大上不少。獻公十六年（B.C.661），太子申生已將軍出征。《左傳》載獻公烝於齊姜，如果是武公死而獻公烝齊姜，那麼申生率軍出征時僅十五歲。《雲夢秦簡》記載傅的年齡是十七歲，算是成人，春秋時代的人體條件應該相同。一個十五歲的小孩子，發育尚未完全，很難承受得住如此的軍旅征戰。相反地，如果申生

---

❷　晉文公年壽及出奔時年歲問題，張師以仁有說，見〈晉文公年壽辨〉及〈晉文公年壽問題的再檢討〉兩篇文章。（《春秋史論集》，臺北：聯經出版事業公司1990.1）

在獻公即位時已有二十歲。此時三十六歲，征戰便不成問題。可是
這便會導引出獻公違禮，於其父在世時，便已烝齊姜，生申生❹。
如是至獻公即位時，申生年紀當已經成人。假如申生的出身有這樣
一段背景，獻公不喜歡申生，是否還有些心理因素，就不得而知了。
如果申生的年歲不少，他與公族之間的接觸乃至交往的機會便大
增，二者之間的關係是否密切，便成為問題的重點。是否申生與群
公子之間的密切關係，便是晉獻公的戒心所在？由於獻公對公族與
太子之間的關係起疑後，接著對繼承人選的態度，當然也就有了變
化。伐驪戎得驪姬，其後立為夫人，將成必然之舉。但是這些因果
關係環環相扣，很難說哪一個是最主要的了。否則獻公既立太子申
生，何必再多事？且獻公又娶於戎，大戎狐姬生重耳，小戎子生夷
吾。不立申生，按照德鈞的原則❹，猶有重耳與夷吾，何以必立驪
姬為夫人，而不立大戎狐姬或小戎子為夫人？可以推測，頗疑申生

❹ 萬斯大云：「愚於申生事有疑焉。《傳》云：『晉獻公娶于賈，無子。烝
於齊姜，生秦穆夫人及太子申生。』大不正而可以為世子乎？然則申生之
出大不正也。又《傳》云：『惠公之入也，屬賈君焉。』因知穆姬申生既
生，即撫為己子，申生因是得立，而不知其不可也。」（《春秋左傳補注》，
頁22。）強按：賈君為何人之妃，尚有疑義。惠棟：《春秋左傳補註》云：
「案獻公娶于賈，則是正妃，為惠公之適母，何須穆姬之屬？唐尚書曰：
賈君，申生妃，故〈僖十年傳〉云：夷吾無禮，此為近之。」（《皇清經
解》，頁959）竹添光鴻云：「賈君果為獻公次妃，年既近五十，惠公何
必烝此老婆，以招穆姬之怨哉？況娶于賈，依常稱當稱賈姬，不當稱賈君。
蓋國人稱申生為共君，遂稱其妻為賈君耳。申生，穆姬同母弟，故屬其妃
也。」（《左氏會箋》，臺北：新文豐出版公司1987.1再版，卷五，頁73）
❹ 《左傳·昭公二十六年》王子朝曰：「……昔先王之命曰：『王后無適，
則擇立長。年鈞以德，德鈞以卜。』王不立愛，公卿無私，古之制也。」
（《春秋左傳正義》，頁904-905）

蓋牽涉其中。重耳、夷吾被群公子鎖定為第二順位,故驪姬以為「皆知之」。故在「無畜群公子」之詛下,遭到放逐。蓋獻公的政策既定,只留繼承者一人,其餘的群公子必須驅逐出境,以免桓、莊之偪重現。至於多為重耳、夷吾抱屈,以為二人並未牽涉其中。二人牽涉的可能性一定比申生小,最多只是備胎而已,而非主角。驪姬說他們牽涉其中,有無理由已不重要❹。反正真要趕他們出境,欲加之罪,又何患無辭呢?

(2)步驟一

因此我們可以初步假設,在獲驪姬之前,獻公對申生為繼承的心意已有重大改變。自獲驪姬後,確定改變人選而已。其中原因蓋不止一端,唯通常俗人所云其中最重要的一點,就是獻公惑於美色。貌美的驪姬本是個是包藏奸心的蛇蠍,不除申生如何得立奚齊?如果真是這樣設想,除了可以洩一般人心頭之恨,使驪姬蒙上險惡的面目,更足以圓滿地說明申生之死的真相,放下大家的心頭重擔。不過這樣的結論,是否會太過膚淺,乃至漏掉了在幕後操縱的黑手晉獻公?甚且漏掉晉獻公何以如此?有無更多的其它原因?這些問

---

❹ 《左傳‧僖公五年》:「初,晉侯使士蒍為二公子築蒲與屈,不慎,置薪焉。夷吾訴之,公使讓之。士蒍稽首而對曰:『臣聞之:「無喪而慼,憂必讎焉。無戎而城,讎必保焉。」寇讎之保,又何慎焉?』」(《春秋左傳正義》,頁206)從士蒍的話來看,重耳與夷吾二者必有動作。只不過太子申生尚在,輪不到此二人。二人雖然機會不大,但是不會沒有動作。試看齊桓公死,五公子爭立。(《左傳‧僖公十七年》)說明了只要是公子,就有繼承的資格。至於能否繼承,除了聽天命以外,誰說盡人事不重要呢?

題，是否也應一併討論？尤有甚者，何以必須剷除公族這一點，是
否比驪姬的美貌更重要？可以確信，這些公族們是太子申生最重要
的支持者，剷除公族，等於斷了申生的右臂，使得申生在面對廢位
的過程中，毫無招架之力，只有挨打等死的份。如此一來，驪姬貌
美與否，就不會是關鍵所在。獻公接下來在安排繼承人選時，便可
以放手去做，不至於受到太多阻撓。在當時的情況下，由於公族故
舊的力量強大。一旦國君與他們不同調，想要廢嫡立庶，並非易事。
周幽王就是一個著例。不論他與申侯的恩怨孰是孰非，總之，幽王
想要廢太子宜臼而立褒姒之子，結果如何？何以幽王不能順心如
意？正因為太子宜臼有個強大的外公申侯，以及申侯又廣交其它黨
羽。此輩勢力之大，連周幽王也沒轍。火拼的結果，不但瓦解了西
周王朝，幽王還賠上了性命。晉獻公何以能成功地廢太子申生？思
之可以過半矣。至此時，公族既經獻公強力打擊，主要的人物死亡
殆盡。縱有剩下的，也不具號召力，不能呼朋引伴地牽制獻公，最
多在暗中扯後腿而已。在這樣對獻公有利的條件下，獻公認為主要
的牽絆已除，決定斬草除根，永絕後患。只是最後的禍根，竟是太
子申生，難免令人唏噓罷了。至於在這個過程中，獻公一如以往，
自己並不出面，而是由驪姬主持檯面上的工作。下面先引《史記 ·
晉世家》文，以便讀者尋覽：

> 十六年，晉獻公作二軍。公將上軍，太子申生將下軍，趙夙
> 御戎，畢萬爲右，伐滅霍、滅魏、滅耿。還，爲太子城曲沃，
> 賜趙夙耿，賜畢萬魏，以爲大夫。士蔿曰：「太子不得立矣！
> 分之都城，而位以卿；先爲之極，又安得立？不如逃之，無

使罪至。爲吳太伯，不亦可乎？猶有令名。」太子不從。……
十七年，晉侯使太子申生伐東山。里克諫獻公曰：「太子奉
冢祀、社稷之粢盛，以朝夕視君膳者也，故曰『冢子』。君
行則守，有守則從；從曰『撫軍』，守曰『監國』，古之制
也。夫率師，專行謀也；誓軍旅，君與國政之所圖也，非太
子之事也。師在制命而已，稟命則不威，專命則不孝，故君
之嗣適不可以帥師。君失其官，率師不威，將安用之？」公
曰：「寡人有子，未知其太子誰立。」里克不對而退，見太
子，太子曰：「吾其廢乎？」里克曰：「太子勉之。教以軍
旅，不共是懼，何故廢乎？且子懼不孝，毋懼不得立。修己
而不責人，則免於難。」太子帥師，公衣之偏衣，佩之金玦。
里克謝病，不從太子，太子遂伐東山。十九年，獻公曰：「始
吾先君莊伯、武公之誅晉亂，而虢常助晉伐我，又匿晉亡公
子，果爲亂。弗誅，後遺子孫憂。」乃使荀息以屈產之乘假
道於虞。虞假道，遂伐虢，取其下陽以歸。獻公私謂驪姬曰：
「吾欲廢太子，以奚齊代之。」驪姬泣曰：「……奈何以賤
妾之故，廢嫡立庶？君必行之，妾自殺也。」驪姬詳譽太子，
而陰令人譖惡太子，而欲立其子❹⑥。

《左傳·莊公二十八年》云：

晉獻公娶於賈，無子，烝於齊姜，生秦穆夫人及太子申生。
又娶二女於戎，大戎狐姬生重耳，小戎子生夷吾。晉伐驪戎，

---

❹⑥　《史記會注考證》，頁623-624。

驪戎男女以驪姬。歸，生奚齊，其娣生卓子。驪姬嬖，欲立
其子，賂外嬖梁五與東關嬖五，使言於公，曰：「曲沃，君
之宗也；蒲與二屈，君之疆也；不可以無主。宗邑無主，則
民不威；疆埸無主，則啟戎心。戎之生心，民慢其政，國之
患也。若使大子主曲沃，而重耳、夷吾主蒲與屈，則可以威
民而懼戎，且旌君伐。」使俱曰：「狄之廣莫，於晉為都。
晉之啟土，不亦宜乎？」晉侯說之。夏，使大子居曲沃，重
耳居蒲城，夷吾居屈。群公子皆鄙，唯二姬之子在絳。二五
卒與驪姬譖群公子而立奚齊，晉人謂之二五偶❼。

看來二五的話果然打動了獻公，所以獻公便遣子出鎮，期收鎮守宗
邑、啟土辟疆之效。在以上《左傳》的記載中，頗有些可疑之處值
得我們注意的。蓋二五所說的啟土，其對象顯然是有廣莫之土的
「狄」。可是實際上在現有能找到的記錄看來，獻公所啟的土絕大
部份都不是從狄人手中得到，反而是因為「滅耿、滅霍、滅魏」，
以及後來又滅虢、滅虞，以及滅了許多姬姓國家如焦、滑、霍、楊、
韓、魏之後，才大大地擴張了晉國的版圖。所以二五的說詞顯然只
是一個藉口，其目的不過是把群公子趕出絳都，好讓驪姬在立嫡這
件事容易上下其手罷了。因為當日狄人勢力之大，是連當時伯主齊
桓公都不太願意去惹的對象。獻公偶而偷佔些小便宜或許還有可
能，若說真要與狄人正面對抗，恐怕獻公還得考慮。既然對付這麼
強大的狄人，就是獻公親自出馬，也未必佔什麼便宜了，那麼派兩
個小孩子去邊疆，又能做些什麼？可是二五這個不算很合情理的藉

❼　《春秋左傳正義》，頁177。

口，卻使獻公大悅，是否這些話的背後還隱藏了些什麼意義，而這些隱藏的意義才眞正使獻公大悅，可能就更耐人尋味了。因此，二五的作爲是否眞由驪姬所主使，就種種跡象看來，當然會使人感到懷疑。前面本人已提到，獻公乃雄材大略之君，非平庸懦弱之人。因此試問，這種奪嫡的戲，如果不是經過獻公的默許，能演得下去嗎？可是驪姬、二五這些人的演出又十分賣力，果然騙了不少後人。至少直到今日爲止，有關驪姬奪嫡事件的責任將如何歸屬，就不曾聽說過哪幾個人能分辨。多數的人只知道罵驪姬亂，少數的人或許會加上二五、里克等倒霉鬼。可是誰才是幕後主使者？平良心說，若按照傳統的看法，一切的過錯都在驪姬，獻公只是被矇蔽者。那麼晉獻公也稱得上夠幸運的人了。自編、自導、自演這一幕除公族、立夫人、廢太子的大戲，還能找到一群代罪羔羊，讓自己逃掉一切的責難；而他自己還能擺出一付無辜的模樣，也眞難爲他了。至於爲什麼非得廢申生不可，其中有無更深層的意義，更是不見學者討論，自然也不看不到什麼特殊的見解了。

就獻公行廢立這件事而言，《左傳》的敘述可謂簡略。在〈晉語一〉裡，則有許多《左傳》所未有的記載。〈晉語一〉云：

> 獻公伐驪戎，克之，滅驪子，獲驪姬以歸，立以爲夫人，生奚齊，其娣生卓子。驪姬請：「使申生主曲沃以速懸；重耳處蒲城，夷吾處屈，奚齊處絳，以儆無辱之故。」公許之。史蘇朝，告大夫曰：「二三大夫其戒之乎！亂本生矣。日君以驪姬爲夫人，民之疾心固皆至矣。昔者之伐也，興百姓以爲百姓也，是以民能欣之，故莫不盡忠極勞以致死也。今君

起百姓以自封也，民外不得其利，而內惡其貪，則上下既有
判矣。然而又生男，其天道也。天疆其毒，民疾其態，其亂
生哉！吾聞君子好好而惡惡，樂樂而安安，是以能有常。伐
木不自其本必復生，塞水不自其源必復流，滅禍不自其基必
復亂。今君滅其父而畜其子，禍之基也。畜其子，又從其欲。
子思報父之恥，而信其欲。雖好色，必惡心，不可謂好。好
其色，必授之情。彼得其情以厚其欲，從其惡心，必敗國且
深亂。亂必自女戎，三代皆然。」驪姬果作難，殺太子而逐
二公子。君子曰：「知難本矣❹。」

史蘇的立場是一貫的，即凡女人皆是禍水。照他的說法，只要國君
能動心忍性，拒絕女色的誘惑，則國家幸甚，百姓幸甚。這種說法，
代表了某一些人的立場。做對了，是國君英明；做錯了，自有女人
扛起責任。〈晉語一〉裡有個君子曰，評論史蘇為「知難本」，想
必指的是這一點，是二人可謂所見略同。這種說法，若是為國君脫
罪，倒也不算差。至於能有多少說服力，那就見仁見智了。然而獻
公既有廢立之心，則群臣黨派分矣。本人甚懷疑獻公有意分化群臣，
全力拉攏某些人以支持奚齊；或是，至少不阻撓獻公驅逐群公子。
獻公為此曾全力進行，在其生前也略見成效。然獻公一死，則前功
盡棄。其原因至少有二，一則是驪姬「少族而多怨」，前文已提及；
另一點則是，一向對獻公忠心耿耿的士蒍，因為廢太子一事太過凶
險，遠非除公族可比，一個不小心，就成了代罪羔羊。他不像驪姬，
贏了這回，就大獲全勝。士蒍即使成功地幫助奚齊即位，也難保不

---

❹　《國語》，頁262-263。

被那些反對者的貴族視爲眼中釘，隨時可能遭不測。日後的陽處父就是不懂這個道理，才身死名裂。更何況一旦失敗，庇蔭全無，那就身死族亡，永世不得翻身了。士蔿是個羈旅之客，沒有理由冒這麼大的危險。因而明哲保身，不願再淌渾水❹。士蔿趁隙開溜，固然全身而退，但是這麼一來，卻使得獻公臨死時，竟無有力且可靠的託孤之臣，以致心願難了。其不得已而用里克，亦不過權出無聊，非其本意。蓋獻公明知里克小人，不可託付，故託孤荀息。然獻公既老病，無由培養荀息以鎮壓住里克，旋即卒矣。其後里克果然背叛，獻公地下有知，當作何感想？此乃後話。今且先看獻公如何將奚齊一步步推上檯面，以及群臣各自表現出的態度。〈晉語一〉云：

> 驪姬生奚齊，其娣生卓子。公將黜太子申生而立奚齊，里克、丕鄭、荀息相見。里克曰：「夫史蘇之言將及矣，其若之何？」荀息曰：「吾聞事君者竭力以役事，不聞違命。君立臣從，何貳之有！」丕鄭曰：「吾聞事君者從其義，不阿其惑。惑則誤民。民誤失德，是棄民也。民之有君，以治義也。義以生利，利以豐民。若之何其民之與處而棄之也？必立太子。」里克曰：「我不佞。雖不識義，亦不阿惑。吾其靜也。」三大夫乃別。烝于武公，公稱疾不與，使奚齊蒞事。猛足乃言於太子曰：「伯氏不出，奚齊在廟，子盍圖乎？」太子曰：「吾聞之羊舌大夫曰：『事君以敬，事父以孝。』受命不遷爲敬，敬順所安爲孝。棄命不敬，作令不孝，又何圖爲？且

---

❹ 自從替二子公築城不愼，夷吾訴之，而遭獻公責讓之後，就再也不見士蔿的蹤影。

> 夫間父之愛而嘉其貶，有不忠焉；廢人以自成，有不貞焉。
> 孝、敬、忠、貞，君父之所安也。棄安而圖，遠於孝矣。吾
> 其止也❺。」

由上引〈晉語一〉看來，出現了三個重要的人物。其中荀息是絕對
支持獻公的死硬派；丕鄭口頭上「從義」，故支持太子申生；至於
里克則是標準的騎牆派，唯利是圖。另外，猛足屬太子，羊舌大夫
則是獻公人。但在日後的發展下，畢竟以里克、丕鄭、荀息三人為
舉足輕重人物，蓋軍權在手之故也。群臣心態既已如此，而獻公遂
使奚齊主持冬祭，居心何在，不言可喻。至於太子申生的反應何以
會如此「孝、敬、忠、貞」？據現有文獻上的記載，只見得申生的
本性實在善良，尤其不願引起其父獻公的不快，所以沒有任何反抗
的動作。只是太過冠冕堂皇的話，總教人覺得怪怪的。上引〈晉語
一〉裡申生的那段話，不管他說的時候是否昧著良心，其目的大概
也只是給他老爸一些面子吧！否則，恭世子的謚號豈是隨便就能謚
的？

　　獻公固有意廢立，但以反抗的力量甚大，不能造次，以免僨事。
因此獻公用心十分深沉，步步為營。表面不動聲色，但暗中布局，
以期達到最佳成果。至於驪姬，則以切身利害，在此一舉。在記載
中，便顯得十分熱衷。既有獻公授意，自有他人相助。二五之徒在
前，在後且最主要的智囊，則是看來毫不起眼的優施。〈晉語一〉
云：

---

❺　《國語》，頁264-265。

> 公之優曰施，通於驪姬。驪姬問焉曰：「吾欲作大事，而難
> 三公子之徒，如何？」對曰：「早處之，使知其極。夫人知
> 極，鮮有慢心。雖其慢，乃易殘也。」驪姬曰：「吾欲爲難，
> 安始而可？」優施曰：「必於申生。其爲人也，小心精潔，
> 而大志重，又不忍人。精潔易辱，重債可疾；不忍人，必自
> 忍也。辱之近行。」驪姬曰：「重，無乃難遷乎？」優施曰：
> 「知辱可辱，可辱遷重；若不知辱，亦必不知固秉常矣。今
> 子內固而外寵，且善否莫不信。若外諢善而內辱之，無不遷
> 矣。且吾聞之『甚精必愚。』精爲易辱，愚不知避難。雖欲
> 無遷，其得之乎？」是故先施讒於申生。

驪姬是否眞的通於優施，誰也不敢必其有無。爲此說者，難免有類似小說家的揣測之嫌。但可確定的是，驪姬身旁必有代籌之人，教驪姬去三公子之計。〈晉語一〉以爲此人乃優施，蓋可信也。至於何以先去申生？優施所分析申生性格云云，固然是言之成理。但本人認爲，申生之嫡長太子的身份，才是驪姬最感不安之處，所以必以申生爲首要目標。然此事不得操之過急，必須按步就班來做。而第一步，便是讓申生遠離權力中心。故上引〈晉語一〉接下去的便是驪姬賂二五事，其內容略同上引《左傳·莊公二十八年》傳文，而加上「驪姬既遠太子，乃生之言，太子由是得罪。」以爲補充。

平心而論，〈晉語一〉裡的記載很可能不是眞的，但卻是非常合理的，這使我們不能不愼重地看待這些記載。更何況，除了〈晉語一〉以外，也沒有其它更可靠的文獻，足以說明這段歷史的眞相。因此，從現存的文獻來看，我們必須稱讚優施的計謀非常高明，尤

其是「早處之，使知其極」這句話，看得出獻公便是遵照這個原則
在進行。至少獻公這個幕後人物是同意優施的意見的，所以才會出
現前面提到過的奚齊代爲主持的冬祭事件。如此種種的證據，顯示
申生之死，獻公絕逃不了干係。其實，優施之計並不複雜，只是需
要多一點的時間和耐心，然後按步就班地便做成了。因此，首先以
鎮宗邑爲名，出申生鎮曲沃，既已完成。其次便是欲申生自知其極，
故使將下軍，期申生「戒懼不敢違慢覬欲❺」。《左傳·閔公元年》
云：

> 晉侯作二軍，公將上軍，大子申生將下軍。趙夙御戎，畢萬
> 爲右，以滅耿、滅霍、滅魏。還，爲大子城曲沃，賜趙夙耿，
> 賜畢萬魏，以爲大夫❺。

使申生將下軍，又爲申生城曲沃，而同時並賜趙夙耿、賜畢萬魏，
又使二人爲大夫，則明示獻公已不再視申生爲太子，而只是群大夫
之一。此舉顯然是降低申生的法定地位，欲爲廢立作準備。如此明
顯的動作，群臣豈有不識之理？同年《傳》云：

> 士蔿曰：「大子不得立矣！分之都城，而位以卿；先爲之極，
> 又焉得立？不如逃之，無使罪至。爲吳大伯，不亦可乎？猶
> 有令名，與其及也！且《諺》曰：『心苟無瑕，何恤乎無家？』
> 天若祚大子，其無晉乎❺？」

---

❺　〈晉世家〉文。
❺　《春秋左傳正義》，頁188。
❺　《春秋左傳正義》，頁188。

如果申生當時就從士蔿之言而出奔，則日後之事一切改觀。時乎時，不再來。申生此次不亡，蓋猶存僥倖。其外部的支持者桓、莊之族雖被獻公除去，但是仍然有一些暗中而堅定的支持者，可以支持。何況主要的人物里克尚未表態，成敗尚未可知。因此士蔿的建議，並未受到申生重視。《左傳》載士蔿之語甚簡，〈晉語一〉則詳細多矣，其文云：

> 十六年，公作二軍。公將上軍，太子申生將下軍以伐霍。師未出，士蔿言於諸大夫，曰：「夫太子，君之貳也。恭以俟嗣，何官之有？今君分之土而官之，是左之也。吾將諫以觀之。」乃言於公，曰：「夫太子，君之貳也，而帥下軍，無乃不可乎？」公曰：「下軍，上軍之貳也。寡人在上，申生在下，不亦可乎？」士蔿對曰：「下不可以貳上。」公曰：「何故？」對曰：「貳若體焉，上下左右，以相心目。用而不倦，身之利也。上貳代舉，下貳代履，周旋變動，以役心目，故能治事，以制百物。若下攝上，與上攝下，周旋不動，以違心目，其反為物用也，何事能治？故古之為軍也，軍有左右，闕從補之。成而不知，是以寡敗。若以下貳上，闕而變敗，弗能補也。變非聲章，弗能移也。聲章過數則有釁，有釁則敵入；敵入而凶，救敗不暇，誰能退敵？敵之如志，國之憂也。可以陵小，難以征國。君其圖之！」公曰：「寡人有子而制焉，非子之憂也。」對曰：「太子，國之棟也。棟成乃制之，不亦危

乎？」公曰：「輕其所任。雖危，何害❺❹？」

士蔿說得嚴重，獻公答得輕鬆。士蔿認為獻公對申生「分之土而官之」，分明就是故意降低申生的法定地位，故曰「是左之也」。而太子的身份是「君之貳也」，不可將下軍，因為下不可以貳上，否則將「救敗不暇」。話說到這般田地，獻公乾脆拉下臉來，表明「寡人有子而制焉，非子之憂也」的態度，要士蔿少管閒事。士蔿猶不放棄，一再闡明「太子，國之棟也。棟成乃制之，不亦危乎！」提醒獻公要考慮廢嫡的後果。但獻公此時顯然心意已定，認為自己必然能控制場面，所以十分篤定的說「輕其所任。雖危，何害」，以表示自己的信心。至此，士蔿已無話可說。既然局面控制在獻公手中，只好退而求其次，希望太子能出亡以避禍了。〈晉語一〉云：

> 士蔿出語人曰：「太子不得立矣！改其制而不患其難，輕其任而不憂其危，君有異心，又焉得立？行之克也，將以害之；若其不克，其因以罪之。雖克與否，無以避罪。與其勤而不入，不如逃之。君得其欲，太子遠死，且有令名。為吳太伯，不亦可乎？」太子聞之，曰：「子輿之為我謀，忠矣。然吾聞之：『為人子者患不從，不患無名；為人臣者患不勤，不患無祿。』今我不才，而得勤與從，又何求焉？焉能及吳太伯乎？」太子遂行，克霍而反，讒言彌興❺❺。

士蔿是獻公最倚重的心腹，稱得上是最了解獻公意向的人物。他應

---

❺❹　《國語》，頁271-272。

❺❺　《國語》，頁273-274。

是出自一片好心，希望太子盡快出奔他國；既得全身而退，又成全
其父獻公的心願。蓋此時獻公雖有廢立之意，卻未必有殺申生之心。
士蔿站在獻公的立場，也爲成全太子，不可謂過當。然而太子以不
及吳太伯爲由，願一心盡忠盡孝，以求心安而已。這個理由表面上
看來無懈可擊，但是難免令人懷疑太子申生是否有所期待。至於士
蔿，他原爲最受獻公倚重之人，此時既無法改變獻公廢嫡之心，又
不能使太子從己議出奔他國，兩邊都未討好。再不引退，禍將及己。
只是如何找到一個最佳的藉口，並非易事。一旦夷吾訴其築屈城置
薪，獻公責之❺❻。剛好給士蔿作爲最佳理由，急流勇退，不再參與
國事。羈旅之臣，事此英主，能全身而退如士蔿者幾人？後世之張
良，不過如此。唯士蔿既退，獻公頓失左右手，不得不以里克代之，
於是全力拉攏里克，太子申生遂失奧援。蓋申生不除，奚齊無由得
立；然士蔿既隱，里克首鼠兩端，朝中已無奧援。申生蓋有所待而
不肯行，又不得立，進退失據而死，豈非不智也哉。

(3)步驟二

優施獻計當然不會只有一次，但如何將申生趕出晉國，應是最
重要的一步。如果進行順利，以下的事情就好辦了。可是申生並未
如其所願地出亡，因此便有第二個步驟。據記載，首先用的是枕邊
細語的招數。〈晉語一〉云：

> 優施教驪姬夜半而泣謂公，曰：「吾聞申生甚好仁而彊，甚
> 寬惠而慈於民，皆有所行之。今謂『君惑於我，必亂國』，

---

❺❻　《左傳・僖公五年》。

無乃以國故而行彊於君。君未終命而不歿，君其若之何？盍殺我？無以一妾亂百姓。」公曰：「夫豈惠其民而不惠於其父乎？」驪姬曰：「妾亦懼矣。吾聞之外人言曰：『爲仁與爲國不同。爲仁者，愛親之謂仁；爲國者，利國之謂仁。』故長民者無親，眾以爲親。苟利眾而百姓和，豈能憚君？以眾故不敢愛親，眾況厚之。彼將惡始而美終，以晚蓋者也。凡民利是生，殺君而厚利眾，眾孰沮之？殺親無惡於人，人孰去之？苟交利而得寵，志行而眾悅，欲其甚矣，孰不惑焉？雖欲愛君，惑不釋也。今夫以君爲紂，若紂有良子，而先喪紂。無章其惡而厚其敗，鈞之死也，無必假手於武王，而其世不廢，祀至于今，吾豈知紂之善否哉？君欲勿恤，其可乎？若大難至而恤之，其何及矣？」君懼，曰：「若何而可？」驪姬曰：「君盍老而授之政？彼得政而行其欲，得其所索，乃其釋君。且君其圖之，自桓叔以來，孰能愛親？唯無親，故能兼翼。」公曰：「不可與政！我以武與威，是以臨諸侯。未歿而亡政，不可謂武；有子而弗勝，不可謂威。我授之政，諸侯必絕。能絕於我，必能害我。失政而害國，不可忍也。爾勿憂，吾將圖之❺❼。」

雖然本人不能確定上引〈晉語一〉的說法爲眞，但這並不表示此說不合理。獻公會殺太子申生，總有些原因和步驟。以驪姬的夜半而泣，的確是小說家言的手法。然而其中畢竟也透露了一些可能的線索。驪姬以「無以一妾而亂百姓」爲由，要求獻公殺她。這個大過

---

❺❼ 《國語》，頁274-275。

做作的行為，說明她向獻公表態，她是公忠體國的人。這種表態的
文字，真實性在可否之間。但她立刻將話題一轉，說出弒君而眾悅
乃是可能發生的事，就獻公的立場而言，這是不能不重視的問題。
然後她又以紂若有子而弒之，亦將為眾接受，且祀至今為假設，說
「大難至而恤之，其何及矣」，這種事情的可能性極高，因為此類
事件所在多有，這要獻公如何不加提防？最後她更以退為進，一方
面要獻公放下權力以避禍，一方面卻又特意舉出令獻公印象最深刻
的事，提醒獻公「自桓叔以來，孰能愛親」的教訓。獻公祖先以無
親而滅翼，無親正是其祖遺教，獻公當然不可能忘記。如此枕邊嬌
泣，證明了驪姬的威力不凡。她激起獻公怒氣，使獻公說出「失政
而害國」云云，因而決心除去申生，也許這便是驪姬細語最緊要之
處。不過更可能的，這些可能的原因更是申生有所待之處。〈晉語
一〉文雖似不經，但是衡諸申生堅持不去國，必留在晉國國內。如
此危險的環境，豈是一般人所願久留之處？然而申生留之不疑。有
人以為申生「元無工夫」，這也太過一廂情願吧❺❽！事實上則是，
申生一旦去國，則君位繼承權必然失去。留在國內，萬一有變，其
支持者眾，其順位為第一優先，繼承君位，理所當然。然而繼承的
前提在於獻公身亡。若獻公不死，亦無所謂繼承者。然而獻公是否
死亡，便是一大關鍵。這一點，太子申生想得到，獻公又如何想不
到？從這個角度觀察，申生堅持留在國內而不出亡的理由，便有了
合理的解釋。然而獻公如何才會死亡？壽終正寢，自然死亡，是一

---

❺❽　例如呂祖謙，見《春秋傳說》（收在《通志堂經解》，臺北：漢京文化事
　　業出版公司，頁12697。）

種情形。不幸而亡，鴆毒、扼昧者，也不是新鮮事。以獻公之雄猜，能夠不多想？如果獻公因此而多想，並不爲果。反推〈晉語一〉的記載，自然便是合理。至於以上這段記載當然也頗有小說家筆下的味道。因爲他將驪姬與獻公之間的對話描寫得實在太眞切了，眞切到令人幾乎可以不加思索就會信以爲眞。於是讀者立刻就會發現驪姬這個陰狠毒辣的女人，只爲了讓自己的兒子順利繼位，就不惜使用一切手段，殘害無辜。而她既能說出這些危言聳聽的話，難怪她會造成晉國的大亂。至於獻公這個可憐的男人，平常倒也精明幹練，可是一碰到夜半而泣的驪姬，便喪失了應有的判斷能力。假如我們眞要相信這個小說家的說法，倒也不見得是罪過。只是無法有力的解釋：爲何獻公會在一夕之間變得如此愚笨。更有一點，這些床第之言到底被誰聽到了，並且記了下來；或者是不是優施那個大嘴巴的傢伙洩了密，那也只有天知道了。總之，這段記載的內容，如驪姬夜半而泣一句，戲劇張力十足。至於其可信的程度？我們認爲：不敢保證它絕對眞實，但十分合理。

(4)步驟三

既然申生有所待而不肯行，獻公又不願交出政權，雙方的立場已經形同水火，接下來還有什麼可以選擇？於是以死活定勝負的結局，也就難以避免了。當然，主動的權力仍操在獻公手中，獻公和驪姬固然一心想要除去申生，可是總得找個光明正大的理由，才好堵住申生支持者的口。若是子虛烏有，必然產生極大的阻力。因此，如果能讓申生戰死沙場，那就可以名正言順地立奚齊，群臣也必然無話可說。於是在這個時候，「狄之廣莫，於晉爲都」，便不僅僅

是一個出鎮群公子的藉口，它更是一個可以利用的陰謀了。前面本文已提及，當時狄勢之強，是連伯主齊桓公都不太願意去惹的對象。而獻公此時忽然命太子申生伐狄，其居心何在，不問可知。非但如此，在太子出發前，獻公還暗示申生最好是戰死沙場，於是太子處境之險惡可知矣。《左傳・閔公二年》云：

> 晉侯使大子申生伐東山皋落氏，里克諫曰：「大子奉冢祀、社稷之粢盛，以朝夕視君膳者也，故曰『冢子』。君行則守，有守則從；從曰『撫軍』，守曰『監國』，古之制也。夫帥師，專行謀、誓軍旅，君與國政之所圖也，非大子之事也。師在制命而已，稟命則不威，專命則不孝，故君之嗣嫡不可以帥師。君失其官，帥師不威，將焉用之？且臣聞皋落氏將戰，君其舍之。」公曰：「寡人有子，未知其誰立焉。」不對而退。見大子，大子曰：「吾其廢乎？」對曰：「告之以臨民，教之以軍旅。不共是懼，何故廢乎？且子懼不孝，無懼弗得立。脩己而不責人，則免於難。」大子帥師，公衣之偏衣，佩之金玦。狐突御戎，先友爲右；梁餘子養御罕夷，先丹木爲右。羊舌大夫爲尉。先友曰：「衣身之偏，握兵之要，在此行也，子其勉之！偏躬無慝，兵要遠災；親以無災，又何患焉？」狐突嘆曰：「時，事之微也；衣，身之章也；佩，衷之旗也。故敬其事則命以始；服其身則衣之純；用其衷則佩之度。今命以時卒，閟其事也；衣之尨服，遠其躬也；佩以金玦，棄其衷也。服以遠之，時以閟之，尨涼、冬殺；金寒、玦離，胡可恃也？雖欲勉之，狄可盡乎？」梁餘子養

曰:「帥師者,受命於廟,受脤於社,有常服矣。不獲而尨,命可知也。死而不孝,不如逃之。」罕夷曰:「尨奇無常,金玦不復。雖復何爲!君有心矣。」先丹木曰:「是服也,狂夫阻之。曰:『盡敵而反!』敵可盡乎?雖盡敵,猶有內讒。不如違之。」狐突欲行。羊舌大夫曰:「不可。違命不孝,棄事不忠。雖知其寒,惡不可取。子其死之。」大子將戰,狐突諫曰:「不可。昔辛伯諗周桓公云:『內寵並后,外寵二政,嬖子配嫡,大都耦國,亂之本也。』周公弗從,故及於難。今亂本成矣,立可必乎?孝而安民,子其圖之。與其危身以速罪也❺❾!」

〈晉語一〉裡也有同一件事的記載,但與上引《左傳》大同小異,蓋傳聞有異之故。其共同之處便是欲置申生於死地,其不同者,《左傳》云獻公命申生出征,而〈晉語一〉則以爲此乃驪姬之主意。然本人認爲不論是誰先發此說,此猶小事;其重點則在〈晉語一〉載驪姬所云,其中頗有中獻公心意者。蓋獻公本不以晉之固有疆域爲滿足,其滅姬姓諸侯非一而足,可以爲證,而其目的亦不過展其封疆而已。今驪姬言使申生伐狄,若獲勝,則「諸侯驚懼,吾邊鄙不儆,倉廩盈,四鄰服,封疆信,君得其賴」,此固獻公之所願也;如果不勝,則借機以作戰不力爲由,處死申生。別的且不說,且以信封疆一項而言,就足以使獻公動心;何況此舉不論勝負,均能置申生於死地。一石二鳥,何樂不爲?其實驪姬乃獻公最知音者,又能有謀,豈是一般狐媚惑人者所可比擬?〈晉語一〉云:

---

❺❾ 《春秋左傳正義》,頁192-194。

驪姬曰：「以皋落狄之朝夕苟我邊鄙，使無日以牧田野。君之倉廩固不實，又恐削封疆。君盍使之伐狄，以觀其果於眾也，與眾之信輯睦焉。若不勝狄，雖濟其罪可也；若勝狄，則善用眾矣，求必益廣，乃可厚圖也。且夫勝狄，諸侯驚懼，吾邊鄙不儆，倉廩盈，四鄰服，封疆信，君得其賴，又知可否，其利多矣。君其圖之。」公說，是故使申生伐東山。衣之偏裻之衣，佩之以金玦。僕人贊聞之，曰：「太子殆哉！君賜之奇。奇生怪，怪生無常，無常生不立。使之出征，先以觀之。故告之以離心，而示之以堅忍之權，則必惡其心而害其身矣。惡其心，必內險之；害其身，必外危之。危自中起，難哉！且是衣也，狂夫阻之衣也。其言曰『盡敵而反！』雖盡敵，其若內讒何？」申生勝狄而反，讒言作於中。君子曰：「知微❻。」

獻公與驪姬既有志一同，故下達給申生的作戰命令是「盡敵而反」。可是面對如此強大的敵人，「敵可盡乎？」所以凡是與申生同行的大夫，不論是否支持他，大家心裡都有數。若就《左傳》所云，多數大夫皆同情申生，並力勸申生出亡，可見太子申生之得人心。申生得人心，是否會引起獻公更多的疑慮？所以這場戰爭，獻公分明是要置申生於死地。苟非如此，何以在出發前，連穿的衣服、佩的飾物都有深意？這些動作，申生豈會不知？群臣又豈有不知之理？於是有人便見風轉舵，急著與太子劃清界限，向獻公表態了。〈晉語一〉云：

---

❻　《國語》，頁277-278。

十七年，公使太子申生伐東山，里克諫曰：「臣聞皋落氏將
戰，君其釋申生也。」公曰：「行也。」里克對曰：「非也。
君行，太子居，以監國也；君行，太子從，以撫軍也。今君
居，太子行，未有此也。」公曰：「非子之所知也。寡人聞
之：『立太子之道三：身鈞以年，年同以愛，愛疑決之以卜、
筮。』子無謀吾父子之間，吾以此觀之。」公不說。里克退，
見太子，太子曰：「君賜我以偏衣、金玦，何也？」里克曰：
「孺子懼乎？衣躬之偏，而握金玦，令不偷矣。孺子何懼？
夫爲人子者懼不孝，不懼不得。且吾聞之曰：『敬賢於請。』
孺子勉之乎！」君子曰：「善處父子之間矣❻。」

〈晉語一〉裡的這個君子也實在太過斷章取義！也許這種善處人父
子之間的人，通常也就是無大臣之體的人。獻公分明是在威逼利誘，
里克身爲大臣，正應就事論事，豈可苟合取容，依違其間？廢嫡若
是，則應全力贊成獻公；反之，則應全力支持太子地位，至少也應
表明反對廢立的立場，豈可任意以「吾其靜也」爲藉口？無異議的
意思就是默許，就是阿惑。但是里克是個既佞又不識義的小人，好
事做不多，可是阿起惑來，卻又比任何人都高明。做了一堆壞事，
卻還得到〈晉語〉裡君子的讚賞。若有天道，將置申生於何地？而
〈晉語一〉的作者說他「善處父子之間」，這不知是恭維，是諷刺，
還是這個君子的腦袋有問題。

　　太子申生當然知道，這次他父親要他出征強大的狄人，絕對沒
安好心。更何況出發前獻公又有那麼多的暗示，還下命令要他「盡

---

❻　《國語》，頁279-280。

敵而反」，分明想置他於死地。孤注一擲，反正打敗仗也不過什麼都沒有，和眼前的情況差別不大。但是打贏了，至少還有一線希望。因此，不論他人如何勸說，申生下定決心求戰。〈晉語一〉裡有與上引《左傳》略同的記載，但多了一段申生的自白，其文云：

> 太子遂行，狐突御戎，先友爲右，衣偏之衣而佩金玦，出而告先友曰：「君與我此，何也？」先友曰：「中分而金玦之權，在此行也！孺子勉之乎！」狐突嘆曰：「以尨衣純，而玦之以金銑者，寒之甚矣，胡可恃也？雖勉之，狄可盡乎？」先友曰：「衣躬之偏，握兵之要，在此行也，勉之而已矣。偏躬無慝，兵要遠災。親以無災，又何患焉？」至于稷桑，狄人出逆。申生欲戰，狐突諫曰：「不可！突聞之：『國君好艾，大夫殆；好內，適子殆，社稷危。』若惠於父而遠於死，惠於眾而利社稷，其可以圖之乎！況其危身於狄以起讒於內也！」申生曰：「不可。君之使我非歡也，抑欲測吾心也。是故賜我奇服，而告我權，又有甘言焉。言之大甘，其中必苦；譖在中矣，君故生心。雖蝎譖，焉避之？不若戰也。不戰而反，我罪滋厚。我戰，死猶有令名焉。」果敗狄於稷桑而反，讒言益起。狐突杜門不出。君子曰：「善深謀也[62]。」

稷桑之役，申生既抱必死之心而戰，狄人亦幾傾巢而出，戰況之激烈，可想而知。不料其結果晉師竟大勝而歸，申生亦全身而還。此事不但大出獻公與驪姬意料之外，亦使獻公更加防備太子。因此是

---

[62]　《國語》，頁280。

否獻公因而心懷恐懼或愧咎，故益發堅持必殺申生，倒也無人敢必持此說。但申生的地位不但未因此役大勝而穩固，其處境反而更加危險，終未能倖免於死，則是事實。

(5)結　局

設申生於死地，卻未能如願。申生滅狄有功，聲望自然高張。這麼一來，就會增加獻公除去申生的困難。未雨綢繆，獻公必須儘快執行一個舉動，即解除申生指揮上軍的兵權，交由向己表態的里克；下軍則交由心腹荀息指揮。此舉主要避免申生軍權在握，得以趁機生變。《左傳·僖公二年》云：

> 夏，晉里克、荀息帥師會虞師伐虢，滅下陽㊽。

自閔公二年冬申生伐狄，至僖公二年夏，其中不過一年餘，申生已被解除兵權。獻公當是懼申生功高震主，更加不敢信任。然亦由此見獻公對軍權之收放自如矣！申生既無兵權，情勢更為險惡，而獻公與驪姬益得以放手謀之，〈晉語二〉云：

> 反自稷桑，處五年，驪姬謂公曰：「吾聞申生之謀愈深。日吾固告君曰：『得眾。』眾不利，焉能勝狄？今矜狄之善，其志益廣。狐突不順，故不出。吾聞之：『申生甚好信而彊，又失言於眾矣。雖欲有退，眾將責焉。』言不可食，眾不可弪，是以深謀。君若不圖，難將至矣。」公曰：「吾不忘也，

㊽　《春秋左傳正義》，頁199。

　　　　抑未有以致罪焉❻。」

通常看到獻公的這句自白「抑未有以致罪焉」，都會使人回想到他
在除桓、莊之族時，也曾命士蔿「爾試其事」，而自己卻裝作若無
其事，渾然不知的模樣。這種命他人出面，自己卻一付置身事外的
行徑，是獻公一貫的拿手好戲。除桓、莊之事與殺申生之手法如出
一轍，故一般認為申生之死，乃獻公一手導演、製造的一幕人倫慘
劇。否則一場公然奪嫡的戲，若無獻公在背後撐腰，奚齊哪有可能
演得下去？觀下引〈晉語二〉優施召里克來，竟敢誇口「一日而已」，
並且保證里克必然站在驪姬這一邊。里克何等狡詐人物？若非他早
知獻公心意，豈毫不猶疑，竟一日即來？凡此種種，皆足以證明獻
公藏身幕後，暗中指揮。不過考慮到我們上面所提到太子申生的年
歲，是否反而可以證明此段記載的可信度？這時申生已經四十歲左
右。而奚齊也已經十五六歲，可以隨時接班了。外在的形勢對申生
越來越不利，內部的奚齊又將成人，足以繼承。「申生之謀愈深」，
此句不足以證明申生有能力謀反，卻可以說明申生心急的原因。申
生是否有所行動，未有記載。但是獻公為立奚齊，則不容申生，這
也是實情。這時唯一令獻公顧忌的人物是里克。萬一里克支持申生，
那麼獻公的心願仍然難了。因此不論付多少代價，必須拉攏里克。
至於這種檯面上的事，則仍舊貫，交由驪姬、優施輩處理。〈晉語
二〉云：

　　驪姬告優施曰：「君既許我殺太子而立奚齊矣，吾難里克，

---

❻　《國語》，頁285。

奈何？」優施曰：「吾來里克，一日而已。子爲我具特羊之
饗，吾以從之飲酒。我優也，言無郵。」驪姬許諾，乃具，
使優施飲里克酒。中飲，優施起舞，謂里克妻曰：「主孟啗
我，我教茲暇豫事君。」乃歌曰：「暇豫之吾吾，不如鳥鳥。
人皆集於苑，己獨集於枯。」里克笑曰：「何謂苑？何謂枯？」
優施曰：「其母爲夫人，其子爲君，可不謂苑乎？其母既死，
其子又有謗，可不謂枯乎？枯且有傷❻❺。」

優施的身份雖然低賤，可是里克在他的眼中卻一錢不值，只不過是
個一日即來、唯利是圖的小人。優施雖是半說半唱，卻表達的很清
楚：申生沒有後臺，奚齊卻有獻公撐腰。里克這個善觀時變的人，
豈有不見風轉向的道理？到了晚上，里克就想清楚了，果然是「一
日而已」的牆頭草。〈晉語二〉云：

優施出，里克辟莫，不餐而寢。夜半，召優施，曰：「曩而
言戲乎？抑有所聞之乎？」曰：「然。君既許驪姬殺太子而
立奚齊，謀既成矣。」里克曰：「吾秉君以殺太子，吾不忍；
通復故交，吾不敢。中立其免乎？」優施曰：「免。」旦而
里克見丕鄭，曰：「夫史蘇之言將及矣。優施告我，君謀成
矣，將立奚齊。」丕鄭曰：「子謂何？」曰：「吾對以中立。」
丕鄭曰：「惜也。不如曰：『不信』，以疏之，亦固太子以
攜之。多爲之故，以變其志。志少疏，乃可閒也。今子曰：
『中立』，況固其謀也。彼有成矣，難以得閒。」里克曰：

❻❺　《國語》，頁286。

「往言不可及也。且人中心唯無忌之，何可敗也？子將何
如？」丕鄭曰：「我無心。是故事君者，君爲我心，制不在
我。」里克曰：「弒君以爲廉，長廉以驕心。因驕以制人家，
吾不敢。抑撓志以從君，爲廢人以自利也。利方以求成人，
吾不能。將伏也。」明日，稱疾，不朝。三旬，難乃成❻❻。

里克本人心術不正，還想拖人下水。而當丕鄭以義相責時，又說些
似是而非的藉口，「往言不可及也」云云。若他眞有心悔過，轉而
支持太子申生，獻公和驪姬必然不敢輕舉妄動。里克分明心存觀望，
又不願承受來自獻公的壓力。所以他用「且人中心唯無忌之，何可
敗也」來堵丕鄭的口。其實他心裡明白的很，若獻公果眞心中無所
忌憚，驪姬何必派優施爲說客？正因獻公對他猶有所忌❻❼，所以才
要事先徵得他的同意，至少也是默許，才敢對申生下手。下引《左
傳》說獻公與驪姬曾「既與中大夫成謀」，但未說明此中大夫爲誰。
若對照〈晉語二〉來看，則此中大夫正是里克。〈晉語二〉云里克
「稱疾不朝」，蓋即執行其與獻公所定的條件，於是獻公才敢放手
進行下一步的動作。《左傳·僖公四年》云：

初，晉獻公欲以驪姬爲夫人。卜之，不吉；筮之，吉。公曰：
「從筮。」卜人曰：「筮短龜長，不如從長。且其《繇》曰：
『專之渝，攘公之羭。一薰一蕕，十年尚猶有臭。』必不可。」

---

❻❻　《國語》，頁287-288。

❻❼　里克黨羽甚多，包括丕鄭、祁舉及七輿大夫：左行共華、右行賈華、叔堅、
　　　騅歂、纍虎、特宮、山祁，見《左傳·僖公十年》。

弗聽，立之。生奚齊，其娣生卓子。及將立奚齊，既與中大
夫成謀，姬謂大子曰：「君夢齊姜，必速祭之。」大子祭于
曲沃，歸胙于公。公田，姬置諸宮六日。公至，毒而獻之。
公祭之地，地墳；與犬，犬斃；與小臣，小臣亦斃。姬泣曰：
「賊由大子。」大子奔新城，公殺其傅杜原款。或謂大子：
「子辭，君必辯焉。」大子曰：「君非姬氏，居不安，食不
飽。我辭，姬必有罪。君老矣，吾又不樂。」曰：「子其行
乎？」大子曰：「君實不察其罪，被此名也以出，人誰納我？」
十二月戊申，縊于新城。姬遂譖二公子，曰：「皆知之。」
重耳奔蒲，夷吾奔屈❻❽。

〈晉語二〉亦載此事云：

> 驪姬以君命命申生，曰：「今夕君夢齊姜，必速祠而歸福。」
> 申生許諾，乃祭于曲沃，歸福于絳。公田，驪姬受福，乃寘
> 鴆于酒，寘堇于肉。公至，召申生獻。公祭之地，地墳，申
> 生恐而出。驪姬與犬肉，犬斃；飲小臣酒，亦斃。公命殺杜
> 原款，申生奔新城❻❾。

其說與《左傳》不盡相同，或亦傳聞之異，但申生遭驪姬陷害，則
二說皆同。而申生既落難至此，下一步將如何走？出亡則擔心不被
接受，何況自己乃無罪而遭人誣陷？若提出辯解，又擔心其父寢食
難安。終於接受其傅杜原款建議，以自殺做最後的表白。〈晉語二〉

---

❻❽ 　《春秋左傳正義》，頁203-204。
❻❾ 　《國語》，頁289。

云：

> 杜原款將死，使小臣圉告于申生曰：「款也不才，寡智不敏，
> 不能教導，以至于死。不能深知君之心度，棄寵求廣土而竄
> 伏焉。小心狷介，不敢行也。是以言至而無所訟之也，故陷
> 於大難，乃速于讒。然款也不敢愛死，唯與讒人鈞是惡也。
> 吾聞：『君子不去情，不反讒。』讒行身死可也，猶有令名
> 焉。死不遷情，彊也；守情說父，孝也；殺身以成志，仁也；
> 死不忘君，敬也。孺子勉之，死必遺愛。死民之思，不亦可
> 乎？」申生許諾❼⓪。

如果就現有的記載來看，杜原款之諫，申生之答，眞情至意，躍然
字裡行間。但是本人還是懷疑，申生早已知道勝負之後的不同下場。
如果贏了，便將如驪姬所說「將惡始而美終，以晚蓋者也。」如果
輸了，一翻兩瞪眼，沒什麼好說的。用自殺來結束一切，獻公不致
窮究，多少討回些顏面，得到「共」字之謚❼⓵。一旦辯解，萬一獻
公將所有的證據攤開來，恐怕申生也很難擔待吧？這樣的結果如
何，申生心裡有數。與其自討無趣，不如早早了斷，所以申生才放
棄了辯解的機會。〈晉語二〉云：

> 人謂申生曰：「非子之罪，何不去乎？」申生曰：「不可。

---

❼⓪　《國語》，頁290。

❼⓵　對申生有意見的，頗有其人，如劉原父《春秋劉氏傳》：申生可謂輕其死
　　矣。語孝則未也。（《通志堂經解》，頁10992）呂大圭《春秋或問》亦
　　同。（《通志堂經解》，頁13429）

去而罪釋，必歸於君，是怨君也。章父之惡，取笑諸侯，吾
誰鄉而入？內困於父母，外困於諸侯，是重困也。棄君去罪，
是逃死也。吾聞之：『仁不怨君，智不重困，勇不逃死。』
若罪不釋，去而必重。去而罪重，不智；逃死而怨君，不仁；
有罪不死，無勇。去而厚怨，惡不可重，死不可避，吾將伏
以俟命⑫。」

申生既不願出亡他國，亦不解辯，以免使其父獻公為難，故擬以死
明志，然其自云「被此名也以出，人誰納我」，不能死，又不能行，
猶豫之間，時機不再，亦可悲矣。然驪姬猶不放心，促其速死，申
生遂自殺。〈晉語二〉云：

> 驪姬見申生而哭之，曰：「有父忍之，況國人乎？忍父而求
> 好人，人孰好之？殺父以求利人，人孰利之？皆民之所惡
> 也，難以長生。」驪姬退，申生乃雉經于新城之廟。將死，
> 乃使猛足言於狐突，曰：「申生有罪，不聽伯氏，以至于死。
> 申生不敢愛其死。雖然，吾君老矣，國家多難。伯氏不出，
> 奈吾君何？伯氏苟出而圖吾君，申生受賜以至于死，雖死何
> 悔？」是以賜為共君⑬。

申生既自殺，獻公與驪姬心頭的千斤重擔終於放下。接下來要做的
事便是將重耳與夷吾趕走，這件事比起殺申生來，當然輕鬆多了。
事實上，他們本來不是獻公計劃中的主角，不論他們原來的立場如

---

⑫　《國語》，頁291-292。
⑬　《國語》，頁292。

何，只要咬定他們二人預聞申生之事即可。《左傳·僖公二年》傳云：

> 姬遂譖二公子，曰：「皆知之。」重耳奔蒲，夷吾奔屈❼。

〈晉語二〉則云：

> 驪姬既殺太子申生，又譖二公子，曰：「重耳、夷吾與知共君之事。」公令閹楚刺重耳，重耳逃于狄；令賈華刺夷吾，夷吾逃于梁。盡逐群公子，乃立奚齊。焉始為令：「國無公族焉❼。」

《左傳·宣公二年》記載：

> 初，驪姬之亂，詛「無畜群公子」。自是晉無公族。

杜預注：

> 詛，盟誓。

正義曰：

> 服虔云：「麗姬與獻公及諸大夫詛無畜群公子，欲令其二子專國。」杜雖不注，義似不然。若麗姬身為此詛，姬死即應復常，何得比至於今國無公族？豈復文、襄之霸，遂踵麗姬之法乎？蓋為奚齊、卓子以庶篡適，晉國創其為亂

---

❼　《春秋左傳正義》，頁204。
❼　《國語》，頁293。

不用,復畜群公子。案檢《傳》文及《國語》,文公之子
雍在秦,樂在陳,黑臀在周,襄公之孫談在周,則是晉之
公子悉皆出在他國,是其因行而不改。成公今始革之,故
《傳》本其初也。則是國內因麗姬之亂乃設此詛,非麗姬
自為詛也。若麗姬為詛,不須言麗姬之亂。以言之亂,知
其創麗姬也。自此之後,雖立公族,而顯者亦少。唯有悼
公之弟揚干,悼公之子憖二人名見於《傳》。昭十八年鄭
人救火,「子產辭晉公子、公孫於東門」以外,更無其人。
良由偪於六卿,不被任用故耳❼。

而所以如此,亦與其劚除晉國公室枝葉有絕對之關係。太子與公室
之關係是否親疏,今亦難言。然獻公受偪公室,思有以去之,非朝
夕之事。既去公室,又有廢立之心,則公室偪凌之陰影,太子或將
承受凌偪公室之寄託,如此則事態嚴重矣。此雖無明證,然何以獻
公必廢太子申生?申生為人仁,能力亦強,何以獻公卻棄之若敝屣,
必欲去之而後快?此間細微,人所難言。所可知者唯獻公為免再度
發生其祖桓、莊之事,劚除公族乃勢所必然。唯牽連及太子亦必廢
之,其意志可謂堅定矣。〈晉語二〉則說是獻公下令,或許是先詛
後令,今亦難明。在這陰謀事件中,申生死,重耳與夷吾二公子亡,
群公子皆出,晉國之內再也無人能與奚齊爭奪君位。獻公的苦心策
劃,終於得償所願,應是自以為得計。然士蔿引《詩》諫獻公云:
「懷德惟寧,宗子惟城❼。」又曰:「君其修德而固宗子,何城如

❼ 《春秋左傳正義》,頁365-366。
❼ 《毛詩·大雅·板》(《毛詩正義》,臺北:藝文印書館,1973年5月景
印清嘉慶20年1815《重刊十三經注疏附校刊記》,頁635)。

之❼⑧？」不能不說是用心良苦。然獻公懍於公族之相偪，且事頗牽連其諸子。公族既不能獻公，獻公如何能公族？此事若無公族牽連其中，獻公何必如此心狠手辣？獻公為防公族，不得不用外人以從其意；為避免諸子勾結公族，亦不得廢除涉嫌其間的諸子。獻公所為，超越以宗族為中心的時代太遠，因而為時人所不能容，結果後嗣且不保，不亦悲乎？

五、尾 聲

獻公既逐群公子而立奚齊，國內已安，而後得集中精神攘外，兵鋒便指向當時最為王室倚重的虢，順便滅虞，已見上節。獻公曾於魯僖公之二年聯合虞公伐虢，滅其下陽。然虢公旋敗戎於桑田，並不因失下陽而有所警惕，已見上述。獻公滅虢，自有其新仇舊恨。但以當日虢公與周王室關係之親近，其地理形勢之重要，惠王不但不出師援助，甚且不發一言，任憑獻公滅之而坐視不救。豈惠王為對抗齊桓，故必須勾結獻公以壯聲勢，遂以犧牲虢為條件，換取獻公支持？雖史無明文可證此說，但至少亦無明文記載，說惠王對獻公之滅虢有任何異議。周天子本身非但不顧其宗法制度中立嫡以長的原則，亦不明形勢而自毀長城。王室之不振，蓋咎由自取，夫復何言？然虢滅虞亡，亦有以自取焉。自春秋以來，不但周天子力量日益式微，就是其他姬姓國家，也一片日落西山的景象。於是像晉獻公這般雄材大略的國君，才能趁勢崛起，侮弱取亡，為日後晉國

---

❼⑧ 《春秋左傳正義》，頁206。

的伯業，打下堅定的基礎。獻公所滅諸侯，據《左傳·襄公二十九年》晉女叔告晉平公云：

> 虞、虢、焦、滑、霍、楊、韓、魏，皆姬姓也。若非侵小，將何所取？武、獻以下，滅國多矣。

晉武公所滅的國家尚少，主要都是晉獻公所滅。在上引女叔侯所說的這些國家，或早已爲晉所滅，如霍、魏及女叔侯未說到的耿；或此時也幾近自身難保，如虞等。所以舟之僑會說「諸侯遠己」這種感慨萬千的話。想當年虢仲還能以王命聯合「芮伯、梁伯、荀侯、賈伯伐曲沃」，現在這些諸侯都不知上哪兒去了；以前「王使虢公命曲沃伯以一軍爲晉侯」，現在虢是「內外無親，其誰救之？」《詩》云：「凡今之人，莫如兄弟❼❾」，顯然獻公並不理會這類說辭。更何況，獻公滅虢之舉是否曾得到周惠王的默許？

獻公既滅虞、虢，向南渡河已無阻礙。於是獻公有意參與國際舞台演出，發揮更大的影響力。而此時若能加入國際會盟，必然大有助提高晉國國際地位。《左傳·僖公九年》云：

> 秋，齊侯盟諸侯于葵丘，曰：「凡我同盟之人，既盟之後，言歸于好。」宰孔先歸，遇晉侯，曰：「可無會也。齊侯不務德而勤遠略，故北伐山戎，南伐楚，西爲此會也。東略之不知，西則否矣。其在亂乎？君務靖亂，無勤於行。」晉侯乃還❽⓪。

---

❼❾　〈小雅·棠棣〉，《詩經注疏》，頁320。
❽⓪　《春秋左傳正義》，頁219。

宰孔是惠王的死黨，惠王原來就不太甘願參與葵丘之會，總想拆襄
王及齊桓公的台，宰孔自然賣力地執行王命了。當他從葵丘回來，
碰到晉獻公——可說是惠王的半個死黨，自然勸阻獻公不要捧齊桓
公的場。並且又暗示東方的伯主是齊桓公，西方的伯主則可由晉獻
公擔任。〈晉語二〉云：

> 葵丘之會，獻公將如會，遇宰周公，曰：「君可無會也。夫
> 齊侯好示，務施與力而不務德。故輕致諸侯而重遣之，使至
> 者勸而叛者慕。懷之以典言，薄其要結而厚德之，以示之信。
> 三屬諸侯，存亡國三，以示之施。是以北伐山戎，南伐楚，
> 西為此會也。譬之如室，既鎮其薆矣，又何加焉？吾聞之，
> 惠難遍也，施難報也。不遍不報，卒於怨讎。夫齊侯將施惠
> 出賣，是之不果奉，而暇晉是皇？雖後之會，將在東矣。君
> 無懼矣，其有勤也。」公乃還[81]。

宰孔總算為惠王報了一箭之仇，使齊桓公的伯業少了一個重要的贊
助者。當然，這也同時證明了晉國此時已儼然將與齊、楚分庭抗禮，
而獻公伯者的架勢也隱然若現矣。唯齊桓稱伯已久，素為諸侯信服；
而獻公又於不久之後死去，故未及見其功績爾。否則，在齊桓死後，
與楚爭伯者將不是迂腐不堪的宋襄公，而是精明強悍的晉獻公了。
果真如此，則中國歷史亦將因之而改寫。獻公未伸其志，還來不及
在國際舞台展頭露角，便壯志未酬身先死。本文稱之為未竟其志的
伯者，原因在此。天不假年，如是而已。蓋獻公此時人已老耄，故

---

[81] 《國語》，頁300。

宰孔預言其將死，蓋失其心而昏夭矣。宰孔雖爲惠王而背齊桓，但
其預言齊桓及獻公皆將死，所言不差。〈晉語二〉云：

> 宰孔謂其御曰：「晉侯將死矣！景、霍以爲城，而汾、河、
> 涑、澮以爲渠，戎、狄之民實環之。汪是土也，苟違其違，
> 誰能懼之？今晉侯不量齊德之豐否，不度諸侯之勢。釋其閟
> 修，而輕於行道，失其心矣。君子失心，鮮不夭昏。」是歲
> 也，獻公卒⑧。

宰孔說的不錯，獻公大滅姬姓諸之後，晉國此時「表裡山河」的態
勢已經形成。進可攻，退可守，無所不利。惠王與其鼓勵晉獻公加
入齊桓公的尊王攘夷的行列，不如拉著不放，既可爲倚靠，又免得
增加齊桓的聲勢⑧。所以宰孔會以周王卿士身分，阻止獻公參與會
盟，這也是理所當然之事。此固王室爲其自身利益有以致之，然獻
公亦因宰孔之勸，未能在其有生之年參與諸侯會盟，乃至不得及身
稱伯中原，必須留待其子文公，晉國才得實現伯主美夢。獻公如此
空忙一場，卻一無所獲，又含恨而卒。後人視之，豈能不替獻公抱
一絲遺憾呢？

　　獻公被宰孔勸回國後，不久就病死了。臨死之前，他自知奚齊
「少族而多怨」，不得人望，怕自己死後奚齊不能順利繼承君位，

---

⑧　《國語》，頁301。

⑧　任何國家的外交考量必以其自身利益爲優先，周王室焉能例外？有關周王
　　室外交政策的問題，請參考本人相關論述。〈從晉武公受命論春秋初期王
　　室外交政策〉，《中山人文學報》第5期1997.1，頁1-18。（高雄：國立中
　　山大學）

特地託孤荀息，為驪姬與奚齊盡最後一次心力。何以獻公不找里克
託孤？則以里克小人不足信。何以不撤里克、並提升荀息為上軍帥
⑭？必因事出突然，措手不及，還來不及布置，便已病重，而荀息
威望尚未建立，故不及提升荀息以取代里克。於是獻公只好孤注一
擲，但願荀息能將奚齊順利地輔佐上台。可惜事與願違，明知里克
為小人而用之，既用而不能制之。《詩》云：「誰為厲階，至今為
梗」。自遺伊戚，獻公之謂也。於是非但奚齊，連卓子、驪姬等亦
不免慘遭里克毒手。即便荀息，也以自殺示不負獻公，可謂慘酷矣。
《左傳·僖公九年》云：

> 九月，晉獻公卒。里克、丕鄭欲納文公，故以三公子之徒作
> 亂。初，獻公使荀息傅奚齊。公疾，召之，曰：「以是藐諸
> 孤，辱在大夫，其若之何？」稽首而對曰：「臣竭其股肱之
> 力，加之以忠、貞。其濟，君之靈也；不濟，則以死濟之。」
> 公曰：「何謂忠、貞？」對曰：「公家之利，知無不為，忠
> 也；送往事居，耦俱無猜，貞也⑮。」

其實當日晉國的情況，獻公內心清楚的很。除了他自己以外，沒有

---

⑭ 呂祖謙認為：「晉荀息假道於虞以伐虢，此一段知宮之奇諫必不聽，知虞
之必可假，知虢之必亡。料敵如見。自是觀之，晉國智謀之士如息者，亦
自有數。至於傅奚齊，此段全不能知，卻不能為保護之計。何料敵如是之
審，謀國如是之疏？蓋息本非就自身上做工夫，專以臆度揣摩為事，故有
不著處。」（《通志堂經解》，頁12697）與呂氏不同看法的有焦循，已
見註❾。事實上，就算荀息天天就自身做工夫，也是同樣的下場。何則？
形勢已定，權不在己，光靠自身做工夫，又有什麼用呢？

⑮ 《春秋左傳正義》，頁219。

人能控制整個晉國而不出亂事。所以只要他一死，荀息絕對無法控制里克等人而不出狀況。這一點，荀息也很清楚。所以他對獻公的保證只是能忠、貞以事奚齊，卻不能保證奚齊必然順利登基，甚且不敢保證奚齊的生命是否不生危險。荀息說得很坦白，他能力的極限，不過一死報君王而已。於是獻公的一片心血，全付東流。同年《傳》云：

> 及里克將殺奚齊，先告荀息，曰：「三怨將作，秦、晉輔之。子將何如？」荀息曰：「將死之。」里克曰：「無益也。」荀叔曰：「吾與先君言矣，不可以貳。能欲復言而愛身乎？雖無益也，將焉辟之？且人之欲善，誰不如我？我欲無貳，而能謂人已乎？」冬十月，里克殺奚齊于次。書曰：「殺其君之子」，未葬也。荀息將死之，人曰：「不如立卓子而輔之。」荀息立公子卓以葬。十一月，里克殺公子卓于朝，荀息死之[86]。

〈晉語二〉云：

> 二十六年，獻公卒。里克將殺奚齊，先告荀息曰：「三公子之徒將殺孺子，子將如何？」荀息曰：「死吾君而殺其孤，吾有死而已，吾蔑從之矣。」里克曰：「子死，孺子立，不亦可乎？子死，孺子廢，焉用死？」荀息曰：「昔君問臣事君於我，我對以『忠、貞』。君曰：『何謂也？』我對曰：『可以利公室，力有所能，無不爲，忠也。葬死者，養生者，

---

[86] 《春秋左傳正義》，頁219-220。

死人復生不悔，生人不媿，貞也。』吾言既往矣，豈能欲行
吾言而又愛吾身乎？雖死，焉避之？」里克告丕鄭曰：「三
公子之徒將殺孺子，子將何如？」丕鄭曰：「荀息謂何？」
「荀息曰：『死之。』」丕鄭曰：「子勉之。夫二國士之所
圖，無不遂也。我爲子行之，子帥七輿大夫以待我。我使狄
以動之，援秦以搖之。立其薄者可以得重賂，厚者可使無入。
國，誰之國也？」里克曰：「不可。克聞之，夫義者，利之
足也；貪者，怨之本也。廢義則利不立；厚貪則怨生。夫孺
子豈獲罪於民？將以驪姬之惑蠱君而誣國人，讒群公子而奪
之利，使君迷亂，信而亡之。殺無罪以爲諸侯笑，使百姓莫
不有藏惡於其心中。恐其如壅大川，潰而不可救禦也。是故
將殺奚齊而立子之在外者，以定民弭憂，於諸侯且爲援。庶
幾曰：『諸侯義而撫之，百姓欣而奉之，國可以固。』今殺
君而賴其富，貪且反義。貪則民怨，反義則富不爲賴。賴富
而民怨，亂國且身殆，懼爲諸侯載，不可常也。」丕鄭許諾。
於是殺奚齊、卓子及驪姬，而請君于秦❽。

在這裡，里克突然變成了全晉國最講道理，最富正義感的人，反倒
是丕鄭變成了從前的里克。這麼義正辭嚴的面具之後，總令人懷疑
是否隱藏著見不得人的齷齪面目。是以雖說《國語》有濃厚的勸善
性質❽，不過這麼戲劇性的轉變，也太驚人了吧？就算〈晉語二〉

---

❽　《國語》，頁302-304。
❽　張以仁師〈從國語與左傳本質上的差異試論後人對國語的批評〉，（《春
　　秋史論集》）頁105-178。

的記載容或屬實，亦不足洗刷其種種惡行。更何況上引《左傳》云：

> 里克與丕鄭欲納文公，故以三公子之徒作亂。

未知其中眞相如何，但最後里克與丕鄭仍然受惠公賂而納惠公，文公則因所藏遭竊❽，遂無貨以賂里克，因而爲惠公搶去先機。里克之行徑一如上引〈晉語二〉丕鄭之言，絕不見其言行一致之舉。所以縱使〈晉語二〉所云，里克果眞說過以上言語，然最終其仍未履行其話言，依然只是一個口是心非的小人而已。至於重耳何以不敢接受里克之納，其一是無貨以賂，其二是對里克爲人不敢放心，其三是自知能力不足以制里克，故且明哲保身。至少不必向奚齊般，尚未爲君，即已身首異處矣。至於夷吾則不然，除了對里克不放心這點與重耳相同以外，其他各方面，尤其是膽識，遠勝重耳，故賂內外求入。既入則除里克及丕鄭及其黨羽❾，宸綱獨斷，終能繼其父獻公之業，並爲日後文公伯業奠定穩固基。對此，本人將另有專文敘述，此不具。

---

❽ 《左傳‧僖公二十四年》：「初，晉侯之豎頭須，守藏者也。其出也，竊藏以逃（杜注：文公出時），盡用以求納之。」《春秋左傳正義》，頁254。

❾ 《左傳‧僖公十年》：「夏四月，周公忌父、王子黨會齊隰朋立晉侯，晉侯殺里克以說。……於是丕鄭聘于秦，且謝緩賂，故不及。」（《春秋左傳正義》，頁221）晉惠公調虎離山，遣丕鄭如秦謝緩賂。萬一秦穆公大怒，殺丕鄭，正好借刀殺人。雖然秦穆公並未上當，但丕鄭仍難逃一死。同年《傳》云：「丕鄭之如秦也，言於秦伯曰：『呂甥、郤稱、冀芮實爲不從。若重問以召之，臣出晉君，君納重耳，蔑不濟矣。』冬，秦伯使泠至報，問，且召三子。郤芮曰：『幣重而言甘，誘我也。』遂殺丕鄭、祁舉及七輿大夫：左行共華、右行賈華、叔堅、騅歂、纍虎、特宮、山祁，皆里、丕之黨也。」（《春秋左傳注疏》，頁222）

六、結　語

　　關於獻公、申生父子之間的問題，從《公羊傳》開始，就以獻公爲「甚之也[91]。」雖然一般人印象中，宋代學者迂腐的觀念甚爲可笑，但不以人廢言，畢竟他們已經發現不少類似的事件，做爲比較的對象。例如趙鵬飛就舉出西漢的事例，認爲：

> 以此防民，後世猶有謂趙王如意類我，而啓蒼狗之祟；有堯母名門，而生巫蠱之禍者[92]。

另外，家鉉翁更將秦始皇也納入，云：

> 先正蘇公論扶蘇戾太子事，謂始皇武帝鷙悍，忍於誅殺。爲之子者，知必無可回之理，故寧死寧動兵，而不敢以請。是得其情矣。戾太子不足言，扶蘇之事有類於恭世子，故因蘇公之論而發之[93]。

此說深切。其實我們還可以做些補充，例如漢高祖之於惠帝，漢宣帝之於元帝，漢明帝之於章帝，都有類似的情形。從這些案例中，

---

[91] 《春秋公羊傳注疏》（臺北：藝文印書館，1973年5月景印清嘉慶20年1815《重刊十三經注疏附校刊記》，頁127。

[92] 《春秋經筌》（《通志堂經解》，頁11662）呂祖謙《春秋集解》引《胡氏傳》亦云堯母門事。（《通志堂經解》，頁11235。他如黃仲炎《春秋通說》亦云戾太子事。（《通志堂經解》，頁13133）

[93] 家鉉翁：《春秋詳說》。（《通志堂經解》，頁13640）

我們發現，凡是這些父親們，都是雄材大略，英武過人的皇帝，常常與「用法」分不開。即使東漢明帝武功未著，但也是「察察」，致意用法的類型。尤其是秦皇、漢武，更是代表性的皇帝。相對地，他們的兒子們，按照史書的記載，也都有共同的特色，那就是「爲人仁」，或者再加上「好儒術」。這就很有意思了。爲什麼這些父親們尚法，兒子們卻都好儒呢？爲什麼這些父親們都不喜歡這些兒子們，常常覺得「不類我」。於是都喜歡另一個「類我」的兒子呢？晉獻公與這些父親們是否爲同一類？申生與這些兒子們是否剛好也是同一類？否則爲什麼父親都不喜歡他們？這些兒子們都有最優先的繼承權，但他們的方向都與父親們相衝突。這些父親們難道不擔心嗎？於是最困擾這些皇帝的，都在繼承的問題。始皇明知扶蘇頗與儒生往來，違反自己政策，唯始皇尚有仁心，故不廢扶蘇，只遣扶蘇監蒙恬軍，以爲警戒。蓋順利繼承則已，一旦朝中有變，猶有蒙恬三十萬大軍，足以應付。此始皇之無奈也。戾太子事學者已有詳說，請參看❾❹。這些皇帝的作爲，與晉獻公如此的類似。因此如果說晉獻公是日後這些皇帝的先行者，實不爲過。

綜觀晉獻公一生，其所作所爲，不但對其身後的晉國有極大的影響，甚且對其日後整個春秋時代皆有重大影響。他致力剗除公族，摒棄了周人宗法制度裡最重要的親親精神，代之以重用異姓之族、遠親之士，建立唯材是舉、尚賢用能嶄新的用人標準。他又全力地對外擴張，提高了晉國的國際地位，爲其子孫的伯業規劃了廣大的

---

❾❹　田餘慶：〈論輪臺詔〉，《先秦秦漢史》1984.6，頁31-48。蒲慕州：〈論巫蠱之禍及其政治意義〉，《史語所集刊》1986.2，頁511-537。

藍圖。他詛無畜群公子，使得繼承人選單純化，減少了骨肉相殘的悲劇，也避免了宗室內鬨，牽制國君的局面。由是國家的概念將逐漸由私有演變成公有，國君成為國家政權的象徵者。治權則由賢能的人出任。這兩個重要的因素，及其連帶的影響，是由春秋時代轉變成戰國時代的重要標識。然獻公為立奚齊，不惜廢申生、逐群公子，而奚齊終不能得立。獻公更力行尚賢用能，冀晉祀得傳萬世，以此舉為子孫謀，不料卻落得晉國遭異姓、遠親三分的下場。獻公又欲稱伯中原，卻壯志未酬身先死。《史記·商君列傳》云：「有高人之行者，固見非於世。有獨知之慮者，必見傲於民。愚者闇於成事，知者見於未萌❾❺。」獻公的腳步超越其時代太多，其處心積慮之事，竟無一得遂者。獻公地下有知，是否也將悵然一番呢？

---

❾❺　《史記會注考證》，頁892。

伯者的先驅——晉惠公述論

論文提要

晉惠公的名聲不若其兄晉文公響亮，但是其能力實在文公之上。晉惠公有乃父晉獻公的政治手段和識見，不論在處理內政或是外交，都有其成功的一面。尤其是敗於韓之後，仍能靠作爰田與作州兵，挽回政治上的劣勢，玩弄秦穆公和晉國貴族，誠一世之英傑。

一、緒　言

論春秋時代的賢君，後人多舉齊桓、晉文、楚莊等爲例。除此之外，其他如鄭莊、楚成、晉悼等，也常被人稱道。由是觀之，春秋時代的賢君甚多。但這些被公認的賢君中，卻頗有可議之處。就以晉文公事蹟而言，所有相關的記載，皆是一片讚美之詞，例如《左傳·僖公二十七年》云：

晉侯始入而教其民。二年，欲用之。子犯曰：「民未知義，
未安其居。」於是乎出定襄王，入務利民，民懷生矣。將用
之，子犯曰：「民未知信，未宣其用。」於是乎伐原以示之
信。民易資者，不求豐焉，明徵其辭。公曰：「可矣乎？」
子犯曰：「民未知禮，未生其共。」於是乎大蒐以示之禮，
作執秩以正其官。民聽不惑，而後用之。出穀戍，釋宋圍，
一戰而霸，文之教也❶。

可以說是集阿諛諂媚之大成。也不細思晉文公請隧，勒索襄王以南
陽之地，《左傳·僖公二十七年》：

晉侯朝王，王饗醴，命之宥。請隧，弗許。曰：王章也。未
有代德，而有二王，亦叔父之所惡也。與之陽樊溫原欑茅之
田。晉侯於是始起南陽❷。

南陽之田是周天子甸地，按慣例諸侯是不該謀取，所以周天子會以
此地為空頭支票，向諸侯換地，如鄭莊公便曾吃過暗虧。襄王以為
晉文公會如鄭莊公一般懂事，誰知晉文公毫不客氣地就疆了南陽之
田了❸。又不細思大蒐於被廬，作三軍，謀元帥，正是晉國國君失
去一切權利的開始❹。又不細思踐土之盟：

---

❶ 《春秋左傳正義》（臺北：藝文印書館，1973年5月景印清嘉慶20年1815
《重刊十三經注疏附校刊記》），頁267-268。

❷ 《春秋左傳正義》，頁263。

❸ 劉文強：〈封與封人〉，《慶祝龍宇純先生七十秩晉五壽慶論文集》（臺
北：臺灣學生書局，2002.11）頁121-150。

❹ 〈論被廬之蒐〉，《中山人文學報》第2期1994.4，頁1-20。

是會也，晉侯召王，以諸侯見，且使王狩❺。

勒索周天子，算不算「文之教也」？失去軍權，算不算「文之教也」？以臣召君，算不算是「文之教也」？不論晉文公有多少過失，但是總有一堆阿諛諂媚之人爲他擦脂抹粉，樂此不疲。由此可知，史籍記事中有待仔細研討、謹愼商榷之處甚多。因此，在論史時，必須正反參看，小心翼翼，才不會被文字表面迷惑，以至失去了史實的眞相。

由是觀來，當我們在評論所謂的賢君時，固然應該小心謹愼；同樣地，在面對所謂的惡君時，豈不也該一視同仁？在《論語·子張篇》，子貢便曾感嘆道：

紂之不善，不如是之甚也，是以君子惡居下流，天下之惡皆歸焉❻。

準此而論，春秋時代的晉惠公便也不免「天下歸惡」了。在史料中，看不出對晉惠公有什麼好評。反之，「惡之欲其死」的詞句倒是不少。但是，如果我們能從「崇德辨惑」這個觀點出發，就事論事，那麼晉惠公安內攘外、尊王攘夷之功，比起晉文公，實未遑多讓。且城濮之役，非但外有齊、秦相助，即晉國本身國力，若非惠公早已奠定穩固之基礎，憑文公救死不暇之窘狀，如何好整以暇地整軍經武？前人種樹，後人乘涼，惠、文事蹟正是最佳寫照。然而後人好以成敗論英雄，每每爲過揚晉文遂過抑晉惠，本人實無法苟同；

❺　《春秋左傳正義》，頁276。
❻　朱熹：《四書集註》（臺北：世界書局，1980.10.25版），頁134。

又惋惜惠公有其功業而反爲人所鄙，公評不得。故試此文，述惠公功業，並論其成敗得失，庶減一二惠公遭人之誤解云。

二、惠公得立之經過

惠公之得立爲君，實歷經曲折與艱辛。所以如此，則是因爲其父獻公「無畜群公子」的政策之故。本來若按照周人立君以嫡長的原則，惠公不可能立爲國君。但因緣際會，遂使惠公登基即位。本人述論晉獻公時，曾有所說明，茲不贅引。今論惠公事蹟，且自其反國前夕論起。

先是，晉獻公卒，里克弄權，殺奚齊與卓子。晉國無君，里克專權遂以君位爲誘，將逞其野心；同時，秦穆公也想趁機混水摸魚，以鄰國有亂爲幸，也以援立爲餌。在這種內憂外患交踵而至、艱困萬分的情況下，惠公猶能排除一切障礙，回國登基；又能內固君位，外拒強鄰。以一個年紀輕輕的青年❼，能夠有這樣的作爲，絕非易事。由此亦可見惠公之膽識非凡，遠非常人可及。《左傳·僖公九年》云：

> 晉郤芮使夷吾重賂秦以求入，曰：「人實有國，我何愛焉？

---

❼　《左傳·莊公二十八年》：「（晉獻公）娶二女於戎，大戎狐姬生重耳，小戎子生夷吾。」（《春秋左傳正義》，頁177）晉文公年壽及出奔時年歲問題，張師以仁有說見，〈晉文公年壽辨〉及〈晉文公年壽問題的再檢討〉兩篇文章。（《春秋史論集》，臺北：聯經出版事業公司1990.1）。晉惠公與晉文公生於同一年，出奔時皆十七歲。惠公即位時二十一歲。

入而能民，土於何有❽？」

《左傳》的文字簡潔，《國語·晉語二》則詳細得多，其文云：

> 呂甥及郤稱亦使蒲城午告公子夷吾于梁，曰：「子厚賂秦人
> 以求入，吾主子。」夷吾告冀芮曰：「呂甥欲納我。」冀芮
> 曰：「子勉之。國亂民擾，大夫無常，不可失也。非亂何入？
> 非危何安？幸苟君之子，唯其索之也。方亂以擾，孰適禦我？
> 大夫無常，苟眾所置，孰能勿從？子盍盡國以賂外內？無愛
> 虛以求入，既入而後圖聚。」公子夷吾出見使者，再拜稽首，
> 許諾❾。

郤芮分析晉國政情，瞭若指掌。於是惠公下定決心爭取繼承，呂甥
遂求秦人援立，以便造成惠公乃「內外立之」的有利條件。〈晉語
二〉云：

> 呂甥出告大夫曰：「君死自立則不敢，久則恐諸侯之謀；徑
> 召君於外也，則民各有心，恐厚亂。盍請君于秦乎？」大夫
> 許諾，乃使梁由靡告于秦穆公，曰：「天降禍于晉國，讒言
> 繁興，延及寡君之紹續昆裔，隱悼播越，託在草莽，未有所
> 依。又重之以寡君之不祿，喪亂並臻。以君之靈，鬼神降衷，
> 罪人克伏其辜，群臣莫敢寧處，將待君命。君若惠顧社稷，
> 不忘先君之好，辱收其逋遷裔胄而建立之，以主其祭祀，且

---

❽ 《春秋左傳正義》，頁220。

❾ 《國語》，臺北：宏業書局，1980年9月《四部備要》排印清士禮居翻刻
明道本，頁307。

鎮撫其國家及其民人，雖四鄰諸侯之聞之也，其誰不儆懼於君之威，而欣喜於君之德？終君之重愛，受君之重賕，而群臣受其大德，晉國其誰非君之群隸臣也？」秦穆公許諾，反使者，乃召大夫子明及公孫枝，曰：「夫晉國之亂，吾誰使先？若夫二公子而立之，以為朝夕之急？」大夫子明曰：「君使縶也。縶敏且知禮，敬以知微。敏能竄謀，知禮可使，敬不墜命，微知可否，君其使之。」……公子縶退，弔公子夷吾于梁，如弔公子重耳之命。夷吾告冀芮曰：「秦人勤我矣。」冀芮曰：「公子勉之。亡人無狷潔，狷潔不行。重賕配德，公子盡之，無愛財。人實有之，我以徼倖，不亦可乎？」公子夷吾出見使者，再拜稽首，起而不哭，退而私於公子縶，曰：「中大夫里克與我矣，吾命之以汾陽之田百萬；丕鄭與我矣，吾命之以負蔡之田七十萬。君苟輔我，蔑天命矣！亡人苟入掃宗廟，定社稷，亡人何國之與有？君實有郡縣，且入河外列城五。豈謂君無有，亦為君之東游津梁之上無有難急也。亡人之所懷挾纓纕，以望君之塵垢者。黃金四十鎰，白玉之珩六雙，不敢當公子，請納之左右。」公子縶反，致命穆公。穆公曰：「吾與公子重耳。重耳仁。再拜不稽首，不役為後也；起而哭，愛其父，孝也；退而不私，不役於利也。」公子縶曰：「君之言過矣。君若求置晉君而載之，置仁不亦可乎？君若求置晉君以成名於天下，則不如置不仁以猾其中，且可以進退。臣聞之曰：『仁有置，武有置。仁置德，武置服。』」是故先置公子夷吾，寔為惠公❿。

在這個緊要關頭，假如說穆公真有仁者之心，置德不置服，那麼反國即位的便應該是公子重耳了。誰知結果不然，則穆公的出發點到底是為義呢？還是利呢？公子縶這位仁兄為人乾沒好貨，卻被說成「敏且知禮，敬以知微」，真不知是寫實還是諷刺了。而晉惠公竟因此而得立，可謂有人力、亦有天意。但若因此就說惠公之立為不義、不孝云云，恐怕並不公平吧。

另外，據《史記·晉世家》的記載，則稍有異於〈晉語二〉，但細加探究，倒也符合當日情勢。〈晉世家〉云：

> 里克使迎夷吾於梁，夷吾欲往。呂省、郤芮曰：「內猶有公子可立者，而外求，難信。計非之秦，輔彊國之威以入，恐危。」乃使郤芮厚賂秦，約曰：「即得入，請以晉河西之地與秦。」及遺里克書曰：「誠得立，請遂封子於汾陽之邑。」秦穆公乃發兵送夷吾於晉。齊桓公聞晉內亂，亦率諸侯如晉，秦兵與夷吾亦至晉，齊乃使隰朋會秦俱入夷吾❶❶。

按：《左傳·僖公二十四年》介之推云：「獻公之子九人❶❷」，除秦穆姬外，見諸史傳的有申生、重耳、夷吾、奚齊、卓子，當日仍在國內的尚有三人。所以郤芮認為「內猶有公子可立者，而外求，難信。」是以郤芮極力爭取強秦援立，以斷絕他人覬覦，增加惠公聲勢。既秦國君臣好賂同心，遂出兵送惠公歸晉；而伯主齊桓公率諸侯平晉亂，亦同意惠公即位。在伯主、強鄰的助威下，又內賂權

---

❶❶　《史記會注考證》（臺北：洪氏出版社1977.5五版），頁627。
❶❷　《春秋左傳注疏》，頁255。

臣，造成「外內立之」的強勢姿態下，惠公終於順利地登上了國君
的寶座。

　　秦穆公雖已助晉惠公即位，但想要的賄賂尚未到手，對惠公是
否履行承諾甚不放心，因此用試探的口氣詢問惠公將何以爲政，以
知其志。〈晉語二〉云：

> 穆公問冀芮曰：「公子誰恃於晉？」對曰：「臣聞之『亡人
> 無黨』。有黨必有讎。夷吾之少也，不好弄戲，不過所復，
> 怒不及色，及其長也弗改。故出亡無怨於國，而眾安之。不
> 然，夷吾不佞，其誰能恃乎❸？」

《左傳》則多了一段〈晉語二〉所沒有的記載，《左傳·僖公九年》
云：

> 秦伯謂郤芮曰：「公子誰恃？」對曰：「臣聞：『亡人無黨』，
> 有黨必有讎。夷吾弱不好弄，能鬥不過，長亦不改，不識其
> 他。」公謂公孫枝曰：「夷吾其定乎？」對曰：「臣聞之：
> 『唯則定國』。《詩》曰：『不識不知，順帝之則』，文王
> 之謂也。又曰：『不僭不賊，鮮不爲則。』無好無惡，不忌
> 不克之謂也。今其言多忌克，難哉！」公曰：「忌則多怨，
> 又焉能克？是吾之利也❹。」

穆公自己逐利之情溢於言表，還敢批評惠公云云，不知教人做何感

---

❸　《國語》，頁313-314。
❹　《春秋左傳正義》，頁220。

想。而後人便據此大發議論，只令人啼笑皆非而已。〈晉語三〉云：

> 公孫枝進諫曰：「昔君之不納公子重耳而納晉君，是君之不置德而置服也。置而不遂，擊而不勝，其若爲諸侯笑何？」……穆公曰：「然。昔吾之不納公子重耳而納晉君，是吾不置德而置服也⑮。」

穆公的自我表白，或許可以糾正後人的某些偏見。

三、安國家

攘外必先安內，此千古不易之理。惠公既入國，懲接連弒君之亂，必須先解決權臣里克及其黨羽。里克等人罪大，被誅也是應該。但由此事更可看出惠公的政治手腕之高明，信念之堅毅。尤其惠公只不過是一個年紀輕輕的流亡公子，要面對里克這種官場老狐狸，談何容易。而惠公爲之，其膽識豈常人能比。《史記·晉世家》云：

> 惠公夷吾元年，使邳鄭謝秦曰：「始夷吾以河西地許君，今幸得入立，大臣曰：『地者，先君之地，君亡在外，何以得擅許秦者？』寡君爭之，弗能得，故謝秦。」亦不與里克汾陽邑，而奪之權。四月，周襄王使周公忌父會齊、秦大夫共禮晉惠公。惠公以重耳在外，畏里克爲變，賜里克死，謂曰：「微里子，寡人不得立。雖然，子亦殺二君、一大夫，爲子君者，不亦難乎？」里克對曰：「不有所廢，君何以興？欲

---

⑮ 《國語》，頁327。

誅之，其無辭乎？乃言爲此。臣聞命矣。」遂伏劍而死。於
是丕鄭使謝秦，未還，故不及難❶。

先將里克最得力的助手丕鄭支遣出使秦國，達到孤立里克的目的。
接著，丕鄭謝秦緩賂，若穆公怒而殺之，則假穆公之手除腹心之患；
若穆公不殺，則假丕鄭之口拒割河西之地。再退而求其次，縱穆公
對此有異議，也不妨礙惠公的計畫。因爲里克在晉國國內也無奧援，
惠公便少一份顧慮。一石二鳥，其計可謂高明。果然，惠公因此得
以順利解決里克這在背芒刺。里克好弄權，是一反覆小人，卻在惠
公步步爲營的安排下，得其應有之報應。待里克既除，丕鄭便無足
多慮。自此，惠公的國君地位才算是眞正的穩定。〈晉世家〉所言
稍簡，但〈晉語二〉及《左傳》皆載此事，與〈晉世家〉文可互相
發明。〈晉語三〉云：

> 惠公既即位，乃背秦賂。使丕鄭聘於秦，且謝之。而殺里克，
> 曰：「子殺二君與一大夫，爲子君者，不亦難乎？」丕鄭如
> 秦謝緩賂，乃謂穆公曰：「君厚問以召呂甥、郤稱、冀芮而
> 止之，以師奉公子重耳，臣之屬內作，晉君必出。」穆公使
> 泠至報，問，且召三大夫。鄭也與客將行事。冀芮曰：「鄭
> 之使薄而報厚，其言我於秦也，必使誘我。弗殺，必作難。」
> 是故殺丕鄭及七輿大夫：共華、賈華、叔堅、騅歂、纍虎、
> 特宮、山祁，皆里、丕之黨也。丕豹出奔秦。……丕鄭之子
> 曰豹，出奔秦，謂穆公曰：「晉君大失其眾，背君賂、殺里
> 克，而忌處者，眾固不說。今又殺臣之父乃七輿大夫，此其

---

❶ 《史記會注考證》。

黨半國矣。君若伐之，其君必出。」穆公曰：「失眾安能殺
人？且夫禍唯無蠥。足者不處，處者不足，勝敗若化。以禍
爲違，孰能出君？爾俟我❶。」

《左傳·僖公十年》也記載了這件事情，云：

> 夏四月，周公忌父、王子黨會齊隰朋立晉侯。晉侯殺里克以
> 說。將殺里克，公使謂之曰：「微子則不及此。雖然，子殺
> 二君與一大夫，爲子君者，不亦難乎？」對曰：「不有廢也，
> 君何以興？欲加之罪，其無辭乎？臣聞命矣。」伏劍而死。
> 於是丕鄭聘于秦，且謝緩賂，故不及。……丕鄭之如秦也，
> 言於秦伯曰：「呂甥、郤稱、冀芮實爲不從。若重問以召之，
> 臣出晉君，君納重耳，蔑不濟矣。」冬，秦伯使泠至報，問，
> 且召三子。郤芮曰：「幣重而言甘，誘我也。」遂殺丕鄭、
> 祁舉及七輿大夫：左行共華、右行賈華、叔堅、騅歂、纍虎、
> 特宮、山祁，皆里、丕之黨也❷。

里克固然老奸巨猾，狃於首鼠兩端之利，自以爲得計。但惠公及其
群謀臣可謂智勇絕人，終能除此大奸巨猾。《傳》云：「殺里克以
說」，征南《注》：「自解說不簒。」以里克殺二君爲釋，明己非
簒位，以晉國無君，己爲外內所立。誅弒君者，則於伯主齊桓及周
天子皆有所交待。更何況以里克之反覆，又外有重耳，誰敢保證里
克將忠心耿耿？〈晉世家〉云：「惠公陰奪里克權」，《左傳》云：

---

❶　《國語》，頁320-322。
❷　《春秋左傳正義》，頁221-222。

「將殺里克」，可見惠公早有佈置，絕非一時興起，莽撞行事，故秦穆公以為得眾；否則，身死名裂，甚無謂也。當然，〈晉語三〉也有這一段記載，好像與上說有些不同，其文云：

> 惠公既殺里克而悔之，曰：「芮也使寡人過我社稷之鎮❶。」

這段話若非誤記，便是放放風聲的門面話。參以當日情勢，惠公殺里克乃勢在必行，既除而後快。所以縱使惠公曾這麼說，或有其他目的，但絕不可能是惠公的肺腑之言。這一點，是可以確信的。在此，本人順便提出一點意見。當我們在批評人物時，最好能謹慎處之。且以晉惠公為例，《左傳》、〈晉語二〉中固然有一大堆不利於惠公的記載，不明就裡的人便如獲至寶地引以為證，大肆抨擊，一臉恨之欲其死的表情。但是惠公的難兄晉文公，在《左傳》及〈晉語〉裡，也有不少精彩的記載，這些人卻又都視而不見了。且舉一事為證。〈晉語四〉云：

> 文公之出也，豎頭須，守藏者也，不從。公入乃求見，公辭焉以沐。謂謁者曰：「沐則心覆，心覆則圖反，宜吾不得見也。從者為羈絏之僕，居者為社稷之守，何必罪居者？國君而讎匹夫，懼者眾矣。」謁者以告，公遽見之❷。

上引〈晉語四〉說豎頭須「不從」，算是對文公保留不少面子。《左傳》的記載就沒有那麼客氣了。《左傳·僖公二十四年》云：

---

❶ 《國語》，頁319。
❷ 《國語》，頁371。

> 初，晉侯之豎頭須，守藏者也。其出也，竊藏以逃，盡用以
> 求納之。及入，求見，公辭焉以沐。謂僕人曰：「沐則心覆，
> 心覆則圖反，宜吾不得見也。居者爲社稷之守，行者爲羈絏
> 之僕，其亦可也，何必罪居者？國君而讎匹夫，懼者甚眾矣。」
> 僕人以告，公遽見之㉑。

豎頭須當日竊藏的眞正目的爲何，是否達成，我們不敢斷言。不過
至少《左傳》說他是爲了求入文公才這麼做，只是錢不知用到哪兒
去了。由此可知，文公當年也曾全心求入爲君，可是身無分文，無
怪乎打通不了關節。於是我們可以想見，在那緊要關頭時，文公眼
見老弟惠公掏出一大把黃金、白璧，輕而易舉地擺平了秦國的公子
縶，取得了秦國的支持，回國登基；而自己卻因爲一文莫名，只有
乾瞪眼的份。爲此，文公便多受了十幾年的寄人籬下、流離顛沛之
苦，甚且爲野人所辱，其中冷暖，自非一般人所能體會。其心中之
怨怒之氣，恐怕不會太小。因此，若說文公不把豎頭須恨之入骨，
那他的修養也算到家了。可是若照文公一般所作所爲看來，他又不
像是有這種修養的人，只是迫於形勢，不宜生事而已。但說也奇怪，
歷來就從不見有人自這個觀點來論晉文公。莫非是因成王敗寇之
故，而使人見樹不見林？果眞如此，豈不可嘆。

　　且再舉一事爲例。惠公另有大爲人所指責不當之事，則命人追
殺文公，顯得無親親之義是也。此說既見〈晉語四〉，其文云：

㉑　《春秋左傳正義》，頁254。

又爲惠公從余於渭濱。命曰三宿，若宿而至㉒。

《史記·晉世家》又有兩處與此相關的記載，其文云：

> 惠公七年，畏重耳，乃使宦者履鞮與壯士欲殺重耳。……（文
> 公曰）其後我從狄君獵，女爲惠公來求殺我。惠公與女期三
> 日至，而女一日至㉓。

《左傳·僖公二十四年》云：

> 呂、郤畏偪，將焚公宮而弒晉侯。寺人披請見，公使讓之，
> 且辭焉，曰：「蒲城之役，君命一宿，女即至。其後余從狄
> 君以田渭濱，女爲惠公來求殺余。命女三宿，女中宿至。雖
> 有君命，何其速也㉔？」

看來寺人披比晉惠公更急著要文公的老命，顯然是個遵守公命、講
求效率的人物。而寺人披所從事的兩代，獻公及惠公，顯然都不是
重視親親之義的人。其實非但如此，他們的祖先們向來就是如此，
這是晉國曲沃宗長久的傳統，不是惠公個人的問題。更何況說到晉
文公，他也沒有什麼資格講親親之義，否則晉懷公是怎麼死的？此
外，晉惠公固然遣刺客殺文公，畢竟不曾得手。但文公殺懷公，可
是真的殺了。惠公不過是殺人未遂，文公卻是謀殺之罪確鑿。因此
若要說惠公有罪，那麼文公是否要罪加一等呢？更何況自文公即位

㉒　《國語》，頁368。
㉓　《史記會注考證》，頁629-632。
㉔　《春秋左傳正義》，頁254。

後，親親恤族就有了改善呢？《左傳》云：「驪姬之亂，詛無畜群公子。」惠公固然不畜群公子，但是文公又可曾一改此詛，而畜起群公子呢？公子雍何在？公子樂何在？讀過《左傳》的人自然明瞭，無庸贅言。

三、定王室

以上曾就各方面約略比較了惠公及文公二人，我們可以由是得到一個結論，那就是惠公其實相當傑出，不是一般人所認爲的那樣不好。不寧唯是，在惠公即位後，其所作所爲，尤有足以令人稱道者，定王室是也。其首度勤王之舉，在其即位兩年後。《左傳·僖公十一年》云：

> 夏，揚、拒、泉、皋、伊、雒之戎同伐京師，入王城，焚東門，王子帶召之也。秦、晉伐戎以救周。秋，晉侯平戎于王㉕。

顧棟高認爲：

> 案：伊、雒之戎與陸渾地略相近。觀此年《傳》所云，則知此戎種類繁夥，爲禍最暴。雖以齊桓創伯，僅使管仲平戎于王室，其鷙悍難御可知。故二十二年秦、晉即遷陸渾之戎于

㉕　《春秋左傳正義》，頁222。

伊川，意必以藩衛王室爲名，用蠻夷以制蠻夷也㉖。

除了鷔悍難御以外，還有另外一個原因，顧氏云：

> 小戎陸渾本燉煌，重耳姬甥後嗣昌。允姓姬宗支派別，史遷
> 女弟説荒唐。

其自注云：

> 晉獻公娶二女于戎，大戎子狐姬生重耳，小戎子生夷吾。杜
> 《註》：「大戎，唐叔子孫別在戎狄者。小戎，允姓之戎。」
> 孔《疏》：「狐氏出自唐叔之後，狐伯行之子實生重耳，狐
> 偃其舅。」在今陝西延安府境。「小戎，瓜州之允姓戎。」
> 爲今燉煌，後遷中國爲陸渾，在今河南嵩縣。瓜州在今陝西
> 肅州衛西，即詹桓伯所謂惠公歸自秦而誘以來者，蓋爲惠公
> 母家，故挾以偕來也㉗。

顧頡剛則對他的同宗祖先提出異議，認爲瓜州在今關中秦嶺一帶
㉘。至於顧棟高所云齊桓使管仲平戎于王，其事在僖公十二年。《傳》
云：

㉖ 顧棟高：《春秋大事表卷三十九·春秋四裔表敘》（臺北：廣學社印書館
　 1975.9初版），頁2631。顧氏認爲小戎又稱允姓之戎，又稱陸渾之戎，又
　 稱姜戎，又稱陰戎，亦曰九州之戎。（〈春秋四裔表〉，頁2637-2640）其
　 實一也。

㉗ 《春秋大事表卷九·列國地形·口號》，頁1426。

㉘ 顧頡剛：《史林雜識》（出版年月地點缺），頁50。

冬，齊侯使管夷吾平戎于王，使隰朋平戎于晉㉙。

遷陸渾之事，見《左傳·襄公十四年》，其文云：

> 將執戎子駒支，范宣子親數諸朝，曰：「來！姜戎氏。昔秦
> 人迫逐乃祖吾離于瓜州，乃祖吾離被苫蓋、蒙荊棘以來歸我
> 先君。我先君惠公有不腆之田，與汝剖分而食之。……」對
> 曰：「昔秦人負恃其眾，貪于土地，逐我諸戎。惠公蠲其大
> 德，謂我諸戎是『四嶽之裔胄也，毋是翦棄。』賜我南鄙之
> 田：狐狸所居，豺狼所嗥。我諸戎除翦其荊棘，驅其狐狸豺
> 狼，以為先君不侵不叛之臣，至于今不貳。昔文公與秦伐鄭，
> 秦人竊與鄭盟而舍戍焉，於是乎有殽之師。晉禦其上，戎亢
> 其下。秦師不復，我諸戎實然。譬如捕鹿，晉人角之，諸戎
> 掎之，與晉踣之。戎何以不免？自是以來，晉之百役，與我
> 諸戎相繼于時，以從執政，猶殽志也，豈敢離逷㉚？」

這麼看來，顧棟高的說法是很有道理的。以齊桓當日聲威之高，伯
業之盛，所為不過平戎而已。而惠公既能聯秦伐戎，又能平戎于王。
則齊桓公所高唱之「尊王攘夷」，惠公堪稱篤行踐履者。既呼應伯
主齊桓的口號，又對周天子盡心盡力，周之藎臣，惠公之謂也。就
以行事正派這一點而言，豈是晉文公所能比擬？更何況惠公此舉完
全出之以義，既不請隧，又不召王，哪像晉文公一臉貪利之情？我
們還得了解另一件事，那就是惠公的功業非但大有功於周王室，就

㉙　《春秋左傳正義》，頁223。
㉚　《春秋左傳正義》，頁557-558。

是日後文公的伯業，也多所繼承惠公之政，下文自會提及，茲且不
具。

四、戰于韓

惠公行事常遭後人諉辭，前面已曾說過。至於其中最令本人為
惠公抱屈的一件，則是韓原失利及其連帶的影響。韓原之戰在惠公
即位之六年，其開戰及戰敗之原因，本文逐項條列如下。首先且看
《左傳·僖公十五年》的一段記載，其文云：

> 晉侯之入也，秦穆姬屬賈君焉，且曰：「盡納群公子。」晉
> 侯烝於賈君，又不納群公子，是以穆姬怨之。晉侯許賂中大
> 夫，既而皆背之。賂秦伯以河外列城五，東盡虢略，南及華
> 山，內及解梁城，既而不與。晉饑，秦輸之粟；秦饑，晉閉
> 之糴。故秦伯伐晉❸。

我們先看上引《左傳》，總結了晉惠公的罪名。至於各項罪名是否
都不能再加解釋？本人認為倒也未必。烝賈君之類，各國蔑不有，
惠公不過承其父業，非罪大惡極之事。不納群公子亦其父之盟詛，
自獻公以下莫不皆然，不必獨咎惠公一人。不與中大夫賂，則以里、
丕罪大，死有餘辜。不與秦河外列城五，適見惠公守土有方，能存
國格，不為秦下。至於輸粟一項，或可為後人諉惠公之藉口，故在
此特加說明。有關此事本末，《左傳·僖公十三年》云：

---

❸　《春秋左傳正義》，頁229-230。

> 冬，晉荐饑，使乞糴于秦。秦伯謂子桑：「與諸乎？」對曰：
> 「重施而報，君將何求？重施而不報，其民必攜。攜而討焉。
> 無眾，必敗。」謂百里：「與諸乎？」對曰：「天災流行，
> 國家代有。救災、恤鄰，道也。行道有福。」丕鄭之子豹，
> 在秦，請伐晉。秦伯曰：「其君是惡，其民何罪？」秦於是
> 乎輸粟于晉，自雍及絳相繼，命之曰「汎舟之役❷。」

這是秦人輸粟於晉的事。看來穆公並非十分心甘情願，只是在元老
重臣的勸告下，才勉強做此決定。其實他對晉惠公的新仇舊恨，特
別是惠公曾答應割河外列城，竟然食言，穆公是絕對無法忘懷的。
雖然，在輸粟這件事而言，好歹穆公做了。所以惠公不能禮尚往來，
自然引起了不少人的反感。但是這一點惠公不可能不知道，何以惠
公堅持爲之呢？我們且看《左傳・僖公十四年》的記載：

> 冬，秦饑，使乞糴于晉。晉人弗與。慶鄭曰：「背施無親，
> 幸災不仁，貪愛不祥，怒鄰不義。四德皆失，何以守國？」
> 虢射曰：「皮之不存，毛將安傅？」慶鄭曰：「棄信、背鄰，
> 患孰恤之？無信，患作；失援，必斃。是則然矣。」虢射曰：
> 「無損於怨，而厚於寇，不如勿與。」慶鄭曰：「背施、幸
> 災，民所棄也。近猶讎之，況怨敵乎？」弗聽。退曰：「君
> 其悔是哉❸！」

若就《左傳》字面上的記載看來，晉惠公和虢射都非常小人，不但

---

❷　《春秋左傳正義》，頁223-224。
❸　《春秋左傳正義》，頁224-225。

不知感恩圖報，反而幸災樂禍。〈晉世家〉和〈秦本紀〉說「晉發兵將擊秦」，這就更不知道如以得此推論了。幸好，在〈晉語三〉有其它的記載，使我們得以了解晉惠公和虢射的基本心態，其文云：

> 秦饑，公令河上輸之粟。虢射曰：「弗與。略地而予之糧，無損於怨而厚於寇，不若勿予。」公曰：「然。」慶鄭曰：「不可。已賴其地，而又愛其實，忘善而背德，雖我必擊之。弗予，必擊我。」公曰：「非鄭之所知也。」遂不予❸❹。

根據〈晉語三〉的說法，則虢射根本懷疑秦人乞粟的動機。見諸《左傳》同年「晉又饑，秦伯輸之粟」，則虢射之言甚有見地。以理推之，若秦以年饑乞糧，乞粟不得才出兵擊晉。則秦已饑，將自顧不暇，何論晉人？秦人何來多餘之粟？此點慶鄭也未必不知，但慶鄭以為不必落人口實，且無需與強鄰生不必要的爭端，所以才堅持輸粟。同樣地，晉惠公也未必不知鄭慶所說有理，但他更認為虢射所言才是重點所在。因為割地與否是秦、晉兩國的心結所在，也是惠公的一大外交難題。這個問題一日不解，秦、晉兩國永遠潛伏著外交的危機。虢射所說的重點在此，惠公同意虢射意見的關鍵在此。我們必須了解，這是晉國當日政策取向的問題，不是單純的人格好壞的問題。因此，晉惠公本來也願輸粟，但經虢射提醒，秦人志不在此，覺得甚有道理，所以才改變心意。至於果真會引起戰爭，那麼又何必齎盜糧而借寇兵呢？更何況，真要打仗，晉國自桓、莊、武、獻以來，沒有一個國君是省油澄，怎會把秦穆公放在眼裡呢？

---

❸❹ 《國語》，頁324。

此事觀《左傳》載惠公請戰之辭：

> 寡人不佞，能合其眾而不能離也。君若不還，無所逃命❸❺。

可知。但無論如何，惠公至少沒有先動手打人，這是可以確定的。所以《左傳》說「秦伯伐晉」，應是可信的說法。

韓原之戰雖說是由秦穆公發動，其實當他面對強大的晉軍時，並沒有太多的勝算。《左傳》中記載穆公對占卜的結果甚是懷疑，可見他的內心忐忑不安，狐疑不定。相反地，晉惠公則一副勝券在握的姿態。可是穆公終於獲勝，原因何在呢？一般都是以如下幾點來說明：

1.惠公烝賈君，其姊穆姬怨之。此點已見前引，而穆姬或因此不阻止穆公出兵，惠公遂失婚姻之助。

2.惠公改葬申生而不如禮，申生之鬼不說，思有以報之。此事《左傳》及〈晉語三〉皆有，〈晉語三〉云：

> 惠公即位，出共世子而改葬之，臭達於外。國人誦之……。
> 郭偃曰：「甚哉！善之難也。君改葬共君以爲榮也，而惡滋章❸❻。」

看來惠公是弄巧成拙了。在《左傳·僖公十年》中對此事的記載是：

> 晉侯改葬共大子。秋，狐突適下國，遇大子，大子使登，僕，而告之曰：「夷吾無禮，余得請於帝矣，將以晉畀秦。秦將

---

❸❺ 《春秋左傳正義》，頁231。
❸❻ 《國語》，頁316。

祀余。」對曰：「臣聞之：『神不歆非類，民不祀非族。』
君祀無乃殄乎？且民何罪？失刑、乏祀，君其圖之。」君曰：
「諾。吾將復請。七日，新城西偏將有巫者，而見我焉。」
許之，遂不見。及期而往，告之曰：「帝許我罰有罪矣，敝
於韓㊲。」

惠公得罪了已死的兄長，於是這位兄長的鬼便向上帝請求懲罰其
弟。有上帝居中左右，惠公當然是輸定了。

3.晉國有天災示警，其結果是幾乎亡國。打敗仗當然可能亡國。
《左傳·僖公十四年》云：

秋八月辛卯，沙鹿崩。晉卜偃曰：「期年將有大咎，幾亡
國㊳。」

4.惠公違卜愎諫，所以失敗。此事見《左傳·僖公十五年》，
傳云：

卜右，慶鄭吉，弗使。步揚御戎，家僕徒為右。乘小駟，鄭
入也。慶鄭曰：「古者大事，必乘其產。生其水土，而知其
人心；安其教訓，而服習其道。唯所納之，無不如志。今乘
異產，以從戎事，及懼而變，將與人易。亂氣狡憤，陰血周
作，張脈僨興，外彊中乾。進退不可，周旋不能，君必悔之。」
弗聽㊴。

㊲ 《春秋左傳正義》，頁221。
㊳ 《春秋左傳正義》，頁224。
㊴ 《春秋左傳正義》，頁230-231。

5.秦穆公筮之，得吉兆，示之以必勝。《左傳・僖公十五年》年：

> 秦伯伐晉，卜徒父筮之，吉，「涉河，侯車敗。」詰之，對
> 曰：「乃大吉也。三敗，必獲晉侯。其卦遇蠱，曰：『千乘
> 三去。三去之餘，獲其雄狐。』夫狐蠱，必其君也。蠱之貞，
> 風也；其悔，山也。歲云秋矣，我落其實，而取其材，所以
> 克也。實落、材亡，不敗何待❹？」

6.秦師之中鬥士多於晉軍。《左傳・僖公十五年》：

> 九月，晉侯逆秦師，使韓簡視師。復曰：「師少於我，鬥士
> 倍我。」公曰：「何故？」對曰：「出因其資，入用其寵，
> 饑食其粟。三施而無報，是以來也。今又擊之，我怠、秦奮，
> 倍猶未也❹。」

范寧說「《左傳》艷而富，其失也巫。」由上引資料看來，他的說
法也不算很誇張。在上引《左傳》材料中，我們可以看到晉惠公必
敗的原因了。因為這是由卜筮、預言、鬼神、上帝所安排、命定的，
是無法改變的事實。因此，有些人在評惠公時，便據此大發議論。
因為惠公顯然是注定要失敗的。但是，果真就如這些人所相信，惠
公行事不正，為人無禮，因而得罪了鬼神云云，所以命中注定要失
敗嗎？假如說，《左傳》裡也有一句很重要的名言，「天道遠，人
道邇」，而這些人竟然都視而不見，這說得過去嗎？反之，若他們

---

❹　《春秋左傳正義》，頁230。
❹　《春秋左傳正義》，頁231。

也都知道這句名言，爲何不對這句話稍加思索一番呢？在此且引申一句。若眞如《左傳》以上所云，惠公既然已屬必敗，晉軍無心戀戰，秦師鬥士又眞的夠多，那麼韓原之戰時，秦穆公又何至陷入困境呢？

　　所以，與其相信幽遠飄渺的天道，將爲人笑其失也巫；不如面對現實的人道，找出惠公失利眞正原因。韓原之戰惠公失利，《左傳》及〈晉語三〉都有與天道無關，但與人事有絕對密切關聯的記載。《左傳‧僖公十五年》云：

> 壬戌，戰于韓原。晉戎馬還濘而止。公號慶鄭，慶鄭曰：「愎諫、違卜，固敗是求，又何逃焉？」遂去之。梁由靡御韓簡，虢射爲右，輅秦伯，將止之。鄭以救公誤之，遂失秦伯。秦獲晉侯以歸❷。

〈晉語三〉云：

> 晉師潰，戎馬濘而止。公號慶鄭曰：「載我！」慶鄭曰：「忘善而背德，又廢吉卜，何我之載？鄭之車不足以辱君避也。」梁由靡御韓簡，輅秦公，將止之，慶鄭曰：「釋來救君。」亦不克救，君遂止于秦❸。

如果有人硬指慶鄭是天意所遣，則其妄可比王莽。或有人引〈晉語三〉「晉師潰」以爲說。但晉師縱潰，若慶鄭救惠公且晉已先獲秦

---

❷　《春秋左傳正義》，頁231。
❸　《國語》，頁327。

伯，則仍是晉勝。退一步說，獲秦伯而晉惠被俘，也是平分秋色，
不分勝負。所以若無慶鄭叛國誤事，晉師早已大勝，何至於君俘軍
敗呢？慶鄭不忍小忿，恃心用氣，一意孤行，〈晉語三〉作者再如
何徇私，也無法替他隱諱。可見公道自在人心，豈隨一二人之喜好
而定？且據《左傳》及〈晉語三〉，則慶鄭亦自知其罪不可赦。種
種證據，赫然在目。何以慶鄭犯了這麼大的罪行，可以替他找種種
理由開脫；而惠公代人受過，卻要受種種苛責呢？果眞如此，又算
什麼公理與正義呢？且看《左傳·僖公十五年》慶鄭自說其罪云：

> 陷君於敗，敗而不死❹。

《左傳》的記載實在簡略。雖然，也足夠讓我們明白慶鄭亦自知其
喪師俘君之罪。若據〈晉語三〉，則有長篇大論以明正典刑，其文
云：

> 蛾析謂慶鄭曰：「君之止，子之罪也。今君將來，子何俟？」
> 慶鄭曰：「鄭也聞之曰：『軍敗，死之；將止，死之。』二
> 者不行，又重之以誤人，而喪其君，有大罪三，將安釋？……」
> 梁由靡曰：「夫君政刑，是以治民。不聞命而擅進退，犯政
> 也；快意而喪君，犯刑也。鄭也賊而亂國，不可失也！且戰
> 而自退，退而自殺。臣得其志，君失其刑，後不可用也。」
> 君令司馬說刑之。司馬說進三軍之士而數慶鄭曰：「夫韓之
> 誓曰：『失次犯令，死；將止不面夷，死；偽言誤眾，死。』
> 今鄭失次犯令，而罪一也；鄭擅進退，而罪二也；女誤梁由

❹　《春秋左傳正義》，頁235。

靡，使失秦公，而罪三也；君親止，女不面夷，而罪四也。
鄭也就刑❹！」

有如此明顯證據，而論韓原之戰者，不以慶鄭爲晉軍失利之罪魁禍
首，反以鬼神、違卜云云，歸咎爲惠公失敗之主因，其居心何在，
令人實難了解。

　　惠公既被俘，下一步該如何，已是身不由己，只有任憑秦穆公
處置的份了。而在秦國方面，對於處置的方式則有不同的看法。考
慮的因素有國內意見，晉國群臣支持惠公，以及國際反應。《左傳·
僖公十五年》云：

　　秦獲晉侯以歸。晉大夫反首拔舍從之。秦伯使辭焉，曰：「二
　　三子何其慼也？寡人之從君而西也，亦晉之妖夢是踐，豈敢
　　以至？」晉大夫三拜稽首，曰：「君履后土而戴皇天，皇天
　　后土實聞君之言，群臣敢在下風。」穆姬聞晉侯將至，以大
　　子罃、弘與女簡璧登臺而履薪焉。使以免服衰絰逆，且告曰：
　　「上天降災，使我兩君匪以玉帛相見，而以興戎。若晉君朝
　　以入，則婢子夕以死；夕以入，則朝以死。唯君裁之。」乃
　　舍諸靈臺。大夫請以入。公曰：「獲晉侯，以厚歸也。既而
　　喪歸，焉用之？大夫其何有焉？且晉人慼憂以重我，天地以
　　要我。不圖晉憂，重其怒也；我食吾言，背天地也。重怒難
　　任，背天不祥，必歸晉君。」公子縶曰：「不如殺之，無聚
　　慝焉。」子桑曰：「歸之而質其大子，必得大成。晉未可滅，

────────────────
❹　《國語》，頁332-334。

　　而殺其君，祇以成惡。且史佚有言曰：『無始禍，無怙亂，無重怒。』重怒難任，陵人不祥。」乃許晉平❹。

在晉國公室上上下下自相殘殺，毫無親親之義的亂流中，出現了穆姬這樣一股清流，著實令人欽佩。穆姬不計惠公烝賈君之前嫌，以身與秦太子等爲要脅，終於使秦穆公不得不讓步，只待條件滿意，便放惠公回國。這種姊弟情深的親情，可使其父及群弟汗顏。雖然，穆姬基於親情，故全力營救惠公，此人之常情，易爲人所了解。但晉國大夫竟也如此效忠惠公，或許便大出穆公意料之外了。雖然在此之前穆公曾說過惠公能得眾云云。種種原因，使穆公不得不愼重行事。〈晉語三〉云：

　　穆公歸，至于王城，合大夫而謀曰：「殺晉君與逐出之，與以歸之，與復之，孰利？」公子縶曰：「殺之利。逐之，恐搆諸侯；以歸，則國家多慝；復之，則君臣合作，恐爲君憂。不若殺之。」公孫枝曰：「不可。恥大國之士於中原，又殺其君以重之。子思報父之仇，臣思報君之讎。雖微秦國，天下孰弗患？」公子縶曰：「吾豈將徒殺之？吾將以公子重耳代之。晉君之無道莫不聞，公子重耳之仁莫不知。戰勝大國，武也；殺無道而立有道，仁也；勝無後害，智也。」公孫枝曰：「恥一國之士，又曰『余納有道以臨女』，無乃不可乎？若不可，必爲諸侯笑。戰而取笑諸侯，不可謂武；殺其弟而立其兄，兄德我而忘其親，不可謂仁；若弗忘，是再施不遂

---

❹　《春秋左傳正義》，頁231-232。

也，不可謂智。」君曰：「然則若何？」公孫枝曰：「不若
以歸，以要晉國之成。復其君而質其適子，使子父代處秦，
國可以無害。」是故歸惠公而質子圉，秦始知河東之政❹。

穆公若不釋放惠公，則投鼠忌器，恐妻子俱死；若釋放惠公，又無
法對群臣交待，總要勒索些好處才行。因此不免舉棋不定，有些猶
疑，於是要群臣發表意見。首先發言的是公子縶。這位仁兄當年收
了惠公的大紅包，就全力替惠公護航，絡於把惠公弄上台，也算銀
貨兩訖。而今居然落井下石，非要殺惠公不可，莫非是怕東窗事發？
但殺一國之君，茲事體大。一但處理不當，便會引起國際糾紛。有
了這重顧慮，穆公自然不敢貿然行事。至於公孫枝的建議，畢竟考
慮得面面俱到。既緊扣晉君父子輪流為人質，又逼使晉國求成，割
河東之地於秦。於是按照公孫枝提供的處理原則，終於讓穆公達成
了長久未了的心願。

其實穆公之所以舉棋不定也是有道理的。韓原之戰，穆公實在
是僥倖獲勝，上文也已經說過。他雖然俘虜了晉惠公，但「晉大夫
反首拔舍從」，嚇得穆公趕緊以「晉之妖夢是踐」為解釋，要晉國
的大夫們放心，他並不敢過份。本來秦師在人數上就少於晉軍，韓
原之戰已打得很辛苦，才僥倖得勝。真要再打一場，秦穆公豈有把
握？更何況秦師已「恥大國之士於中原」，萬一這些二三子真要為
晉惠公復仇，為晉國雪恥，要求再打一場以決勝負，那將如何是好？
所以穆公必須保證「豈敢以至」，以免晉國的二三子翻臉。而晉國
大夫們也因有穆公如此承諾，才「三拜稽首」，以皇天后土為見證，

❹　《國語》，頁328-329。

迫使穆公不敢爲之已甚。因此，〈晉語三〉所載秦人君臣之謀縱然
屬實，但晉國大夫動向如何，恐怕穆公也不敢不愼加考慮。由是，
或謂惠公不得晉國人心，或許對少部份晉國貴族是如此。但毫無疑
問，惠公終究受多數晉人擁戴，由《左傳》中所載二三子的表現便
是最好的說明。

因爲韓之戰失利，晉因而作爰田與作州兵。關於這兩件事情的
討論，請參看本人相關論文❹，茲不贅述。於此文只討論其言所未
盡者。秦穆公終於在子桑的建議下，以晉惠公及懷公輪流爲質，並
使晉割河東之地等條件下，與晉人平。這對惠公而言，固然是一大
失利。但就在這件事當中，尤其展現出惠公的政治長才與知人善任。
試想，以惠公身處囹圄，猶能遙控晉國人情，使晉人感激得痛哭流
涕，便不是一件容易的事情。再加上其臣下有長才，而惠公能重用。
因此，惠公雖戰敗被俘，卻能因勢利導，反而更加獲得晉人的支持。
因此爰田與州兵之作，不但扭轉了晉國韓原之戰後的弱勢，幫助惠
公順利返國重新即位，更爲晉文公日後的伯業奠定了深厚的基礎。
影響可謂重大且深遠。本人另有文章討論，請參閱。惠公之善用人
材，則呂甥其人不愧足智多謀。在君亡國危之際，能當機立斷，假
君命以賞眾。這樣慷慨的舉動，使得晉國大夫們感受一致，都覺得
惠公對他們實在是「惠之至也」。因此當呂甥要求二三子們「征繕
以輔孺子」時，便獲得大夫們熱烈的回響。於是呂甥以內立子圉爲

---

❹ 〈爰田與州兵〉，《大陸雜誌》（83卷第2期，1991.8，頁28-35），〈論
作爰田中的國人〉，《中山人文學報》第1期（1993.4，頁19-38），〈再
論作爰田〉，《中山人文學報》第3期（1995.4，頁1-19），及本人博士論
文〈論州兵〉章。

號召，一面強化晉國內部的向心力，一面外杜秦人挾惠公以爲要脅。
此種膽識，豈常人所能及？而爰田、州兵的相繼施行，又恢復了晉
國原有的實力，使秦穆公不敢輕舉妄動，解除了惠公安全上的顧慮。
種種作爲，再再證明了呂甥過人之處。其安內固然已令人折服萬分，
而外交手腕之高明，尤有令人激賞的表現。《左傳·僖公十五年》
云：

> 十月，晉陰飴甥會秦伯，盟于王城。秦伯曰：「晉國和乎？」
> 對曰：「不和。小人恥失其君而悼喪其親，不憚征繕以立圉
> 也，曰：『必報讎，寧事戎狄。』君子愛其君而知其罪，不
> 憚征繕以待秦命，曰：『必報德，有死無二。』以此不和。」
> 秦伯曰：「國謂君何？」對曰：「小人慼，謂之不免；君子
> 恕，以爲必歸。小人曰：『我毒秦，秦豈歸君？』君子曰：
> 『我知罪矣，秦必歸君。』貳而執之，服而舍之，德莫厚焉，
> 刑莫威焉。服者懷德，貳者畏刑。此一役也，秦可以霸。納
> 而不定，廢而不立，以德爲怨，秦不其然。」秦伯曰：「是
> 吾心也。」改館晉侯，饋七牢焉❹。

〈晉語三〉的記與《左傳》大致相同，其文云：

> 呂甥逆君於秦，穆公訊之曰：「晉國和乎？」對曰：「不和。」
> 公曰：「何故？」對曰：「其小人不念其君之罪，而悼其父
> 兄子弟之死喪者，不憚征繕，以立孺子，曰：『必報讎。吾
> 寧事齊、楚，齊、楚又交輔之。』其君子思其君，且知其罪，

---

❹ 《春秋左傳正義》，頁234-235。

曰：『事秦有死無他。』故不和。比其和之而來，故久。」
公曰：「而無來，吾固將歸君。國謂君何？」對曰：「小人
曰：『不免』，君子則否。」公曰：「何故？」對曰：「小
人忌而不思，願從其君而與報秦，是故云。其君子則否，曰：
『吾君之入也，君之惠也。能納之，能執之，則能釋之。德
莫厚焉，惠莫大焉。納而不遂，廢而不起，以德爲怨，君其
不然。』」秦君曰：「然。」乃改館晉君，饋七牢焉❺⓿。

呂甥的對答，不但是剛柔並濟，而且是話中有話。表面上是說晉國
的君子欲報德、已知罪。可是一提到小人，卻是必報讎、寧事戎狄
等等。好像雙方意見不同而不和，卻又特別強調雙方都「不憚征繕，
以輔孺子」。這些話的意思當然很明顯，其目的在警告穆公勿輕舉
妄動，晉國上上下下皆同心協力，沒有任何矛盾。無論秦穆公有何
計謀，晉人皆有對策。秦若妄動，絕對佔不到便宜。爰田、州兵之
作，是晉國國力的保證。君子、小人有志一同，是抗秦最大的本錢。
當然，如果秦穆公願表示誠意，釋放惠公回國，那麼一切都好商量。
總之，要戰要和，晉國都有萬全的準備，就看秦穆公怎麼辦了。呂
甥的這番外交辭令之高明，著實令人折服。表面上看來語氣之婉約、
姿態之低下，令人竟以爲將委曲求全；而其實骨子裡卻是又強又硬，
擺明了晉國軟硬不懼的態度。《詩》曰：「剛亦不吐，柔亦不茹」，
呂甥之謂也。果然，秦穆公聽了之後便心知肚明，知道晉國大有人
焉，不是秦人能任意宰割的弱肉。於是穆公爲了證明自己的誠意，
立刻「改館晉侯，饋七牢焉」。因此，在這場外交攻防戰中，使秦

---

❺⓿　《國語》，頁331。

穆公前倨後恭，改變對晉國的敵意；又使晉惠公改善待遇，並得以安然返國，這些都是呂甥的功勞。故呂甥可謂大有功於晉國與惠公，其事蹟可比衛國的甯武子，值得後人尊敬。

六、尾　聲

　　經過呂甥的努力對秦交涉，惠公終於順利地安全歸國。而由於秦穆公再度示好及盟誓約定，惠公也終於滿足了穆公的願望，讓穆公得到了河外列城。自此之後，秦、晉兩國維持了一段和平相處、交相扶持的日子。《左傳・僖公十五年》云：

> 是歲，晉又饑，秦伯又餼之粟，曰：「吾怨其君，而矜其民。且吾聞唐叔之封也，箕子曰：『其後必大。』晉其庸可冀乎？姑樹德焉，以待能者。」於是秦始征晉河東，置官司焉❺❶。

〈晉世家〉記載惠公歸國後，曾有「修政教」一番作為。越明年，以其子懷公為質，秦於是歸河東之地而妻懷公。自此之後，秦、晉加強雙方合作關係，《左傳・僖公十五年》秋，兩國共「遷陸渾之戎于伊川」。這也是史料所載惠公最後一次與秦穆公合作。蓋其明年惠公即卒，秦穆公怨懷公不告而亡歸，故轉而再度支持公子重耳。於是穆公殺懷公而立文公，然此事已與惠公無關矣。若欲比較晉惠公與晉文公孰賢，見仁見智，就不多費筆墨了。

---

❺❶　《春秋左傳正義》，頁235。

爰田與州兵❶

論文提要

晉惠公作爰田和作州兵的目的，是爲了挽回政治上的頹勢，討好晉國的貴族，讓自己回晉國繼續執政。作爰田者，賞貴族以額外土地，但是必須定期更換封邑，因而出現氏隨邑改的現象。作州兵者，貴族因爲多得土地，必須支付相對的軍費，以製造更多的武器。結果貴族表面上多得，實則只得到土地占有和使用權，卻損失了所有權。晉惠公不但沒有損失，還賺得了貴族土地的所有權，這正是惠公精明之處。

在《左傳》僖公十五年，有一段關於晉惠公「作爰田」與「作州兵」的記載，那是惠公在韓原失利被俘之後的事。《左傳》云：

晉侯使郤乞告瑕呂飴甥，且召之。子金教之言曰：「朝國人

---

❶ 本文發表於《大陸雜誌》83卷第2期，1991.8，頁28-35。

而以君命賞。」且告之曰：「孤雖歸，辱社稷矣！其卜貳圉也。」眾皆哭。晉於是乎作爰田。呂甥曰：「君亡之不恤，而群臣是憂，惠之至也，將若君何？」眾曰：「何爲而可？」對曰：「征繕以輔孺子。諸侯聞之，喪君有君，群臣輯睦，甲兵益多。好我者勸，惡我者懼，庶有益乎？」眾說，晉於是乎作州兵❷。

在《國語·晉語三》裡也有同樣的記載，但文字上小有不同：

公在秦三月，聞秦將成，乃使郤乞告呂甥。呂甥教之言，令國人於朝，曰：「君使乞告二三子，曰：『秦將歸寡人。寡人不足以辱社稷，二三子其改置以代圉也。』」且賞以悅眾。眾皆哭，焉作爰田。呂甥致眾而告之曰：「吾君慚焉其亡之不卹，而群臣是憂，不亦惠乎！君猶在外，若何？」眾曰：「何爲而可？」呂甥曰：「以韓之病，兵甲盡矣。若征繕以輔孺子，以爲君援，雖四鄰之聞之也，喪君有君，群臣輯睦，兵甲益多。好我者勸，惡我者懼，庶有益乎？」眾皆說，焉作州兵❸。

《左傳》裡的「晉侯」、〈晉語三〉裡的「公」指的都是晉惠公。在其父獻公死後，晉惠公於求立的過程中，曾亂開空頭支票，信用

---

❷ 《春秋左傳正義》(臺北：藝文印書館，1973年5月景印清嘉慶20年1815《重刊十三經注疏附校刊記》)，頁232。

❸ 《國語》(臺北：宏業書局，1980年9月《四部備要》排印清士禮居翻刻明道本)，頁330。

極差。雖然他自有說辭，但後人總是因爲這一點而找他麻煩。〈晉
語三〉甚且說他在返國即位時，大家對他印象不佳，乃至到了外內
背之的地步。這種說法或許稍嫌誇張，但惠公的形象的確受到了不
小的破壞，以至後人多不諒解，這也是事實。可是這次不同了，畢
竟事情可一不可再。惠公上回返國即位時已曾不守承諾，背信毀約，
弄得大家不高興；此番若是依舊信口開河，說給不給，非但國人不
會歡迎他回去，就是秦穆公也不可能答應了。這些都還不打緊，最
糟糕的是，萬一他老哥重耳趁機回國攪局，這才眞敎惠公牽腸掛肚。
因此，在這般窘境下，惠公不得不做識時務的俊傑。於是，有如脫
胎換骨般地，惠公不但說到做到，而且劍及履及；答應割給秦穆公
的地割了，承諾賞給晉國二三子的地賞了，賞得晉國的二三子感激
涕零，咸認爲惠公「君亡之不恤，而群臣是憂，惠之至也。」眞不
知惠公「惠」的諡號是否就是因此而來的。無論如何，地割給了秦
穆公，田賞給了二三子，而惠公終於也安然回國復位，一切似乎都
告圓滿解決。只是，惠公留下了一些問題來困擾我們後人。那就是
他所作的「爰田」和「州兵」，其內容到底是怎麼回事。

　　本文首先擬討論有關「作爰田」的經過及其內容。要討論《左
傳》裡的問題，首先當然得看看杜預有何意見。根據杜征南的《左
傳注》，他認爲「作爰田」的意思就是：

> 分公田之稅應入公者，爰之於所賞之眾❹。

由是看來，杜元凱解釋「作爰田」的重點在於分稅賞眾。以杜元凱

----

❹ 《春秋左傳正義》，頁232。

浸淫《左傳》之功力發爲此論，必非無的放矢。但此說竟不盡爲人
全信者，則是在他之前，各家的解釋絕不見「分稅賞眾」的說法，
於是這就苦了爲杜預作疏的孔穎達。孔仲遠在其《左傳正義》中如
是釋之：

> 服虔、孔晁皆云：「爰，易也。賞眾以田，易其疆畔。」杜
> 言：「爰之於所賞之眾」，則亦以爰爲易。謂舊入公者，今
> 改易與所賞之眾❺。

就孔仲遠《正義》所言，杜《注》與服、孔二家說法相同處在於釋
「爰」爲「易」。但服虔與孔晁分明說「爰田」的重點在於「賞眾
以田，易其疆畔」，絕不見一絲「分稅」的意味。仲遠依違其間，
欲通彼此之懷而未得。雖說疏不破注，畢竟歧義猶在。或仲遠亦覺
杜元凱所說未得全豹，故又引服、孔二家之說，以補杜《注》之不
足，亦未可知。總之，杜《注》的重點不與舊說相同，毫無疑問。
何以如此，暫且不論。我們且先綜合以上所引，就孔仲遠《正義》
所提到的有關「作爰田」的解釋，可以得到以下三項重點：一、分
稅賞眾，二、賞眾以田，三、易疆畔。

　　除了以上所舉《左傳》中有關「作爰田」的注解之外，在〈晉
語三〉「爲作轅田」下，韋昭的《注》也引了幾個不同的說法。首
先是賈逵的意見：

> 賈侍中云：「轅，易也。爲易田之法，賞眾以田；易者，易

---

❺　《春秋左傳正義》，頁232。

　　疆界也。**❻**」

賈家世治《左傳》，上可溯至漢初賈太傅。而侍中父賈徽，又受業
於《左傳》大師劉歆。故賈侍中可謂家學淵源，是正宗老牌《左傳》
專家。所以賈逵對於《左傳》裡的典章制度的了解，必是其來有自。
我們很難想像他會無中生有，自創驚人之語。杜預在其〈春秋經傳
集解序〉裡，還特別提到「劉子駿創通大義，賈景伯父子、許惠卿
皆先儒之美者。末世有穎子嚴者，雖淺近，亦復名家。故特舉劉、
賈、許、穎之違，以見異同。」這是杜預自承，他在注《左傳》時，
常會參考、引用的諸家。但在注解何謂「爰田」時，他竟不引諸家
任何一字，反而別創新義，以「分稅」爲說，則其中必有用心，下
文將有闡述，此暫不具。倒是服、孔之說似乎就是由賈侍中而來。
至此，我們可以首先得到一個結論，那就是諸家對於「爰」字的解
釋皆爲「易」──更換、改變之義，是爲其共同之處。

　　接著，韋昭《注》中第二說則是賈侍中引「或云」，該說則與
上引諸說釋爲「易」者截然不同：

　　或云：「轅田，以田出車賦**❼**。」

看來賈侍中並不完全相信此說，所以用「或云」，蓋認爲其說亦可
對何謂「爰田」作一補充說明。而韋昭則全不認爲此說可信：

　　昭謂：此欲賞以悅衆，而言「以田出車賦」，非也**❽**。

---

❻　《國語》，頁330。
❼　《國語》，頁232。按：《公序本》則作：轅，車也。以田出車賦。

韋昭駁「或云」，事實上只是贊成賈侍中賞眾易界的說法。不過，此「或云」之說是否果真一無可取，暫時也不必急著下結論。

最後，韋昭還引了一位唐尚書的意見，認爲「作轅田」的意思是：

　　　　唐曰：「讓肥取磽也。❾」

唐尚書說法的旨意難明，本人對其說不敢妄下斷言。

　　綜合上述，在六朝以前，注家對《左傳》、《國語》中「爰田」或「轅田」的解釋大致有下列幾種：一、分稅賞眾——杜預；二、易田之法，賞眾以田，易其疆界——賈逵（服虔、孔晁）；三、以田出車賦——賈逵引或云；四、讓肥取磽——唐固。又，除了第三家以外，各家均以「爰」、「轅」爲「易」字，且認爲「爰田」即是「轅田」，字異而義同。

　　除了《左傳》和《國語》之外，另有其它書中也提到與爰田有關的字和制度。例如在《說文解字》書中就有「垣」字，許愼釋之云：

　　　　垣，垣田，易居也❿。

「易居」是否即是「易疆畔」，容有爭論。但以「易」釋「爰」，則並無不同。段玉裁《注》則直以「垣」爲「爰田」之「爰」。其認定「垣」、「爰」同義，毫無疑問。另外，在《漢書·食貨志》

---

❽　《國語》，頁232。

❾　《國語》，頁330。

❿　《段注說文解字》（臺北：廣文書局1969.9），頁67。

中，班固曾提到有一種「易疆界」的耕種方式，但不稱作「爰田」，而是被稱爲「代田」。《漢書·食貨志》云：

> （武帝）以趙過爲搜粟都尉。過能爲代田，一畝三甽，歲代處，故曰「代田」。

顏師古注云：

> 代，易也。

顯然與爰、轅、垣三字有相同之處。而〈食貨志〉接著說：

> 古法也。

其內容如下：

> 后稷始甽田，以二耜爲耦。廣尺、深尺曰甽，長終畝。一畝三甽，一夫三百甽，而播種於甽中。

代田法的好處是使用人輓犂，亦能：

> 率多者人田日三十畝，少者十三畝。以故田多墾闢。

而收穫量則大增：

> 過試以離宮卒田其宮壖地，課得穀皆多其旁田畝一斛以上。是後邊城、弘農、三輔、太常民皆使代田，用力少而得穀多 ⑪。

---

⑪　〔清〕王先謙：《漢書補注》（臺北：鼎文書局1979.2，2版），頁1126。

根據上引《漢書·食貨志》所謂的古法的代田法，其內容大致可以
分析如下：一、此法分田一畝爲三畎，歲代處。可見也是歲休輪耕
制的一種。二、此法不必易居，也不必疆界。所要易的部份只在
自己的百畝之中，不必與他人田畝相易。三、由於土地得以休耕，
不至耗竭，所以收穫量較非使用此法的地區爲多，農民的耕作意願
也因而提高。四、若此法再配上耕作工具的改善，或使用耕牛，則
耕作速度增加甚多；但即使只用人力，亦能提高效率不少，故農民
得有餘力多墾闢土地。五、此法一夫百畝，一畝三畎。似乎不分土
地的上、中、下，只以一夫的工作量爲單位。其原因或是「一夫百
畝」的觀念已深入當時人的心中，其實每人每年只耕種其中三分之
一的面積而已。

　　但儘管《漢書》說它是古法，它到底有多古呢？因爲一般咸信，
漢人頗有託古的習慣。就〈食貨志〉所謂「后稷始畎田」的口氣看
來，倒與《呂氏春秋·上農篇》裡的口吻非常相似。但《呂氏春秋》
的完成時代，天下已將一統入秦，則其中所謂的「后稷」云云，應
該絕非《詩經》裡所稱的「后稷」才是。當然，以班固的時代而言，
是可以稱這種方法爲古法；至於要說它到底有多古，實在令人懷疑。
它大概不會是西周時代的生產方式，那麼，會是東周時代的生產方
式嗎？如果說它是東周時代的方式，那麼，它會比晉惠公的爰田要
早嗎？或是晚呢？還是同時呢？它的實施地區又在哪裡呢？而且，
這種方法實行了若干時日之後，竟然被人遺忘，直到漢武帝的晚年，
才由趙過提倡實行，這不是一件很奇怪的事嗎？不過，既然《漢書·
食貨志》說它是古法，趙過行之，其效大彰。也許趙過眞有所受，
只是其來源不詳而已。至於代田與爰田，其相同之處固然也有一二，

但要說二者完全相等，則有待商榷。

除此之外，在《漢書·地理志》中，也曾提到「制轅田」這件事。但這次的主角不是晉惠公，而是秦孝公及商鞅。〈地理志〉云：

> 及秦孝公用商君，制轅田，開阡陌，東雄諸侯⑫。

秦孝公用商君變法這件事，在〈食貨志〉中曾兩度被提到，〈食貨志〉前曰：

> 及秦孝公用商君，壞井田，開阡陌，急耕戰之賞。雖非古道，猶以務本之故，傾鄰國而雄諸侯⑬。

其後又引董仲舒說漢武帝曰：

> 至秦則不然，用商鞅之法，改帝王之制，除井田，令民得買賣。富者田連阡陌，貧者無立錐之地⑭。

雖然在〈食貨志〉中沒有提到「制轅田」三個字，但對照〈地理志〉的記載，壞井田、開阡陌這兩件事就是商君「制轅田」的主要內容。這件事在《史記·商君列傳》中只說：

> 爲田開阡陌、封疆⑮。

〈蔡澤傳〉中則說商君：

---

⑫ 《漢書補注》，頁853-854。

⑬ 《漢書補注》，頁514。

⑭ 《漢書補注》，頁518。

⑮ 《史記會注考證》(臺北：洪氏出版社1977.5五版)，頁893。

　　決裂阡陌，以靜生民之業⓰。

似乎是從《戰國策·秦策下》，蔡澤說應侯時，曾提到商君「決裂
阡陌，敎民耕戰」而來。然而無論《史記》或《戰國策》，都不曾
說出「制轅田」三個字。但班孟堅一再提到這件事，蓋其所說應有
根據，故直以「制轅田」釋「開阡陌」之義。

　　商鞅當日在秦「制轅田」，其詳細內容究竟爲何，自古以來，
便一直困擾著後人⓱。因此我們對這個部份暫且不談，只是顏師古
在注「制轅田」這句話時，引了張晏和孟康兩家的說法，對本文的
討論卻頗有助益。且看張晏的說法如何：

　　周制三年一易，以同美惡。商鞅始割裂田地，令民各有常
　　制⓲。

張子博所說的「周制」，其確切時代究竟何所指，倒也無法肯定。
但歷史上也應有這一段時間才是，下文將有所說明。張晏說商鞅「割
裂田地」，那是指商鞅改變了當日秦國原有的土地分配的方法，而
所以做如此改變，則有當日秦國的政治、社會背景與變法的目的。
那麼既然商鞅與晉惠公的時代不同，所面臨的問題不同，而作轅田
的主要目的也不同。所以，這兩次作轅田的內容當然也一定不同。
從春秋到戰國，歷經了許多次重大的政治、社會變革，熟悉這段史

⓰　《史記會注考證》，頁982。

⓱　請參看李解民：〈「開阡陌」辨正〉，《中國社會經濟史參考文獻》(臺北：
　　華世出版社1984.10)，頁173-194，

⓲　《漢書補注》，頁418。

實的人皆有此共識。我們不能把兩個不同時代的制作混爲一談，雖然「作轅田」這三個字是一樣的。所以張晏的看法是頗有見地的。他看出商君所作的轅田與秦國當日制度有所不同，其中最大的改變在於「令民有常制」。既然商君下令要民有常制，可見在當時的秦國是沒有常制的。因爲沒有常制，所以既要與他人爰田，也要與他人易居；可是自商君下令有常制以後，秦民不但不必易居，也不必與他人爰田。這是商君改制的重要內容之一，可無疑義。但這是商君所制的轅田，而非古制的轅田（或爰田）。可是賈逵在注〈晉語三〉的「轅田」時，其重點分明是在賞二三子田，以及因此賞而連帶產生的「易疆界」的現象。由是可知，賈逵認爲惠公所作的爰田其對象是晉國的二三子，而張晏則以爲商君制轅田的對象是秦國的民；賈說的重點是晉惠公賞眾以田，而張說的重點則是商君「令」民有常制，但不是「賞」民有常制。受了賞田因而必須「易疆界」的二三子，與「自爰其處」的民絕非同一社會等級的人。賈逵與張晏這兩家的說法有這麼大的距離，說明了晉惠公與商君之法既有對象上的不同，又有內容上的差異。當然，商鞅的制作，其藍圖多自晉國而來，因此不免有晉國制度的影子。但是，就以時代的不同而言，我們便不應該將二者混爲一談；更何況，賈逵與張晏的說法有如南轅北轍，我們也不能不顧。再說，還有其他人的注解，如孟康，也與張晏所說不謀而合，可見這不是一家之言的孤證。孟康云：

> 三年爰土易居，古制也，末世浸廢。商鞅相秦，復立爰田：「上田不易，中田一易，下田再易。」爰自在其田，不復易居也。

〈食貨志〉曰：「自爰其處而已」，是也。轅、爰同❿。

在此，我們可以看到孟康的意思是：一、三年爰土易居是古制，不知後世何以不行。二、商君復立爰田，其重點有二：分土地爲上、中、下三等，以及「爰自在其田，不復易居」。孟公休以「爰土易居」釋「古制」的轅田，至於商君所制的轅田，他認爲是「不復易居」、「自爰其處而已」。他同時認爲，商君所制的爰田有沿襲之處，即歲休輪耕；也有其新義，即分土地爲三等和「爰自在其田，不復易居」。孟康與張晏的看法相同而稍加詳細，但二者之說都與賈逵相異，因爲這牽涉到內容與對象的不同，所以二家才都不引賈逵的注解。由此可見，張晏和孟康二人都了解：不同時代的轅田，因爲有時代差異的問題存在，所以必然出現不同的內容。後人在解釋爰田時，若硬要將商君之制與晉惠公之法混爲一談，那麼在下結論之前，最好對古注多加思索，再做決定。另外，孟康口中的古制，其確切時代——就如張晏所說，還得深入研究，下文自會提及。

　　從《漢書》顏師古注所引張、孟二家的觀點而言，「轅田」的意思就是「爰自在其田，不復易居」，因爲這是商君所制的辦法。但《左傳》、《國語》中的「爰田」、「轅田」，它們的重點是在「賞田」以及「易疆界」，因爲這是晉惠公賞群臣，以及因賞田而連帶產生的結果。因爲是賞田，所以二三子在原有的封地以外，又增加一些賞田。既然二三子的封地增加，原有的疆界必然得要改變，所以當然是要「易疆界」了。因此張、孟二家所說的「周制」、「古

---

❿　《漢書補注》，頁418。

制」，應該是「爰土易居」的歲休輪耕制；商君所制的轅田則改為「爰自在其田」，不必易居，但應仍保持三年歲休輪耕制的精神。甚至一直到趙過所採用的的代田法，都可能是據此而加以改良的新方法。但晉惠公所作的爰田，《左傳》、《國語》注家皆以「賞田」、「易疆界」為釋，可見此制的重點與特色必與商君、趙過的轅田、代田不同。那麼，晉惠公所作要「易疆界」的「爰田」，到底有些什麼特別的內容呢？

為了能詳細說明晉惠公「作爰田」的特別之處到底何在，本文擬就下列三點：一、耕作技術，二、土地分配，三、土地主權三項，加以探討。這三點大致包含了古今對爰田的種種看法。本文希望能在若干線索中，加以抽繹、整理，從而做出合理的推論，進而說明晉惠公所作的爰田有何特點。首先，本文就第一點，耕作技術的問題加以探討。

在人類文明化的過程中，耕作技術的發展緩慢而漸進，且沿襲性甚強，不可能出現一步登天的情形。今日雖不能詳知遠古情況，但一般咸信，農業的發展曾有過所謂「撩荒」的技術階段⓴。到了商代，今人張政烺據甲骨文史料，認為殷人已將「撩荒」改良為「裒田」⓵。而本人從張氏之說，又以為：到了周代，周人又將「裒田」改良為「菑、畬、新」式的耕作技術⓶。這便是一般人所熟知的三

⓴　《中國農業史話》，頁5-8，明文書局。
⓵　張政烺：〈卜辭裒田及其相關諸問題〉，《中國社會經濟史參考文獻》，頁59-98。
⓶　據上引張政烺的意見，本人認為裒田只需再進一步就是菑、畬、新三年輪耕制。張氏認為裒田需要大量的人力。但周初時，周人南征北討地打個沒完，絕不可能分出多餘的人力進行此種需要大量人力的裒田工作。所以本

年歲休輪耕制。這種三年歲休輪耕制是經過長久時間的演變，而當它一旦被使用，若會起變化，同樣地，必然也要一段漫長的時間。在人類懂得使用獸力及人工施肥之前，必然無法有效地解決地力恢復的問題。因此，這種歲休輪耕制應該是當日最好的耕作技術了。而在中國歷史上，懂得使用獸力、施肥等技術，其時代應不早於春秋末期。所以在春秋中期以期，周人子孫應該沿用其老祖先的三年歲休輪耕制無疑。而歲休輪耕則必然會「爰土」，同時亦將易居。故《詩經·小雅·信南山》云「中田有廬，疆埸有瓜」，班固於此有說，見《漢書·食貨志》，孟堅之說蓋自毛《傳》而來。只是這種爰土易居的原因牽涉到的是耕作技術，這與晉惠公為賞眾所作「易疆界」的爰田，並非同一回事。因此張晏、孟康所說的古制、周制，當然確有其事，因為他們所說的是耕作技術的問題。但是，晉惠公再怎麼改制，這種歲休輪耕制卻不是一下子就改得了的，原因已如上述；而改易疆界卻可以在短期內就完成。因此，若就張、孟二家從耕種技術解釋爰田，固然有其可說，但與晉惠公改制的爰田無關，則是可以確定的。

　　既然晉惠公所作的爰田與耕作技術無關，那麼接下來，我們便可以進行下一項——土地分配——的討論。綜合現有史料中——《左傳》、《詩經》、金文等等，我們約略可以看到一些周人在封國建邦時，有關疆畔的情形。且以《左傳·定公四年》衛人祝佗所說，周初封建的往事為例，其中提到他的國家衛國是：

人認為周人因此就不再進行新的裒田，因為他們只需要將殷人已裒過的田稍加整治，就可以進行耕種。不但省力，而且方便。因此，本人認為這便是《詩》、《書》古籍中不見裒田，只見菑、畬、新的原因。

封畛土略：「自武父以南及圃田之北竟，取於有閻之土以共
王職；取於相土之東都以會王之東蒐。」聃季授土，陶叔授
民。命以康誥而封於殷虛。皆啓以商政，疆以周索㉓。

看來封與疆不是同一回事。封是國與國之間的界限，而疆則是一國
之內的界線，當然，很可能就是封邑之間的田埂、界限。除了分界
的功能以外，疆的另一重要意義㉔，就是用來做爲賦稅的依據。所
以祝佗在說完衛國的四境之後，還得特別提到衛國與魯國同樣都是
「啓以商政，疆以周索」——周公命康叔、伯禽用商人之慣例以治
殷遺民，用周人之徹法以賦稅。有關「封」——國界的問題，不在
本文討論範圍之內。但是「疆」則很重要。因爲晉惠公是在晉國之
內實施改革，其重點又是賞眾以田，這必然牽涉大夫們原有疆界的
改變；疆界一旦改變，也就會連帶改變各家賦稅的多寡。賈侍中不
愧是《左傳》世家中人，他說「制轅田」的重點是在「賞田」、「易
疆界」，果然一針見血；不但如此，他所引的「或云：『以田出車
賦』」這句話，也同樣非常重要。因爲二三子既多受田，則有能力
出更多車賦，此二者乃因果關係，是以惠公才作爰田以賞眾，接著
便立刻有州兵之作，此其故也。可是我們雖然知道惠公賞眾以田，
於是乎易疆界。但是賈侍中所說的「易田之法」又有些什麼內容呢？
恐怕這才是最讓我們後人困擾的事。幸好在《左傳》裡有些蛛絲馬
跡，可以讓我們做合理的推測。且看魯僖公十五年九月十四日，晉
惠公於韓原失利被俘，於是召子金商議國事時，《左傳》有如下的

㉓　《春秋左傳正義》，頁948。
㉔　金文記載疆界的例子，如散氏盤、格伯簋及1975年出土的裘衛家族銅器等。

記載：

> 晉侯使郤乞告瑕呂飴甥❷❺。

清人洪亮吉著《左傳詁》，認爲瑕和呂都是邑名❷❻，所以這是以采邑爲姓（按：當爲氏）。按：《左傳》中出現有瑕嘉原爲詹嘉、呂錡原爲魏錡，就二人氏的變化而言，洪氏以邑爲姓之說可信。可是就在同一年，當呂甥建議惠公實施爰田以籠絡人心之後，《左傳》又有如下的記載：

> 十月，晉陰飴甥會秦伯，盟於王城❷❼。

原來的瑕呂甥飴已改稱爲陰飴甥了。本人認爲這個邑氏稱謂的轉變絕非偶然，必定與作爰田有關。我們且對照一下晉獻公時封臣下的情形，就可以看出二者之間有什麼不同了❷❽。《左傳·閔公元年》：

---

❷❺ 《春秋左傳正義》，頁232。

❷❻ 〔清〕洪亮吉《左傳詁》(北京：中華書局1987.10)，頁296。

❷❼ 《春秋左傳正義》，頁234。

❷❽ 雖然惠公與獻公的作法不同，但本人相信惠公的爰田畢竟是沿襲獻公而來。譬如說「縣」的觀念——管理而非擁有，在獻公時便已出現。關於這一點，本人在自著〈未竟其志的伯者——晉獻公述論〉中曾提到。蓋獻公南征北討，滅國甚多，然其於所得城邑，並未如周初般地封建子弟。反之，獻公之晉乃以小宗噬大宗而得立，故一反周人親親之道，改以尚賢觀念代之。即必封有功之遠親或異姓，但不封無功之近親子弟。這點對日後的晉國影響極大，而其子孫亦信守不渝。獻公使申生處曲沃、重耳居蒲、夷吾居屈，不僅爲驪姬與奚齊，也是因爲這實際上是託管性質，獻公可以隨時收回。

> （獻公）賜趙夙耿，賜畢萬魏，以爲大夫。

趙夙在此之後並未被稱作耿夙，畢萬也未被作魏萬。可是瑕呂飴甥卻改稱爲陰飴甥，這豈不正好說明了作爰田之後，有這樣的結果？我們顯然不能以巧合視之。當然，有人也可以如是問：爲什麼趙氏後來曾改封於晉陽，卻未以晉爲氏。那麼我們的答案是：能夠以晉爲氏的只有晉侯一系，當然不可能有第二個晉氏出現。更何況，趙氏有一支封於邯鄲，正是以邯鄲爲氏。由此可見，晉國自爰田制實施後，氏從邑改已成慣例。事實上，文公之時有被廬之蒐，《韓非子》云文公用郭偃之法而伯，但基本上應是沿襲惠公所制爰田之精神不變。此事本人另有說，茲暫不具。在《左傳》中如此類證據甚多，且以魏氏之爲呂氏，又爲魏氏爲例。晉獻公封畢萬於魏，至文公有魏犫從亡。然其後人魏錡於邲之戰時稱廚武子；於鄢陵之戰時，又改爲呂氏而稱之爲呂錡，其皆在爰田制實行之後矣。其後魏氏之稱復現，顯然又回到其原封地魏邑。又如士蒍之後的士會，《左傳·文公十三年》，趙盾稱他爲隨會。魯宣公十二年又出現，《左傳》上記載爲隨武子。到了魯宣公十七年，《左傳》云：

> 范武子將老㉙。

自此以後，便一直被稱爲范氏。又如原爲呂甥所有的瑕邑，在《左傳·文公十三年》有如是的記載：

> 春，晉侯使詹嘉處瑕，以守桃林之塞㉚。

㉙ 《春秋左傳正義》，頁412。

到了成公元年，《左傳》又記載：

> 春，晉侯使瑕嘉平戎於王❸❶。

詹嘉已改稱為瑕嘉。如此案例，在《左傳》中不勝枚舉。這種氏隨邑改的現象，應該就是晉惠公作爰田中易田之法的連帶結果。其實這種氏隨邑改的情形也非惠公所首創，在西周初年大行封建時便已如此，如唐之為晉、康之為衛、虔之為宜等等，皆其例證。惠公賞群臣田邑，群臣封邑增加便可能離開原封地，搬到新的封邑。但是人可以遷移，土地卻是固定而不能移動。這些二三子到了新的封地，拔掉舊的疆界標誌，重新換上自己的疆界標誌，這是很自然的事。至於上引諸例雖多出惠公之後，但以瑕呂飴甥之改稱為陰飴甥，適足以看出賈逵解釋「作爰田」時，為什麼得一再的解釋清楚，在說了「轅，易也。為易田之法，賞眾以田」之後，還要說「易者，易疆界也」的意義。

　　易田之法已如上述，但惠公之後的晉國不斷擴張，新增的領土應該如何處理？本人認為這屬於爰田制的演變過程，將另為文處理。雖然，初制爰田時，若受賞者在受賞田之後，其封地不止一處時將如何？蓋惠公作爰田之重點即是賞田，二三子在原有封邑之外而受賞，必然增加新的封地。據《左傳・僖公二十四年》所載，呂甥與郤芮欲弒文公，《左傳》先則曰：「呂、郤畏偪❸❷」，後又曰：

---

❸❶　《春秋左傳正義》，頁332。

❸❷　《春秋左傳正義》，頁419。

❸❷　《春秋左傳正義》，頁254。

「瑕甥、郤芮不獲公**❸**。」可見呂甥改封陰後，其原有之呂、瑕並
未歸還公室或改封他人，而仍爲呂甥所有。蓋一陰邑之面積應不致
大於呂、瑕二邑之總和才是。若封陰而還呂、瑕，則不但不是賞，
反而是罰了。故本人以爲，氏隨邑改是改以主要封邑爲氏，而其封
邑可能不止一處；若封邑只有一處者，則自然是以該爲氏了。晉國
氏隨邑改的這種情形，在春秋後期尤爲明顯。而從呂甥改氏的情形
來看，說他是初作爰田時，氏隨邑改的代表性人物，並不爲過。更
何況作爰田這件事，根本就是呂甥一手策劃的。所以他才會在不到
兩個月的時間內，在《左傳》的記載中，出現了兩種不同的邑氏。
因此本人以爲晉惠公初作爰田賞眾，就出現了氏隨邑改的現象，則
爰田之作除了賞田以外，其連帶結果必然要易疆界可知矣。

　　土地分配的問題已如上述，接下來便是土地主權的問題。照現
有的史料來看，在晉惠公時代的晉國，土地的主權應該還是屬於國
家或晉侯。二三子們受賞田，只不過使他們多了一塊可以收稅的封
地。在惠公作爰田之前，理論上大夫們可以一直擁有受封的田邑，
一如其他國家一般；當然，封邑也有可能被收回，但這是極少發生
的事情。在作爰田之後，情形有些變化。二三子們除了受封、賞的
田邑以外，晉國國君會委請他們代管一些田邑，而國君只坐收貢賦，
並不直接管理**❸**。當然，惠公初作爰田時，可能還不完全是這種情

---

❸　《春秋左傳正義》，頁254。

❸　〈晉語一〉云：「驪姬請使申生主曲沃以速懸，重耳處蒲城，夷吾處屈，
　　奚齊處絳，以儆無辱之故。」（《國語》，頁262。）獻公此時已都絳，當然
　　不會把絳分封給奚齊。所以此舉的目的，只是在顯示奚齊的地位提高。相
　　對的，太子申生便受到耿爲封地，於是士蒍便預測「大子不得立矣」。另
　　外，二公子也只是「處」蒲、屈，而非「封」或「主」。可見獻公有許多

形。可是〈晉語四〉裡提到文公回國後的改革，其中有一條是「公
食貢，大夫食邑，士食田❸。」當然，這是文公時代的制作，它也
很可能就是在《韓非子》書中所提到的〈郭偃之法〉❸。但這個〈郭
偃之法〉的依據應該就是從爰田制變化而來。因爲爰田制使得二三
子們田邑增加，在理論上卻可能也因此而無固定封邑；又因爲封邑
可能更動，所以大夫們雖然「食邑」，意思卻可能是食其當時受封、
甚且託管之邑。但是既然封邑可能隨時更動，顯然大夫們對這些封
邑會變得只有管理權，卻無所有權。這在上文曾舉例說明，也曾說
這是「爰田制」的變化過程，但與惠公所作之「爰田」其精神並無

地是只「處」而不「封」的。「處」的意思是代獻公管理，但不論是名義
上或實質上，這塊土地皆爲獻公所有。但是一旦「封」給大夫後，便是屬
於大夫所有了，這是當時通行的慣例。文公既有此親身經驗，即位後，由
卜偃繼承惠公「賞眾」及獻公「代國君管理」的原則，再稍加變化而已。
當然，這種情形不是晉國所獨有。南方的楚國亦有此現象。本人擬在討論
爰田制的演變時，加以說明。

❸ 《國語》，頁371。

❸ 《韓非子・南面篇》：「管仲毋易齊，郭偃毋更晉，桓文不霸矣。」又云：
「郭偃之始治也，文公有官卒。」（陳奇猷：《韓非子集釋》，臺北：平
平出版社1974.9，頁298）陳奇猷注云：「王先慎曰：『郭偃，《墨子・所
染篇》作高偃，高與郭一聲之轉。《左傳》作卜偃。韋、杜注：「晉掌卜
大夫。」』奇猷案：杜注見《左・閔元年傳》。《史記・晉世家・集解》
引賈逵及《國語・晉語》韋注皆曰：『卜偃，晉掌卜大夫郭偃也。』《呂
氏春秋・當染篇》作郤偃。《商君書・更法篇》：『郭偃之法曰：「論至
德者，不和於俗；成大功者，不謀於眾。」』《國策・趙策》亦稱：『郭
偃之法。』則郭偃必曾變法於晉，而史籍闕文耳。」（《韓非子集釋》，
頁304。）所謂郭偃變法的問題，曾有學者提及，但無深義。見郭勛初：
〈郭偃之法〉，《韓非子札記》(南京：江蘇人民出版社，1980)。本人以
爲，文公變法即被廬之蒐。卜偃有無參與，或參與多少，則難以評估。

違背。因此，惠公當時看起來是賞了田邑給二三子們，但這些田邑的所有權仍在惠公手中，並無多大損失，頂多是少些帳面上的收入而已。而其實惠公一點也不吃虧，下文自有說明。可是二三子們封邑卻因而增加——當然，這些田邑國君也可能收回，但是至少在當時看起來封邑是增加了——稅收也增加，毋怪乎這些二三子們對惠公要感激涕零，說惠公「惠之至也」。當然，惠公作爰田的主要原則是在賞田，所以可能收回二三子的原封地之後，再換一塊較新的封地；甚至原封地不變，但增加其他田邑爲賞田。而文公之後，曾將這種辦法作了修改，而若照韓非子所說，則郭偃就是負責策劃的人。本人認爲郭偃的作法很可能是就「爰田」的精神再推進一步，將其它所有縣邑比照辦理，完全委託二三子們代管。於是文公只是「食貢」，食這些大夫們所固定上繳的貢賦。至於一切的稅賦、行政管理都交由大夫們處理。而大夫們也就「食邑」，全權經營這些封邑，貢上固定的數額，其它則全歸己有。於是經營權與所有權各不相害，卻又兩蒙其利，因此文公便較輕鬆地得到了二三子們的支持。不過，儘管文公有此改革，土地的主權，至少在名義上，應該還是屬於國家或晉侯。因爲既然晉國國君有權更動、甚且收回大夫們的封邑❸，所以我們有理由相信，晉惠公對土地仍然擁有最高的主權，貴族們反而喪失了所有權，只剩下使用權，這應是貴族們始料未及之事。

　　土地主權的問題說明了，接下來便是杜《注》「分稅賞眾」的

❸　晉景公時曾收回趙同、趙括的田邑而改封給祁奚。後因韓厥之請，才還給了趙武。事見《左傳·成公八年》。

問題。本人基本上並不認爲杜預誤解、或不明瞭晉惠公「作爰田」
的主旨是「賞眾以田」。可是爲什麼他會說出「分稅」的驚人之語
呢？我們不妨先拋開清人對杜預的成見，且站在杜預的立場來爲他
設想：惠公的土地若多賞些給二三子們，倒也不成問題；可是要賞
給爲數眾多的國人時，不但沒有那麼多的土地，就是有，也不可能
分的恰到好處，讓人人都心滿意足。可是惠公身陷囹圄，急著尋求
國人的支持，以便早日逃出苦海。爲了這點，惠公不得不用最快、
最有效的方法，就是大賞全國。在貴族方面，賞以封邑，不成問題；
但是面對一般國人方面，既然沒有那麼多的土地可以賞得恰到好
處，於是最直接而且有效的方法，當然就是減免稅賦了。諸家在注
「作爰田」時，都注意到惠公賞田以拉攏二三子的一面，因爲這的
確是惠公作爰田的一大著眼點。但是另外一群人數較二三子多出許
多的國人，是否也因惠公尋求支持而同時受賞？這點諸家卻未曾提
到。本人認爲杜預所以會有「分稅賞眾」之注，正是爲了補充諸家
未曾完全說明之處。因爲唯有如此雨露均霑，晉國上上下下才會同
心協力，才會「眾皆哭」，才會一齊誓死爲惠公效命。賞了二三子
而不賞其他國人，卻想要那些未受賞的國人效命，這怎麼可能呢？
更何況惠公了解一項事實，那就是假如要打仗，乃至要趕快回國，
單靠貴族支持是不夠的。若只靠貴族而缺乏一般國人的支持，這個
仗能打嗎？衛懿公不就是最好的教訓？可見得到國人的支持有多重
要。惠公心知肚明，只要少了國人的支持——不論是貴族或是一般
國人，自己回不了國不說，連兒子能否順利繼承也會出問題；更何
況還有他老兄重耳在一旁虎視眈眈？所以本人認爲，惠公的賞眾必
然是全面性的事，而且杜預也看出了這一點，才會說出「分稅賞眾」

的話，以補前人注解之不足。否則，假如他果眞這麼高下由心，連
賈逵的注都不看，就隨意信口開河，亂說一通，那還癖什麼《左傳》
呢？

作爰田既已如上述，接下來便是作州兵的問題。同樣的，我們
還是得先了解杜預是怎麼說的。杜《注》云：

> 五黨爲州。州，二千五百家也。因此又使州長各繕甲兵也❸。

杜預的說法固然不是人人盡信，但歷來的一些注解也好不到哪裡去
❹。所以本文暫且一概不論，只先就《左傳》、《國語》中所載晉
惠公作州兵的原因加以討論。我們且再引一次《左傳·僖公十五年》
呂甥的意見，他說：

> 「征繕以輔孺子。諸侯聞之，喪君有君，群臣輯睦，甲兵益
> 多。好我者勸，惡我者懼，庶有益乎？」眾說，晉於是乎作
> 州兵❹。

據《左傳》所說，作州兵的目的是爲了國防，而其結果是「群臣輯
睦，甲兵益多」。可見是要求晉國二三子們犧牲一些，並捐棄成見，
發揮團結力量，呈現出了「群臣輯睦」的現象，以共同爲晉國奮鬥，
防止外力可能的侵犯。在〈晉語三〉裡也有相同的記載：

---

❸ 《春秋左傳正義》，頁232。

❹ 如沈欽韓、惠棟等。見楊伯峻：《春秋左傳注》(臺北：源流出版社1982.4
再版)，頁363所引。

❹ 《春秋左傳正義》，頁232。

> 呂甥曰：「以韓之病，兵甲盡矣。若征繕以輔孺子，以爲君
> 援，雖四鄰之聞之也，喪君有君，群臣輯睦，兵甲益多。好
> 我者勸，惡我者懼，庶有益乎？」眾皆說，爲作州兵❹。

除了有與《左傳》相同的地方之外，〈晉語三〉還多了「以韓之病，
兵甲盡矣」這個重要因素。可見得州兵之作，其目的在於補充因韓
原失利而損失的兵甲。《左傳》和〈晉語三〉都說要「征繕以輔孺
子」，其實州兵的重點應該是「征」，而「繕」的部份應該只是陪
襯而已。經過子金的努力，晉國終於再度重振旗鼓，得以警告他國
不要輕舉妄動，這便是子金的重大成就。當然，若只有甲兵而沒有
使用甲兵的人，再多的甲兵也是枉然。可是想要國人主動地爲國作
戰，就得先付出些代價，這就是爲什麼要先作爰田再作州兵了。作
了爰田以賞眾之後，國人對惠公感恩不已，覺得縱使爲惠公出錢，
乃至賣命，也是心甘情願。所以呂甥其後再度前往秦國談判時，靠
的就是這一股民氣和軍備重建，才提高了自己手中的籌碼，壓制了
秦穆公的氣焰，得以不失國格，又能迎惠公回國，可謂不辱使命。
子金之計固然高明，但晉惠公既能從其計，屈伸自如，又何嘗是弱
者？賞給眾人的田、稅，繞了一圈，又以作州兵的名義，從眾人手
中掏了出來。不但如此，還能讓國人心甘情願地爲他服役賣命。左
手出，右手進，不但不吃虧，反倒是多賺了。而他自己也因此而得
以順利返國，再度登基。在這樣的情況下，還能使得這些國人感動
的痛哭流涕，說他「惠之至也」。這就不能不讓人佩服惠公君臣政
始手腕之高明了。

---

❹ 《國語》，頁330。

　　州兵之作當然是因爰田之作而來。前云賈逵曾引或云「轅，車也。以田出車賦」。本人在前文時曾說要有解釋，今且釋之。照本人的意見，這個「或云」所說的內容不太像是在解釋爰田；反之，若將它視爲對州兵的解釋，倒是非常適合。因爲惠公既然多賞了田，二三子們自然也就有較多的餘力「以田出車賦」。當然，本人在上文也曾說過：有了甲兵，若沒有使用甲兵的人，再多的甲兵也是枉然。故今人杜正勝以爲：

　　　　晉作州兵的對象當然只限於國人。兵役與授田相對待，獲田
　　　　地則服兵役，所以新受賞田而新服兵役者自然是國人之餘子
　　　　了⓬。

此說誠有見地。但本人以爲作爰田時，受賞田的對象主要是二三子，另外有爲數眾多的國人只是受分稅之賞，並未獲得田地，所以杜預才特別爲之說明。又，杜正勝氏以爲這是擴大征兵的首創，楊伯峻氏引清人洪亮吉說，以爲這是兵制改革⓭，誠是。

　　以上本文所說有關爰田與州兵的的看法，當然還有許多細節——譬如說「州」的單位到底是什麼——未曾探討。至於這些細節問題，本人擬在日後討論〈爰田與州兵的演變〉時，一併提出討論。最後，本人擬提出本文的結論，以爲結束。

　　一、從耕作技術而言，三年歲休輪耕制早在周初即已實行，所以會有配合此制的「爰土易居」的情形出現。但這種爰土易居屬耕

⓬　杜正勝：《編戶齊民》(臺北：聯經出版社1990.3)，頁51。
⓭　《春秋左傳注》，頁363。

作技術範圍，與晉惠公所作要「易疆界」的爰田無關。

二、惠公作爰田的重點在賞眾以田，這是賞二三子的部份；杜預注「分稅賞眾」，是補充說明賞二三子以外其他國人的部份。杜預之注，其重要性應與賈逵注等量齊觀。

三、本人以爲，惠公作爰田的重點既在賞田，所以必然要易疆界，古皆能注意到這點。而易疆界等於是重新分配土地，這又連帶引發了氏隨邑改的現象。此制雖非惠公首創，但本人仍認爲這個現象非常重要。因爲這是春秋時代的首創，日後晉國相關的制度皆自此沿襲而來，乃至成爲晉國特有的制度，並爲他國所仿效的對象。

四、作爰田之後，文公時又有郭偃繼續變法，使得日後的晉國不論在政治、社會各方面都受到極大的影響。至於其中的演變則甚爲複雜，本人將另爲文討論。

五、商君所作的轅田或有可能自晉國之爰田演變而來，然二者雖名同而實質上差異其多；雖中縱有一二相似之處，亦不得將二者混爲一談。

六、惠公作爰田，土地主權仍在國君，大夫對土地並無主權。

七、州兵之作應視爲作爰田之連鎖作用，其目的在求得「甲兵益多」，其結果則可能造成擴大征兵，爲春秋史上重大之兵制改革。又，州兵與爰田關係之密切，其細節本人將在討論爰田之演變時，一併討論。

（附錄）再論「作爰田」❶

論文提要

　　本文旨在討論各家「作爰田」的說法，並證明諸說皆不能成立。據本人〈爰田與州兵〉及本文的討論，我們認爲賈逵、服虔說「賞眾以田」，說「爰」即「易」，爲輪流更換之意，實不可易。而杜預「分稅賞眾」說，亦確有其合理處。最後，舉袁林對「田」的分析，支持本人「作爰田」與一般「國人」無關，「賞眾以田的對象是貴族」的看法。而「作爰田」後，晉國貴族「氏隨邑改」，爲春秋時代一特色，也值得學者留意。

一、前　言

　　本人曾爲文討論「作爰田」❷，認爲：一、「爰土易居」屬耕

---

❶　本文發表於《中山人文學報》第3期1995.4，頁1-19。
❷　〈爰田與州兵〉，《大陸雜誌》1991.8，頁32-40。

作技術範圍，與「作爰田」無關。二、賈逵《注》「賞眾以田」針對「二三子」。杜預《注》「分稅賞眾」，針對一般「國人」。杜預《注》之重要性，應與賈逵《注》等量齊觀。三、「作爰田」既賞眾以田，有類於重新分配土地，所以必然「易疆界」，造成晉國貴族「氏隨邑改」。四、貴族封邑輪換，然無主權，主權仍在國君❸。五、商君「作轅田」，與晉惠公「作爰田」（或「作轅田」），二者有本質上的不同，不得混爲一談。此外，討論「作爰田」，必須解決「國人」的問題，故本人有〈論作爰田中的國人〉一文❹。

　　然「作爰田」一事，聚訟千古，至今仍眾說紛紜。學者各自立論，似皆持之有故，言之成理，雖皆不能成立，但我們認爲仍有必要予以釐清，是以有本文之作。又，最近新獲資料，頗爲有力，雖非直接討論「作爰田」，但其內容則與田制有關，足以補充本人「作爰田」舊說，茲不憚煩瑣，引以爲證，附於文末云。此外，爲行文方便，每舉一說，列諸家之意見後，即詳加論述，證明其不能成立，此處細節，幸讀者察之。

二、諸說述評

　　在論「作爰田」諸說中，首先舉「擴大耕地面積」說。如金景芳在列舉杜預《注》、孔穎達《疏》、韋昭《注》、錢大昕《廿二史考異》諸說後，以爲：

---

❸　以上五點，綜述〈爰田與州兵〉，並略有刪修。
❹　載《中山人文學報》第一期1993.4，頁19-38。

綜觀上述各家解釋，應以釋爰爲易，「爰田」爲「易其疆畔」
爲最確。……詳考上下文義，可知這個易其疆畔，是爲了賞
眾，而這個眾，實指國人而言。到底怎樣易其疆畔呢？原文
未言。我想原來如果是一夫受田百畝，這番易其疆畔，很可
能是擴大耕地面積，而絕不會是縮小耕地面積。總而言之，
作爰田是對當日實行的井田制作了一次改革，則是可以肯定
的❺。

金景芳以爲「作爰田」乃擴大耕地面積，但未明言如何擴大。杜正
勝從之，釋「作爰田」爲：

即擴大耕種面積❻。
引伸爲延長田地，即擴大田界的意思❼。

但是如何擴大田界，杜正勝仍未說明。于琨奇則以爲：

從周制的步百爲畝，到范氏、中行氏的一百六十步爲畝，其
間尚有六十步的迴旋餘地。晉惠公所作爰田的畝積，自可爲
一百廿步或一百四十步，但也不能排斥范氏、中行氏沿襲惠
公一百六十步爲畝的可能性。由此我們可以推知：晉惠公作
爰田的主要內容之一便是擴大畝積❽。

---

❺　〈論井田制度〉，《吉林大學社會科學學報》1981.4，頁18。
❻　《編戶齊民》（臺北：聯經出版社1990.3），頁51之〔註3〕。
❼　《編戶齊民》，頁177。
❽　〈井田制、爰田制新探〉，《安徽師大學報哲社版》1986.3，頁59-68。

以上三位學者，皆持「擴大耕地面積」說，但本人認為此說不能成立，原因有三：第一，三位之中，金、杜二位有說無證，于琨奇雖舉證，但仍不足以證明「作爰田」就是「擴大畝積」；第二，這牽涉到土地所有權的問題；第三，這與生態平衡的問題有關。以下分別論之。

首先，就目前所知，擴大耕地面積的事例在春秋晚期確已出現。如于琨奇即根據臨沂銀雀山出土《孫子兵法》的記載，證實擴大耕地面積在春秋晚期確有其事。但縱有此晚出的制度，仍不足以證明春秋早期即有擴大田界的事實。除非按照我們的說法，將擴大耕地面積解釋為：

> 擴增貴族的封邑，故貴族所領有的耕地面積擴大❾。

才可以解釋得通，但于琨奇顯然未思及此。至於杜正勝則引商鞅「制轅田」來解釋晉「作爰田」，認為：

> 轅、爰有引申義，又有擴充之義，……《漢書·地理志下》曰：「孝公用商鞅，制轅田，開阡陌」，即本於此義❿。

杜正勝遂以為晉「作爰田」，亦如商鞅時所作的「轅田」，乃擴大田界的意思。但是他所引的證據已是戰國時代的事物，因此其可信度還不如于琨奇所引在臨沂銀雀山出土的《孫子兵法》，至少《孫子兵法》所載還是春秋晚期的事例。事實上，「爰」就是輪流、更

---

❾ 〈爰田與州兵〉，頁38。
❿ 《編戶齊民》，頁51。

換，「爰田」絕非「引申」或「擴展」疆界⓫。

　　不論杜正勝對「爰」字的解釋正確與否，但是照他的說法，我們實無法了解爲何在「作爰田」時，貴族不能但平民卻能受賞田。春秋承襲西周傳統，非常講究貴賤之分，君子與小人之間等級區別極其明顯，而且往往「禮不下庶人」。張政烺說：

> 古代社會講等級，連行賄也不能忘記等級差別⓬。
> 古代中國等級的區別極嚴，典章制度上之上、中、下三級差別常表現爲一百、七十、五十的比例⓭。

張政烺所舉的賞田例子，正是晉惠公賄賂里克以汾陽之田百萬，賂丕鄭以負蔡（葵）之田七十萬。這種嚴守等級區別的情形，甚至一直延續到戰國。杜正勝文中所引例證，也都屬於貴族受田的記載。

⓫ 對賈逵等人釋「爰田」爲「賞眾以田，易其疆界」的說法，杜正勝都視若無睹。商鞅「制轅田」，每畝增至二百四十步，但也不能就此證明晉「作爰田」爲擴大田界。至少，杜正勝沒有確證。對於「或曰：『轅，車也，以田出車賦。』」杜正勝只以一句「不通」（《編戶齊民》，頁51）和「望文生義」（《編戶齊民》，頁177）輕輕帶過，因爲這個「或曰」與他的擴大田界說不合。殊不知，貴族「有賦於軍」，乘車作戰，除了原來應有的負擔以外，「作爰田」時受了多少賞田，仍要按比例再出車賦，所以《或注》云「以田出車賦」。

⓬ 〈士田十萬「新解」〉，《文史》1983總29，頁91-94。王貴民也說：「當時，大貴族受封土地，形成了固定的制度，有一定的數量。」（〈周代的籍田──奴隸制田莊剖析〉，《華夏文明》第二集，北京：北京大學出版社1990.2，頁193）「貴族受封，就是以封田數額和爵位等級配合，即以佔有使用奴隸勞動的土地數量爲標準。」（〈周代的籍田──奴隸制田莊剖析〉，頁193）可見直到春秋時代，然承襲商、周傳統，受封土地，仍是貴族的特權。

⓭ 〈周代的籍田──奴隸制田莊剖析〉，頁193。

但他卻又堅持「國人」為平民❹，先將「作爰田」解釋為「餘子受賞田」❺，而後說「晉君賞給國人之田」❻，「只是討好國人的臨時措施，不是長久定制，尚未達到改變土地制度的功能」❼；顯然他忽略了春秋時代只有貴族才能受賞田的事實。此外，他也未清楚交待，到底是「國人」之餘子受賞田？還是「國人」之正卒擴大田界？還是「國人」之餘子受擴大田界之賞？他雖說擴大田界，但又無法舉出確切的證據，證明這些田界擴大了多少❽。

---

❹ 《編戶齊民》，頁51。

❺ 《編戶齊民》，頁51。

❻ 《編戶齊民》，頁177。

❼ 《編戶齊民》，頁178。

❽ 早期，杜正勝對什麼是「爰田」，並不了解，他說：「中國城邦時代有一種爰田制，與中古晚期歐洲的輪耕制（其自注：除長條形耕地佔有外）頗相似，和早期日耳曼氏族共耕，諸族易田的耕種方式更接近。爰田制的農作形態也採輪耕方式。」（《周代城邦》，頁69）「按爰田即易田而耕。」（《周代城邦》，頁69）「類似中古歐洲易地輪耕，或早期日耳曼氏族按期輪流變換耕地等農作方式的爰田制。這些純粹是推測，史料難徵。但西元前六四五年晉始作爰田，可見爰田制是後起的。」（《周代城邦》，頁70）後來他改說「作爰田」是：「擴大耕種面積。」（《編戶齊民》，頁51）「耕地擴大，是因為賞田的緣故。」（《編戶齊民》，頁51）「延長田地，即擴大田界的意思。」（《周代城邦》，頁177）「晉惠以賞田給國人，賈逵、服虔與孔晁皆無異說，也唯有如此解釋才符合《左傳》和《國語》之旨。」（《周代城邦》，頁177）他又說：「接受賞田的是國人，聽信呂甥之言，樂於征繕，使得甲兵益多的也是國人。因此，晉作州兵對的對象當然只限於國人。兵役與授田相對待，獲田地則服兵役，反之亦然。國人之正卒本來就有田耕作，而且要服兵役，所以新受賞田而新服兵役者自然是國人之餘子了。」（《周代城邦》，頁177）歸納他的後說，似對「作爰田」有了說明，但是仍然矛盾處處。照他的說法，這次大賞只有「國

第二，土地所有權的問題。這與餘子能否受賞田，有直接的關聯。當時土地屬於家族或宗族，如果受賞田也不會以個人的身分，而是以家族或宗族爲單位受賞。田昌五對此做了精闢的分析，他說：

> 國人對土地的佔有權反過來又表明了宗族封地的公有或國有的性質。而且，一般國人對土地的佔有又是平均的，這說明他們享有同等的權利。這種土地佔有權不因換土易居而改變，換土易居只不過表明一般國人的土地佔有權還不夠固定而已**⑲**。

人」之餘子受到賞田，「國人」爲正卒者則並未受賞，貴族更不必提了。但在177頁，他又同意貫達等人「賞田給國人」的意見。他到底同意貫達等人「賞田給國人」的辦法呢？還是堅持只有餘子才受賞田呢？就算是賞田給餘子，大可照一夫百畝的標準，多給一份。何必一定要「延長田地，擴大田界」？證據又何在？此外，他說餘子受賞因而大悅，這點我們可以理解。可是貴族和正卒國人都未受賞，又有什麼好高興的？難道惠公回國，不需要這些人支持嗎？最後，杜正勝說：「總而言之，爰田就是晉君賞給國人之田，其性質和封建時代天子、諸侯之錫賞田邑給貴族者似頗相近，故國人皆悅。」（《周代城邦》，頁177）這更是比擬非倫。一般國人，包括餘子在內，在當時根本不可能受賞，怎能與天子、諸侯賞貴族的事例相提並論？又，或以爲本段用語，對杜正勝有不敬之處，則尚祈見諒。杜氏原爲中研院史語所研究員，現爲院士，在國內古史界早享盛名。史語所擁有國內最豐富的大陸方面資料，杜氏文中引用甚多，毋須贊舉。但即使如此，杜氏之說也不必更具說服力。且本文的結論若不能成立，杜氏將以長者愛護後輩之心，爲文指正，則幸甚矣。若本文結論成立，因而對古史有些微貢獻，相信也將爲杜氏及學界所樂見。

⑲　〈中國古代社會的土地問題〉，《華夏文明》（北京：北京大學出版社1990.2），頁171。

因此，一般「國人」不可能以個人的身份在「作爰田」時獲得賞田。正夫如此，餘子也如此。田昌五又說：

> 中國古代的土地所有制是以家族和宗族共同體爲前提的，而其決定的因素則是那時的社會生產力。那時的農業比較原始，主要的農活都要集體進行。這就決定了人們不可能脫離家族和宗族共同體[20]。

田昌五所說，更足以證明本人的觀點，即「作爰田」時只有貴族才受賞田。就效率而言，這比較方便；就周人嚴密的宗法制度而言，貴族是家長或族長，在講究貴賤等差的春秋時代，也只有他們才有資格受賞田。田昌五又說：

> 宗族封地中，除一般國人分去的部分，其餘大部分幾乎全被宗主佔有了。從這種意義上說，宗族土地所有制實際上是宗主土地所有制，因爲宗主對大面積土地的佔有決定著宗族土地所有制的性質[21]。

---

[20] 〈中國古代社會的土地問題〉，《華夏文明》，頁177。

[21] 〈中國古代社會的土地問題〉，《華夏文明》，頁171。田昌五說：「土地所有制，則是由古代的國家形態決定的；中國古代國家具有宗族形態，因而是宗族國家所有制。」（《華夏文明·前言》，頁6）又說：「宗族的土地大體上可以分爲兩部份，一部份百畝的標準分給一般族人的，不論族人實行鄉制或都制，都是如此。」（〈解井田制之謎〉，《歷史研究》1985.3，頁67）「宗族的土地除按鄉都編制分給平民的部份，其餘的部分就歸宗主佔有了。」（〈解井田制之謎〉，《歷史研究》1985.3，頁68）至於周代的土地制度，他說：「周代的宗族是有等梯的，因而周代的宗族

綜合前引張政烺貴族受田有其標準，和此處田昌五宗主土地所有制的說明，在土地屬於貴族宗主的情況下，侈談「作爰田」時賞一般「國人」以田，或以擴大田界的方式賞餘子，便都沒有意義。事實上，杜正勝也曾這麼說過：

> 上文闡明土地在貴族之間轉移，即使農民與田地穩固地連繫，隨之易主，該地的所有人還是貴族，而非農民，那麼土地所有者對他的土地亦擁有處置的法權[22]。
>
> 春秋列國經常「分田」或「彊田」，亦充分顯示封建土地所有權的性質。大體而論，封建時代沒有統治權就沒有私有權，而且當封建貴族仍與國君分土治民，國家主權尚未觸及全民時，也談不上耕農的土地私有權。農民「私田」之「私」只能私有地上物，而不能私有地權，從春秋史例來看，當是非常明確的[23]。

土地所有制又是多層次的。家族分得的土地一般是包涵在其宗族土地所有制之中的，可勿置論。下一級宗族所有的土地也包涵在上一級宗族土地所有制之中。」（《華夏文明》，頁165）從《左傳》的記載來看，至少到春秋中期，宗族土地所有制都未改變。田昌五又説：「中國古代的土地所有制是以家族和宗族共同體爲前提的，而其決定的因素則是那時的社會生產力。那時的農業比較原始，主要的農活都要集體進行，這就決定了人們不可能脫離家族和宗族共同體，宗族內部極不平等的土地佔有關係瓦解不了這種共同體。」（《華夏文明》，頁177）綜合張政烺、王貴民和田昌五的意見，足以證明「作爰田」時，貴族受賞田，同時也否定了杜正勝「餘子受延長田界之賞」的觀點。

㉒　《編户齊民》，頁173。

㉓　《編户齊民》，頁173。

> 據顏師古引張晏和孟康說，爰土易居以同其美惡。可見漢魏
> 儒者相信周代農民沒有固定的耕地，同一農莊內，按田地之
> 肥瘠輪流耕作㉔。
>
> 可見何休田分三品，三年一易，過九年一輪的說法是有根據
> 的。如此田法，耕者對所耕的田地固不可能形成私有權㉕。

可見杜正勝知道，在春秋時代，農民「只能私有地上物，而不能私
有地權」，「耕者對所耕的田地固不可能形成私有權」，所以只有
貴族才能「受民受土疆」。可是他既說「國人」受賞田，又說「國
人」餘子受賞田，所賞的田則延長田界。事實上，若這些賞賜的土
地，其所有權不屬於這些「國人」，那麼就根本沒有賞的意義可言。
杜正勝既釋「作爰田」爲賞田，但賞了之後仍然要爰土易居，不是
固定田界，也不是固定受田。若得不到土地的所有權，賞了等於沒
賞，這些「國人」又有什好悅呢？

不僅如此，當時地廣，眞要多給些土地，沒有困難；困難在人
稀，缺乏足夠的人力來耕種。我們不妨再從這個角度，來探討擴大
耕地面積說。因此，第三點值得我們注意的，是有關生態平衡的問
題。這點杜正勝也有說明，他說：

> 古代農莊經濟自主性極高，食糧固出於本聚落的耕土，舉凡
> 養生送死之器用也不假外求，因此農莊範圍內的生態環境與
> 資源供應和它的人口自然維持平衡。人口加速增長，其地不

㉔ 《編戶齊民》，頁174。
㉕ 《編戶齊民》，頁174。

足以養人，勢非另建新邑不可❷⑥。

我們認爲杜正勝「維持平衡」這個觀點正確。不過他說「人口加速增長，其地不足以養人」，這就得視各國情況而定了。晉獻公一朝，出兵頻繁，「國人」在歷次戰爭中的損失累積下來必然不少。晉國若休養生息正常，「國人」的人口尚可與土地保持平衡，但以獻公出兵次數之多來看，更可能的情形是勞動力不足，而不是像杜正勝所說：「其地不足以養人」❷⑦。勞動力不足，縱有多出的田地也無力開墾。這點很重要，因爲杜正勝也注意到了《左傳・僖公十九年》：「梁伯好土功，亟城而弗處❷⑧。」這種缺乏足夠的人口，以充實新城邑的例子。梁國除了在魯桓公二年，隨著諸侯伐曲沃外，出兵征

---

❷⑥　《編戶齊民》，頁101。杜正勝說：「集體勞動是氏族社會的遺制，也是當時最合適的勞動方式。」（《周代城邦》，頁65）又說：「因爲生產工具及生產方式的限制，農夫的單位耕種面積無法加大，一夫維持百畝，再多就非耒耜所能勝任了。所以這時代更無大規模拓荒墾闢之事。」（《周代城邦》，頁66）可見他了解，古代氏族共耕的勞動方式，以及一夫百畝的授田標準。宗族土地所有制下，個人無從多受賞田。而人口稀少，勞動力不足，擴大田界尤無意義。陳槃也說：「春秋時代，因爲人口不夠繁密，不特東西南北邊疆的土地有待開發，就是中國，荒廢而未能利用的土地，也仍不在少。」（〈春秋列國的兼并遷徙與民放混同和落後地區的開發〉，《中國上古史》第三本，臺北：中史研究院歷史語言研究所1985.4，頁315）「唯其地廣人稀，所以當時的國家都把人口看得很寶貴，好像人口就是財產。」（〈春秋列國的兼并遷徙與民放混同和落後地區的開發〉，《中國上古史》第三本，頁316）是正確的。

❷⑦　《編戶齊民》，頁101。

❷⑧　《春秋左傳正義》（臺北：藝文印書館，1973年5月景印清嘉慶20年1815《重刊十三經注疏附校刊記》），頁240。

戰次數極少。僅管如此，它仍然人口稀少，不足以充實多出的城邑。更何況晉自武、獻以下，出兵頻繁？可見杜正勝「其地不足以養其人」的說法，不可一概而論。不但梁如此，又如衛國，《左傳》載「狄滅衛」時：

> 衛之遺民男女七百有三十人，益之以共、滕之民為五千❷。

共、滕兩個邑的人口加起來，不過四千二百七十人。可見地廣人稀，是當時各國共同的窘境。《左傳》又云：

> 衛文公大布之衣、大帛之冠，務材、訓農；通商、惠工；敬教、勸學；授方、任能。元年，革車三十乘；季年，乃三百乘❸。

衛文公為政，務在休養生息，尤其不敢任意用兵。到了季年，也不過革車三百乘。春秋初年人口稀少是普遍的現象，衛國如此，其他諸侯，如梁亦復如此，晉國無緣例外。《論語·子路》篇說：

> 子適衛，冉有僕。子曰：「庶矣哉❹！」

孔子看到衛國人口眾多，於是有感而發。可是這已是春秋晚期，距離「作爰田」已有一百六十年左右，而且衛國出兵征戰次數極少，所以才人口眾多，不再像春秋早期，兩個邑加起來四千多人那麼凄慘。春秋早期人口稀少，不會出現「其地不足以養人」的情形。杜

❷　《春秋左傳正義》，頁191。

❸　《春秋左傳正義》，頁194。

❹　《論語正義》（臺北：世界書局1973.5五版）頁287。

正勝對此也有說明：

> 農莊的範圍不可能太擴大延伸，因爲它受了生產勞動形態的
> 制約。古人日出而作，日入而息，聚落太大，耕地延伸太遠，
> 往返行程必定耽誤田作。清儒金鶚《求古錄禮説》已説過：
> 農夫之耕必與其家相近。若去家甚遠，朝夕往來，田且荒蕪
> 矣㉜。

可見杜正勝也了解，耕地和人口應維持適當的比例，不是一味貪多
即好。當時受田的標準，應該就是當時耕種能力的極限㉝。《周禮·
大司徒》云：

> 凡造都鄙，制其地域而封溝之，以其室數制之，不易之地家
> 百畝，一易之地家二百畝，再易之地家三百畝㉞。

春秋時代地廣人稀，土地的多寡不是大問題，真正的問題是人口不
足。人口不足的問題，甚至到了戰國時期，都還是各國國君關心的
重點。春秋時代的生產技術不高，又無足夠的人力經營，縱有多出

㉜ 《編戶齊民》，頁101。

㉝ 鄭紹昌認爲：「百畝是古代輪作的基礎規模。大抵一夫百畝是與當時廣種
薄收的生產水平相適應的；因爲超過百畝就耕不了，而不足百畝又活不
了。」（〈秦以前中國農業勞動生產率的初步估計〉，《中國社會經濟史
研究》，廈門：廈門大學1985.1，頁5）當時耕作既無鐵器，施肥也不高明，
一夫百畝，應是極限。關於耕種能力，可參考呂思勉：《中國制度史》〈農
工商業〉章。（臺北：丹青圖書有限公司1986.5台一版，頁1-65）

㉞ 《周禮注疏》（臺北：藝文印書館，1973年5月景印清嘉慶20年1815《重
刊十三經注疏附校刊記》），頁156。

來的田地也沒有任何意義。因此在晉國的邑里中，人口和土地大致維持平衡❸，此時縱然多出額外等量的賞田，一般國人也將因為沒有多餘的勞動力而無法享受賞田帶來的好處。基於勞動力不足，當時也不可能有擴大耕地面積之舉。總結以上三點，我們認為，將「作爰田」解釋為擴大耕種面積的說法不能成立❸。

接下來我們討論「固定授田」說。不少大陸學者皆持此說，冉昭德認為：

> 從「爰土易居」的大家庭公社改為「爰自在其田，不復易居」的小農經濟❸。

---

❸ 韓原之戰，本人認為晉軍並無多大傷亡，這點杜正勝並不否認，見其《編戶齊民》，頁51。

❸ 晉自「武、獻以來，滅國多矣。」（《春秋左傳正義》，頁667）尤多在獻公時。獻公曾將若干滅國分給貴族，其餘歸己，故晉國公田甚多。惠公即位，繼承遺業，當然有能力大賞。竹添光鴻「公田不足」說（《左傳會箋》，臺北：鳳凰出版社1974.10，頁83），純屬無稽。賞田的來源，不成問題，但要擴大疆界賞餘子，必遷延時日，而失去效果。「國人」原應繳納軍賦，現在惠公宣布，將公田的收入，賞給一般「國人」。這好比今日的免稅或退稅，其實惠公損失不多，效果則遠勝於曠日費時的擴大田界。而且也應僅此一回，下不為例。何況緊接著就「作州兵」，其支出還不是從「國人」而來？對惠公來說，不過是從左手到右手，又有什麼好擔心的？

❸ 〈試論商鞅變法的性質〉，《歷史研究》1957.6，頁43-63。文中引用了王仲犖（〈春秋戰國之際的農村公社與休耕制度〉，見《文史哲》1954.9）、徐中舒（《中國的奴隸制與封建制分期問題論文選集》，頁487）二人的說法，以支持他的觀點。他認為商鞅所作的轅田，就是惠公所作的轅田。李解民說：「比起中原各國來，秦本是後進。商鞅變法的許多辦法都是學習中原國家、特別是三晉的結果。改後的畝制，都較原先為大。這種畝制

韓連琪以爲：

> 蓋晉在作爰田以前，公社土地還實行著定期的分配，農民對
> 所分配得的土地，還只是暫時的佔有，所謂三年一換土易
> 居。作爰田以後，農民對所分配得的土地已變爲永久佔有，
> 自在其處，不復易居了❸。

于琨奇以爲：

> 晉惠公作爰田的重要內容之一是「賞眾以田，易其疆畔❸。」

的改革，是同時生產力的提高，如鐵製農具的使用，牛耕的推廣，水利灌
漑，耕作技術的改進等等相適應的。」（〈開阡陌辨正〉，《文史》第十
一輯，北京：中華書局1981.3，頁57）「商鞅變法『開阡陌』，就是置立
新的田界，把土地按新的畝積百畝一塊、千畝一塊地畫分開來授給秦民
固定耕種，提高他們的生產積極性，所以蔡澤說商鞅『決裂阡陌，以靜生
民之業而一其俗。』」（〈開阡陌辨正〉，《文史》第十一輯，頁57）「這
種畝制的改革，是同時生產力的提高如鐵製農具的使用，牛耕的推廣，水
利改革，耕作技術的改進等等相適應的。」（〈開阡陌辨正〉，《文史》
第十一輯，頁57）當時無不變圖強，秦亦不能例外，故有轅田之作。晉惠
公身處春秋早期，外在刺激小，改革的迫切性不如秦孝公時。商鞅的改革
徹底，因而面臨貴族強烈的反對，歷時十餘年才算完成。晉惠公「作爰田」，
卻得到一致的歡迎，不到兩個月就定案。如果惠公真從根本著手改革，在
這麼短的時間裡，又能做些什麼？既得利益者必然吵鬧不休，惠公處理這
些人已夠他頭痛，更別提讓眾人皆悅了，他還有可能回國復位嗎？因此，
「作爰田」不會是徹底地改造制度，只能在舊制的基礎上，討好所有的「國
人」。我們不能輕易地拿商鞅所制的「轅田」來比附，兩者字面上或有相
同，但本質差異實大。

❸　〈春秋戰國時代的農村公社〉，《歷史研究》1960.4，頁23-39。
❸　〈井田制、爰田制新探〉，頁59-68。

張晏、孟康說雖有別，但「令民有常制」與「自爰其處」的
內涵卻是一致的，都是指固定授田，不再爰田易居了❹。

林甘泉也以爲：

> 作爰田的實質是承認份地的私有❹。
> 實行爰田制以後，原先持有份地的公社農民從此可以自爰其
> 處，不必再定期重新分配。同時，原先的公田也被分割了。
> 這個土地關係的改變通過賞眾以田的形式而被肯定下來❹。
> 商鞅還像晉國「作爰田」那樣，廢除了份地定期重新分配的
> 制度，使各家的耕地轉歸私有，「自爰其處」。這就是所謂
> 「商君制爰，田開阡陌」的實際內容❹。

他又說：

> 公元前六四五年晉國作爰田，標誌著農村公社定期重新分配
> 耕地制度的廢除。從此以後，庶人的份地可以長期佔有並且
> 自行安排耕作和休耕了❹。

郭人民云：

---

❹ 〈井田制、爰田制新探〉，頁59-68。
❹ 〈中國封建土地所有制的形成〉，《歷史研究》1963.1，頁105。
❹ 〈中國封建土地所有制的形成〉，《歷史研究》1963.1，頁105。
❹ 〈中國封建土地所有制的形成〉，《歷史研究》1963.1，頁107。
❹ 〈古代中國社會發展的模式〉，《中國史研究》1986.4，頁13。

（孫詒讓《周禮・遂人・注》❹）「案張、孟説爰田之制，周、秦不同，其以三等授田及畝數多少之差，古今是一。但周制三等受田之人，彼此相易，當年耕上田百畝，二年耕中田二百之百畝，三年耕下田三百畝之百畝，至四年而仍耕上田百畝，是以易居爲爰。田有不易，而無不爰。秦制則受上田者，常耕此不易之百畝；受中田者常自換耕二百畝，二年而周；受下田者，常自換耕三百畝，三年而周，彼此更不相易，是以休田爲爰。則爰即此所謂易。上田不易，即無爰，中田、下田乃有易也。」由此看來，作爰田即變換過去土地耕作的疆界，使耕作這塊土地的人民，不再是三年一爰土易居，而使土地自爰其處，終身使用，不復變換。這就改變了以往的土地佔有方式❹。

另外，徐喜辰也認爲：

> 這個制轅田既與晉國的作爰田同義，説明此時秦國的公社制即井田制度已經有了内部的量變，即由過去的定期分配土地制度轉變爲長期佔有❹。

---

❹ 按：孫詒讓所著《周禮正義》，或簡稱之曰《疏》而非《注》。又郭人民所謂《遂人注》中無此段，其所引者見《大司徒・疏》。

❹ 〈秦漢制度淵源初論〉，《河南師大學報》1981.4，頁49-56。

❹ 〈開阡陌「辨析」〉，《吉林大學社會科學學報》1986.2，頁83-90。和林甘泉一樣，徐喜辰也認爲「爰田」就是井田，即商鞅所制的「轅田」。（〈晉「作爰田」解并論爰田即井田〉，《中國古代史論叢》總第八輯：福建人民出版社1983.12），頁261-276。

持同樣看法的還有周蘇平，他說：

> （兩種轅田）二者之間有所差異是很自然的，但不能否認二者
> 之間的淵源關係❽。
> 通過對秦國轅田制的分析，我們認爲將作爰田解釋爲改變過
> 去的易田之法，把土地分配固定下來比較接近實事❾。

王貴民則以賈逵等釋「爰，易也。賞眾以田，易其疆畔」之說「大
致近乎史實」，他說：

> 即是打開公室的籍田，分給臣民❺。

王貴民認爲「作爰田」有三個重點，第一是分給貴族大臣，第二是
分給國人自耕民，第三是給原在籍田——田莊上勞動的奴隸❺。最
後，連提出宗族土地所有制的田昌五也說：

> 「作爰田」即把土地固定分配於農夫名下，農夫對土地和使
> 用權開始向占有權轉化；「作州兵」即徵州人爲兵。其時當
> 兵是一項政治特灌，只限於國人，州人原無資格當兵。現在
> 州人和「國人」一樣可以當兵，作爲當兵的物質基礎，他們

---

❽　〈論春秋晉國土地關係的變動〉，《西北大學學報》哲社版1989.2，頁56-62。
❾　〈論春秋晉國土地關係的變動〉，《西北大學學報》哲社版1989.2，頁56-62。
❺　〈周代的籍田——奴隸制田莊剖析〉，《華夏文明》第二集（北京：北京
　　大學出版社1990.2），頁180-214。
❺　本來，王貴民認爲，晉軍的損失主要在甲兵，而不是人員。不過後來他改
　　變了說法，認爲「作爰田」是賞野人田，以便「作州兵」時徵召野人當兵，
　　原因爲何，不得而詳。

　　也會得到一塊穩定的份地㊷。

本人認爲固定授田說不能成立。事實上，不僅我們反對，還有其他的學者也不讚成，如王毓銓就認爲：

> 固定授田說比較有意思。但究其根本也不過是揣測之辭。孟康說「三年爰土易居，古制也」，又說「商鞅相秦，復立爰田。」尋其語氣，這等於說是商鞅恢復了「古制」。但「古制」明明是「三年爰土易居」，緣何商鞅復古制立爰田的結果反而成了「爰自在其田，不復易居」了呢？這是個矛盾㊸。

這顯然一語擊中上述諸人的弱點。至於錢穆說：

> 幾家耕戶爲對地主盡其墾治公田之力，而暫時享受到公田旁一帶棄地（即私田）的使用利益㊹。
> 一輩耕戶常常的可以易主換居㊺。

王毓銓認爲錢說「沒有根據」，他說：

> 商鞅廢井田開阡陌是不是和「制轅田」是一事呢？張晏和錢穆好像認爲兩者是一事，所以才有「常制」和固定授田的說法。我以爲這也是附會。要不然，證據在那裡？商鞅一方面

㊷　〈戰國土地所有制和社會經濟結構〉，《中國古代社會發展史論》（濟南：齊魯書社1992.3），頁431。
㊸　〈爰田（轅田）解〉，《歷史研究》1957.4，頁79-87。
㊹　〈周官著作年代考〉，《燕京學報》第11期，頁2259。
㊺　〈周官著作年代考〉，《燕京學報》第11期，頁2259。

可以廢井田開阡陌，另一方面也可以制轅田，兩者並不是非
一個制度不可❺❻。

張晏說在秦國的轅田制度下土地分給了「民」。這「民」字
自然是指的「庶民」。錢穆則明說晉惠公作爰田把土地分配
給了「農民」。可是上面我們已經交待清楚了：晉國的爰田
是賞給晉國群臣的田，一般農民是沒有份的。惠公時代晉國
的群臣可以說都是貴族。他們就是錢穆所說的那種擁有土地
和坐享公田之入的上層階級。他們的利益直接在使農民無土
地而耕種他們的土地。如果爰田之設把土地永授給了農民，
呂飴甥那能夠對晉國的貴族們說「而群臣是憂，惠之至也」
呢？因此我覺得固定授田之說也不妥❺❼。

王毓銓說授田不及一般農民❺❽，是正確的。他認爲爰田與固定授田
無關，並且說李貽德和錢穆：

> 顯然都接受了孟康的意見，這樣就把商鞅的制轅田與晉作爰
> 田混淆起來❺❾。

他也認爲，商鞅「制轅田」可以和「開阡陌」並行不悖。其實我們
前面已經說過，張晏和孟康都明確地指出「爰田」有新舊兩種制度，

---

❺❻ 〈爰田（轅田）解〉，《歷史研究》1957.4，頁79-87。

❺❼ 〈爰田（轅田）解〉，《歷史研究》1957.4，頁79-87。

❺❽ 認爲晉惠公所賞的對象是貴族而非農民的學者，還有趙光賢，見〈晉作爰
田解〉，《周代社會辨析》。（原書未見，引自杜正勝《編戶齊民》第四
章〈土地的權屬問題〉，頁177。）

❺❾ 〈爰田（轅田）解〉，《歷史研究》1957.4，頁79-87。

所以孫詒讓強調「張、孟說爰田之制，周、秦不同」。周制是「以易居爲爰」，而秦制則是「以易田爲爰」，把自己的田分三等份輪耕。所以秦制才是固定授田，而周制即晉惠公所作的「爰田」既是輪流更換封地，也要輪流耕種，哪裡是固定授田？在此，我們同意他「作爰田」時只有貴族受賞田的看法；另外，「作爰田」也與固定授田無關，此說並且得到王恩田的贊同⑩。

由上可知，學者混淆了春秋與戰國時代兩種不同的「轅田」制。和擴大疆界說一樣，此說最大的困擾在於沒有足夠的證據，證明晉惠公「作爰田」就是固定授田。此外，持此說的學者除了沒有考慮到貴族是受賞的主角以外，也未曾考慮若是固定授田，則絲毫沒有賞的意味。因爲一般「國人」所耕種的土地面積，並未因固定授田而增加；以當時的生產技術而言，就算固定授田收成也不會增加，又哪能算賞呢？一般「國人」若未能從「作爰田」中得到好處，又哪會悅呢？田昌五認爲國人和野人都固定授田，更是大膽。《左傳》明言「朝國人而以君命賞」，「國人」受賞所以皆說，與野人有什麼關係？至於「國人」受賞因而當兵的問題，我們在下一段將有討論。總結上述，固定授田說也不能成立。

接著我們討論「大賞國人，爭取國人支持惠公徵召野人服兵役」說。幾乎所有大陸學者皆持此說，陳恩林所說尤爲詳盡，故舉以爲例。在本地，則有李隆獻認爲：

> （晉惠公）欲擴充兵源於國人之外，需詢之於國人，以爲定

---

⑩ 〈臨沂竹書《田法》與爰田制〉，《中國史研究》1989.2，頁57-68。王恩田對「作爰田」有其獨特看法，說詳下文。

奪，待國人皆悦，乃作州兵❻。

其後他又說：

> 呂甥欲討好「國人」，遂先賞「國人」，以取悦之；待其「皆
> 說」後，再徵得其同意，而「作州兵」❻。

陳恩林也認為：

> 當兵是國人世代享有的特權，他們不會輕易放棄這種權利
> 的。所以晉惠公看破了這一點，乃先「作爰田」，對國人施
> 以物質利益，然後再「作州兵」，用「作爰田」換取國人對
> 「作州兵」的認可❻。

陳恩林的說法，基本上與李隆獻相同。他們都認為「作爰田」是賞
「國人」田，以換取「國人」支持惠公徵召野人當兵。他們認為韓
原之戰晉軍人員損失慘重，所以必須大量徵召野人來補充兵員。陳
恩林說：

> 晉「作州兵」的原因，主要當然是出於軍事上的需要。韓原
> 大戰，晉軍遭到秦國重創，「以韓之戰，兵甲盡矣」，是晉
> 國當日的實情。為重建軍隊，對抗強秦，晉才被迫改易國人

---

❻ 見其碩士論文《晉文公復國定霸考》，國立臺灣大學中文研究所1984.7，
　　頁91。

❻ 見其博士論文《晉史蠡探》，國立臺灣大學中文研究所，1992.5，頁112。

❻ 〈春秋──先秦奴隸制軍事制度的衰變〉，《先秦軍事制度研究》（長春：
　　吉林文史出版社，1991.10），頁132。

當兵的舊制，開始徵召郊外部分野人當兵，從而開闢了新的
兵源⑭。

李隆獻說：

> 以韓之敗，兵士犧牲殆盡，而作州兵⑮。

李隆獻之說，並未舉出實證。陳恩林則忘了他曾堅持授田權利與當
兵義務的相對性，並未證明野人在「作爰田」時也獲賞田。此外，
他也忘記他曾說在春秋時，只有「國人」才有資格當兵，野人則否。
在其書第一章裡，他特別強調「先秦奴隸軍事制度的基本特點」就
是「兵農合一」與「國人當兵，野人不當兵」⑯。他還引用了《左
傳》中好些例子來證明他的觀點，這些例子從春秋初期開始一直到
春秋中葉，他認爲他所舉的例子都是：

> 國人參加軍事活動，執干戈以衛社稷的明證⑰。

但從陳恩林所舉的例子裡，絕對看不出野人參加軍事活動的痕跡，
雖然他認爲自「作州兵」後野人就有服兵役的權利。此外，他又認
爲：

---

⑭ 〈春秋——先秦奴隸制軍事制度的衰變〉，《先秦軍事制度研究》，頁132。
⑮ 《晉文公復國定霸考》，頁91。認爲韓原之戰，晉軍損失慘重的學者，還
有杜正勝，他在《周代城邦》裡說：「韓原之戰，晉的兵力大概折損極大。」
（《晉文公復國定霸考》，頁140）不過杜正勝認爲晉軍兵員的損失，由
「國人」之餘子補充，而不是由野人補充。比起李、陳和王貴民等人的說
法，我們認爲合理。
⑯ 《先秦軍事制度研究》，頁1。
⑰ 《先秦軍事制度研究》，頁8。

在關於先秦奴隸軍事制度的基本特點問題上，古今學人多有誤說❻。

誤說中，有一點就是：

認爲鄉、遂或國、野皆出兵❻。

他說：

在奴隸社會裡，只有自由民才享有服兵役的權利，而奴隸們一般說來已被剝奪了這種權利❼。

他又引斐豹獲得自由以及趙簡子在鐵之戰前，宣布給與有戰功的奴隸自由二事爲例，證明到了春秋中期以後野人也能當兵云云。但是他並未想到縱然這些都是野人當兵的事例，但全發生在「作爰田」、「作州兵」之後許久❼。陳恩林一再強調權利與義務的對等，堅持「國人」當兵，野人不當兵的原則，卻又無法證明野人在「作爰田」時受田所以必須服兵役。他和李隆獻都說，惠公賞田給「國人」以換取「國人」同意他徵召野人服兵役。可是「國人」固然受賞，野人又如何呢？「國人」本來就有土田，須出軍賦、服兵役，這是他們的權利也是義務。可是野人呢？陳、李二位都說惠公「作爰田」，

---

❻ 《先秦軍事制度研究》，頁12。關於「國人」與野人當兵的問題，李隆獻無說。不過他既然認爲「作州兵」是徵召野人當兵的開始，可見他並不反對「作州兵」之前，「國人」當兵，野人不當兵的原則。

❻ 《先秦軍事制度研究》，頁12。

❼ 《先秦軍事制度研究》，頁12。

❼ 有關「作州兵」，本人將另行討論，茲不贅。

賞「國人」以換取支持惠公徵召野人當兵。但野人並不在受賞之列，
他們從來都是無土田者。既然野人未享土田的權利，哪有服兵役的
義務？又有何能力負擔軍賦？前引田昌五說「州人和『國人』一樣
可以當兵，作爲當兵的物質基礎，他們也會得到一塊穩定的份地」，
當是考慮到野人若當兵，則要負擔軍賦的問題。但是《左傳》明明
只說賞「國人」，何來野人受賞的記載？或許陳恩林也考慮到這點，
所以將「作州兵」認定爲「徵召部分野人當兵」，不過這也無法自
圓其說。因爲韓原之戰晉軍雖有損失，但既然只有「國人」才有資
格當兵，所以損失的部分可由「國人」之餘子補充❷，不需要徵召
野人。果眞讓野人當兵，又焉能符合陳恩林一再堅持的「國人當兵，
野人不當兵」的原則？陳恩林顯然未思及此，故有徵召部分野人當
兵之說。果如其說，我們將要問，惠公徵召「郊外部分野人當兵」，
這個「部分」是多少呢？爲什麼只徵召部分而不全面徵召？再說，
就算「作州兵」是「開始徵召野人當兵，從而開闢了新的兵源」，
這也不代表自此之後「國人」就不必當兵。因此，若照大陸學者的
說法，晉惠公「作州兵」是徵召野人當兵❸，同時「國人」也並未
停止服兵役，照此推算，晉國從此便有加倍的軍隊才是。可是自「作
州兵」起到晉文公二年以左、右二師勤王，整整十年之間晉國都維
持二軍的兵力。如果「作州兵」就能使晉國軍數倍增，何以晉惠公
的軍隊數目未曾增加，乃至晉文初立也未增加，一直到了晉文公四
年才「作三軍」呢？這距離「作州兵」已經十二年了。可見「作州

---

❷　《編戶齊民》，頁51。

❸　〈春秋──先秦奴隸制軍事制度的衰變〉，《先秦軍事制度研究》，頁132。

兵」和徵召野人毫無關係。因此「大賞國人，爭取國人支持惠公徵召野人服兵役」的說法，也不能成立。

我們認爲，大陸學者所以一致持野人當兵說，主要是爲了解釋到了春秋晚期各國軍隊數量大增的現象。試想，既然在春秋早期就已出現野人當兵的事實，春秋晚期軍隊大增的問題不就迎刃而解了嗎？但不論是「賞國人以爭取支持徵召野人當兵」，或是「兼賞野人，使野人有負擔軍賦的能力，可以當兵」的說法，都沒有足夠的證據，甚至和所有的記載都相衝突，以至其說終不能成立。

接下來我們討論于琨奇「將公田賞入私田、取消公田私田之別」說。于琨奇在分析了雲夢睡虎地《秦律》後，認爲：

> 秦爰田[74]必然是以頃作爲基本單位的固定授田制和以田畝數爲依據的定額賦稅制二者的結合。那麼晉的爰田制是否也具有同樣的內涵呢[75]？
>
> 杜預注晉爰田是把公田的稅收轉賞給眾人，這就是說政府不再徵收公田上的稅，也就意味著取消了「公田」、「私田」之別，將「公田」賞入「私田」，這就與「賞眾以田，易其疆畔」之說不唯不衝突，還可以互相發明[76]。
>
> 因此，晉的爰田與秦的爰田在內涵上是一致的。晉惠公是爰

---

[74] 《漢書·食貨志》、《地理志》均記載商鞅在秦「制轅田」，但並無記載商鞅「作爰田」。

[75] 見〈井田制、爰田制新探〉，《安徽師大學報》哲社版1986.3，頁59-68。

[76] 〈井田制、爰田制新探〉，《安徽師大學報》哲社版1986.3，頁59-68。

田制始作俑者，六卿步其式，商鞅則殿其後⑰。

我們認爲于琨奇旳說法也不能成立。首先，他誤解了杜預的意思⑱。照我們的看法，杜預的意思只是說將公田上的收入賞給一般的「國人」，應該是僅此一次而不是每年都要將公田上的收入分給這些「國人」。若如于琨奇說，公田都分了出去成爲私田，那麼惠公的行政支出將從何而來？以後的國家收入又如何解決？更何況到了晉景公時，晉國仍然有公田收入的記載，《左傳・成公十年》云：

> 六月丙午，晉侯欲麥，使甸人獻麥⑲。

杜預《注》云：

> 甸人，主爲公田者⑳。

可見于琨奇主張公田賞入私田爲無據。另外于琨奇又說晉惠公所作的「爰田」，即商鞅所制的「轅田」，更是憑空臆測。周蘇平說：

> 商鞅變法多承晉制，其推行的轅田制亦不例外，當源於晉國爰田制。需要說明的是，商鞅作轅田上距晉作爰田近三百年，由於時間和空間的不同，二者之間有所差異是很自然

---

⑰　〈井田制、爰田制新探〉，《安徽師大學報》哲社版1986.3，頁59-68。
⑱　惠棟認爲：「《外傳》所云『賞眾』，是一時之事。爰田、州兵是當日田制、兵制改易之始，故特書之。」（《春秋左傳補注》，臺北：復興書局景印學海堂本《皇清經解》第五本1972.11再版，卷353頁3742。）
⑲　《春秋左傳正義》，頁450。
⑳　《春秋左傳正義》，頁450。

的，但不能因此而否認了二者之間的淵源關係。戰國時期秦國的轅田制，應是繼承和發展了春秋時期晉國的爰田制[81]。

本人在〈爰田與州兵〉一文中也持與周蘇平同樣的看法。對於由春秋早期至戰國中期這三百年之間，在政治、社會和經濟上所發生的變化，于琨奇顯然過分簡化地看待。這種一廂情願的說法，是無法成立的。

最後，我們來討論王恩田「垣田易居」說。王恩田在檢討了「賞眾以田，易其疆界」、「賞田」、「以田出車賦」、「分公田之稅以賞眾」、「輪換休耕」、「以財物或錢換田」諸說後，提出他的主要結論，認爲：「垣田易居說是關於爰田制唯一正確的解釋[82]。」他說：

> 爰、轅、垣、換四字音近字通[83]。
> 換地換房這種奇妙的制度，不僅存在於中國的古代，而且一百多年前還曾存在於印度的北部和西北部地區[84]。
> 晉「作爰田」即「垣田易居」，換地換房，印度也是定期交換土地和住所；中國是三年一換土地易居，印度是多則五年七年，少則每年進行一次；晉作爰田的目的是爲了肥饒不得

---

[81] 〈論春秋晉國土地關係的變動〉，《西北大學學報》哲社版1989.2，頁56-62。有關商鞅「制轅田」的問題，可參考註三十七所引李解民〈「開阡陌」辨正〉。

[82] 〈臨沂竹書《田法》與爰田制〉，《中國史研究》1989.2，頁57-68。

[83] 〈臨沂竹書《田法》與爰田制〉，《中國史研究》1989.2，頁57-68。

[84] 〈臨沂竹書《田法》與爰田制〉，《中國史研究》1989.2，頁57-68。

獨樂，境埒不得獨苦，財均力平，印度則是爲了消除一切不平等現象。除在定期交換的年限上有所不同外，在其他基本點上兩者都是一樣的⑧⑤。

事實上以春秋時代的技術來說，耕種田地若不輪流換耕實無法維持地力。其實直至戰國時代，情況仍然如此。所以爰土易居的習俗其來有自，而且也不會轉瞬消失。既然輪流耕種是當時人所熟知的技術，所以晉惠公「作爰田」當然不會以此爲重點。因此王恩田這個說法雖不能算錯，但也無甚新意可言。不過王恩田的說法不僅於此，他還提出了另一個驚人的意見，那就是：

執行獻公以來晉無公族的政策⑧⑥。
爰田制的推行，使那些從「親親」政策中能得到好處的強宗大家「讓肥取磽」，「肥饒不得獨樂」，從而使「上親」政策中受到損害佔有質壞量少土地的中、下大夫和廣大國人「境埒不得獨苦」，最大限度的達到「財均力平」的目的。因此，當宣布這一土地制度的改革時，在國人中出現因「感君之惠」、「眾皆哭」的熱烈場面，即不難理解。準上所証，晉「作爰田」並非偶發的歷史事件，也不能視爲韓原之戰後晉國爲挽救危亡的敗局所採取的權宜之計，而有其深刻的社會根源，是晉國政治經濟形式發展的必然結果⑧⑦。

⑧⑤ 〈臨沂竹書《田法》與爰田制〉，《中國史研究》1989.2，頁57-68。

⑧⑥ 〈臨沂竹書《田法》與爰田制〉，《中國史研究》1989.2，頁57-68。

⑧⑦ 〈臨沂竹書《田法》與爰田制〉，《中國史研究》1989.2，頁57-68。

爰田制的實行，鞏固了對「公族」鬥爭的勝利成果，擴大了「獻無異親」、「惠懷無親」政策的群眾基礎。調動國人征繕的積極性，通過「作州兵」，使得「兵甲益多」，擴充了軍隊和武器裝備的來源，爲晉文霸業奠定了雄厚的物質基礎[88]。

王恩田以「作爰田」爲執行獻公「驪姬之詛」，言過其實。他以「作爰田」爲並非偶發的歷史事件」，也與事實相反。「作爰田」是惠公爲回國復位的權宜之計，並非執行「獻無異親」的政策[89]。王恩田的說法，雖然聳人聽聞，但不能成立。

三、附「論田」

我們認爲討論「作爰田」，其中的關鍵字眼應在「田」字究竟如何解釋。正由於學者對「田」字的了解不夠充份，所以對「作爰田」的了解也就不夠正確。袁林說：

研究西周經濟制度者，無不對含有「田」字的金文史料予以很大注意，但「田」的準確概念內涵究竟爲何，卻多被忽視，多依現代解釋，僅僅看作耕地，這當然未必與其本義完全一

---

[88] 〈臨沂竹書《田法》與爰田制〉，《中國史研究》1989.2，頁57-68。

[89] 「惠、懷無親」，正是惠公的致命傷，以至兩代便失去政權。這種「無親」的政策，對惠公父子而言，應是避之唯恐不及，又哪願意擴大呢？

致，由此也影響到對一些重要經濟史實的準確把握❾❶。

袁林認爲：

> 西周金文中出現的與耕地有關的「田」字大約六十見上下，
> 主要作爲貴族間賞賜或利益交割的對象，與此類似的對象還
> 有「邑」，分析二者異同及聯系，對把握「田」的具體內涵
> 大有裨益❾❶。

袁林分析：

> 「田」、「邑」形態不同，但都可帶來剝削收益。……對邑
> 的大小度量著眼於人，……而田的基本內容是作爲物的耕
> 地，故對田的度量著眼於土地面積❾❷。
> 「田」、「邑」形態雖迥異，但都被作爲賞賜的對象。……
> 既然「田」、「邑」均被作爲賞賜對象，則顯然它們都可以
> 帶來一定的經濟收益，也就是說，可以借此剝削他人而獲得
> 剩餘勞動或剩餘產品❾❸。
> 「田」、「邑」的這種共性使二者間的交換得以存在。……
> 也正是由於這種共性，文獻中可以見到混稱「田」、「邑」

---

❾❶ 〈析「田」〉，《西周史論文集·上》（陝西：陝西人民教育出版社1993.6），
　　頁557。
❾❶ 〈析「田」〉，《西周史論文集·上》，頁557。
❾❷ 〈析「田」〉，《西周史論文集·上》，頁557-558。
❾❸ 〈析「田」〉，《西周史論文集·上》，頁558。

的現象❹。

因爲在各種資料中，「田」與「邑」常可互通，所以袁林認爲：

> 「田」必與一定的「邑」相關聯。……金文記述賞賜或交割
> 田者，多指明其處於某邑❺。

他根據《卯簋》、《大克鼎》、《五祀衛鼎》、《曶鼎》等記載，
認爲：

> 這種記述形式除了以指明某「田」的地理位置而外，還指明
> 了某「田」與某「邑」的確定聯係，因爲土地必須有人耕種，
> 才能產生剩餘產品。在人少地多的上古社會，除了占有土
> 地，還必須不同程度地控制勞動者人身，由此獲得剩餘產品
> 或剩餘勞動，從而才能真正實現剝削者的土地所有權❻。

在文獻資料方面，袁林舉了晉文公強收陽樊其中發生的一件插曲。
此事見於《左傳·僖公二十五年》：

> 陽樊不服，圍之。倉葛呼曰：「德以柔中國，刑以威四夷，
> 宜吾不敢服也。此誰非王之親姻？其俘之也！」乃出其民❼。

袁林說：

---

❹　〈析「田」〉，《西周史論文集·上》，頁558。
❺　〈析「田」〉，《西周史論文集·上》，頁559。
❻　〈析「田」〉，《西周史論文集·上》，頁559。
❼　《春秋左傳正義》，頁263。

這條史料表明兩點：一、作爲耕地的陽樊之「田」與陽樊人之人身有一定聯係，有了控制陽樊之「田」的權力，也就有權在某種程度或意義上控制陽樊之人，晉文公出於某種考慮，放棄了這種人身控制權，「乃出其民」，成爲一件德政，正說明這種人身控制是正常的普遍現象，而這種人身控制首先應當與有關「田」的耕作聯係在一起；二、陽樊之民人與周王室有一定姻親關係，因而具有相當大的人身自由和獨立性。上述這種「田」與「邑」的聯係表明，「田」不僅僅只是「耕地」，它還附帶著一定的人身控制關係❾❽。

但是這些「田」的生產若入不敷出，或是剩餘的收穫不是很多，那麼貴族受這種賞田也就沒有什麼意義。袁林根據各項資料發現一個重要的關鍵，即這些田若是農民賴維生的生產工具，那麼在扣除了各項支出後其收益量實在太少。至於金文的記載，受田的數量一般都不太多，這也值得注意。袁林認爲：

> 較合理的解釋就是「田」上的收穫物全部歸其所有者，即「田」是專門用於實現剩餘勞動生產剩餘勞動品的耕地。只有這樣理解，受賜「田」者的經濟收益才比較合理，受「田」數額也不顯其小❾❾。

我們認爲，袁林的這個說法合理⓪⓪。另外，除了上述金文和文獻的

---

❾❽　〈析「田」〉，《西周史論文集·上》，頁559-560。

❾❾　〈析「田」〉，《西周史論文集·上》，頁562。

⓪⓪　這種方式，蓋即所謂的助法。周人兼用貢、助，故謂之「徹」。關於這點，

證據外，袁林的說法還得到民族學的實例支持⑩。最後，袁林有如下的結論：

> 「田」是被剝削者實現剩餘勞動、生產剩餘產品的耕地，因此，付出或獲得「田」，只是付出或獲得對於確定的被剝削者以確定的方式榨取剩餘勞動的權力。它不是土地所有權的轉移，因而談不上「賣出土地產權」，與後世土地買賣迥然相異，當然也就談不到土地市場以及所謂土地的市場價格。它不是土地使用權的轉移，因而也無法理解為土地典租，與後世的土地租賃和典當毫無共同之處。它也不是「改封」，因為分封必須具有「授土」、「授民」兩方面內容，《宜侯夨簋》是典型實例，「改封」當然不能例外⑩。

袁林的意見，對我們的看法有補充之處⑩。首先，他的說法間接證明了宗族土地所有制，並證明早期中國沒有今人想像中土地私有的問題。這可以幫助我們明了「作爰田」時，只有貴族獲賞田的事實。其次，據袁林的論證可知這些「田」都附屬於某些「邑」，「作爰田」後貴族得到更多的封邑上之「田」，但是他們只享有這些「邑

可參看金景芳：〈由周的徹法談到「作州兵」「作丘甲」等問題〉，《吉林大學社會科學學報》1962.1，頁91-102。

⑩　〈析「田」〉，《西周史論文集·上》，頁564-566。其說長，茲不引。

⑩　〈析「田」〉，《西周史論文集·上》，頁568。

⑩　關於改封的問題，則須澄清。諸侯改封，須授土、授民，這是事實。但「作爰田」中的主角是諸侯國中的貴族，因此不牽涉這個問題。另外，若陽樊之民被俘，可能的處境，我們也有不同的意見。但以與本文主旨無關，故不贅論。

田」上的收穫，至於這些封邑的主權仍在晉君。由於貴族並非受封於某邑，而是要輪流更換，他們不過是有期限的享有該邑的田上收穫。據此，我們不妨推測，這是爲什麼晉國此舉稱爲「作爰田」，而非「作爰邑」的原因。另外，貴族可以獲得邑田上的收穫，一般國人則無有，這當然會招致不滿。因此，袁林的意見也間接證明杜預「分稅賞眾」說的可信度。

最後，再次強調，有關「作爰田」古注中，賈逵、杜預等舊說實不可易。至於諸說，舉凡擴大疆界、固定授田、賞野人並徵召野人當兵、取消公私田之別、垣田易居等等，皆不能成立。最後，袁林之說有助於我們增加對「作爰田」的了解。本人的意見，以爲「作爰田」後，造成晉國貴族「氏隨邑改」，應該是值得學者留意的一項見解。

（附錄）論「被廬之蒐」❶

論文提要

晉文公「蒐於被廬」「作三軍」，一般學者多以為只是擴充軍備，並未正視其中重要癥結，即這是貴族的一奪權行動，迫使晉文公放棄軍事指揮及一般行管理權。本文就「被廬之蒐」的內外因素及其後果著手分析，認為晉自「作三軍」後，國君就失去軍事指揮等一切權力。「作三軍」不但造成日後晉國六卿專權，即日後三家分晉，乃至戰國七雄都與晉文公的這次改革有密不可分的關係。

一、「被廬之蒐」的背景

晉文公即位之第四年，在被廬之地舉行了大蒐典禮，並且「作三軍」。《左傳·僖公二十七年》云：

---

❶ 本文發表於《中山人文學報》第2期1994.4，頁1-20。

冬，楚子及諸侯圍宋，宋公孫固如晉告急。先軫曰：「報施、救患；取威、定霸，於是乎在矣。」狐偃曰：「楚始得曹，而新昏於衛。若伐曹、衛，楚必救之，則齊、宋免矣。」於是乎蒐於被廬，作三軍，謀元帥。趙衰曰：「郤縠可，臣亟聞其言矣！說禮、樂而敦詩、書。詩、書，義之府也；禮、樂，德之則也；德、義，利之本也。《夏書》曰：『賦納以言，明試以功，車服以庸。』君其試之。」乃使郤縠將中軍，郤溱佐之。使狐偃將上軍，讓於狐毛而佐之。命趙衰爲卿，讓於欒枝、先軫。使欒枝將下軍，先軫佐之。荀林父御戎，魏犨爲右❷。

《國語·晉語四》也記載了這件事，云：

文公問元帥於趙衰，對曰：「郤縠可！行年五十矣，守學彌惇。夫先王之法志，德，義之府也；夫德、義，生民之本也；能惇篤者，不忘百姓也。請使郤縠。」公從之。公使趙衰爲卿，辭曰：「欒枝貞慎，先軫有謀，胥臣多聞，皆可以爲輔佐，臣弗若也。」乃使欒枝將下軍，先軫佐之。取五鹿，先軫之謀也❸。

上引《左傳》和《國語·晉語四》，概略說明了「被廬之蒐」

---

❷　《春秋左傳正義》（臺北：藝文印書館，1973年5月景印清嘉慶20年1815《重刊十三經注疏附校刊記》），頁267。

❸　《國語》（臺北：宏業書局，1980年9月《四部備要》排印清士禮居翻刻明道本），頁382-383。

的始末，但是對其中眞正的原因卻未有明確的交待。因此，我們有必要先分析「被廬之蒐」的內外在因素，才能夠了解其中眞相。

在晉文公「蒐於被廬」「作三軍」之前，晉國國勢的發展十分迅速，它的軍隊數目也隨著國勢的壯大而增加。自晉武公以一軍爲晉侯以來，已吞滅不少小國❹。晉獻公繼承父業，更擴充軍備「作二軍」，晉國的勢力更逐日擴展。晉獻公滅耿、滅霍、滅魏❺，伐東山皋落氏❻，而後滅虢、虞❼，大大擴張晉國領域❽。於是獻公有意參加中原會盟，以提高自己的聲望❾，雖然壯志未酬身先死，但是此時晉國的實力已不可忽視，成爲各方拉攏的對象❿。因此，

---

❹　《左傳·莊公十六年》云：「王使虢公命曲沃伯以一軍爲晉侯。初，晉武公伐夷，執夷詭諸。蒍國請而免之，既而弗報，故子國作亂，謂晉人曰：『與我伐夷，而取其地。』遂以晉師伐夷，殺夷詭諸。」（《春秋左傳正義》，頁157-158）爲晉武公所滅的國家，除了夷之外還有荀。顧棟高：《春秋大事表·晉疆域表》引《汲郡古文》云：「晉武公滅。」（《春秋大事表·晉疆域論》，臺北：廣學社印書館1975.9，頁699）關於夷是否爲國家名，杜預注「夷詭諸」云：「夷詭諸，周大夫。夷，采地名。」（《春秋左傳正義》，頁158）楊樹達則以夷爲姜姓國，非周大夫采地而是國家名，見〈褱卣跋〉，《積微居金文說》卷七。（楊樹達：《積微居金文說·甲文說》，臺北：大通書局1974.3，頁185）

❺　《左傳·閔公元年》，《春秋左傳正義》，頁188。

❻　《春秋左傳正義》，頁192。

❼　《春秋左傳正義》，頁209。

❽　除了上述的國家以外，蒲和屈本爲狄地，不知何時屬晉，賈、楊、焦三國也不知何時被滅，但是這些國家或地方的入晉，在獻公時的可能性很高。見顧棟高：《春秋大事表·晉疆域表》。

❾　《左傳·僖公九年》。《春秋左傳正義》，頁219。

❿　《左傳·僖公九年》云：「宰孔先歸，遇晉侯，曰：『可無會也！齊侯不

晉國再增加軍隊數目，本身實已具備足夠條件，只等時機來臨而已。不過直到晉獻公死至惠公在位的前半段期間，齊桓公仍然是諸侯伯主，而晉國也頻遭內憂外患，無力攘外，所以這段期間晉國並未再次擴充軍隊⓫。

迨晉文公即位，齊桓公已死，齊國內亂⓬，無力維持伯業。宋襄公欲起而代之，卻因實力不足，為實力強大的楚人大敗於泓⓭，於是中原頓時面臨來自楚國的沈重壓力，諸侯人人自危，莫能相救，面臨「被髮左衽」的危機。楚國的勢力自楚武王起，便有驚人的擴展⓮。至楚成王時勢力更大，竟至勞動伯主齊桓公親率諸侯聯軍，

務德而勤遠略，故北伐山戎，南伐楚，西為此會也。東略之不知，西則否矣，其在亂乎！君務靖亂，無勤於行。』」（《春秋左傳正義》，頁219。）
〈晉語二〉云：「葵丘之會，獻公將如會，遇宰周公，曰：『君可無會也。夫齊侯好示，務施與力而不務德，故輕致諸侯而重遺之，使至者勸而叛者慕。懷之以典言，薄其要結而厚德之，以示之信。三屬諸侯，存亡國三，以示之施。是以北伐山戎，南伐楚，西為此會也。譬之如室，既鎮其菑矣，又何加焉？吾聞之，「惠難遍也，施難報也。不遍不報，卒於怨讎。」夫齊侯將施惠出責，是之不果奉。而暇晉是皇？雖後之會，將在東矣。君無懼矣，其有勤也。』公乃還。」（《國語》，頁300）雖然宰孔這麼做是故意扯齊桓公後腿，不過這件事也說明，此時晉國的國際地位已大幅提升。
⓫　許多學者認為晉惠公「作州兵」時，晉國已擴充軍隊。按：此說不能成立，詳見本人〈爰田與州兵〉，《大陸雜誌》1991.8，頁32-40。
⓬　《左傳・僖公十七年》，《春秋左傳正義》，頁297。
⓭　《左傳・僖公二十二年》。（《春秋左傳正義》，頁248）
⓮　《左傳・桓公二年》云：「秋，蔡侯、鄭伯會于鄧，始懼楚也。」（《春秋左傳正義》，頁95）

興師問罪⓯，才勉強使楚人貢苞茅，盟于召陵而退。由於鞭長莫及，
國力不堪負荷，齊桓公此舉象徵意義大於實質⓰，《左傳·僖公四
年》云：

> 陳轅濤塗謂鄭申侯曰：「師出於陳、鄭之間，國必甚病。若
> 出於東方，觀兵於東夷，循海而歸，其可也。」申侯曰：「善。」
> 濤塗以告齊侯，許之。申侯見，曰：「師老矣！若出於東方
> 而遇敵，懼不可用也。若出於陳、鄭之間，共其資糧扉屨，
> 其可也。」齊侯説，與之虎牢⓱。

可見諸侯負擔之沈重。雖然齊桓公生時聲威素著，爲諸侯信服，所
以楚成王雖欲北進，猶有所顧忌。逮桓公死，後繼無人，楚成王已
無忌憚，遂力圖稱伯中原。《左傳·僖公十八年》：

> 鄭伯始朝于楚。楚子賜之金，既而悔之，與之盟曰：「無以
> 鑄兵。」故以鑄三鍾⓲。

《春秋經·僖公十九年》：

⓯ 《左傳·僖公四年》。（《春秋左傳正義》，頁201）
⓰ 《春秋經·僖公五年》：「楚子滅弦。」《左傳》云：「楚鬥穀於菟滅弦，
弦子奔黃。於是江、黃、道、柏方睦於齊，皆弦姻也。弦子恃之而不事楚，
又不設備，故亡。」（《春秋左傳正義》，頁207）可見楚國雖然暫時停
止對中原諸侯的進逼，但是對其他小國，楚並未放慢侵略的腳步。
⓱ 《春秋左傳正義》，頁203。
⓲ 《春秋左傳正義》，頁238。

冬，會陳人、蔡人、楚人、鄭人盟于齊❿。

《左傳》云：

> 陳穆公請脩好於諸侯，以無忘齊桓之德。冬，盟于齊，脩桓
> 公之好也❿。

《春秋經·僖公二十一年》：

> 宋人、齊人、楚人盟于鹿上。……秋，宋公、楚子、陳侯、
> 蔡侯、鄭伯、許男、曹伯會于盂。執宋公以伐宋。……楚人
> 使宜申來獻捷。十有二月癸丑，公會諸侯盟于薄，釋宋公❿。

《左傳》云：

> 春，宋人爲鹿上之盟，以求諸侯於楚，楚人許之。公子目夷
> 曰：「小國爭盟，禍也。宋其亡乎！幸而後敗。」……秋，
> 諸侯會宋公于盂。子魚曰：「禍其在此乎！君欲已甚，其何
> 以堪之？」於是楚執宋公以伐宋。冬，會于薄以釋之。子魚
> 曰：「禍猶未也，未足以懲君❿。」

《春秋經·僖公二十二年》：

> 夏，宋公、衛侯、許男、滕子伐鄭。……冬十有一月己巳朔，

---

❿　《春秋左傳正義》，頁239。
❿　《春秋左傳正義》，頁240。
❿　《春秋左傳正義》，頁241。
❿　《春秋左傳正義》，頁241-242。

·366·

宋公及楚人戰于泓，宋師敗績㉓。

《左傳》云：

> 三月，鄭伯如楚。夏，宋公伐鄭。子魚曰：「所謂禍在此
> 矣。」……楚人伐宋以救鄭。宋公將戰，大司馬固諫曰：「天
> 之棄商久矣，君將興之，弗可赦也已。」弗聽。冬十一月己
> 巳朔，宋公及楚人戰于泓。宋人既成列，楚人未既濟。司馬
> 曰：「彼眾我寡，及其未既濟也，請擊之。」公曰：「不可。」
> 既濟而未成列，又以告。公曰：「未可。」既陳而後擊之，
> 宋師敗績。公傷股，門官殲焉。……丙子晨，鄭文夫人羋氏、
> 姜氏勞楚子於柯澤。楚子使師縉示之俘馘。……丁丑，楚子
> 入饗于鄭，九獻，庭實旅百，加籩豆六品。饗畢，夜出，文
> 羋送于軍，取鄭二姬以歸㉔。

《春秋經·僖公二十三年》：

> 夏五月庚寅，宋公茲父卒。秋，楚人伐陳㉕。

《左傳》云：

> 夏五月，宋襄公卒，傷於泓故也。秋，楚成得臣帥師伐陳，
> 討其貳於宋也。遂取焦夷，城頓而還。子文以爲之功，使爲

㉓ 《春秋左傳正義》，頁247。
㉔ 《春秋左傳正義》，頁247-248。
㉕ 《春秋左傳正義》，頁249。

令尹㉖。

《左傳·僖公二十四年》：

> 宋及楚平，宋成公如楚㉗。

《春秋經·僖公二十五年》：

> 秋，楚人圍陳，納頓子于頓。……冬十有二月癸亥，公會衛子、莒慶盟于洮㉘。

《左傳》云：

> 秋，秦、晉伐鄀。楚鬥克、屈禦寇以申、息之師戍商密。秦人過析，隈入而係輿人，以圍商密，昏而傅焉。宵，坎血加書，僞與子儀、子邊盟者。商密人懼，曰：「秦取析矣！戍人反矣！」乃降秦師。囚申公子儀、息公子邊以歸。楚令尹子玉追秦師，弗及，遂圍陳，納頓子于頓。……衛人平莒于我。十二月，盟于洮，脩衛文公之好，且及莒平也㉙。

《春秋經·僖公二十六年》：

> 春王正月己未，公會莒子、衛甯速盟于向。齊人侵我西鄙，公追齊師至酅，弗及。夏，齊人伐我北鄙。……公子遂如楚

㉖　《春秋左傳正義》，頁250。
㉗　《春秋左傳正義》，頁258。
㉘　《春秋左傳正義》，頁262。
㉙　《春秋左傳正義》，頁263。

乞師。……冬，楚人伐宋，圍緡。公以楚師伐齊，取穀❸。

《左傳》云：

> 春王正月，公會莒茲丕公、甯莊子盟于向，尋洮之盟也。齊
> 師侵我西鄙，討是二盟也。……東門襄仲、臧文仲如楚乞師。
> 臧孫見子玉而道之伐齊、宋，以其不臣也。……宋以其善於
> 晉侯也，叛楚即晉。冬，楚令尹子玉、司馬子西帥師伐宋，
> 圍緡。公以楚師伐齊，取穀。凡師，能左右之曰「以」。寘
> 桓公子雍於穀，易牙奉之以爲魯援。楚申公叔侯戍之。桓公
> 之子七人，爲七大夫於楚❸。

《春秋經・僖公二十七年》：

> 冬，楚人、陳侯、蔡侯、鄭伯、許男圍宋。十有二月甲戌，
> 公會諸侯盟于宋❸。

《左傳》云：

> 冬，楚子及諸侯圍宋。宋公孫固如晉告急。先軫曰：「報施、
> 救患；取威、定霸，於是乎在矣！」狐偃曰：「楚始得曹，
> 而新昏於衛，若伐曹、衛，楚必救之，則齊、宋免矣。」於
> 是乎蒐于被廬，作三軍❸。

---

❸ 《春秋左傳正義》，頁264。
❸ 《春秋左傳正義》，頁264-265。
❸ 《春秋左傳正義》，頁265-266。
❸ 《春秋左傳正義》，頁267。

從上引《春秋經》及《左傳》的記載，可見楚國軍鋒所向望風披靡。陳、蔡、鄭早已爲楚控制，魯、衛、曹三國或借兵或聯姻，成爲楚的與國；宋和齊直接面對威脅，雖未屈服，但也無力抗衡。中原諸侯隨時有披髮左衽的危險。爲了有效地對抗來自楚國的壓力，晉國在此緊要關頭發揮蓄積的實力「作三軍」，立刻增加二分之一的軍隊數目以對抗楚國的勢力北進，完全是基於現實的需要❸。因此對抗楚國的勢力北進，就成爲「作三軍」的主要外在因素。

除了外在因素，內在因素也同樣重要。我們認爲晉文公借此大蒐「作三軍」的機會，安撫國內貴族❸，好讓他能高枕無憂地當國

---

❸ 晉國雖然「作三軍」，但城濮之戰時兵力不過七百乘，實力仍不足與楚人相抗衡，假設無齊、秦助陣，勝負殊難逆料。所以城濮之戰前，晉軍戰鬥意志不足，連小小的曹國都久攻不下。晉文公心懷恐懼，乃至「夢與楚子搏，楚子伏己而盬其腦，是以懼。」若非子犯與欒枝堅持戰鬥，子犯又給予精神上的鼓勵，晉、楚是否開戰，仍未可知。詳見《左傳·僖公二十八年》。（《春秋左傳正義》，頁272）

❸ 關於晉國貴族各結黨羽以自重的討論，可以參看李隆獻：《晉文公復國定霸考》1984.5第四章〈晉文公入國前的國際大勢與晉國的政治局勢〉第二節〈晉文公入國前晉國的政治勢力集團與政治局勢〉頁194-210。在該節中，李隆獻分爲五段，用了不少篇幅來討論這個問題。不過他並未能掌握眞正的重點，尤其他說驪姬之黨云云，更顯示了他不了解這些佞寺外嬖之流都是獻公的私人親信，而非驪姬黨羽。這些人若非得到獻公授意，驪姬又爲能指使得動？自獻公死，驪姬失敗後，舊有公室貴族獨大，但其中仍各分黨羽，派系分合，隨時而易，但總不出當權和失勢二者，二者互相傾軋。當權者希鞏固自身權勢，失勢者則力圖挽回頹勢，這表現在立君方面尤爲明顯。獻公死，里克殺奚齊、卓子；先召重耳，重耳不敢回國；召夷吾，夷吾在另一派貴族呂、郤的支持下，始敢回國即位，即位則殺里、丕，倚呂、郤爲政，造成其他貴族不滿。韓原之戰，惠公被俘，是失勢派的一次

君。我們知道，晉國自獻公用士蒍剷除桓、莊之族，貴族的勢力就遭受到獻公大力打壓。獻公親身體驗其父祖以小宗崛起的經歷，為避免重蹈翼城大宗的覆轍，獻公一面壓抑舊有貴族，一面重用遠親異姓之士。獻公苦心積慮，逐步經營，固然建立政自君出的威權，消除公室貴族對國君的壓迫，但也使舊有貴族大起反感，埋下抗爭的種子。因此獻公在位時只不過取得表面勝利，立奚齊為太子，可是在獻公臨終時他已經知道，一旦身死，奚齊必然不能順利繼位。因此獻公一意尚賢廢親，製造群臣對立，這種作法不但未能達到目的，反而使奚齊、卓子、驪姬無一倖免❸❻，更造成了里克、丕鄭弒君專殺以及大權獨握❸❼，造成貴族大權獨攬的局面，與獻公苦心完全背道而馳。惠公回國，殺里、丕及其黨羽❸❽，倚呂甥、郤芮為政❸❾，不但不能改變國君與貴族之間對立的情況❹❶，反而益發引起其

反撲。其後惠公與貴族妥協，「作爰田」、「作州兵」，削弱君權，迫惠公事後承認，這是貴族首次大團結。惠公死，懷公殺狐突，引起貴族不滿，遂與秦聯合迎文公回國。文公回國，從亡之士與國內貴族利益衝突，遂有呂、郤畏偪欲焚公宮事件。其後文公妥協，區分雙方利益，互不相犯，貴族仍心懷疑懼未肯干休，遂再次團結，逼使文公「作三軍」，交出軍事指揮與行政管理兩項權力。其後晉國的政局演變，貴族便一直扮演主角，國君已成點綴。

❸❻ 見〈晉語二〉。

❸❼ 《左傳》僖公九年、十年及〈晉語二〉。

❸❽ 《左傳・僖公十年》及〈晉語二〉。

❸❾ 《左傳・僖公九年》：「晉郤芮使夷吾重賂秦以求入，曰：『人實有國，我何愛焉？入而能民，土於何有？』」（《春秋左傳正義》，頁220）〈晉語二〉云：「呂甥及郤稱亦使蒲城午告公子夷吾于梁，曰：『子厚賂秦人以求入，吾主子。』夷吾告冀芮曰：『呂甥欲納我。』冀芮曰：「子勉之。

他貴族的不滿。韓原之戰，惠公被俘兵敗❹，就是最明顯的例證。
晉文公回國之初，未能察覺這個問題的嚴重性，從亡之士與舊有貴
族在利益方面依然發生衝突劇烈，與惠公在位時並無二致。《左傳‧
僖公二十四年》云：

> 晉侯賞從亡者，介之推不言祿，祿亦弗及。推曰：「獻公之
> 子九人，唯君在矣！惠、懷無親，外內棄之。天未絕晉，必
> 將有主。主晉祀者，非君而誰？天實置之，而二三子以爲己
> 力，不亦誣乎？竊人之財，猶謂之盜，況貪天之功以爲己力
> 乎？下義其罪，上賞其姦，上下相蒙，難與處矣。」其母曰：
> 「盍亦求之，以死，誰懟？」對曰：「尤而效之，罪又甚焉。
> 且出怨言，不食其食。」其母曰：「亦使知之，若何？」對
> 曰：「言，身之文也。身將隱，焉用文之？是求顯也。」其

國亂民擾，大夫無常，不可失也。非亂何入？非危何安？幸苟君之子，唯
其索之也。方亂以擾，孰適禦我？大夫無常，苟眾所置，孰能勿從？子盍
盡國以賂外內，無愛虛以求入。既入而後圖聚。』公子夷吾出見使者，再
拜稽首，許諾。」（《國語》，頁307）

❹ 《左傳‧僖公九年》：「秦伯謂郤芮曰：『公子誰恃？』對曰：『臣聞「亡
人無黨。」有黨必有讎。夷吾弱不好弄，能鬥不過，長亦不改，不識其他。』
公謂公孫枝曰：『夷吾其定乎？』對曰：『臣聞之「唯則定國。」《詩》
曰：「不識不知，順帝之則」，文王之謂也。又曰：「不僭不賊，鮮不爲
則」，無好無惡，不忌不克之謂也。今其言多忌克，難哉！』公曰：『忌
則多怨，又焉能克？是吾利也。』」郤芮說「亡人無黨，有黨必有讎」（《春
秋左傳正義》，頁220），的確是一針見血之言。惠公倚呂、郤爲黨，以
至引起其他貴族不滿，在當時是人盡皆知的事。

❹ 見《左傳‧僖公十五年》及〈晉語三〉。

母曰：「能如是乎？與女偕隱。」遂隱而死。晉侯求之不獲，以綿上為之田，曰：「以志吾過，且旌善人❷。」

介之推不求祿，所以「祿亦弗及」。可見其他的從亡之士都求祿，而且祿也都「及」❸。《左傳・僖公二十四年》云：

及河，子犯以璧授公子，曰：「臣負羈紲從君巡於天下，臣之罪甚多矣。臣猶知之，而況君乎？請由此亡。」公子曰：「所不與舅氏同心者，有如白水。」投其璧于河❹。

〈晉語四〉云：

十月，惠公卒，十二月，秦伯納公子。及河，子犯授公子載

---

❷ 《春秋左傳正義》，頁255。

❸ 《說苑・復恩篇》云：「晉文公亡時，陶叔狐從。文公反國，行三賞而不及陶叔狐。陶叔狐見咎犯曰：『吾從君而亡，十有三年，顏色黎黑，手足胼胝。今君反國行三賞而不及我也，意者君忘我與？我有大故與？子試為我言之。』」（向宗魯：《說苑校證》，北京：中華書局1987.7第1版，1991年9月北京第2次印刷，頁118）〈復恩篇〉中除了陶叔狐以外，又載咎犯要脅文公，文公回答云：「禍福利害，不與咎氏同之者，有如白水，乃沉璧而盟。」（《說苑校證》，頁120）另外還記載介之推拒賞，其從者代為求賞事；以及舟之僑求賞事，云：「晉文公出亡，周流天下，舟之僑去虞而從焉。文公反國，擇可爵而爵之，擇可祿而祿之，舟之僑獨不與焉。」（《說苑校證》，頁122）這段記載可能是把介之推和舟之僑兩人的事蹟弄混了，當然也可能二人行事相同，故有此說。不過介之推後來隱居綿上，而舟之僑卻為文公戎右，那麼《說苑》弄混的可能性較高。雖然，文公「擇可爵而爵之，擇可祿而祿之」，或許正是文公應付眾多求賞者的方法。

❹ 《春秋左傳正義》，頁253。

> 璧,曰:「臣從君還軫巡於天下,怨其多矣!臣猶知之,而
> 況君乎?不忍其死,請由此亡。」公子曰:「所不與舅氏同
> 心者,有如河水。」沉璧以質❹。

從亡者如子犯這種行徑,根本是在要脅。介之推批評那些從亡之士「貪天之功以爲己力」,並非空穴來風。至於晉文公也不知節制地賞,「下義其罪,上賞其姦,上下相蒙」。這樣必然侵害到舊有貴族的權益,引起舊有貴族極度不滿以及恐懼,以致有呂、郤畏偪,欲焚公宮弒文公事件,賴寺人披告密才倖免於難❹。自焚公宮事件後文公終於深刻了解,若不能取得舊有貴族一致的支持,國君的位子隨時可能不穩。爲了交換舊有貴族的支持,必須對他們作重大的讓步。「作三軍」便是在這種內外背景下,實施的一種新制度。

二、「被廬之蒐」的重點與內容

有關被廬之蒐的內容,前引《左傳》及〈晉語四〉都沒有交待清楚。我們認爲,文公「蒐於被廬」「作三軍」,除了對抗楚國勢力,調和從亡之士與舊有貴族之間的利益衝突以外,最重要的目的,尤其在於重新調整君臣的權力架構,也就是放棄自獻公以來君權獨大的高壓政策改爲對貴族讓步,將原屬國君的權力移交給貴族。其中有兩項關鍵性的重點,第一,也是最重要的一點,就是「謀元帥」,即文公交出最高軍事指揮權。關於這點,我們簡稱爲軍權代管制。

---

❹ 《國語》,頁365。
❹ 《左傳·僖公二十四年》及〈晉語四〉。

第二，文公交出一般行政權，不再享有統治的權力，成為虛君，只坐享貴族的貢賦。關於這點，我們簡稱為行政權代管制。總而言之，「被廬之蒐」「作三軍」的重點，就是晉文公將原屬國君的軍政大權完全交由貴族代管。因此討論「被廬之蒐」「作三軍」的內容，應自軍事和行政權代管制著手。我們首先說明「作三軍」「謀元帥」就是軍權代管制。

　　眾所週知，自西周以至春秋初期，無論天子或是諸侯都親自掌握軍權，所以國君也就是元帥。各國皆然，晉國自不例外，《左傳·莊公十六年》云：

　　　　王使虢公命曲沃伯以一軍為晉侯❹。

曲沃伯即曲沃武公，在奮鬥了三十七年之後，終於滅了翼城宗最後一位國君晉侯緡，而後受王命成為新的晉侯。在滅翼城宗的過程中，武公親冒矢石，無役不與，始終親自指揮整個戰事的進行。其子獻公繼位，除了伐東山皋落氏以外❹，大小戰役也都親自指揮軍隊作戰，《左傳·閔公元年》云：

---

❹　《春秋左傳正義》，頁157。

❹　〈晉語一〉云：「十七年冬，公使太子伐東山。」（《國語》，頁279）未言太子申生子將何軍。《左傳·閔公二年》云：「晉侯使大子申生伐東山皋落氏。……狐突御戎，先友為右；梁餘子養御罕夷，先丹木為右。」（《春秋左傳正義》，頁192）杜預《注》：「申生以大子將上軍。」「罕夷，晉下軍卿也。」（《春秋左傳正義》，頁192）這是獻公有意讓申生送死，所以才特別任命申生為上軍將。獻公的居心不良，既有意置申生於死地，又有違晉國慣例，所以當時就引起貴族的強烈反感。即使如此，軍帥的人事任命權仍在獻公手中。不像文公時，要與貴族一起「謀元帥」，而文公自己卻不能按照自己的意思「使」某人將中軍。

> 晉侯作二軍，公將上軍，大子申生將下軍……以滅耿、滅霍、滅魏❹。

在《左傳·僖公二十七年》「謀元帥」條下，孔《疏》云：

> 元，長也，謂將帥之長。軍行則重者居中，故晉以中軍爲尊，而上軍次之；其二軍則上軍爲尊，故〈閔元年〉：「晉侯作二軍，公將上軍❺。」

可見直到晉獻公時，晉國國君一直是晉國最高軍事指揮者。至晉惠公時，與秦穆公戰于韓原，《左傳·僖公十五年》云：

> 步揚御戎，家僕徒爲右❺。

《左傳》雖未明言惠公將何軍，但是晉國此時制度未變，所以惠公應將上軍無疑❺。晉文公即位，出兵勤王❺，〈晉語四〉云：

---

❹ 《春秋左傳正義》，頁188。

❺ 《春秋左傳正義》，頁267。

❺ 《春秋左傳正義》，頁230。

❺ 《左傳·僖公十一年》：「秦、晉伐戎以救周。」（《春秋左傳正義》，頁222）未說明晉國上、下軍皆出否，也未說明軍帥爲誰。韓之戰時，〈晉語三〉云：「以家僕徒爲右，步揚御戎；梁由靡御韓簡，虢射爲右，以承公。」（《國語》，頁325）韋昭《注》云：「承，次公車也。」疑誤。《左傳·閔公二年》：「晉侯使大子申生伐東山皋落氏。……狐突御戎，先友爲右；梁餘子養御罕夷，先丹木爲右。」（《春秋左傳正義》，頁192）杜預《注》：「狐突，伯行，重耳外祖父也，爲申生御。中生以大子將上軍。」「罕夷，晉下軍卿也。梁餘子養爲罕夷御。」晉國慣例，軍出，將軍者必書，因此韓簡疑非「次公車」者，而是下軍將。楊伯峻《春秋左傳

　　二年春，公以二軍下，次於陽樊。右師取昭叔于溫，殺之於
隰城。左師迎王于鄭，王入于成周，遂定之于郟❸。

可見晉文公仍親自指揮戰事進行❺，是晉國最高軍事指揮者。可是

注・僖公二十五年》：「左師逆王」條下《注》引齊召南《考證》云：「晉
　　武公初滅翼，王命以一軍爲晉侯。至獻公始作上下二軍，惠公因之，與秦
　　戰韓時，公與韓簡分將其一。至文公初猶是兩軍，此左師、右師是也。至
　　二十七年蒐被廬始作三軍。」（楊伯峻：《春秋左傳注》，臺北：源流出
　　版社1982.4再版，頁432））《左傳·閔公元年》云：「晉侯作二軍，公將
　　上軍，大子申生將下軍。」（《春秋左傳正義》，頁188）因此韓之戰時，
　　晉惠公當以國君之尊將上軍，韓簡將下軍，一如其父獻公時的慣例。

❸　《左傳·僖公二十五年》。

❺　《國語》，頁374。。

❺　〈晉語四〉記載晉文公「以二軍下」（《國語》，頁374），雖未明言晉
　　文公將何軍，不過《左傳·僖公二十六年》云：「公以楚師伐齊，取穀。
　　凡師能左右之曰『以』。」（《春秋左傳正義》，頁265）照此類推，則
　　此時文公還能「左右」晉國軍隊。這時晉國尚未「作三軍」、「謀元帥」，
　　軍權仍在文公手中，因此文公對軍隊得以左右自如也。《左傳·僖公二十
　　五年》則記載：「晉侯辭秦師而下。三月甲辰，次于陽樊，右師圍溫，左
　　師逆王。」（《春秋左傳正義》，頁263）也未說明晉文公將何軍。但以
　　「左師逆王」來看，文公應該將左師，也就是上軍。關於周制尚左或尚右，
　　我們可以從鄭莊公的事蹟來觀察。《左傳·隱公三年》：「鄭武公、莊公
　　爲平王卿士。王貳于虢。……周人將畀虢公政。」（《春秋左傳正義》，
　　頁51）《左傳·隱公八年》：「夏，虢公忌父始作卿士于周。」（《春秋
　　左傳正義》，頁74）但是鄭莊公並未就此解職，《左傳·隱公九年》云：
　　「鄭伯爲王左卿士。」（《春秋左傳正義》，頁76）鄭莊公仍保持卿士頭
　　銜，直到魯桓公五年「王奪鄭伯政」（《春秋左傳正義》，頁106）爲止。
　　在此句下，《正義》云：「八年《傳》曰：『虢公忌父始作卿士于周』，
　　於是始與之政，共鄭伯分王政矣。九年《傳》曰：『鄭伯爲王左卿士』，

在「被廬之蒐」「作三軍」時，竟然要「謀元帥」，杜預解釋「元帥」的意思是：

> 中軍帥㊺。

上已引孔《疏》，解釋「元帥」的意思：

> 元，長也，謂將帥之長。軍行則重者居中，故晉以中軍爲尊，而上軍次之。其二軍，則上軍爲尊，故〈閔元年〉「晉侯作二軍，公將上軍㊼。」

既然晉國的制度自此之後，「軍行則居中爲重」「以中軍爲尊」，而晉文公又要另謀「元帥」而非親自擔任，可見「作三軍」「謀元帥」後，晉文公不再是晉國最高指揮軍事者。這種嶄新的作法，明顯地剝奪了晉文公身爲國君應有的權力，更凸顯了貴族權力的提昇，這當然違反晉國乃至當時的傳統，而晉文公竟然同意施行。唯一合理的解釋，只能說這種新作法是文公與貴族妥協的結果。「作三軍」「謀元帥」對晉文公君權的影響不止於失去最高軍事指揮權，還有一個雖看似連帶但卻非常重要的關鍵，就是出任中軍帥的人選

然則虢公爲右卿士，與鄭伯夾輔王也。此言『王奪鄭伯政』，全奪與虢，不使鄭伯復知王政。」（《春秋左傳正義》，頁106）《正義》言王奪鄭伯政的過程十分清楚。但是虢公既始爲卿士，當然不會位在鄭伯之上，所以周制應以左爲上。晉軍以左師逆王，因爲制度上以左爲上，因此左師應是文公自將無疑。

㊺　《春秋左傳正義》，頁267。
㊼　《春秋左傳正義》，頁267。

也完全取決於貴族，這使得文公連帶地失去了主動的人事任命權，只能聽由貴族協調而後由文公象徵性地任命。交出軍權以及連帶地失去人事任命權所造成的結果，使得國君對貴族的控制幾乎全無，文公如此，後世的晉君就更不用說了❺❽。因此交出最高軍事指揮權，以及失去主動任命中軍帥人事權，這就是上引《左傳·僖公二十七年》裡的「作三軍」「謀元帥」，以及〈晉語四〉裡「文公問元帥於趙衰」這件事的眞相❺❾。因此我們認爲，晉文公將軍事指揮權交由貴族代管，以及連帶地喪失主動任命中軍帥的人事權，就是「被廬之蒐」的第一個重大意義。

　　但是「被廬之蒐」「作三軍」的內容，不僅只限於軍事指揮權由貴族代管，中軍帥人事權由貴族決定；同時貴族也代管國君的公邑，也就是代爲執行公邑上的行政管理權。在此之前公邑都是晉君的私屬，由國君遣其私人管理❻❶。但是經過「被廬之蒐」「作三軍」

---

❺❽　襄公已遭先軫不顧而唾。靈公爲趙穿所弒。厲公爲欒氏及中行氏所弒，皆其著例。

❺❾　「謀」的本義爲「慮難」。晉文公以「慮難」的態度臨事，可見「謀元帥」時，文公是如何的愼重。

❻❶　《周禮·天官·冢宰》下有「甸師」。孫詒讓云：「王食用六穀亦此官所共。《左·成十年傳》云：『晉侯欲麥，使甸人獻麥。』明甸人所共不徒祭穀矣。」（《周禮正義》，臺北：中華書局1957.4第二冊，頁9-10）孫詒讓所引的傳文，杜預《注》云：「甸人，主爲公田者。」（《春秋左傳正義》，頁450）孫詒讓又說：「故《周語》云：『庶人』，韋《注》云：『庶民，甸師所掌之民也。』」（《周禮正義》第二冊，頁10）這些庶民「人數眾多，故使盡耕千畝也。」（《周禮正義》，頁9）既然晉景公「命甸人獻麥」，似乎到了春秋中期晉君仍有公田。不過我們已經證明，晉惠公「作爰田」賞眾，有些貴族因此而有數個封邑，但是他們必須與他人「爰田」，沒有絕對的統治權，所以在名義上這仍是屬於國君的公田。但是這

後，這些公邑也交由貴族代管，包括所有的行政事項，如賦役、獄政❺❶。於是除了軍事指揮權，晉文公也放棄了行政管理權，實際上

些公田在某段期間内都歸貴族統治管理，而非晉國國君佔有，所以實質上也可以說是屬於貴族的田地了。貴族則照田地大小的比例出軍賦，因此雖有公田但是都交由貴族代管。晉文公勤王後取得南陽之地，以趙衰爲原大夫，狐溱爲溫大夫，這與《左傳·昭公二十八年》晉國大分封的情形完全一致。《左傳》云：「秋，晉韓宣子卒，魏獻子爲政，分祁氏之田以爲七縣，分羊舌氏之田以爲三縣。司馬彌牟爲鄔大夫，賈辛爲祁大夫，司馬烏爲平陵大夫，魏戊爲梗陽大夫，知徐吾爲塗水大夫，韓固爲馬首大夫，孟丙爲盂大夫，樂霄爲銅鞮大夫，趙朝爲平陽大夫，僚安爲楊氏大夫。」（《春秋左傳正義》，頁912-913）這些大夫並非永久食此封邑，他們只是代管的人而已。該縣的收入必須上繳，這便是公食貢。晉國自文公起實行「公食貢」的制度，國君所食皆貢自大夫，而非來自其所有之公田，自然沒有必要派人管理公田。蓋國君的公田已名存實亡，國君也管轄不到主持公田的人員，這些人都向主持政務的中軍帥負責。

❺❶ 國君掌握獄政有其傳統，《左傳·莊公十年》記載曹劌問魯莊公何以能戰，莊公回答云：「小大之獄，雖不能察，必以情。」（《春秋左傳正義》，頁147）可見國君對小大之獄都要過問。但是晉國自「作三軍」之後卻不然。《左傳·昭公十四年》：「晉邢侯與雍子爭鄐田，久而無成。士景伯如楚，叔魚攝理。韓宣子命斷舊獄，罪在雍子，雍子納其女於叔魚，叔魚蔽罪邢侯，邢侯怒，殺叔魚與雍子於朝。宣子問其罪於叔向，叔向曰：『三人同罪，施生戮死可也。雍子自知其罪，而賂以買直；鮒也鬻獄，邢侯專殺，其罪一也。己惡而掠美爲昏，貪以敗官爲墨，殺人不忌爲賊。《夏書》曰：「昏、墨、賊，殺。」皋陶之刑也。請從之。』乃施邢侯，而尸雍子與叔魚於市。」（《春秋左傳正義》，頁820-821）叔魚之獄，羊舌肸建議以貪、墨、賊因而必須殺之的古例，韓宣子則以中軍帥的身分，是最後的決定者。《左傳·昭公二十八年》：「冬，梗陽人有獄，魏戊不能斷，以獄上。其大宗賂以女樂，魏子將受之。」（《春秋左傳正義》，頁915）杜預《注》「以獄上」云：「上魏子。」（《春秋左傳正義》，頁915）魏子就是魏獻子，在同年秋天韓宣子卒後，魏獻子繼之爲政，成爲晉國的中軍帥。因此魏戊在斷梗陽人之獄時，最後的仲裁者是中軍帥魏獻子。《左

已成虛君。《左傳・僖公二十七年》並未記載其中細節，但是在《國語・晉語四》裡，有一段晉國施政的記載，雖然沒有確切的日期，但我們認為，其內容就是文公交出行政權，由貴族代為管理的大致情形，〈晉語四〉云：

> 元年春，公及夫人嬴氏至自王城。秦伯納衛三千人，實紀綱之僕。公屬百官，賦職任功；棄責薄斂，施舍分寡；救乏振滯，匡困資無；輕關易道，通商寬農；懋穡勸分，省用足財；利器明德，以厚民性；舉善援能，官方定物，正名育類。昭舊族，愛親戚；明賢良，尊貴寵；賞功勞，事耇老；禮賓旅，友故舊。胥、籍、狐、箕、欒、郤、柏、先、羊舌、董、韓，寔掌近官；諸姬之良掌其中官；異姓之能掌其遠官。公食貢，大夫食邑，士食田，庶人食力，工商食官，皁隸食職，官宰食加。政平民阜，財用不匱❷。

這是晉文公為收撫人心❸，實行的一次重大改革❹。由於文公在位

傳・昭公二十九年》：「冬，晉趙鞅、荀寅帥師城汝濱，遂賦晉國一鼓鐵，以鑄刑鼎，著范宣子所為刑書焉。」（《春秋左傳正義》，頁926）中行寅以下卿而干上令，擅作刑器，連中軍帥的權威也不看在眼中，更不用說晉國國君了。以上事例，足以證明晉國國君已無司法判決權。

❷　《國語》，頁371。

❸　《說苑・政理篇》：「晉文侯問政於舅犯，舅犯對曰：『分熟不如分腥，分腥不如分地。割以分民，而益其爵祿，是以上得地而民知富，上失地而民知貪，古之所謂致師而戰者，其此之謂也。』」（同《說苑校證》，頁168）

❹　《說苑・政理篇》：「晉文公時，翟人有獻封狐、文豹之皮者，文公喟然嘆曰：『封狐、文豹何罪哉！以其皮為罪也。』大夫欒枝曰：『地廣而不

時間不長，前後不過九年，因此不可能在制度上進行多次重大的改
變。據史書所載，文公在位時的改革只有「被廬之蒐」「作三軍」
這一次。因此上引〈晉語四〉中有關文公的改革，我們有理由相信
是配合「作三軍」連帶實行的一次。上引〈晉語四〉最後一段記載：

> 公食貢，大夫食邑，士食田，庶人食力，工商食官，皁隸食
> 職，官宰食加❻。

這段有關晉國貢賦制度的記載，是討論晉國行政權代管制的一大關
鍵。晉國的貢賦制度源遠流長，《左傳・定公四年》祝佗提到周初
大分封時，云：

> 分魯公……。分康叔……。皆啟以商政，疆以周索。分唐叔
> 以大路、密須之鼓、闕鞏、沽洗、懷姓九宗，職官五正。命
> 以〈唐誥〉而封於夏虛，啟以夏政，疆以戎索❻。

杜預《注》云：

> 皆，魯、衛也。啟，開也。居殷故地，因其風俗，開用其政。

平，財聚而不散，獨非狐、豹之罪乎？』文公曰：『善哉！說之。』欒枝
曰：『地廣而不平，人將平之；財聚而不散，人將爭之。』於是列地以分
民，散財以賑貧。」欒枝諫文公無以地廣財聚為罪，故文公以列地散財為
應，似乎就是指文公這次改革。（《說苑校證》，頁167-168）

❻ 《國語》，頁371。

❻ 《春秋左傳正義》，頁947-949。

疆理土地以周法。索，法也❻❼。

至於周公告誡唐叔「啓以夏政」的原則，杜預《注》云：

亦因夏風俗，開用其政❻❽。

至於要「疆以戎索」的原因，杜預《注》云：

大原近戎而寒，不與中國同，故自以戎法❻❾。

由於晉國被封於「夏虛」，實施的貢賦制度與周人有所不同。周公特別告誡唐叔要「啓以夏政，疆以戎索」。何謂「夏政」？楊伯峻《注》云：

《孟子・滕文公上》云：「夏后氏五十而貢」，則夏代施行定額貢納制❼⓪。

《孟子・滕文公上》的記載如下：

夏后氏五十而貢，殷人七十而助，周人百畝而徹，其實皆十一也。……徹者徹也，助者藉也。龍子曰：「治地莫善於助，莫不善於貢。貢者校數歲之中以爲常❼❶。」

---

❻❼　《春秋左傳正義》，頁948。

❻❽　《春秋左傳正義》，頁949。

❻❾　《春秋左傳正義》，頁949。

❼⓪　《春秋左傳注》，頁1539。

❼❶　焦循：《孟子正義》（北京：中華書局1987.10），頁334-338。

李亞農認為「夏政」是：

> 第一，夏代除了剝削放牧牲口的勞動而外，還有對於農業勞動的剝削。第二，剝削的方式是定額的貢納制。不管豐收歉收，被奴役的部落必須向統治者繳納定額的糧食或定額的牲畜❼❷。

至於「戎索」，李亞農認為：

> 所以「戎索」，就是戎狄的土地制度。我們知道在滅殷的時候，他們（按：李氏此「他們」指周人）還處於氏族末期的土地固定分配階段，而他們居然鄙視戎狄，認為戎狄比自己的生產力還要落後，比自己的文化還要落後，比自己還要野蠻（李氏自註：「稱之為戎狄，正是這種看法的表現。」）可見戎狄的土地分配制度，還沒有達到固定分配的階段，還可能處於輪流分配或處於共同勞動，根本不分配土地的階段。《國語·晉語七》說「夫戎狄荐（聚）處，貴（重）貨而易（輕）土，予之貨而獲其土」。（李氏自註：「《左傳·襄公四年》亦有相同的魏絳語。」）而戎狄不重視土地的原因，可能有兩個。一個是逐水草而居的遊牧民族，本來就沒有他們固定的疆域；但魏絳明白的說，這些戎狄是聚族而居或聚落而居的，但們並非逐水草遷徙的種族。一個是已經固定下來，如大貊、小貊等已經開始農耕，並且學會了種黍，但土地不是私有的，甚至

---

❼❷ 《李亞農史論集》下，〈西周幾個國家的奴隸制〉章（臺灣翻印版），頁696-710。

不是固定分配的。要是固定分配的土地，每一家都須賴此土地以生存，所分得的土地就是他們的命根子，決不可能有「貴貨而易土」的現象。所以我們可以肯定地說，所謂「戎索」，就是共耕的土地氏族公有制或個體家族的輪流分配制❼❸。

因此，李亞農認爲：

> 由此看來，晉國的奴隸制，就是將一大塊整片的土地交給懷姓九宗，而向這些集體奴隸每年勒索定額的貢納的制度。至春秋初期，晉人尚有「公食貢」之說（李氏自註：「《國語·晉語》」），可證。至於這些懷姓集體奴隸在這塊土地上是進行共同耕種的呢？還是按照家族輪流分的呢？在我們看來，輪流分配的可能性最大。因爲懷姓九宗固然是蠻族，也不應該野蠻到了共同耕種、共同消費的階段。唐叔對於懷姓九宗的內部生活，似乎採取了不干涉政策。因爲他們聚族而居，不大可能去干預❼❹。

以上所引李亞農語，有三點值得注意：一、夏政剝削的方式是定額貢納制。二、所謂「戎索」，就是共耕的土地氏族公有制或個體家族的輪流分配制。三、「公食貢」制度承自「戎索」。李亞農論「夏政」及「戎索」都很正確，不過他說晉國「公食貢」的制度承自「戎索」，則有待澄清，金景芳說：

---

❼❸　《李亞農史論集》下，頁711。
❼❹　《李亞農史論集》下，頁711。

貢如龍子所述，是生產物地租，稅率爲什一，即於總收穫量中抽取十分之一。但是這個十分之一，乃是以幾年收穫量平均數的十分之一，作爲標準量，而不是抽取每年收穫量十分之一❼❺。

夏后氏的貢應導源於氏族社會的族長已經部份地靠部落成員獻禮來生活❼❻。

他引鄭玄《考工記·匠人注》云：

貢者，自治其所受田，貢其稅穀❼❼。

他認爲周人兼用貢、助，他說：

周人國中用貢，野用助❼❽。

原因則是：

國人有當兵的義務，而野人不能當兵❼❾。

國人當兵，野人不當兵，這是西周通例❽⓪。

金景芳的說明，對解決晉文公公食貢的問題頗有助益。我們認爲「國人當兵，野人不能當兵」的通例，到了春秋時代仍然保持，因此貢

---

❼❺　〈論井田制度（續）〉，《吉林大學社會科學學報》1981.2，頁15。
❼❻　〈論井田制度（續）〉，《吉林大學社會科學學報》1981.2，頁16。
❼❼　〈論井田制度（續）〉，《吉林大學社會科學學報》1981.2，頁16。
❼❽　〈論井田制度（續）〉，《吉林大學社會科學學報》1981.2，頁16。
❼❾　〈論井田制度（續）〉，《吉林大學社會科學學報》1981.2，頁17。
❽⓪　〈論井田制度（續）〉，《吉林大學社會科學學報》1981.2，頁16。

賦制度有國、野之不同。當時對「國人」採用貢法，對隸屬於自己公田上的野人則採用助法，這就是金景芳所謂的周人徹制。晉文公被廬之蒐後，把軍政大權交給貴族代管，其中當然包括公邑及耕種公田的野人。公邑原來行助法，收入全歸文公，而今既由貴族代管，文公無法再自行徵收其公邑收稅，只能食貴族之貢。這種食貢的賦稅方式，與包租式的戎索非常相似，不過主事者卻由國君換成了貴族。至於晉文公的作法看似突然，但有脈絡可尋。春秋時代的晉國，自「武、獻以下，滅國多矣[81]」，對這些因征伐而新獲得的土地，應屬國君所有無疑[82]。不過在晉文公之前，惠公「作爰田」賞貴族以城邑，這時貴族往往有兩個以上的封邑，他們必須輪流更換封邑，所以他們只能在某一時間內佔有某一些土地，至於這些土地的主權仍屬國君，可以稱之爲輪流管理制[83]。至於賦稅則照所管理的城邑按比例上繳，這已經有戎索的包租制的意味[84]，爲文公實行的「公

---

[81] 見《左傳・襄公二十九年》。

[82] 獻公滅國甚多，《左傳・閔公二年》載獻公以耿賜趙夙，以魏賜畢萬，皆以爲大夫，又使太子申生處曲沃，亦有貶爲大夫的意思。這種處理土地賦稅的方式，很難確定耿、魏、曲沃的賦稅都以戎索。至於那些沒有封給大夫的土地則爲公田，屬獻公私有，不過這些公田是否也用「戎索」，並無明證。貢是「較數歲之中以爲常」，就是每年的賦稅按照數年的平均值繳納。既然大部分征伐而來的土地都爲獻公私有，這些土地上每年的收入，除了一小部分充耕作奴隸的衣食，其他就全入獻公私人府庫，這就不需要「較數之中以爲常」的貢賦方式了。

[83] 〈爰田與州兵〉，《大陸雜誌》1991.8，頁32-40。

[84] 這些貴族在「作爰田」時受賞田，而這些賞田原來屬於國君，所以收入本來也屬國君。如今賞給貴族，國君損失了原來的收入，這個部份便由貴族按所受賞田按比例上繳。如此國君對這些由貴族代管的土地，基本上征稅和行政的權利已經交給貴族。

食貢，大夫食邑」奠定了基礎。文公既回國，為緩和君臣之間的尖銳對立，放棄原屬國君的軍政權力。表現在賦稅方面，則採用歷時久遠的食貢、食邑這種包租式的稅收方式。我們認為，這就是「公食貢，大夫食邑」的意義。

韋昭《注》並未解釋「公食貢，大夫食邑」，不過他對「士食田」以下的注解有五處，韋昭說[85]：一、「士食田」注云：「受公田也。」二、「庶人食力」注云：「各由其力。」三、「工商食官」注云：「工，百工；商，官賈也。《周禮》府、藏皆有賈人，以知物價。食官，官稟之。」四、「皂隸食職」注云：「士臣皂，皂臣輿，輿臣隸。食職，各以其職大小食祿。」五、「官宰食加」注云：「官宰，家臣也。加，大夫之加田。《論語》曰：『原憲為家邑宰。』」

首先討論「士食田」。照韋昭的意思，這些「士」原來沒有田可食，所以文公才把田授給他們[86]。至於怎麼授，〈晉語四〉和韋昭《注》都未說明。我們在第二章論惠公「作爰田」時認為當時賞的對象是全面性的，文公的作法應不例外。但惠公當日限於時間緊迫，無暇制定細節，所以賞田對象只限於貴族，一般「國人」便只以分稅為賞；至於文公則時間寬裕，得以制定較為詳細的辦法，因

---

[85] 《國語》，頁372-373。

[86] 古代中國以宗族為單位，不論是生產勞動皆然。〈晉語四〉裡特別提出「士食田」，可見原來士並不食田。自新辦法實施後，如果這些士及所食之田仍附屬於宗族，那麼記載他們食田就沒有意義，所以晉文公應該提高他們的地位，並且給予最低的食祿之田。這些田本是文公私有的公田，由奴隸耕種，現在將田賞給士，若不同時將耕種的奴隸賞給他們，那麼這些士仍得自己親自下田種耕，與未食田之前有何不同？所以所謂「士食田」，不但是公田，連田上的隸農也一併賞給士，使他們無須為耕作煩惱。

此將一部份公田授給士，換取他們的向心與支持❽。

其次討論「官宰食加」。韋昭《注》說官宰就是家臣，並引《論語》爲證，應該可信。但是「加」字，據韋昭說是「大夫之加田」，就耐人尋味了。因爲大夫的「加田」到底加的是什麼田，田又從何而來，韋昭都沒有交待清楚，後人也未見發揮。《周禮・司勳》云：

> 惟加田無國正❽。

鄭《注》云：

> 加田，既賞之又加賜以田，所以厚恩也。鄭司農云：「正，謂稅也。祿田亦有給公家之賦貢，若今時候國有司農、少府錢穀矣，獨加賞之田無正耳❽。」

孫詒讓《正義》云：

> 《國語・晉語》云：「官宰食加。」韋《注》云：「官宰，家臣也。加，大夫之加田。」彼謂家臣所食，於加田取之，與此加田異也❾。

---

❽　〈爰田與州兵〉，《大陸雜誌》1991.8，頁32-40。在本文中我們曾說惠公對爲數眾多的「國人」以分稅來代替賞田，在此亦可得一旁證。若惠公將國君的公田分給「國人」，文公就無法用同樣的方法來收買人心。正因爲惠公當年沒有這麼做，所以文公才能用這種方法以討好那爲數眾多的士。

❽　《周禮注疏》（臺北：藝文印書館，1973年5月景印清嘉慶20年1815《重刊十三經注疏附校刊記》），頁455。

❽　《周禮注疏》，頁455。

❾　孫詒讓：《周禮正義》（北京：中華書局四部備要本），冊十四，卷五十七，頁五。

《周禮·司勳》中的加田與《國語·晉語四》的加田，意思迥然有別，不過孫詒讓並沒有說明差異何在。我們認為「加田」的「田」，就是一般的「田」。至於「加」字，孫詒讓《正義》云：

> 《說文·力部》云：「加，語相增加也。」引申之，凡增加並謂之「加」。《國語·楚語》韋《注》云：「加，增也⓽。」

所以加的意思，就是比原有多出來的部分。可是這裡的「加」字是怎麼個加法呢？我們知道，惠公「作爰田」賞眾以換取「國人」支持，並獲得了成效。文公參照先例，並擴大賞的範圍換取支持。文公這次改革，把原屬國君的土地都交給貴族代管，自己則坐收貴族所貢，其賞眾的原參考「作爰田」，土地的主權則參考獻公以來的代管制，稅賦則參考「戎索」，即包租制，或李亞農氏所謂的「定額貢納制」。由於文公把自己的田都分給貴族代管，所以貴族會增加田地，即所謂的加田。管理這些加田，貴族當然得另外再找一群官宰來負責。因此我們認為〈晉語四〉說「公食貢，大夫食邑，士食田，官宰食加」，就是說：

> 文公的收入由貴族上貢，貴族及士的收入來自受封的食邑或祿田。文公增加貴族的食邑，這些增加的部份即所謂的加田，這些加田又必須委託官宰代為管理，官宰的俸祿則是由加田所出⓾。

⓽　《周禮正義》，冊十四，卷五十七，頁五。

⓾　鄭昌林：《中國社會科學院研究生師學報》1986.4，頁59-65。〈晉文公的大分封和晉國中期貴族土地所有制的變化〉認為，加田的出現，是因為：

我們再次強調，晉文公「蒐於被廬」「作三軍」其中有兩項重大突破，而重點皆在代管制的建立。第一項是將軍事指揮權交由貴族代管，而且是由非從亡之士的舊有貴族代管，這點表現在中軍帥的任用上最爲明顯❽。所以「作三軍」時，首任元帥由郤縠出任；郤縠

「這時的貴族不但按等級享有一定數量的祿田，而且還普遍有加田。所謂『官宰食加』證明了這點。」他認爲所謂的加田是：「在祿田之外的『加賞之田』，這種土地上的收入，從賞出之日起，就全部由卿大夫佔有。既然『加田』上的剝削收入全部歸貴族所有，就標誌著其所有權從賞出之日起，即歸卿大夫所有。」他的說法頗有可議。試問，既然加田的收入全部歸貴族所有，那麼官宰們又食什麼呢？正因這些加田是國君委託貴族代管，而貴族又不可能分身有術，當然還得再找人來管理，所以這些代管的官宰們就應運而生，而他們的俸祿，當然也就是從這些加田而來，所以〈晉語四〉才說「官宰食加」。這絕非如郤昌林所說，「加田」的收入全部歸貴族所有，更不意味著「加田」的所有權就屬於貴族，畢竟貴族只是代管而已。果如他所說，「加田」的收入歸貴族所有，那麼官宰們又能食些什麼呢？晉文公所食之貢又從何而來呢？假如所有權也屬於貴族，那麼又怎麼解釋晉國「氏隨邑改」的現象呢？「氏隨邑改」，說明了晉國貴族對封邑只有使用權，但是不具備所有權。

❽ 郭勉初認爲：「郭偃是晉文公重要助手。此人曾在晉國的政治革新中起過重大作用。」（〈郭偃之法〉，《韓非子札記》，南京：江蘇人民出版社1980.11，頁114。本條資料承徐漢昌先生提供，謹致謝）我們則認爲，不論是爲晉文公著想或是站在貴族立場出發，推動這項龐大改革計劃的主要人物就是卜偃。《韓非子・南面篇》云：「管仲無更齊，郭偃無更晉，則桓、文不霸矣。」（陳奇猷：《韓非子集釋》，臺北：平平出版社1974.9，頁298）《商君書・更法篇》亦引《郭偃之法》云：「論至德者不和於俗，成大功者不謀於眾。」（朱師轍：《商君書解詁定本》，臺北：鼎文書局1979.2，頁2）《左傳》及〈晉語四〉無郭偃爲晉變法之文，然《韓非子》書中引《左傳》處不勝枚舉，其說應該可信。是則文公「被廬之蒐」，即郭偃變法之日。然晉國之所以伯，郭偃固居功厥偉；而晉國後世君權之所

死，先軫由下軍佐超升，便是顯例。其二是，與軍事指揮代管的同時，將行政管理權也交由貴族管理。我們認爲文公「作三軍」，重點在軍事指揮權的移轉，同時配合的措施則是行政權一併移轉，這表現在土地包租代管制上。二者互爲表裡，相輔相行，其實是一體兩面的事。後人不明其故，以爲「作三軍」只是擴張軍備，或至多以爲只是軍政制度的改革，皆未能究其全貌❹。

晉文公於「被廬之蒐」「作三軍」，對晉國的影響非常深遠，其後演變爲六卿專權乃至三家分晉，皆肇因於此。有關演變的問題，本人將另爲文討論。

以不振，郭偃亦不得辭其咎矣。《商君書》又引《郭偃之法》云：「聖人苟可以強國，不法其故；苟可以利民，不循其禮。」（《商君書解詁定本》，頁2）眞春秋時代晉國之最佳寫照。戰國時三晉多法家，蓋其來有自矣。

❹ 春秋時「作三軍」的國家不止晉國，魯國也曾「作三軍」。晉、魯二國「作三軍」的原因雖不盡相同，但魯國「作三軍」的基本架構來自晉國；晉國「作三軍」的結果，也可從魯國「作三軍」、「舍中軍」的始末中，得到清楚的反證。關於魯「作三軍」的問題，本人將另爲文討論，茲不贅述。

論魯國「作三軍」、「舍中軍」❶

論文提要

晉文公作三軍，魯國亦作三軍，二者在目的和內容上，有著驚人的相似之處。魯國在作三軍之後，國君的權力大幅流失，國君的下場也一如晉國。稍有不同者，魯國後來更舍中軍，國君的處境較晉國尤虛弱，這是值得學者注意的地方。

《左傳》記載「作三軍」共有兩次，第一次在晉國，第二次在魯國。晉「作三軍」後國君失去軍政大權，貴族勢力正式崛起，為日後六卿專權、三家分晉奠定基礎。魯「作三軍」，其政治、軍事權力也為貴族初步掌握。魯國「作三軍」，國君權力雖然遭貴族架空，但仍保有相當的土地和民人。過了二十餘年，魯國季武子其後又以廢除中軍，恢復原來的二軍編制的名義，聯合其他二家奪取了魯君剩餘的所有土地和民人，使魯君成為徹底的虛君。我們認為魯國「作三軍」、「舍中軍」，就是三桓侵奪魯國君權的兩個步驟，

---

❶ 本文發表於第一屆《左傳》國際學術討論會，香港：香港大學1994.7。

其藍圖則來自晉國「作三軍」。晉、魯二國「作三軍」雖有時間的先後，乃至內容的不同，至於結果則完全一樣。

一、序　言

《左傳》記載「作三軍」共有兩次，第一次在晉國，時間是魯僖公二十七年（633B.C.），晉文公在被廬之地舉行大蒐，並「作三軍」，晉自此成爲擁有三軍編制的諸侯。關於晉「作三軍」的前因後果我們已有討論❷，茲不贅述。至於魯國「作三軍」原因又是什麼呢？魯「作三軍」後，其政治軍事生態變化的結果是否變得和晉一樣呢？這點值得我們討論。

此外，魯國「作三軍」後過了二十餘年又「舍中軍」，恢復原來的二軍編制。魯國爲什麼「作三軍」又廢除中軍？作、舍之間有無關聯，同樣值得我們深入探討。

二、作三軍

首先我們討論爲什麼魯國要「作三軍」的問題。《春秋經·襄公十一年》：

---

❷ 劉文強：〈論被廬之蒐〉，《中山人文學報第二期》，頁1-20。其中有詳細的說明，可以參看。

春王正月，作三軍❸。

《左傳》云：

> 春，季武子將作三軍，告叔孫穆子，曰：「請爲三軍，各征
> 其軍。」穆子曰：「政將及子，子必不能。」武子固請之，
> 穆子曰：「然則盟諸？」乃盟諸僖閎，詛諸五父之衢。正月，
> 作三軍，三分公室，而各有其一。三子各毀其乘。季氏使其
> 乘之人，以其役邑入者無征，不入者倍征；孟氏使半爲臣，
> 若子若弟；叔孫氏使盡爲臣，不然不舍❹。

以上是魯國「作三軍」的原因及過程。「將作三軍」條下杜預《注》
云：

> 魯本無中軍，唯上、下二軍，皆屬於上。有事三卿更帥以征
> 伐。季氏欲專其民人，故假立中軍，因以改作❺。

周代封建，授土疆與授民人是一體兩面，同時進行的事❻。杜預認

---

❸ 《春秋左傳正義》（臺北：藝文印書館，1973年5月景印清嘉慶20年1815
　《重刊十三經注疏附校刊記》），頁543。

❹ 《春秋左傳正義》，頁543-545。

❺ 《春秋左傳正義》，頁543。

❻ 例如《左傳・僖公二十五年》記載，晉文公始啓南陽時，曾經因爲倉葛之
　呼特別准許陽樊之民離開之外。按照當時慣例，受土疆與受民是同時完成
　的事情，因爲土地和民人是分不開的。所以杜預在晉文公因爲倉葛之呼「乃
　出其民」下特別注云：「取其土而已。」（《春秋左傳正義》，頁263）
　關於授民授土疆的問題，瞿同祖說：「原來的居民當然是屬於封邑主，而
　不得遷徙的。勘定田地時便連人民在也計算之列。受封時所鑄的鼎文上，

爲，魯國「作三軍」的原因是「季氏欲專其民人」。季氏受封於費，自有其民人可專，何必要等到「作三軍」後才得專民人呢？杜預說季氏的目的是「欲專其民人」，可是如果沒有多出來的土地，要那麼多的民人其實並沒有太多的用處。由是可知，杜預在注魯國「作三軍」時，應在「專其民人」下還要再加上「專其土地」一句，才算完整。但是季武子要怎麼做，才能既專民人又專土地呢？除了專土地和民人，還有沒有其他更讓季氏垂涎的東西？據《左傳》的記載，在魯「作三軍」後季武子就達到他的目的，那麼魯「作三軍」這件事究竟產生了什麼結果？

我們不妨比較魯、晉二國「作三軍」前後，國君和貴族之間權力分配的情形有無異同。有關晉國的部份不再贅述，至於魯國「作三軍」，楊伯峻認爲它的意思是：

> 此所謂「作三軍」，明非僅增加一軍而已，乃改組並重新編制，組成三軍❼。

他又認爲「請爲三軍，各征其軍」的意思是：

> 各征其軍，前人皆無確實解釋。據下文，不過由三家各有一

邑內庶人多少有時記載的很清楚。即使不寫明也是屬於他的。所以金文中有『受民受土疆』的話。授土時同時有授民的儀式。」（《中國封建社會》，臺北：里仁書局1984.6，頁32-33。）「就封以前，必詔賜冊命，詳述所賜田地、都邑、庶人、臣僕、車馬、戎兵的數目。這等於委任狀，是就封的根據。」（《中國封建社會》，頁33）

❼　《春秋左傳注》（臺北：源流出版社1982.3），頁986。

軍耳❽。

在「政將及子，子必不能」下，楊伯峻說：

> 「子必不能」，叔孫恐季孫一人專政權軍權，不能團結三
> 家❾。

我們認爲楊氏「不能團結三家」的說法是錯誤的，因爲自「作三軍」
後，三桓彼此縱有怨隙，但三家爲一的心態大體而言一直維持。杜
預《注》云：

> 政者，霸國之政令。禮，大國三軍，魯次國而爲大國之制，
> 貢賦必重，故憂不能堪❿。

《正義》云：

> 於時天子衰微，政在霸主，霸主量國大小，責其貢賦。若爲
> 二軍，則是次國；若作三軍，則爲大國。大國之制，貢賦必
> 重，故云「霸主重貢之政將及於子，子必不能堪之」，憂其
> 不能堪之，言三軍不可爲也。魯爲三軍、二軍，國之大小同
> 耳，但作三軍，則自同大國。自同大國，則霸主必依大國，
> 責其貢重也⓫。

---

❽　《春秋左傳注》，頁986。
❾　《春秋左傳注》，頁986。
❿　《春秋左傳正義》，頁544。
⓫　《春秋左傳正義》，頁544。

由上面所引，可知「子必不能」的重點在於，魯國原為二軍編制，所以上繳伯主晉國的貢賦也只以二軍為標準。如今魯擴充為三軍，就要繳三軍的貢賦，等於多繳百分之五十，到時能否繳納是個重大的問題。就算能夠繳納，負擔必然沉重。關於這點，我們從魯「作三軍」後，《左傳·襄公二十九年》記載晉女叔齊之語可以看出：

> 魯之於晉也，職貢不乏，玩好時至，公卿大夫相繼於朝，史不絕書，府無虛月❷。

杜預注「府無虛月」云：

> 無月不受魯貢❸。

每個月都要向霸主晉國進貢，可見魯國在貢賦上的負擔有多麼沉重。不過楊伯峻「不能團結三家」之說雖然不能成立，但是他說季孫一人將「專政權軍權」，卻道出了魯國「作三軍」的真相。我們知道，晉國「作三軍」的結果，正好也是國君失去政權和軍權。同樣的方式，產生同樣的結果。魯、晉二國相同之處，就是在「作三軍」之前，軍權和行政權都屬於國君，貴族必須承國君之命而行。晉自「作三軍」後，國君被貴族架空，軍政大權旁落，僅剩名義上的權力❹。晉國如此，魯國也同樣如此，可見「作三軍」這件事所產生的影響非同小可。

---

❷ 《春秋左傳正義》，頁667。
❸ 《春秋左傳正義》，頁667。
❹ 劉文強：〈論被廬之蒐〉，《中山人文學報第二期》，頁1-20。

　　楊伯峻對晉「作三軍」無解釋，對魯則有說明⓮。他的說法中，除了說季孫一人將「專政權軍權」以外，其他說法是否合理，我們認爲有檢討的必要。首先是「作三軍，三分公室而各有其一」，楊伯峻說：

> 魯國之軍，本爲公室所有。今作三軍，以三軍改爲季孫、叔孫、孟孫三族所私有，各族各得一軍之指揮與編制之權，故云各有其一。其一者，其一軍也⓯。

楊伯峻說「魯國之軍，本公室所有」，大體而言這是對的。但是他說「以三軍改爲季孫、叔孫、孟孫三族所私有」，則有待商榷。我們認爲，合理的說法是，原來魯國的軍隊本屬國君直接指揮，「作三軍」後改由三家代爲指揮，魯君失去軍事指揮權，連帶地和晉國的情形一樣，也就失去了行政權。魯「作三軍」後，三軍分別由三家代管，與晉「作三軍」後的情形如出一轍，但是這時三家還不能「私有」三軍，必待「舍中軍」後魯國的軍隊才正式爲三家私有，這點下面將會有所說明，茲不贅述。

　　此外，晉、魯皆「作三軍」，其內容是否完全相同，書闕有間，不敢斷言。魯國的作法是三分公室而各有其一，三子各毀其乘。杜預《注》云：

⓮　這並不是楊氏一人如此，其他學者，如竹添光鴻：《左氏會箋》（臺北：鳳凰出版社1974.10），也只解釋魯「作三軍」，而沒有解釋晉「作三軍」。我們推測，這是因爲孔穎達《正義》已如此，所以各家也只好從而不改。至於《正義》爲什麼不先說明晉「作三軍」，尚有待討論。
⓯　《春秋左傳注》，頁987。

三分國民眾❶。

壞其軍乘，分以足成三軍❶。

但是三家作法又各有不同，季孫氏的作法是：

使其乘之人，以其役邑入者無征，不入者倍征❶。

楊伯峻對魯「作三軍」的說法，頗爲詳盡，他說：

魯公室本二軍，改編爲三，三氏各有其一，其兵乘之來源，
仍自魯之郊遂。不足之數，三氏各以原有之私乘補充。私乘
之來源，則各其私邑。季氏於其屬邑奴隸盡釋爲自由民。
「役邑」即提供兵役之鄉邑，「入」爲入于季氏，爲季氏服
軍服役，則免其家之稅收。其不入於季氏者，則倍徵其稅，
以補充其豁免之數，且以獎勵從軍者，懲罰不從軍者❷。

楊說整段，大致取自孔《疏》「三子各毀其乘」及「不入者倍征」。
自「魯公室」至「各自其私邑」，蓋取自「三子各毀其乘」下之孔
《疏》，應屬正確。至於他說「季氏於其屬邑奴隸盡釋爲自由民」，
這是一個大膽的說法，但不知其證據何在❸。杜預《注》云：

---

❶　《春秋左傳正義》，頁544。
❶　《春秋左傳正義》，頁544。
❶　《春秋左傳正義》，頁544。
❷　《春秋左傳注》，頁987。
❸　《左傳》哀公二年鐵之戰，趙鞅於戰前公告「人臣隸圉免」。這是文獻上
　　最早的一次記錄，有條件地宣布奴隸獲得人身自由。以季孫之老奸巨猾，
　　向來只敢亦步亦趨地走在晉國之後，豈有率先給予奴隸人身自由的可能？

使軍乘之人，率其邑役（按：原文如此，疑當作役邑）入季氏者
無公征[22]。

不入季氏者，則使公家倍征之。設利病，欲驅使入己，故昭
五年《傳》曰：「季氏盡征之」。民辟倍征，故盡屬季氏[23]。

楊伯峻釋「征」爲征稅，這也是錯誤的。「國人」必須當兵，他們
的負擔主要是軍賦和力役，不是稅。此外，「國人」本來就有當兵
的義務，故無所謂「獎勵從軍者，懲罰不從軍者」。我們認爲合理
的說法是，季孫氏的作法，凡入於季氏軍乘編組者，和以往一樣只
出一份軍賦，對那些不入於季氏者，則既要負擔季氏的一份軍賦，
也要負擔公室的一份，變成雙重負擔。因此，杜預《注》所說的「設
利病，欲驅使入己」，是正確的。接下來是孟孫氏的作法，「使半
爲臣，若子若弟」。楊伯峻說：

> 若，或也。其入軍籍皆年青力壯，或自由民之子，或自由民
> 之弟，而皆以奴隸待之，其父兄則爲自由民[24]。

---

[22] 《春秋左傳正義》，頁544。

[23] 《春秋左傳正義》，頁544。

[24] 《春秋左傳注》，頁987。我們推測，楊氏所以提出季氏釋奴隸爲自由民，
孟氏使半爲奴隸的原因等等說法，關鍵可能在於「使盡爲臣」的「臣」字。
許多學者，包括楊氏在內，都認爲古書中的「臣」字代表奴隸的意思，實
則這是一種誤解。我們認爲，這裡的「臣」字，只是代表隸屬關係。就是
說，這些原來在軍、賦上必須向國君負責的國人，在「作三軍」後，改變
爲屬於三家的新的隸屬關係。也就是說這些魯國人在「作三軍」後，改變
了原先的隸屬關係，但並未改變他們的身分。關於此處「臣」字的問題，
承林甘泉先生指出，特此補充說明，並謹致謝。

楊伯峻的說法面臨的困難是，孟孫氏分到的魯國國人都具有自由民的身分，為什麼有些人會心甘情願地被降為奴隸？孟孫氏又為什麼要將他們降為奴隸？何況據楊氏上面的說法，季孫氏採取釋放奴隸為自由民的作法以增加實力。但是孟孫氏竟然和季孫背道而馳，這不是很奇怪的事情？反之，若照杜預《注》的說法：

> 取其子弟之半也。四分其乘之人，以三歸公，而取其一㉕。

就順理成章地多了。至於叔孫氏的作法，是「使盡為臣」。楊伯峻說：

> 叔孫氏則仍實行奴隸制，凡其私乘，本皆奴隸，今補入其軍中者亦皆奴隸㉖。

楊氏又提出「叔孫氏仍實行奴隸制」的說法，顯然奴隸制是其一貫的主張，不過不能成立。杜預《注》云：

> 盡取子弟，以其父兄歸公㉗。

孔《疏》云：

> 昭五年《傳》追說此事云：「季氏盡征之，叔孫氏臣其子弟，孟氏取其半焉。」叔孫氏臣其子弟，不臣父兄，謂取二分而

㉕　《春秋左傳正義》，頁545。
㉖　《春秋左傳注》，頁987。其實，我們只要記得古代社會，奴隸是不可能持武器作戰的事實，就知道楊氏的說法不能成立。
㉗　《春秋左傳正義》，頁545。

二歸公也。孟氏取其半，又如叔孫所取，其中更取其半，又以半歸公。謂取一分而三歸公也。彼《傳》順序，此文顚倒。《傳》意以叔孫爲主，而先說孟氏。言孟氏如叔孫所得，使其半爲己之臣，叔孫所得，子與弟也。此孟氏「若子若弟」，是子弟中，課取其一，又分半以歸公也。叔孫使子弟盡爲己臣，唯以父兄歸公耳㉘。

最後，關於「不然不舍」一句，楊伯峻說：

「不然不舍」僅就叔孫言之，謂不如此不改置㉙。

杜預《注》云：

制軍分民不如是，則三家不舍其故而改作也。此蓋三家盟詛之本言㉚。

孔《疏》云：

如上所分，三家所得，又各分爲四。季氏盡取四分，叔孫取二分，而二分歸公；孟氏取一分，而三分歸公。分國民以爲十二，三家得七，公得五也。「舍」謂舍故也。制三軍，分國民，若不如是，則三家不肯舍其故法，而別改作也。「使盡爲臣」以上，是序事之辭，「不然不舍」一句，是要契之語，故云「此蓋三家盟詛之本言」。盟詛本言，必應詳具，

㉘　《春秋左傳正義》，頁545。
㉙　《春秋左傳注》，頁987。
㉚　《春秋左傳正義》，頁545。

　　但史家略取其意而爲之立文，不復如本辭耳**㉛**。

我們認爲，杜《注》和孔《疏》的說法是正確的，楊伯峻的說法不能成立。總之，討論魯三家在「作三軍」時的作法，應從杜《注》和孔《疏》。至於季武子急於「作三軍」的眞正重點，則如楊伯峻所說，季孫欲「一人專政權軍權」。陳恩林引鄭玄云：

> 《左氏傳》云：「作三軍，三分公室而各有其一。」謂三家始專甲兵，卑公室**㉜**。

說三家由此「專甲兵，卑公室」，這確是實情，不過從表面上看來，魯「作三軍」後國君仍有最高主權。當然，實際上不論軍政，兩項權力皆不再由國君直接掌管，而是三家逕行代爲管理。這與晉文公「作三軍」後的情形，豈不完全一樣**㉝**？周蘇平說：

> 軍權下移是導致公室衰亡的主要原因**㉞**。
> 卿族對軍隊的逐步控制以至壟斷軍權，乃是導致公室不斷衰落並最終滅亡的主要原因**㉟**。

㉛　《春秋左傳正義》，頁545。
㉜　《先秦軍事制度研究》（長春：吉林大學出版社1991.10）頁121。其引鄭說，見《箴膏肓起廢疾發墨守》。
㉝　崔述曾分別討論齊、魯、晉公室衰微的原因，並且作出結論，可以參看。《考信錄下·考古續說卷之二·東周大事摘考》「齊魯晉之微」條。（臺北：世界書局1979.10.3版，頁1-3）
㉞　〈春秋時期晉國政權的演變及其原因之分析〉，《西北大學學報》哲社版1987.2，頁39-46。影印自《先秦、秦漢史》1987.7，頁30。
㉟　〈春秋時期晉國政權的演變及其原因之分析〉，《西北大學學報》哲社版1987.2，頁39-46。

晉文公改革軍制的內容主要有以下幾點：其一，爲對外爭霸
和抵禦狄族侵擾的需要，擴大了軍隊的數量，由原來的二軍
增加到三軍、五軍；其二，健全軍隊存建制，每軍設將、佐
二職，爲該軍正、副統帥，中軍爲全軍的核心，中軍將爲全
軍之主帥，稱爲「元帥」；其三，提拔一批非公室宗族的大
夫擔任諸軍將佐，亦即充任卿職；其四，國君不再擔任軍隊
將帥；其五，公室宗族一般不擔任軍隊將佐㊱。

我們認爲，周蘇平的說法基本上是正確的。但是他和楊伯峻一樣，
都未意識到晉「作三軍」最大的影響，就是晉文公自此失去軍政大
權，有名無實，成爲虛君㊲。在魯國，情形也是如此，季武子爲人

㊱ 〈春秋時期晉國政權的演變及其原因之分析〉，《西北大學學報》哲社版
1987.2，頁39-46。

㊲ 周蘇平還認爲：「春秋中期以前（主要是晉悼公以前），晉君對軍隊仍有
一定的控制能力。春秋時期晉國每每在重大戰役前後舉行『大蒐禮』，具
有軍事檢閱和演習的性質。」（〈春秋時期晉國政權的演變及其原因之分
析〉，頁31）不過他也承認「晉國舉行大蒐禮主要在春秋前期，而且多在
君權比較鞏固或公室與卿族矛盾相對和緩的時期，反映了公室尚能控制軍
隊。」（〈春秋時期晉國政權的演變及其原因之分析〉，頁31）事實上，
國君能否控制軍隊，關鍵在能否親自指揮，不在是否舉行大蒐禮。能指揮
隊，就算不舉行大蒐也無妨礙，晉獻公就是如此。反之，就算舉行再多次
大蒐，晉君仍不免被弒。周蘇平也承認：「晉君意識到喪失軍權的嚴重後
果，企圖改變這種局面，但是遭到卿族的反對，雙方因此曾有幾次衝突。」
（〈春秋時期晉國政權的演變及其原因之分析〉，頁31）假如晉君果真尚
能控制軍隊，又何必改變既有局面呢？正因晉君對軍隊根本毫無控制可
言，才會和貴族衝突。而其結果正如周蘇平所說：「由於卿族羽翼已經豐
滿，加之長期以來公室宗族的衰落，公室奪回軍權的願望始終未能實現。」

險惡，趁著魯襄公年幼可欺，串通其他兩家，從容地達成攫取權力的目的❸。但是，代管軍權及行政權固然是季武子的心願，卻絕非其首創。軍政大權代管制是晉文公時「作三軍」的重點，季武子不過有樣學樣，遂其私欲而已。周蘇平知道軍權下降是晉公室衰亡的原因，卻不知晉文公始作其俑；楊伯峻注魯「作三軍」，點出魯「公室遂卑」的關鍵，卻昧於晉「作三軍」也有同樣的結果。或許二人皆震於晉文公首創晉國伯業，不免心中有伯主情結，以致於此。

三、舍中軍

魯「作三軍」後，過了二十餘載，魯國又「舍中軍」，恢復二軍的編制，應證了叔孫穆子「子必不能」的預言。《左傳·昭公五年》云：

> 春王正月，舍中軍，卑公室也。毀中軍于施氏，成諸臧氏。初，作中軍，三分公室，而各有其一。季氏盡征之，叔孫氏臣其子弟，孟氏取其半焉。及其舍之也，四分公室，季氏擇

（〈春秋時期晉國政權的演變及其原因之分析〉，頁31）這種現象，自文公「作三軍」以來就已出現，不過到後世益發嚴重而已。

❸ 顧棟高云：「高氏閌曰：『自文子卒，而魯始有城費作三軍事，則知文子雖專，而猶忠慎，僭亂未起也。』案：文子繼仲遂為政，凡三十四年，其為人大抵賢姦參半，至其子宿嗣，則放手為攘奪矣。」（《春秋大事表》，臺北：廣學社印書館1975.9，頁2186。）關於顧氏評季孫之惡，可以參看《春秋大事表·魯政下逮表》。

二，二子各一，皆盡征之，而貢于公❸。

當魯「作三軍」時，杜預《注》三家之法云：

> 三家各有一軍家屬❹。

季氏「無所入於公❹」，叔孫氏「以父兄歸公❹」，孟孫氏「復以子弟之半歸公❹」孔《疏》對三桓作法的結論是：

> 言盡征之者，季氏專恣也❹。

至「舍中軍」時，三家作法已經一致，不過「季氏擇二」，特爲專橫而已。杜預注「季氏擇二」云：

> 簡擇取二分❹。

孔《疏》云：

> 季氏因叔孫家禍，退之使同孟孫，獨取其半，爲專已甚，又擇取善者，是專之極，故《傳》言「擇二」以見之❹。

杜預《注》「皆盡征之，而貢於公」云：

❸ 《春秋左傳正義》，頁742。
❹ 《春秋左傳正義》，頁742。
❹ 《春秋左傳正義》，頁742。
❹ 《春秋左傳正義》，頁742。
❹ 《春秋左傳正義》，頁742。
❹ 《春秋左傳正義》，頁742。
❹ 《春秋左傳正義》，頁742。
❹ 《春秋左傳正義》，頁742。

> 國人盡屬三家，三家隨時獻公而已❹。

我們認為這是季武子重施故計，欺凌魯國公室之舉，其目的則在盡收魯君僅剩土地、民人和權力。因此季武子聯合三家，將魯君的土地「皆盡征之，而貢于公」。初，魯「作三軍」時，公室猶存十二分之五，此後被三家瓜分殆盡，只能仰賴「三家隨時獻公」的進貢以維持生活。從此魯君不但失去軍政大權，連生活來源也都被三家牢牢控制，變成不折不扣的傀儡。魯國原來是「法則周公」「疆以周索」的國家，怎麼這時變成「三家皆盡征之，而貢於公」的新制度呢？其實只要對照晉「作三軍」後的情況，就不難明白其中原委。《國語‧晉語四》記載文公的改革云：

> 公食貢，大夫食邑❹。

晉「作三軍」後，晉君食大夫所貢，大夫食其封邑。魯「作三軍」後，也出現同樣的情形，這豈能以巧合視之？我們認為魯三家的作法，這就是向晉國學來的「公食貢」的包租制，或李亞農氏所謂「定額貢納制」❹。陳恩林認為：

> 魯國的「作三軍」，究其實就是三桓瓜分魯公室的軍隊和軍權。經此瓜分後，魯國不但「公室無兵矣」，甚至連公臣也不能備于三耦。其後的「舍中軍」，「四分公室，季氏擇二，二子各一」，是三桓根據實力大小對魯國軍事權力進行的再

❹　《春秋左傳正義》，頁742。
❹　《國語》（臺北：宏業書局1980.9），頁373。
❹　《李亞農史論集》（臺北：木鐸出版社1984.3），頁707。

分配。從魯「作三軍」和「舍中軍」中我們可以看出，它的軍賦與兵役也是統一的。「作三軍」之前，兵役至少在名義上由公室徵集，軍賦自然由公室徵收。而在「作三軍」以後，公室軍隊已歸三家掌管，所以軍賦也落入了三家之手，已由三家「各征其軍」了⑩。

他的看法是正確的。魯國「作三軍」、「舍中軍」，前後經歷二十六年，魯國的軍權與行政權爲三家瓜分，造成君弱臣強的結果也與晉國如出一轍。當然，晉、魯二國國情不同，「作三軍」的出發點也不一致。在晉國，文公爲消除貴族疑慮，因此有必要讓步，故「作三軍」的另一重要配套措施便是「謀元帥」，晉文公因此拱手交出軍權。而魯則是國君幼弱，三家趁火打劫⑪。三家早已掌握軍權，此後也是按照原來的位階順序各自領軍，是以不發生所謂「謀元帥」的問題。但三家要施行這種制度之前，除了已掌握國內因素，包括

---

⑩　《先秦軍事制度研究》，頁121。

⑪　崔述認爲：「晉之患，在鄉遂如故，而都鄙分屬於強宗。魯之患，在都鄙如故，而鄉遂盡征於世族。其君弱臣強雖同，而其形勢實各不同也。」（《考信錄下・考古續說卷之二・東周大事摘考》「齊魯晉之微」條。臺北：世界書局1979.10.3版，頁1-3）我們認爲，崔述的意見有助於我們了解晉、魯二國「作三軍」的異同。此外，對「作爰田」後晉出現「氏隨邑改」的現象，也極具參考價值。「作爰田」是否就是將都鄙分賞貴族，我們可以再作討論。但若崔氏之說果眞成立，即晉惠公「作爰田」，將都鄙之邑賞給貴族，而鄉遂則仍爲國君所有，這仍不致影響我們所提出，晉國自此之後出現「氏隨邑改」的結論。不過我們還認爲，到了晉文公「作三軍」後，晉國不但是都鄙，連鄉遂也全由貴族代管。正因爲如此，貴族才得以完全架空國君。詳細的討論，請參看註1本人之論。

君弱臣強、國君幼弱之外，伯主晉國會否干涉應是最令三家擔心的事。因此，反過來說，三家何以有恃無恐，竟敢公然為之而不畏懼晉國討伐？除了季孫氏外交成功之外，正因晉國久已實行這種代管制，其君臣早習以為常，所以季氏的計謀才會得逞。否則以季武子之老奸巨滑，豈會自尋煩惱？因此我們認為，晉、魯二國「作三軍」的原因雖不盡相同，但魯國「作三軍」的基本架構來自晉國；晉國「作三軍」的結果，也可從魯國「作三軍」、「舍中軍」的始末中，得到清楚的反證。

論「城濮之戰」[1]

論文提要

　　本文從外在國際形勢，晉、楚內在因素等方面觀察，認爲城濮之戰是一場具有劃時代意義的戰爭。最可注意者，從此之後，戰爭變成解決國際均勢最主要的方法。這場戰役之後實質層面的影響是，不再以國君力求穩定局面的考慮爲主，反以貴族力求變化的立場爲判斷依據。春秋時代的大戰接二連三，皆自此起。其精神層面的影響是，以往要求伯主以德綏人，其後變成以力服人。以往要求心悅誠服，伯主必須展現風度；其後則講求詐術，不求風度，不求信任。時代風氣的轉變，城濮之戰正是一個明證。

---

❶　本文發表於第二屆空軍官校戰史與戰爭文學研討會，岡山：空軍官校2001.3。

一、國際背景略述

　　周王室東遷之後，開始了所謂春秋時期。此時王室聲威遠非昔比，因而諸侯崛起並爭。最先躍上舞臺的是號稱小伯的鄭國，尤其是鄭莊公在位期間，更締造了鄭國輝煌的一段經歷。但是鄭國終究實力不足❷，僅僅靠著爲王卿士的頭銜❸，內挾天子以令諸侯，外聯齊僖公同濟所惡。雖然於莊公在位時翻雲覆雨，收一時的成效，但是莊公一死，鄭國旋即諸子並爭，陷入內亂，小伯的時代也就隨之煙消雲散。於是齊襄公繼之，肆虐諸侯，其行事作風談不上伯業。天下陷入一片混沌，你征我伐，莫有所歸。與此同時，南方的楚武王興起，且頗有沛然莫之能禦的架勢❹。楚文王繼之，更是得心應手。只見公元前688年，即魯莊六年（楚文二年）楚伐申、伐鄧；魯莊十年（楚文六年），楚敗蔡師于莘，以蔡侯獻舞歸；魯莊十四年（楚

---

❷　《左傳·昭公十三年》載鄭子產云：「昔天子班貢，輕重以列。列尊貢重，周之制也。卑而貢重者，甸服也。鄭伯，男也，而使從公侯之貢，懼弗給也。」（《春秋左傳正義》，臺北：藝文印書館，1973年5月景印清嘉慶20年1815《重刊十三經注疏附校刊記》，頁812）五等侯的內容雖尚有討論空間，但是諸侯的排行順序總是有的。總之，鄭國排不到前頭，是可以確定的。排前頭的如齊，或是如陳桓公所謂的「宋、衛實難」的這兩國（《春秋左傳正義》，頁70），當然還包括魯在內。

❸　《左傳·隱公三年》：「鄭武公、莊公爲平王卿士。」（《春秋左傳正義》，頁51）

❹　《左傳·桓公二年》云：「秋，蔡侯、鄭伯會于鄧，始懼楚也。」（《春秋左傳正義》，頁95）關於楚的興起，亦可參看《史記·楚世家》的記載。

文十年），楚滅息；七月，楚入蔡；魯莊十六年（楚文十二），楚滅
鄧。當楚國勢力在南方擴散，無人可擋之際，我們也同時看到北方
的齊國（齊桓公二年）於魯莊十年滅譚；魯莊十三年滅遂。齊桓公與
楚文王的行徑，於此段時間似乎沒什麼不同，也都還稱不上伯者。
諸侯飽受欺凌，也未有歸心，唯懾於彼等淫威。但是基於文化及心
理的層面，中原諸侯開始警覺，面對楚國與日俱增的威脅，中原諸
侯若不團結，終將遭楚各個擊破，無一倖免。所以齊桓公用管仲謀，
改頭換面，修正原來侵略者的形象，專心拉攏諸侯。齊既大國，兼
又有心，於是在其領導號召之下，諸侯停止內訌，開始漸漸團結，
《春秋經・莊公十三年》云：

> 十有三年春，齊侯、宋人、陳人、蔡人、邾人會于北杏。……
> 冬，公會齊侯，盟于柯❺。

《左傳》云：

> 十三年春，會于北杏，以平宋亂。……冬，盟于柯，始及齊
> 平也。宋人背北杏之會❻。

《春秋經・莊公十四年》云：

> 十有四年春，齊人、陳人、曹人伐宋。夏，單伯會伐宋。秋
> 七月，荊入蔡。冬，單伯會齊侯、宋公、衛侯、鄭伯于鄄❼。

---

❺　《春秋左傳正義》，頁154。
❻　《春秋左傳正義》，頁154。
❼　《春秋左傳正義》，頁155。

《左傳》云：

> 十四年春，諸侯伐宋。齊請師于周。夏，單伯會之，取成于
> 宋而還。……蔡哀侯爲莘故，繩息嬀以語楚子。楚子如息，
> 以食入享，遂滅息。以息嬀歸，生堵敖及成王焉，未言。楚
> 子問之，對曰：「吾一婦人，而事二夫。縱弗能死，其又奚
> 言？」……秋七月，楚入蔡。……冬，會于鄄，宋服故也❽。

前引魯莊十年，楚敗蔡師，以蔡侯獻舞歸。這時諸侯還未清醒，仍
然互相爭戰不知危機之將至。故同年魯敗齊於乾時，又敗宋於乘丘。
魯莊十一年，魯再敗宋師云云。然魯莊十三年，魯便與齊平，顯然
事情已有轉機，諸侯開始察覺南方的壓迫，因而暫緩爭鬥，轉而尋
求互助。等到魯莊十四年，荊人滅息、入蔡，這個發展對諸侯而言
是一項最可怕的警訊。它意味著楚國的勢力不但已越過第一道申、
息，更隨時可以穿越第二道防線的陳、蔡，直接向北挺進。本來宋
人還猶豫不定，不肯加入諸侯聯合的陣容❾，經此教訓再也不敢怠
慢。在北方首強齊桓公聯合諸侯，宋人服從之下，初步取得了伯主

---

❽ 　《春秋左傳正義》，頁155-156。

❾ 　宋的角色始終值得玩味，豈與其地理有關？顧棟高以爲：「周室棋布列侯，
　　各有分地，豈無意哉？蓋自三監作孽，武庚反叛。周公誅武庚，而封微子
　　于宋。豈非懲創當日武庚國于紂都，有孟門、太行之險。其民易煽，其地
　　易震。而商丘爲四望平坦之地，又近東都。日後雖子孫自作不靖，無能據
　　險爲患哉？故殷之遺民，屬之懿親康叔。而杞、宋接壤，俱在開、歸。匪
　　特制馭，亦善全先代之後宜爾也。入春秋時，宋乃有彭城。彭城俗勁悍，
　　又當南北之衝。故終春秋之世，宋最喜事。齊興則首附齊，晉興則首附晉。」
　　（《春秋大事表・宋疆域論》，臺北：廣學社印書館1975.9，頁717-718。）

的地位。於是在公元前679年,即魯莊公十五年,齊桓公正式建立了他的伯業,《春秋經》云:

> 十有五年春,齊侯、宋公、陳侯、衛侯、鄭伯會于鄄❿。

《左傳》云:

> 十五年春,復會焉,齊始霸也⓫。

可見此次會盟實乃華夏諸侯憂心楚國勢力,所以甘願在齊的領導之下共同合作,以減輕來自南方日增的壓力。然此時鄭猶未服,於齊桓公伯業版圖,不論是實質陣容上或心理層面上,猶有所憾⓬,故《春秋經·莊公十六年》云:

> 夏,宋人、齊人、衛人伐鄭。秋,荊伐鄭。冬十有二月,會齊侯、宋公、陳侯、衛侯、鄭伯、許男、滑伯、滕子同盟于幽⓭。

《左傳》云:

> 十六年夏,諸侯伐鄭,宋故也。鄭伯自櫟入,緩告于楚。秋,

---

❿ 《春秋左傳正義》,頁156。

⓫ 《春秋左傳正義》,頁156。

⓬ 顧棟高云:「齊、晉迭伯,與楚爭鄭者二百餘年。是時鄭西有虎牢之險,北有延津之固,南據汝、潁之地。恃其險阻,左支右吾。蓋滎陽、成皋,自古戰爭地。南北有事,鄭先被兵,地勢然也。」(《春秋大事表·鄭疆域論》,頁727)

⓭ 《春秋左傳正義》,頁156。

　　　　楚伐鄭，及櫟，爲不禮故也。……冬，同盟于幽，鄭成也⓮。

宋先服，魯次之，鄭再服，於是齊桓伯業自此確定，北方中原諸侯
也因而穩定。此時，北方山戎、北狄肆虐，賴齊桓公號召，中原諸
侯得以免於被髮左衽的危機⓯。

　　然而在此同時，南方的楚並未停止擴張的腳步。就在齊桓公忙
於北方戎狄之際，楚成王（魯莊二十三年，楚成王元年）也已發展出更
大的勢力。爲了建立中原諸侯的信心，阻止楚的勢迅速蔓延，迫使
伯主齊桓公親率諸侯聯軍，興師問罪⓰，才勉強使楚人貢苞茅，盟
于召陵而退。由於鞭長莫及，國力不堪負荷⓱，齊桓公此舉象徵意
義大於實質⓲。雖然齊桓公生時聲威素著，爲諸侯信服，所以楚成

⓮　《春秋左傳正義》，頁157。

⓯　本人曾撰〈從晉武公受命論春秋初期王室外交政策〉（《中山人文學報》
　　第5期1997.1，頁1-18），以爲齊桓公稱伯，王室人不能平，故欲聯合晉、
　　鄭以從楚，思以敗之。時則桓公伯業後期，功業正盛，故王室殊不堪耳。
　　唯此時楚勢正盛，桓公初伯，號召諸侯尊王攘夷，與王室尚未有利益衝突。

⓰　《左傳·僖公四年》。（《春秋左傳正義》，頁201）

⓱　《左傳·僖公四年》云：「陳轅濤塗謂鄭申侯曰：『師出於陳、鄭之間，
　　國必甚病。若出於東方，觀兵於東夷，循海而歸，其可也。』申侯曰：『善。』
　　濤塗以告齊侯，許之。申侯見，曰：『師老矣！若出於東方而遇敵，懼不
　　可用也。若出於陳、鄭之間，共其資糧屝屨，其可也。』齊侯說，與之虎
　　牢。」（《春秋左傳正義》，頁203）可見諸侯負擔之沈重，南來示威一
　　次，就夠瞧的，哪堪連年奔命？

⓲　《春秋經·僖公五年》：「楚子滅弦。」《左傳》云：「楚鬥穀於菟滅弦，
　　弦子奔黃。於是江、黃、道、柏方睦於齊，皆弦姻也。弦子恃之而不事楚，
　　又不設備，故亡。」（《春秋左傳正義》，頁207）可見楚國雖然暫時停
　　止對中原諸侯的進逼，但是對其他小國並未放慢侵略的腳步。

王雖欲北進，猶有所顧忌，終究難越齊桓公所布置的防線。當時的國際現況就在雙方自我克制，形成穩定的均勢，天下共享和平，此桓公大有功於天下之處。

然齊桓公既死，齊國內亂❶，無力維持伯業，國際均勢因而破壞。齊桓公所苦心建立的防線突然潰散，楚國勢力急速發展。於是中原頓時面臨來自楚國的沈重壓力，諸侯人人自危，莫能相救，眞正面臨所謂「被髮左袵」的危機。楚成王趁齊桓公死，後繼無人，已無忌憚，遂力圖稱伯中原，而鄭國遂首先投入楚國陣營，《左傳·僖公十八年》：

> 鄭伯始朝于楚。楚子賜之金，既而悔之，與之盟曰：「無以鑄兵。」故以鑄三鍾❷。

位置稍南的陳、蔡等國早已被楚國要脅，成爲楚的附從，此形勢所逼，無可奈何。鄭則不同。鄭是周王卿士，春秋初期的小伯，國土雖小，實力卻強大。王室東遷，晉、鄭焉依❸，可見其重要性，故齊桓伯業必待鄭成。何況鄭居中原要衝，在原來禦楚的申、息防線失守後，成爲中原諸侯最重要的一道防線；一旦失守，其他諸侯幾乎坐以待斃。此時華夏諸侯所能做的，只能期待新的伯主快些出現，好拯救諸侯於水火之中，故《春秋經·僖公十九年》：

---

❶ 《左傳·僖公十七年》，《春秋左傳正義》，頁297。
❷ 《春秋左傳正義》，頁238。
❸ 《左傳·隱公六年》，《春秋左傳正義》，頁71。

冬，會陳人、蔡人、楚人、鄭人盟于齊㉒。

《左傳》云：

> 陳穆公請脩好於諸侯，以無忘齊桓之德。冬，盟于齊，脩齊
> 桓公之好也㉓。

然雖無忘齊桓之德，卻於事無補，楚人的勢力並不就因諸侯的期待
而停止。此時宋襄公欲取代齊桓公，成爲新的伯主，以與楚人抗衡，
《春秋經·僖公二十一年》：

> 宋人、齊人、楚人盟于鹿上。……秋，宋公、楚子、陳侯、
> 蔡侯、鄭伯、許男、曹伯會于盂。執宋公以伐宋。……楚人
> 使宜申來獻捷。十有二月癸丑，公會諸侯盟于薄，釋宋公㉔。

《左傳》云：

> 春，宋人爲鹿上之盟，以求諸侯於楚，楚人許之。公子目夷
> 曰：「小國爭盟，禍也。宋其亡乎！幸而後敗。」……秋，
> 諸侯會宋公于盂。子魚曰：「禍其在此乎！君欲已甚，其何
> 以堪之？」於是楚執宋公以伐宋。冬，會于薄以釋之。子魚
> 曰：「禍猶未也，未足以懲君㉕。」

㉒ 《春秋左傳正義》，頁239。
㉓ 《春秋左傳正義》，頁240。
㉔ 《春秋左傳正義》，頁241。
㉕ 《春秋左傳正義》，頁241-242。

宋的實力既不如齊，又不能獲得齊的支持，想要稱伯根本是心有餘而力不足❷，最後終於被實力強大的楚人擊敗於泓，《春秋經‧僖公二十二年》：

> 夏，宋公、衛侯、許男、滕子伐鄭。……冬十有一月己巳朔，宋公及楚人戰于泓，宋師敗績❷。

《左傳》云：

> 三月，鄭伯如楚。夏，宋公伐鄭。子魚曰：「所謂禍在此矣。」……楚人伐宋以救鄭。宋公將戰，大司馬固諫曰：「天之棄商久矣，君將興之，弗可赦也已。」弗聽。冬十一月己巳朔，宋公及楚人戰于泓。宋人既成列，楚人未既濟，司馬曰：「彼眾我寡。及其未既濟也，請擊之。」公曰：「不可」。既濟而未成列，又以告，公曰：「未可。」既陳而後擊之，宋師敗績。公傷股，門官殲焉。……丙子晨，鄭文夫人羋氏、姜氏勞楚子於柯澤。楚子使師縉示之俘馘。……丁丑，楚子

---

❷ 竹添光鴻云：「盂之會，楚仍以宋主盟，則宋霸成矣，齊孝非所樂也，故不至。至者惟諸小國，又多暱於楚，而頹之膽肆矣。幸子魚守國，猝不可伐。否則幾何而不為犧乎？夫齊桓之圖伯，曲意以求宋、魯。兩盟于幽，以堅諸侯之志；存邢、存衛，以服諸侯心；招徠江、黃，以孤楚之黨。經營數十年，而後一問楚罪于楚，以伯中國。宋襄曹南之盟，止能脅從至近之曹，至小之邾，而遽欲合久屬楚之蔡，新朝楚之鄭；一旦偕楚以受盟於我，不待智者而知其不能矣。且齊桓連內諸侯以攘楚，宋襄合楚以脅內諸侯，其事之正不正，已大相左；而其行事，又相背也。」（《左傳會箋》，臺北：鳳凰出版社1974.10，第6卷，頁19）

❷ 《春秋左傳正義》，頁247。

> 入饗于鄭，九獻，庭實旅百，加籩豆六品。饗畢，夜出，文
> 羋送于軍，取鄭二姬以歸❷。

泓之戰的結果是宋師大敗，襄公受傷而卒，其伯業美夢也就煙消雲
散，此時唯一能稱伯的國家，只有楚一國而已，《春秋經·僖公二
十三年》：

> 夏五月庚寅，宋公茲父卒。秋，楚人伐陳❷。

《左傳》云：

> 夏五月，宋襄公卒，傷於泓故也。秋，楚成得臣帥師伐陳，
> 討其貳於宋也。遂取焦夷，城頓而還。子文以為之功，使為
> 令尹❸。

於是中原諸侯除少數一二以外，至此已無能對抗，紛紛採取靠攏楚
國的政策，而戰敗的宋國更見風轉舵向楚國臣服，《左傳·僖公二
十四年》：

> 宋及楚平，宋成公如楚❸。

楚的勢更所向無敵，四處橫張，《春秋經·僖公二十五年》：

> 秋，楚人圍陳，納頓子于頓。……冬十有二月癸亥，公會衛

---

❷　《春秋左傳正義》，頁247-249。
❷　《春秋左傳正義》，頁249。
❸　《春秋左傳正義》，頁250。
❸　《春秋左傳正義》，頁258。

子、莒慶盟于洮㉜。

《左傳》云：

> 秋，秦、晉伐鄀。楚鬭克、屈禦寇以申、息之師戍商密。秦
> 人過析，隈入而係輿人，以圍商密，昏而傅焉。宵，坎血加
> 書，僞與子儀、子邊盟者。商密人懼，曰：「秦取析矣！戍
> 人反矣！」乃降。秦師囚申公子儀、息公子邊以歸。楚令尹
> 子玉追秦師，弗及，遂圍陳，納頓子于頓。……衛人平莒于
> 我。十二月，盟于洮，修衛文公之好，且及莒平也㉝。

於是魯、衛等國也接著倒向了楚的懷抱，《春秋經·僖公二十六年》：

> 春王正月，己未，公會莒子、衛甯速盟于向。齊人侵我西鄙，
> 公追齊師，至酅，不及。夏，齊人伐我北鄙。……公子遂如
> 楚乞師。……冬，楚人伐宋，圍緡。公以楚師伐齊，取穀㉞。

《左傳》云：

> 春王正月，公會莒茲丕公、甯莊子盟于向，尋洮之盟也。齊
> 師侵我西鄙，討是二盟也。……東門襄仲、臧文仲如楚乞師。
> 臧孫見子玉而道之伐齊、宋，以其不臣也。……宋以其善於
> 晉侯也，叛楚即晉。冬，楚令尹子玉、司馬子西帥師伐宋，
> 圍緡。公以楚師伐齊，取穀。凡師，能左右之曰「以」。寘

㉜ 《春秋左傳正義》，頁262。
㉝ 《春秋左傳正義》，頁263。
㉞ 《春秋左傳正義》，頁264。

> 桓公子雍於穀，易牙奉之以爲魯援。楚申公叔侯戍之。桓公
> 之子七人，爲七大夫於楚❸。

《春秋經·僖公二十七年》：

> 冬，楚人、陳侯、蔡侯、鄭伯、許男圍宋。十有二月甲戌，
> 公會諸侯，盟于宋❸。

《左傳》云：

> 冬，楚子及諸侯圍宋。宋公孫固如晉告急。先軫曰：「報施、
> 救患；取威、定霸，於是乎在矣！」狐偃曰：「楚始得曹，
> 而新昏於衛，若伐曹、衛，楚必救之，則齊、宋免矣。」於
> 是乎蒐于被廬，作三軍❸。

從上引《春秋經》及《左傳》的記載，可見楚國兵鋒所向，望風披
靡。陳、蔡、鄭早已爲楚控制，魯、衛、曹三國或借兵或聯姻，成
爲楚的與國；宋和齊直接面對威脅，雖未屈服，但也無力抗衡。秦
與晉聯姻，實力稍強，然位置偏遠，不足影響楚國。爲了有效地對
抗來自楚國的壓力，晉國在此緊要關頭發揮蓄積的實力，「作三軍」，
立刻增加二分之一的軍隊數目，以對抗楚國的勢力北進，完全是基
於現實的需要。因此楚國的勢力北進，中原諸侯靠攏，形勢正強。
相對地，晉國則欲因此而興，抵抗與阻止楚國勢力的北進，以此號

---

❸　《春秋左傳正義》，頁264-265。
❸　《春秋左傳正義》，頁265-266。
❸　《春秋左傳正義》，頁267。

召諸侯，爭取伯主的地位。晉、楚相爭，各有所願；諸侯望風，以觀成敗。晉、楚雙方各自部署，各有斬獲㊳。紛亂的情勢，未定的動向，就成爲「城濮之戰」的國際背景。

二、晉國內在因素

在城濮之戰的前夕，晉國曾經蒐於被廬，並且同時作三軍、謀元帥，寫下了晉國全新的一頁。有關被廬之蒐的內容，《左傳》及〈晉語四〉都沒有交待清楚。本人曾爲文討論㊴，並且認爲文公「蒐於被廬」「作三軍」有多重的目的：對外方面，當然是對抗楚國勢力北進，爭取成爲伯主的機會；對內則是一方面調和從亡之士與舊有貴族之間的利益衝突；另外一方面，其實也是最重要的目的，尤其在於重新調整君臣的權力架構，也就是放棄自獻公以來君權獨大的高壓政策，改爲對貴族全面讓步。其最要的改變則是：將原屬國君的權力，被迫移交給貴族。

在該文中，我們以爲被廬之蒐作三軍、謀元帥這一連串的作爲，其中有兩項關鍵性的重點：第一，也是最重要的一點，就是「謀元帥」。謀元帥表面上看來，是推選一位元帥執掌指揮作戰，實則逼迫文公交出最高軍事指揮權。關於這點，我們簡稱爲軍權代管制。第二，因爲失去了軍事指揮權，同時文公也交出一般行政權，不再享有統治的權力，成爲虛君，只坐享貴族的貢賦。關於這點，我們

㊳　秦、晉降商密，囚申公子儀、息公子邊。楚令尹子玉圍陳、納頓。晉侯圍原，降之。楚人伐齊、伐宋等等皆是。

㊴　見本人所著〈論被廬之蒐〉，《中山人文學報》第2期1994.4，頁1-20。

簡稱爲行政權代管制。總而言之，「被廬之蒐」「作三軍」的重點，就是晉文公將原屬國君的軍政大權，完全交由貴族代管。因此，討論晉國內部的背景，當然得從「被廬之蒐」「作三軍」「謀元帥」著手；也就是說，貴族強迫晉文公交出軍事和行政權。

　　既然晉國的制度自此之後，「軍行則居中爲重」「以中軍爲尊」，而晉文公又要另謀「元帥」而非親自擔任，可見「作三軍」「謀元帥」後，晉文公不再是晉國最高指揮軍事者。這種嶄新的作法，明顯地剝奪了晉文公身爲國君應有的權力，更凸顯了貴族權力的提昇。這當然違反晉國乃至當時的傳統，而晉文公竟然同意施行。唯一合理的解釋，只能說這種新作法是文公與貴族妥協的結果。「作三軍」「謀元帥」對晉文公君權的影響，不止於失去最高軍事指揮權，還有一個雖看似連帶，但卻非常重要的關鍵，就是出任中軍帥的人選也完全取決於貴族，這使得文公連帶地失去了主動的人事任命權，只能聽由貴族協調而後由文公象徵性地任命。交出軍權以及連帶地失去人事任命權所造成的結果，使得國君對貴族的控制幾乎全無，文公如此，後世的晉君就更不用說了❹。因此交出最高軍事指揮權，以及失去主動任命中軍帥人事權，這就是上引《左傳·僖公二十七年》裡的「作三軍」「謀元帥」，以及〈晉語四〉裡「文公問元帥於趙衰」這件事的眞相❹。被廬之蒐，第一位中軍帥由郤穀出任。因此我們認爲，晉文公將軍事指揮權交由貴族代管，以及

---

❹　襄公已違先軫不顧而唾。靈公爲趙穿所弒。厲公爲欒氏及中行氏所弒，皆其著例。

❹　「謀」的本義爲「慮難」。晉文公以「慮難」的態度臨事，可見「謀元帥」時，文公是如何的愼重。

連帶地喪失主動任命中軍帥的人事權，就是「被廬之蒐」的最重大意義。

這裡有兩件事值得注意，一是推薦者的身分，一是受薦者的身分。據記載，我們看到推薦者是趙衰，受薦者是郤縠。晉文公接納趙衰的建議，起用郤縠將中軍，郤溱佐之。這兩人既然都以郤爲氏，可見他們和郤稱是同一族人，在晉國可謂枝葉繁茂。雖然郤芮因謀弒文公而被殺，但這顯然並未影響到郤氏在晉國的政治地位。所以初作三軍時，軍事指揮權掌握在郤氏手中。首先出任中軍帥的人選是郤縠，何以由郤縠出線？當然有諸多原因。其中關鍵之一，是因爲郤縠是由趙衰所推薦。中軍帥的人選乃由趙衰一言而定，可見他在這件事情上有不可忽視的影響。文公與趙衰的關係，本人已有討論，茲不贅述。趙衰是晉文公的姻親，更是最親近的從者之一❷，而且「有文辭」❸，不辱使命，得到秦穆公的讚賞❹。以趙衰的身分，當他向晉文公提出中軍帥的建議人選，立刻得到文公首肯，這

---

❷ 《說苑・善說篇》：「晉平公問於師曠曰：『咎犯與趙衰孰賢？』對曰：『陽處父欲臣文公，因咎犯，三年不達；因趙衰，三日而達。智不知其士眾，不智也；知而不言，不忠也；欲言之而不敢，無勇也；言之而不聽，不賢也。』」（向宗魯：《說苑校證》，北京：中華書局1987.7第1版，1991年9月北京第2次印刷，頁291）由此可見趙衰與晉文公之間的關係，實非他人可比。就算是其舅狐偃，也顯得微不足道。《新序・雜事第四》又載趙衰勸文公召賞虢之老夫，可見趙衰在晉文公心目中，確實有其分量。

❸ 《左傳・僖公二十三年》子犯曰：「吾不如衰之文也。」杜《注》：「有文辭。」（《春秋左傳正義》，頁253）

❹ 見《國語・晉語四》所載。（《國語》，臺北：宏業書局，1980年9月《四部備要》排印清士禮居翻刻明道本）

當然不是偶然，而是因為他的身分和忠誠，所以晉文公既能夠接受他的建議，又不會對他的建言產生過度的聯想。同時也因為趙衰提的人選並非從亡之士，而是留在國內舊有貴族，當然也能得到他們的認同，是以雙方皆無異議。

第二任中軍帥由先軫接任，他是以「尚能」的原因，由下軍佐躍升為中軍帥。表面上這似乎又回到獻公時代用人唯賢的政策老路，可是獻公本人所具備的條件，又豈是文公所能比擬？再加上獻公雖然堅持用人唯材，但是他所用的人材都具有一個共同的特色，就是不論是士蒍還是趙夙、畢萬，這些人材都是外來的人士，不是晉國國君的親戚。他們受到獻公重用，主要是為了對抗國內的舊有貴族，這個作法對於晉獻公的施政是絕對重要的。這些外來人材的特點是能力高強而且謹守分際，對晉獻公更是忠貞不二，絕無異心。所以如此，當然與他們外來者的身分密不可分。至於晉國國君的親族，即舊有貴族，如桓、莊之族，乃至游氏、富子等人，全是晉獻公的眼中釘，去之唯恐不及，而且獻公實行得非常徹底。因為他們憑著國君親族的身分，在宗法制度親親重於一切的保護傘下，對國君的君權造成嚴重的威脅，獻公的祖先正是最主要的見證人。至於這種情形，在當時其他的諸侯國中同樣是層出不窮。在春秋初期，每個國君都深為所苦，深受其害，連王室周天子都不能倖免，其他如魯、衛、齊、鄭、宋、陳等等中原諸侯無不如此。若非晉獻公意志堅定，手段過人，恐怕也不免步上其前輩親人的後轍。但是即使以獻公之雄材大略，到了晚年面對貴族之不聽使喚也束手無策，一旦身死，乃至連驪姬、奚齊、卓子母子兄弟都無法保全，可見貴族勢力之龐大，早已超過獻公的控制範圍。文公回國繼位，情況之險

惡較獻公時代相去何止萬里？他能夠回國繼承君位，靠的是岳父秦
穆公的支持。不過顯然秦穆公的支持是不夠的，因此他差點連自己
都難自保，險些就被燒死，還談什麼控制貴族？在這種情況下，他
自然也無法學其父親獻公那樣大量引進外來人材，以便對抗國內的
舊有貴族，他唯一的可行之道就是和貴族妥協。因此「作三軍」「謀
元帥」，顯然是在舊有貴族的壓力下，不得不爾的作法。「尚能」
是獻公有心建立的慣例，也是貴族晉升的出路，不過這是獻公建立
自己的隊伍，用以對抗舊有貴族的作法，只是長此以往，大家也都
習以為常。現在郤縠一死，他們不甘再度任由晉文公擺布，因為晉
文公實在無此能力擺布。他們提出超出意料中的要求，包括中軍帥
的人選，及原屬於國君的各種權力。因此同樣是尚賢的口號，但是
所包含的意義已經不同。這是舊有貴族聯合一致，要求擴張自己的
權力所發出的怒吼。文公縱有意打壓，也力不從心，只得任由能力
高強的先軫出任。可見到了第二任的人選，文公已失去操縱的能力。
反而是舊有貴族在鞏固權力方面，取得了重大的勝利。雖然雙方在
表面上，仍然維持了君臣上下的面子，但是時移勢轉，晉國國君的
權力，如晉獻公那麼風光的日子，生殺予奪、大權在握的威風終究
一去不回了。

三、楚國內在因素

在第一節中所舉證的國際背景，看起來對楚國是十分有利的。
事實上，城濮之戰前，楚國已經取得了絕對的戰略優勢，不但打敗
宋國，又借著聯姻施惠拉攏諸侯，隔絕並征討了齊國。秦僻在西陲，

影響有限。晉國雖然是一個潛在的敵人，但是到底有多強大，其實力尚未經過考驗。至於周天子，早在齊桓公稱伯時就與楚國眉來眼去，扯齊桓公後腿，其實力本不足號令諸侯；甚至當齊桓公伯業對王室威信造成衝擊時，周王室不惜暗中授意晉、鄭二國去聯楚制齊，他還有什麼實力和立場對抗強大的楚國？當時的楚成王可謂躊躇滿志，眼見就稱伯中原；不但稱伯中原，甚且連稱王天下，都不是不可能的事了。

但是這一切，都無法掩飾楚國本身也有令其不安的內在因素。在討論城濮之戰時，雖然多數學者於此點甚少著墨，畢竟這也是值得重視的因素。事實上，楚國內在因素的複雜性一點也不亞於晉國，《左傳·僖公二十三年》：

> 秋，楚成得臣帥師伐陳，討其貳於宋也，遂取焦夷，城頓而還。子文以爲之功，使爲令尹❹。

有功而賞，此何足奇？不過細看《傳》文「子文以爲之功」，這句話似乎大有學問。何謂「以爲之功」？到底子玉此役有沒有功勞呢？取焦、城頓，豈可不謂爲功？不過這樣的功究竟是否值得大聲張揚？試看此役之前一年楚、宋泓之戰，當時令尹爲子文。此役楚國大勝，不過好像勝得有些僥倖，當時的實際狀況反倒是頗爲險峻的，《左傳》云：

> 宋人既成列，楚人未既濟。司馬曰：「彼眾我寡，及其未既濟也，請擊之。」公曰：「不可。」既濟而未成列，又以告，

---

❹ 《春秋左傳正義》，頁250。

公曰：「未可。」既陳而後擊之，宋師敗績。公傷股，門官殲焉。國人皆咎公。公曰：「君子不重傷，不禽二毛。古之為軍也，不以阻隘也。寡人雖亡國之餘，不鼓不成列。」子魚曰：「君未知戰！勍敵之人，隘而不列，天贊我也。阻而鼓之，不亦可乎？猶有懼焉。且今之勍者，皆吾敵也。雖及胡耈，獲則取之，何有於二毛？明恥教戰，求殺敵也。傷未及死，如何勿重？若愛重傷，則如勿傷！愛其二毛，則如服焉！三軍以利用也，金鼓以聲氣也。利而用之，阻隘可也；聲盛致志，鼓儳可也❹❻。」

除了若干食古不化者以外❹❼，大概很少人會讚美宋襄公的作法。我們推論，或許宋襄公想繼承齊桓公伯主的架勢❹❽，刻意地擺出堂堂之師。他說「君子不重傷，不禽二毛。古之為軍也，不以阻隘也。寡人雖亡國之餘，不鼓不成列」，豈不是為了做給諸侯看：他是齊桓公的最佳繼承人❹❾？以致如此選擇？結果賠了夫人又折兵？當時

---

❹❻ 《春秋左傳正義》，頁248-249。

❹❼ 《公羊傳》以為宋襄公此戰「雖文王之戰，亦不過此也。」（《春秋公羊傳注疏》，臺北：藝文印書館，1973年5月景印清嘉慶20年1815《重刊十三經注疏附校刊記》，頁148）

❹❽ 晉文公流亡過宋，「宋襄公贈之以馬二十乘」。（《春秋左傳正義》，頁252）試看，連伯主齊桓公也不過給重耳二十乘（《春秋左傳正義》，頁251），宋襄公擺出的排場如此闊綽，可見其志不小。

❹❾ 我們甚且懷疑，即使連宋襄公都做如是想、都如是行，只是很不幸，他的實力無法與齊桓公等量同觀，卻愛逞強，結果打了敗仗，身亡又差點國破。不過從泓之戰到城濮之戰，倒是一條值得觀察的線索。天下局勢從以和為首要考量，慢慢地轉變成以戰爭為主要手段。我們大膽推論，如果宋襄公

宋襄公如果真的按照司馬子魚的建議，趁著楚師半濟時突襲，那麼泓之戰誰勝誰敗恐怕還很難說。所以楚軍雖勝，其實勝得非常驚險。因此，若說有功，子文在此役中應該有更多的功勞才對，何以不自以為之功？緊接著子玉在面對不成比例的對手時獲得勝利，子文便以為之功，讓出令尹的職位以授子玉，這是有違常理的作法，可見這時的楚國內部其實暗濤洶湧。幸虧子文寬容大量，三為令尹、三去令尹皆無喜憂之色❺，所以能夠平息楚國的內爭，讓子玉這種具有強烈野心的貴族出頭，以維持楚國內部的安定❺。但是子文的這種作法並未逃過他人法眼，同時也未得到所有貴族的支持。《左傳·僖公二十三年》：

有齊的實力，那麼泓之戰就會一步取代城濮之戰，成為劃時代的第一場戰役了。

❺ 見《論語·公冶長篇》。

❺ 這種事例頗多，如鄭國之子產特意討好公孫段，用的也是同樣的方法，《左傳·襄公三十年》：「子產為政，有事伯石，賂與之邑。……子產是以惡其為人也，使次己位。」杜《注》：「畏其作亂，故寵之。」（《春秋左傳正義》，頁684）子產還引了《鄭書》云：「安定國家，必大焉先。」認為「姑先安大，以待其所歸。」（《春秋左傳正義》，頁684）《孟子·離婁上》亦云：「為政不難，不得罪於巨室。」（焦循《孟子正義》，北京：中華書局1987.10，頁493）大約也是這個意思。類似公孫段或是子玉這些貴族，通常都是執政者得罪不起的巨室之流。為了盡量不使生事，較好的方法之一，便是高升他們的職位，滿足他們的虛榮。子文在楚國信譽卓著，可以讓出令尹；子產在鄭國名聲高而實力小，所以還得先賄賂伯石以邑；又盡力空出次一級的位置，讓伯石覺得面子十足。如是安排，基本上都能滿足這些人的野心，讓他們不再隨時掣肘，同時或多或少出點力氣幫忙。

> 叔伯曰：「子若國何？」對曰：「吾以靖國也。夫有大功而
> 無貴仕，其人能靖者與有幾㉒？」

既是爲「靖國」，說明了楚國貴族之間的關係頗爲緊張。爲了緩和
氣氛，化解可能的內鬥，所以子文讓出令尹一職予子玉。可是有人
並不讚同子文的作法，因爲那只是將問題遮住，並不能徹底地解決
問題，《左傳·僖公二十七年》：

> 楚子將圍宋，使子文治兵於睽。終朝而畢，不戮一人；子玉
> 復治兵於蒍，終日而畢，鞭七人，貫三人耳。國老皆賀子文，
> 子文飲之酒。蒍賈尚幼，後至，不賀。子文問之，對曰：「不
> 知所賀。子之傳政於子玉，曰：『以靖國也。』靖諸內而敗
> 諸外，所獲幾何？子玉之敗，子之舉也。舉以敗國，將何賀
> 焉？子玉剛而無禮，不可以治民；過三百乘，其不能以入矣。
> 苟入而賀，何後之有㉝？」

叔伯大概是老成之人，所以只提出似淺實深的問題，就是如今子文
傳政子玉，對楚國怎麼交待。子文也順著說，正是爲了安靖楚國所
以才這麼做，於是就堵住叔伯的口了。但是蒍賈年少氣盛，所提出
的問題就很尖銳，用語也非常率直，毫不隱諱。第一，靖諸內卻將
敗於外，對楚國有何益處？第二，子玉是經由子文所推薦的人選，
那麼子文要不要負責呢？第三，子玉的性格剛而無禮，就算是有幸
勝於外，對於內政治民也將多所不利。但是這些批評如何瞞得過子

㉒　《春秋左傳正義》，頁250。
㉝　《春秋左傳正義》，頁266-267。

玉之耳？子玉又如何心服口服？所以到了開戰前夕，子玉也要爲自己辯護一番，《左傳・僖公二十八年》：

> 子玉使伯棼請戰，曰：「非敢必有功也，願以間執讒慝之口❺。」

身爲主帥，子玉的辯護倒無可厚非。軍隊出征當然是爲了要打勝仗，何況打了勝仗才能堵住一干反對者的口；否則打了敗仗，縱是千說萬辯又何益？

四、評　論

就某一方面而言，城濮之戰可說是一場相當有趣的戰爭。雙方的國君都無意和對方面衝突，雙方的貴族卻巴不得在戰場上大顯威風，好在各自的國家之內建立更有利的競爭基礎。至於勝負的關鍵之一，顯然在戰場指揮官的決心。城濮之戰在戰場上，雙方的指揮官都有求勝的決心，此點無庸置疑。但是最高層的決策者的態度，對勝負更起了決定性的作用，這表現在雙方的國君對貴族的控制能力上有著明顯的差異，因此在遂行決心時出現了不同的結果。在晉國，晉文公對這些一心求勝的貴族可謂無毫無約束力，任由貴族行事❺。但是比起晉文公來，楚成王對子玉的牽制能力就大得多了，

---

❺　《春秋左傳正義》，頁271。

❺　〈論晉國早期中軍帥〉，第一屆國際經學研討會1999.5.臺北：國立臺灣大學。

《左傳·僖公二十八年》：

> 楚子入居于申，使申叔去穀，使子玉去宋，曰：「無從晉侯！
> 晉侯在外十九年矣，而果得晉國。險阻艱難，備嘗之矣；民
> 之情僞，盡知之矣。天假之年，而除其害。天之所置，其可
> 廢乎？《軍志》曰：『允當則歸。』又曰：『知難而退。』
> 又曰：『有德不可敵。』此三志者，晉之謂矣❺❻。」

子玉辯駁的理由已見上引，於是使楚成王不再全力支持❺❼，同年《傳》
云：

> 王怒，少與之師。唯西廣東宮與若敖之六卒實從之❺❽。

---

❺❻ 《春秋左傳正義》，頁271。

❺❼ 子玉的算盤是「請復衛侯而封曹，臣亦釋宋之圍。」（《春秋左傳正義》，
頁271）就他的立場而言，已經是退讓了。不過與楚成王的意圖還是有段
差距，所以成王未盡與之師助陣。我們推測，除了有意學習齊桓公成功之
道以外，楚成王也不怎麼情願子玉打勝，以免驕兵悍將徒增困擾。這個心
理與晉文公應該相同。所以晉國雖然「作三軍」，但城濮之戰時兵力不過
七百乘，實力仍不足與楚人相抗衡，設無齊、秦助陣，勝負殊難逆料。故
城濮之戰前，晉軍鬥意志不足，連小小的曹國都久攻不下。晉文公心懷
恐懼，乃至「夢與楚子搏，楚子伏己而盬其腦，是以懼。」若非子犯與樂
枝堅持與鼓勵，軟硬兼施，雙管齊下，晉、楚是否開戰仍未可知。詳見《左
傳·僖公二十八年》。（《春秋左傳正義》，頁272）

❺❽ 《春秋左傳正義》，頁271。《國語·楚語上》蔡聲子對令尹子木云：「王
孫啓奔晉，晉人用之。及城濮之役，晉將遁矣，王孫啓豫於軍事，謂先軫
曰：『是師也，唯子玉欲之，與王心違，故唯東宮與西廣寔來。諸侯之從
者，叛者半矣，若敖氏離矣，楚師必敗，何故去之？』先軫從之，大敗楚
師，則王孫啓之爲也。」（《國語》，頁535）按：城濮之役是否因王孫
啓而楚師大敗，尚可討論。不過楚成王不支持子玉，倒無疑義。

童書業以爲楚眾晉寡，本人曾以爲是❺❾。不過本人目前對這個問題的看法，稍有不同。因爲以《傳》文「王怒，少與之師」一句看來，實際戰場上楚國的軍力是否眞的比晉方——包括齊、秦聯軍——有絕對性的優勢，恐怕還得商榷。

　　說到這個問題，眾所週知，人數的眾寡通常足以影響戰局勝負；當然，也不是必然多者皆勝。不過話說回來，兵法云：「十則圍之，倍則戰之❻⓪。」人多勢盛，有什麼不好的？晉勝楚敗，當然不能概以雙方人數多寡而論。不過楚成王少與之師，對楚軍的心理影響必然是不小的。但即便如此，楚方雖敗，不代表子玉作戰能力不足或是不勇猛作戰❻①；何況雖然失利，楚國的基本部隊卻未受損。所以楚師雖然敗績，但是「子玉收其卒而止，故不敗。」楚國所損失的部隊之一是陳、蔡之師，不過陳、蔡是楚的與國，等於是被脅迫來參戰的可憐蟲，其勝其負對楚本身的實力無甚關係。另外損失的是申、息之師，這雖是新附之地，畢竟還是楚國的領土，勝負便可能影響楚國實力。所以成王才會說「大夫若入，其若申、息之老何？」但即便如此，申、息之內的楚國，其原有基本實力仍不受影響。若按楚成王少與之師的標準重新計算，晉、楚的形勢恐怕就得逆轉。

---

❺❾　見本人所著碩士論文《春秋時代封建制度的解體》（臺北：天工書局　1984.6），頁220。

❻⓪　見《史記・淮陰侯列傳》所引。（《史記會注考證》，臺北：洪氏出版社　1977.5，5版，頁568）

❻①　子玉給晉文公心理上的壓力是很大的，見《左傳・僖公二十八年》。晉人不攻擊楚之中軍，與繻葛之戰時，鄭莊公不攻擊王之中軍，有異曲同工之妙。

可見楚成王對子玉不甚滿意。至於爲何不甚滿意，是因爲蒍賈之言
還是另有他故，比如不願尾大不掉等等考慮，就不得而知了。另外，
子玉之敗或曰與《左傳》中一段稍涉神怪的記載有關，唯此記載是
否就是子玉決定性的敗因，也很難說，同年《傳》云：

> 初，楚子玉自爲瓊弁玉纓，未之服也。先戰，夢河神謂己，
> 曰：「畀余！余賜女孟諸之麋。」弗致也。大心與子西使榮
> 黃諫，弗聽。榮季曰：「死而利國，猶或爲之，況瓊玉乎？
> 是糞土也，而可以濟師，將何愛焉？」弗聽。出，告二子，
> 曰：「非神敗令尹！令尹其不勤民，實自敗也㉖。」

失敗了，總得找個合理的解釋以安眾心。子玉既然吝嗇，不把自己
的好東西給河神，難怪會失敗了。在歷史上這種事例太多，不一而
足㉖。話雖如此，但是反過來看，祭神就一定受庇佑嗎？稍前些時
的虢公不就是祭神而亡國，而且還著實被人罵了一頓㉖？可見祭神
與否不是關鍵。不過失敗了總得有個理由，總得有個人負責吧！不
然怎麼辦？總之，戰爭的結果非常明確，其原因又何嘗不然？在晉
國，國君管不了貴族，於是貴族放手一搏，打贏了這場戰役。反之，

㉖　《春秋左傳正義》，頁274。
㉖　《史記·李將軍列傳》載漢代名將李廣殺了降人，因而不能封侯，他不也
　　就認命了？
㉖　《國語·晉語二》虢大夫舟之僑說虢君：「嘉其夢，侈必展，是天奪之鑒
　　而益其疾也。民疾其態，天又誑之。」（《國語》，頁296）另外虞君說：
　　「吾享祀豐絜，神必據我。」（《春秋左傳正義》，頁208）隨君也說：
　　「吾牲牷肥腯，何則不信。」（《春秋左傳正義》，頁110）都是祭神不
　　敢怠慢，但是下場又如何？

楚國的國君仍有足夠的威權，管得了子玉，於是子玉便輸了這一回。

城濮之戰可以說是劃時代的戰爭，對於當時的國際形勢固然有相當的影響，對於日後春秋時代的演變更有絕對的關係。我們很容易發現，當正而不譎的齊桓公與楚成王爭衡的時代，雙方基本上是以冷戰的方式對峙，竭力自我克制，遇到衝突時也不以正面決戰來解決。雙方各自劃分勢力範圍，所謂「君處北海，寡人處南海，唯是風馬牛不相及也。不虞君之涉吾地也，何故❻❺？」就算是桓公突然率諸侯聯軍南下示威那次國際危機時，楚國措手不及，表面上退讓；但是當桓公向屈完示軍威，說：「以此眾戰，誰能禦之？以此攻城，何城不克❻❻？」屈完的回答是：「君若以德綏諸侯，誰敢不服？君若以力，楚國方城以爲城，漢水以爲池。雖眾，無所用之❻❼。」於是齊桓公也只是在獲得表面上的勝利之後，就識相地班師而返。從這場世紀大戲中顯見兩個國君都不想開啓戰端。一方面，這是實力決定的事。試問，站在齊桓公的立場，如果要攻，不是三天五天能解決。那麼後勤補給能否滿足？看看接下來陳轅濤塗和申侯的對話就很清楚了❻❽。如果不攻，如何對諸侯交待？面子要往哪裡擺？楚國何嘗不了解齊桓公的苦衷，又豈是眞的害怕諸侯聯軍？只是撕破臉後，齊桓公惱羞成怒，非決一死戰；「以此眾戰」，聲勢還是夠嚇人的。楚國在事起倉促的情況下，當然也無十足把握獲勝。所以在演了一場戲之後，皆大歡喜，各取所需，同時回復了雙方都想

---

❻❺　《春秋左傳正義》，頁201。

❻❻　《春秋左傳正義》，頁203。

❻❼　《春秋左傳正義》，頁203。

❻❽　《春秋左傳正義》，頁201

要的穩定秩序。

到了城濮之戰前，楚成王在所向披靡之餘，風水輪轉，其心態便頗類似齊桓公召陵之盟時。雖然楚的聲勢正盛，但是憑當時的條件想要稱王，其實還有一大段距離；想要稱伯，比起齊桓公，楚成王具備了更充分的優勢。所以沿用了齊桓公召陵之盟的模式，他也希望以形勢嚇唬對方❻，讓對方知難而退就心滿意足了。開戰對楚成王來講是完全沒有必要的事，楚國都已經取得了絕對優勢，勝了，也不過如此；敗了，所有贏得的獎品，全都得吐出，弄得一無所獲，那又何必呢？所以客觀地看楚成王的立場，當然是全力阻止戰爭的發生。「無從晉師」，是不想和晉人正面衝突，避免擦槍走火；「少與之師」，是試圖要子玉明白成王的心意，快些知難而退。同樣的情形也發生在晉文公身上。晉文公在流亡楚，成王問何以為報時，晉文公也說要「退避三舍」，楚成王也就心滿意足了；逼不得已非得對陣，那看情況再說，不是非動武不可❼。但是子玉此時的態度

❻ 除了宋、齊之外，楚國對諸侯的態度是十分友善，且幾近於討好的，其行為模式與齊桓公並無二致。尤其是對魯國，甚且還派了宜申來獻捷。（見《春秋經·僖公二十一年》）按：獻捷一事，見於《左傳·成公二年》，云：「蠻夷戎狄，不式王命。淫湎毀常，王命伐之，則有獻捷。王親受而勞之，所以懲不敬，勸有功也。」（《春秋左傳正義》，頁430）這時的魯國受到楚的如此尊重，難道不會沾沾自喜一番？獻捷一事，只有《經》文輕描淡寫的一筆帶過，連《傳》文都無，莫非不敢記載？是真的缺漏？還是要為某人諱？

❼ 《史記·晉世家》載晉文公僅以此回答。（《史記會注考證》，頁631）《左傳·僖公二十三年》尚有「若不獲命，其左執鞭弭，右屬櫜鞬，以與君周旋。」（《春秋左傳正義》，頁252）「與君周旋」，只是說有可能開戰，但是未必非得兵戎相見。何況退避三舍，已經給足了楚成王面子。只要成王不欺人太甚，晉不也就默認事實。就像齊桓公一擺出架勢，楚國立刻認輸受盟。雙方裡子面子全都顧到了，何必非大打出手呢？

是非殺晉文公不可；殺不成，到了兩軍對陣時則是非打不可。可見即使在楚國，君臣雙方的立場有多麼大的差距。反觀楚與晉的國君的立場倒是一致，就是能夠以和平的手段解決爲其最高指導原則。晉文公的場面話或許是不得不說，以免有辱國格，不過真的上了戰場，他也不想冒這個危險。所以晉文公另有目的地實踐諾言，真的退避三舍，楚成王也聞弦歌而知雅意，命子玉退兵。兩個國君的行動是如此同步，可見其立場之相似。在楚成王方面，應該是從齊桓公身上學習到一件事，那就是齊桓公成功之道，乃絕不主動發動戰爭；一方面減少諸侯的負擔，一方面也減少戰爭失利帶來的負面影響。楚成王既然可以透過外交手段，學學齊桓公用和平的面貌，以德綏諸侯，不費吹灰之力就能達到想要的目標，又何必賭一場沒有必勝把握的戰爭呢？相對地，在晉文公方面，雖說是另有所圖，但也完全沒有求戰的意念；甚且，不幸開戰，他希望戰敗的心情恐怕更遠大於勝利。因爲一旦失敗了，他手下的貴族必無從囂張，他還有機會扳回一城；勝利了，都是那些貴族們的功勞，往後的日子更不好過。自從晉作三軍、謀元帥之後，晉文公本來就難以控制這些貴族。萬一開戰，而且又贏了，這些貴族必將更形倨傲難制。退避三舍，保留對楚交涉的空間，又可阻止自己貴族的囂張。從這個方面來思考，此役的勝利對晉文公而言，或許是他最不願見到的一件事。

　　按歷史經驗的觀點而言，當兩強對立，國際的均勢形成時，穩定的國際秩序對兩強雙方最爲有利⑦。雙方在各自的地盤稱雄，互

---

⑦　在春秋時代，不但伯主希望平衡均勢，就是風光不再的周天子也難免有同

不干涉；當邊緣地區出事時，雙方也容易各自協調。楚人伐宋、伐齊，固然是如此考慮；晉人伐曹、伐衛，又何嘗不然⓻？結果不但對伯主有利，對依附在伯主週遭的國家，也會因為局勢的紓緩而減少受害⓽。所以經過伯主們的確立，互相承認勢力範圍，對所有的

樣的想法，因為至少北方的伯主多少會看周天子的面子，讓王室保持一定的尊嚴。例如齊桓公高喊尊王攘夷，召陵之會、貫澤之會乃至葵丘之會，哪次不是搏命演出，讓多少經學家涙賞、動容？這就是最明顯的例子。又如城濮之戰後，晉文公朝周襄王時，雖然文公得意忘形，以臣召君，畢竟還裝模作樣一番，給周天子相當盛大的排場。一旦少了伯主的照應，沒人肯理睬王室，那麼王室的夢魘便會出現，例如《左傳·僖公二十四年》：「鄭之入滑也，滑人聽命。師還，又即衛。鄭公子士洩、堵俞彌帥師伐滑。王使伯服、游孫伯如鄭請滑。鄭伯怨惠王之入，而不與厲公爵也；又怨襄王之與衛滑也，故不聽王命，而執二子。」竹添光鴻云：「見中國無霸，則諸侯無王。」（《左傳會箋》，卷6，頁46）周、鄭因故交惡，甚至兵戎相見，這在齊桓公高舉尊王攘夷的日子裡怎麼可能發生？襄王不甘受辱，找狄人以伐鄭。雖然給鄭國一些教訓，但是狄人後來翻臉，襄王被迫出奔，下場如何？幸而其後晉文公覺得周天子還有利用價值才送回襄王，但是勒索王室一頓又如何能免？所以即使站在周天子的立場，伯主仍然是多麼令人懷念。

⓻ 見《左傳·僖公二十六年》、《左傳·僖公二十七年》及《左傳·僖公二十八年》。

⓽ 華夏諸侯打心底希望有個中原伯主撐著，《左傳·僖公二十六年》展喜云：「桓公是以糾合諸侯，而謀其不協；彌縫其闕，而匡救其災，昭舊職也。及君（按：齊孝公）即位，諸侯之望，曰：『其率桓之功。』」（《春秋左傳正義》，頁265）但是實在不得已，就算是南方的楚國稱伯，他們也都勉強接受。所以在遭到齊孝公的欺侮之後，魯人立刻有了動作，同年《傳》云：「東門襄仲、臧文仲如楚乞師。臧孫見子玉而道之伐齊、宋，以其不臣也。」這就是諸侯希望有伯主的實際作為，管他是齊是楚，只要能保護自己的都行。又如《左傳·僖公二十一年》春，宋人為鹿上之盟，

以求諸侯於楚。竹添光鴻以爲:「桓公沒而諸侯風靡於楚可知矣。」(《左傳會箋》,卷6,頁18)《左傳·宣公十一年》:「(鄭)子良曰:『晉、楚不務德而兵爭,與其來可也。晉、楚無信,我焉得有信?』乃從楚。」(《春秋左傳正義》,頁383)蓋諸侯向來得交貢賦,但是以往交給周天子,現在轉交伯主,對象雖不同,這筆支出絕對是跑不掉的。既然非交保護費不可,只要有罩得住的伯主,管他周天子、齊桓公還是楚莊王,反正交一份就可以有張保護傘,得以安身,那就交了也罷。可是如果這個伯主罩不住,另外一個伯主跑出來鬧場。這時候諸侯不但要交兩份保護費,又沒有實際的保護效果,不但花費增加,心理的負擔更大;萬一兩面不討好,左右爲難,才眞叫人疲於奔命呢!例如《左傳·文公十三年》:「冬,公如晉朝,且尋盟。衛侯會公于沓,請平于晉。公還,鄭伯會公于棐,亦請平于晉。公皆成之。」杜《注》:「鄭、衛貳于楚,畏晉,故因公請平。」(《春秋左傳正義》,頁333)鄭國本想兩方都不敢得罪,結果兩方都得罪了,這該怎麼是好?只得請魯說項,從中調停,以消災解厄。故竹添光鴻云:「公朝晉,而衛、鄭之君皆因公以成於晉。始知十年厥貉之次,迫於強命。世有桓、文,何爲至此?觀鄭伯賦《詩》,文子答賦,斯時之諸侯,亦可哀矣。」(《左傳會箋》,卷9,頁16)更糟糕的是,原來的兩個伯主都不行了,又跑出新的混混來勒索,這才令這些諸侯苦上加苦,如《左傳·成公七年》:「季文子曰:『中國不振旅,蠻夷入伐,而莫之或恤,無弔者也夫。《詩》曰:「不弔昊天,亂靡有定。」其此之謂乎?有上不弔,其誰不受亂?吾亡無日矣。』」(《春秋左傳正義》,頁443)新出的小混混沒人管也就罷了,萬一弄到自家身上,該有多麼倒楣?此例如《左傳·昭公十六年》:「二月丙申,齊師至于蒲隧,徐人行成。徐子及郯人、莒人會齊侯,盟于蒲隧,賂以甲父之鼎。叔孫昭子曰:『諸侯之無伯,害哉!齊君之無道也,興師而伐,遠方會之;有成而還,莫之亢也。無伯也夫!《詩》曰:「宗周既滅,靡所止戾。正大夫離居,莫知我肄。」其是之謂乎?』」(《春秋左傳正義》,頁825-826)少了周天子的照應之後,諸侯需要伯主來承擔原屬周天子的責任。自齊桓公以來,他們千方百計地就是要找個伯主來保護,一旦沒有這張保護傘,會令他們難以度日。看似可笑,但實情就是如此。關於伯主與諸侯互動等其他事例,在《左傳》中不一而足,讀者可以自行參看。

國家，都有好處❼。在這種情況下，其實戰爭應該是最不得已的手段，不到最後關頭絕不應該輕易使用。所以凡是伯主國君在面對衝突時，考慮到戰略形勢的要求，都持比較謹慎的態度；只要能有和平的方法都會盡量嘗試，不致造成決裂，所以也比較易於善後。但是貴族通常都只考慮到戰術的層面，在進行一場戰役時，以如何克敵致勝爲最高優先，較少想到贏到戰役、輸掉戰爭這種戰略因素。城濮之戰便是一例。雙方的國君，其立場相同；但是雙方的貴族，立場也是一致；於是造成君不欲戰，臣必欲戰的奇觀。

我們還可以注意另外一點，那就是在城濮之戰以前，我們看不到這麼大型的戰爭，同時也沒有任何一場戰爭能牽動國際穩定。相反的，所有的戰爭不但都是區域性的，在雙方各自克制的狀態下進行。即使勝利者，也是小心翼翼地盡量維持著國際的穩定，不使失衡❼。城濮之戰則不然，晉國貴族楚心積慮地便是破壞穩定，甚且是採用訴諸於戰爭的方式；更有甚者，晉國的貴族從此習於用戰爭來解決問題。因爲戰爭不論勝負，對他們的好處都比壞處多，所以樂此不疲。例如接下來的秦、晉崤之戰，到底有無必要發動，實在令人懷疑。但是晉最有實權的中軍帥先軫卻一意孤行，毫不遲疑。結果晉軍大勝，殺得秦軍「匹馬隻輪無反者」。這不僅是在軍事戰場上的勝利，更重要的是政治戰場上的勝利。貴族完全切斷晉襄公可能獲自秦穆公的協助，使晉襄公更加孤立無援。這場勝利對晉國

---

❼ 前引顧棟高言，以爲宋最喜興事。（《春秋大事表》，頁717-718）故城濮之戰，近因即爲宋人遣使告急。唯具有此種野心的國家畢竟是少數，多數的諸侯都不願兩面得罪，以免惹禍上身。

❼ 如鄭滅許便是一例。

貴族而言是雙重的利益，但是被晉國打敗的一方豈肯善罷干休？只要一有機會一定討回公道。如此冤冤相報，戰爭豈會有個完了？所以在《左傳》中，我們便可看到秦、晉之間連續不止的戰爭。不過這些晉國貴族們要的豈不正是永無休止的戰爭？如此他們才能從戰爭中得利。無事尚且要生非，何況已經結下了這麼深的樑子？這些晉國的貴族既成功地奪取了國君的權力，接著就是擴張自己的地盤；不對外戰爭，如何獲得更多的利益？等到向外擴張到達極限時，便轉向內鬥。晉國從六卿到三晉，正是按照這個進度在演變。凡此種種，都可從城濮之戰爭見出端倪。

自城濮之戰後，晉國貴族所發動戰爭的次數便與日俱增了。對齊、對戎、狄，乃至對楚，莫不如此，這些都值得另外為文討論。我們發現，只要是戰爭，通常貴族都會得到最大的好處。當然有時國君也會反向操作因而得利，例如邲之戰。晉景公成功地聯合了忠於國君的一批貴族，在政治性的操作下，故意輸掉這場戰役，以謀取更深一層的利益。這是由晉景公導演，荀林父擔綱，結果晉軍大敗，晉景公趁機整肅，稍振君權。景公雖然此次獲勝，但是這種勝利例子甚少。而且有趣的是，晉景公是在故意輸了戰役的前提下贏了戰局，其子晉厲公強勢主導之下贏了鄢陵之戰，最後卻輸了性命。可見戰爭一事，不論在任何時代，都只是政治操作下的一種手段；而且不論勝負，其寓意都可以是多麼深遠。

因此，若將城濮之戰定位為一場劃時代意義的戰爭，應當並不為過。這場戰爭拋棄了傳統，結束了以國君為主的戰略考慮層面，轉變為以貴族立場為主要戰略思考的依據。君臣之間的關係質變，從君命臣行轉成臣代君管。這當然是因為晉國貴族勢力興起，國君

衰微之故。從此之後，春秋時代的大戰接踵而至，一切先看戰場上的勝負，不再只是虛聲恫嚇裝模作樣而已。以往那種要求伯主以德綏人的形象❼，如今轉變成赤裸裸地以力服人；講求詐術、講求武力，但是不再講求風度，也不再講求信任；一切唯利是視，也唯勝負是視。時代風氣的轉變，在城濮之戰中正式展現，牽動時代既深且遠，幸學者留意焉。

---

❼ 《史記·齊世家》中記載了許多齊桓公的義舉，如對魯、對燕等等使得「諸侯聞之，皆從齊」。（《史記會注考證》，頁554）這些都是齊桓公所以成爲伯主的重要因素之一。

晉楚城濮之戰示意圖

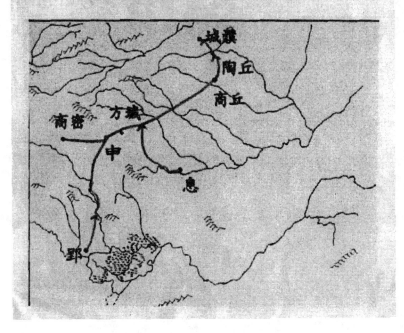

楚國進兵路線圖

楚軍退兵路線圖

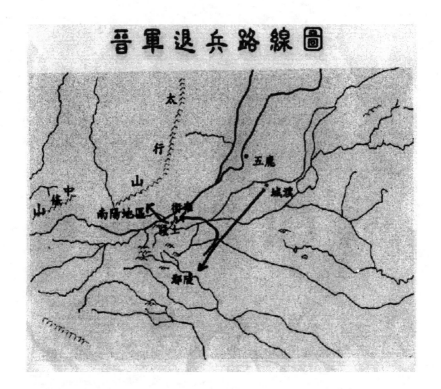

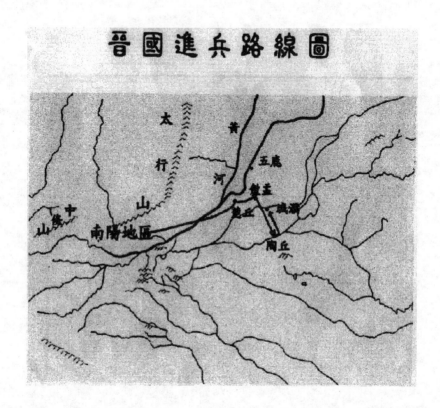

評顧棟高〈燭之武論〉❶

　　清人顧棟高著《春秋大事表》，其第四十九卷爲〈人物表〉略仿《漢書·古今人表》體例，將春秋時代人物分爲十三品。其中第七品爲〈辭令〉，列有七人：魯展喜、周王孫滿、鄭燭之武、秦西乞術、鄭商人弦高、楚椒舉、吳公子蹶由。七人之中，顧氏於鄭燭之武特加評論，則燭武之行事，於顧氏觀之爲可議矣。顧氏曰：

> 世多稱燭之武退秦師，謂與展喜犒齊，同能不戰而屈人之兵。以余考之，良不然。燭武特戰國策士之先聲，偷取一時之利，其實兆鄭二百年晉、楚之禍者，燭武爲之也。何則？鄭之大患在楚，而唯秦與晉合，則力足以抗楚、庇鄭而無患。往者，齊桓嘗勤鄭矣，卒之楚患未已，甚者江、黃則爲楚所滅。獨至城濮之役，晉合齊、秦攘楚，楚力屈遠遁，而鄭乃得安意事晉。今一旦秦、晉以小嫌伐鄭，其實主兵者，晉也。爲鄭之計，宜屈體以求成于晉，晉退而秦亦退。秦、晉之懽不失，則晉之足以庇鄭者如故也。乃間秦撓晉，用三帥戍之，

---

❶　本篇發表於《孔孟月刊》28卷第12期，頁28-33。

未幾，秦旋圖鄭。使晉襄不禦之于殽，而鄭蚤爲秦滅矣。一自殽之師起，而秦、晉之仇不解，楚且乘閒以合于秦，使晉力疲于西，不得復致力于東，楚得日剪東諸侯而無忌，鄭且駸駸日逼矣。夫秦、晉、楚，匹也。燭武第知當日說秦可以紓二患，不知啓秦窺覦之心，而又多一秦患。幸而殺師扼之，而秦患不至。而晉勢孤力分，不能抗楚，而楚禍方深。厥後秦、晉之仇二百年不解，而鄭國晉、楚之禍亦二百年不息。犧牲玉帛待于二境，猶不得免，是誰之咎哉？晉悼之興，結吳撓楚，楚之有吳患，猶晉之有秦患也。楚勢稍屈，而鄭亦得以稍安。然吳卒肆橫，齊、魯且惴惴。向使秦、晉合力，足以制楚而有餘，無用召吳，中國不特無楚患，並無吳患矣。余反覆晉、楚二百年事，追原禍始，未嘗不嘆息于燭武之一言爲之階也。後之當事變者，長慮卻顧，審擇所從，毋偷一時之利，而釀百年之害，致蹈燭武之故智哉！

由上所引，顧氏乃就晉國伯業及鄭人自處之觀點，評燭武退秦師之不當云云。案：《春秋經・僖公三十年》載有「晉人、秦人圍鄭」，即顧氏所論燭武退秦師之事，《左傳》記此甚詳，其文云：

九月甲午，晉侯、秦伯圍鄭，以其無禮於晉，且貳於楚也。晉軍函陵，秦軍氾南。佚之狐言於鄭伯曰：「國危矣！若使燭之武見秦君，師必退。」公從之，辭曰：「臣之壯也，猶不如人，今老矣！無能爲也已！」公曰：「吾不能早用子，今急而求子，是寡人之過也。然鄭亡，子亦有不利焉。」許之。夜，縋而出，見秦伯，曰：「秦、晉圍鄭，鄭既知亡矣。

若亡鄭而有益於君，敢以煩執事？越國以鄙遠，君知其難
也，焉用亡鄭以陪鄰？鄰之厚，君之薄也。若舍鄭以為東道
主，行李之往來，共其乏困，君亦無所害。且君嘗為晉君賜
矣，許君焦、瑕，朝濟而夕設版焉，君之所知也。夫晉何厭
之有？既東封鄭，又欲肆其西封，不闕秦，將焉取之？闕秦
以利晉，唯君圖之。」秦伯說，與鄭人盟，使杞子、逢孫、
楊孫戍之，乃還。子犯請擊之，公曰：「不可！微夫人之力
不及此。因人之力而敝之，不仁；失其所與，不知；以亂易
整，不武。吾其還也。」亦去之。

就上引《左傳》而觀，燭武果大有功於鄭國。故至西漢時劉向著《新
序》，列此事于〈善謀篇〉，與管仲、狐偃、宮之奇並齒，可見西
漢人對燭武評價之高。及至東漢班固為《漢書》，其〈古今人表〉
亦置燭武於第四，與晉文公、秦穆公同等。是兩漢對燭武看法一致，
皆與顧氏所論不同。若就佚狐告鄭文公「國危矣！若使燭之武見秦
君，師必退」之語而觀，必其才幹過人，早為佚狐所知，於此危急
存亡之秋薦之鄭君，而燭武終不負厚望，未辱君命，且化敵為友，
得秦成為援。往來之際，榮身救國，其功甚大，何庸置疑？乃顧氏
以為「兆鄭二百年晉、楚之禍者，燭武為之也」，其罪燭武，與漢
人背道而馳。余讀《左傳》，嘗就顧氏所論燭武罪狀細加尋繹，以
為「兆鄭晉、楚二百年之禍」，其咎不在燭武，實另有禍首。因覺
顧氏指陳燭武者，無乃太過？因條理分析顧氏之說，見其當否云耳。
顧氏云：

鄭之大患在楚，而唯秦與晉合，則力足以抗楚、庇鄭而無患。

徵諸史實，鄭莊公之三十四年，即魯桓公二年，經傳即載有鄭人患
楚之事，桓二年《春秋經》云：

> 蔡侯、鄭伯會于鄧。

《左傳》云：

> 蔡侯、鄭伯會于鄧，始懼楚也。

杜預注云：

> 楚武王始僭號稱王，欲害中國。蔡、鄭姬姓近楚，故懼而會
> 謀也。

以春秋初年鄭國之強，鄭莊公之精明幹練，猶有楚懼。其後鄭國諸
君不及莊公遠矣，楚禍益深，故顧氏云「鄭之大患在楚」，記其實
也。然顧氏所謂「唯秦與晉合，則力足以抗楚庇鄭而無患」，此語
則尚有待澄清。蓋城濮之戰，晉文公僅能克楚之申、息、陳、蔡之
師，楚中軍王族則並未受損，故文公之勝亦僅能謂之小勝。逮楚子
玉自殺，文公始如釋重負，至云「莫余毒也已」，其僥倖之心，躍
然紙上。此事《左傳》記之甚明，茲不具引。然另有一事尤其值得
吾人注意者，即於戰役之前，文公內心實惴惴不安，凶懼終日。其
勸戰者，唯子犯一人耳，而文公終未盡懷，故「夢楚子伏己而盬其
腦」，畏子玉也；其曰「我欲戰矣，齊、秦未可」，畏晉軍七百乘
不足以當楚眾也；又見「楚師背酅而舍」，畏楚人據險凌己也。以
上數事，祇見文公內心之惶惑，而其言「齊、秦未可」，適足以說
明城濮之役，秦小子憖固與有力焉，而齊國歸父、崔夭前來助陣，

其功亦不容忽視。唯秦、晉接壤，聲氣易通，不若齊、晉之道，行程稍遠，或不易及時，故秦人動向較齊人稍加重要耳，然非謂晉只須合於秦便足以制楚也。故曰後晉國政綱紊亂，齊人遂施虐於魯、衛東諸侯，晉人爲之疲於奔命，與齊大戰于鞍及平陰。而齊人亦不甘示弱，伐晉朝歌與棘蒲。觀晉與楚之大戰，不過城濮、邲、鄢陵、湛阪，則知晉之弊于失齊和者甚多，豈遜失秦和哉？蓋晉、楚、齊、秦，匹也，故晉之伯業成於齊、秦之助。而晉之不能抗楚，主要原因有三：失和於秦，一也；失和於齊，二也；內爭激烈，三也。豈如顧氏所論，但失秦之好哉？

顧氏續云：

> 今一旦秦、晉以小嫌伐鄭，其實主兵者，晉也。爲鄭之計，宜屈體以求成于晉，晉退而秦亦退。秦、晉之懽不失，則晉之足以庇鄭者如故也。

此語亦有待商榷。據《左傳》，佚之狐已云「國危矣」。而燭武見秦穆公時，先云「鄭既知亡矣」，又云「焉用亡鄭以陪鄰」。則鄭國當日已危如累卵，鄭文公又將如何屈體以求成于晉？於國家存亡之際，燭武能解國危、結奧援，其功大矣。蓋秦之所以助晉者，晉人將與之共分鄭也。燭武洞悉穆公心意，以利害中之，穆公遂毅然改志，倒戈助鄭，晉文公亦不得不班師解圍。若從顧氏之說，鄭方救死不暇，縱屈體，其得免乎？

顧氏又云：

> 乃間秦撓晉，用三帥戍之，未幾秦圖鄭。使襄公不禦之于殽，

而鄭早爲秦滅矣。

顧氏在同書第三十一卷〈秦晉交兵表·序〉中也有相同的論調,其言曰:

> 逮穆公暮年,年老智昏,越千里而襲鄭。蓋乘文公之沒崭,滅鄭而有之其地,反出周、晉之東。使衰絰之師不出,秦將包陝、洛,互殽、函,其爲患且十倍于楚。幸而殽師一敗,遯逃竄伏。

以上顧氏所論,皆不能使人信服。蓋穆公所以倒戈助鄭者,以晉人近水樓台,恐爲其捷足先登耳。越國鄙遠,非虛言也。穆公固未忘情於滅鄭,特不欲爲晉所獨吞耳。證諸史實,班班可考。故《史記·秦本紀》載穆公之欲襲鄭也,曰:

> 鄭人有賣鄭於秦者,曰:「我主其門,鄭可襲也。」

所謂鄭人者,〈鄭世家〉說是司城繒賀。《左傳》載此事雖與《史記》有異,於過程則詳細。要之,穆公伐鄭,皆有以啓之也,《左傳·僖公三十二年》云:

> 杞子自鄭使告于秦,曰:「鄭人使我掌其北門之管,若潛師以來,國可得也。」穆公訪諸蹇叔,蹇叔曰:「勞師以襲遠,非所聞也。師勞力竭,遠主備之,無乃不可乎?師之所爲,鄭必知之。勤而無所,必有悖心。且行千里,其誰不知?」公辭焉,召孟明、西乞、白乙,使出師於東門之外。蹇叔哭之,曰:「孟子!吾見師之出,而不見其入也。」公使謂之

曰：「爾何知？中壽，爾墓之木拱矣。」蹇叔之子與師，哭而送之，曰：「晉人禦師必於殽。殽有二陵焉，其南陵，夏后皋之墓也；其北陵，文王之所辟風雨也。必死是間，余收爾骨焉。」秦師遂東。

穆公利慾薰心，不見其禍，蹇叔則極力反對，蓋以形格勢禁，及軍事上之安全顧慮也。老成之人閱歷既多，故先曰「勞師以襲遠，非所聞也」，又曰「師之所爲，鄭必知之」。最後宣言心中之顧慮，「且行千里，其誰不知」。蓋出師縱爲鄭人所知，雖無譽，亦無咎也。但晉人意向如何，便非穆公所能逆料。若晉人乘險襲之，秦師焉能克還無害？蹇叔明察秋毫，絕非危言聳聽。雖然忠言逆耳，「秦師遂東」。《左傳・僖公三十三年》云：

> 春，秦師過周北門，左右免胄而下，超乘者三百乘。王孫滿尚幼，觀之，言於王曰：「秦師輕而無禮，必敗。輕則寡謀，無禮則脫。入險而脫，又不能謀，能無敗乎？」

秦國之外，以尚幼之王孫滿猶斷言秦師必敗，何況其他有識者？「師出以律，否臧凶」。秦軍失紀，不敗何待？何況殽函絕險，三帥無謀，「入險而脫」之句，刻畫殽戰之重點。同年《傳》曰：

> 及滑，鄭商人弦高將市於周，遇之，以乘韋先牛十二犒師，曰：「寡君聞吾子將步師出於敝邑，敢犒從者。不腆敝邑，爲從者之淹，居，則具一日之積；行，則備一夕之衛。」且使遽告于鄭。鄭穆公使視客館，則束載、厲兵、秣馬矣。使皇武子辭焉，曰：「吾子淹久於敝邑，唯是脯資、餼牽竭矣。

> 爲吾子之將行也，鄭之有原圃，猶秦之有具圃也。吾子取其
> 麋鹿，以閒敝邑，若何？」杞子奔齊，逢孫、楊孫奔宋。孟
> 明曰：「鄭有備矣！不可冀也。攻之不克，圍之不繼，吾其
> 還也。」滅滑而還。

秦穆公所恃以滅鄭者，全在於「潛師以來」，並配合杞子等爲內應，
期鄭人不備，一鼓作氣以滅鄭。秦穆公既心存僥倖，其出兵人數當
不甚多。故孟明一旦察覺奇襲不成，判斷縱與鄭人戰，亦將「攻之
不克，圍之不繼」。攻堅既無勝算，而秦軍越國千里，不利持久。
故放棄圍攻，班師回國，以免師老力疲，是其唯一上策矣。滅滑之
舉，第免於師出「勤而無所，必有悖心」耳。由是可知，顧氏所謂
「使晉襄不禦師于殽，而鄭早爲秦滅矣」，爲妄言矣。顧氏何以不
思，孟明唯無法滅鄭，是以不得不班師，歸未至秦而遇伏殽山。使
孟明已滅鄭矣，晉襄之師其有益於鄭之被滅乎？且鄭自武、莊以下，
國力雖不若晉、楚，亦差勝宋、衛。合孟明與杞子等之眾及鄭人戰，
鹿死誰手，尚難逆料。鄭穆公非不能興師滅杞子等，直以不願多生
事端，免遭秦人口實，期日後無生秦釁耳，然非謂秦師之力足以滅
鄭也。且自殽之戰後十二年，晉人始使詹嘉處瑕，以守桃林之塞。
在此之前，未聞晉人有戍殽函之舉，亦不見秦人謀此之事。且於此
十二年中，秦人有彭衙之役，有王官之役，此役據《左傳·文公三
年》云：

> 秦伯伐晉，濟河焚舟，取王官及郊，晉人不出。遂自茅津濟，
> 封殽尸而還，遂霸西戎。

此役秦人出兵而晉人龜縮，於是穆公封殽尸而歸。然亦不聞穆公遂
據此天險，以為東出之門戶。至魯文公六年，晉襄、秦穆皆卒，穆
公以三良為殉，君子以為此秦所以不得復東也。而顧氏曰：「使衰
絰之師不出，秦將包陝洛，亙殽函。」不知其何據而言。顧氏又於
〈秦晉交兵表·敍〉云：「賈生有言，秦孝公據殽函之固。」以後
世情勢，論春秋史實，豈得其真象哉？

顧氏又云：

> 一自殽之師起，而秦、晉之仇不解，楚且乘閒以合于秦，使
> 晉力疲于西，不得復致力于東，楚得日剪東諸侯而無忌，鄭
> 且駸駸日逼矣。

今細按史實，以究秦、晉不解之仇之始作俑者，顧氏尤為誣辭矣。
此自晉人自為厲階，何涉燭武乎？觀下文可知。《左傳·僖公三十
三年》云：

> 晉原軫曰：「秦違蹇叔，而以貪勤民，天奉我也。奉不可失，
> 敵不可縱。縱敵患生，違天不祥，必伐秦師。」欒枝曰：「未
> 報秦施，而伐其師，其為死君乎？」先軫曰：「秦不哀吾喪，
> 而伐吾同姓，秦則無禮，何施之為？吾聞之：『一日縱敵，
> 數世之患也。』謀及子孫，可謂『死君』乎？」遂發命，遽
> 興姜戎。子墨衰絰，梁弘御戎，萊駒為右。夏四月辛巳，敗
> 秦師于殽，獲百里孟明視、西乞術、白乙丙以歸。

《史記·晉世家》云：

晉先軫曰:「秦伯不用蹇叔,反其眾心,此可擊。」欒枝曰:「未報先君之施於秦,擊之不可。」先軫曰:「秦侮吾孤,伐吾同姓,何德之報?」遂擊之。襄公墨衰絰。四月,敗秦師于殽,虜秦三將:孟明視、西乞術、白乙丙以歸。

其說略本《左傳》。〈秦本紀〉則曰:

秦三將軍相謂曰:「將襲鄭,鄭今已覺之,往無及矣。」滅滑。滑,晉之邊邑也。當是時,晉文公喪,尚未葬,太子襄公怒曰:「秦侮我孤,因喪破我滑。」遂墨衰絰,發兵遮秦兵於殽,擊之,大破秦軍,無一人得脫者。虜秦三將以歸。

〈秦本紀〉載殽之主事者為晉襄公,與〈世家〉、《左傳》不同,然當以《左傳》為是。蓋本紀乃就秦本身立場而敘事,此記事之筆法,其理易明。故殽戰之主事者,晉中軍元帥先軫是也。觀上引《左傳》,其逐利之情躍然紙上,非禍首而何?然晉國內部非無反對者,故欒枝詰以「未報秦施,而伐秦師,其為死君乎」,爭之甚力。晉襄公新立,尤不欲結怨生事。案:春秋時代慣例,新君即位必遣使修好結援,向無興師生事者。故魯文公新立,《左傳》載其遣使通好之舉云:

穆伯如齊,始聘焉,禮也。凡君即位,卿出並聘,踐修舊好,要結外援,好事鄰國,以衛社稷,忠、信、卑讓之道也。忠,德之正也;信,德之固也;卑讓,德之基也。

《國語·晉語七》載晉悼公即位,「使張老延君譽于四方」。魯文

之立，遣使結援；晉悼登基，延譽四方，何嘗用武？故殽之戰雖襄公親臨，要非其本意，但迫于先軫之堅持耳。觀其戰後釋秦囚，先軫之無禮亦可見其中端倪矣。《左傳·僖公三十三年》云：

> 文嬴請三帥，曰：「彼實構吾二君，寡君若得而食之，不厭，君何辱討焉？使歸就戮于秦，以逞寡君之志，若何？」公許之。先軫朝，問秦囚，公曰：「夫人請之，吾舍之矣。」先軫怒，曰：「武夫力而拘諸原，婦人暫而免諸國，墮軍實而長寇讎，亡無日矣。」不顧而唾。

在先軫指揮下，此役甚為慘烈。據《公羊傳》所載，秦人遇伏大敗，竟至「匹馬隻輪不返」。〈秦本紀〉亦云：「大破秦軍，無一人得脫者」。穆公震動，特為《秦誓》以自責，又不廢孟明，增修國政，數年後始克封殽尸。觀蹇叔之哭其子、哭孟明，又觀《秦誓》中穆公不勝懊悔之情，可知秦人有深怨，理之必然也。故襄公釋三帥，當如《左傳·成公二年》知罃所謂：

> 二國圖其社稷，而求紓其民，各懲其忿，以相宥也。兩釋纍囚，以成其好。

釋囚之舉，用意當是不欲結怨太深，故遣三帥，冀「求紓其民，以成其好」。究襄公以然者，蓋承其父文公之志也。夫文公流亡十九年，終以穆公之助得反國登基；又以三千之僕，始立紀綱。此事詳見《左傳》僖公二十三及二十四年、〈晉語四〉等，茲不具引。可想而知，文公知恩圖報有其事實上之必要。文公蓋深刻了解，大國若秦者，實晉之奧援。舉其登基靖內，乃至攘外稱伯，秦穆皆與有

力焉。此種經驗，父子相承，夫復何疑？觀秦、晉圍鄭，秦穆公背晉與鄭人盟，子犯欲擊，文公否之，《左傳・僖公三十三年》云：

> 子犯請擊之，公曰：「不可！微夫人之力不及此。因人之力而敝之，不仁；失其所與，不知；以亂易整，不武。吾其還也。」亦去之。

子犯請擊秦軍，其理由較先軫所說尤充分，文公猶不欲，則文公結秦之外交政策可知矣。晉之後人猶有知其義者，《左傳・成公十三年》載晉厲公使呂相絕秦，其中有云：

> 鄭人怒君之疆埸，我文公帥諸侯及秦圍鄭。秦大夫不詢于我寡君，擅及鄭盟。諸侯疾之，將致命于秦。文公恐懼，綏靖諸侯，秦師克還無害，則是我有大造于西也。

〈呂相絕秦書〉中，固多誣辭，但「文公恐懼，綏靖諸侯，秦師克還無害」諸語，當是實情。維持秦、晉友好關係，既是文公外交政策，襄公欲紹箕裘，幹父之蠱，但不幸爲先軫所沮耳。其釋秦囚，猶爲先軫不顧而唾，則當日之戰，迫於先軫可知矣。由是可知，晉之失秦好，先軫爲禍首矣，何涉燭武乎？使當日先軫能降心以從欒枝，秦、晉之好猶在，方得如顧氏所謂：

> 秦、晉之懽不失，晉之足以庇鄭者如故也。

然顧氏何以必將秦、晉失和之責任，強加於燭武「一言爲之階」，此誠令人不解。觀先軫之議論，先曰：「天奉我也！奉不可失。」其生事之心，油然見矣。又曰：「敵不可縱。縱敵患生，違天不祥」。

於是引「一日縱敵，數世之患也」，以脅迫眾人。待欒枝責以「未報秦施，而伐其師，其爲死君乎」，先軫則以「謀及子孫」爲釋，塞欒枝之口，其事遂決。然則先軫心中何嘗有秦惠之念？且其言「敵不可縱」，直視友好之秦爲敵對之楚，何曾稍存同盟之情？是以論晉之所以失秦好之罪魁禍首者，先軫也。顧氏見樹不見林，斯又何也？

自先軫興殽之師，晉遂失秦好，於是秦、晉連年戰爭不息，可見此役影響之大矣，茲列之於下，《左傳・文公二年》云：

> 春，秦孟明視帥師伐晉，以報殽之役。
>
> 冬，晉先且居、宋公子成、陳轅選、鄭公子歸生伐秦，取汪及彭衙而還，以報彭衙之役。

《左傳・文公三年》云：

> （夏）秦伯伐晉。濟河，焚舟，取王官及郊。晉人不出。遂濟自茅津，封殽尸而還。

《左傳・文公四年》云：

> 秋，晉侯伐秦，圍邧、新城，以報王官之役。

秦、晉之間既戰禍連綿，遂授楚人良機，以脅東諸侯而無忌，此點誠如顧氏所論。然秦、晉非無修好之可能也，其關鍵時刻在晉襄公薨，晉人廷議西迎公子雍于秦，如晉文公故事。其事若成，秦、晉復和脩好，指日可待也。《左傳・文公六年》云：

八月乙亥，晉襄公卒。靈公少，晉人以難故，欲立長君。趙
孟曰：「立公子雍！好善而長，先君愛之，且近於秦。秦，
舊好也。置善則固，事長則順，立愛則孝，結舊則安。爲難
故，故欲立長君。有此四德者，難必紓矣。」……使先蔑、
士會如秦逆公子雍。

不料趙盾有異志，事遂功敗垂成。《左傳·文公七年》云：

秦康公送公子雍于晉，曰：「文公之入也無衛，故有呂、郤
之難。」乃多與之徒衛。穆嬴日抱大子以啼于朝，曰：「先
君何罪？其嗣亦何罪？舍適嗣不立，而外求君，將焉置此？」
出朝，則抱以適趙氏，頓首於宣子，曰：「先君奉此子也而
屬諸子，曰：『此子也才，吾受子之賜；不才，吾唯子之怨。』
今君雖終，言猶在耳，而棄之，若何？」宣子與諸大夫皆患
穆嬴，且畏偪，乃背先蔑而立靈公，以禦秦師。箕鄭居守，
趙盾將中軍，先克佐之。荀林父佐上軍，先蔑將下軍，先都
佐之。步招御戎，戎津爲右。及堇陰，宣子曰：「我若受秦，
秦則賓也；不受，寇也。既不受矣，而復緩師，秦將生心。
先人有奪人之心，軍之善謀也；逐寇如追逃，軍之善政也。」
訓卒、利兵；秣馬、蓐食，潛師夜起。戊子，敗秦師于令狐，
至于刳首。

趙盾之寡信無義，視先軫何遑多讓？其爲德不卒，以晉國徇私欲，
筆者碩士論文曾詳論其事本末，茲不具引。然就趙盾之廷議而言，
其本人對於晉文公所訂之外交政策確能深刻明了。其偷襲秦師，只

是興外患以固其權位，純爲個人私利耳。目的固然達到，然原可脩好之秦、晉關係亦因而斷送。由是可知，晉人之再失秦和，乃趙盾爲之厲階，罔非燭武之過明矣。

總結上述，可知晉失秦好，不能庇鄭於宇下，其先有原軫，其後有趙盾。此二人皆伏師襲秦，無怪乎秦人憤懣。晉之執政者不遵從晉文公之外交政策，以致失秦之助，而秦人因助楚制晉。顧棟高氏論不及此，反而歸咎於不相干之燭武，亦未免智者千慮之譏。余讀顧氏《春秋大事表》，精審之論，往往有之，啓予實多。而於論燭武事，則未見公允。論史之不易，豈空言哉。

論晉國早期中軍帥[❶]

論文提要

　　晉文公「作三軍」，將軍隊的指揮權也同時作了相應的調整，即從國君直接指揮變成了由中軍帥指揮，從此中軍帥成爲關鍵的職位。本文所討論中軍帥前三人，從其入選的原因以見當時的政治背景。日後晉國國君權力的消亡，與此固有密不可分的關聯。春秋局勢的潮流，更因晉國的改變而跟著轉向，其影響絕不能輕忽。論晉文公伯業，必須注意此點。

一、顧棟高

　　清代研究《左傳》的一位著名學者顧棟高，曾經針對晉文公時幾位賢臣的表現，有如下的看法：

---

❶　本文發表於第一屆國際經學研討會，臺北：國立臺灣大學，1999.5。

從古一國之興，莫不有股肱宣力之臣，後利而先義，推賢而讓能。蓋自唐、虞之世，禹、皋、稷、契，交讓一堂。下逮春秋，伯者之佐，亦莫不稟此意以周旋。無後世草昧初起，飲酒爭功，拔劍擊柱之態。于此益知先王禮義之教，去人未遠也。余觀晉狐偃、趙衰、胥臣三人，出萬死不顧一生，從公子于外十九年。幸得返國，即使其才庸下，亦當居首功，況三人皆天下才。而當作中軍、謀元帥之時，趙衰薦郤縠，又讓欒枝、先軫。狐偃讓于狐毛，而己佐之。猶曰「此其同列兄弟也。」逮狐毛死，先軫子且居為上軍將，而狐偃佐之。先軫死，子且居嗣為中軍將，而趙衰佐之，胥臣亦舉郤缺。而終三人之世，未嘗將中軍。夫狐、趙于先且居為丈人行，而先軫未嘗有從亡之功，乃父子並將中軍、上軍兩世，而狐、趙為之佐。先氏偃然列其上而不疑，狐、趙泰然處其下而不忌。相與出奇效策，戮力同心，此豈文公之德有以致之？殆亦氣運使然，天生此三人以昌晉之伯也。至再世以後，狐偃子射姑以易班殺陽處父矣。趙盾逐賈季，放胥甲父矣。胥童以胥克之廢，怨郤氏矣。植黨樹權，營私報怨。即其父子祖孫，已有絕不相似者，殆亦有莫之為而為者耶？余觀人臣功名之會，莫不敗于爭而成于讓。樊舞陽以蓋世英雄，而淮陰侯謂「生乃與噲等為伍」，李道宗以宗藩宿將，而尉遲敬德至拳毆道宗，目幾眇。趙韓王以儒臣佐命，亦不免有專權之譏。蓋讓德之難如此。元李思齊與察罕同起兵，逮察罕死，子擴廓總天下兵，而思齊不為之下，至治兵相攻。若三人者，豈特天分過人？蓋亦沐于先王禮義之教，浸淫而不自知。觀

趙衰之薦郤縠，曰：「說禮、樂而敦《詩》、《書》。」胥臣之舉郤缺，曰：「敬，德之聚。」而子犯詔公子不以得國爲利，至蹈九死而不悔。非有得于聖賢之教而能然乎？夫三子偶不爲聖人所論列，而曾氏傳〈大學〉，戒言利而述舅犯仁親之訓，其意以爲過齊管仲遠矣。夫鮑叔牙薦管仲，而管仲治齊，專興魚鹽之利，不聞爲國樹人。三子所舉人才，晉國賴其利者再世。而管仲死，五公子爭立，齊國大亂，不聞有管仲推縠之臣，爲國柱石，主持國是。則較三子者之優劣，豈不大相遠哉❷？

其中提到了幾個重要人物與本文所欲討論的問題頗有密切關聯，如「作中軍、謀元帥之時，趙衰薦郤縠」的郤縠，又如「讓欒枝、先軫」的先軫，又如「先軫死，子且居嗣爲中軍將，而趙衰佐之」的先且居。這幾人依序而言，先後都曾出任中軍帥。至於這些人何以出線，得充任中軍帥，本人認爲頗有討論的空間。因此不揣淺陋，提出個人淺見，以就教於方家。

二、謀元帥

在晉武公及獻公兩代努力經營之下，晉國的領土日益擴張，國力日益強大❸，在軍備上也就隨之而擴編了。先是晉獻公作二軍❹，

---

❷ 〈晉狐偃、趙衰、胥臣論〉，《春秋大事表》（臺北：廣學社印書館1975.9），頁3134-3137。

❸ 《左傳·襄公二十九年》晉女叔齊曰：「虞、虢、焦、滑、霍、揚、韓、

及至晉文公時又作三軍，而晉國自此開始出現了第一位中軍帥，《左傳·僖公二十七年》云：

> 於是乎蒐于被廬，作三軍，謀元帥。趙衰曰：「郤縠可，臣亟聞其言矣！說禮、樂而敦《詩》、《書》。《詩》、《書》，義之府也；禮、樂，德之則也；德、義，利之本也。《夏書》曰：『賦納以言，明試以功，車服以庸』，君其試之。」乃使郤縠將中軍，郤溱佐之。使狐偃將上軍，讓於狐毛而佐之。命趙衰爲卿，讓於欒枝、先軫。使欒枝將下軍，先軫佐之。荀林父御戎，魏犨爲右❺。

《國語·晉語四》云：

> 文公問元帥於趙衰，對曰：「郤縠可！行年五十矣，守學彌惇。夫先王之法志，德義之府也。夫德義，生民之本也。能惇篤者，不忘百姓也。請使郤縠。」公從之❻。

關於「作三軍」的原因及其影響，我們已有討論❼，並且認爲晉文公是在貴族的壓力之下不得不作三軍，交出國君的軍政大權。因爲

魏，皆姬姓也，晉是以大。若非侵小，將何所取？武、獻以下，兼國多矣。」（《春秋左傳正義》，臺北：藝文印書館，1973年5月景印清嘉慶20年1815《重刊十三經注疏附校刊記》，頁667）

❹　見《左傳·閔公元年》，《春秋左傳正義》，頁188。

❺　《春秋左傳正義》，頁267。

❻　《國語》（臺北：宏業書局，1980年9月《四部備要》排印清士禮居翻刻明道本），頁382-383。

❼　〈論被廬之蒐〉，《中山人文學報第二期》1994.4，頁1-20。

有這樣的壓力，所以首任中軍帥由誰出任，就成爲晉文公必須愼重考慮的一個重大問題。

前面提及顧棟高的看法云云，不過顧氏顯然不了解晉國當日的情形，發爲此論，其中唯「殆亦氣運使然」一句尙不失其實耳。此三人中唯趙衰以遠來之人，故最爲謙讓。然陳完奔齊，有寵於齊桓公，亦猶謙讓不遑，顧棟高何以不特別提出？可見顧氏並非眞正了解趙衰何以謙讓。照我們的看法，凡是羈旅之士莫不謙讓，非趙衰一人而已。至於狐偃讓於狐毛亦不妨作是觀，二人雖同爲從亡之士，但狐氏畢竟於晉爲舊族，狐毛與狐偃爲同宗，與趙衰之讓又有差異。總之作三軍謀元帥，除了中軍帥爲舊有貴族出任外，其他重要職務亦然。從亡之人唯狐偃以文公之舅，得以出任上軍佐，但也是因爲狐氏本來就是晉國貴族。本人認爲文公能夠安排的自己人也不過狐偃一人而已，且狐偃也因稱得上是舊有貴族的一分子，才勉強得到上軍佐的職位。至於其他從亡諸人，在身分的限制下遭到舊有貴族的強烈抵制，要到日後有缺才能擠入政治核心。

基於以上的觀點，我們只要注意文公在三軍將佐人事上的安排，與文公主要的智囊互相參照便可得其梗概。先看上下軍將佐的人事安排，說明其中的複雜性。據〈晉語四〉，上軍將原屬意由從亡之人狐偃出任，但狐偃推薦文公舅氏狐毛，理由是「毛之智賢於臣，其齒又長」。因爲都是從亡之士，差別無多，文公因此也同意由狐氏分掌上軍將佐之職。至於下軍將，爲犒賞從亡之人，提振士氣，原定升趙衰爲卿，以接掌下軍將。但是趙衰謙讓不就，這很可能跟他爲人比較「文」有關，更可能是趙衰心懷戒愼，不願開罪在國內的貴族，所以讓於欒枝、先軫。《呂氏春秋‧不苟篇》云：

晉文公將伐鄴，趙衰言所以勝鄴之術，文公用之，果勝。還，將行賞，衰曰：「君將賞其本乎？賞其末乎？賞其末，則騎乘者存；賞其本，則臣聞之郤子虎。」文公召郤子虎，曰：「衰言所以勝鄴，鄴即勝，將賞之，曰：『蓋聞之於子虎，請賞子虎。』」子虎曰：「言之易，行之難。臣言之者也。」公曰：「子無辭。」郤子虎不敢固辭，乃受矣。凡行賞欲其博也，博則多助。今虎非親言者也，而賞猶及之，此疏遠者之所以盡能竭智者也。晉文公亡久矣，歸而因大亂之餘，猶能以霸，其由此歟❽？

郤子虎蓋即〈晉語一〉之郤叔虎，在獻公時已露頭角，至文公時已是老臣。他年老有謀，但不能達於文公。因此〈不苟篇〉的作者將郤虎歸為疏遠者，倒不過份。〈不苟篇〉的故事反應了文公初即位時，只信任親近的從亡之士，對舊有貴族敬而遠之的作法；而舊有貴族則有些是刻意地和文公保持距離，有些則是差點就成功地謀殺文公。趙衰在這種關鍵之處，以謙卑的姿態調和文公和舊有貴族的矛盾，誠難能可貴。先勸文公將中軍帥任命郤縠，其後文公欲立趙衰為卿，他又讓給舊有貴族欒枝和先軫，直到四年以後，在無異議的情況下，文公「以趙衰故，蒐於清原，作五軍，使趙衰將新上軍❾」，趙衰才正式為卿。就是因為文公的主要智囊趙衰能顧全大局，低聲下氣，降低了舊有貴族的反感，所以文公才能得到內外一致的

---

❽ 《呂氏春秋》（臺北：世界書局1975.3第4版下冊），總頁1099。亦見盧元駿：《新序今註今譯》，（天津：天津古籍出版社1987.10第一版），頁127。
❾ 《國語》，頁383。

支持。

　　當然三軍將佐中，最重要的非中軍將佐莫屬，因此中軍將的人
選便是全盤的關鍵。文公接納趙衰的建議，起用郤縠將中軍，郤溱
佐之。這兩人既然都以郤爲氏，可見他們和郤稱是同一族人，在晉
國可謂枝葉繁茂。雖然郤芮因謀弑文公而被殺，但這顯然並未影響
郤氏在晉國的政治地位。所以初作三軍時，軍事指揮權掌握在郤氏
手中。首先出任中軍帥的人選是郤縠。何以由郤縠出線？當然有諸
多原因。其中關鍵之一，是因爲郤縠是由趙衰所推薦。中軍帥的人
選乃由趙衰一言而定，可見他在這件事情上有不可忽視的影響。因
此我們認爲有必要先討論趙衰和晉文公之間的密切關係，然後才能
明瞭趙衰在這件事情的過程中發揮了多麼大的的作用。《左傳・僖
公二十三年》云：

> 晉公子重耳之及於難也，晉人伐諸蒲城，蒲城人欲戰，重耳
> 不可，曰：「保君父之命，而享其生祿，於是乎得人。有人
> 而校，罪莫大焉。吾其奔也！」遂奔狄。從者狐偃、趙衰、
> 顚頡、魏武子、司空季子。狄人伐廧咎如，獲其二女叔隗、
> 季隗，納諸公子。公子取季隗，生伯儵、叔劉，以叔隗妻趙
> 衰，生盾。……及齊，齊桓公妻之，有馬二十乘，公子安之，
> 從者以爲不可。將行，謀於桑下，蠶妾在其上，以告姜氏，
> 姜氏殺之，而謂公子曰：「子有四方之志，其聞之者，吾殺
> 之矣。」公子曰：「無之。」姜曰：「行也！懷與安，實敗
> 名。」公子不可。姜與子犯謀，醉而遣之。醒，以戈逐子犯……
> 及鄭，鄭文公亦不禮焉，叔詹諫曰：「臣聞天之所啓，人弗

及也。晉公子有三焉，天其或者，將建諸？君其禮焉！男女
同姓，其生不蕃。晉公子姬出也，而至于今，一也。離外之
患，而天不靖晉國，殆將啓之，二也。有三士，足以上人，
而從之，三也。」……楚子曰：「晉公子廣而儉，文而有禮，
其從者肅而寬，忠而能力。」……他日，（秦穆）公享之，
子犯曰：「吾不如衰之文也，請使衰從。」公子賦〈河水〉，
公賦〈六月〉，趙衰曰：「重耳拜賜。」公子降，拜，稽首，
公降一級而辭焉。衰曰：「君稱所以佐天子者命重耳，重耳
敢不拜❿？」

《左傳》「有三士」條下，杜預注云：

　　《國語》：「狐偃、趙衰、賈佗，三人皆卿才⓫。」

《國語》本文並無此段，這是杜預大略引用了韋昭的注⓬。不過由
此也可以確定，趙衰是晉文公的姻親，更是最親近的從者之一⓭，

---

❿　《春秋左傳正義》，頁250-253。但是《國語》的記載文字較多，然其內容
　　又與《左傳》稍有不同。不過大致說來無重大差異，故不贅述。

⓫　《春秋左傳正義》，頁252。

⓬　《國語·晉語四》云：「（宋）公孫固言於襄公曰：『晉公子亡長幼矣，
　　而好善不厭。父事狐偃，師事趙衰，而長事賈佗。狐偃，其舅也，而惠以
　　有謀。趙衰，其先君之戎御趙夙之弟也，而文以忠貞。賈佗，公族也，而
　　多識以恭敬。此三人者，實左右之。公子居則下之，動則諮焉，成幼而不
　　倦，殆有禮矣。』」（《國語》，頁348）

⓭　《說苑·善說篇》：「晉平公問於師曠曰：『咎犯與趙衰孰賢🐎？』對曰：
　　『陽處父欲臣文公，因咎犯，三年不達；因趙衰，三日而達。智不知其士
　　眾，不智也；知而不言，不忠也；欲言之而不敢，無勇也；言之而不聽，
　　不賢也。』」（向宗魯：《說苑校證》，北京：中華書局1987.7第1版，1991

而且「有文辭」❶，不辱使命，得到秦穆公的讚賞❶。以趙衰的身分，當他向晉文公提出中軍帥的建議人選，立刻得到文公首肯，這當然不是偶然，而是因爲他的身分和忠誠，所以晉文公既能夠接受他的建議，又不會對他的建言產生過度的聯想。同時也因爲趙衰提的人選並非從亡之士，而是留在國內舊有貴族，當然也能得到他們的認同，是以雙方皆無異議。

　　中軍帥的人選與趙衰之推薦有關，這已不成問題，但是中軍帥產生的過程仍有可以討論者。據《國語·晉語四》的記載，作「文公問元帥於趙衰」，與《左傳》直接作「謀元帥」，似乎有著過程的不同，不過結果倒是一樣。第一任中軍帥郤縠爲趙衰推薦，《左傳》說郤縠「說禮、樂而敦《詩》、《書》」，〈晉語四〉則作「行年五十矣，守學彌惇」，因而入選。若據《國語》的說法，提出中軍帥人選一事，其過程十分平常。不過《左傳》用的是「謀」字，而最後又從趙衰的建議，便使其中大有文章。《說文》釋「謀」云：

　　　　慮難曰謀❶。

段《注》云：

────────────────

　　《左傳》叔孫豹說〈皇皇者華〉曰：「訪問於善爲咨，咨難
　　爲謀。」〈魯語〉作「咨事爲謀」。韋曰：「事當爲難。」
　　〈吳語〉：「大夫種曰：『夫謀必素，見成事焉，而後履之。』」
　　〈口部〉曰：「圖畫，計難也。」圖與謀同義❶。

〈晉語四〉胥臣敘述周文王曾經：

　　詢于八虞，而諮于二虢；度於閎夭，而謀於南宮；諏於蔡、
　　原，而訪於辛、尹❶。

韋昭《注》詢、諮、度、諏、訪皆云：「謀也」。《說文》無「諮」，
但有「咨」字，云：

　　謀事曰「咨」❶。

段《注》云：

　　《左傳》曰：「訪問於善曰『咨』」，《毛傳》同❷。

《說文》：「度，法制也❷。」「諏，聚謀也❷。」段《注》云：

　　《左傳》「咨事爲諏」，〈魯語〉作「咨才」，韋曰：「才

―――――――――――――――――

❶　《段注說文解字》，頁92。
❶　《國語》，頁383。
❶　《段注說文解字》，頁57。
❷　《段注說文解字》，頁57。
❷　《段注說文解字》，頁117。
❷　《段注說文解字》，頁92。

當爲事。」按《釋詁》「諏，謀也」，許於取聲別之曰「聚謀㉓。」

《說文》：「訪」字云：「汎謀曰『訪』㉔。」段《注》云：

> 汎與訪雙聲，方與旁古通用，溥也。〈洪範〉「王訪于箕子」，〈晉語〉「文王諏於蔡、原而訪於辛、尹。」韋曰：「諏、訪，皆謀也。」本《釋詁》。許於方聲別之曰「汎謀」㉕。

據上引資料，可知「謀」的本義爲「慮難」。晉文公以「慮難」的態度臨事，可見「謀元帥」時文公是如何的愼重。〈晉語四〉說推薦郤縠的人是趙衰，《左傳》也只見趙衰提出任用標準，未見他人反對，獲得文公採納。趙衰從文公流亡十九年，爲文公重要的心腹，由他提出當不致引起文公的疑慮。趙衰考慮的重點，不但要平衡從亡者與居國者二派貴族，避免引發搶位子的疑慮㉖。還要考慮文公

㉓ 《段注說文解字》，頁92。

㉔ 《段注說文解字》，頁92。

㉕ 《段注說文解字》，頁92。

㉖ 《說苑‧復恩篇》云：「晉文公亡時，陶叔狐從。文公反國，行三賞而不及陶叔狐。陶叔狐見咎犯曰：吾從君而亡，十有三年，顏色黎黑，手足胼胝。今君反國行三賞而不及我也，意者君忘我與？我有大故與？子試爲我言之。」（《說苑校證》，頁120-122）〈復恩篇〉中除了陶叔狐以外，又載咎犯要脅文公事，文公回答云：「禍福利害，不與咎氏同之者，有如白水，乃沉璧而盟。」（《說苑校證》，頁120）另外還記載介之推拒賞，其從者代爲求賞事；以及舟之僑求賞事，云：「晉文公出亡，周流天下，舟之僑去虞而從焉。文公反國，擇可爵而爵之，擇可祿而祿之，舟之僑獨不與焉。」（《說苑校證》，頁122）這段記載可能是把介之推和舟之僑兩人

能否接受，不致弄僵局面。蓋此人必須能為兩派貴族同意，而文公對這樣的人選也比較沒有戒心。所以與其說郤縠有哪些優點，不如說他沒有其他優點，並非突出人物，反而容易得到大家支持。

晉文公小心翼翼地選擇第一任中軍帥時，特別由其心腹趙衰出面推薦，因此還能找到色彩較不鮮明、立場也較溫和的郤縠以為緩衝。在從亡之士方面，雖然個個力爭上游，但是礙於當日的情勢，也只好暫時自我克制，以免滋生事端，爆發不必要的衝突。至於晉文公，雖然交出最高軍事指揮權，而且還不是自己人來出任這個敏感的職位，但只要此時中軍帥者能力平平，或能謙讓戒抑，文公仍有操控的機會。反之，假若中軍帥能力過人，必然希望大展長材，力求表現，權力和聲望也會相對地提高，這對文公而言當然十分不利。至於舊有貴族，暫時之間既然不能推舉出適合人選，個人之間又不宜於此時強行出頭，因此也被迫勉強接受一個不具威脅，立場也較為中立的郤縠。由於這時雙方尚無明顯的立即衝突，是以雙方

的事蹟弄混了，當然也可能二人行事相同故有此說。不過介之推後來隱居綿上，而舟之僑卻為文公戎右，那麼《說苑》弄混的可能性較高。雖然文公「擇可爵而爵之，擇可祿而祿之」，或許正是文公應付眾多求賞者的方法。關於介之推，《左傳》說介之推「不求祿，祿亦弗及」。果真如此，豈不反證了求祿者皆能遂其所願？這麼說也許言過其實，不過對於難得如介之推者，晉文公也就睜一隻眼閉一隻眼，當作沒看到了事。至於那些從亡之士，哪一個不是像子犯一樣？以致於介之推在對比之下，成了唯一一值得稱道之士了。《左傳·僖公二十八年》載晉文公：「令無入僖負羈之宮，而免其族，報施也。魏犫、顛頡怒，曰：『勞之不圖，報於何有？』燔僖負羈氏。」（《春秋左傳正義》，頁270）這些人從亡而無賞，積怨已久，一有機會便借機鬧事，以發洩情緒。從亡者的心理，文公當然了解。此外，介之推事蹟，又可參考《新序·節士第七》。

接受此一妥協方案，因而皆無異議。

三、繼任人選

相對於郤縠，接任中軍帥的人選先軫，條件就不同了，《國語・晉語四》云：

> 取五鹿，先軫之謀也。郤縠卒，使先軫代之❷。

聊聊數字，看不出先軫升任中軍帥有什麼異樣。但是《左傳・僖公二十八年》卻對先軫的竄升有所說明，其文云：

> 二月，晉郤縠卒，原軫將中軍，胥臣佐下軍，上德也❷。

這次人事改組，先軫由下軍佐超升爲中軍帥，胥臣代先軫佐下軍，原因是晉國改以「上德」爲任用標準。「上德」的意義爲何？若據《左傳》載趙衰推薦郤縠，其理由是：「說禮、樂而敦《詩》、《書》。《詩》、《書》，義之府也；禮、樂，德之則也；德、義，利之本也。」以郤縠所具備「說禮、樂而敦《詩》、《書》」的條件而言，不能說他出任中軍帥是因爲此時晉國不「尙德」。但是先軫繼郤縠任中軍帥，原因也是「尙德」。對照〈晉語四〉說先軫有取五鹿之謀，爲晉文公報了當日受辱於野人之恨，一雪當年之恥。可見晉此時所尙之德，乃先軫以取五鹿之謀。從先軫以傑出才幹出任中軍帥

---

❷　《國語》，頁383。
❷　《春秋左傳正義》，頁270。

來看，「尙德」又與「上能」的意思相同。正因如此，郤穀任中軍帥就必然不是以能力爲標準，而是他對文公的威脅較少，又能爲舊有貴族能接受，這顯然是妥協下的結果。若再加上郤穀任中軍帥不到一年而卒，其過渡性質更爲明顯。否則以狐偃和文公的私人關係已如此密切，他又有勤王之謀，使晉文公旣有勤王之美名，又有始取南陽之實利，這些功勞大大增加晉文公的政治資本和聲望。從種種條件來比較，狐偃是更有理由出任中軍帥的人選❷，何以晉文公捨棄不用？難道是文公有意地排斥狐偃個人？這當然不可能。其原因無它，正因爲狐偃是自己人，爲了避嫌，只好放棄。

關於先軫的能力，其功勞首見於取五鹿，其後又有城濮之功。正因爲如此，晉文公對先軫這類的人物就特別防範，甚至有意地壓抑。所以先軫縱然優秀有能，也不可能一下就冒出頭，出任中軍帥。否則晉文公將置己於何地？在《說苑校證》一書裡，收集了一些關於先軫事蹟的佚文，可以引以爲證：

> 晉文公伐楚，歸國行賞，狐偃爲首。或曰：「城濮之事，先軫之謀。」文公曰：「城濮之事，偃說我無失信，不背三舍之約；先軫所謀軍事，吾用之以勝，然此一時之說，偃言萬世之功。奈何以一時之利，而加萬世之功乎？是以先之。」眾人悅服❸。

---

❷ 見《左傳·僖公二十五年》。《新序·善謀篇》亦載此事，云：「晉文公之是命也，卒成霸道，狐偃善謀也。」（《新序今註今譯》，頁286）
❸ 《說苑校證》，頁538。

此佚文所載與《史記‧晉世家》同，但《說苑‧君道篇》則記載文
公以詐勝爲危而憂。〈權謀篇〉則以爲咎犯勸文公行詐，雍季諫文
公無失信，故文公賞先雍季後咎犯，與《呂氏春秋‧義賞篇》、《韓
非子‧難一篇》、《淮南子‧人間篇》同，與《左傳》異，詳見向
氏《說苑校證》。上引《說苑》佚文及《史記‧晉世家》所載，城
濮之戰宜爲先軫之功。但文公所以不先賞先軫，則反應出晉文公對
貴族不滿，有意屈抑先軫以壓制貴族氣焰。《說苑‧敬愼篇》載先
軫事云：

> 好戰之臣，不可不察也。蓋小恥以構大怨，貪小利以亡大眾，
> 《春秋》有其戒，晉先軫是也。先軫欲要功獲名，則以秦不
> 假道之故，請要秦師。襄公曰：『不可！夫秦伯與吾先君有
> 結。先君一日薨，而興師擊之，是孤之負吾先君，敗鄰國之
> 交，而失孝子之行也。』先軫曰：『先君薨而不弔贈，是無
> 哀吾喪也；興師徑吾地而不假道，是弱吾孤也；且柩畢尚薄
> 屋，無哀吾喪也。』興師。卜曰：『大國師將至，請擊之。』
> 則聽先軫興兵，要之殽，擊之，匹馬雙輪無脫者，大結怨構
> 禍於秦，接刃流血，伏尸暴骸，靡亂國家，十有餘年，卒喪
> 其眾，禍及大夫，憂累後世。故好戰之臣不可不察也㉛。

但是同樣是〈敬愼篇〉，又有如下記載：

> 大功之效，在於用賢積道，浸章浸明；衰滅之過，在於得意
> 而怠，浸蹇浸亡；晉文公是其效也。晉文公出亡，修道不休，

㉛　《說苑校證》，頁256-257。

得至于饗國。饗國之時，上無明天子，下無賢方伯，強楚主
會，諸侯背叛，天子失道，出居於鄭。文公於是憫中國之微，
任咎犯、先軫、陽處父，畜愛百姓，屬養戎士。四年，政治
內定，則舉兵而伐衛，執曹伯，還敗強楚，威震天下㉜。

這裡又把任用先軫當作文公成功的條件之一了。《說苑·指武篇》
還讚美先軫云：

《春秋》記國家存亡，以察來世，雖有廣土眾民，堅甲利兵，
威猛之將，士卒不親附，不可以戰勝取功。晉侯獲於韓，楚
子玉得臣敗於城濮，蔡不待敵而眾潰。故語曰：「文王不能
使不附之民，先軫不能戰不教之卒㉝。」

由先軫的例子看來，晉文公對掌握軍政大權的貴族實在防範有加，
但是為了君位的穩定，又不能不低頭與他們合作。不過在歧見未深
前，雙方都儘量保持和諧的關係，以維持政局的安定。

除了防範多能之貴族如先軫者，以免他們立刻影響到國君的威
信，此外還有一個問題也值得注意，那就是這類貴族除了能力以外，
他們在國內盤根錯節的勢力，可能也是文公放心不下的另一重要原
因。從表面上來看，第二任中軍帥先軫以「尚能」的因素，由下軍
佐躍升為中軍帥，這似乎又回到獻公時代用人唯賢的政策老路。可
是獻公本人所具備的條件又豈是文公所能比擬？再加上獻公雖然堅
持用人唯材，但是他所用的人材都具有一個共同的特色，就是不論

㉜　《說苑校證》，頁250。
㉝　《說苑校證》，頁369。

是士蔿還是趙夙、畢萬，這些人材都是外來的人士，不是晉國國君的親戚。他們受到獻公重用，主要是爲了對抗國內的舊有貴族，這個作法對於晉獻公的施政是絕對重要的。這些外來人材的特點是能力高強，而且謹守分際，對晉獻公更是忠貞不二，絕無異心。所以如此，當然與他們外來者的身分是密不可分的。至於晉國國君的親族，即舊有貴族，如桓、莊之族，乃至游氏、富子等人，全是晉獻公的眼中釘，去之唯恐不及，而且獻公實行得非常徹底。因爲他們憑著國君親族的身分，在宗法制度親親重於一切的保護傘下，對國君的君權造成嚴重的威脅，獻公的祖先正是最主要的見證人。至於這種情形，在當時其他的諸侯國中同樣是層出不窮。在春秋初期，每個國君都深爲所苦，深受其害，連王室周天子都不能倖免，其他如魯、衛、齊、鄭、宋、陳等等中原諸侯，無不如此。若非晉獻公意志堅定，手段過人，恐怕也不免步上其前輩親人的後轍。但是即使以獻公之雄材大略，到了晚年面對貴族之不聽使喚也束手無策，一旦身死，乃至連驪姬、奚齊、卓子母子兄弟都無法保全，可見貴族勢力之龐大，早已超過獻公的控制範圍。文公回國繼位，情況之險惡較獻公時代相去何止萬里？他能夠回國繼承君位，靠的是岳父秦穆公的支持。不過，顯然秦穆公的支持是不夠的，因此他差點連自己都難自保，險些就被燒死，還談什麼控制貴族？在這種情況下，他自然也無法學其父親獻公那樣大量引進外來人材，以便對抗國內的舊有貴族，他唯一的可行之道就是和貴族妥協。因此「作三軍」「謀元帥」顯然是在舊有貴族的壓力下，不得不爾的作法。「尚能」是獻公有心建立的慣例，也是貴族晉升的出路，不過這是獻公建立自己的隊伍，用以對抗舊有貴族的作法。只是長此以往，大家也都

習以爲常。現在郤縠一死，他們不甘再度任由晉文公擺布，因爲晉
文公實在無此能力擺布。他們提出超出意料中的要求，包括中軍帥
的人選及原屬於國君的各種權力。因此同樣是尚賢的口號，但是所
包含的意義已經不同，這是舊有貴族聯合一致，要求擴張自己的權
力所發出的怒吼。文公縱有意打壓也力不從心，只得任由能力高強
的先軫出任。可見到了第二任的人選，文公已失去操縱的能力，反
而是舊有貴族在鞏固權力方面，取得了重大的勝利。雖然雙方在表
面上，仍然維持了君臣上下的面子，但是時移勢轉，晉國國君的權
力，如晉獻公那麼風光的日子，生殺予奪，大權在握的威風，終究
一去不回了。國君由獻公時代高高在上，乾綱獨斷，到了後來根本
不被貴族看在眼裡，這種轉變可以從接下來國君與中軍帥的互動中
得到印證。《左傳·僖公三十二年》：

> 冬，晉文公卒。庚辰，將殯于曲沃。出絳，柩有聲如牛。卜
> 偃使大夫拜，曰：「君命大事，將有西師過軼我。擊之，必
> 大捷焉❸。」

這位卜偃可以說是一位五朝元老了，據《左傳》、《國語·晉語》
的記載，他所說、所預言的事情，可以說是沒有一次不應驗的。而
且他常常說出貴族共同的心聲，代表貴族發表意見。那麼這次攻擊
秦軍，到底是他個人的預言呢？還是他代表了其他人共同的心聲
呢？這就頗堪玩味了。既然在此之前，卜偃曾發表過許多次預言，

---

❸ 《春秋左傳正義》，頁287-288。

而且向來都是代表其他人的共同心聲❸，看來這次也不會有例外。
《左傳・僖公三十三年》：

> 晉原軫曰：「秦違蹇叔，而以貪勤民，天奉我也。奉不可
> 失，敵不可縱。縱敵，患生；違天，不祥。必伐秦師。」
> 欒枝曰：「未報秦施，而伐其師，其爲死君乎？」先軫曰：
> 「秦不哀吾喪，而伐吾同姓，秦則無禮，何施之爲？吾聞
> 之，『一日縱敵，數世之患也。』謀及子孫，可謂『死君』
> 乎？」遂發命，遽興姜戎。子墨衰絰，梁弘御戎，萊駒爲
> 右。夏四月辛巳，敗秦師于殽，獲百里孟明視、西乞術、
> 白乙丙以歸，遂墨以葬文公。晉於是始墨。文嬴請三帥，
> 曰：「彼實構吾二君，寡君若得而食之，不厭。君何辱討
> 焉？使歸就戮于秦，以逞寡君之志，若何？」公許之，先
> 軫朝，問秦囚，公曰：「夫人請之，吾舍之矣。」先軫怒，
> 曰：「武夫力而拘諸原，婦人暫而免諸國，墮軍實而長寇
> 讎，亡無日矣。」不顧而唾❸。

襄公初即位，頭號貴族中軍帥先軫就不把他放在眼裡。殽之戰是先
軫的決定，雖然也有其他的貴族表示反對，如欒枝，但是顯然是實
力不足，因此也就無效。至於晉襄公，除了衣墨衰絰上戰場看戲之
外，根本沒有表達意見的權力。後來襄公因文嬴之請，釋放秦三帥，
竟被先軫痛斥，乃至不顧而唾，毫無國君的尊嚴可言。本人以爲，

---

❸　如獻公時驪姬事件，惠公時韓原之戰等等。
❸　《春秋左傳正義》，頁290。

這是晉國貴族有心破壞晉與秦的良好關係，切斷晉國國君最有力的外援[37]，俾得控制國君，避免重蹈貴族被獻公大量屠殺的前車覆轍。

四、第三任中軍帥

其後先軫自以為犯君而無敢討者，為求自討而死於箕之役，於是中軍帥又出缺，《左傳·僖公三十三年》云：

> 狄伐晉，及箕。八月戊子，晉侯敗狄于箕，郤缺獲白狄子。先軫曰：「匹夫逞志於君，而無討，敢不自討乎？免冑入狄師，死焉[38]。」

先軫雖然自以為逞志於君，將有以自討，於是免冑入狄力戰而死。如是接任者何人？以何標準？似乎又成了一問題。但是看起來襄公還是不敢得罪先氏，因此任他的兒子先且居繼任中軍帥，因此第三任中軍帥先且居是以子繼父職出任，《左傳·僖公三十三年》云：

> 反自箕，襄公以三命命先且居將中軍[39]。

但是這一任中軍帥的標準又是什麼呢？第一任是尚德，以郤縠為代表；第二任是尚能，以先軫為例。那麼這一任呢？還有別的不同標準嗎？或是要照既有的前例呢？結果都不是，反而又回到了往日宗

---

[37] 見劉文強：〈評顧棟高〈燭之武論〉〉，《孔孟月刊》1990.7，28卷第12期，頁28-33。

[38] 《春秋左傳正義》，頁290-291。

[39] 《春秋左傳正義》，頁291。

法制度，提倡親親之道、父死子繼的老路上去了，杜預注云：

　　且居，先軫之子。其父死敵，故進之❹。

不過這當然不能視爲晉國走回頭路，只能說是一種補償的措施，以平息可能引發的爭議。但是先軫之所以出任中軍帥乃是因爲尙能之故，何以先且居接任的原因，據杜預的解釋，卻成了子以父貴，因而加以酬庸？再加上前兩任中軍帥不也都這麼就上任了。爲何襄公於先且居卻要另外加以三命的大禮來任命❹？凡此種種，《左傳》裡皆未說明原因❹。不過就客觀勢判斷，應該受到先軫戰死的影響。襄公不敢得罪舊有貴族，所以先且居才能以上軍帥超升，受三命之大禮繼承父職。凡此種種，只能解釋爲，晉國的國君自從晉獻公死後，其君權就不斷地遭受貴族侵蝕，以致造成里克等人之廢立由己，玩弄國君於掌上。晉惠公作爰田，使得貴族在經濟上的實力大增，更加強了貴族在政治上的發言權。這樣的演變終於導致晉文公被迫

---

❹　《春秋左傳正義》，頁291。

❹　《禮記·王制》：「大國之卿不過三命，下卿再命，小國之卿與下大夫一命。」（《禮記正義附校勘記》，臺北：藝文印書館，1973年5月景印清嘉慶20年1815《重刊十三經注疏附校刊記》，頁224）不過這個三命可是周天子所命，那才有面子。《左傳·僖公十二年》：「王以上卿之禮饗管仲，管仲辭曰：『臣賤有臣也。有天子之二守國、高在。』」杜預注云：「國子、高子，天子所命，爲齊守臣，皆上卿也。」（《春秋左傳正義》，頁223）晉襄公不知是否就這麼妄自託大起來，也比照周天子以三命來命先居。禮數是夠大的了，可是未免不倫不類，而且還嫌諂媚過頭了。

❹　〈晉語四〉不載先且居任中軍帥的人事任命，甚至連趙衰所任何職也自相矛盾。

作三軍、謀元帥，拱手失去原屬於國君的各項軍政權力。而隨著時間的發展，不但這些實質權力無法重拾，就連國君的虛名或面子也都日益不受重視，乃至被貴族當面而唾。這樣的發展又豈是晉文公當年作三軍、謀元帥時所能預料到下場？

其後第四任中軍帥人選更是一波三折，充分顯示了晉國內部權力鬥爭的劇烈。最後趙盾在慘烈的過程中獲勝，再度以「賢能」的名義出任，詳見《左傳·文公六年》❸。據《左傳》記載，在整個過程中，晉襄公對中軍帥的人選竟然無法自主，任由貴族廢立，可見晉國國君的權力早已喪失，只剩虛名❹。關於第四任中軍帥及其以後這個部分，本人將另有專文討論，茲不贅述。

五、小 結

前面已經提過，本人曾有專文討論被廬之蒐。本人認為，晉國的最高軍事指揮權，以及其它原屬於國君的權力，自從「被廬之蒐」「作三軍」「謀元帥」後，就不再屬於國君；而中軍帥由何人出線，更顯示出了晉國國君的無力感。因此，從文公問元帥於趙衰，說明

---

❸ 其後趙盾遂能弒君立君，權由己出，見《左傳·宣公二年》。

❹ 在註十二中，已經說明陽處父經由趙衰的推薦，因而受到文公任用，其後文公用處父為襄公的傅，可見處父與文公父子二代之間的關係是多麼密切。不過話說回來，就算陽處父與晉襄公有著非比尋常的緊密關係，因此由陽處父出面當壞人，硬是將原已就任的狐射姑拉下馬，改由趙盾出任中軍帥。但是晉襄公果真大權在握，自可高下由心，威由己出，何必勞駕陽處父作壞人？

了晉文公的君權不再風光，已經落得必須和貴族妥協的地步。接下來先軫接任，乃至先且居接其父職，對晉國國君的君權更是一次又一次嚴重的打擊，這對於晉國日後的政治生態有絕對的影響，對於春秋時代的潮流趨向更有著無可取代的主導方向。學者對於這些事實應該加以留心，以明春秋時代大勢之所趨。

論陽處父[●]

論文提要

陽處父是春秋時代晉文公、襄公時人，雖然不算多麼顯赫的人物，但是卻主導了一次震驚當時的人事異動，即所謂「易中軍」，並涉入所謂的「三易中軍帥」的權力鬥爭的漩渦，最後身死名裂。本文主要從晉國制度，以及陽處父的身分及權力、功勞等各方面探討所謂易中軍及「三易中軍帥」的相關問題，認爲陽處父只是檯面上的白手套型的人物，幕後的操縱者其實是晉襄公。陽處父的失敗，即是晉襄公的失敗。最後本文討論若干對陽處父的評價，包括所謂的「仲尼曰」及《禮記·檀弓篇》的記載，以二者之時代背景及個人立場之故，皆未能肯定陽子行事，實有失公允。本文以爲陽子忠貞，可比荀息。叔向忠於公室，世所共知。叔向猶願效法陽子，亦所謂推己及人也。

[●] 本文發表於《中山人文學報》第10期，頁27-50，2000.2。

一、事　蹟

陽處父爲晉文公、襄公時人，出身卑微，不過終因獲得當紅的重要人物趙衰推薦，所以能夠出仕，爲晉文公所用，《說苑・善說篇》云：

> 晉平公問於師曠曰：「咎犯與趙衰孰賢？」對曰：「陽處父欲臣文公，因咎犯，三年不達；因趙衰，三日而達。智不知其士眾，不智也；知而不言，不忠也；欲言之而不敢，無勇也；言之而不聽，不賢也❷。」

其間陽處父一度曾任趙衰的屬下❸。至於趙衰與晉文公的關係非比尋常，這已是眾所周知的❹。陽處父既經由趙衰的推薦而爲晉文公

---

❷　向宗魯：《說苑校證》（北京：中華書局1987.7第1版，1991年9月北京第2次印刷），頁291。

❸　《左傳・文公六年》云：「陽子，成季之屬也。」（《春秋左傳正義》，臺北：藝文印書館，1973年5月景印清嘉慶20年1815《重刊十三經注疏附校刊記》，頁313）

❹　我們認爲，趙衰之於晉，與狐偃相較，乃羈旅之臣，乃是以能力受重用，《左傳・僖公二十三年》：「子犯曰：『吾不如衰之文也。』」（《春秋左傳正義》，頁253）是其明證。趙衰與陽處父在本質上既然都屬外來的異姓之人，自然同病相憐，所以趙衰願意提拔。至於狐偃，乃文公之舅，爲晉同姓舊族，對外來之人不免排斥。所以陽處父欲因狐偃，三年不達；因趙衰，三日而達。後來陽處父的地位逐步提升，故《左傳・文公六年》云趙盾爲政：「既成，以授大傅陽子與大師賈佗，使行諸晉國，以爲常法。」（《春秋左傳正義》，頁313）由於當年因咎犯而不達，因趙衰而達，毋怪乎其感恩圖報，既爲晉襄公，亦爲趙衰，說詳下文。

之臣屬，其後深受重視，進而出任晉襄公之傅，〈晉語四〉云：

> （晉文公）使陽處父傅讙而教誨之❺。

讙即晉襄公。晉自獻公起即奉行尚賢使能，並重用外來人士的政策，文公即位，仍而未改。故陽處父既深受晉文、襄二代重用，則其人應屬頗有能力，並爲勇於任事之輩。但是終文公之世，乃至襄公在位時期，陽處父雖然也曾賣力演出，如出使、出征等等，累積了若干功勞，但並非特別顯眼，如三軍六軍帥般的重要人物。

　　眞正讓陽處父大出鋒頭的一件事，就是他曾經主持過立中軍帥這件大事；不但是立中軍帥，而且是先廢再立，乃至於鬧得不可收拾，終至引發了被廢者的殺機。除了造成晉國內亂之外，更使其自身亦不免死於非命，影響不可謂不大，《左傳·文公六年》云：

> 陽處父至自溫，改蒐于董，易中軍。陽子，成季之屬也，故黨於趙氏，且謂趙盾「能」，曰：「使能，國之利也，是以上之。」宣子於是乎始爲國政。……既成，以授大傅陽子與大師賈佗，使行諸晉國，以爲常法❻。

若只從此段文字來看，改易中軍帥一事看來頗爲順利，並未掀起任何波瀾，但是實際上則是暗潮洶湧，處處危機。或以爲改易的結果十分良好，新任中軍帥趙盾施政也很穩健，並且獲得了相當的成效。陽處父可謂所舉得當，晉國則深慶得人，一切似乎都非常順利和圓

---

❺　《國語》（臺北：宏業書局，1980年9月《四部備要》排印清士禮居翻刻明道本），頁386。

❻　《春秋左傳正義》，頁313。

滿。持此說者可謂膚淺，但為文字表面所惑，並未深究其中因素之
故。當然，也有從另外的角度來看，如所謂「仲尼曰」，認為陽處
父所為乃晉之亂制，因而給予其負面評價。本文認為這也是見仁見
智，但視其從何角度而觀之。或以為此說出於孔子，宜為定論，則
又真不知《左傳》者也，學者當能分別之。

二、身分與權力

⑴杜《注》與孔《疏》

晉襄公時改易中軍帥一事，在春秋史上是絕無僅有的一次，在
非自然因素下而改立。所謂自然因素，即原任中軍帥卒，因而必須
改立，是謂自然性因素。本次則不然，因為原任中軍帥仍然在位，
而且在位時間甚短，即遭陽處父撤換。因此這件事對晉國政局影響
甚大，牽連甚廣，非常值得深入研究。更何況其中疑點甚多，實有
必要詳加檢討。據《左傳》記載，陽處父既然有權力廢立中軍帥，
而且十分順利，好像沒有受到任何阻撓。那麼，他憑藉的是什麼身
分、什麼權力改易中軍帥？

杜預及孔穎達都認為陽處父以太傅身分，其官爵高於中軍帥等
晉國眾卿，憑此崇高身分，自然有足夠的權力進行此次人事改組。
在上引《春秋經·文公二年》「及晉處父盟」下，杜預《注》云：

> 處父為晉正卿，不能匡君以禮，而親與公盟，故貶其族。族
> 去則非卿，故以微人常稱為稱，以直厭不直❼。

---

❼ 《春秋左傳正義》，頁300。

杜預認爲陽處父身爲正卿，未引出處，粗看似不知其何所據。或以
爲杜預見上引《傳》文，謂趙盾爲國政而授太傅陽子，故而認爲陽
處父的位階較高？孔《疏》則釋之云：

> 《尚書·周官》：「大師、大傅、大保，天子三公也。」
> 宣十六年《傳》：「晉侯請于王，命士會將中軍，且爲大
> 傅。」則大傅尊於中軍之將，與大師皆爲孤卿也。《周禮》：
> 上公之國有孤一人；〈王制〉：諸侯三卿。晉，侯爵也，
> 而有三軍六卿，復有孤一人者，晉爲霸主，多置群官，共
> 時所須，不能如禮。孤尊於卿，法由在上，故宣子法成，
> 授二孤使行之❽。

是其所據乃《尚書·周官》與〈王制〉，二者向來被視爲經學上重
要經典，故杜、孔皆引以爲證。另外，在「陽子，成季之屬也」下，
孔《疏》又云：

> 僖三十一年清原之蒐，衰始爲卿。三十三年處父已專帥侵
> 蔡，則處父之屬成子未有多年。蓋情素相親，而黨於趙氏耳，
> 非專以嘗爲其屬也❾。

孔《疏》先據《尚書·周官》與〈王制〉證明「孤尊於卿，法由在
上」，再以《傳》文「三十三年處父已專帥侵蔡」，以釋何以陽子

---

❽ 《春秋左傳正義》，頁313。太傅、太師乃備位顧問，如何搖身一變而爲
實際執行者？我們以爲，趙盾所作所爲，只是凸顯其用心之深沈；蓋爲免
惹禍上身，故託名師傅二人以爲替死鬼，萬一出事，有所塞責而已。

❾ 《春秋左傳正義》，頁313。

位尊於中軍帥云云，這樣的解釋大大地補充了杜《注》的不足。孔《疏》所引出處似有所據，雖然，皆不免陷於循環論證，以致自落陷阱，蓋習焉而不察之故。首先，他必須肯定《尚書·周官》確然無誤，然後才據之以反證《左傳》。但是既然《尚書·周官》本身就已讓學者充滿了不信任感，又如何能據之以爲實例，以反證《左傳》之事？不止《尚書·周官》的可信度大有可疑，就是由漢文帝時的博士們所作的〈王制〉，其中所載同樣是不可盡信，這已是經學史上的常識。因此杜、孔二家所釋不能成立的原因，在於其證據的根基是不可靠的。唯孔《疏》所云「不能如禮」一句，蓋或得其實情。其次所謂「處父已專帥侵蔡」，也不能證明陽子的位階究竟爲何。關於此點，下文有說，茲不贅。至若孔云「法由在上」，那麼所引《尚書·周官》，大師猶在太傅之上，何以不先云大師賈佗？這裡所反映的實情倒眞是「不能如禮」，也就是說，晉國當時權力的結構並不穩定。陽處父能夠改易中軍帥，當然有一股背後勢力在支持，否則他有何能力冒此大不諱呢？值得注意的是，陽處父究竟憑藉的是什麼身分和權力？如果太傅的位階低於中軍帥，低階者又如何能立高階者？何況是將已立者換下改易他人？原來的中軍帥狐射姑爲何不見抗議？或竟然無從抗拒？因此孔穎達，當然也包括杜預，都認爲太傅的位階高於一切官職，所以陽處父有資格改蒐于董。這種據《尚書·周官》、〈王制〉而立的看法，所引的都是似是而非的證據，本文無法苟同。

(2)晉國制度

本文認爲，據我們已知的史實之一，就是此時的晉國，官爵班

位早已確定。以中軍帥爲首的貴族掌握了實際政權，即所謂的正卿；其他軍帥也都爵位爲卿，並且在理論上也都要聽從中軍帥的命令⓾。而中軍帥則向國君負責，其地位已頗類似日後的丞相。六位軍帥就是晉國官僚系統的最上層結構，其他官職如司空等，雖也見諸史策，但已屬次要，說詳下文。見諸史策正式所載，晉國唯一有卿位而無軍行的，只有郤缺一人⓫，《左傳·僖公三十三年》：

> （晉襄公）以一命命郤缺爲卿，復與之冀，亦未有軍行⓬。

杜預《注》云：

> 雖登卿位，未有軍列⓭。

⓾ 請參看本人所指導，作者簡文山碩士所著《《左傳》出奔研究》（國立中山大學中文系碩士論文1999.6），第二章、第二節〈卿與大夫〉。

⓫ 《左傳·文公十二年》秦伐晉，晉三軍六將佐分別爲趙盾將中軍，荀林父佐之。郤缺將上軍，臾駢佐之。欒盾將下軍，胥甲佐之。范無恤御戎。後趙盾曰：「秦獲穿也，獲一卿矣。」（《春秋左傳正義》，頁331）杜《注》：「僖三十一年，晉侯以一命命郤缺爲卿，不在軍帥之數，然則晉自有散位從卿者。」（《春秋左傳正義》，頁331）對於杜預的說法，本人覺得頗可商榷。郤缺爲卿，已是特例，且有受一命的記錄。趙穿雖爲君婿，未見任何記載其爲卿。細尋趙盾語氣，蓋云趙穿可比一卿，非直云其爲卿也。《左傳·文公十七年》：「晉鞏朔行成於鄭，趙穿、公婿池爲質焉。」杜預《注》云：「趙穿，卿也。」（《春秋左傳正義》，頁350）就算趙穿此時爲卿，也不必然在五年前他的爵位就已是卿。何況趙穿爲卿也只是杜預一家之言，《左傳》中並無足夠證據來支持他的說法。

⓬ 《春秋左傳正義》，頁291。

⓭ 《春秋左傳正義》，頁291。

見諸史策，按照晉國的制度，凡為卿者必為將佐之一，哪怕是排在最後一位都行。有時候某些爵位為卿的貴族，可以兼任大夫之官職❹。反之，若爵位僅為大夫，那就無法擔任三軍將佐之職了。這是晉國的制度，學者當已熟知，不待贅述。因此《左傳·僖公三十三年》的記載云：

> 晉、陳、鄭伐許，討其貳於楚也❺。

此時晉、陳、鄭伐許，晉師未言由誰率領，亦未言御戎、車右，照慣例應非中軍帥親自出征❻。其同年陽處父帥晉軍侵蔡，《左傳》云：

> 晉陽處父侵蔡，楚子上救之，與晉師夾泜而軍❼。

既未說明晉軍出動了多少軍隊，也沒有說誰為御戎、誰為車右，與晉國出兵的慣例不大相同。又如《左傳·文公三年》云：

---

❹　《左傳·成公六年》：「韓獻子將新中軍，且為僕大夫。」（《春秋左傳正義》，頁441）關於卿與大夫二者異同的問題，本文接下去還會討論。

❺　《春秋左傳正義》，頁291。

❻　當然，若是中軍帥親自出征那就不一樣了。其御戎與戎右未書，可能只是省略，如《左傳·宣公二年》：「夏，晉趙盾救焦，遂自陰地及諸侯之師侵鄭。」（《春秋左傳正義》，頁364）又如《左傳·宣公九年》：「晉郤缺伐鄭。」（《春秋左傳正義》，頁381）亦未明言。然此時郤缺已為中軍帥。若是晉侯出征，則視同中軍帥。又，有時晉只以諸侯之師征伐，則唯書其帥，而不書御戎及戎右，如《左傳·文公九年》：「會于扈，討不睦也。陳侯不會，晉荀林父以諸侯之師伐陳。」（《春秋左傳正義》，頁380）

❼　《春秋左傳正義》，頁291。

> 楚師圍江，晉先僕伐楚以救江。冬，晉以江故告于周，王叔
> 桓公、晉陽處父伐楚以救江⑱。

先僕不見於晉的任何一將、佐、行，《春秋經》連其名事都不載，
還不如陽處父，可見其身分低下，所率不知是何部隊。《左傳》所
載陽處父情形與先僕相同，那麼，陽處父究竟帶了多少軍隊，實在
讓人懷疑。試想，他既不是五軍、三行裡的任何一將、一佐、一行，
更別提是正卿的中軍帥，那麼他又如何獲得帶兵出征的權力呢？他
又能帶多少部隊呢？以上這些證據，只能說明陽處父並未能帶領晉
軍主力，最多只能是一小部分的軍隊，而且恐怕還不能算正式編制
內的軍隊。若是編制內的軍隊，至少應如《左傳・文公十五年》所
載：

> 晉郤缺以上軍、下軍伐蔡⑲。

像這樣的例子才足以證明晉師中軍未出，而且最後出動的是什麼部
份軍隊。反之，若無明言何軍出征，就很難讓人判斷到底是出動了
哪些部隊。況且這時的中軍帥是先且居，史有明文，《春秋經・文
公二年》云：

> 春王二月甲子，晉侯及秦師戰于彭衙，秦師敗績。……三月

---

⑱　《春秋左傳正義》，頁305。杜預《注》云：「桓公，周卿士王叔文公之
　　子。桓公不書，示威名，不親伐。」晉假天子之名伐楚，而周王室所派出
　　的雖是卿士，卻不親伐，可見這次戰役並未受到太多注意。這也反映了陽
　　處父所率領的軍隊不多，因此也不受重視。
⑲　《春秋左傳正義》，頁339。

乙巳，及晉處父盟⓴。

而《左傳》云：

> （彭衙之戰）先且居將中軍，趙衰佐之。王官無地御戎，狐鞫
> 居爲右⓳。

中軍將佐皆已有人，御戎、車右亦然，皆無陽處父餘地。因此我們
認爲，陽處父的官與爵應該都不高，其爵位應是卿之下的大夫，且
頂多是上大夫而已。因爲同樣是陽處父，杜預在別處又有相反的說
法，《左傳·文公二年》云：

> 夏四月己巳，晉人使陽處父盟公以恥之⓴。

杜預《注》云：

> 使大夫盟公，欲以恥辱魯也⓴。

在此，杜預又稱陽處父爲大夫。雖然在《左傳》中，有時大夫可以
泛指卿和大夫兩種爵位。於前引杜《注》，既已稱陽處父爲正卿，
此處所謂大夫，莫非也是同樣爲正卿的意思？但我們認爲，杜預此
處所謂的大夫，並不是卿大夫一詞中通稱性的大夫，而是爵位較卿
爲低的實指的大夫，其說實不能成立。《左傳·文公九年》：

⓴　《春秋左傳正義》，頁300。
⓳　《春秋左傳正義》，頁301。
⓴　《春秋左傳正義》，頁302。
⓴　《春秋左傳正義》，頁302。

（春王正月）乙丑，晉人殺先都、梁益耳。……三月甲戌，晉人殺箕鄭父、士縠、蒯得❷。

杜預云：

梁益耳、蒯得不書，皆非卿❷。

通常《春秋經》不書大夫，以其身分較低，這點杜預十分清楚。所以杜預以陽處父為大夫，謂其爵位也，才是合理的解釋。據杜預前《注》所云，爵位為大夫而盟國君，時人認為不合禮，所以魯人恥之，確屬事實。因為到了明年，晉人為此事而請改盟，由晉君親自出馬以為安撫，原因是「懼其無禮於公」❷。表面看來，以大夫盟國君的確是一件失禮之事，因此晉國要認錯，重新以禮而盟。不過此中內情甚為複雜，不可舉單一事件一概而論。首先，以陽處父剛直的個性，誰知他在會盟時是否有什麼驚人之舉，由是得罪了魯文公，使魯國方面大為不滿？

其次，當時也有晉國大夫——不但不是通稱性的大夫，反而是爵位較卿為低的大夫——與諸侯會盟，諸侯不但不以為恥辱，反倒嘉獎此人的事例，並且公開記錄在《春秋經》上以為模範，《春秋經·文公二年》云：

夏六月，公孫敖會宋公、陳侯、鄭伯、晉士縠盟于垂隴❷。

---

❷　《春秋左傳正義》，頁321。
❷　《春秋左傳正義》，頁321。
❷　《春秋左傳正義》，頁305。
❷　《春秋左傳正義》，頁300。

杜預《注》云：

> 士縠出盟諸侯，受成於衛，故貴而書名氏❷⁸。

《左傳》云：

> 穆伯會諸侯，及晉司空士縠盟于垂隴，晉討衛故也。書「士縠」，堪其事也❷⁹。

杜預《注》云：

> 晉司空非卿也，以士縠能堪卿事，故書❸⁰。

士縠之官爲晉司空，晉司空之爵位又非卿。士縠以非晉國的卿而與諸侯會盟，不但沒有受到譴責，反倒是受了嘉獎。事實上，魯國也是派了大夫前往，與諸侯會盟呢！可見杜預所謂以大夫盟魯君，因而造成魯國不滿的說法，頗有討論的空間。

---

❷⁸ 《春秋左傳正義》，頁300。

❷⁹ 《春秋左傳正義》，頁302。

❸⁰ 《春秋左傳正義》，頁302。士縠非卿而書，與之相反的則是應書而不書，例子出現在同年冬天，《春秋經》云：「冬，晉人、宋人、陳人、鄭人伐秦。」（《春秋左傳正義》，頁301《左傳》云：「冬，晉先且居、宋公子成、陳轅選、鄭公子歸生伐秦，取汪，及彭衙而還，以報彭衙之役。卿不書，爲穆公故，尊秦也，謂之崇德。」（《春秋左傳正義》，頁304）這種說法太過可疑，很容易使人想到《左傳》成書年代；又或者如「君子曰」之類的記載，與時代背景有無關係？〈中庸〉有「載華嶽而不重」之類的話，一般都認爲與時代入秦有關。那麼《左傳》中這些推崇或褒揚秦穆公的話，是否也暗示了些什麼？

其三，《左傳·成公三年》還有一段話，更可以作為對照陽處父盟魯君是否得當——尤其按照杜預的說法，若陽處父為晉國正卿，以晉之正卿盟諸侯國君，是否算失禮呢？《左傳》云：

> 冬十有一月，晉侯使荀庚來聘，且尋盟。衛侯使孫良夫來聘，且尋盟。公問諸臧宣叔曰：「中行伯之於晉也，其位在三；孫子之於衛也，位為上卿，將誰先？」對曰：「次國之上卿，當大國之中；中，當其下；下，當其上大夫。小國之上卿，當大國之下卿；中，當其上大夫；下，當其下大夫。上下如是，古之制也。衛在晉，不得為次國。晉為盟主，其將先之。」丙午盟晉，丁未盟衛，禮也**㉛**。

按照這個標準，再想到衛、魯大小相若，與盟主晉國比較亦「不得為次國」。至於何謂「不得為次國」？杜預《注》云：

> 春秋時以強弱為大小，故衛雖侯爵，猶為小國**㉜**。

㉛ 《春秋左傳正義》，頁437-438。另外一個例證，見《左傳·昭公二十三年》所載叔孫婼云：「列國之卿，當小國之君，固周制也；邾又夷也！寡君之命介子服回在，請使當之，不敢廢周制故也。」杜《注》：「在《禮》，卿得會伯、子、男，故曰『當小國之君。』」杜又曰：「子服回，魯大夫，為叔孫之介副。」（《春秋左傳正義》，頁876）邾為子爵國家，以叔孫婼的身分，當然可以會見邾君。不過昭子心中本已不悅，再加上邾又「雜有東夷之風」，昭子更是看不起它，又將之降了一等，認為由其上介子服回出面會見也就足夠恰當了。一般而言，卿的上介其爵位為上大夫，叔孫昭子認為以魯國的上大夫會見小國之邾君，於禮甚合。這種嚴格的階級觀念，在春秋時代是普遍而且牢固地存在於當時的貴族的心中。

㉜ 《春秋左傳正義》，頁438。

若說衛尙且爲小國，那麼魯自然也是小國。照當時之禮，以晉國正卿盟小國之君，何失禮之有？因此陽處父究竟是地位較低的大夫，還是地位最高的正卿？看來杜預也是首鼠兩端，彼此不同，頗有矇混的嫌疑。若陽處父的身分如上引杜預前《注》所說爲晉上卿，那麼魯國恐怕反而是賺到了才是，還有什麼好抱怨的。正因爲陽處父的爵位不是正卿只是一個大夫，魯國認爲於禮有辱，特別記載於《春秋經》中以示警惕。所以杜預後《注》所說，以陽處父之爵位爲大夫而非正卿，反而是可信的。

(3)正卿

更何況晉國執國政的正卿，自晉文公時作三軍、謀元帥後向來就是中軍帥，這可見於《左傳·文公七年》晉郤缺言於趙宣子曰：

　　子爲正卿，以主諸侯㉝。

另外，《左傳·宣公二年》趙穿弒靈公於桃園後，晉國太史對趙盾所說的一段話：

㉝　《春秋左傳正義》，頁318。《左傳·宣公十七年》載范武子之言曰：「余將老，使郤子逞其志，庶有豸乎？」杜預云：「欲使郤子從政，快志以止亂。」(《春秋左傳正義》，頁412)此時范武子爲中軍帥，告老還鄉，並推薦郤克接任中軍帥，故杜預云：「使郤子從政。」中軍帥即正卿，是唯一可以「從政」的軍帥。郤克後來終於主導伐齊之役，那也是在他當上了正卿之後的事。因爲他是正卿，所以有權「從政」。《左傳·昭公二年》：「春，晉侯使韓宣子來聘，且告爲政而來見，禮也。」(《春秋左傳正義》，頁718) 趙武死於前一年，故今年韓宣子繼趙武爲中軍帥，也就是晉國的最高執政者，故云「且告爲政而來見。」以上這些事例，充分地說明了晉國的中軍帥就是正卿，掌握實權，因而常常被稱爲「從政」的有力證據。

　　子爲正卿，亡不越境，反不討賊❸。

趙盾爲中軍帥執國政❸，故郤缺和太史都稱之爲正卿。陽處父既非

---

❸　《春秋左傳正義》，頁365。另外，在先前立靈公時，先蔑和士會被趙盾
　　耍了一招，因而出奔到秦。士會不見先蔑，《左傳‧文公七年》：「士季
　　曰：『吾與之同罪，非義之也！將何見焉？』及歸，遂不見。」（《春秋
　　左傳正義》，頁318）杜預云：「責先蔑爲正卿而不匡諫。」（《春秋左
　　傳正義》，頁318）杜預對正卿一詞的認知，與《左傳》相較似乎頗有不
　　同，令人難以理解。按：同年《傳》云：「箕鄭居守。趙盾將中軍，先克
　　佐之。荀林父佐上軍。先蔑將下軍，先都佐之。」（《春秋左傳正義》，
　　頁317）先蔑只是下軍將，雖然爵位還是卿，但是硬指先蔑爲正卿，那麼
　　又將置中軍帥趙盾於何地？還是說此乃晉國制度，自下軍將以上皆爲正
　　卿？這麼一來晉國至少有五個正卿，這也未免太多了吧？還有，下軍佐是
　　否也算正卿呢？《春秋經‧文公九年》：「晉人殺其大夫先都。」（《春
　　秋左傳正義》，頁320）杜預云：「下軍佐也。」如果下軍佐不算正卿，
　　那麼五正一副，這個比例似乎不甚協調；如果也是正卿，六正無副，都是
　　正卿，那麼在指揮調度上必然出問題，因爲會發生誰又得聽誰的呢？再
　　說，既然趙盾以正卿爲國政，卻又還有其它四、五個正卿，試問，那些正
　　卿們要幹些什麼，也要執政嗎？何況，最後趙盾還要恭請太傅、太師來執
　　行施政？這樣一來正卿不又變成了幕僚？又如何稱得上是執政？果眞有
　　這樣的行政架構和編制，恐怕也是世所罕見的了。
❸　鄢陵之戰時，欒書爲中軍帥，故〈晉語六〉載欒書云：「今我任晉國之政。」
　　（《國語》，頁419）其後韓宣子亦爲中軍帥，故楚靈王稱之爲上卿。是
　　晉國上卿即正卿，爲中軍帥的同義詞。《左傳‧昭公元年》云：「子皮戒
　　趙孟，禮終，趙孟賦〈瓠葉〉，子皮遂戒穆叔，且告之。穆叔曰：『趙孟
　　欲一獻，子其從之。』子皮曰：『敢乎？』穆叔曰：『夫人之所欲也，又
　　何不敢？』及享，具五獻之籩豆於幕下，趙孟辭，私於子產曰：『武請於
　　冢宰矣！』乃用一獻。」（《春秋左傳正義》，頁701）這段記載是說趙
　　武先向鄭國子皮要求行一獻之禮，子皮不敢急慢趙武，仍然準備了五獻之
　　禮。趙武謙辭，告訴子產說：他已經向鄭國的冢宰——即子皮——打過招
　　呼了。可見在鄭國，冢宰也和晉國一樣，都是上卿或正卿的同義詞。

中軍帥，無從執國政，如何能稱爲正卿❸？

(4)陽處父官爵

　　經過以上的論證，答案應該是很明顯的了。陽處父的官爵應該爲何呢？他的官職雖爲晉襄公的太傅，但是其爵位只是個位階較低的大夫；他不是晉國的正卿，位階絕不可能高於中軍帥。而且後來還有一人與其頗爲類似，不妨舉之以爲旁證，〈晉語七〉載司馬侯謂晉悼公曰：

　　　　羊舌肸習於《春秋》。乃召叔向，使傅太子彪❸。

至於叔向的官階爲何呢？《左傳·襄公十六年》云：

　　　　春，葬晉悼公，平公即位。羊舌肸爲傅。張君臣爲中軍司馬，祁奚、韓襄、欒盈、士鞅爲公族大夫，虞丘書爲乘馬御❸。

---

❸　《左傳·宣公十年》：「夏，齊惠公卒。崔杼有寵於惠公，高、國畏其偪也，公卒而逐之，奔衛。」杜預云：「高、國二家，齊正卿。」（《春秋左傳正義》，頁381）這高、國二家是周天子所命的齊國二卿，《左傳·僖公十二年》云：「王以上卿之禮饗管仲，管仲辭，曰：『臣賤有司也！有天子之二守國、高在。』」杜預云：「國子、高子，天子所命，爲齊守臣，皆上卿也。」（《春秋左傳正義》，頁223）杜預既說高、國二家爲齊上卿，又說爲齊正卿，那麼上卿也就等於正卿了。不過晉國的正卿主要表現在執國政，齊國此時則由管仲掌權，其中應有不同，但杜預未有說明耳。

❸　《國語》，頁445。

❸　《春秋左傳正義》，頁572。

此時晉國爵位爲卿的軍帥完全沒有更動的記錄，只有一些爵位較低的大夫們出現在人事異動名單中，叔向是其中之一。叔向繼士渥濁爲大傅，其爵位仍然只是大夫而不是卿，所以《左傳‧昭公五年》又云：

> 晉韓宣子如楚送女，叔向爲介。……及楚，楚子朝其大夫曰：「晉，吾仇敵也。苟得志焉，無恤其他。今其來者，上卿、上大夫也❸❾。」

叔向在當時國際間雖然名聲高遠，但爵位仍然只是上大夫，因爲他沒有率領軍隊。另外，不領軍而爲太傅的還有一例，就是叔向前任的士貞子，唯其名聲不及叔向而已，《左傳‧成公十八年》載晉悼公即位的人事命令：

> 使魏相、士魴、魏頡、趙武爲卿。荀家、荀會、欒黶、韓無忌爲公族大夫，使訓卿之子弟共儉孝弟。使士渥濁爲大傅，使脩范武子之法❹❿。

這個順序是很明顯的，先是卿，然後是大夫；大夫中，公族大夫的位階還在太傅之上。可見太傅的爵位只是大夫，而非杜預所謂的正卿。

另外，陽處父、士渥濁、叔向爲太傅，與孔《疏》中所引士會以中軍帥爲太傅的例子是完全不同的。孔《疏》將之混爲一談，顯

---

❸❾　《春秋左傳正義》，頁745。
❹❿　《春秋左傳正義》，頁486。又見《國語‧晉語七》。

然並未細分其中差異。士會爲太傅，見《左傳·宣公十六年》：

> 春，晉士會帥師滅赤狄甲氏及留吁、鐸辰。三月，獻狄俘，
> 晉侯請于王。戊申，以黻冕命士會將中軍，且爲大傅❹。

杜預《注》云：

> 代林父將中軍，且加以大傅之官。黻冕，命卿之服。大傅，
> 孤卿❷。

「大傅，孤卿」之說不可靠，已見前文。我們必須回到士會的官職
來討論。邲之戰時（宣十二年）荀林父將中軍，先縠佐之，士會將
上軍。戰後先縠被殺，不久荀林父大概也死去，故此時士會已任中
軍帥。不過晉景公爲了嘉勉和隆重其事❸，所以先命士會爲中軍帥，
這是最緊要的；接著加太傅之官，只是益顯恩寵而已。除此之外，
還可舉一例以爲佐證，《左傳·成公六年》：

> 韓獻子將新中軍，且爲僕大夫❹。

杜預《注》：「兼大僕。」可見這個僕大夫是個兼官，而且看起來
是個大夫之職。就韓厥的官職來講，新中軍將才是最重要的，僕大
夫就只是個可有可無的兼官了。這個例子和士會以中軍將兼太傅，

---

❹ 《春秋左傳正義》，頁410。
❷ 《春秋左傳正義》，頁410。
❸ 邲之戰時，晉國君臣各自扮演何種角色，是十分值得研究的問題，本人將
　另外爲文討論，茲不贅。不過從士會的談話中，即可略見端倪。
❹ 《春秋左傳正義》，頁441。

是同樣的情形。所以我們不同意杜《注》或孔《疏》所說，認為太傅是孤卿，位階猶在中軍帥之上。我們強調，在晉國，中軍帥就是正卿，位階居各官職之上。其下五卿將佐能否稱為正卿，便已令人懷疑㊺。晉國貴族爵位為卿者皆領有軍，這是最重要的職務；若有兼職，所兼之職對該貴族而言也只是次要的官職而已。至於陽處父，雖官為太傅，或許名望較高，但是其爵位仍然只是個大夫而已。

三、功　勞

就算太傅的名位高於正卿，在一般狀況下，僅憑一個只在名位高於正卿而已的太傅頭銜就想要改易中軍帥，那當然是不夠的。更何況陽處父的爵位還不是卿，只是個大夫呢？更重要且實際的是，必須有足夠的威望才能服人。足夠的威望中，軍功是最重要和絕對必要的條件。就這一點而言，陽處父倒是曾立下若干，雖然其中頗為可疑，不過畢竟可以稱為軍功的事蹟，或許因而增加了他發言的分量也未可知，《左傳・僖公三十三年》云：

> 晉、陳、鄭伐許，討其貳於楚也。楚令尹子上侵陳、蔡，陳、蔡成。……晉陽處父侵蔡，楚子上救之，與晉夾泜而軍，陽子患之，使謂子上曰：「吾聞之，文不犯順，武不違敵。子若欲戰，則吾退舍，子濟而陳。遲速唯命，不然紓我。老師費財，亦無益也。」乃駕以待。子上欲涉，大孫伯曰：「不

㊺　子產為鄭少正之官，見《左傳・襄公二十二年》。但這也是僅見，而非常態，不能因此而推論其他國家亦然。

> 可，晉人無信，半涉而薄我，悔敗何及？不如紓之。」乃退
> 舍。陽子宣言曰：「楚師遁矣」，遂歸。楚師亦歸，太子商
> 臣譖子上曰：「受晉賂而辟之，楚之恥也。罪莫大焉。」王
> 殺子上**❹**。

這次的戰果，雖然號稱勝利，然而實在不算是一次很光彩的勝利。
勝利中沒有實質的收穫，如俘馘、車馬、兵器等，一如城濮之役的
戰果，而且其中還大有問題**❹**。陽處父和楚人之間是否一唱一和地
做戲，而且被看穿了？上一次他追秦三帥，結果沒追著。他已經做
過一次戲了，那些不愉快的記憶貴族們能忘掉嗎？或者竟如太子商
臣所說，他根本是送了賄賂給子上，二人暗通款曲，所以子上也做
面子給他？

　　儘管如此，陽處父畢竟也有了立功之名，因而對他主持易中軍
一事來說，至少也有個像樣的理由——雖然還是難以服眾，且無善

---

❹　《春秋左傳正義》，頁291-292。外審意見以為：泜水之戰，《左傳》明言
　　陽子智取子上，子上受譖被殺，似無二人暗通款曲之可能。按本文以理度
　　之，書缺有間，未能究極。宮闈事密，難以常理推論。

❹　《左傳·僖公三十一年》云：「晉侯作五軍，趙衰為卿。」未言其軍行。
　　若據〈晉語四〉，則趙衰為上軍佐。這時晉已有五軍、十位將佐，但是其
　　中並沒有陽處父的名字，可見他在晉國還稱不上是多有名號的人物。既然
　　如此，為什麼晉文公不派別人，卻要派陽處父回報楚人之聘呢？莫非是此
　　聘不甚重要？但是楚畢竟是大國，晉雖為中原盟主，可以因而就忽視與楚
　　的和好關係嗎？所以我們猜測，莫非這是晉文公要陽子趁機立功之舉。甚
　　且或是先派他去與楚人有若干暗盤交易，這項交易的實現就在這一次以楚
　　退軍，為陽處父勝利之名好讓陽子立功回國，以便日後擁有較大的發言
　　權？

終。因爲在晉國，即使握有實權者如中軍帥先軫，都可能在廢立一個不算最重要的車右職務之際，因爲一個不小心而差點惹來殺身之禍，何況他人？《左傳・文公二年》載其事云：

> 戰于殽也，晉梁弘御戎，萊駒爲右。戰之明日，晉襄公縛秦囚，使萊駒以戈斬之。囚呼，萊駒失戈，狼瞫取戈以斬囚，禽之，以從公乘，遂以爲右。箕之役，先軫黜之，而立續簡伯。狼瞫怒，其友曰：「盍死之？」瞫曰：「吾未獲死所。」其友曰：「吾與女爲難❹。」

狼瞫之友如是地衝動，毋怪乎古人常有視死如歸者。所幸狼瞫深明大義，故未向先軫下手，否則後事如何，誰能預料？先軫族大權重，尚且幾乎難免於此，更何況像陽處父這種「無援於晉」的外來之士❹，脾氣又剛硬的人❺，竟然不自量力，膽敢廢了已經立的最重要中軍帥呢？同樣的，晉襄公所以會緊急煞車，不敢立士縠和梁益耳爲中軍將佐，反而立狐射姑和趙盾，爲的無非是人身安全這個相同的原因。

---

❹ 《春秋左傳正義》，頁301。

❹ 《左傳・文公六年》：「賈季怨陽子之易其班也，而知其無援於晉也。九月，賈季使續鞫居殺陽處父。書曰：『晉殺其大夫』，侵官也。」（《春秋左傳正義》，頁315）杜預云：「君已命帥，處父易之，故曰『侵官』。」（《春秋左傳正義》，頁315）

❺ 《左傳・文公八年》：「晉陽處父聘于衛，反，過甯，甯嬴從之，及溫而還。其妻問之嬴曰：『以剛！《商書》曰：「沈漸剛克，高明柔克。」夫子壹之，其不沒乎！天爲剛德，猶不干時，況在人乎？且華而不實，怨之所聚也！犯而聚怨，不可以定身。余懼不獲其利，而離其難，是以去之。』」（《春秋左傳正義》，頁311）

但是陽處父畢竟爲一忠君之士，冀圖有所作爲以維護其所傅的晉襄公。因此除了擁有立功之名以外，對外爭取同情或支援，恐怕是他更要的工作。陽處父與楚國已有較深的交往❺❶，容易得到楚國的信任，取得楚國的好感。這麼一來對晉襄公而言，多了一個比秦還要強大的國家爲外援，當然有助於君權的穩定。而且令尹子上和前任的蒍呂臣一樣，都不會像子玉般地有侵略性，比較容易和平共處❺❷，也比較容易拉攏。只不過陽處父的計策遭到了楚太子商臣的破壞，楚成王因而殺了子上。但是誰又知道太子商臣又是如何確定子上收受陽處父的賄賂？若晉人不通風報信，楚國怎會有人知曉？那麼，誰又會是通風報信的人呢？這些都是疑點，雖然牽涉的層面甚廣，學者仍不宜輕易放過。

綜合來看，大致可以判斷如下：城濮戰後晉文公已有所安排，先讓趙衰進入權力核心；又安排陽處父爲太傅，並有立功之實。爲的是能讓其子襄公順利地繼承，並且能有效地掌握政局。不過晉文公雖設想周到，但是貴族也非易與者，因而使得文公心願難以了卻。雖說如此，只要陽處父有了勝利的記錄，說起話來就可以比較大聲一些，在其後的某些場合，譬如說廢立中軍帥時，就會擁有更大的發言權。

---

❺❶ 《左傳·僖公三十二年》：「楚鬥章請平于晉，晉陽處父報之，晉、楚始通。」（《春秋左傳正義》，頁287）顯然晉文公是早有準備了。

❺❷ 《左傳·僖公二十八年》：「（子玉死）晉侯聞之，而後喜可知也，曰：『莫余毒也已！蒍呂臣實爲令尹，奉己而已，不在民矣！』」（《春秋左傳注疏》，頁275）杜預云：「言其自守無大志。」（《春秋左傳正義》，頁275）

四、三易中軍帥

再回到三易中軍帥這個最重要的問題上，這才是陽處父一生之中最重要的一件大事。從夷之蒐到董之蒐，這段廢立中軍帥的過程十分複雜，而且用人的標準也一再地更改，其中的鬥爭十分激烈。這當然牽涉到君臣之間的權力鬥爭，其內情則頗有可疑者，如：第一，晉襄公爲何要登箕鄭父、先都，而使士縠、梁益耳將中軍？第二，先克提出「狐、趙之勳，不可廢也」，爲什麼襄公又必須接受這原則？因而更改原先決定？

針對以上第一個問題，我們認爲在蒐於夷之前，襄公實際上已是傀儡，沒有實質的權力，連尊敬都少了許多，實遠不如其父文公時甚至多少還被尊重些。襄公無法光明正大地主掌一切，只能暗中進行部署。但是這並不意味著襄公因而就不做任何努力，以求挽回君權。反之，看來襄公常努力地暗中運作，但不能公開其意圖而已。前面已有提拔郤缺之舉，這次可謂故技重施。在既定目標後，趁著先且居死，襄公先舍二軍，恢復三軍的編制，以削弱貴族過大的勢力。這當然會引起反彈，但是若能維持原來貴族的權利，他們可能也就算了。可是若按襄公原定計劃，不但不將中軍將佐這最重要的職務分派給那些舊有貴族，反倒是提拔了地位較低的箕鄭父和先都出任次要的上軍將佐，更要提拔原無卿位的士縠和梁益耳分任中軍將佐，以徹底壓抑三軍將佐結構中原有的貴族勢力。這樣的作法對於那些既得利益者的舊有貴族打擊太過強烈，必然受到他們堅決的、誓死的反對。因此先且居之子先克才會說出：「狐、趙之勳，

不可廢也」的警語⑬，其中意含，不言可喻。晉文公差點被焚的往事，晉襄公大概還記憶猶新吧⑭？據〈晉語四〉云：

> 以趙衰之故，蒐于清原，作五軍，使趙衰將新上軍，箕鄭佐之。胥嬰將新下軍，先都佐之⑮。

清原之蒐，箕鄭已佐新上軍，先都佐新下軍。此時襄公欲登二人，當然是自新軍中提拔至三軍中。由於中軍將佐分別由不具卿位的士縠與梁益耳出任，那麼箕鄭與先都最多便只能出任上軍將佐了。襄公若能先發制人，按計劃施行，提拔士縠與梁益耳分任中將佐，二人必然心存感恩，投桃還李，如此可以掌握實權，重施號令。再加上上軍將佐箕鄭與先都二人的支持，晉襄公這一方的實力必然大

---

⑬ 外審意見以為：文公父子似無重用外人之政策。非是，見註3。外審意見又以為：宜說明文公父子欲以趙氏代狐氏、或欲盡去二族之原因。按：《左傳·僖公五年》載宮之奇之言曰：「親以寵偪，猶尚害之。」此句未知足以釋外審意見之疑問否？故本文以為，其後先軫黜狼瞫，立續簡伯為車右，應該也是針對晉襄公的一次反擊。這與先克之言必稱狐、趙，又以狐氏為優先，二事可以合而觀之，以見內幕並不單純。續簡伯即狐鞠居，為狐射姑族人，為先軫所提拔；狐射姑又為先克所推薦。這些既得利益貴族之間如此互相關照，教國君作何感想？反過來看，晉文公重用趙衰，又接受趙衰推薦，進用陽處父；又如舟之僑等外來者，顯然與其父獻公行事原則一致，皆顧為重用羈旅之士；襄公亦行之不輟，此蓋晉家傳統。至若狼瞫，應該也不是晉國的舊有貴族，故雖有功，先軫亦不立之為車右。此事不見任何說明，則與彼等既防範非我族類，並防範國君培養私人勢力的心態，有密不可分的關係。

⑭ 呂甥、郤芮欲焚公宮，弒晉文公，見《左傳·僖公二十四年》。

⑮ 《國語》，頁383。又可參考《左傳·僖公三十一年》相關傳文。

增，有利於君權的重振。可惜功敗垂成，只因顧忌先克所提醒「狐、趙之勳，不可廢也」的警告而作罷。至此，讀史者已經可以思索第二個問題，那就是爲什麼憑著先克的一句話，就能令晉襄公的計劃完全失敗？

至於第二點、我們認爲與第一點密切相關；也可以說，它其實是第一點的延伸。按：先且居卒，晉國必須新任命中軍帥。根據上引文公八年《傳》，襄公本有意使士穀及梁益耳分任中軍將佐，因先克反對而作罷。據《左傳·文公七年》，先克爲先且居之子，且居死，先克並未如其父般順利地接掌中軍帥，可見晉國中軍帥頗有可能是幾大宗族輪流擔任。因此新立中軍帥時，其所持的理由便是「狐、趙之勳，不可廢也」，且將狐氏置之在前，襄公因此使狐射姑及趙盾繼任中軍將佐。照先克的說法，中軍帥應以從亡之勳爲首要條件，襄公也不得不同意。可是假如眞的照這個辦法來任命中軍帥，襄公仍然只是個傀儡。若要改變其傀儡的形勢，最好的方法就是趁著先且居死，提拔士穀等低階貴族。一面壓抑權力過大的對方貴族，又提拔地位低下的大夫以換取感恩和效忠；此外，在拔擢的過程中也可以稍振失落已久的君權㊳。但是莫非有了郤缺的先例，因而引起了貴族的警覺？襄公的如意算盤顯然行不通。當先克向襄公提出警告，要他注意那些舊有貴族可能的反應時，襄公畢竟無法堅持己見的勇氣。因爲襄公此舉若成功，對那些貴族來說便是絕對的致命一擊；君臣之間的優劣形勢，會倒回作三軍之前的狀態。他們好不容易才扭轉的優勢，不可能就這麼拱手讓人。假如襄公眞的

㊳ 襄公蓋欲效法其父文公提拔郤缺之先例，事見《左傳·僖公三十三年》。

敢貿然實施，那麼後果誰能保證？衡量形勢，不得不接受先克的意見，在夷之蒐時立狐射姑及趙盾爲中軍將佐。

五、政　變

可是接下來所發生的事情非但不能盡如人意，簡直就是出人意料之外。因爲在春天時才三易中軍帥，但是襄公在八月就突然過世，而且原因不詳，因而使得事情更加令人起疑。這一點，只要看看晉文公在死之前，曾經有計劃地安排後事，以便襄公能順利接班。而晉襄公死，卻絲毫未見其對後事有任何安排，以致接下來晉國內部大亂。與其父晉文公死前的作爲來對照，這是非常不合情理的。晉國在歷經相互地內爭殘殺後，終於由趙盾掌握全局。顯然襄公之死，這是誰也未曾預料到的意外，當然，除了某些有心人以外。關於襄公之死疑點甚多，本人曾爲文論述，以爲：

> 晉襄公英年早逝，不能使人無疑。《左傳·宣公三年》載鄭穆公事云：石癸曰：「吾聞姬、姞耦，其子孫必蕃。姞，吉人也，后稷之元妃也。今公子蘭，姞甥也，天或啓之。」鄭莊公在位四十三年，其子厲公在位二十八年，厲公子文公在位四十五年，穆公繼立，在位二十二年，則鄭穆公縱非耆老耄耋，也不屬英年早逝。至於晉襄公，《左傳·昭公十三年》云晉文公生年十七出亡，在外十九年，即位九年而卒，享年四十五。其子晉襄公即位，七年而亡。推算晉襄公的壽命，大約三十餘歲。據《左傳·文公六年》趙盾和賈季爭論時，

趙盾説：「杜祁以君故，讓偪姞而上之。」鄭穆公享年長，
晉襄公則相反，豈非與石癸所説：「姬、姞耦，其子孫必蕃」
之語牴觸？或者晉文公以同姓之後，其生不蕃，以致其父子
二人皆不長壽？但是我們再對照《左傳・文公六年》魯季文
子的一段話，其中頗有耐人尋味之處。《左傳》云：「秋，
季文公將聘于晉，使求遭喪禮以行。其人曰：『焉用之？』
文子曰：『備豫不虞，古之善教也。求而無之，實難；過求，
何害？』」楊伯峻《注》云：「季文子求遭喪之禮者，杜《注》
謂『聞晉侯疾故。』孔《疏》引劉炫説，則以爲『聘使之法，
自須造遭喪之禮而行，防其未然也，非是聞晉侯有疾。』依
《儀禮・聘禮》，遭喪之禮有五，一，主國君之喪；二，主
國夫人世子之喪；三，聘君之喪；四，私喪，即使者父母之
喪；五，賓介之喪。又據《禮記・曾子問》：『君出疆，以
三年之戒，以椑從。』人君出境有喪備，人臣出境亦可能預
慮喪事。據下文：『其人曰：「焉用之」』之語，則未必聞
晉侯之疾。劉炫説可從。」據楊《注》，則晉侯未必有疾，
而季文子所以求喪備者，其故安在？且季文子出使，並非首
次，其年春即已聘于陳矣。其秋聘于晉，始求遭喪之禮而其
人疑之，則聘陳時，季文子必無所求，否則其人應不待聘晉
始疑。季文子求遭喪之禮之理由，實堪尋味㊼。

㊼ 劉文強：《春秋時代封建制度的解體》（臺北：天工出版社1984.6），頁
204。外審意見以爲：晉大臣陰謀政變，苟魯人已有所聞，襄公焉得不知？
按：苟襄公得知，還稱得上政變嗎？美國總統甘迺迪又是如何死於非命

春天才鬧出了這麼大的政治風波，千辛萬苦好不容易才擺平。沒想到秋天裡，晉襄公就死了。近在咫尺的晉國貴族對喪禮毫無準備，反倒是遠在千里之外的魯國貴族事先有了警覺，要隨從準備好「遭喪之禮以行」。而且這遭喪之禮早不用，如前些時侯季文子才出訪陳國呢！晚也不見有任何事先準備好喪禮的記錄，卻偏偏就在晉襄公身上發生。因此本人認爲晉襄公死得太過巧合，太過讓人懷疑。襄公之死與三易中軍帥有無關聯呢？本人以爲值得學者深入研究。至於陽處父易中軍帥之舉，是否受到晉襄公的默許與支持，至今同樣也無從追究。以前本人曾認爲「但襄公竟然無力堅持己見，任由陽處父改蒐於董、易中軍，適足以證明襄公只是傀儡的窘境❺❽。」至今看來，此事實爲襄公默許，但假陽處父之手執行。因陽處父多少也算是貴族的一分子，又身居太傅，有一定的條件來幫助襄公。就算不能完全如襄公之願，立士縠與梁益耳爲中軍將佐，退而求其次，至少立的是與其自身與襄公皆關係密切的趙盾，並且拉下了狐射姑。這反應了文公與趙衰的關係畢竟勝過狐偃，雖然狐偃可能曾是執行或出力最多的一位謀臣。

襄公死後，晉國接著就爆發了一連串的政變，主要的原因環繞在立太子及其相關的問題。雙方鬥法的結果，趙盾大獲全勝，《左傳·文公六年》：

的？若干國家自有能力透過各種管道探知他國的各項事務，但是有幾個國家有能力去干涉別國的家務事呢？或是願意去干涉別國的家務事呢？更何況反正事不關己，管得了那麼多別人家的事嗎？

❺❽ 劉文強：《論《左傳》之作爰田、作州兵與被廬之蒐》，香港大學中文系博士論文1994.7，第四章第三節〈被廬之蒐〉的影響，頁58。

（趙盾）使先蔑、士會如秦逆公子雍。賈季亦使召公子樂于陳，趙孟使殺諸郫⑤。

不甘示弱的賈季，將滿腔怒火發洩到陽處父身上，《左傳·文公六年》：

> 賈季怨陽子之易其班也，而知其無援於晉也。九月，賈季使續鞫居殺陽處父。書曰：「晉殺其大夫」，侵官也。……十一月丙寅，晉殺續簡伯，賈季奔狄⑥。

這是第一波，政變的原因主要是私人利益引發的恩怨。結果趙盾大勝，賈季大敗，落荒而逃，出奔於狄。襄公方死，新君未立，對趙盾而言是千載難逢的機會。趁著這次政變，剷除了人人怨恨的陽處父，趕走了頭號政敵賈季，解決了趙盾的心頭大患，確立了趙盾在晉國的地位。但這只是第一波，還有第二波。第二波政變似乎與襄公有著若即若離的關係，除了為自己洩忿以外，如果說還有為襄公復仇的成分，其可能性也不應該被排除。《左傳·文公八年》：

> 夷之蒐，晉侯將登箕鄭父、先都，而使士穀、梁益耳將中軍。先克曰：「狐、趙之勳，不可廢也。」從之。先克奪蒯得田于菫陰，故箕鄭父、先都、梁益耳、蒯得作亂⑥。

《左傳·文公九年》：

---

⑤　《春秋左傳正義》，頁315。
⑥　《春秋左傳正義》，頁315。
⑥　《春秋左傳正義》，頁320。

> 春王正月己酉，使賊殺先克。乙丑，晉人殺先都、梁益耳。……
> 三月甲戌，晉人殺箕鄭父、士縠、蒯得 ⑥。

以上這幾個被殺的人，幾乎都牽涉到三易中軍帥的政變中；事實上，除了蒯得以外，都可說是主角。可見得這件事情並不單純，不能只從表面的記載來判定是非。本文以為，趙盾一方是決定斬草除根，痛下殺手。對方則是形勢逼人，狗急跳牆。不過在大勢已去的情況下，這幾個人注定了失敗的命運，落得以悲劇收場。這些人誠屬不幸，但是相對地，晉襄公就更加顯得悲哀。自己固然死得莫知所以，一心護主的陽處父則已率先遭人暗殺，自己想扶植的人也中箭落馬，君臣上下各個死於非命。晉國的君權至此已無力回天，等到下一波晉厲公的反撲也終告失敗後，春秋時代便正式宣告進戰國時代了。

六、小 結

(1)仲尼曰

最後，本文擬說明有關後人對陽處父的評價，並論其是否公允。在《左傳·昭公二十九年》中記載了一段據說是孔子的評語，其中提到了一件事情牽涉及陽處父，其文云：

> 冬，晉趙鞅、荀寅帥師城汝濱，遂賦晉國一鼓鐵以鑄刑鼎，著范宣子所為刑書焉。仲尼曰：「晉其亡乎！失其度矣！夫

---

⑥ 《春秋左傳正義》，頁321。

> 晉國將守唐叔之所受法度，以經緯其民。卿大夫以序守之，
> 民是以能尊其貴，貴是以能守其業。貴賤不愆，所謂度也。
> 文公是以作執秩之官，爲被廬之法，以爲盟主。今棄是度也，
> 而爲刑鼎。民在鼎矣，何以尊貴？貴何業之守？貴賤無序，
> 何以爲國？且夫宣子之刑，夷之蒐也！晉國之亂制也！若之
> 何以爲法❸？」

上引《左傳》裡的「仲尼」云云，學者已有相當的討論❹，不過這
並非本文的重點。我們認爲，這段文字點出了在晉襄公時，所謂「夷
之蒐」爲「亂制」的一些訊息。可是夷之蒐爲什麼是「亂制」呢？
我們必須再次引用《左傳・文公六年》的記載，以爲說明，其文云：

> 六年春，蒐于夷，舍二軍，使狐射姑將中軍，趙盾佐之❺。

這一段記載非常簡單，實在看不出有什麼問題，又如何會是「仲尼」
所謂的「亂制」呢？我們都知道，在晉國作三軍之後，中軍帥經由
大蒐的儀式宣布由某一貴族出任已是慣例，在此之前的郤穀、先軫、
先且居三任都是如此。既然夷之蒐也是如此比照辦理，爲何就是「亂
制」呢？原來其中牽涉到的不止是夷之蒐，更重要的是還牽涉到接
下來的董之蒐。上引《左傳・昭公二十九年》文，在「且夫宣子之
刑，夷之蒐也，晉國之亂制也」下，杜預《注》云：

---

❸ 《春秋左傳正義》，頁926。
❹ 不論這裡的「仲尼曰」是否真的就是一般人心目中的孔子，總之其中有太
多值得商榷之處。在《左傳》這段話中的這位「仲尼」，顯然有故意混淆
夷之蒐與董之蒐的意圖，以及過度奉承晉文公的情結。
❺ 《春秋左傳正義》，頁313。

> 范宣子所用刑，乃夷蒐之法也。夷蒐在文六年，一蒐而三易中軍帥，賈季、箕鄭之徒遂作亂，故曰「亂制」❻❻。

我們認爲，杜預的說法頗有化繁爲簡的目的，當然，離事實也就有段距離，讀者不可不察。或引《左傳・文公六年》：

> 宣子於是乎始爲國政：制事典，正法罪，辟獄刑，董逋逃，由質要，治舊洿，本秩禮，續常職，出滯淹❻❼。

云：「應即亂制之所在，惜其詳不可考矣❻❽。」按：《左傳》此段所述乃改蒐於董後，趙盾任中軍帥爲國政時的作爲，非亂制甚明，故《傳》云：「禮也」。夷之蒐之所以稱爲亂制，或者狐射姑亦有所制？蓋於後來唯有易中軍一事，斯乃亂制之明證，其它則史所未載，讀者宜分別之。

由以上的討論可知，實際的情況其實是很清楚的，最終主導這次重大人事易動的人應是晉襄公，不過檯面上的人物則是陽處父。他提出以賢能爲用人標準❻❾，〈晉語五〉也有同樣的記載，非常符合自晉獻公以來的尚賢政策，同時也是當初先軫超升爲中軍帥的原因。因爲在口號上提出了無人能擋的尚賢政策，因此能被接受❼❶。不過「仲尼」既然說夷之蒐是亂制，當然也就不會贊同陽處父的作

---

❻❻　《春秋左傳正義》，頁926。
❻❼　《春秋左傳正義》，頁313。
❻❽　按：外審意見如是云。
❻❾　《春秋左傳正義》，頁311-312。
❼❶　尚賢政策自獻公以來便行之不報，先縠、先軫都是以此名義出任中軍帥，他人自是無話可說。

法，如果因而認定「仲尼」對於陽處父給予了負面的評價，這也不算是令人意外的事了。

(2)相關評價

當然，不止所謂的「仲尼」如此評論，記載中對陽處父的為人亦少有好評，主要的原因在於其為人甚為剛直。而剛直的性格在歷來中國的社會中，通常都不會得到正面的評價，如《左傳·文公八年》有云：

> 晉陽處父聘于衛，反，過甯，甯嬴從之，及溫而還。其妻問之，嬴曰：「以剛！《商書》曰：『沈漸剛克，高明柔克。』夫子壹之，其不沒乎？天為剛德，猶不干時，況在人乎？且華而不實，怨之所聚也。犯而聚怨，不可以定身。余懼不獲其利，而離其難，是以去之。❼」

當時就有人認為陽處父剛強得過了頭，必定容易惹禍上身。這種判斷，當然不能說是好的評價。此外，《禮記·檀弓》也有一條關於陽處父的記載，出現了更加不好的評論，其文云：

> 趙文子與叔譽觀乎九原，文子曰：「死者如可作也，吾誰與歸？」叔譽曰：「其陽處父乎！」文子曰：「行并植於晉國，不沒其身，其知不足稱也。❼」

---

❼ 《春秋左傳正義》，頁311-312。
❼ 《禮記正義》（臺北：藝文印書館，1973年5月景印清嘉慶20年1815《重刊十三經注疏附校刊記》），頁199。

不過這一次總算還有個忠臣叔向願意效法陽處父的爲人與行事，也算給他一些面子了。反之，在趙武心目中，所謂「知不足稱」，這與陽處父被殺的下場不好有關。陽處父之死在於其得罪豪門，又無援於晉，已見前引《左傳·文公六年》文，茲不贅。由是可知，陽子之死純屬對方因私人恩怨而起的殺機。顯然在易中軍帥的事件中爲了維護晉襄公，以他剛直的個性必然扮演強勢不屈的角色，才足以力抗狐射姑的反彈。雖然明知自己「無援於晉」，勢單力薄，但是他仍然沒有因此而退縮，終於也付出了可貴的生命以爲代價。如此一片忠心，攻訐他的人卻隻字不提，原因又何在呢？站在襄公的立場而言，陽處父可謂盡職的忠臣。爲報兩代國君之恩，不惜以身相殉；即使荀息，也不過如此了。甯嬴認爲陽處父爲人過於剛直，容易招惹禍害，因而放棄了跟隨的念頭，這是可以諒解的，畢竟甯嬴地位低下，沒有必要陪上自己的生命。甯嬴只是認爲陽子過於剛直，易引爭端，所論還不失客觀，但也已經無法讚賞陽子何以如此的內在原因了。至於趙武，他批評陽子爲「知不足稱」，原因何在？簡言之，不如趙武滑頭而已。眾所周知，遺聞雜事收錄於《禮記》之中者，蓋皆所謂孔門後學儒者載之以爲後世警惕。然其立論既如此不分忠奸，曲意偏頗，於是後世自謂孔門後學者莫不作如是觀。而善於爲官者遂率皆此類，以圓滑爲善於做人，視剛直不佞者爲寇讎。歷來人情多有如此者，尚何論忠貞？幸而尚有叔向這位一心盡忠於公室之忠臣，還會想要效法陽處父，可謂惺惺相惜。本人以爲歷史客觀眞相不容抹煞，以陽處父之忠比之荀息，毫不遜色。而荀息以忠貞著於史冊，垂名千古；陽處父則以「亂制」、「行并植於晉國，不沒其身，其知不足稱也」，大爲後人所譏，致使其一片忠

心頓遭抹滅，何其不幸也？愚以爲論史者宜客觀公正，必還歷史之
眞面目，方不至混淆是非、顛倒黑白，爰述陽處父而論之。

續論晉國中軍帥 (補〈論陽處父〉)❶

論文提要

本文首先討論清原之蒐，以爲晉文公前時雖遭架空，然並未放棄努力，趁此機會安排人事，挽回若干頹勢。貴族則等待機會，伺機反撲。文公卒，晉襄公與中軍帥屢見衝突，救江之役是一例。幸有趙衰爲緩衝，事態未有擴大。待趙衰死，三易中軍帥，貴族全勝，襄公大敗。其原因是襄公欲速不達，反遭不測。最後，趙盾以奸佞之質，竟獲「忠」字稱譽。歷史文獻若非審慎檢視，其不可盡信者有若此。

一、文公的努力

本人曾爲文討論晉文公於「被廬之蒐」時，「作三軍」、「謀

---

❶ 本文發表於《文與哲》第1期，2002.11，頁239-272。

元帥」的影響❷，認爲主要的重點是：晉文公放棄了原來專屬於國君的軍事指揮和其它各項的行政權力；其結果則是：換取貴族的支持，君臣關係在表面上維持和諧。除此之外，再加上從亡之士又能謙讓自抑，與舊有貴族也能相安無事，因此政局稱得上是穩定。但即使文公在位時期力求君臣和諧，似乎上下相安無事，也只不過是因爲雙方暫時尚無利害衝突而已。但是身爲國君，晉文公其實並未放棄努力，以求影響力持續，不致完全被貴族架空，甚且多少挽回若干頹勢，《左傳·僖公二十八年》：云：

> 晉侯作三行以禦狄。荀林父將中行，屠擊將右行，先蔑將左
> 行❸。

晉原有二行，其大夫左行共華，右行賈華，見《左傳·僖公十年》。今增爲三行，一如武公以一軍爲晉侯，爲一軍之始；獻公作二軍，爲增列第二軍；文公作三軍，爲增列第三軍。行爲步卒，適合山地作戰，故《左傳·昭公元年》云：

> 晉中行穆子敗無終及群狄于大原，崇卒也。將戰，魏舒曰：
> 「彼徒我車，所遇又阨，以什共車，必克；困諸阨，又克。
> 請皆卒，自我始。」乃毀車以爲行，五乘爲三伍。荀吳之嬖

---

❷ 劉文強：〈論被廬之蒐〉，《中山人文學報》第二期1994.4，頁1-20。劉
　文強：〈論晉國早期中軍帥〉，《周易》《左傳》國際學術研討會（中國
　經學研究會第一屆學術研討會），1999.5（臺北：國立臺灣大學）。
❸ 《春秋左傳正義》（臺北：藝文印書館，1973年5月景印清嘉慶20年1815
　《重刊十三經注疏附校刊記》），頁277。

人不肯即卒，斬以徇。爲五陳以相離，兩於前，伍於後，專爲右角，參爲左角，偏爲前拒，以誘之。翟人笑之，未陳而薄之，大敗之❹。

杜預以崇卒爲「聚卒❺」，義不若「尚卒❻」。蓋山地作戰，車輛所受限制極多，不若步兵便利。「晉居深山，戎狄之與鄰❼」，面對擅長山地作戰的戎狄，步兵是不可或缺的利器❽。晉文公作三行以禦狄❾，在國家安全的立場上是絕無疑問的。但是同樣是國家安全的問題，過了幾年晉文公又取消步兵，改編入車兵制度，難道步兵的重要性忽然又消失了嗎？《左傳・僖公三十一年》云：

---

❹ 《春秋左傳正義》，頁704-705。

❺ 《春秋左傳正義》，頁705。

❻ 竹添光鴻云：「俞樾曰：『《漢書・貢禹傳》《集注》：「崇，尚也。」』崇卒猶言尚卒。」（《左傳會箋》，臺北：新文豐出版公司1987.1再版，卷20，頁27）楊伯峻亦云，見《春秋左傳注》（臺北：源流出版社1982.4再版，頁1215。）按：《左傳・文公二年》云：「卿不書，爲穆公故，尊秦也，謂之崇德。」（《春秋左傳正義》，頁304）崇德與崇卒句法相同，所以此崇字當然不可作聚字解，還是以作尚的意思爲佳。

❼ 《春秋左傳正義》，頁823。

❽ 其他國家，如鄭亦有徒兵，《左傳・襄公元年》云：「夏五月，晉韓厥、荀偃帥諸侯之師伐鄭，入其郭，敗其徒兵於洧上。」（《春秋左傳正義》，頁497）鄭人曾兩敗戎人，不過皆以車兵及戰術運用成功獲勝，見《左傳・隱公九年》及《左傳・桓公六年》。

❾ 在作三軍時，文公以荀林父爲御戎，這次再受提拔將中行。文公此舉，受到後世學者如顧棟高的讚美（〈晉狐偃、趙衰、胥臣論〉，《春秋大事表》，臺北：廣學社印書館1975.9，頁3134-3137），竹添光鴻亦云（《左傳會箋》，卷7，頁5）。

　　　　秋，晉蒐于清原，作五軍以禦狄。趙衰爲卿❿。

杜預云：

　　　　二十八年晉作三行，今罷之，更爲上下新軍⓫。

前面不是說爲了禦狄，所以增設步兵爲三行嗎？現在爲什麼反而毀
行以爲車？又要改成以車兵來抵禦狄人的步兵？那不是與一貫的政
策背道而馳嗎？還有比軍事國防更優先的考慮嗎？《國語·晉語四》
云：

　　　　狐毛卒，使趙衰代之，辭曰：「城濮之役，先且居之佐軍也
　　　　善。軍伐有賞，善君有賞，能其官有賞。且居有三賞，不可
　　　　廢也。且臣之倫，箕鄭、胥嬰、先都在。」乃使先且居將上
　　　　軍。公曰：「趙衰三讓，其所讓，皆社稷之衛也。廢讓，是
　　　　廢德也。」以趙衰之故，蒐于清原，作五軍，使趙衰將新上
　　　　軍，箕鄭佐之；胥嬰將新下軍，先都佐之⓬。

原來比軍事國防更優先的，還有政治性的考量。因爲晉文公的頭號
心腹趙衰此時尚未有軍列，仍然只是個原大夫⓭，比起三軍將佐來，

---

❿　《春秋左傳正義》，頁287。

⓫　《春秋左傳正義》，頁287。

⓬　《國語》（臺北：宏業書局，1980年9月《四部備要》排印清士禮居翻刻
　　明道本），頁383。

⓭　《史記·晉世家》載趙衰主國政，文公歸國繼位，城濮之伯，皆與有力焉。
　　衡情度理，這個說法是可信的。不過即使趙衰主政，他仍然只是個大夫而
　　不是卿。位不配德，終爲憾事。

地位差了一截。爲了報答這位從亡十九年，卻尚未得到應有賞賜的
大功臣，本來想順勢安排他擔任上軍將，接替過世的狐毛。其實這
麼安排，也稱得上合情合理。但是趙衰不願多惹是非，一如於初作
三軍時謀選下軍將的立場，還是謙辭了。可是一個職位低下的大夫
職位，對立有大功勞的趙衰甚不公平，對晉文公的處境也無助益。
這次出任新軍將，多少補償趙衰的委曲，壯大文公的聲勢。同時其
他的貴族們無話可說，畢竟他們都早已身居將佐的職位。

　　當然，如果以爲事情就僅只於此，那麼也就未免將事情的眞相
看得太淺了。上引《國語》載趙衰說：「先且居之佐軍也善。軍伐
有賞，善君有賞，能其官有賞。且居有三賞，不可廢也。」這段話
的內容，讓人一頭霧水。細數自被廬之蒐以來，六位軍帥將佐的名
單中未見先且居，則其如何佐軍？如何軍伐？如何善君？如何能其
官？記載中從未見著先且居有任何功勞，怎麼一下子跑出這麼多項
目出來？至少也得像郤缺一樣，俘獲白狄子❶，立此大功，再晉升
爲卿，才能對眾人有所交待。而且郤缺即使立了如此大功，也只得
到了原屬其父的冀，「亦未有軍行」，依然是個空架子的卿。先且
居此時未能揚名，最多也只是個大夫而不是卿。地位既不顯著，又
不像郤缺立有軍功，他憑什麼可以一躍而成爲上軍將？合理的解釋
是，這無非是趙衰爲了要有理由，所必須找到的理由。想要超升先
且居，總得有個好原因吧！那麼超升先且居的目的何在呢？原來，
其父爲城濮之戰的頭號功臣先軫，而先軫此時看來並不十分效忠晉
文公。爲了避免不必要的反彈，並且做人情給先軫，以安撫這個最

---

❶　見《左傳·僖公三十年》。

有戰功的軍頭。這次人事安排依然是由趙衰出面，超升先軫之子先
且居出任上軍將這個第三號職務，自己還是安貧樂道地當個大夫，
並甘之如飴。這麼做，先軫當然會很高興。可是軍帥之中，文公自
己人馬嫌少，既無從稀釋那些貴族的影響力，也無助於國君的聲威，
這對晉文公並不有利。這次將三行改編爲二軍，由趙衰出任新上軍
將，先軫方面必然無話可說，畢竟趙衰曾經賣過一次人情，主動推
薦先且居超升任上軍將。同時，文公也可以順理成章地安插心腹❶。
除了最明顯的人物趙衰，其他三人箕鄭❶、胥嬰、先都，在日後政
局的演變中，都擔負了重要的角色。雖然文公並不以此爲滿足，因
爲清原之蒐縱然趙衰被提立爲新上軍帥，已經是卿的身分，但是位
階仍低，不足與對方分庭抗禮。所以晉文公有必要繼續努力，以求
對自己的形勢更爲有利。其後狐偃死❶，上軍佐出缺，先且居請佐，
《國語・晉語四》云：

---

❶ 晉文公在胥臣的建議之下，擺開大德大量的態度，希望恩怨一筆鉤銷。其
　啓用宿仇之子郤缺以爲下軍大夫，爲的是示好，期能拉攏以往敵對立場的
　貴族。見《左傳・僖公三十三年》，又見《國語・晉語五》。

❶ 《國語・晉語四》云：「晉饑，公問於箕鄭曰：『救饑何以？』對曰：『信。』
　公曰：『安信？』對曰：『信於君心，信於名，信於令，信於事。』公曰：
　『然則若何？』對曰：『信於君心，則美惡不踰。信於名，則上下不干。
　信於令，則時無廢功。信於事，則民從事有業。於是乎民知君心，貧而不
　懼，藏出如入，何匱之有？』公使爲箕。及清原之蒐，使佐新上軍。」（《國
　語》，頁381）可見箕鄭能夠受到文公提拔，不是偶然。

❶ 清原之蒐在《左傳・僖公三十一年》秋，明年，即《左傳・僖公三十二年》
　冬，晉文公卒。則子犯之卒稍早於文公。如是文公之急迫感重矣，與其父
　獻公晚年類似。

子犯卒，蒲城伯請佐，公曰：「夫趙衰三讓不失義。讓，推
賢也；義，廣德也。德廣賢至，又何患矣？請令衰也從子。」
乃使趙衰佐上軍❶。

據此條記載，先且居看起來是禮尚往來，主動地向文公報告，請文
公提出其副手人選。因爲狐偃原是文公腹心之一，如今既死，文公
便毫不客氣地安排另一心腹趙衰接替。此舉無論從何觀點而言，都
屬合情合理。如是，在晉國的政治版圖上，文公總算又多爭得一塊。
清原之蒐，趙衰爲卿佔軍帥職，文公小勝一籌；沒多久趙衰又接替
狐偃任上軍佐，又小勝一回合。至於在外交上，利用分曹田的機會
拉攏諸侯❷，使諸侯爭相奔赴晉庭，心向文公。另外，又與楚國簽
下和約❸，俾無外憂，使得貴族找不到藉口，無從發動大規模戰爭。
如是，貴族們便沒有機會敲詐勒索，妄作威福。種種處置都很成功，
證明晉文公的努力的確非常積極而且有成果。

二、貴族的反撲

但是貴族並不是毫不反抗，他們只是伺機而動。文公時爲了與
秦穆公聯合伐鄭，秦穆公卻中途違約，晉國君臣關係便頓生嫌隙，

---

❶ 《國語》，頁383。韋昭云：「此有新字，誤。趙衰從新上軍之將進佐上
軍，升一等。新上軍之將，位在上軍之佐下。此章或在『狐毛卒』上，非
也，當在下。」（《國語》，頁385）按：新上軍將位在第七，上軍佐位
在第四，應爲升三等，可謂超升。韋云升一等，可議。

❷ 《左傳·僖公三十一年》，《春秋左傳正義》，頁286。

❸ 《左傳·僖公三十二年》，《春秋左傳正義》，頁287。

《左傳·僖公三十年》云：

> 九月甲午晉侯、秦伯圍鄭，以其無禮於晉，且貳於楚也。晉軍函陵，秦軍氾南。佚之狐言於鄭伯曰：「國危矣！若使燭之武見秦君，師必退。」公從之，辭曰：「臣之壯也，猶不如人。今老矣，無能爲也已。」公曰：「吾不能早用子，今急而求子，是寡人之過也。然鄭亡，子亦有不利焉。」許之。夜，縋而出，見秦伯曰：「秦、晉圍鄭，鄭既知亡矣。若亡鄭而有益於君，敢以煩執事？越國以鄙遠，君知其難也。焉用亡鄭以陪鄰？鄰之厚，君之薄也。若舍鄭以爲東道主，行李之往來，共其乏困，君亦無所害。且君嘗爲晉君賜矣，許君焦、瑕，朝濟而夕設版焉，君之所知也。夫晉何厭之有？既東封鄭，又欲肆其西封。若不闕秦，將焉取之？闕秦以利晉，唯君圖之。」秦伯説，與鄭人盟。使杞子、逢孫、楊孫戍之，乃還。子犯請擊之，公曰：「不可！微夫人之力不及此。因人之力而敝之，不仁；失其所與，不知；以亂易整，不武。吾其還也。」亦去之❷❶。

面對這麼嚴重的政治危機，晉文公終於還能壓制貴族的野心，不致

---

❷❶　《春秋左傳正義》，頁284-285。不過考慮到若非秦穆公的支持，晉文公如何能有今日？若無三千紀綱之僕以衛其身，晉文公晚上能睡得安穩嗎？秦穆公是他唯一的靠山，他有什麼必要非得和秦翻臉？這一點晉文公心裡絕清楚，當然，大家心裡也都很能理解才是。不過話説回來，爲什麼子犯就不能理解呢？爲什麼這些執政貴族如先軫、趙盾，他們就不能理解，非把秦、晉關係弄僵不可呢？難道他們有些什麼不同的看法嗎？

· 532 ·

擴大事端，也不會拆了自己的牆腳，並不是件容易的事，所以晉國後人云：

> 文公恐懼，綏靜諸侯。秦師克還無害，則是我有大造于西也㉒。

秦穆公利慾薰心，採取的行動甚不恰當，或許他有恃無恐吧。如果晉國眞的攻擊秦師，理由是夠充分的。晉文公何嘗不知？但是他不能這麼做，他要考慮的因素比起那些貴族們要複雜多了。反過來說，貴族們又何必考慮那麼多呢？先打就對了。至於當時到底有沒有所謂的諸侯們，眞是天知道㉓；就算有，他們才不需要戰爭。所以與其說「文公綏靜諸侯」，其實不如說綏靜晉國軍帥貴族；說晉「有大造于西」，不如說大造于晉文公自己還要來得恰當。這些軍帥貴族甚至包括了自己人狐偃在內㉔，都不能不表態擊秦，其他不屬文公系統的貴族們就更不必說了。至於一旦開戰，眞正受到最大損失的不會是秦、不會是貴族，而是晉文公。因此上引呂相絕秦文中說「文公恐懼」，確是實情。可見在秦背盟戍鄭這件事當中，晉文公承受了多大的壓力。逮文公死，襄公即位，貴族眼見機不可失，於是秦、晉之間的嫌隙便成了貴族們的大好機會，他們趁過度之際興兵生事，《左傳·僖公三十二年》：

㉒　《左傳·成公十三年》晉侯使呂相絕秦語。《春秋左傳正義》，頁461。
㉓　不論是《春秋經》或是《左傳》，都只記載秦、晉伐鄭，無其他諸侯參與。
㉔　《左傳·僖公二十九年》云：「子犯請擊之。公曰：『不可。』」《春秋左傳正義》，頁285。

> 冬，晉文公卒。庚辰，將殯于曲沃。出絳，柩有聲如牛。卜
> 偃使大夫拜，曰：「君命大事，將有西師過軼我。擊之，必
> 大捷焉❷❺。」

卜偃一貫的立場無疑是傾向貴族的，他既預言驪姬的失敗，也曾對
獻公的作爲甚不以爲然❷❻。在天意仍受重視的時代，他以卜人的專
業立場竟然提出攻擊秦師的建議，還預言晉軍必然大捷，這應該不
是偶然的事。卜偃的預言反映了主戰派貴族決心把握這難得的機
會，因此志在必得十分堅定。現在晉文公已死，襄公尚在諒闇期，
而且威望不足，根本無法鎮壓貴族的氣焰。於是先軫決定攻擊秦師，
其最表面且充分的理由就是懲罰秦人違約背盟，《左傳·僖公三十
三年》：

> 晉原軫曰：「秦違蹇叔，而以貪勤民，天奉我也。奉不可失，
> 敵不可縱。縱敵，患生；違天，不祥。必伐秦師。」欒枝曰：
> 「未報秦施，而伐其師，其爲死君乎？」先軫曰：「秦不哀
> 吾喪，而伐吾同姓，秦則無禮，何施之爲？吾聞之：『一日
> 縱敵，數世之患也。』謀及子孫，可謂『死君』乎？」遂發
> 命，遽興姜戎。子墨衰絰，梁弘御戎，萊駒爲右。夏四月辛
> 巳，敗秦師于殽，獲百里孟明視、西乞術、白乙丙以歸，遂
> 墨以葬文公，晉於是始墨❷❼。

---

❷❺　《春秋左傳正義》，頁287-288。
❷❻　見《國語·晉語一》，頁357-358。
❷❼　《春秋左傳正義》，頁290。

欒枝雖力主以和爲貴，但是反對無效。原軫征調姜戎，於殽地埋伏，重創秦師，報了韓原之戰失利的一箭之仇。不但積壓已久的怨氣終於一吐，更重的是，先軫給了襄公一個下馬威❷，宣告秦國──這個晉國國君最重要的外援已被貴族切斷。

晉襄公當然不能任憑事態這樣發展，秦國對他的父親和他同樣重要。他特地釋放秦三帥以向秦示好，欲藉此友善的動作盡可能地修補與秦國的關係，並宣示殽之戰非己之意。不料此舉卻遭先軫視破，襄公本人甚至遭到先軫責罵與羞辱。晉國君臣關係遂降至冰點，瀕臨破裂邊緣，《左傳·僖公三十三年》：

> 文嬴請三帥，曰：「彼實構吾二君！寡君若得而食之，不厭。君何辱討焉？使歸就戮于秦，以逞寡君之志若何？」公許之。先軫朝，問秦囚，公曰：「夫人請之，吾舍之矣。」先軫怒，曰：「武夫力而拘諸原，婦人暫而免諸國，墮軍實而長寇讎，亡無日矣。」不顧而唾❷。

先軫所問的秦囚，指的是秦三帥孟明、西乞、白乙。先軫問秦囚的目的，當然不會是向這三人請安，而是詢問此三人是否已遭處決，《左傳·文公二年》載晉斬秦囚事云：

---

❷ 《國語·晉語七》載晉悼公即位，「使張老延君譽于四方」，最後晉君聲譽連狄人都知。（《國語》，頁436）先軫不但不延君譽，反倒是製造襄公與秦之間的嫌隙，其居心何在，頗值得研究。當然，這不會是先軫一人的意思而已，必然是多數貴族的共同心聲。

❷ 《春秋左傳正義》，頁290。

戰之明日，晉襄公縛秦囚，使萊駒以戈斬之❸。

這個被斬的秦囚地位應該不會太低，否則就會充當奴隸。同樣的，能夠斬這個高級身分的秦囚，那麼還有其他高級身分的秦囚嗎？是的，最重要的秦囚就是三帥。那麼其他的秦囚被斬首了，爲何不見三帥被處決呢？先軫之問絕非眞不知情，而是故作不知狀，逼使襄公攤牌。襄公不得已，說出已釋放三帥的消息。先軫便藉故發飆，警告的意味十足。但是處決華夏同盟國的高級貴族，除非對方同意，如晉的呂、郤，在春秋時代是很少見的，何況一次就處決三個❹？先軫此舉居心何在，實在不能不令人懷疑。處決秦三帥會引來對方怎樣的報復，也是絕對無法避免的。秦、晉決裂，對晉有什麼好處？先軫爲什麼要把事情鬧得這麼大呢？當然不會事出無因，他就是要斷絕秦、晉之間國君的聯繫。反之，文嬴很了解秦對晉的重要性，襄公也很了解。不論是站在出身於秦或維護晉君的立場，文嬴請三帥的作法都是正確的。襄公會釋放三帥，當然正是文嬴給的下臺階。但是此舉卻必然牴觸先軫派的貴族，他們要的就是切斷晉國國君和秦的密切關係，所以先軫頗有藉機發怒的意味。爲了平息先軫的怒氣，襄公只得派自己的腹心，位爲太傅的陽處父去追秦三帥，結果竟然追不到，《左傳·僖公三十三年》云：

> 公使陽處父追之，及諸河，則在舟中矣。釋左驂，以公命贈

---

❸ 《春秋左傳正義》，頁301。

❹ 《左傳·宣公十三年》載宋殺楚申舟，楚莊王爲之伐宋，宋幾亡國。是一著例。

孟明❷。

追不到的原因可能很多，而其中最可能的一點則是故意。因此襄公命陽處父追秦帥，頗有做戲的意味❸，爲的是在面子上不敢不給足先軫，可見襄公內心的壓力有多沈重。後來先軫雖也有所自討以明志❹，但是君臣之間的關係是很難恢復了。這些危機與衝突都是潛在的不安定因素，隨時會引爆那表面上君臣和雍，看似牢固團結，實則脆弱不勘的互動與互信。茲舉一例爲證，《左傳・文公二年》云：

---

❷　《春秋左傳正義》，頁290。

❸　類似的行文筆法，《左傳》中所在多有，今舉一例以爲佐證。《左傳・哀公三年》載季桓子將死，遺命其臣正常立南孺子之子爲後，但爲季康所殺，其文云：「季孫辛，康子即位。既葬，康子在朝。南氏生男，正常載以如朝，告曰：『夫子有遺言，命其圉臣曰：「南氏生男，則以告於君與大夫而立之。」今生矣，男也，敢告。』遂奔衛。康子請退，公使共劉視之，則或殺之矣，乃討之。召正常，正常不反。」（《春秋左傳正義》，頁998）在這裡，季康子不是演戲又是什麼？正常知事不可爲，所以先溜了。南孺子的小孩，「公使共劉視之，則或殺之矣。」這語氣與陽處父追三帥，「及諸河，則在舟中矣」，有什麼不同？追至河畔，三帥已在舟中，所以不及，這應是陽處父的報告內容。但這是其自云，又無第三者可以證明，誰知其自云者可信否？《左傳》裡頗多演戲的場面，演得差的如驪姬陷害太子申生，任何人一看就明瞭；演得好的如寺人披之於晉文公，幾次下手都未得逞。最後是他向文公示警，才使呂、郤火燒文公之計失敗，不可不謂傳奇人物之一。究其根柢，以其能做戲之故也。

❹　《左傳・僖公三十三年》：「狄伐晉，及箕。八月戊子，晉侯敗狄于箕，郤缺獲白狄子。先軫曰：『匹夫逞志於君，而無討，敢不自討乎？』免胄入狄師，死焉。狄人歸其元，面如生。」（《春秋左傳正義》，頁290-291）

> 戰于殽也，晉梁弘御戎，萊駒爲右。戰之明日，晉襄公縛秦
> 囚，使萊駒以戈斬之。囚呼，萊駒失戈，狼瞫取戈以斬囚，
> 禽之，以從公乘，遂以爲右。箕之役，先軫黜之，而立續簡
> 伯㉟。

續簡伯即狐鞫居，見同年《傳》「狐鞫居爲右㊱」。又稱續鞫居，
爲狐氏族人，見文公六年杜《注》㊲。據文二年此《傳》，狼瞫表
現甚爲機警果敢，當是能力之士。同年《傳》載其自云：「吾以勇
求右㊳」，可見其爲人。車右率皆勇力之士，唯忠貞更爲不可或缺
㊴。故襄公大爲賞識，立狼瞫爲車右。同年《傳》又載狼瞫「以其
屬馳秦師，死焉。晉師從之，大敗秦師㊵」。可見彭衙之役，晉國
獲勝，狼瞫與有力焉。其爲國犧牲，出於忠勇義憤；其不好勇犯上，
見其有守有爲。襄公因斬秦囚事遂立其爲車右，當然有所寄託。先
軫故意廢黜狼瞫立續簡伯，就是有意離間狐氏與晉襄公。狐氏本是
晉文公的心腹，先軫刻意討好拉攏，不愧是有謀之人㊶。如此一方

㉟　《春秋左傳正義》，頁301。

㊱　《春秋左傳正義》，頁301。

㊲　《春秋左傳正義》，頁315。

㊳　《春秋左傳正義》，頁302。

㊴　《左傳·成公二年》載齊逢丑父先傷於肘，匿之。交戰時力不足以爲車脫
　　困，故爲晉人所獲，是爲車右者勇力不足之禍。然其冒充齊侯，免齊頃公
　　被俘，又是忠之典範。又如《左傳·僖公三十三年》韓之戰，卜右，慶鄭
　　吉。惠公以爲不忠，不用，而以家僕徒爲右。結果車陷泥濘，家僕徒力不
　　足以脫困，晉惠公被俘。是用車右必以忠貞並勇力之另一例證。

㊵　《春秋左傳正義》，頁302。

㊶　先軫有謀，見〈晉語四〉；其自下軍佐超升爲中軍帥，與此事有密切關聯。

面挖襄公牆腳，一方面擯斥襄公所用之人，對襄公豈會心懷好意？

三、先且居

晉文公時期的第二任中軍帥先軫，在文公卒後次年，即晉襄公元年，也在戰場上陣亡，不過事情頗不尋常，《左傳·僖公三十三年》：

> 狄伐晉，及箕。八月戊子，晉侯敗狄于箕，郤缺獲白狄子。先軫曰：「匹夫逞志於君，而無討，敢不自討乎？」免冑入狄師，死焉。狄人歸其元，面如生❷。

看起來先軫既忠又勇，令人欽佩❸。但最受矚目的一點是，他是中軍帥，一旦死亡，必須有人遞補這個最重要的職務。那麼應該由誰出任呢？《左傳·僖公三十三年》：

> 反自箕，襄公以三命命先且居將中軍❹。

結果是由他的兒子先且居出任。不過與前面的中軍帥略有差別的

---

❷ 《春秋左傳正義》，頁290-291。

❸ 晉襄公此次成功地扮演受迫害的角色，所以他得到的同情就會比較多。再加上他也有人馬，可以製造輿論，迫使先軫表態。先軫選擇了自殺這條路，其理由看來大中正至，合情合理，不過他的兒子先且居已經是上軍帥了，再加上他一死，接任者還是他的兒子先且居。所以其中是否有暗盤交易，頗人懷疑。

❹ 《春秋左傳正義》，頁291。

是，初作三軍時需要以「謀」的方式來產生元帥；先軫超升中軍帥，也沒有經過文公三命。這次由襄公任命，與前面二人由眾人「謀」的方式產生，差別不可謂不大。至於三命是怎麼回事呢？杜、孔皆無說，楊伯峻云：

> 春秋諸侯之卿，有一命、再命、三命之別，以命數多為貴，車服之制亦隨之[45]。

這話大致無誤，不過說了等於沒說，因為三命的實質內容為何，還是一頭霧水。我們懷疑，這與金文常出現的「出入三觀」之記載頗為類似。如此，晉襄公以三命命先且居，至少在形式上國君再度拿回了人事任命權。不必像他父親作三軍時，任由貴族之間以謀議的方式推出人選，然後強迫國君接受。雖然以三命命中軍帥的實質意義未必一如形式有效，但是至少在面子上扳回不少。《左傳·僖公三十三年》又云：

> 以再命命先茅之縣賞胥臣，曰：「舉郤缺，子之功也。」以一命命郤缺為卿，復與之冀，亦未有軍行[46]。

郤缺以獲白狄子有功，使他的地位從下軍大夫晉升為卿，但是未有軍行。杜預云：

> 雖登卿位，未有軍列[47]。

---

[45] 《春秋左傳注》，頁502-503。
[46] 《春秋左傳正義》，頁291。
[47] 《春秋左傳正義》，頁291。

關於晉國卿為軍帥，大夫則為軍帥以下職務，這個問題已經在〈論
陽處父〉一文中討論過了❽，讀者可以參看。此處則檢討襄公此舉
的政治意義，除了以三命命先且居為中軍帥是不得已的事以外，襄
公主要目的在趁機建立自己的團隊，因為沒有軍行的卿猶如困於淺
水的蛟龍，難伸其志。其他的軍帥們也不可能像趙衰一般謙讓，會
主動讓出一個位子給他，所以他必須仰仗國君的照拂才有機會。因
此他的立場顯然會偏向國君一邊，這對於晉襄的聲勢是有相當助益
的。

　　從《左傳》等書上的記載上看，先且居比起他的父親先軫來說，
要容易相處得多了。未知是因為他在尚未有戰功之前就被超升，因
此面對其他資歷較深的軍帥時會稍為自我克制？或是他的父親未留
下足夠的餘蔭，就先自行了斷，所以他無法像父親一樣專斷獨行？
或是受到趙衰謙謙君子的感召，不便表現太過強勢？總之，先且居
呈現了比較溫和的形象，氣氛也就好轉。至於晉襄公，他的努力或
許比他父親晉文公更多，而且機會也未必少，但是運氣似乎不佳，
因此成就不比文公更多。試看《左傳·文公元年》此條記載：

> 晉文公之季年，諸侯朝晉。衛成公不朝，使孔達侵鄭，伐綿、
> 訾及匡。晉襄公既祥，使告于諸侯而伐衛，及南陽。先且居
> 曰：「效尤，禍也。請君朝王，臣從師。」晉侯朝王于溫，
> 先且居、胥臣伐衛❾。

---

❽　〈論陽處父〉，《中山人文學報》第10期2000.2，頁27-50。
❾　《春秋左傳正義》，頁298-299。

先且居雖然較爲溫和，但是政治手腕卻並不因此打折。在一個冠冕堂皇的理由下，技巧地排除了晉襄公插手軍事的機會。

四、救 江

接下來發生了類似的事件，在表面上襄公也不遑多讓，也用同一手法追回一城，但是其中大有隱情，《左傳·文公三年》云：

> 楚師圍江，晉先僕伐楚以救江。冬，晉以江故告于周，王叔桓公、晉陽處父伐楚以救江❺。

先且居前次要求晉襄公要堂堂正正，必須朝王以正名分。他卻趁機帥師，擺開了晉襄公的糾纏。這次晉襄公學乖了，先告于周天子，請周天子派個大老來壓陣。杜預云：

> 欲假天子之威以伐楚❺。

晉襄公需要天子之威嗎？此時的晉國是天下伯主，還需要天子之威嗎？當年晉文公與楚師戰於城濮時，何嘗假過天子之威？戰後更是召王往會，害得《春秋經》必須寫成「天王狩于河陽」，爲天子諱、爲尊者諱、爲長者諱。爲了這件事，還被日後的孔仲尼訓了一頓。此時天子之威何在❺？接下來的盟會又何嘗給過天子顏面❺？晉襄

---

❺ 《春秋左傳正義》，頁305。

❺ 《春秋左傳正義》，頁305。

❺ 此事鬧得甚大，見《左傳·僖公二十九年》。孔子以晉文公譎而不正，與此事大有關係。

公這下子忽然講究起禮儀尊卑，以天子爲有威，要講倫理尊卑，先告于王。然後周天子派了個王叔桓公來擔任名義上的指揮，這麼做完全符合先且居尊王的說辭。可是這次出兵卻不是先且居率軍，襄公反倒是派了自己的心腹陽處父帥師伐楚，其中有無可疑之處？關於此點，在本人〈論陽處父〉一文中以爲：

> 至於陽處父，雖官爲太傅，或許名望較高，但是其爵位仍然只是個大夫而已。……就算太傅的名位高於正卿，在一般狀況下，僅憑一個只在名位高於正卿而已的太傅頭銜，就想要改易中軍帥，那當然是不夠的。更何況陽處父的爵位還不是卿，只是個大夫呢？更重要且實際的是，必須有足夠的威望，才能服人。足夠的威望中，軍功是最重要和絕對必要的條件。就這一點而言，陽處父倒是曾立下若干，雖然其中頗爲可疑，不過畢竟可以稱爲軍功的事蹟，或許因而增加了他發言的分量，也未可知[54]。

因此本人以爲，這是晉襄公有意的安排，恭請王叔桓公任名義上的

---

[53] 例如《左傳·僖公二十九年》云：「夏，公會王子虎、晉狐偃、宋公孫固、齊國歸父、陳轅濤塗、秦小子憖盟于翟泉，尋踐土之盟，且謀伐鄭也。卿不書，罪之也。在禮，卿不會公侯，會伯、子、男可也。」杜預云：「晉侯始霸，翼戴天子，諸侯輯睦，王室無虞。而王子虎下盟列國，以瀆大典；諸侯大夫，上敵公侯，虧禮傷教，故貶諸大夫，諱公與盟。」又云：「大國之卿，當小國之君，故可以會伯、子、男。諸卿之見貶，亦兼有此闕，故《傳》重發之。」（《春秋左傳正義》，頁283）

[54] 〈論陽處父〉，《中山人文學報》第10期2000.2，頁27-50。

指揮官❺。那麼先且居呢？為什麼他突然大方起來，竟然同意這樣的安排？晉襄公派了一位非卿位、非軍帥的陽處父領兵，目的之一，無非是建立自己的基本隊伍，以便在緊急時派上用場；目的之二，是順便和楚國建立和平互信的關係，以求安外攘內。故在〈論陽處父〉一文中，本人曾以為：

> 這次的戰果，雖然號稱勝利，然而實在不算是一次很光彩的勝利。勝利中沒有實質的收穫，如俘馘、車馬、兵器等，一如城濮之役的戰果，而且其中還大有問題。陽處父和楚人之間，是否一唱一和地做戲，而且被看穿了？上一次他追秦三帥，結果沒追著。他已經做過一次戲了，那些不愉快的記憶，貴族們能忘掉嗎？或者竟如太子商臣所說，他根本是送了賄賂給子上，二人暗通款曲，所以子上也做面子給他❺？

晉國原來面對南方的楚是比較放心的❺。在〈論陽處父〉一文中，

---

❺ 周王室派人指揮諸侯軍隊作戰，可見於銅器銘文，如史密簋載王遣師俗及史密前往東國，指揮齊國軍隊與南夷作戰。張懋鎔認為：「從本銘及師袁簋來分析，齊國軍隊多次受王朝將領統制，至少比其他諸侯國近王朝軍隊的模式。」又云：「王朝將領如師袁、師俗、史密等頻繁來到齊國，本身對齊國的軍制就是一種嚴密的檢查與有力的監督，即使齊國軍事行為有偏離西周王朝軍事規矩之處，也會得到及時糾正。」（張懋鎔：〈史密簋與西周鄉遂制度〉，《文物》1991第1期，頁31）

❺ 〈論陽處父〉，《中山人文學報》第10期2000.2，頁27-50。

❺ 城濮之戰後，楚帥子玉自殺，晉文公聞訊大喜，說：「莫余毒也已！蔿呂臣實為令尹，奉己而已，不在民矣。」（《左傳·僖公二十八年》，《春秋左傳正義》，頁275）可見楚國自子玉死後，進圖北方的意願和能力都大為降低。楚成王本來就不太願意和晉國直接衝突，說見本人〈論城濮之戰〉（第二屆空軍官校戰史與戰爭文學研討會2001.3岡山：空軍官校）。

本人也曾提到：

> 《左傳·僖公三十三年》的記載云：晉、陳、鄭伐許，討其
> 貳於楚也。此時晉、陳、鄭伐許，晉師未言由誰率領，亦未
> 言御戎、車右，照慣例應非中軍帥親自出征。其同年陽處父
> 帥晉軍侵蔡，《左傳》云：晉陽處父侵蔡，楚子上救之，與
> 晉師夾泜而軍。既未說明晉軍出動了多少軍隊，也沒有說誰
> 爲御戎，誰爲車右，與晉國出兵的慣例不大相同。又如《左
> 傳·文公三年》云：楚師圍江，晉先僕伐楚以救江。冬，晉
> 以江故告于周，王叔桓公、晉陽處父伐楚以救江⑱。先僕不
> 見於晉的任何一將、佐、行，《春秋經》連其名事都不載，
> 還不如陽處父，可見其身分低下，所率不知是何部隊。《左
> 傳》所載陽處父情形與先僕相同，那麼，陽處父究竟帶了多
> 少軍隊，實在讓人懷疑。試想，他既不是五軍、三行裡的任
> 何一將一佐一行，更別提是正卿的中軍帥，那麼他又如何獲
> 得帶兵出征的權力呢？他又能帶多少部隊呢？以上這些證
> 據，只能說明陽處父並未能帶領晉軍主力，最多只能是一小
> 部分的軍隊，而且恐怕還不能算正式編制內的軍隊。若是編
> 制內的軍隊，至少應如《左傳·文公十五年》所載：晉郤缺

而且此時成王年事已高，進取心絕對不如年輕的子玉，也是事實。這種國
際形勢對晉文公父子而言是有利的。
⑱ 《春秋左傳正義》，頁304。杜預《注》云：「桓公，周卿士王叔文公之
子。桓公不書，示威名，不親伐。」（《春秋左傳正義》，頁305）晉假
天子之名伐楚，而周王室所派出的雖是卿士，卻不親伐，可見這次戰役並
未受到太多注意。這也反映了陽處父所率領的軍隊不多，因此也不受重視。

以上軍、下軍伐蔡。像這樣的例子，才足以證明晉師中軍未
出，而且最後出動的是什麼部份軍隊。反之，若無明言何軍
出征，就很難讓人判斷倒底是出動了哪些部隊❺❾。

但是還有目的之三嗎？不論是先僕或是陽處父，所率領的軍力似乎
都不是晉國的主力。何以如此呢？以先且居爲代表的貴族們，何以
放心地任憑國君的親信帥師出征呢？本人以爲，此時先且居正在注
意秦穆公的動靜，晉國的主要兵力也都其掌握中，全力準備與秦戰
鬥。既然主力還在自己手中，區區陽處父等所領偏師，還不足以造
成威脅❻⓿。但是這些非主力的偏師，面對實力較秦國還要強大的楚
國，能夠起到什麼作用嗎？先且居心中到底在打什麼算盤呢？

想解釋這個問題，得先回溯楚成王和晉文公的關係，楚國貴族
子玉的立場，蒍賈、蒍呂臣、子上等人的立場。這個問題在本人〈論
城濮之戰〉一文中已有說明，學者可以參看。在這裡我們得特別注
意的一件事，就是楚成王及其身旁人士與太子商臣之間的關係，《左
傳·文公元年》云：

---

❺❾ 〈論陽處父〉，《中山人文學報》第10期2000.2，頁27-50。

❻⓿ 《左傳·文公四年》載：「楚人滅江，秦伯爲之降服出次，不舉過數。大
夫諫公，曰：『同盟滅，雖不能救，敢不矜乎？吾自懼也。』」（《春秋
左傳正義》，頁306）先僕與陽處父俱曾帥師救江，秦穆公爲江被滅而降
服，這不禁使人想到楚令尹子上怎麼死的。他與陽處父是串通過？楚成王
欲廢太子商臣，商臣享江羋而不敬，江羋大怒之下吐眞言。結果商臣弑成
王自立，然後就派兵伐滅，晉國何以救江？是報恩？秦穆公與江有這麼深
的關係嗎？

初，楚子將以商臣爲大子，訪諸令尹子上。子上曰：「君之
齒未也，而又多愛。黜，乃亂也。楚國之舉，恆在少者。且
是人也，蜂目而豺聲，忍人也！不可立也！」弗聽。既又欲
立王子職，而黜大子商臣。商臣聞之而未察，告其師潘崇，
曰：「若之何而察之？」潘崇曰：「享江羋！而勿敬也。」
從之。江羋怒，曰：「呼！役夫！宜君王之欲殺女而立職也。」
告潘崇，曰：「信矣。」潘崇曰：「能事諸乎？」曰：「不
能。」「能行乎？」曰：「不能。」「能行大事乎？」曰：
「能。」冬十月，以宮甲圍成王。王請食熊蹯而死，弗聽。
丁未，王縊。謚之曰：「靈」，不瞑；曰：「成」，乃瞑**❻❶**。

商臣不能確定自己是否被廢，其師潘崇要他激怒江羋以確定答案，
可見江羋和成王之間的關係一定十分密切，否則江羋怎會知道這麼
重要的大事？江羋既然屬於成王的一邊，她必然知道，甚且促成商
臣之廢。那麼商臣又怎不視江羋爲眼中釘，必欲去之而後快？令尹
子上說商臣是個忍人，即心狠手辣的人，所以在子上與陽處父眉來
眼去，立即遭到商臣的毒手，正應驗了子上所說的「忍」字。子上
不贊同成王立其爲太子，終於逃不了商臣的報復。子上身爲位高權
重的令尹尚且下場如此，江國弱小，江羋又怎逃得了商臣的魔掌？
所以一旦商臣政變成功，自立爲楚王，接下來秋後算帳就是伐江，
找江羋出氣。這時晉國想要伸出援手以報答楚成王，無奈軍權抓在
貴族軍帥手中，晉、楚原本和諧的關係因商臣即位而產生了變化。
江對晉襄公有象徵意義，因爲那是楚成王的黨羽。成王對晉文公有

---

❻❶ 《春秋左傳正義》頁299。

好感，對襄公也無惡意。晉要救江，應該是爲了報答楚成王。否則
救江之舉，有什麼軍事或政治上的意義呢？可是對國君有助的，對
貴族就變成有害。既然如此，晉國貴族們爲什麼要幫國君來損自己
呢？基於這樣的心態，晉軍主力不出，原因是很清楚的。所以光靠
先僕、陽處父，再加上王叔桓公，實力豈足以對抗楚人？不得已，
聊以圍魏救趙之計，希望楚人爲了與國而放棄江，《春秋經·文公
三年》：

> 春王正月，叔孫得臣會晉人、宋人、陳人、衛人、鄭人伐沈，
> 沈潰❻❷。

《公羊傳·文公三年》：

> 晉陽處父帥師伐楚救江。此伐楚也，其言救江何？爲諼也。
> 其爲諼奈何？伐楚爲救江也❻❸。

何休云：

> 諼，詐也❻❹。

又云：

> 救人之道，當指其所之。實欲救江，而反伐楚，以爲其勢必

---

❻❷ 《春秋左傳正義》，頁304。
❻❸ 《春秋公羊傳注疏》（臺北：藝文印書館，1973年5月景印清嘉慶20年1815
《重刊十三經注疏附校刊記》），頁167。
❻❹ 《春秋公羊傳注疏》，頁167。

當引圍江兵，當還自救也，故云爾。孔子曰：自古皆有死，民無信不立❻❺。

《穀梁傳·文公三年》亦云：

晉陽處父帥師伐楚救江。此伐楚，其言救江何？江遠楚近，伐楚所以救江也❻❻。

范寧云：

時楚人圍江，晉師伐楚。楚國有難，則江圍自解❻❼。

但是楚穆王並不理會❻❽，所以陽處父再伐楚以救江，但是並未成功，《左傳·文公三年》：

楚師圍江，晉先僕伐楚以救江。冬，晉以江故告于周，王叔桓公、晉陽處父伐楚以救江。門于方城，遇息公子朱而還❻❾。

杜預云：

子朱，楚大夫，伐江之帥也。聞晉師起，而江兵解，故晉亦

---

❻❺　《春秋公羊傳注疏》，頁167。

❻❻　《春秋穀梁傳注疏》（臺北：藝文印書館，1973年5月景印清嘉慶20年1815《重刊十三經注疏附校刊記》），頁100。

❻❼　《春秋穀梁傳注疏》，頁100。

❻❽　楚國有申、息為北門，又有江、漢以為池，方城以為城，就連齊桓公也莫可奈何。陽處父以偏師前來，穆王當然不必重視。上引《左傳》云：「遇息公子朱而還」，是陽處父無力威脅楚國的明證。

❻❾　《春秋左傳正義》，頁305。

還❼。

杜預的說法，頗有可疑，故竹添光鴻云：

> 兩軍相遇將交鋒，而我獨退還，必有其故。此時上告于周，
> 假王威以救江，固已見晉兵之不競，蓋晉懼楚兵強而還也。
> 杜以「江兵解，故晉師還」，全出臆說。又以子朱為「伐江
> 之帥」，似亦未然。此時晉攻方城以救江，息公子朱必是救
> 方城之帥也。蓋爾時晉避楚，不能救江。楚仍留伐江，至明
> 年終滅江，情形略可考知焉。江、黃國小近楚，非晉之兵力
> 所能存也。齊不救弦、黃，而晉兩次救江，并請于天王，得
> 延旦夕之命，勝齊桓遠矣。而論者責晉不能存江，亦過矣❼。

竹添氏所謂的「論者」，指的是特好議論的宋代學者，茲舉一例以
為說明，如趙鵬飛《春秋經筌》云：

> 批亢擣虛，兵家上策。然必卜其虛實，較其彊弱而後濟。以
> 楚之彊，根據南服。齊威之霸，有所不敢戰。晉文合四大國
> 之師，而僅能勝之於城濮。今處父以烏合之師，將伐楚以救
> 江，是所謂以螻蟻撼泰山，多見其不自量也。夫江之危亡，
> 僅在旦夕。晉師直赴江之危，猶懼楚未必退。今以偏師犯楚
> 之牧圉，欲楚人釋江而自救。嗚呼！愚哉矣。吳伐楚而於越
> 入吳，以吳之內虛，越彊且眾足以造其都也。彼楚之圍江，

---

❼　《春秋左傳正義》，頁305。
❼　《左傳會箋》，卷8，頁27。

多不過萬眾，足以環其郭矣。而楚之彊大，豈遽虜邪？而處
父爲上卿，將一軍以行，不過萬二千人。以萬二千人，能入
郢乎？兵固不能撼楚，適所以激楚之怒，而速江之滅也。愚
謂晉不伐楚，江未必滅。何則？楚之圍江，徒以其叛己而從
中國耳。今兵環其國，江勢有所不敵，則必下楚。江下，則
楚兵退矣。今處父伐楚，實曰救江。江以爲晉且救我，固爲
死守之，不屈于楚。既而處父伐楚，晉不能損楚之一毫，何
足以解江之圍。然楚内忿江之不屈，而外憤晉之見伐，能無
怒乎？故期年圍之，必滅江而後已。則夫晉處父伐楚以救
江，實激楚以滅江也。故聖人書「伐」，又書「救」，所以
見救江非所以爲救，寔速其滅也[72]。

又云：

江之滅，晉之恥而處父之罪也。晉不能服楚，則何以庇江？
無以庇江，則安保其無滅？方江受楚圍，使處父帥師直赴於
江，江姃楚於前，處父掎之於後，楚兵未必不敗而奔也。乃
以區區之師伐楚，欲楚兵釋以自救，宜其不能撼楚，而致江
之滅也[73]。

趙鵬飛說處父以烏合之師、偏師，應是符合實情。至於晉救江反而

---

[72] 《春秋經筌》（收在《通志堂經解》第20本，臺北：漢京文化事業有限公
司1993.9，頁11721-11722。）其他宋代學者類似的意見，可參看《通志堂
經解》相關部分。

[73] 《通志堂經解》，頁11722。

導致楚滅江云云，楚滅江只因江叛楚從中國云云，皆見樹不見林之
論。其實綜合前後《傳》文，就能看清來龍去脈，明瞭楚所以必滅
江，江所以叛楚從中國的原委。至於竹添光鴻以爲晉襄公「勝齊桓
遠矣」，此另一問題，尙可討論。不過其它的觀點，如晉懼楚兵強，
如息公子朱是救方城之帥，如晉避楚，不能救江，楚仍留伐江等說
法，比杜預要可信得多❼。到了明年，楚國終於滅江，《左傳・文
公四年》云：

> 楚人滅江❼。

這個結局是可以預見的，不過晉國沒有什麼表示，反倒是秦穆公頗
爲感傷，《左傳・文公四年》云：

> 秦伯爲之降服出次，不舉過數。大夫諫，公曰：「同盟滅，
> 雖不能救，敢不矜乎？吾自懼也❼。」

杜預云：

> 降服，素服也。出次，辟正寢。不舉，去盛饌。鄰國之禮有
> 數，今秦伯過之❼。

---

❼ 江國其實也不一定就是從晉，才會遭到被楚國的滅亡的命運。雖然他遲早
　　會步上弦、黃等國的後塵，但不見得這麼快就會遭到毒手。所以楚穆王決
　　意滅江，與江羋、楚成王廢立太子商臣——即楚穆王——一事，有著因果
　　的關係。
❼ 《春秋左傳正義》，頁306。
❼ 《春秋左傳正義》，頁306。
❼ 《春秋左傳正義》，頁306。

孔穎達云：

> 〈哀十年傳〉稱：「齊人弒悼公於師，吳子三日哭於軍門之
> 外。」鄰國之數，三日也❼❽。

就字面而言，我們看不出秦穆公在自懼些什麼，不過他的失常表現
實在太過頭了，所以引起群臣的疑心，因而勸諫他不必如此。從上
述子上不贊成立商臣，其後楚成王廢商臣，江羋知情；其後晉以陽
處父偏師救江，秦穆公失常違禮等等這些不合常理的事件，可以推
論楚滅江一事的內情並不單純。這不但牽涉楚國的內政，也關係到
晉國的局勢。所以江國雖小，楚穆王卻執意滅江，則其影響不可謂
不大。晉、秦、楚國君之間的關係十分友好，本非祕密。以江事為
例，晉救江不成，江為楚所滅，秦穆公還行禮過當。以及《左傳·
文公五年》云：

> 初，鄀叛楚即秦，又貳於楚。夏，秦人入鄀。六人叛楚即東
> 夷。秋，楚成大心、仲歸帥師滅六。冬，楚子燮滅蓼❼❾。

鄀貳於楚，是楚外交的勝利。六即東夷，當是晉的傑作。秦人入鄀，
楚滅六、蓼，較勁的跡象十分明顯。這些晉、秦、楚之間的來往互
動，都讓人若有所思。

---

❼❽　《春秋左傳正義》，頁306。
❼❾　《春秋左傳正義》，頁311。

五、趙 衰

對晉國的貴族們而言，救江是晉襄公的事，與他們無關。他們沒有必要為江撐腰，好增加國君的外援。甚且可能還巴不得楚穆王快些動手，給晉襄公一個教訓。正好他們有一個非常有利的情況，即此時西邊有秦的威脅。秦向來號稱強大，與晉國國君關係更是深得無與倫比，尤其是秦穆公有大敗晉軍的記錄。再加上自從殽之戰慘敗以來，秦穆公君臣皆引以為恥，無時無刻都想要復仇，這使得貴族們對於坐視江被楚滅有了更充分的理由，因為他們得先處理秦的威脅。回顧這段恩怨，上引晉襄公應文嬴之請釋放三帥，又禁不住先軫的威迫，命陽處父追秦三帥，《左傳・僖公三十三年》云：

> 公使陽處父追之，及諸河，則在舟中矣。釋左驂，以公命贈孟明。孟明稽首曰：「君之惠，不以纍臣釁鼓，使歸就戮于秦，寡君之以為戮，死且不朽。若從君惠而免之，三年，將拜君賜。」秦伯素服郊次，鄉師而哭，曰：「孤違蹇叔，以辱二三子，孤之罪也。」不替孟明。「孤之過也，大夫何罪？且吾終不以一眚掩大德❽。」

孟明說「三年，將拜君之賜」，顯然蓄怨含忿，有必復此仇之意。果然，到了第三年，休養教訓已經充分，秦穆公即派遣孟明帥師伐晉，《左傳・文公二年》云：

---

❽ 《春秋左傳正義》，頁290。

> 二年春，秦孟明視帥師伐晉，以報殽之役。二月，晉侯禦之，
> 先且居將中軍，趙衰佐之。王官無地御戎，狐鞫居爲右。甲
> 子，及秦師戰于彭衙，秦師敗績。晉人謂秦「拜賜之師」。……
> （狼瞫）以其屬馳秦師，死焉。晉師從之，大敗秦師[81]。

這次因爲狼瞫之勇，激發了晉軍士氣，因而大敗秦師[82]。晉勝秦敗，
符合貴族們一貫的期待；反之，晉敗秦勝，或許更符合貴族們的意
願；只要晉、秦之間的戰事愈多，雙方的怨仇就愈難解開，尤其是
秦穆公一再失利，對內尤其面子放不下，難以交待。如此，對一向
倚靠秦國稱腰的晉文公父子們，秦、晉關係愈惡劣，形勢對他們就
更加不利。因爲秦穆公爲了復仇，必然不惜一再地發動戰爭。不論
誰勝誰負，都將使兩國原已惡化關係更加不可收拾。如此一來，秦
穆公自然無從對晉襄公伸出援手，這使得晉襄公在面對貴族的權力
鬥爭中少了最主要的助力，簡直就不必玩了[83]。眼見事情鬧得近乎
不可開交之際，趙衰適時地發揮了伏兵般地作用，《左傳·文公二
年》云：

> 秦伯猶用孟明。孟明增脩國政，重施於民。趙成子言於諸大

---

[81] 《春秋左傳正義》，頁301-302。

[82] 《左傳》只記載了中軍將佐，其他軍帥不見，未知是否書闕有間。

[83] 後來秦康公送公子雍時，特地加派護衛，《左傳·文公七年》云：「秦康
公送公子雍于晉，曰：『文公之入也無衛，故有呂、郤之難。』乃多與之
徒衛。」（《春秋左傳正義》，頁317）此舉正犯趙盾忌諱。如果公子雍
爲君，人身安全完全不受威脅，那麼趙盾如何上下其手呢？此例只是說明
晉、秦國君之間的關係，其實一向是密切的。

夫曰：「秦師又至，將必辟之。懼而增德，不可當也。《詩》曰：『毋念爾祖，聿脩厥德。』孟明念之矣。念德不怠，其可敵乎❽？」

雖然同年冬天，晉先且居又率領諸侯「伐秦，取汪及彭衙而還」。但是此役雙方並未爆發激烈地的戰鬥，蓋示威而已，此時趙衰的作用已逐漸發酵。到了明年，秦穆公再度大舉進攻，可是晉國卻採取了守勢，不再與秦對陣，顯然趙衰主和的意見受到貴族們遵從，《左傳·文公三年》云：

秦伯伐晉，濟河，焚舟。取王官及郊，晉人不出，遂自茅津濟，封殽尸而還。遂霸西戎，用孟明也❽。

與此同時，秦國突然放棄了以戰爭爲報復的作法，碰巧晉國亦也採取了同樣的態度，《左傳·文公四年》云：

秋，晉侯伐秦，圍邧、新城，以報王官之役❽。

秦、晉兩國突然間同時放棄了決戰，雙方都變成敵攻我守，顯得十分有默契。如果說這不是趙衰居中促成的作用，是很難讓人理解的。

---

❽　《春秋左傳正義》，頁302。
❽　《春秋左傳正義》，頁305。
❽　《春秋左傳正義》，頁306。

· 556 ·

六、三易中軍帥

　　在〈論陽處父〉一文中已經討論過這個部分，本文只做補充性的說明。首先，在趙衰接任中軍佐時，晉襄公方面的形勢頗有可爲。在內外局面大致安穩的情況下，按步就班，只要先且居一死，趙衰就可以名正言順地接任中軍帥，那麼晉襄公奪回權力的機會也就來了。但是天不從人願，竟使此事功敗垂成。事件的序幕由陽處父揭開，《左傳·文公五年》云：

> 晉陽處父聘于衛，反，過宵，宵嬴從之。及溫而還。其妻問之，嬴曰：「以剛！《商書》曰：『沈漸剛克，高明柔克。』夫子壹之，其不沒乎？天爲剛德，猶不干時，況在人乎？且華而不實，怨之所聚也。犯而聚怨，不可以定身。余懼不獲其利，而離其難，是以去之❽❼。」

---

❽❼　《春秋左傳正義》，頁311-312。《國語·晉語五》載宵嬴如是云：「吾見其貌而欲之，聞其言而惡之。夫貌，情之華也；言，貌之機也。身爲情，成於中。言，身之文也。言文而發之，合而後行，離則有釁。今陽子之貌濟，其言匱，非其實也。若中不濟，而外彊之，其卒將復，中以外易矣。若內外類，而言反之，瀆其信也。夫言以昭信，奉之如機，歷時而發之，胡可瀆也？今陽子之情讟矣，以濟蓋也。且剛而主能，不本而犯，怨之所聚也。吾懼未獲其利，而及其難，是故去之。」（《國語》，頁394）《國語》的記載固已含糊其辭，韋昭釋「不本而犯」云：「行不本仁義也。犯，犯人也。」其見識也只能到此爲止。剛而主能，說明陽處父剛直且有能力；不本而犯，說明陽處父對晉之彊宗大族不假顏色，一心事主，不免犯人。怨之所聚，固不免於難。唯其忠貞，亦不愧古人，鮮有及者。

從甯嬴的話中，不難發現幾個重點：第一、陽處父過於剛直。剛直是否就一定是缺點，還得再討論。不過由於中國自古至今，一向號稱崇尚中庸之道——其實就是鄉愿的代名詞，於是剛直很容易就成了缺點。本人〈論陽處父〉一文針對此事有說，敬請學者參看。

第二、華而不實，這句話究竟指的是什麼實質內容，不得而知。《國語·晉語五》記載了一條後人對陽處父的論，也有華而不實的句子，不妨以為參考，其文云：

> 伯宗朝，以喜歸。其妻曰：「子貌有喜，何也？」曰：「吾言於朝，諸大夫皆謂我智似陽子。」對曰：「陽子華而不實，主言而無謀，是以難及其身。子何喜焉[88]？」

韋昭注「智似陽子」云：「智辯如陽子處父。」可見陽處父其實頗有智謀，故襄公甚為倚賴。又說他「主言而無謀」，則是因為他不具足夠的實力，因此只能危言危行。《左傳·成公十五年》云：

> 初，伯宗每朝，其妻必戒之曰：「盜憎主人，民惡其上。子好直言，必及於難[89]。」

伯宗好直言，因而遭三郤陷害，「譖而殺之」，與陽處父可謂同類

---

[88] 《國語》，頁407。伯宗妻又云：「民不能戴其上久矣，難必及子乎？」韋昭云：「上，賢也。才在人上也。」（《國語》，頁407）伯宗忠於君而遭忌之事跡一如陽子，而其下場亦如陽子。

[89] 《春秋左傳正義》，頁467。好直而能免於難者，看來只有叔向。不過這也是經過季札這位高人指點，才未及難。見《左傳·襄公二十九年》。《禮記》云叔向欲效法陽處父，豈無緣由？

相求者。《國語·晉語八》又記載趙武對陽處父的評價同樣是：

> 夫陽子行廉直於晉國，不免其身，知不足稱也⑩。

對於趙武此句，本人已在〈論陽處父〉一文中解釋，敬請參看。雖然下場淒涼，不過陽處父忠心爲主確是實情。只是在形勢不利的情況下，難免心焦慮迫，過於躁進；雖不畏強禦，卻不懂得放軟身段，終至以身殉主。

第三、犯而聚怨，這句話才指出了眞正的重點。就是陽處父的作法必然會與既得利益者有所衝突，而且衝突的對象恐怕還不少；最後必然爲千夫所指，成了代罪羔羊。我們就晉國政情的發展來看，眞正的引爆點正是後來陽處父主導了軍帥人事變動──至少從表面上看是如此──尤其是中軍帥一職。此舉不但給他自己惹上殺身之禍，更使得晉襄公難逃被暗殺的嫌疑。在〈論陽處父〉一中已討論過此事，請參看。總之，若就事論事，本人以爲陽處父實爲忠臣之典範，其一心爲襄公而已。但是晉國內部情勢的複雜性，以及中國傳統的鄉愿心態，使得他只能走向身敗名裂的結局，下場甚至比不上荀息。荀息雖也無能輔佐奚齊、卓子，至使二子爲里克所弒，有負獻公之託。至少他還能以自殺的方式，給後人留下了忠貞的印象。

眾所周知，危機就是轉機；同樣地，轉機也會是危機。陽處父過於剛直的序幕一揭，接下來晉國的軍帥接連四人過世。面對政治上這麼嚴重的動盪，如何妥善地處理危機，化爲轉機，考驗著晉襄公的智慧。我們可以說晉襄公的成敗，這次正是關鍵時刻。《左傳·

---

⑩　《國語》，頁471。

文公五年》云：

> 晉趙成子、欒貞子、霍伯、臼季皆卒[91]。

杜預云：

> 成子，趙衰，新上軍帥、中軍佐也。貞子，欒枝，下軍帥也。
> 霍伯，先且居，中軍帥也。臼季，胥臣，下軍佐也[92]。

從字面上看，趙衰好像一人兼二職。不過這不太可能，當是趙衰曾
任過此二職。在此之前，晉國軍帥死亡通常一年一人，這下子突然
一次四人先後過世，頗不尋常。而且通常軍帥一出缺，就立刻有人
遞補。這次四個位子出缺，卻未如慣例補人。當然，據《左傳》，
此四人都在多天先後過世，或許第一個缺尚未補實，第二人又死了，
然後第三人、然後第四人。為了不致手忙腳亂，所以乾脆一齊解決
人事案。這當然是一種想法，但是頗不實際。本人懷疑，這四人先
後過世，對晉襄公最難承受的一定是趙衰，他竟然排在第一個。趙
衰是檯面上唯一有分量的襄公支持者，第二號人物箕鄭還在佐新上
軍，名位仍低，不足以支撐襄公。假如先且居死於前，那就好辦多
了。只要將趙衰升任中軍帥，再安排箕鄭等人接任其他如上軍帥等
職務，那麼襄公的形勢可謂一片大好。現在趙衰先死，襄公已經沒
有接替人選，恐怕就夠襄公傷透腦筋。接著先且居死，中軍帥出缺，
更是一大難題。晉襄公該如何處理呢？《左傳·文公六年》云：

---

[91] 《春秋左傳正義》，頁312。
[92] 《春秋左傳正義》，頁312。

> 春，晉蒐于夷，舍二軍。使狐射姑將中軍，趙盾佐之❾❸。

這是表面上呈現的結果，但是幕後的情況卻非如此簡單，《左傳·文公八年》云：

> 夷之蒐，晉侯將登箕鄭父、先都，而使士穀、梁益耳將中軍。先克曰：「狐、趙之勳，不可廢也❾❹。」

晉襄公要任用士穀出任中軍帥，頗爲突然。那麼士穀何許人也？有什麼特別的事跡或能力嗎？《左傳·文公二年》云：

> 及晉司空士穀盟于垂隴。晉討衛故也。書士穀，堪其事也❾❺。

杜預云：

> 晉司空非卿也，以士穀能堪卿事，故書❾❻。

孔穎達云：

> 《傳》舉司空之官，云「堪其事，乃書之」，明本不當書，故知非卿也。〈成二年傳〉稱魯賜晉三帥三命之服，司空、亞旅皆受一命之服，是其知司空非卿之文也❾❼。

---

❾❸ 《春秋左傳正義》，頁313。
❾❹ 《春秋左傳正義》，頁320。
❾❺ 《春秋左傳正義》，頁302。
❾❻ 《春秋左傳正義》，頁302。
❾❼ 《春秋左傳正義》，頁302。

看來士穀其人頗有能力，所以即使職位不是高階的軍帥、卿，只是
較低階的大夫，還是得到魯國的讚賞，將他書之於《春秋經》。他
是晉襄公的班底之一，頗有能力，受到襄公的賞識，欲任其爲中軍
帥。至於梁益耳又是何許人也？他連士穀的事功都沒有。晉襄公要
提拔此二人出任中軍帥，稱得上聳人聽聞。其原因應該也很單純，
二人都是晉襄公的主要人馬。細數襄公的陣容，連同這兩人再加上
陽處父，三人的職務最多都只是大夫。卿的方面，趙衰已死，欒枝
有可能較偏向襄公，也過世了。剩下的就只有箕鄭父任新上軍佐，
先都佐新下軍，其他諸卿沒有一個是自己人。如果這次人事任命安
排成功，那麼最重要的職務中軍帥，便可由自己人士穀出任，由梁
益耳佐中軍；再加上箕鄭、先都掌上軍，又舍了新上、下二軍；六
個職務裡有四個自己人，而且依次是中軍將佐、上軍將佐，可說是
最重要的職位都掌握在手中，如此方可高枕無憂。但是計劃雖好，
阻力更大，終於破局。《左傳·文公八年》云：

> 先克曰：「狐、趙之勳，不可廢也」。從之❾❽。

「從之」者，晉襄公從先克之說是也。這顯然是晉襄公被迫妥協的
結果。爲什麼先克一句話晉襄公就得放棄原來的計劃呢？顯然內情
絕不單純。先克何許人也？他有什麼能耐，可以使晉襄公非聽他的
意見不可呢？《左傳·文公七年》云：

> 趙盾將中軍，先克佐之❾❾。

---

❾❽　《春秋左傳正義》，頁320。

杜預云：

> 克，先且居子❿。

原來是先且居的兒子，無怪乎他說話有那麼大的份量。憑著祖父、父親兩代將中軍，先氏的影響力在晉國鮮有匹敵。他不僅為自己講話，更是為其他的貴族們發言。晉襄公再有膽量，豈敢完全無視貴族們的反彈？就算是一百個一千個不願意，也只得放棄將士穀、梁益耳推向中軍的願望。

其實晉襄公之所以失敗，和他的野心過大、出手過急有絕對的關係。襄公只顧著充滿希望的目標，使他疏忽了潛在的危險。這或許與穩重的趙衰太早過世，使晉襄公無從諮詢有關。而手下躁進的大夫們又躍躍欲試，可能比襄公更急於享受權力的滋味。甯嬴說陽處父「華而不實，怨之所聚」。其實何止陽處父，其他的大夫們何嘗不是這種心態？戊戌政變的六君子不也這般表現？甯嬴說「犯而聚怨，不可以定身」。他們想要獨佔權力，實力不足，準備不週，卻又到處招搖，豈有不失敗之理？

這個道理太簡單了！如果晉襄公仍然維持五軍的編制，自己人佔了四個，至少還有六個缺留給其他貴族。那麼貴族們至少覺得還有希望，或許勉強還能接受；就算會有反對者，這些反對的聲浪也比較有可能較小。現在襄公欲速則不達，想一口通吃；他不但要安排自己人出任中軍、上軍將佐，還要裁撤新上、下軍。本來十個名

---

❾ 《春秋左傳正義》，頁317。
❿ 《春秋左傳正義》，頁317。

額，一下子少了四個不說；連原來的六個，襄公也要擠進四人。這
麼一來，貴族們的權力必然受到擠壓，他們怎會甘願？所有不甘願
者之中最不甘願的，看來是先克。他以父、祖兩代的功勞，竟然擠
不進軍帥群；比起他祖父先任下軍佐，超升中軍帥；他父親初任就
是上軍帥，又超升中軍帥，兩般境遇，簡直是天壤之別。他既被排
除在襄公軍帥的名單外，於是聯絡了另外同樣是失意人的兩家子
弟，即狐射姑和趙盾。這兩人的父親都是晉文公的從亡之臣，關係
緊密得無以復加。晉襄公連這麼親密的子弟兵都放著不用，反而提
拔了毫無淵源的士縠、梁益耳，這是什麼心態？莫非晉獻公重現嗎？
如果晉獻公重現，那麼原來最有勢力的一群貴族，勢必被打入冷宮
不說；更有可能就像桓、莊之族一般的下場了。想到這裡，貴族們
甚至包括狐射姑、趙盾等，能不心驚肉跳嗎？於是藉著先克之口，
說出「狐、趙之勳，不可廢也」，以表明立場。其實何止狐、趙，
包括欒氏、胥氏、郤氏，尤其是先氏，這些家族豈會無勳，竟然不
在軍帥的名單中？他就不能像父祖們一樣地超升嗎？至少也該有個
下軍將佐之類的卿職吧？這一大票族大勢盛的貴族聯合壓迫晉襄
公，晉襄公承受得了這麼強大的壓力嗎？能夠拒絕妥協嗎？

　　面對來勢洶洶的反撲，晉襄公和他手下們的美夢一下子就破滅
了。當然，晉襄公並非毫不反抗地任憑擺佈，據事後的名單，如《左
傳·文公七年》所載：

> 箕鄭居守，趙盾將中軍，先克佐之；荀林父佐上軍，先蔑將
> 下軍，先都佐之⑩。

---

⑩　《春秋左傳正義》，頁317。

此時狐射姑已出奔，其缺由先克瓜代。三軍六將佐之中，晉襄公的
人馬仍佔了兩人。人數雖不算少，但是比起原計劃來卻只有一半。
更重要的是，中軍帥一職並不是由自己中意的人出任。因此在兩害
求輕的情況下，寧願提升與自己關係更為親近的趙衰之子趙盾任中
軍帥，也不願任由先克一句話就讓與先氏關係親近的狐射姑升任中
軍帥。另外，晉襄公更有意地將先克排除於軍帥之外，這也算是情
緒上的發洩吧。此次易中軍，據《左傳・文公六年》云：

> 陽處父至自溫，改蒐于董，易中軍。陽子，成季之屬也，
> 故黨於趙氏。且謂趙盾能，曰：「使能，國之利也。是以
> 上之[102]。」

晉襄公、陽處父以為由趙盾出任中軍帥會比狐射姑好些，至少可以
出一口氣，但是據上引《左傳・文公七年》：

> 箕鄭居守，趙盾將中軍，先克佐之；荀林父佐上軍，先蔑將
> 下軍，先都佐之。

此時晉襄公已死，狐射姑也被驅逐出境，中軍佐竟然由先克出任。
這個結局不但襄公與陽處父二人的盤算落空，更令人懷疑在襄公與
陽處父二人一廂情願之時，趙盾已經與先克暗通款曲，出賣了提拔
他的恩人。

　　陽處父與趙衰、晉文公的關係，在〈論陽處父〉一文中已經討
論過，請參看。陽處父精心打出「使能」這個招牌，效果非常管用。

---

[102] 《春秋左傳正義》，頁313。

晉國早已建立尚賢的傳統，不論是起於晉獻公時的士蔿、趙夙、畢萬，或是在晉文公時第二任中軍帥的先軫，或是此時的趙盾。以晉襄公而言，趙衰忠於其父文公，基本上也忠於襄公。狐偃的記錄就比較不好，曾經要脅晉文公。先軫又曾任命狐氏族人狐鞫居為襄公車右，狐、先二家眉來眼去，很難令襄公放心。比來比去，趙盾比起狐偃應該會更可靠些。但是襄公自己不能出面，得由代理人出手。而這個代理人必須忠心耿耿，能掌握襄公的心理，能站在襄公的立場為襄公謀取最大的利益。這時候，陽處父就成了不二人選。不過人心隔肚皮，趙盾竟然聯合先克，對襄公恩將仇報❿，這就不是襄公所能預料的了。

七、結　語

接下來的政變，狐射姑不勝其怒，殺了陽處父；趙盾藉機趕跑狐射姑，成為唯一的受益者。趙盾恨陽處父未必比狐射姑更少，但是以其陰賊之性，不但假狐氏之手為其出氣，更藉口狐氏此罪，順便又迫使狐射姑出亡狄人，果然不負「夏日之日」的評語。有關趙盾事跡，將留待另篇探討。至於此事及其後的演變的部分，則已經在〈論陽處父〉一文中討論過了。這次三易中軍帥事件，本人懷疑就是造成晉襄公被弒的主要原因。晉襄公易狐射姑之中軍帥，趙盾因而得將中軍，對趙盾有什麼不好？就趙盾的立場而言，有什麼理

---

❿ 另外一個恩將仇執的嫌疑犯是郤缺。從後面的記載看，他也倒向了趙盾，受到趙盾的提拔。

由不讚成？一旦襄公、趙盾聯手，狐射姑就算反對又能奈何？其後同樣的情況，狐射姑弒襄公、殺陽處父，對趙盾有什麼不好？趙盾為何要反對呢？襄公死，狐射姑有罪，能夠制衡趙盾的人物不是死亡就是被迫出奔，出奔時還不免趙盾差一點就得逞的算計❿。如是，趙盾一手獨攬大權，這才是陰賊的趙盾最想得到的結果。所以本人認為，晉襄公之死，若以直接的凶手而言，狐射姑最脫不了干係。但是這只是表面上看得到的凶手。幕後默許、支持的操縱者，不是趙盾又會是誰呢？

晉襄公是陽處父唯一的靠山，靠山倒了陽處父自然也就倒了。非但陽處父被殺，晉襄公的幾個主要的手下也一個接著一個地遭到剷除。《左傳·文公八年》：

> 夷之蒐，晉侯將登箕鄭父、先都，而使士縠、梁益耳將中軍。
> 先克曰：「狐、趙之勳，不可廢也。」從之。先克奪蒯得田
> 于堇陰，故箕鄭父、先都、梁益耳、蒯得作亂❺。

《左傳·文公九年》：

> 春王正月己酉，使賊殺先克。乙丑，晉人殺先都、梁益耳。……
> 三月甲戌，晉人殺箕鄭父、士縠、蒯得❻。

在晉襄公手下眼中，先克無疑是最大的罪魁禍首。沒有先克發難，

---

❿ 事見《左傳·文公六年》：「賈季奔狄，宣子使臾駢送其帑」條。《春秋左傳正義》，頁315-316。

❺ 《春秋左傳正義》，頁320。

❻ 《春秋左傳正義》，頁321。

他們就能夠順利地為襄公安排，取得中、上軍帥的身分和權力，因此先克就成了為狐、趙而犧牲的祭品⑩，遭到這群受害者的謀殺。但是螳螂捕蟬，黃雀在後。這些人不能忍一時之忿，沒有長遠的計謀，冒然地就殺了先克⑩。在〈論陽處父〉一文中，本人以為他們「除了為自己洩忿以外，如果說還有為襄公復仇的成分，其可能性也不應該被排除。」雖然得手，又焉能逃過陰險的趙盾？他們的罪名是作亂，這當然是官方說法。經過趙盾這類官方人士的處理之後，歷史的真相就埋沒在「成季之勳，宣孟之忠⑩」的障眼法中，徒讓

---

⑩ 對趙盾而言，先克死了是一件好事，如此他就有籌碼招降納叛。據《左傳·文公十二年》：「趙盾將中軍，荀林父佐之；郤缺將上軍，臾駢佐之；欒盾將下軍，胥甲佐之。」（《春秋左傳正義》，頁330-331）這位本來沒有軍行，想到流口水的郤缺，一下就超升為上軍將，豈有不攀附趙盾之理？至於從前文公提拔他的恩德，比得過現實的上軍將的利益嗎？

⑩ 先克奪蒯得田，已見上引。杜預云：「七年，晉禦秦師於董陰，以軍事奪其田也。」先克挾怨報復的可能性是很大的，蒯得等人也不以狐偃為前車之鑑。趙盾連狐偃這麼家業大的人都敢整肅，更何況蒯得等人？蒯得類似狐鞫居，他只是提供趙盾整肅政敵的引子，絕非主要目標。真正的目標是先都、箕鄭父等卿職軍帥。他們手中握有兵權，雖非最主力的部隊，總是比較難纏。其他大夫身分的人，如士縠、梁益耳等等，沒有實力，只是順便陪葬而已。尤其是士縠，從《左傳》上看，他並未參與謀殺先克，卻依然遭到趙盾毒手。這只能說他是襄公栽培的人，與其他參與謀殺者關係密切，所以也難逃一劫。

⑩ 《左傳·成公八年》韓厥語。《春秋左傳正義》，頁446。韓厥與趙盾關係匪淺，見《國語·晉語五·趙盾以韓厥為司馬》章。韓厥為趙盾之屬久矣，今為趙盾發此語，純為私人立場，沒有公正性可言。成季之勳確有其事，趙衰對文、襄二代都忠心耿耿。但是其子趙盾之大奸大惡，亦鮮有出其右者。遺民不二世，豈忠臣亦不二世？以趙盾為忠，天下蓋無奸臣矣。

後人分不清是非，辨別不了忠奸，終於遭到有心人的欺騙與愚弄罷了。

後 記

根據審查意見，按順序回應於此，以示文責。

第一位學術先進以爲：

一、作者假設「文公大權旁落」之一大題目，然後將帥升降「間考其利害衝突之關係」。雖創意十足，但未能把握「讓證據說話」之科學精神。

按：文公大權旁落，其中最重要證據，厥爲《國語·晉語四》〈公食貢，大夫食邑，士食田〉條，及相關證據。以及《左傳·襄公十一年》「作三軍」條、《左傳·昭公五年》舍中軍「初，作中軍，三分公室，而各有其一」條。詳見本人〈論被廬之蒐〉（《中山人文學報》第2期1994.4，頁1-20）及〈論魯國作三軍、舍中軍〉（第一屆《左傳》國際學術討論會1994.7.香港：香港大學），幸審查先進得暇參閱。

二、學術研究，非創作比也。若無十足之證據以證成之，則今日之高論，終將誤導後學，不可不慎。

按：前輩訓誨極是，十足證據是最高準則，本人將盡力達到此一境界。

第二位學術先進以爲：

一、認爲晉國「軍」爲車兵，「行」爲徒兵，如此截然劃分，恐非事實。

按：軍、行爲車徒之分，俱見《左傳》等書，應屬事實。

二、認爲君臣是在進行一場政治鬥爭，恐不合事實。

按：君臣之間存在政治鬥爭，何世不然？春秋時代，弒君誅臣之事多矣，苟非政治鬥爭，又所爲何來？

三、舉本文「恐非事實」、「不當詮釋與誤解」、「牽強」、「不妥」等等共十四條，蓋通篇不能認同本文觀點。

按：本人以爲，求同存異，是謂兩得。

略論邲之戰❶

論文提要

邲之戰楚師大勝，晉軍大敗，其影響除了確定楚莊王稱伯中原的地位以外，對於晉國的內政也有同樣重大的衝擊。由於此役牽連甚廣，本文擬就其情勢、過程及內情三方面略作分析。說明邲之戰除了《左傳》文字表面的敘述原因結果外，其中內情更值得學者深究。

一、前 言

公元前597年，魯宣公十二年，晉、楚在邲這個地方進行了雙方第二次重大戰役，史稱邲之戰。邲之戰的原因，約略地說，就是楚莊王在鞏固內政後，向北逐鹿中原。晉國為保住伯主的地位，勢必不能容許。最後雙方以戰爭的方式，向諸侯證明誰才是真正的伯主。

---

❶ 本文發表於第九屆三軍官校基礎學術研討會2002.6，岡山：空軍官校

這次戰爭的結果很明顯，楚勝晉敗。勝負的原因，在楚國的部分，由於上下同心協力，贏得勝利可謂必然。晉國的部分，剛好相反，因此失敗了，也怪不得人。不過爲什麼晉國會出現內部意見分歧，以致無法上下齊心，這是本文認爲最有必要檢討的地方。而其中最關鍵的人物當然就是中軍帥荀林父，畢竟他是晉軍現場最高指揮官，必須負擔一切責任。但是其中的內情，是否遠多於文字記載的表面印象呢？

二、情　勢

在邲之戰中，荀林父任中軍帥，是晉軍戰場最高指揮官，對於戰事的勝敗當然得負一切責任。結果這一役晉軍大敗，所有的責任歸屬都由荀林父一人承擔，這已是毫無疑問的。剩下的問題是晉軍爲什會大敗呢？據《左傳·宣公十二年》所記，邲之戰前雙方的情況頗爲詳細，而且針對楚國方面的優點，竟是由晉軍重要將領口中說出，可見晉軍其實頗能掌握敵情，其文云：

> 隨武子曰：「善！會聞用師觀釁而動。德、刑、政、事、典、禮不易，不可敵也。不爲是征。楚軍討鄭，怒其貳而哀其卑。叛而伐之，服而舍之，德、刑成矣。伐叛，刑也；柔服，德也，二者立矣。昔歲入陳，今茲入鄭，民不罷勞，君無怨讟，政有經矣。荊尸而舉，商、農、工、賈，不敗其業，而卒乘輯睦，事不奸矣。蒍敖爲宰，擇楚國之令典。軍行：右轅，左追蓐，前茅慮無，中權，後勁；百官象物而動，軍政不戒

而備，能用典矣。其君之舉也，內姓選於親，外姓選於舊。舉不失德，賞不失勞。老有加惠，旅有施舍。君子小人，物有服章。貴有常尊，賤有等威，禮不逆矣。德立，刑行，政成，事時，典從，禮順，若之何敵之？見可而進，知難而退，軍之善政也；兼弱攻昧，武之善經也。子姑整軍而經武乎！猶有弱而昧者，何必楚？〈仲虺〉有言曰：『取亂侮亡』，兼弱也。〈汋〉曰：『於鑠王師，遵養時晦』，耆昧也。〈武〉曰：『無競惟烈。』撫弱耆昧，以務烈所可也❷。」

由士會的一席話，可以看出此時的楚國上下一心，同仇敵愾的氣象；楚軍無論在訓練整補、指揮調度、心理作戰各方面都已臻上乘。至於在晉國方面，也並非弱者，《左傳·宣公十二年》云：

> 彘子曰：「不可。晉所以霸，師武，臣力也。今失諸侯，不可謂力；有敵而不從，不可謂武。由我失霸，不如死。且成師以出，聞敵彊而退，非夫也。命有軍師，而卒以非夫，唯群子能，我弗為也。」以中軍佐濟❸。

只不過晉國內部的情況就遠比楚國複雜得多，例如有一個強勢不聽命的副手先縠，荀林父就很難貫徹其意志。所以在面對強敵時，總指揮官荀林父就得考慮更多，《左傳·宣公十二年》云：

> 夏六月，晉師救鄭。荀林父將中軍，先縠佐之；士會將上軍，

---

❷　《春秋左傳正義》（臺北：藝文印書館，1973年5月景印清嘉慶20年1815《重刊十三經注疏附校刊記》），頁389-390。

❸　《春秋左傳正義》，頁391。

> 郤克佐之;趙朔將下軍,欒書佐之。趙括、趙嬰齊爲中軍大
> 夫,鞏朔、韓穿爲上軍大夫,荀首、趙同爲下軍大夫,韓厥
> 爲司馬。及河,聞鄭既及楚平,桓子欲還,曰:「無及於鄭
> 而勤民,焉用之?楚歸而動,不後❹。」

在《左傳》中所呈現出晉國的總指揮官——中軍帥荀林父,經考慮
過己方的各項因素後,決定不與楚國正面衝突,因爲實在沒有什麼
勝算;與其冒然開戰,承受戰敗的責任,不如延後與楚對決的時間。
當然能夠避免衝突才是上策,氣盛者不可與爭鋒,除了荀林父外,
其他的將領如士會等也有類似的意見。但是荀林父的領導權威似乎
受到了強力的挑戰,因而無法貫徹原先的意志。當然,先縠的舉動
看似氣魄,但並未得到其他將領的認同,《左傳·宣公十二年》云:

> 知莊子曰:「此師殆哉!《周易》有之,在〈師〉之〈臨〉,
> 曰:『師出以律,否臧凶。』執事順成爲臧,逆爲否。眾散
> 爲弱,川壅爲澤,有律以如己也,故曰:『律,否臧』,且
> 律竭也。盈而以竭,天且不整,所以凶也。不行謂之臨,有
> 帥而不從,臨孰甚焉?此之謂矣。果遇,必敗,彘子尸之。
> 雖免而歸,必有大咎❺。」

然而將帥不和,終究是兵家大忌。爲了彌縫軍帥之間的嫌隙,營造
晉軍將帥和睦的假象,晉軍方面有人想出了辦法,《左傳·宣公十
二年》云:

---

❹ 《春秋左傳正義》,頁389。
❺ 《春秋左傳正義》,頁391-392。

> 韓獻子謂桓子曰：「彘子以偏師陷，子罪大矣。子爲元帥，
> 師不用命，誰之罪也？失屬亡師，爲罪已重。不如進也。事
> 之不捷，惡有所分。與其專罪，六人同之，不猶愈乎？」師
> 遂濟❻。

晉師雖然濟河，但是事權不一的情況並未解決。所以根據《左傳》
的記載❼，這時晉、楚之間雖然互相對峙，但是雙方都各有考慮，
所以還稱得上克制，並非一開始就想拼個你死我活。在決戰的時刻
尚未到來之前，雙方皆尋求外交的解決途徑，當然也不免互相試探
虛實。不過畢竟雙方都是大國，何況未戰之前勝負難料。因此寧可
先以外交方式斡旋，以免一旦開戰後果難以控制。這時決定勝負的
因素之一，就在己方是否團結一致齊心抗敵了。楚國方面，由於楚
莊王領導有方，雖然內部小有歧見，很快就化解了。晉國內部則事
權不一，令出多門，終於無法挽回失敗的命運。《左傳・宣公十二
年》云：

> 楚子北師，次於郔。沈尹將中軍，子重將左，子反將右，
> 將飲馬於河而歸。聞晉師既濟，王欲還，嬖人伍參欲戰。
> 令尹孫叔敖弗欲，曰：「昔歲入陳，今茲入鄭，不無事矣。
> 戰而不捷，參之肉其足食乎？」參曰：「若事之捷，孫叔

---

❻ 《春秋左傳正義》，頁392。

❼ 關於邲之戰，《國語・晉語》不載此事。《史記・晉世家》、〈楚世家〉
所載僅略述其事，其中有一二與《左傳》或異，則不足信，說見下文所及
註中。〈趙世家〉、〈魏世家〉、〈韓世家〉幾無相關記載，無從採擷。
故本文所論概以《左傳》爲主，亦不得已之事。

為無謀矣。不捷,參之肉將在晉軍,可得食乎?」令尹南
轅反旆。伍參言於王曰:「晉之從政者新,未能行令。其
佐先縠剛愎不仁,未肯用命。其三帥者,專行不獲,聽而
無上,眾誰適從?此行也,晉師必敗。且君而逃臣,若社
稷何?」王病之,告令尹改乘轅而北之,次于管以待之。
晉師在敖、鄗之間,鄭皇戌使如晉師,曰:「鄭之從楚,
社稷之故也,未有貳心。楚師驟勝而驕,其師老矣,而不
設備。子擊之,鄭師為承,楚師必敗。」彘子曰:「敗楚
服鄭,於此在矣!必許之。」欒武子曰:「楚自克庸以來,
其君無日不討國人,而訓之于民生之不易,禍至之無日,
戒懼之不可以怠。在軍,無日不討軍實,而申儆之,于勝
之不可保,紂之百克而卒無後。訓之以若敖蚡冒篳路藍縷,
以啟山林。箴之曰:『民生在勤。勤則不匱。』不可謂驕。
先大夫子犯有言曰:『師直為壯,曲為老。』我則不德,
而徼怨于楚。我曲楚直,不可謂老。其君之戎,分為二廣。
廣有一卒,卒偏之兩。右廣初駕,數及日中,左則受之,
以至于昏。內官序當其夜,以待不虞,不可謂無備。子良,
鄭之良也;師叔,楚之崇也。師叔入盟,子良在楚,楚、
鄭親矣。來勸我戰,我克則來,不克遂往,以我卜也。鄭
不可從。」趙括、趙同曰:「率師以來,唯敵是求。克敵
得屬,又何俟?必從彘子。」知季曰:「原、屏,咎之徒
也。」趙莊子曰:「欒伯善哉!實其言,必長晉國。❽」

---

❽ 《春秋左傳正義》,頁392-394。

楚國是後來勝利的一方，所以遵照了勝利應有的法則。晉國方面，內部的情勢就複得多了。一開始是先縠剛愎自用，不遵從主帥的命令強行渡河，對楚國造成形勢上的威脅。先縠是先軫、先且居之後，在晉國可謂家大業大，也難怪他不把主帥荀林父看在眼裡。接著是趙旃，在趙盾及其黨羽郤缺掌權二十餘年的日子中，趙家族人享盡了特權；直到晉景公即位，荀林父任中軍帥後，他們才中止了順遂的仕途。因此他們的心情特別不好，甚至不惜製造晉軍的失利以謀取其個人的利益。另外還有個魏錡，是晉文公車右魏犨之子，也因求官未遂怒火攻心，必陷晉師於不利。《左傳・宣公十二年》云：

> 晉魏錡求公族，未得而怒，欲敗晉師。請致師，弗許；請使，許之，遂往請戰而還。……趙旃求卿未得，且怒於失楚之致師者，請挑戰，弗請；請召盟，許之，與魏錡皆命而往。郤獻子曰：「二憾往矣！弗備，必敗。」彘子曰：「鄭人勸戰，弗敢從也；楚人求成，弗能好也。師無成命，多備何爲？」士季曰：「備之善。若二子怒楚，楚人乘我，喪師無日矣。不如備之。楚之無惡，除備而盟，何損於好？若以惡來，有備不敗。且雖諸侯相見，軍衞不徹，警也。」彘子不可。士季使鞏朔、韓穿帥七覆于敖前，故上軍不敗。趙嬰齊使其徒先具舟于河，故敗而先濟❾。

邲之戰前，楚軍方面意志堅定，上下一心。相對地，晉軍方面就顯得自亂陣腳，看衰先作逃命準備者有之，挖牆角者有之，甚至連窩

---

❾　《春秋左傳正義》，頁395。

裡反的情況都有；再加上面對強敵時，副帥先縠連基本的警備都不
肯實施，妄自託大如此不敗何待？

三、過　程

　　將邲之戰引爆的最後一個因素，在相當的程度上可以說是擦槍
走火。雖然雙方都已有戰事即將到來的心理，已經有了若干的準備，
但是引爆的原因稱得上偶然，《左傳‧宣公十二年》云：

> 潘黨既逐魏錡，趙旃夜至於楚軍，席於軍門之外，使其徒入
> 之。楚子爲乘廣三十乘，分爲左右。右廣雞鳴而駕，日中而
> 說，左則受之，日入而說。許偃御右廣，養由基爲右；彭名
> 御左廣，屈蕩爲右。乙卯，王乘左廣以逐趙旃，趙旃棄車而
> 走林，屈蕩搏之，得其甲裳。晉人懼二子之怒楚師也，使軘
> 車逆之，潘黨望其塵，使騁而告，曰：「晉師至矣。」楚人
> 亦懼王之入晉軍也，遂出陳❿。

不過楚國方面反應迅速，洞燭於先，因而取得了戰機。晉國方面，
則由於上下之間各懷鬼胎，事權不一，以致大敗，《左傳‧宣公十
二年》云：

> 孫叔曰：「進之！寧我薄人，無人薄我。《詩》云：『元戎
> 十乘，以啓先行』，先人也。《軍志》曰：『先人有奪人之
> 心』，薄之也。」遂疾進師，車馳卒奔，乘晉軍。桓子不知

---

❿　《春秋左傳正義》，頁395。

所爲，鼓於軍中曰：「先濟者有賞。」中軍、下軍爭舟，舟中之指可掬也。晉師右移，上軍未動。（杜預云：「言餘軍皆移去，唯上軍在，《經》所以書戰，言猶有陳。」）工尹齊將右拒卒，以逐下軍，楚子使唐狡與蔡鳩居告唐惠侯，曰：「不穀不德而貪，以遇大敵，不穀之罪也。然楚不克，君之羞也。敢藉君靈，以濟楚師。」使潘黨率游闕四十乘，從唐侯以爲左拒，以從上軍。駒伯曰：「待諸乎？」隨季曰：「楚師方壯。若萃於我，吾師必盡，不如收而去之。分謗生民，不亦可乎！❶」

我們看到楚軍在孫叔敖的指揮若定的情況下，意志堅定，號令分明；在判斷時機，掌握戰場的情況，是多麼地鎭靜又是多麼地準確。當晉人還在猶豫，既派魏錡、趙旃二人挑戰，又懼二子怒楚師，眞可謂首鼠兩端，莫衷一是。不想挑起爭端，就不要派人致師挑戰；既派人致師挑戰，就要有隨時接戰的心理準備。結果既不準備，又要挑戰；挑戰了，又怕引起楚師的報復，還要派人接回致師挑戰者。派去接回挑戰者，又不標明動機，讓對方認定是大軍出動，然後在毫無準備的情況下，顯得手足無措，唯一能做的竟然是撤退。殊不知，在戰事緊急的情況下，除非先有預謀，否則最忌諱的就是無謂的撤退。因爲不戰而退，接下來的就是全面的潰敗。

邲之戰的結果，晉師除了上軍因先有備而未受到挫敗，其餘中、下軍可謂損失慘重。甚至到了戰事結束的當晚，晉師仍然有如驚弓之鳥，潰不成軍。《左傳・宣公十二年》云：

---

❶ 《春秋左傳正義》，頁395-396。

及昏，楚師軍於邲。晉之餘師不能軍。宵濟，亦終夜有聲❷。

至於獲勝的楚國當然可以大肆宣揚國威了，不過在楚莊王自我克制的情況下，只做了象徵性的動作，《左傳·宣公十二年》云：

> 潘黨曰：「君盍築武軍，而收晉尸以為京觀？臣聞：『克敵，必示子孫，以無忘武功。』」楚子曰：「非爾所知也。夫文，止戈為武。武王克商，作〈頌〉曰：『載戢干戈，載櫜弓矢。我求懿德，肆于時夏，允王保之。』又作〈武〉，其卒章曰：『耆定爾功。』其三曰：『鋪時繹思，我徂維求定。』其六曰：『綏萬邦，屢豐年。』夫武，禁暴、戢兵、保大、定功、安民、和眾、豐財者也，故使子孫無忘其章。今我使二國暴骨矣，觀兵以威諸侯，兵不戢矣。暴而不戢，安能保大？猶有晉在，焉得定功？所違民欲猶多，民何安焉？無德而強爭諸侯，何以和眾？利人之幾，而安人之亂，以為己榮，何以豐財？武有七德，我無一焉，何以示子孫？其為先君宮，告成事而已，武非吾功也。古者明王伐不敬，取其鯨鯢而封之，以為大戮，於是乎有京觀，以懲淫慝。今罪無所，而民皆盡忠以死君命，又何以為京觀乎？」祀于河，作先君宮，告成事而還❸。

做武軍的目的是：「克敵，必示子孫，以無忘武功。」留下聲名，使子孫永誌不忘，昭顯先人的功業。這種作法在《左傳·襄公二十

---

❷　《春秋左傳正義》，頁397。
❸　《春秋左傳正義》，頁397-398。

三年》有一條，其文云：

> 齊侯遂伐晉，取朝歌。爲二隊入孟門，登大行，張武軍於熒
> 庭，戌郫邵，封少水，以報平陰之役，乃還⓮。

五年前齊靈公爲晉人敗於平陰，齊莊公爲報父仇，趁著晉國欒盈之
亂無暇他顧之際出兵伐晉，最後終於報了其父當日之仇，在熒庭「張
武軍」，向晉人示威。此外，關於武軍的記載，《左傳・昭公十三
年》還有一條：

> 公子棄疾、蔓成然、蔡朝吳帥陳、蔡、不羹、許、葉之師，
> 因四族之徒以入楚。及郊，陳、蔡欲爲名，故請爲武軍。蔡
> 公知之，曰：「欲速，且役病矣！請藩而已。」乃藩爲軍。
> （杜預注：「欲築壘壁以示後人，爲復讎之名⓯。」）

此時陳、蔡先爲楚靈王所滅，其後人蔡朝吳等趁著楚平王回國爭位
之際，加入平王的陣容。在入楚郊之後，想建築永久性的壁壘軍營
向楚炫耀，爲復讎之名以雪前恥，以示子孫。陳、蔡小國猶欲築武
軍，爲的就是揚名雪恥，只不過在楚平王軟硬兼施之下勉強放棄而
已。楚莊王大勝於邲，比起陳、蔡更有築武軍的條件，不過莊王還
是拒絕了潘黨的建議。在自我克制這方面，的確難能可貴。

⓮ 《春秋左傳正義》，頁604。
⓯ 《春秋左傳正義》，頁806。

四、內 情

　　如果就上引《左傳》資料來看，邲之戰無疑是一場一面倒的戰爭。楚國以修明的內政，明確的指揮調度，靈活的現場反應，所以贏得這場戰役，可謂理所當然。至於對手晉國，一切正好相反，簡直是不戰而潰地慘敗，也可謂理所當然了。但是事情的真相，似乎並不如史料所記載的那麼簡單。本人懷疑，晉軍之所以毫無章法，不戰而潰，絕不是荀林父指揮失當，也不是荀林父昏庸無能。本人以為，這根本是荀林父和晉景公事先套好的招式，到了戰場上讓荀林父自由發揮。他們最希望的結果就是晉師失利，然後將失利之罪歸諸於晉景公想要除去的某些貴族。其中首惡之徒，就會成為最先犧牲的代罪羔羊。

　　這樣的推論如何而來呢？我們可以大致自幾方面觀察。在楚國方面，楚國軍隊的戰力真的是那麼地堅強嗎？這只要對照城濮之戰結束後晉文公的態度就可以略窺端倪了。晉、楚之間，伯仲耳。所以楚莊王才會那麼地保守，在臣下勸他築武軍京觀以示威晉國時，採取了較為簡化的態度，不過分刺激晉國。假如楚國真的餘勇可賈，何妨學學齊桓公作法，再北向直搗晉國都城，一舉就了卻天下事，豈不為美？但是楚莊王卻相對地低調，不願鋪張，可見莊王頗有自知之明。但是此自知之明自何而來呢？因此只要再比對城濮之戰晉文公的態度，就可略知真義。在幾篇相關的文章中❶，本人曾說明

---

❶　〈論城濮之戰〉，第二屆空軍官校戰史與戰爭文學研討會2001.3，岡山：空軍官校；〈論陽處父〉，《中山人文學報》第10期2000.2，頁27-50。

晉、楚之間的關係實乃既競爭又合作。同時，國君之間多欲保持和平的態勢，但是貴族之間卻巴不得戰爭越多越好，甚至越大越好。有了戰爭，貴族們才有機會坐大自己，不論是記功還是封土，他們都可因戰功而分得好處。但是國君則不然，他們最佳的情況是不戰而勝，既不傷和氣，不結怨，更不會傷本錢，還可借機向附從諸侯收取額外貢賦。因為一旦開戰，萬一輸了，什麼好處都沒有，還得面對內外交相逼迫的壓力。所以聰明的伯主，例如齊桓公，在其伯業之中除了欺負些小國之外，對楚國大不了是糾集諸侯，擺開陳勢，嚇嚇人罷了。一旦屈完擺出硬姿態，桓公也就識相地見好就收。對楚國如此，對狄人也是如此。非得等到邢、衛被滅了，他才出面救濟，擺出一副好人的架勢。他真有本事，難到不能像太子申生一樣，將狄人狠狠教訓一頓嗎❼？所以這些伯主們心裡清楚得很，沒有必要，絕不動武；真的非動武不可，也要留給對手餘地，日後還要見面呢。因為伯主們都知道，對手敵國不是最可怕的敵人，真正需要防備的反倒在蕭牆之內。齊桓公如此，楚成王如此，晉文公如此，晉襄公如此，楚莊王又何嘗不如此？所以伯主們的行為模式是一樣的，他們要的東西非常實質，就是附從諸侯的貢賦❽。他們不需要打敗對手，只要能嚇住對方就行了。所以春秋時代中期以前，發生的大戰役非常的少，中期以後大戰變多，是因為時代已經不再像從前了。這個時代變化的問題，就容以後再論了。

---

❼ 太子申生滅東山皋落氏，晉獻公命其「盡敵而反」，可見其戰事之慘烈。見《左傳·閔公二年》。

❽ 說見本人〈春秋初期王室外交政策〉，第三屆三軍官校基礎學術研討會1996.6.岡山空軍官校。

除了楚國的因素以外，當然還得考慮晉國的部分。晉國還有它特殊的情形，就是自晉文公作三軍後，晉國國君事實上已成虛位君主，實權則操在中軍帥手中⓲。晉國的國君們並不是心甘情願，只是迫於形勢，不得不然。他們一旦有機會，當然想要將失去的權力要回；退一步說，就算不能全部要回，至少也得要到若干；就算不能直接施政，至少也要擁有控制的能力。在這種情況下，如果中軍帥不肯配合，就會落得晉襄公、晉靈公、晉悼公等幾位國君被暗殺的下場。若是中軍帥願意配合，那麼國君的影響力就會大增。邲之戰時晉的中軍帥是荀林父，他的立場為何？他願意配合晉景公嗎？如何配合呢？《左傳·宣公十二年》云：

> 秋，晉師歸，桓子請死，晉侯欲許之。士貞子諫曰：「不可。城濮之役，晉師三日穀，文公猶有憂色。左右曰：『有喜而憂，如有憂而喜乎？』公曰：『得臣猶在，憂未歇也。困獸猶鬥，況國相乎？』及楚殺子玉，公喜而後可知也，曰：『莫余毒也已！』是晉再克而楚再敗也，楚是以再世不競。今天或者大警晉也，而又殺林父以重楚勝，其無乃久不競乎？林父之事君也，進思盡忠，退思補過，社稷之衛也！若之何殺之？夫其敗也，如日月之食焉，何損於明？」晉侯使復其位⓴。

⓲ 說見本人〈論被廬之蒐〉，《中山人文學報》第2期1994.4，頁1-20。

⓴ 《春秋左傳正義》，頁399。按：《史記·晉世家》士貞子作隨會，見《史記會注考證》（臺北：洪氏出版社1977.5.5版），頁638。

這場戲演完之後，真正的目的就很清楚了。晉景公和荀林父等人合演苦肉計，然後項莊舞劍，志在沛公，主要的目標在先縠。一方面先縠有不聽命之罪，殺之適以立威；一方面先縠族大多寵，殺之無黨羽之助。荀林父先表現出俯首認罪的場面，好像一切結果皆待晉景公定奪，這樣便可樹立君威。接著再以正大光明的罪名殺先縠，好警惕其他不服的貴族們，《左傳・宣公十三年》云：

> 秋，赤狄伐晉，及清，先縠召之也。冬，晉人討邲之敗與清
> 之師，歸罪於先縠而殺之，盡滅其族。君子曰：「惡之來也，
> 己則取之，其先縠之謂乎！㉑」

杜預《注》：

> 盡滅其族，爲誅已甚。故曰：「惡之來也㉒。」

既然說是歸罪，可見其中必有不可告人的政治因素；說盡滅其族，可見其中嫌隙之深，不可彌縫。所以杜預云：「爲誅已甚」，謂本來殺先縠一人就足以抵罪，如今盡滅其族，必有遷怒之處。至於何以遷怒至此㉓？

由於對楚失利，我們看到晉國暫時停止向南的發展，轉而向北擴張。這樣互不相犯彼此利益，當然符合雙方的需求。不過是否雙

㉑ 《春秋左傳正義》，頁404。按：《史記・晉世家》以先縠爲先軫子，瀧
　　川氏駁之，見《史記會注考證》，頁638。
㉒ 《史記會注考證》，頁404。
㉓ 除了大敗於邲、召狄入侵之外，莫非連晉襄公之死都算到先縠一家身上？

方都有默契，一如晉襄公時的情況❷？因爲不同時期的作爲，模式
竟如此地類似，當然令人有足夠懷疑的理由，《左傳·宣公十五年》
云：

> 宋人使樂嬰齊告急于晉，晉侯欲救之，伯宗曰：「不可！古
> 人有言曰：『雖鞭之長，不及馬腹。』天方授楚，未可與爭。
> 雖晉之彊，能違天乎？諺曰：『高下在心，川澤納汙，山藪
> 藏疾，瑾瑜匿瑕。』國君含垢，天之道也，君其待之。」乃
> 止❷。

對於南方友邦宋國告急，晉國方面只派了解揚以口頭支持的方式，
要求宋國挺住楚人的進攻，但是也僅止於口惠而已，實則並未出兵
援宋。但是對於北方的狄人就不那麼簡單了，晉國首先就拿潞開刀，
《左傳·宣公十五年》云：

> 潞子嬰兒之夫人，晉景公之姊也，酆舒爲政而殺之，又傷潞
> 子之目。晉侯將伐之，諸大夫皆曰：「不可！酆舒有三儁才，
> 不如待後之人。」伯宗曰：「必伐之。狄有五罪，儁才雖多，
> 何補焉？不祀，一也。耆酒，二也。棄仲章而奪黎氏地，三
> 也。虐我伯姬，四也。傷其君目，五也。怙其儁才，而不以
> 茂德，茲益罪也。後之人或者將敬奉德義以事神人，而申固
> 其命，若之何待之？不討有罪，曰：『將待後，後有辭而討
> 焉』，毋乃不可乎？夫恃才與眾，亡之道也。商紂由之，故

❷ 說見本人〈論陽處父〉，《中山人文學報》第10期2000.2，頁27-50。
❷ 《春秋左傳正義》，頁407。

滅。天反時爲災，地反物爲妖，民反德爲亂。亂則妖災生，
故文，反正爲乏，盡在狄矣。」晉侯從之。六月癸卯，晉荀
林父敗赤狄于曲梁。辛亥，滅潞。⋯⋯（秋七月）壬午，晉
侯治兵于稷，以略狄土。⋯⋯晉侯賞桓子狄臣千室，亦賞士
伯以瓜衍之縣，曰：「吾獲狄土，子之功也。微子，吾喪伯
氏矣。」羊舌職說是賞也，曰：「《周書》所謂『庸庸、祗
祗』者，謂此物也夫。士伯庸中行伯，君信之，亦庸士伯，
此之謂明德矣。文王所以造周，不是過也。故《詩》曰：「陳
錫哉周」，能施也。率是道也，其何不濟㉖？」

接著是赤狄甲氏、留吁、辰鐸，《左傳·宣公十六年》云：

> 十六年春，晉士會帥師滅赤狄甲氏及留吁、鐸辰。三月，獻
> 狄俘（杜注：「獻于王也。」）晉侯請于王，戊申，以黻冕命
> 士會將中軍，且爲大傅。於是晉國之盜逃奔于秦。羊舌職曰：
> 「吾聞之，禹稱善人，不善人遠，此之謂也夫。《詩》曰：
> 『戰戰兢兢，如臨深淵，如履薄冰』，善人在上也。善人在
> 上，則國無幸民。諺曰：『民之多幸，國之不幸也。』是無
> 善人之謂也㉗。」

在此同時，我們也看到晉景公與中軍帥之間的關係是如何密切，因
爲這時晉景公所任用的貴族基本上都是心向國君的一群。除了荀林
父之外，接著就是士會，其他如伯宗、士渥濁、羊舌職，基本上都

㉖　《春秋左傳正義》，頁408-409。
㉗　《春秋左傳正義》，頁410。

是忠於國君的貴族。伯宗智似陽子，忠貞也似陽子。羊舌職，叔向之父。叔向欲效法陽子❷，其父亦忠貞輩，皆晉景公之忠臣，此景公所以能復振君權之重要因素之一。這些貴族在兩任中軍帥荀林父和士會的率領下，造成了晉景公君權復振。雖然還談不上恢復獻公、惠公時代的威風，但是比起晉襄公被唾（甚且被弒）、晉靈公被弒的下場，或是晉成公任憑趙盾操弄的窘境❷，的確是改善了許多。

五、結　語

　　邲之戰是春秋時代重大戰役之一，其勝負對交戰國，乃至對當時的國際現況影響當然非常重大。但是除了看史料上的記載以外，對於其間若干若隱若現的因果關係，我們不可以輕輕帶過，好像字面上如何寫，真相就只是那樣而已。因為歷史的記載是簡略的，而事實的真相永遠是複雜的。如何在少數的史料中推尋細微且複雜的真相並不容易，更何況即使推出了結果，常常會因為死無對證，因而只能聊備一說，無法稱之為定論。儘管如此，比對若干類似的材料，仍然可以得到可信度較高的結論。在此，我們可以舉若干例子，

---

❷　說見本人〈論陽處父〉，《中山人文學報》第10期2000.2，頁27-50。

❷　晉國國君的貼身衛隊，原本由國君子弟擔任，所謂公族、餘子、公行是也。趙盾為監視國君，在弒靈公後，將此三職改由卿之子弟擔任。竹添氏云：「此成公之傔也。」（《左氏會箋》，臺北：新文豐出版公司1987.1再版，第10卷，頁16）竹添氏不明就裡，亂給晉成公戴帽子。由卿之適子取代國君子弟，這個把戲當然是由趙盾操弄。成公自身的安全都有問題了，不遵從趙盾的擺佈，又能如何？事見《左傳·宣公二年》。

比如說晉獻公使寺人披殺重耳，重耳「踰垣而走，披斬其袪❸」。何以如此精準，不能不使人會心。又如陽處父奉晉襄公命追秦三帥，「及諸河，則在舟中矣❸」，時間拿捏得如此準確，恐怕也難讓先軫心服。至於驪姬陷害太子申生，其演技則只能說是等而下之，稱不上高明了。其他類似的事情，在《左傳》中所在多有❸，不足為奇。

晉景公、荀林父時的郯之戰，便是其中之一的代表作。從荀林父前後判若兩人的指揮能力來看，不能不令人懷疑，郯之戰晉國大敗是一項有計畫的結果。牽涉到的人物主要是荀林父和晉景公，其他人不論知情與否都只是配角❸。目的很明確，治貴族以立君威。效果很良好，景公重新拾回若干君權，可以再度支配政局，成功地再立君威。於是我們看到，晉景公先殺了先縠以立威，其後又借欒書之手殺趙同、趙括❸。這麼有計畫地既聯合又鬥爭，一次又一次

❸ 《春秋左傳正義》，頁206。

❸ 《春秋左傳正義》，頁209。

❸ 如魯襄公太子子野死于季氏，也是一大懸案。其中疑點，非季氏「毀也」一句，就可以解釋得清楚。事見《左傳・襄公三十一年》。

❸ 例如荀首，《左傳・成公二年》申公巫臣曾分析道：「知罃之父，成公之嬖也，而中行伯之季弟也。」杜《注》：「知罃父，荀首也。中行伯，荀林父也。」（《春秋左傳正義》，頁428）《左傳・成公三年》又云：「晉人歸楚公子穀臣與連尹襄老之尸于楚，以求知罃。於是荀首佐中軍矣，故楚人許之。」（《春秋左傳正義》，頁436。）荀首是荀林父之弟，見宣十二年杜《注》。弟兄二人分別有寵于成公、景公兩代，但荀首於郯之戰時的位階不如其兄荀林父，故不敢稱其必知情。

❸ 《左傳・成公四年》，「晉趙嬰齊通于趙莊姬。」（《春秋左傳正義》，頁439）《左傳・成公五年》：「春，原屏放諸齊。嬰曰：『我在，故欒氏不作。我亡，吾二昆其憂哉！且人各有能有不能，舍我，何害？』弗聽。嬰

有效地剷除勢力強大的貴族，對於強化國君的權威當然是很有助益的。所以晉景公在位期間，是自晉文公以來晉國最成功的一位國君，而這一切都與荀林父願意支持晉景公有密不可分的關係。因爲晉國自作三軍、謀元帥以來，國君的權力就幾乎全部失去❸❺。接下來的國君如果與中軍帥處得不好，下場都很悲慘，更別提權力了。所以，沒有中軍帥的配合，國君根本沒有任何權力可言。在這樣的情況下，荀林父竟然主動請死，晉景公也象徵性要答應，然後適時地由士貞伯說情，才免除了荀林父的死罪。這幕場景根本是做秀，因爲只要中軍帥私心稍重，如先軫之輩，國君就莫可奈何；如果像趙盾般包藏禍心，國君簡直死無葬身之地。荀林父爲執掌晉國大權的中軍帥，如果他像趙盾一樣，根本不必理睬晉景公，景公其實也無如之何。如今荀林父表現出一副俯首就擒的模樣，說他不是與景公有默契，實在也不容易找到什麼好的理由來說明。至於二者合力設計先縠，那是道家將欲取之，必先予之的方法。坐大養成先縠之罪，再借者

夢天使謂己：『祭余！余福女。』使問諸士貞伯，貞伯曰：『不識也。』
既而告其人，曰：『神福仁而禍淫。淫而無罰，福也。祭，其得亡乎！』
祭之之明日而亡。」（《春秋左傳正義》，頁439）士貞伯忠於景公，對趙嬰
齊不假辭色，不足爲奇。《左傳·成公八年》：「晉趙莊姬爲趙嬰之亡，
故譖之于晉侯，曰：『原、屏將爲亂，欒、郤爲徵。』六月，晉討趙同、
趙括，武從姬氏畜于公宮，以其田與祁奚。韓厥言於晉侯曰：『成季之勳，
宣孟之忠，而無後，爲善者其懼矣。三代之令王，皆數百年保天之祿。夫
豈無辟王？賴前哲以免也。《周書》曰：「不敢侮鰥寡」，所以明德也。』
乃立武而反其田焉。」（《春秋左傳正義》，頁446)這明顯地是冤獄，不過
晉景公再度成功地除去了族大多寵的趙氏。至於韓厥曾受趙盾提拔，黨於
趙氏可知。見《國語·晉語五》(《國語》，臺北：宏業書局1980.9，頁396)
❸❺　《春秋左傳正義》，頁806。

荀林父表現出的低姿態——連中軍帥都認罪，其他人又能如何呢？
造成如此的情勢，殺先縠可謂順理成章，只不過盡滅其族有失厚道
罷了。殺了族大多寵的先氏，接著向趙氏開刀。趙盾當年弒君弄權，
晉景公的先人吃盡了他的苦頭。現在一報還一報，輪到晉景公報仇，
他怎麼會不盡力呢？只不過貴族之間難免有兔死狐悲者，又曾受趙
盾提拔，思有以報之者，如韓厥之類，會站出來為趙盾講話。景公
既已誅先、趙，主要的問題已解決，樂得做個好人，順便塑造出不
為己甚的形象。反正趙氏一時之間難以再形成威脅，而且群臣也得
到了應有的教訓；就算還有其他仍具有威脅能力的貴族，暫時也還
控制得了。於是晉景公一朝，成為難得重振君權的時段。

　　不過晉景公再怎麼努力，得到的成效再怎麼多，恐怕還是比不
上他的祖先晉獻公，這個部分當然與景公所處的環境不同有密切的
關係。畢竟景公時君權已弱，能要回這般權力就已經不太容易。相
對地，晉獻公所擁有的權力遠大於晉景公，貴族其實已經處於劣勢，
所以在做起事情上來就能夠更加得心應手。剷除諸公子淨盡，又能
毫不沾手，不能不說是獻公一生最大的成就。至於獻公、景公二者
相似之處，就是他們都善用手下；獻公有士蒍，景公先有荀林父後
有士會，因在此權力競逐的過程中獲得了顯著的勝利。只是景公時
晉國國君的權力長期以來受到貴族的限制，無法像獻公時那般任意
揮灑，所以景公在處理貴族時，成就也不能和獻公相提並論。但是
在這麼艱困的環境中，景公仍然有所發揮，而且將當時國君所能做
到的極限，盡量推致；不但成功地削弱了貴族的勢力，還順利地傳
位給兒子晉厲公。假若晉厲公不要一時心軟，晉國的發展如何，又
有誰能預測呢？

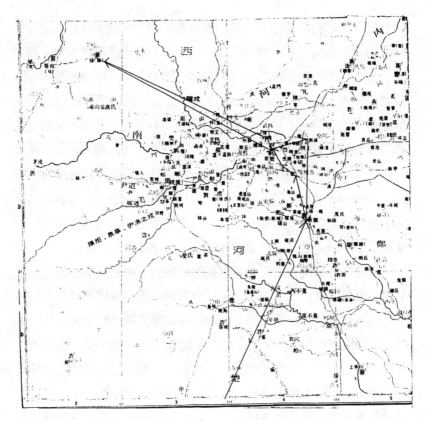

地圖來源：譚其驤主編《中國歷史地圖集》冊一。

參考書目

一、十三經注疏本

〔魏〕王弼、〔晉〕韓康伯注、〔唐〕孔穎達正義:《周易正義》,臺北:藝文印書館,1993年9月,據清嘉慶二十年江西南昌府學版影印。

題〔漢〕孔安國注、〔唐〕孔穎達正義:《尚書正義》,臺北:藝文印書館,1993年9月,據清嘉慶二十年江西南昌府學版影印。

〔漢〕毛　亨傳、〔漢〕鄭　玄注、〔唐〕孔穎達正義:《毛詩正義》,臺北:藝文印書館,1993年9月,據清嘉慶二十年江西南昌府學版影印。

〔漢〕鄭　玄注、〔唐〕賈公彥疏:《周禮注疏》,臺北:藝文印書館,1993年9月,據清嘉慶二十年江西南昌府學版影印。

〔漢〕鄭　玄注、〔唐〕賈公彥疏:《儀禮注疏》,臺北:藝文印書館,1993年9月,據清嘉慶二十年江西南昌府學版影印。

〔漢〕鄭　玄注、〔唐〕孔穎達正義:《禮記正義》,臺北:藝文印書館,1993年9月,據清嘉慶二十年江西南昌府學版影印。

〔晉〕杜預集解、〔唐〕孔穎達正義:《春秋左傳正義》,臺北:

藝文印書館，1993年9月，據清嘉慶二十年江西南昌府學版影印。

〔漢〕何　休注、〔唐〕徐　彥疏：《春秋公羊傳注疏》，臺北：
　　藝文印書館，1993年9月，據清嘉慶二十年江西南昌府學版影印。

〔晉〕范　寧注、〔唐〕楊士勛疏：《春秋穀梁傳注疏》，臺北：
　　藝文印書館，1993年9月，據清嘉慶二十年江西南昌府學版影印。

〔魏〕何　晏等注、〔宋〕邢　昺疏：《論語注疏》，臺北：藝文
　　印書館，1993年9月，據清嘉慶二十年江西南昌府學版影印。

〔唐〕唐玄宗注、〔宋〕邢　昺疏：《孝經注疏》，臺北：藝文印
　　書館，1993年9月，據清嘉慶二十年江西南昌府學版影印。

〔晉〕郭　璞注、〔宋〕邢　昺疏：《爾雅注疏》，臺北：藝文印
　　書館，1993年9月，據清嘉慶二十年江西南昌府學版影印。

〔漢〕趙　岐注、〔宋〕邢　昺疏：《孟子注疏》，臺北：藝文印
　　書館，1993年9月，據清嘉慶二十年江西南昌府學版影印。

二、《春秋》、《左傳》相關古籍

〔唐〕陸　淳：《春秋集傳纂例》，清道光戊子福建重刊同治間至
　　光緒甲午續修增刊本。

〔宋〕孫　復：《春秋尊王發微》，清乾隆五十年內府刊本。

〔宋〕劉　敞：《春秋權衡》，清乾隆五十年內府刊本。

〔宋〕劉　敞：《春秋意林》，清乾隆五十年內府刊本。

〔宋〕孫　覺：《春秋經解》，清道光戊子福建重刊同治間至光緒
　　甲午續修增刊本。

〔宋〕胡安國：《春秋傳》，元刊本。

〔宋〕葉夢得：《春秋傳》，清乾隆五十年內府刊本。

〔宋〕葉夢得：《春秋左傳讞》，民國二十三年至民國二十四年上海商務印書館景印文淵閣本。

〔宋〕程公說：《春秋分記》，民國二十三年至民國二十四年上海商務印書館景印文淵閣本。

〔宋〕林堯叟：《音註全文春秋括例始末左傳句讀直解》，宋末建刊巾箱本。

〔宋〕呂祖謙：《春秋集解》，清乾隆五十年內府刊本。

〔宋〕陳傅良：《止齋先生春秋後傳》，清同治十二年粵東書局重刊本。

〔宋〕黃仲炎：《春秋通說》，清乾隆五十年內府刊本。

〔宋〕張　洽：《春秋集註》，清乾隆五十年內府刊本。

〔宋〕趙鵬飛：《春秋經筌》，臺北：世界書局，1986年景印摛藻堂四庫全書彙要冊36。

〔宋〕呂大圭：《春秋或問》，元刊明代修補本。

〔宋〕家鉉翁：《則堂先生春秋集傳詳說》，影鈔元泰定乙丑刊本。

〔元〕俞　皋：《春秋集傳釋義大成》，清乾隆五十年內府刊本。

〔元〕陳則通：《春秋提綱》，清乾隆五十年內府刊本。

〔元〕齊履謙：《春秋諸國統紀》，清乾隆五十年內府刊本。

〔元〕程端學：《春秋本義》，元刊本。

〔元〕陳　深：《清全齋讀春秋編》，清乾隆五十年內府刊本。

〔元〕李　廉：《春秋諸傳會通》，元至正九年豐城揭恭刻本。

〔元〕趙　汸：《春秋屬辭》，元末商山義塾刊本。

〔明〕汪克寬：《春秋胡氏傳纂疏》，元至正八年建安劉叔簡日新堂刊本。

〔明〕王　樵：《春秋輯傳》，民國二十三年至民國二十四年上海
　　商務印書館景印文淵閣本。

〔明〕邵　寶：《左觿》，臺南：莊嚴文化公司，1997年據北京大
　　學圖書館藏明崇禎四年曹荃編刻邵文莊公經史全書五種本影
　　印。

〔明〕郝　敬：《春秋直解》臺南：莊嚴文化公司，據中國科學院
　　圖書館藏明萬曆四十三年至四十七年郝千秋郝千石刻郝氏九經
　　解本影印。

〔清〕顧炎武：《左傳杜解補正》，清道光九年廣東學海堂刊咸豐
　　十一年補刊本。

〔清〕毛奇齡：《春秋毛氏傳》，清康熙間書留草堂刊本。

〔清〕毛奇齡：《春秋簡書刊誤》，清康熙間書留草堂刊本。

〔清〕萬斯大：《學春秋隨筆》，清乾隆二十六年萬福重校刊經學
　　五書本。

〔清〕高士奇：《左傳紀事本末》，清同治十二年江西書局刊本。

〔清〕王　掞等：《欽定春秋傳說彙纂》，清同治九年浙江巡撫楊
　　昌濬摹刊本。

〔清〕陶正靖：《春秋說》，民國九年上海博古齋影印本。

〔清〕顧棟高：《春秋大事表》，清乾隆十三年萬卷樓原刊本。

〔清〕惠士奇：《春秋說》，清道光九年廣東學海堂刊咸豐十一年
　　補刊本。

〔清〕沈　彤：《春秋左傳小疏》，清道光九年廣東學海堂刊咸豐
　　十一年補刊本。

〔清〕惠　棟：《春秋左傳補注》，臺北：新文豐出版公司，1985

年。

〔清〕龔元玠：《春秋客難》，道光二十四年刊本。

〔清〕齊召南：《春秋左氏傳注疏考證》，清道光九年廣東學海堂
　　刊咸豐十一年補刊本。

〔清〕倪　倬：《讀左瑣言》，道光二十四年刊本。

〔清〕陳樹華：《春秋內傳考正》，清袁氏貞節堂鈔本。

〔清〕姚　鼐：《左傳補注》，清光緒戊子江陰南菁書院刊本。

〔清〕邵　瑛：《劉炫規杜持平》，清光緒戊子江陰南菁書院刊本。

〔清〕武　億：《左傳讀考異》，見《經讀考異》，清乾隆五十四
　　年刊本。

〔清〕武　億：《左傳義證》，見《群經義證》，清光緒十四年年
　　江陰南菁書院刊本。

〔清〕洪亮吉：《春秋左傳詁》，清光緒四年洪用勤授經堂重校刊
　　本。

〔清〕梁履繩：《左通補釋》，清道光九年錢唐汪氏振綺堂刊光緒
　　元年補刊本。

〔清〕嚴可均：《唐石經校文》，清元尚居校刊本。

〔清〕焦　循：《春秋左傳補疏》，清道光九年廣東學海堂刊咸豐
　　十一年補刊本。

〔清〕李富孫：《春秋三傳異文釋》，民國五十四年藝文印書館百
　　部叢書集成初編影印本。

〔清〕趙　坦：《春秋異文箋》，清道光九年廣東學海堂刊咸豐十
　　一年補刊本。

〔清〕王引之：《左傳述聞》，見《經義述聞》，清道光七年京師

壽藤書屋重刊本。

〔清〕馬宗璉：《春秋左傳補注》，清道光九年廣東學海堂刊咸豐
　　十一年補刊本。

〔清〕沈欽韓：《春秋左傳補注》，清光緒十四年江陰南菁書院刊
　　本。

〔清〕劉逢祿：《左氏春秋考證》，清道光九年廣東學海堂刊咸豐
　　十一年補刊本。

〔清〕張聰咸：《左傳杜注辨證》，民國五十九年藝文印書館四部
　　分類叢書集成續編影印清光緒中貴池劉氏刊本。

〔清〕臧壽恭：《春秋左氏古義》，清同治十二年至十三年吳縣潘
　　氏京師刊本。

〔清〕黃式三：《春秋釋》，清光緒十四年江陰南菁書院刊本。

〔清〕李貽德：《春秋左氏傳賈服註輯述》，清同治五年代州馮志
　　沂署刊本。

〔清〕丁　晏：《左傳杜注集正》，民國三年烏程張氏刊本。

〔清〕劉文淇：《左傳舊注疏證》，清光緒十四年江陰南菁書院刊
　　本。

〔清〕姚彥渠：《春秋會要》，臺北：世界書局，1960年。

〔清〕俞　樾：《春秋左傳平議》，見《群經平議》，清光緒十四
　　年江陰南菁書院刊本。

三、其他經書相關古籍

〔清〕陳啓源：《毛詩稽古編》，清嘉慶十八年吳江龐氏校刊本。

〔清〕李黼平：《毛詩紬義》，清道光九年廣東學海堂刊咸豐十一

年補刊本。

〔清〕胡承珙：《毛詩後箋》，清光緒十四年江陰南菁書院刊本。

〔清〕馬瑞辰：《毛詩傳箋通釋》，清光緒十四年廣雅書局刊本。

〔清〕魏　源：《詩古微》，清光緒十四年江陰南菁書院刊本。

〔宋〕金履祥：《尚書表註》，南宋末年建安刊本。

〔清〕胡　渭：《禹貢指錐》，清道光九年廣東學海堂刊咸豐十一
　　年補刊本。

〔清〕王鳴盛：《尚書後案》，清道光九年廣東學海堂刊咸豐十一
　　年補刊本。

〔清〕孫星衍：《尚書今古文疏證》，臺北：新文豐出版公司，1985
　　年。

〔清〕孫詒讓：《周禮正義》，上海：商務印書館，1937年據萬有
　　文庫本重印。

〔清〕胡培翬：《儀禮正義》，清光緒十四年江陰南菁書院刊本。

〔清〕黃以周：《禮書通故》清光緒十九年定海黃氏刊本

〔清〕孫希旦：《禮記集解》，清咸豐十年至同治三年瑞安孫氏盤
　　谷草堂刊本。

〔清〕孔廣森：《春秋公羊通義》，清道光九年廣東學海堂刊咸豐
　　十一年補刊本。

〔清〕陳　立：《公羊義疏》，清光緒十四年江陰南菁書院刊本。

〔清〕鍾文烝：《穀梁補注》，清光緒十四年江陰南菁書院刊本。

〔清〕劉寶楠：《論語正義》，清光緒十四年江陰南菁書院刊本。

〔清〕焦　循：《孟子正義》，清道光九年廣東學海堂刊咸豐十一
　　年補刊本。

〔清〕朱彝尊：《經義考》，清光緒丁酉浙江書局刊本。

〔清〕余蕭客：《重校古經解鉤沉》，民國二十五年南京江蘇省立
　　國學圖書館影印本。

四、史部古籍

〔漢〕司馬遷撰、〔日本〕瀧川龜太郎：《史記會注考證》，高雄：
　　復文圖書出版社，1991年7月，初版。

〔清〕錢大昕：《史記考異》，見《廿二史考異》，民國五十四年
　　藝文印書館百部叢書集成初編影印本。

〔清〕梁玉繩：《史記志疑》，民國五十四年藝文印書館百部叢書
　　集成初編影印本。

〔漢〕班　固撰、〔唐〕顏師古注：《漢書》，臺北：宏業書局，
　　1996年3月，再版。

〔清〕梁玉繩：《漢書人表考》，民國五十四年藝文印書館百部叢
　　書集成初編影印本。

〔清〕王先謙：《漢書補註》，清光緒二十六年長沙王氏家刊本。

〔三國〕韋　昭注：《國語韋昭註》，臺北：藝文印書館，1974年3
　　月，影印天聖明道本・嘉慶庚申讀未見書齋重雕本。

〔清〕雷學淇：《竹書紀年義證》，臺北：藝文印書館，1977年5
　　月，再版。

〔清〕吳師道注：《戰國策》，臺北：新文豐出版公司，1985年。

〔清〕雷學淇輯：《世本》，臺北：新文豐出版公司，1985年。

〔宋〕羅　泌：《路史》，臺北：新文豐出版公司，1985年。

〔唐〕杜　佑：《通典》，民國藝文印書館四庫善本叢書影印本。

〔清〕馬　驌：《繹史》，清康熙九年原刊本。

五、地理相關古籍

〔唐〕李吉甫：《元和郡縣圖》，臺北：新文豐出版公司，1985年。

〔宋〕樂　史：《太平寰宇記》，臺北：新文豐出版公司，1985年。

〔宋〕王應麟：《詩地理考》，臺北：新文豐出版公司，1985年。

〔宋〕王應麟：《通鑑地理通釋》，臺北：新文豐出版公司，1985年。

〔元〕于　欽：《齊乘》，清康雍間鈔本。

〔明〕李　賢：《大明一統志》，明天順五年內府刊本。

〔清〕顧炎武：《山東考古錄》，臺北：新文豐出版公司，1985年。

〔清〕王夫之：《春秋稗疏》臺北：新文豐出版公司，1989年臺一版。

〔清〕顧祖禹：《讀史方輿紀要》，清康熙間職思堂清鈔底本。

〔清〕江　永：《春秋地理考實》，清道光九年學海堂刊咸豐十一年補刊本。

〔清〕尹繼善等：《江南通志》，臺北：華文出版社，1967年據清乾隆元年尊經閣藏版影印。

〔清〕楊士驤等：《山東通志》，上海：商務印書館，1934年據民國四年山東通志局排印本影印。

〔清〕乾隆敕編：《大清一統志》，清紫格鈔本。

〔清〕畢　沅：《晉書地理志新補正》，臺北：新文豐出版公司，1985年。

〔清〕嘉慶敕編：《嘉慶重修一統志》，臺北：商務印書館，1966

年據上海涵芬樓據清史館藏進呈寫本影印。

〔清〕沈欽韓：《春秋左氏傳地名補注》，臺北：新文豐出版公司，
　　1985年。

〔清〕程恩澤：《國策地名考》，臺北：新文豐出版公司，1985年。

〔清〕楊守敬：《水經注疏》，著者手定底稿本。

六、今人期刊論文、專書（依作者姓名排列）

于省吾：〈略論西周金文中的「六𠂤」和「八𠂤」及其屯田制〉，
　　《考古》1964年第3期，頁152-155。

于省吾：〈關於〈論西周金文中六𠂤八𠂤和鄉遂制度的關係〉一文
　　的意見〉，《考古》1965年第3期，頁131-133。

于琨奇：〈井田制、爰田制新探〉，《安徽師大學報》1986年第3
　　期，頁59-68。

于琨奇：〈秦漢「戶賦」、「軍賦」考〉，《中國史研究》1989年
　　第4期，頁3-12。

日　知、亭　云：〈《春秋》經傳中的「國人」〉，《東北師大學
　　報》1981年第2期，頁45-55。

王人聰：〈西周金文中的殷八師與成周八師──讀金文札記〉，《考
　　古與文物》1993年第3期，頁76-77。

王文耀：〈論殷周之際社會制度的大變革〉，《王國維學術研究論
　　集第三輯》（上海：新華書店，1990年2月），頁54-81。

王玉哲：〈有關西周社會性質的幾個問題〉，《歷史研究》1957年
　　第5期，頁79-101。

王玉哲：〈周平王東遷乃避秦非避犬戎說〉，《天津社會科學》，

1986年3月，頁49-52。

王玉哲：《中華遠古史》，上海：上海人民出版社，2000年7月，初版。

王世民、陳公柔、張長壽：《西周青銅器分期斷代研究》，北京：文物出版社，1999年11月，初版。

王兆高：〈試論貢助徹與生產力發展關係的若干問題〉，《中國古代財政史研究》（中國財政經濟出版社，1990年5月），頁428-444。

王仲犖：〈春秋戰國之際的村公社與休耕制度〉，《文史哲》1954年第4期，頁36-42。

王育成：〈〈趙鞅誓師辭解〉質疑〉，《中國史研究》1981年第4期，頁167-168。

王承祖：〈關於西周的社會性質問題〉，《歷史研究》1955年第1期，頁47-65。

王　祥：〈說虎臣與庸〉，《考古》1960年第5期，頁33-36。

王恩田：〈再論西周的一繼一及制〉，《大陸雜誌》第84卷第3期，頁1-12。

王恩田：〈周代昭穆制度源流〉，《西周史論文集》（西安：陝西人民教育出版社1993年6月），頁675-692。

王恩田：〈臨沂竹書《田法》與爰田制〉，《中國史研究》1989年第2期，頁57-68。

王恩田：〈釋 𨸏（自）、𠂤（官）、𠂤（師）〉，《于省吾教授百年誕辰紀念文集》（吉林：吉林大學出版社，1996年），頁246-251。

王恩田：〈釋 β（自）、ζ（官）、不（師）〉，《第三屆國際中國古文字學研討會論文集》（香港：香港中文大學中國文化研究所、中國語言及文學系，1997年10月，初版），頁811-822。

王承紹：〈周代社會史試論〉，《文史哲》1953年第1期，頁50-56。

王重民：《敦煌古籍敘錄·春秋經傳集解》。

王　祥：〈說虎臣與庸〉，《考古》1960年第5期，頁33-36。

王彩梅：〈關於召公奭歷史的幾個問題〉，《第二次西周史學術討論會論文集》（西安：陝西人民教育出版社，1993年6月，初版），頁909-925。

王貴民：〈周代的藉田——奴隸制田莊剖析〉，《華夏文明第二集》（北京：北京大學出版社，1990年2月），頁180-214。

王貴民：〈晚商中期的歷史地位〉，《中國史研究》1983年第3期，頁17-24。

王貴民：〈商代「眾人」身分為奴隸論〉，《中國史研究》1990年第1期，頁102-113。

王貴民：〈試論貢賦稅的早期歷程〉，《中國史研究》1988年第1期，頁13-29。

王貴民：《商周制度考信》，臺北：明文書局，1989年12月，初版。

王貽梁：〈「師氏」、「虎臣」考〉，《考古與文物》1989年第3期，頁61-65、76。

王慎行：〈呂服余盤銘考釋及相關問題〉，《文物》1986年第4期，頁1-7。

王毓銓：〈爰田「轅田」解〉，《歷史研究》1957年第4期，頁79-87。

王蘭仲：〈試論春秋時代宗法制與君主專制的關係〉，《中國史研

究》1984年第1期，頁135-143。

方述鑫：〈《史密簋》銘文中的齊師、族徒、遂人——兼論西周時
　　代鄉遂制度與兵制的關係〉，《四川大學學報》哲社版1998年
　　第1期，頁84-90。

中井積德：《左傳雕題略》。

白川靜：〈周初殷人之活動〉，《日本學者研究中國史論著選譯》
　　第3卷・上古秦漢（北京：中華書局，1993年11月，初版），頁
　　122-149。

冉光榮：〈「鄉」、「里」初探〉，《民放論叢》1984年第2期,頁
　　78-87。

冉昭德：〈試論商鞅變法的性質〉，《歷史研究》1957年第6期，頁
　　43-63。

史建群：〈周禮鄉遂組織探源〉，《鄭州大學學報》哲社版1986年
　　第2期，頁51-57。

田昌五：〈中國古代社會的土地問題〉，《華夏文明第二集》（北
　　京：北京大學出版社，1990年2月），頁136-179。

田昌五：〈解井田制之謎〉，《歷史研究》1985年第3期，頁59-68。

石子政：〈秦律貲罰甲盾與統一戰爭〉，《中國史研究》1984年第2
　　期，頁113-116。

石璋如：〈周代兵制探源〉，《大陸雜誌》第9卷第9期，1954年11
　　月。

任常泰、石光明：〈西周春秋時期的「國人」〉，《中國歷史博物
　　館館刊》第4期，頁19-28。

好並隆司：〈轅田再考〉，《古文字研究》第10輯（北京：中華書

局，1983年7月，初版），頁439-447。

宇文舉：〈初稅畝是變按人稅爲按地稅的開始〉，《陝西師大學報》
　　1989年第1期，頁99-104。

宇文舉：〈從田制看「三代」賦稅，兼析孟子貢助徹〉，《中國古
　　代財政史研究》（中國財政經濟出版社，1990年5月），頁
　　473-480。

竹添光鴻：《左傳會箋》，臺北：天工書局，1998年8月。

伊藤道治：〈螽鼎銘及其社會意義〉，《第二次西周史學術研討會
　　論文集》（上冊）（西安：陝西人民教育出版社，1993年6月，
　　初版），頁464-472。

伊藤道治：《中國古代王朝的形成——以出土資料爲主的殷周史研
　　究》，北京：中華書局，2002年10月，初版。

向宗魯：《說苑校證》，北京：中華書局1991年9月，初版二刷。

安井衡：《左傳輯釋》。

曲英傑：〈「工商食官」辨析〉，《中國史研究》1985年第2期，頁
　　3-11。

曲英傑：〈周都王廟考〉，《西周史論文集》（西安：陝西人民教
　　育出版社1993年6月），頁662-674。

朱　晞：〈論我國古代史上的奴隸制度問題〉，《青海師範大學學
　　報》哲社版1987年第2期，頁89-98。

朱紅林：〈春秋魯國「三軍作舍」原因新探〉，《吉林大學古籍整
　　理研究所建所十五周年紀念文集》（長春：吉林大學出版社，
　　1998年12月，初版），頁262-270。

朱鳳瀚：〈商人氏族組織形態初探〉，《民族論叢》1984年第2期，

頁31-46。

朱鳳瀚：〈關於春秋時期的新興地主階級〉，《史學集刊》1986年
　　第3期，頁1-13。

朱鳳瀚：〈從周原出土青銅器看西周貴族家族〉，《南開大學學報》
　　1988年第4期，頁49-69。

朱鳳瀚：《商周家族形態研究》，天津：天津古籍出版社，1990年8
　　月，初版。

何宣剛：〈趙鞅誓師辭解〉，《中國史研究》1980年第3期。

何茲全：〈西周春秋時期的國家形式〉，《歷史研究》1989年第5
　　期，頁35-44。

何茲全：〈西周春秋時期的貴族和國人〉，《煙台大學學報哲社版》
　　1990年第4期，頁1-9。

何茲全：〈周代土地制度和它的演變〉，《歷史研究》1964年第3
　　期。

何茲全：《中國古代社會》，北京：北京師範大學出版社，2001年8
　　月，初版。

何樹環：《西周土地所有權研究》，國立政治大學中國文學系碩士
　　論文，1996年6月。

何樹環：《西周對外經略研究》，國立政治大學中國文學系博士論
　　文，2000年12月。

汪中文：〈「伯戔」與「彔」、「彔伯戔」諸器間系聯問題之檢討〉，
　　《大陸雜誌》第79卷第3期，頁139-144。

汪中文：《兩周官制論稿》，高雄：復文圖書出版社，1993年10月，
　　初版。

汪中文：〈〈呂服余盤〉與〈敔簋〉銘文補釋〉，《第二屆國際中
　　國古文字學研討會論文集（續編）》（香港：香港中文大學中
　　國語言及文學系，1995年9月，初版），頁257-266。

汪中文：《西周冊命金文所見官制研究》，臺北：國立編譯館，1999
　　年4月，初版。

余樹聲：〈西周社會的封建性質及封閉性社會結構〉，《中國古代
　　史論叢》第8輯（福州：福建人民出版社，1983年12月），頁
　　305-329。

吳浩坤：〈西周和春秋時代宗法制度的幾個問題〉，《復旦大學學
　　報》社科版1984年第1期，頁87-92。

吳鎮烽：《金文人名匯編》，北京：中華書局，1987年，初版。

吳鎮烽：〈史密簋銘文考釋〉，《考古文選》（北京：科學出版社，
　　2002年10月，初版），頁156-163。原載《考古與文物》1989
　　年第3期。

吳鎮烽：〈周王朝接納異族人才初探〉，《第二次西周史學術討論
　　會論文集》（西安：陝西人民教育出版社，1993年6月，初版），
　　頁805-818。又見氏著：《考古文選》（北京：科學出版社，2002
　　年10月，初版），頁247-254。

呂文郁：〈春秋時期晉國的采邑制度〉，《山西師大學報》社科版
　　1991年第2期，頁15-20。

呂文郁：〈西周王畿殷商遺民考略〉，《第二次西周史學術討論會
　　論文集》（西安：陝西人民教育出版社，1993年6月，初版），
　　頁793-804。

呂紹綱：〈中國古代不存在城邦制度——兼與日知同志商榷〉，《中

國史研究》1983年第4期，頁91-105。

宋壽昌：〈三代稅制質疑與辨析〉，《中國古代財政史研究》（中
　　國財政經濟出版社1990年5月），頁137-143。

宋鎮豪：〈商代邑制所反映的社會性質〉，《中國史研究》1994年
　　第4期，頁57-65。

岑仲勉：〈貢助徹的涵義及怎樣施行〉，《中國古代財政史研究》
　　（中國財政經濟出版社，1990年5月），頁144-165。

李　元：〈論春秋時期的民兵制度〉，《中國史研究》1987年第3
　　期，頁69-76。

李白鳳：《東夷雜考》，濟南：齊魯書社，1981年，初版。

李玉福：《秦漢制度史論》，濟南：山東大學出版社，2002年9月，
　　初版。

李向平：〈西周春秋時期士階層宗法制度研究〉，《歷史研究》1986
　　年第5期，頁154-167。

李向平：〈西周春秋時期庶人宗法組織研究〉，《歷史研究》1989
　　年第2期，頁120-133。

李明道：〈六師、八師新探〉，《四川師範大學學報》（社會科學
　　版）1992年第5期，頁64-70。

李承烈：〈貢助徹辨釋〉，《中國古代財政史研究》（中國財政經
　　濟出版社，1990年5月），頁263-270。

李則鳴：〈孟軻井田說及其相關諸問題探源〉，《武漢大學學報》
　　社科版1987年第5期，頁72-75。

李修松：〈周代里社初探〉，《安徽師大學報》1986年第1期，頁45-51。

李　埏：〈論我國的「封建土地國有制」〉，《歷史研究》1956年

第8期，頁47-69。

李啓良：〈陝西安康市出土西周史密毀〉，《考古與文物》1989年
　　　第3期，頁7-9。

李朝遠：〈論西周天子土地所有權的實現〉，《江西社會科學》1988
　　　年第3期，頁117-121。

李朝遠：〈等級疊合：西周封建領主土地所有制的運行機制〉，《華
　　　東師範大學學報》1989年第1期，頁76-83、89。

李朝遠：〈西周公社聚落的規模蠡測〉，《西周史論文集》（西安：
　　　陝西人民教育出版社1993年6月），頁570-583。

李朝遠：《西周土地關係論》，上海：上海人民出版社，1997年1
　　　月，初版。

李福泉：〈訇毀銘文的綜合研究〉，《湖南師院學報》1979年第2
　　　期，頁58-66。

李　零：〈中國古代居民組織的兩大類型及其不同來源〉，《文史》
　　　1988年總第28期，頁59-75。

李　零：〈西周金文中的職官系統〉，《盡心集：張政烺先生八十
　　　慶壽論文集》（北京：中國社會科學出版社，1996年11月，初
　　　版），頁202-214。

李　零：〈西周金文中的土地制度〉，《李零自選集》（桂林：廣
　　　西師範大學出版社，1998年2月，初版）。

李碧如：〈貢助徹是三代奴隸社會中三種不同對象的稅收制度〉，
　　　《中國古代財政史研究》（中國財政經濟出版社，1990年5月），
　　　頁323-333。

李劍農：《中國古代經濟史稿》，武漢：武漢大學出版社，1991年4

月，再版。

李學勤：〈郿縣李家村銅器考〉，《文物參考資料》1957年第7期，頁58-59。

李學勤：〈西周中期青銅器的重要標尺——周原庄白、強家兩處青銅器窖藏的綜合研究〉，《中國歷史博物館館刊》1979年第1期，頁29-36。

李學勤：〈論曶鼎及其反應的西周制度〉，《中國史研究》1985年第1期，頁95-102。

李學勤：〈小盂鼎與西周制度〉，《歷史研究》1987年第5期，頁20-29。

李學勤：〈論西周金文的六師、八師〉，《華夏考古》1987年第2期，頁207-210。

李學勤：〈西周金文中的土地轉讓〉，《新出青銅器研究》（北京：文物出版社，1990年6月，初版）。

李學勤：〈史密簋銘所記西周重要史實〉，《中國社會科學院研究生院學報》1991年第2期，頁5-9。

李學勤：〈〈嘗麥〉篇研究〉，《第二次西周史學術研討會論文集》（上冊）（西安：陝西人民教育出版社，1993年6月，初版），頁137-145。

李學勤：〈靜方鼎考釋〉，《第三屆國際中國古文字學研討會論文集》（香港：香港中文大學中國文化研究所、中國語言及文學系，1997年10月，初版），頁223-230。

李學勤：〈包山楚簡中的土地買賣〉，《綴古集》（上海：上海古籍出版社，1998年10月，初版）。

李學勤：〈靜方鼎與周昭王曆日〉，《夏商周年代學札記》（瀋陽：

遼寧大學出版社，1999年）。

李學勤：〈論西周中期至晚期初金文的組合〉，《社會科學戰線》
　　2000年第4期，頁252-267。

李衡眉：〈昭穆制度與周人早期的婚姻形式〉，《歷史研究》1990
　　年第2期，頁12-25。

李　曦：〈周代伯仲排行稱謂的宗法意義〉，《陝西師大學報》1986
　　年第1期，頁86-91。

杜正勝：〈周代封建制度的社會結構：封建與宗法（下篇）〉，《中
　　國上古史（待定稿）》（臺北：中央研究院歷史語言究所、中
　　國上古史編輯委員會，1985年4月）。

杜正勝：〈周代封建的建立：封建與宗法（上篇）〉，《中國上古
　　史（待定稿）》（臺北：中央研究院歷史語言究所、中國上古
　　史編輯委員會，1985年4月）。

杜正勝：〈略論殷遺民的遭遇與地位〉，《中央研究院歷史語言研
　　究所集刊》第53本第4分，頁661-695。

沈玉成、劉　寧：《春秋左傳學史稿》，南京：江蘇古籍出版社，
　　1992年6月。

沈長雲：〈從銀雀山竹書《守法》、《守令》等十三篇論及戰國時
　　期的爰田制〉，《中國社會經濟史研究》1991年第2期，頁1-7、
　　14。

沈長雲：〈論成康時代和成康時期的銅器銘刻〉，《上古史探研》
　　（北京：中華書局，2002年12月，初版），頁127-141。原載《中
　　原文物》1997年第2期。

沈長雲：〈殷契「王作三師」解〉，《上古史探研》（北京：中華

書局，2002年12月，初版），頁49-63。原載《文史》第44輯，
中華書局，1998年。

谷霽光：〈論西周的徹和庸〉，《歷史研究》1962年第4期，頁129-148。

周　瑗：〈矩伯、裘衛兩家族的消長與周禮的崩壞〉，《中國經濟
史參考文獻》（臺北：華世書出版社，1984年10月），頁141-153。

周自強：〈「初稅畝」研究〉，《鄭州大學學報》哲社版1986年第6
期，頁44-52。

周自強：〈論西周主要農業生產者的階級地位〉，《華夏文明第二
集》（北京：北京大學出版社，1990年2月），頁215-270。

周書燦：〈由員卣銘文論及西周王朝對南土經營的年代〉，《考古
與文物》1999年第3期，頁55-60。

周勛初：〈郭偃之法〉，《韓非子札記》，江蘇人民出版社，1980
年11月。

周鳳五：〈侯馬盟書主盟人考〉，第一屆左傳國際學術討論會論文，
1994年6月。

周蘇平：〈春秋時期晉國政權的演變及其原因之分析〉，《西北大
學學報》1987年，第2期，頁39-46。

周蘇平：〈論春秋晉國土地關係的變動〉，《西北大學學報》哲社
版1989年2月，頁56-62。

尚　鉞：〈先秦生產形態之探討〉，《歷史研究》1956年第7期，頁
1-28。

林　澐：〈關於中國早期國家形式的幾個問題〉，《吉林大學社會
科學學報》1986年第11期,頁1-12。

林甘泉：〈中國封建土地所有制的形成〉，《歷史研究》1963年第1

期，頁95-116。

林甘泉：〈古代中國社會發展的模式〉，《中國史研究》1986年第4
　　期，頁3-20。

林甘泉：〈從《左傳》看中國古代城邦的政治體制〉，第一屆左傳
　　國際學術討論會論文，1994年6月。

林甘泉：〈從出土文物看春秋戰國間的社會變革〉，《文物》1981
　　年第5期，頁31-41。

林黎明：〈論周初對殷人的統治思想和政策〉，《北方論壇》1989
　　年第2期，頁96-100。

松井嘉德：〈西周時期的「國」〉，《西周史論文集》（西安：陝
　　西人民教育出版社1993年6月），頁597-606。

武樹臣：〈晉國文化：「法治」思潮的發祥地和輸出港〉，《晉陽
　　學刊》1989年第1期，頁39-42。

肖　楠：〈試論卜辭中的師和旅〉，《古文字研究》第6輯（北京：
　　中華書局，1981年11月，初版），頁123-132。

金國泰：〈西周軍事銘文中的「追」字〉，《于省吾教授百年誕辰
　　紀念文集》（長春：吉林大學出版社，1996年），頁109-113。

金祥恆：〈從甲骨卜辭研究殷商軍旅制度中的三族三行三師〉，《金
　　祥恆先生全集》第二冊（臺北：藝文印書館），頁475-534。

金景芳：〈井田制的發生和發展〉，《歷史研究》1965年第4期，頁
　　91-116。

金景芳：〈由周的徹法談到「作州兵」、「作丘甲」等問題〉，《吉
　　林大學社會科學學報》1962年第1期，頁91-102。

金景芳：〈論井田制度〉，《吉林大學社會科學學報》1981年第1

期，頁35-45。

金景芳：〈論井田制度續〉，《吉林大學社會科學學報》1981年第2期，頁13-17。

金景芳：〈論井田制度續〉，《吉林大學社會科學學報》1981年第3期，頁59-67。

金景芳：〈論井田制度續完〉，《吉林大學社會科學學報》1981年第4期，頁7-17。

尚志儒：〈略論西周金文中的「夷」問題〉，《第二次西周史學術研討會論文集》（上冊）（西安：陝西人民教育出版社，1993年6月，初版），頁231-242。

洪　鋼：〈「徹法」卮言〉，《中國古代財政史研究》（中國財政經濟出版社，1990年5月），頁481-490。

洪　鋼：〈貢納雜論〉，《中國古代財政史研究》（中國財政經濟出版社，1990年5月），頁334-341。

胡方恕：〈周代公社所有制下的貴族私有土地〉，《中國古代史論叢》1981年第3輯，頁64-96。

胡志祥：〈西周對淮夷政策初探〉，《華東師範大學學報》哲學社會科學版1989年第1期，頁84-89。

胡厚宣：〈卜辭地名與古人居丘說〉，《甲骨學商史論叢初集》（臺北：大通書局·）。

胡寄窗：〈關於井田制的若干問題的探討（續完）〉，《學術研究》1981年第5期，頁57-67。

胡寄窗：〈關於井田制的若干問題的探討〉，《學術研究》1981年第4期，頁59-66；1981年第5期，頁57-67。

胡寄窗：《中國經濟思想史》，上海：上海財經大學出版社，1998年12月，再版。

胡澱盛：〈四川青川秦墓爲田律木牘考釋〉，《安徽師大學報》1983年第3期，頁57—65。

侯家駒：〈開阡陌辨〉，《大陸雜誌》第59卷第2期，1979年8月。

侯家駒：〈井田叢考〉，《大陸雜誌》第67卷第3期，1983年9月。

侯家駒：〈籍田始於先周考〉，《大陸雜誌》第76卷第2期，民國77年2月。

孫作雲：〈說𣂷在西周時代爲北方軍事重鎮——兼論軍監〉，《河南師大學報》社會科學版1983年第1期，頁31-49。

孫曉春：〈成周八師爲東方各國軍隊說〉，《史學集刊》1986年第4期，頁1-4。

徐中舒：〈遹敦釋考〉，《徐中舒歷史論文選輯》（北京：中華書局，1998年9月，初版），頁182-204。原載《中央研究院歷史語言研究所集刊》第3本第2分，1931年12月，頁279-293。

徐中舒：〈論西周是封建制社會——兼論殷代社會性質〉，《徐中舒歷史論文選輯》（北京：中華書局，1998年9月，初版），頁931-970。原載《歷史研究》1957年第5期。

徐中舒：〈禹鼎的年代及其相關問題〉，《徐中舒歷史論文選輯》（北京：中華書局，1998年9月，初版），頁994-1020。原載《考古學報》1959年第3期。

徐中舒：〈西周史論述〉（下），《四川大學學報》哲學社會科學版1979年第4期，頁92-100。

徐中舒：《上古史論》，臺北：天山出版社，1986年2月。

徐中舒：〈《西雙版納份地制與西周井田制比較研究》序言〉，《雲南社會科學》1989年第5期，頁42-46。

徐中舒：〈井田制度探原〉，《徐中舒歷史論文選輯》，北京：中華書局，1998年9月，初版。

徐中舒：〈試論周代田制及其社會性質〉，《徐中舒歷史論文選輯》，北京：中華書局，1998年9月，初版。

徐孝實：〈《春秋左氏傳》鄭義輯述〉，《文史》第8輯（北京：中華書局1980年3月），頁221-256。

徐亮工：〈等級占有制與中國古代社會的封建化〉，《中國古代史論叢》第8輯（福州：福建人民出版社，1983年12月），頁25-38。

徐喜辰：〈「開阡陌」辨析〉，《吉林大學社會科學學報》，1986年第2期，頁83-90。

徐喜辰：〈周代兵制初論〉，《中國史研究》1985年第4期，頁3-12。

徐喜辰：〈晉「作爰田」解并論爰田即井田〉，《中國古代史論叢》第8輯（福州：福建人民出版社，1983年12月），頁261-276。

徐喜辰：〈論國野、鄉里與郡縣的出現〉，《社會科學戰線》1987年第3期，頁127-135。

徐復觀：〈原史——由宗教通向人文的史學的成立〉，《兩漢思想史卷三》（臺北：學生書局，1979年9月），頁217-304。

徐鴻修：〈周代貴族專制政體中的原始民主遺存〉，《中國社會科學》1981年第2期，頁75-96。

徐鴻修：〈從祿賞制度的演變看周代土地制度〉，《文史哲》1987年2月，頁3-11。

徐鴻修：〈「釐（萊）僕」與「人鬲」〉，《第二次西周史學術研

討會論文集》（上冊）（西安：陝西人民教育出版社，1993年6月，初版），頁309-312。

徐鴻修：〈西周春秋軍事制度的兩個問題〉，《文史哲》1995年第4期，頁41-47。又見氏著：《先秦史研究》，濟南：山東大學出版社，2002年12月，初版，頁124-137。

唐　蘭：《西周青銅器銘文分代史徵》，北京：中華書局，1986年12月，初版。

容　庚：《商周彝器通考》，臺北：文史哲出版社，1985年1月。

晁福林：《夏商西周的社會變遷》，北京：北京師範大學出版社，1996年6月，初版。

夏含夷：〈西周之衰微〉，《盡心集：張政烺先生八十慶壽論文集》（北京：中國社會科學出版社，1996年11月，初版），頁120-126。又見氏著：《溫故知新錄：商周文化史管見》（臺北：稻禾出版社，1997年9月，初版），頁149-156。

殷崇浩：〈春秋戰國時期楚國土地制的變革〉，《江漢論壇》1985年第4期，頁72-77。

袁　林：〈析「田」〉，《西周史論文集》（西安：陝西人民教育出版社1993年6月），頁557-569。

袁　林：《兩周土地制度新論》，長春：東北師範大學出版社，2000年1月，初版。

袁定基：〈子魚所述周初大封建史料中三個問題的分析〉，《西南民族學院學報》社料版1986歷史專題研究，頁43-55。

郝鐵川：〈西周的國人與彘之亂〉，《河南師大學報》1984年第1期，頁39-42。

郝鐵川：〈論春秋官制的演變〉，《中國史研究》1987年第1期，頁29-38。

馬希仁：〈西周的土地買賣〉，《中國文字》新9期，1984年9月。

馬承源：〈商周青銅器銘文選集〉，《中國青銅器研究》（上海：上海古籍出版社，2002年12月，初版），頁67-105。原載《上海博物館館刊》第1期（上海：上海古籍出版社，1981年）。

馬承源：《商周青銅器銘文選》，北京：文物出版社，1988年4月，初版。

馬承源：〈晉侯穌編鐘〉，《上海博物館集刊》第7輯，1996年。

馬　曜：〈從命名法看西雙版納和周代封建領主社會等級制度〉，《雲南大學學報》1988年第4期，頁61-67。

高文舍：〈貢助徹初探〉，《中國古代財政史研究》（中國財政經濟出版社，1990年5月），頁389-404。

高木智見：〈關於春秋時代的軍禮〉，《日本中青年學論中國史》上古秦漢卷（上海：上海古籍出版社，1995年12月，初版），頁131-169。

高本漢：《左傳注釋》。

畢寶德、常　建：〈論中國封建社會的土地市場〉，《中國人民大學學報》1993年第5期，頁11-17。

崔春華：〈關於西周土地制度的幾個問題〉，《朝陽師專學報》1984年第1期，頁25-35。

常　征：〈釋六師兼述西周王朝武裝部隊〉，《河北大學學報》1981年第2期，頁35-38。

常　柑：〈《禮記·王制》、《周禮·大司徒》封國制度異同辨〉，

《運城師專學報》1986年第2期，頁8-11、7。

常正光：〈春秋時期宗法制度在晉國的開始解體與晉國爭霸的關係〉，《四川大學學報》1963年第1期。

張以仁師：〈孔子與《春秋》的關係〉，《春秋史論集》（臺北：聯經出版社，1990年1月）。

張以仁師：〈晉文公年壽辨誤〉，《中央研究院歷史語言研究所集刊》第36本，頁295-307。

張以仁師：〈從《國語》與《左傳》本質上的差異試論後人對《國語》的批評〉，《春秋史論集》（臺北：聯經出版社，1990年1月）。

張以仁師：〈從司馬遷的意見看左丘明與《國語》的關係〉，《春秋史論集》（臺北：聯經出版社，1990年1月）。

張玉勤：〈井田制辨析〉，《山西師院學報》1982年第4期。

張玉勤：〈「庶人」辨〉，《西周史論文集》（西安：陝西人民教育出版社1993年6月），頁607-612。

張永山：〈史密毁銘與周史研究〉，《盡心集：張政烺先生八十慶壽論文集》（北京：中國社會科學出版社，1996年11月，初版），頁187-201。

張光裕：〈新見保鼎簋銘試釋〉，《考古》1991年第7期，頁649-652。

張光遠：〈故宮新藏春秋晉文稱霸子犯和鐘初釋〉，《故宮文物月刊》1995年第13卷第1期，頁4-31。

張　君：〈楚國括馬制度綜論〉，《中國史研究》1989年第2期，頁109-118。

張　君：〈楚國賦稅制度的歷史演變〉，《中南民族學院學報》哲

社版1985年第4期，頁65-71。

張金光：〈試論秦自商鞅變法後的土地制度〉，《中國社會經濟史參考文獻》（臺北：華世出版社，1984年10月，初版），頁195-222。

張金光：〈論中國古代的阡陌封疆制度〉，《農業考古》1991年第1期，頁228-237、218。

張亞初：〈周厲王所作祭器𣪘𣪘考——兼論與之相關的幾個問題〉，《古文字研究》第5輯（北京：中華書局，1981年1月，初版），頁151-168。

張亞初：〈燕國青銅器銘文研究〉，《中國考古學論叢》，北京：科學出版社，1995年，初版，頁323-330。

張亞初：《殷周金文集成引得》，北京：中華書局，2001年7月，初版。

張亞初、劉　雨：《西周金文官制研究》，北京：中華書局，1986年5月，初版。

張政烺：〈「十田十萬」新解〉，《文史》1988總第29期，頁91-94。

張政烺：〈卜辭裒田及其相關諸問題〉，《中國社會經濟史參考文獻》（臺北：華世出版社，1984年10月，初版），頁59-98。

張博泉：〈關於井田制度問題的探討〉，《文史哲》1957年第7期，頁1-13。

張懋鎔：〈安康出土的史密𣪘及其意義〉《古文字與青銅器論集》（北京：科學出版社，2002年6月，初版），頁24-33。原載《文物》1989年第7期。

張懋鎔：〈史密𣪘與西周鄉遂制度——附論「周禮在齊」〉，《古文字與青銅器論集》（北京：科學出版社，2002年6月，初版），

頁34-41。原載《文物》1991年第1期。

張懋鎔：〈周人不用日名說〉，《古文字與青銅器論集》（北京：
　　科學出版社，2002年6月，初版），頁217-222。原載《歷史研
　　究》1993年第5期。

張懋鎔：〈西周南淮夷稱名與軍事考〉，《古文字與青銅器論集》
　　（北京：科學出版社，2002年6月，初版）。

張懋鎔：〈西周時期齊國軍事初探──兼論齊國稱霸原因〉，《古
　　文字與青銅器論集》（北京：科學出版社，2002年6月，初版）。

章炳麟：《春秋左傳讀》。

曹　瑋：〈周代善夫職官考辨〉，《第二次西周史學術研討會論文
　　集》（上冊）（西安：陝西人民教育出版社，1993年6月，初版），
　　頁282-294。

梁　穎：〈關於西周春秋時代宗統與君統關係的探討〉，《史學集
　　刊》1989年第1期，頁1-8。

梁園東：〈井田制非土地制度說〉，《梁園東史學論集》（太原：
　　山西人民出版社，1991年9月），頁263-271。

許倬雲：〈周禮中的兵制〉，《大陸雜誌》第9卷第3期，1954年8
　　月。又見許倬雲：《求古篇》，臺北：聯經出版公司，1982年。

許兆昌：《夏商周簡史》，福州：福建人民出版社，2002年1月，初
　　版。

許倬雲：〈周東遷始末〉，《中國上古史（待定稿）》（臺北：中
　　央研究院歷史語言究所、中國上古史編輯委員會，1985年4月）。

連劭名：〈金文中的「人鬲」與《左傳》中的「皂隸」〉，第一屆
　　左傳國際學術討論會論文，1994年6月。

郭人民：〈秦漢制度淵源初論〉，《河南師大學報》1981年第4期，
　　頁49-56。

郭沫若：〈周官質疑〉，《金文叢攷》（東京：文求堂書店，1932），
　　頁60-92。

郭沫若：〈小臣謎段銘考釋〉，《金文叢攷》（東京：文求堂書店，
　　1932），頁330-338。

郭沫若：《兩周金文辭大系考釋》，北京：科學出版社，1956年。

郭沫若：〈矢罵器銘考釋〉，《考古學報》1957年第2期，頁1-6。

郭沫若：〈弭叔簋及訇簋考釋〉，《文物》1960年第2期，頁5-6。

郭沫若：〈《班段》的再發現〉，《文物》1972年第9期，頁2-10。

郭政凱：〈「委質爲臣」儀式初探〉，《史學集刊》1987年第3期，
　　頁21-27。

郭政凱：〈論昭穆制度的起源及延續〉，《陝西師大學報》1986年
　　第1期，頁77-85。

郭豫才：〈論春秋時期的社會結構〉，《河南大學學報》1985年第4
　　期，頁32-38。

陳　力：〈晉國成文法的形成試探〉，《晉陽學刊》1983年第1期，
　　頁75-80。

陳昌遠：〈古申國考辨〉，《河南大學學報哲社版》1989年第4期，
　　頁44-51。

陳昌遠：〈周代「氓」身份辨析〉，《寶雞師院學報》1987年4月，
　　頁27-35、41。

陳佩芬：〈釋㝬戒鼎〉，《第三屆國際中國古文字學研討會論文集》
　　（香港：香港中文大學中國文化研究所、中國語言及文學系，

1997年10月，初版），頁317-322。

陳美蘭：《西周金文地名研究》，國立臺灣師範大學國文研究所碩
　　士論文，1998年6月。

陳建樑：〈春秋時「魏舒方陣」考論〉，《大陸雜誌》第89卷第9
　　期，頁12-18。

陳恩林：〈論吳國的軍隊組織〉，《吉林大學社會科學學報》1992
　　年第2期，頁58-63。

陳恩林：〈關於周代宗法制度中君統與宗統的關係問題〉，《社會
　　科學戰線》1989年第2期，頁171-178。

陳振中：〈青銅生產工具與中國奴隸制的特點〉，《中國史研究》
　　1988年第2期，頁3-18。

陳振中：〈薔新畬與西周的農作制度〉，《西周史論文集》（西安：
　　陝西人民教育出版社1993年6月），頁502-516。

陳連慶：〈春秋奴隸考略〉，《中國古代史論叢》第8輯（福州：福
　　建人民出版社1983年12月），頁344-360。

陳夢家：〈西周文中殷人身分〉，《歷史研究》1954年第6期，頁85-106。

陳　寧：〈春秋時期大國爭霸對諸侯婚姻制度的影響〉，《河北師
　　院學報》1990年第4期，頁75-84。

彭邦本：〈從曲沃代翼後的宗法組織看晉國社會的宗法分封性質〉，
　　《中國史研究》1989年4月，頁64-74。

彭裕商：《西周青銅器年代綜合研究》，成都：巴蜀書社，2003年2
　　月，初版。

斯維至：〈兩周金文所見職官考〉，《中國古代社會文化論稿》（臺
　　北：允晨文化公司，1997年4月，初版），頁188-222。原載中

國文化研究所編：《中國文化研究彙刊》第7卷，1947年。

斯維至：〈關於殷周土地所有制的問題〉，《歷史研究》1956年第4
期，頁55-72。

曾　塽：〈讀〈有關西周社會性質的幾個問題〉後的意見〉，《歷
史研究》1957年第8期，頁75-81。

曾武秀：〈中國歷代尺度概述〉，《歷史研究》1964年第3期，頁
163-182。

童書業：〈論宗法制與封建制的關係〉，《歷史研究》1957年第8
期，頁61-74。

童書業：《春秋史》，臺北：開明書店，1969年9月。

黃中業：〈春秋時期的皂隸牧圉屬於平民階層〉，《齊魯學刊》1984
年第2期，頁69-75。

黃盛璋：〈關於詢段的製作年代與虎臣的身分問題〉，《考古》1961
年第6期，頁330-333。

黃偉城：〈貢賦制度是華夏族從野蠻進入文明時代的契機〉，《中
國古代財政史研究》（中國財政經濟出版社，1990年5月），頁
271-300。

黃懷信、張懋鎔、田旭東：《逸周書彙校集注》，上海：上海古籍
出版社，1995年12月，初版。

黃耀能：〈周代土地制度的演變及其歷史意義〉，《國立成功大學
歷史語言所論文集》第1號，1988年3月。

傅斯年：〈周東封與殷遺民〉，《民族與古代中國史》（石家莊：
河北教育出版社，2002年8月，初版），頁70-78。原載《國立
中央研究院歷史語言研究所集刊》第4本第3分。

傅斯年：〈大東小東說——兼論魯、燕、齊初封在成周東南後乃東遷〉，《民族與古代中國史》（石家莊：河北教育出版社，2002年8月，初版），頁79-90。原載《國立中央研究院歷史語言研究所集刊》第2本第1分。

傅斯年：〈論所謂五等爵〉，《民族與古代中國史》（石家莊：河北教育出版社，2002年8月，初版），頁91-115。原載《國立中央研究院歷史語言研究所集刊》第2本第1分。

葉達雄：〈西周兵制的探討〉，《臺大歷史學報》第6期，1979年12月。

葉達雄：〈西周文、武、成、康時代的文治與武功〉，《西周政治史研究》（臺北：明文書局，1982年，初版）。原載《台灣大學歷史學系學報》第3期。

葉達雄：〈西周土地制度探研〉，《臺大歷史學報》第14期，1988年7月。

楊升南：〈春秋時期的第一次弭兵盟會考〉，《史學月刊》1981年第6期，頁1-9。

楊升南：〈從殷墟卜辭中的「示」、「宗」說到商代的宗法制度〉，《中國史研究》1985年第3期，頁3-15。

楊升南：〈商代的土地制度〉，《中國史研究》1991年第4期，頁47-53。

楊向奎：〈有關中國古史分期的若干問題〉，《繹史齋學術文集》（上海：上海人民出版社，1983年5月），頁64-86。

楊向奎：〈關於西周的社會性質問題〉，《繹史齋學術文集》（上海：上海人民出版社，1983年5月），頁29-45。

楊向奎：〈讀胡培翬的《儀禮正義》〉，《孔子研究》1991年第2

期，頁119-126。

楊作龍：〈周代井田制問題商榷〉，《洛陽師專學報》1987年第2
　　期，頁135-142。

楊作龍：〈銀雀山竹書《田法》雛議〉，《洛陽師專學報》1987年
　　第1期，頁57-61。

楊作龍：〈銀雀山竹書田法芻議〉，《洛陽師專學報》1987年第1
　　期，頁57-61。

楊伯峻：《春秋左傳注》，臺北：源流文化事業有限公司，1982年3
　　月。

楊伯峻：《春秋左傳詞典》，臺北：漢京文化公司，1987年1月，景
　　印一刷。

楊希枚：〈再論先秦姓族和氏族〉，《西周史論文集》（西安：陝
　　西人民教育出版社1993年6月），頁632-647。

楊希枚：〈論先秦所謂姓及其相關問題〉，《中國史研究》1984年
　　第3期，頁71-86。

楊善群：〈西周銘文中的「師」與「師氏」〉，《考古與文物》1990
　　年第2期，頁35-39。

楊善群：〈關於西周分封制的幾個問題〉，《求是學刊》1984年第3
　　期，頁78-83。

楊朝明：〈試論西周時期魯國「殷民六族」的社會地位〉，《煙台
　　大學學報》哲社版1996年第3期，頁76-79。

楊　寬：〈關於西周農業生產工具和生產技術的討論〉，《歷史研
　　究》1957年第10期，頁27-43。

楊　寬：〈論西周金文中「六自」「八自」和鄉遂制度的關係〉，

《考古》1964年第8期，頁414-419。

楊　寬：〈再論西周金文中「六自」和「八自」的性質〉，《考古》
　　　1965年第10期，頁525-528。

楊　寬：〈春秋時代楚國縣制的性質問題〉，《中國史研究》1981
　　　年第4期，頁19-30。

楊　寬：〈重評一九二〇年關於井田制的辯論〉，《江海學刊》1982
　　　年第3期，頁28-33。

楊　寬：〈西周春秋時代對東方和北方的開發〉，《中華文史論叢》
　　　1982年第4期，頁109-132。

楊　寬：〈西周中央政權機構剖析〉，《歷史研究》1984年第1期，
　　　頁78-91。

楊　寬：〈商代的別都制度〉，《復旦學報》社會科學版1984年第1
　　　期，頁81-86、38。

楊　寬：《西周史》，臺北：臺灣商務印書館，1999年4月，初版。

楊樹達：《讀左傳》。

楊樹達：《積微居金文說》，臺北：大通書局1974年3月，再版。

葛　荃：〈春秋時代君主專制主義初探〉，《中國史研究》1988年
　　　第2期，頁48-56。

裘錫圭：〈釋殷墟卜辭中與建築有關的兩個詞——「門塾」與「自」〉，
　　　《出土文獻研究續集》（北京：文物出版社，1989年12月，初
　　　版），頁1-4。

裘錫圭：〈戰國時代社會性質初探〉，《古代文史研究新探》（南
　　　京:江蘇古籍出版社，1992年6月）。

裘錫圭：〈西周糧田考〉，《胡厚宣先生紀念文集》（北京：科學

出版社，1998年11月，初版），頁221-227。

裘錫圭：〈關於商代的宗族組織與貴族和平民兩個階級的初步研究〉，《文史》第17輯，頁1-26。

詹子慶：〈先秦士階層的演變及其歷史地位〉，《史學月刊》1984年第6期，頁1-6。

詹子慶：〈周禮和西周社會〉，《西周史論文集》（西安：陝西人民教育出版社1993年6月），頁648-661。

鄒昌林：〈晉文公的大分封和晉國中期貴族土地所有制的變化〉，《中國社會科學院研究生院學報》1986年第4期，頁59-65。

臧　振：〈春秋時期一個被遺忘的改革家郭偃〉，《人文雜誌》1988年第6期，頁73-80。

蒲偉忠：〈《左傳》中的婚姻家庭生活〉，第一屆左傳國際學術討論會論文，1994年6月。

趙世超：〈論早期國家〉，《西周史論文集》（西安：陝西人民教育出版社1993年6月），頁431-441。

趙光賢：〈春秋稱人釋義〉，《古史考辨》（北京：北京師範大學出版社，1987年8月），頁127-135。

趙光賢：〈從裘衛諸器銘看西周的土地交易〉，《歷史研究》。

趙光賢：〈評童書業《春秋左傳研究》〉，《古史考辨》（北京：北京師範大學出版社，1987年8月），頁188-201。

趙伯雄：〈周代大夫階層的歷史發展〉，《內蒙古大學學報》1983年第2期，頁1-26。

趙儷生：〈試論我國中古自然經濟及其下的田制〉，《東岳論叢》1983年第4期，頁91-97。

趙儷生：〈有關井田制的一些辨析〉，《歷史研究》1980年4月，頁
　　77—91。

趙儷生：〈從亞細亞生產方式看中國古史上的井田制度〉，《社會
　　科學戰線》1982年第3期，頁109-115。

聞一多：《詩經研究》，成都：巴蜀書社，2002年12月，初版。

齊思和：〈周代賜命禮考〉，《中國史探研》（臺北:弘文館出版社，
　　1985年9月），頁50-66。

齊思和：〈孟子井田說辨〉，《中國史探研》（石家莊：河北教育
　　出版社，2000年12月，初版）。

劉文強：《春秋時代封建制度的解體》，臺北：天工書局，1984年6
　　月。

劉文強：《論《左傳》之作爰田、作州兵與被廬之蒐》，香港大學
　　中文系博士論文，1994年7月。

劉　雨：〈西周金文中的軍事〉，《胡厚宣先生紀念文集》（北京：
　　科學出版社，1998年11月，初版），頁228-251。

劉　雨：〈西周金文中的軍禮〉，《容庚先生百年誕辰紀念文集》
　　（韶關：廣東人民出版社，1998年4月，初版），頁326-346。

劉　釗：〈卜辭所見殷代的軍事活動〉，《古文字研究》第16輯（北
　　京：中華書局，1989年9月，初版），頁67-140。

劉　釗：〈談史密𣪘銘文中的眉字〉，《考古》1995年第5期，頁。

劉師培：《讀左箚記》。

劉師培：《春秋左氏傳答問》。

劉家和：〈宗法辨疑〉，《北京師範大學學報》1987年第1期，頁1-9。

劉家和：〈說《詩·大雅·公劉》及其反應的史事〉，《北京師範

大學學報》1982年第5期，頁60-68。

劉澤華：〈戰國時期的「士」〉，《歷史研究》1987年第4期，頁42-55。

蔡次薛：〈對貢助徹若干問題的看法〉，《中國古代財政史研究》
　　（中國財政經濟出版社，1990年5月），頁126-136。

衛文選：〈歷代晉卿與晉國興衰的關係〉，《晉陽學刊》1984年第1
　　期，頁91-94。

鄭紹昌：〈秦以前中國農業勞動生產率的初步估計〉，《中國社會
　　經濟史研究所》1985年第1期，頁1-8。

蕭　兵：〈《左傳》「觀社」析疑〉，《中國史研究》1982年第4
　　期，頁145-147。

蕭平漢：〈論國人的階級屬性〉，《衡陽師專學報》社科版1985年
　　第4期，頁51-56。

錢　杭：〈宗法與宗族的歷史特徵〉，《史林》1991年第2期，頁34-40。

錢　杭：〈論「宗君合一」〉，《華東大師範大學學報》哲社版1988
　　年第1期，頁99-107。

錢宗范：〈「國人」試說〉，《西周史論文集》（西安：陝西人民
　　教育出版社1993年6月），頁584-596。

錢宗范：〈西周春秋時代的世祿世官制度及其破壞〉，《中國史研
　　究》1989年第3期，頁20-30。

錢宗范：〈宗法統治和政治統治〉，《周代宗法制度研究》（桂林：
　　廣西師大出版社，1989年7月），頁153-240。

應永深：〈說「庶人」〉，《中國史研究》1981年第2期，頁92-99。

應永深：〈論春秋時代魯國和晉國的社會特點兼及儒家和法家產生
　　的歷史背景〉，《歷史研究》1964年第1期，頁151-168。

韓連琪：〈春秋戰國時代的中央官制及其演變〉，《文史哲》1985
　　年第1期，頁3-12。

韓連琪：〈春秋戰國時代的農村公社〉，《歷史研究》1960年第4
　　期，頁23-39。

韓連琪：〈論春秋時代法律制度的演變〉，《中國史研究》1983年
　　第4期，頁3-12。

簡文山：《《左傳》出奔研究》，國立中山大學中文系碩士論文論
　　文，1999年6月。

瞿同祖：〈封建社會的完成〉，《中國封建社會》（臺北：里仁書
　　局，1984年6月），頁31-111。

藍永蔚：《春秋時期的步兵》，臺北：木鐸出版社，1987年4月。

羅元貞：〈論晉國的爰田與州兵〉，《運城師專學報》1985年第1
　　期，頁9-14。

羅振玉：《春秋經傳集解殘卷》。

鐘立飛：〈試析戰國養兵問題〉，《中國史研究》1990年第4期，頁
　　90-99。

饒宗頤：〈從《左傳》「猶繹」論殷祭禮賓尸義〉，第一屆左傳國
　　際學術討論會論文，1994年6月。

龔維英：〈周昭王南征史實索隱〉，《人文雜志》1984年第6期，頁
　　81-83、45。

器名：：格伯簋

拓片來源：：《殷周金文集成》冊八・四二
六五號

銘文隸定：：張亞初《殷周金文集成引得》

唯正月初吉癸巳，王在成
周。格伯爰良馬乘于倗生（甥），
厥貯（賈）卅田，則析。格伯邍殹妊
彶佤，厥從格伯反（按）：殷
彶佃（甸）：：般
〔谷〕

彶幻（絕）
厥幻（絕）霄谷、杜木、逢谷、旅
莱，涉東門，厥書史戠武
立（莅）盨（歔）成壘（壘），鑄保殷，
用典格伯田，其邁（萬）年子子孫孫永保
用。

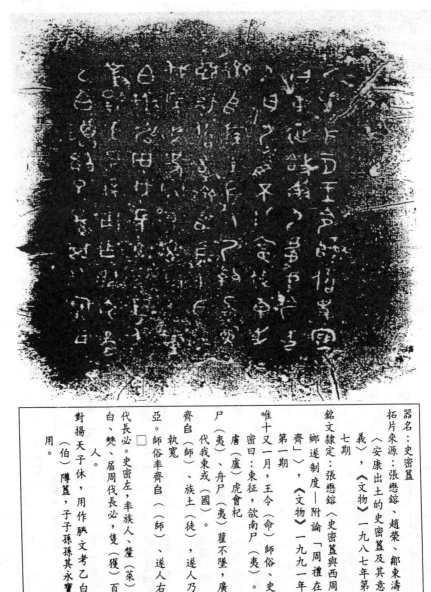

器名：史密簋

拓片來源：張懋鎔、趙榮、郚東濤〈安康出土的史密簋及其意義〉，《文物》一九八七年第七期

銘文隸定：張懋鎔〈史密簋與西周鄉遂制度—附論「周禮在齊」〉，《文物》一九九一年第一期

唯十又一月，王令（命）師俗、史密曰：東征，敆南尸（夷）。

虘（盧）、虎會杞尸（夷）、舟尸（夷），雚不墜，廣伐東或（國），齊（師）、族土（徒）、遂人乃執鄙寬亞。□師俗率齊白（師）、遂人右

代長必。史密左，率族人、釐（萊）白、僰、眉周伐長必，隻（獲）百人。

對揚天子休，用作朕文考乙白（伯）障簋，子子孫孫其永寶用。

圖

器名：晉侯穌編鐘

拓片來源：馬承源《中國青銅器研究》

銘文隸定：既死霸，壬寅，王儥往東。

三月方死霸，王至于葊，

分行。王親（親）令晉侯穌：達（率）

乃自（師）左洀燮北洀□，伐夙（宿）

夷。晉

器名：晉侯穌編鐘

拓片來源：馬承源《中國青銅器研究》

銘文隸定：佳（惟）王世又三年，王親

（親）遹省東或（國）、南或

（國）。正月既生霸，戊午，王步

自宗周。二月既望，癸卯，王入各

（格）成周。二月

· 635 ·

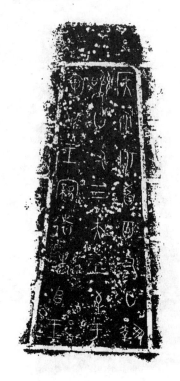
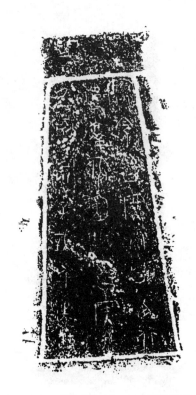

器名：晉侯穌編鐘

拓片來源：馬承源《中國青銅器研究》

銘文隸定：窺（覜）令（命）晉侯穌：自西北遇（隅）章（敦）伐匍轊（城）。晉侯連（率）氒（厥）亞旅、小子、或人先啟（陷）

器名：晉侯穌編鐘

拓片來源：馬承源《中國青銅器研究》

銘文隸定：侯穌折首百又廿，執嘛（訊）廿又三夫。王至于匍轊（城），王窺（覜）遠省自（師），王至晉侯穌自（師），王降自車，立（位）南卿（嚮）。

器名：晉侯穌編鐘

拓片來源·馬承源《中國青銅器研究》

銘文隸定·漳漳列列（烈烈）夷出奔。

王令（命）晉侯穌

器名：晉侯穌編鐘

拓片來源·馬承源《中國青銅器研究》

銘文隸定·入，折首百，執嚚（訊）十又一夫。王至。

器名：晉侯穌編鐘

拓片來源：馬承源《中國青銅器研究》

銘文隸定：車僕從。

器名：晉侯穌編鐘

拓片來源：馬承源《中國青銅器研究》

銘文隸定：達（率）大室小臣。

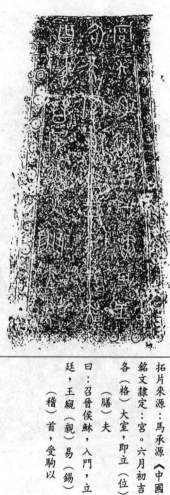

器名：晉侯穌編鐘

拓片來源：馬承源《中國青銅器研究》

銘文隸定：宮。六月初吉，戊寅，旦。王各（格）大室，即立（位），王乎（呼）善（膳）夫曰：召晉侯穌，入門，立（位）中廷，王親（親）易（錫）駒四匹，穌拜頴（稽）首，受駒以

器名：晉侯穌編鐘

拓片來源：馬承源《中國青銅器研究》

銘文隸定：逌逐之，晉侯折首百又十一，執嘛（訊）廿夫；大室小臣車僕折首百又五十，執嘛（訊）六十夫。王隹（唯）反（返），歸在成周公族整𠭯（師）。

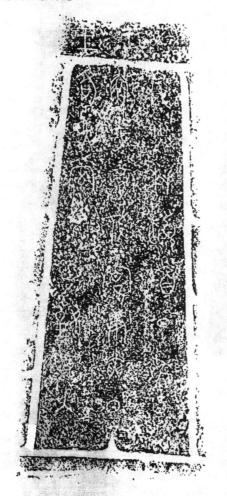

器名：晉侯穌編鐘

拓片來源：馬承源《中國青銅器研究》

銘文隸定：出，反（返）入，拜頴（稽）首，丁亥，旦，

王鄱（御）于邑伐宮。庚寅，旦，

王各（格）大室，嗣工（空）揚父入

右（佑）晉侯穌，王視（親）儕（齋）晉侯穌鬹䇈一

卣，

器名：晉侯穌編鐘

拓片來源：馬承源《中國青銅器研究》

銘文隸定：文文人人其嚴

在上，虩（翼）在下，數數

器名：晉侯穌編鐘

拓片來源：馬承源《中國青銅器研究》

銘文隸定：弓，矢百，馬四匹。穌敢揚

天子不（丕）顯魯休，用乍（作）

元穌揚（錫）鐘，用邵（昭）各（格）前

器名：晉侯穌編鐘
拓片來源：馬承源《中國青銅器研究》
銘文隸定：永寶茲鐘

器名：晉侯穌編鐘
拓片來源：馬承源《中國青銅器研究》
銘文隸定：年無疆，子子孫孫

器名：晉侯穌編鐘
拓片來源：馬承源《中國青銅器研究》
銘文隸定：橐橐，降余多福。穌其邁（萬）

器名：衛盉

拓片來源：馬承源《商周青銅器銘文選》

銘文隸定：隹三年三月既生霸壬寅。

王爯旂于豐。矩白（伯）庶人取

董章（瑾璋）于裘衛，才（裁）八十朋，氒貯，

其舍田十田。矩或（又）取赤虎（琥）

兩、鹿韋（韎）兩、🔶韐一，才（裁）廿朋，其

舍田三田。裘衛迺龏告于

白（伯）邑父、㙝白（伯）、定白（伯）、琼白

（伯）、單白（伯）。白（伯）邑父、㙝白

（伯）、定白（伯）、琼白（伯）、單白（伯）

迺令參有嗣：嗣土（徒）散（微）邑、嗣馬單旟、

嗣工（空）邑人服，眔

受（授）田。霎趞、衛小子粯逆

者（諸）其卿（饗）。衛用乍朕文考惠

孟寶般（盤），衛其萬年永寶用。

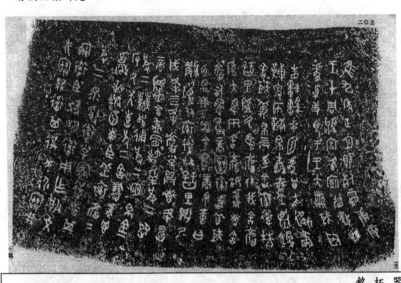

器名：九年衛鼎

拓片來源：馬承源《商周青銅器銘文選》。

銘文隸定：隹九年正月既死霸庚辰，

王才周駒宮，各（格）廟。眉教者

膚卓吏（使）見（覲）于王，王大僳（致）。矩取眚

（省）車較橐（幩），西虎亘（慎），秉（韋）律（韠），畫

鞞，金（鞃）厈鞍，帛韏乘，金庶（簴）鐱（鉹），舍

牆（蓍）有嗣（司）壽商畐裘、盂（蓋）咠（慎）。矩

姜帛三兩，迺舍裘衛林

朁里。叔！氒隹牆（蓍）林。我舍牆（蓍）

陳大馬兩，舍牆（蓍）顏昱（紋），舍

牆（蓍）有嗣（司）壽商咠裘、盂（蓋）各（豩）冥（慎）。矩

迺眔濬雰令壽商眔咠曰：

顙湄（媚），付裘衛林朁里、則乃

成夆（封）四夆（封）。牆（蓍）顏小子具（俱）重

（惟）夆（封）。壽

商，舍盂冒（貿）[image]，壽

皮二，羇烏備（繃）皮二，朏帛，金一

反（鈑），牆吳喜（釐）皮二，舍濬廥（獻）冥（慎），

受羹（幩），牆團（鞍），東臣燕裘，牆（蓍）顏下（殺）

皮二。眔受。衛小子[image]逆者（諸），其

剛（賵）衛臣虩朏。衛用乍朕文

考寶鼎，衛其儹（萬）年永寶用。

器名：五祀衛鼎

拓片來源：馬承源《商周青銅器銘文選》冊一

銘文隸定：隹正月初吉庚戌。衛吕邦君

厲告于井白（伯）、白（伯）邑父、定白（伯）、𤨏
白（伯）、白（伯）
俗父，曰厲曰：「余執龏（恭）王卹工
（功），于邵（昭）大室東逆（朔）焚（營）二
川」，曰：「余舍女（汝）田五田。」正迺訊厲曰：
「女（汝）貯田不？」厲迺許曰：「余審（審）貯田
五田。」井白（伯）、白（伯）邑父、定白（作）、𤨏
白（伯）、白（伯）俗
父迺顅，事（使）厲誓。迺令參（三）有
嗣嗣土（徒）邑人䞈，嗣馬頵人邦，嗣
工（空）隆矩、内史友寺芻，帥（率）眉（湄）裘
衛厲田四田，迺舍寓（宇）于氒邑。
氒逆（朔）疆眔厲疆，氒東疆眔散
田，氒南疆眔散散田，眔政父田
田，氒西疆眔厲田。邦君厲付
裘衛厲田。厲叔子𩛿、𩛿有嗣𩜆
季、慶癸、燹□、荆人敢、井人
偈屖，衛小子逆其、卿（饗）、𩜩。衛用
乍朕文考寶鼎，衛其萬年
永寶用。隹王五祀。

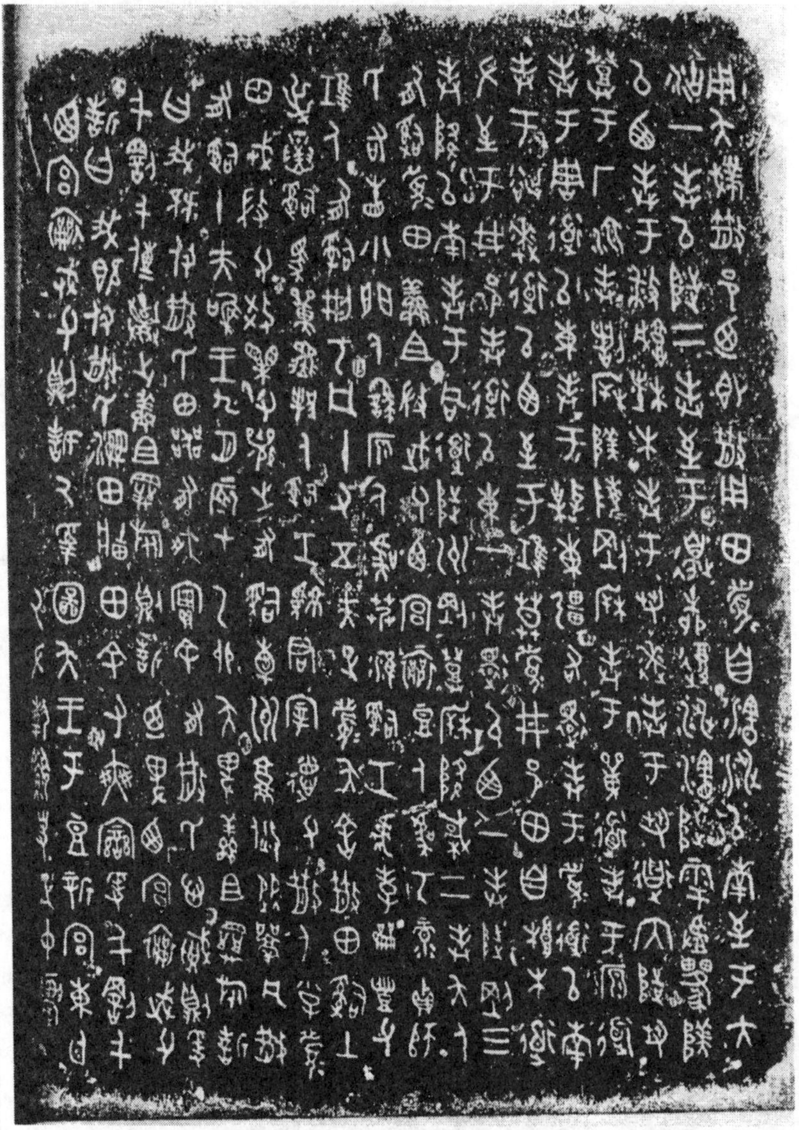

器名：散盤
拓片來源：馬承源《商周青銅器銘文選》冊一
銘文隸定：用矢𢓊（薄）散邑。廼（乃）即散用田眉（堳）。自濡涉，㠯（以）南，至于大沽，一弄（封）。㠯（以）陟，二弄（封）。至于邊柳，復涉濡，陟雩（越）戲纍隞㠯（以）西，弄（封）于敄軾（城）楮木，弄（封）于芻逨，弄（封）于芻衜。內（入）陟芻，登于厂湶，弄（封）𠟾栟、隞陵、剛（崗）栟。弄（封）于單（單）道，弄（封）于原道。弄（封）于周道。㠯（以）東，弄（封）于韓東疆右。還，弄（封）于眉（郿）道。㠯（以）南，弄（封）于褚逨道。㠯（以）西，至于𨾊莫。眉（堳）井邑田。自根木道左至于井邑弄（封），道㠯（以）東一弄（封），還，㠯（以）西一弄（封）。陟剛（崗）三弄（封）。降㠯（以）南，弄（封）于同道。陟州剛（崗），登栟，降棫，二弄（封）。矢人有𤔲（司）眉（堳）田：鮮、且、𢼸、武父、西宮襄；豆人虞丂、彔貞、師氏右眚、小門人䌛，原人虞艿、淮𤔲（司）工虎、孛䦉、豐父、𨾊人有𤔲（司）刑丂，凡十又五夫。正眉（堳）矢舍散田，𤔲（司）土屰（逆）寅、𤔲（司）馬單（單）𡎸、邦人𤔲（司）工騌君、宰德父、散人子眉（堳）田戎、𢼸（微）父、𢽾䍙父、襄之有𤔲（司）橐、州𡩜、攸從鬲（鬲），凡散有𤔲（司）十夫。唯王九月，辰才（在）乙卯，矢卑（俾）鮮、且、𪔀、旅誓，曰：「我既付散氏田器，有爽，實余有散氏心賊，則爰千罰千，傳棄之。」鮮、且、𪔀、旅則誓。廼卑（俾）西宮襄、武父誓，曰：「我既付散氏溼（隰）田𤲗（畛）田，余有爽竊，爰千罰千。」西宮襄、武父則誓。氒（厥）爲圖，矢王于豆新宮東廷。氒（厥）左執𦄂，史正中農。

器名：衛簋

拓片來源：馬承源

《商周青銅器銘文選》冊一

銘文隸定：

隹八月初吉丁亥，王客（格）

于康宮。焚（榮）白（伯）右

衛內（入）即

立（位），王曾（增）令衛，

眉赤市攸

勒。衛敢對揚天子不顯

休，用乍文且考寶尊

簋，衛其萬年子子孫孫永寶用。

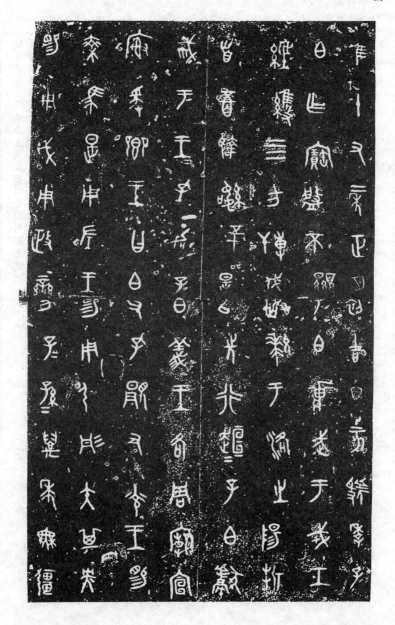

拓片來源：馬承源主編《商周青銅器銘文選》。

器名：虢季子白盤

銘文隸定：

佳十又二年正月初吉丁亥，虢季子白乍寶盤。不顯子白，壯（壯）武于戎工（功），經纉（維）四方，搏（搏）伐厰狁（玁狁），于洛之陽，折首五百，執噧（訊）五十，是呂（以）先行。趄趄子白，獻戌（馘）于王。王孔加（嘉）子白義。王各（格）周廟宣廟，爰卿（饗）。王曰：「白父，孔覣又（有）光。」王賜（賜）乘馬是用左（佐）王，賜（賜）用弓、彤矢，其央；賜（賜）用戉（鉞），用政（征）繼（蠻）方。子子孫孫萬年無疆。

國家圖書館出版品預行編目資料

晉國伯業研究

劉文強著. – 初版. – 臺北市：臺灣學生，
2004[民 93]
面；公分
參考書目：面

ISBN 957-15-1226-5 (精裝)
ISBN 957-15-1227-3 (平裝)

1. 中國 – 歷史 – 春秋（公元前 722–481）–

　論文，講詞等

621.65407　　　　　　　　　　　93012695

晉國伯業研究 （全一冊）

著　作　者：劉　　　　文　　　　強
出　版　者：臺 灣 學 生 書 局 有 限 公 司
發　行　人：盧　　　　保　　　　宏
發　行　所：臺 灣 學 生 書 局 有 限 公 司
　　　　　　臺 北 市 和 平 東 路 一 段 一 九 八 號
　　　　　　郵 政 劃 撥 帳 號 ： 0 0 0 2 4 6 6 8
　　　　　　電　話 ： （ 0 2 ） 2 3 6 3 4 1 5 6
　　　　　　傳　眞 ： （ 0 2 ） 2 3 6 3 6 3 3 4
　　　　　　E-mail：student.book@msa.hinet.net
　　　　　　http：//www.studentbooks.com.tw

本書局登
記證字號：行政院新聞局局版北市業字第玖捌壹號

印　刷　所：宏 輝 彩 色 印 刷 公 司
　　　　　　中 和 市 永 和 路 三 六 三 巷 四 二 號
　　　　　　電　話 ： （ 0 2 ） 2 2 2 6 8 8 5 3

精裝新臺幣七六○元
定價：平裝新臺幣六八○元

西 元 二 ○ ○ 四 年 七 月 初 版

62101　　　　有著作權・侵害必究
　　　　　　ISBN 957-15-1226-5 (精裝)
　　　　　　ISBN 957-15-1227-3 (平裝)

臺灣 學生書局 出版
史學叢刊（叢書）